Die Ilias behandelt das Gedicht vom Troischen Krieg, und zwar Kriege und Kämpfe in fast ununterbrochener Folge. Sie ist aber kein kriegerisches Epos. Die Ilias handelt von Helden und ihren Schicksalen, ist aber kein heldisches Epos.

Der Krieg wird in der Ilias von vielen, die den Kampf durchfechten, als schwere Mühsal *(ponos)* und leidvolles Verhängnis empfunden. Und in seiner brutalen grausamen Realität ist er für Homer der Dämon Ares, den alle Olympischen Götter und sein Vater Zeus hassen und den die Göttin Athene im fünften wie im einundzwanzigsten Gesang mit überlegener Geisteskraft zu Boden wirft. Der Kampf in seiner anerkannten Weise ist der Einzelkampf, in dem es auch hart, aber ›nach der Ordnung‹ zugeht [. . .]

Was in der Ilias Homers den Krieg und das alte Heldenwesen bereits in einer neuen Form aufgehoben hat, das ist, mit einem Wort, das *Menschliche,* das in seiner Ausgesetztheit, Gefährdung, in seiner ganzen Problematik von dem Dichter erlebt und erlitten ist. Es ist der ›erste Schritt vom leidenschaftlich Unbedingten zum seelischen Zwiespalt . . ., der Schritt vom Heldisch-Übermenschlichen zum Problematisch-Menschlichen‹ (Karl Reinhardt). Und das Epos, das den Krieg und das Heldische in dieser Problematik sieht und die einzelnen Handlungen wie die Handlung im ganzen darauf zuschneidet, ist ein *menschlich-tragisches Epos.*   Wolfgang Schadewaldt

Prof. Dr. Wolfgang Schadewaldt (1900-1974) gehörte zu den bedeutendsten Vertretern der Altphilologie und Literaturwissenschaft. Durch eine Fülle von wissenschaftlichen Arbeiten, Übersetzungen und Bearbeitungen gelang es ihm, die Welt der Antike, besonders das antike Theater, für die Gegenwart lebendig zu erhalten. Der in Berlin geborene Wissenschaftler wurde dort 1927 Dozent, war 1928 Professor in Königsberg, 1929 in Freiburg, 1934 in Leipzig, 1941 in Berlin. Von 1950 an bis zu seiner Emeritierung lehrte er in Tübingen.

Wichtigste Werke: Die Heimkehr des Odysseus (1946); *Legende von Homer dem fahrenden Sänger* (1942, 59); *Sophokles und das Leid* (1948); *Sappho, Dasein in der Liebe* (1950); *Griechische Sternsagen* (1956); *Hellas und Hesperien. Gesammelte Schriften zur Antike und zur neueren Literatur* (1960); *Goethe-Studien. Natur und Altertum* (1963); *Griechisches Theater.* Übersetzung von 8 griechischen Dramen (1964); *Sophokles, König Ödipus.* Text, Essays und Wirkungsgeschichte. it 15 (1973, 1975²); *Sophokles, Antigone.* Text, Essays und Wirkungsgeschichte. it 70 (1974).

Übersetzungen: u. a. Carmina Burana (1953); Homers Odyssee in Prosa (1957); *Thukydides, Gefallenenrede;* Dramen von Aischylos, Sophokles u. a.

insel taschenbuch 153
Homer
Ilias

HOMER
ILIAS

*Neue Übertragung
von Wolfgang Schadewaldt
Mit zwölf antiken
Vasenbildern*

Insel Verlag

Für die Zusammenstellung des Vasenbildmaterials sind wir
Herrn Dr. Dietrich Mannsperger, Tübingen,
zu besonderem Dank verpflichtet.

insel taschenbuch 153
Erste Auflage 1975
Insel Verlag Frankfurt am Main und Leipzig
© Insel Verlag Frankfurt am Main 1975
Vertrieb durch den Suhrkamp Taschenbuch Verlag
Umschlag nach Entwürfen von Willy Fleckhaus
Druck: Nomos Verlagsgesellschaft, Baden-Baden
Printed in Germany

12 13 14 15 16 17 - 06 05 04 03 02 01

Die deutsche Übersetzung der ILIAS Homers hat Wolfgang Schadewaldt nach mehrfacher gründlicher Durcharbeitung im Sommer 1974 vollendet. Er starb nach der Durchsicht der Manuskripte seiner Übersetzung, seines Nachworts und des als seine letzte Arbeit anzusehenden Essays »Aufbau der Ilias, Strukturen und Konzeptionen«, der als gesondertes Buch gleichzeitig erscheint. Die hier wiedergegebene Übersetzung bietet Wolfgang Schadewaldts authentischen und letzten Text. Nur an ganz wenigen Stellen wurden leichte Änderungen vorgenommen, diese gründen sich auf Varianten, die Schadewaldt selbst über seinen Text geschrieben und in wenigen Fällen nicht entschieden hat oder auf direkte Hinweise, die er – zum Beispiel für Ausgleichung der Iterata und formelhaften Verse – uns mündlich gegeben hat.

Wolfgang Schadewaldt fühlte sich Herrn Professor Harald Patzer, Frankfurt, zu besonderem Dank verpflichtet. Dieser hat mit seiner genauen Homer-Kenntnis die letzte Durcharbeitung der Übersetzung 1974 laufend auf die philologische »Richtigkeit« mit kontrolliert und wertvolle Anregungen für die Wiedergabe beigesteuert. Wir danken Frau Helene Amtmann-Schadewaldt, die, seit dem Beginn der Übersetzertätigkeit mit dem Stil Wolfgang Schadewaldts vertraut, diese Übersetzung mit uns noch einmal durchging.

Maria Schadewaldt · Dr. Ingeborg Schudoma

Albin Lesky
Dem Freunde

ERSTER GESANG *Die Entstehung des Zorns. – Apollon schickt eine*
Krankheit über das Heer, weil Agamemnon seinen Priester Chryses beleidigt
hat. – Achilleus beruft eine Heeresversammlung und gerät mit Agamemnon
in Streit, der ihm sein Ehrgeschenk, die Jungfrau Briseïs, nehmen will.
Er sagt die weitere Teilnahme am Kampf ab. – Die Mutter Thetis geht für ihn
zu Zeus, ihn um eine Niederlage der Achaier zu bitten. Zeus gewährt es und gerät
darüber in Streit mit Here.

Den Zorn singe, Göttin, des Peleus-Sohns Achilleus,
Den verderblichen, der zehntausend Schmerzen über die Achaier brachte
Und viele kraftvolle Seelen dem Hades vorwarf
Von Helden, sie selbst aber zur Beute schuf den Hunden
Und den Vögeln zum Mahl, und es erfüllte sich des Zeus Ratschluß –
Von da beginnend, wo sich zuerst im Streit entzweiten
Der Atreus-Sohn, der Herr der Männer, und der göttliche Achilleus.
    Wer von den Göttern brachte sie aneinander, im Streit zu kämpfen?
Der Sohn der Leto und des Zeus. Denn der, dem Könige zürnend,
10 Erregte eine Krankheit im Heer, eine schlimme, und es starben die Völker,
Weil den Chryses, den Priester, mißachtet hatte
Der Atreus-Sohn. Der kam zu den schnellen Schiffen der Achaier,
Um freizukaufen die Tochter, und brachte unermeßliche Lösung,
Und hielt die Binden in Händen des Ferntreffers Apollon
An einem goldenen Stab und flehte zu allen Achaiern
Und den beiden Atreus-Söhnen am meisten, den Ordnern der Völker:
»Atreus-Söhne und ihr anderen gutgeschienten Achaier!
Euch mögen die Götter geben, die die olympischen Häuser haben,
Daß ihr des Priamos Stadt zerstört und gut nach Hause gelangt.
20 Mir aber gebt die Tochter frei, die eigene, und nehmt die Lösung
Und scheut den Sohn des Zeus, den Ferntreffer Apollon.«
    Da stimmten ehrfürchtig zu alle anderen Achaier,
Daß man den Priester scheuen und die prangende Lösung nehmen sollte.
Doch dem Atreus-Sohn Agamemnon behagte das nicht im Mute,
Sondern er schickte ihn übel fort und legte ihm das harte Wort auf:
»Daß ich dich, Alter! nicht hier bei den hohlen Schiffen treffe:
Nicht daß du jetzt verweilst noch auch später wiederkehrst!

Kaum werden dir sonst Stab und Binde des Gottes helfen!
Die aber gebe ich nicht frei: erst soll über sie noch das Alter kommen
30 In unserem Haus in Argos, fern dem väterlichen Lande,
Am Webstuhl einhergehend und mein Lager teilend.
Doch geh! reize mich nicht! damit du heil nach Haus kommst!«
    So sprach er. Da fürchtete sich der Greis und gehorchte dem Wort
Und schritt hin, schweigend, das Ufer entlang des vieltosenden Meeres.
Und betete dann viel, als er abseits war, der Alte,
Zu Apollon, dem Herrn, den geboren hatte die schönhaarige Leto:
»Höre mich, Silberbogner! der du schützend um Chryse wandelst
Und um Killa, die hochheilige, und über Tenedos mit Kraft gebietest,
Smintheus! wenn ich dir je den lieblichen Tempel überdacht habe,
40 Oder wenn ich dir jemals verbrannte fette Schenkel
Von Stieren oder Ziegen, so erfülle mir dies Begehren:
Büßen sollen die Danaer meine Tränen mit deinen Geschossen!«
    So sprach er und betete, und ihn hörte Phoibos Apollon.
Und schritt herab von des Olympos Häuptern, zürnend im Herzen,
Und trug den Bogen über den Schultern und den beiderseits überdeckten
                                                                    Köcher,
Und es klirrten die Pfeile an den Schultern des Zürnenden,
Während er sich bewegte, und er schritt hin, der Nacht gleich.
Setzte sich dann, abseits von den Schiffen, und sandte den Pfeil auf sie,
Und ein schrecklicher Klang kam von dem silbernen Bogen.
50 Die Maultiere überkam er zuerst und die flinken Hunde,
Dann aber, auf sie selbst das Geschoß, das spitze, richtend,
Traf er, und immer brannten in Mengen die Scheiterhaufen mit den Toten.
Neun Tage gingen durch das Heer die Geschosse des Gottes,
Am zehnten jedoch berief das Volk zur Versammlung Achilleus.
Ihm legte es in den Sinn die Göttin, die weißarmige Here,
Denn sie sorgte sich um die Danaer, als sie sah, wie sie starben.
Doch als sie sich nun versammelt hatten und alle beieinander waren,
Da stand auf und sprach unter ihnen der fußschnelle Achilleus:
»Atreus-Sohn! Jetzt werden wir, zurückgeschlagen, denke ich,
60 Wieder nach Hause kehren, falls wir dem Tod entgehen,
Wo doch zugleich der Krieg und die Seuche die Achaier überwältigt.
Doch auf! befragen wir irgendeinen Seher oder Priester
Oder auch einen Traumdeuter – kommt doch der Traum von Zeus auch –,
Der sagen mag, warum so sehr erzürnt ist Phoibos Apollon.
Ob er wegen eines Gelübdes Tadel findet oder eines Hundertopfers.
Vielleicht, daß er den Fettdampf von Lämmern oder makellosen Ziegen

Entgegennimmt und gewillt ist, das Verderben von uns abzuwehren.«
So sprach er und setzte sich nieder. Da erhob sich unter ihnen
Kalchas, der Sohn des Thestor, der weit beste unter den Vogelschauern,
70 Der wußte, was ist und was sein wird und was zuvor gewesen,
Und hatte den Schiffen der Achaier den Weg nach Ilios gewiesen
Durch seine Seherkunst, die ihm verliehen hatte Phoibos Apollon.
Der redete vor ihnen mit rechtem Sinn und sagte:
»Achilleus! du heißest mich, Zeusgeliebter, künden
Den Zorn des Apollon, des ferntreffenden Herrn.
So will ich denn reden, du aber vernimm es und schwöre mir,
Daß du mir ernstlich mit Worten und Händen beistehst.
Denn ich meine, es wird ein Mann in Zorn geraten, der groß unter allen
Argeiern Gewalt hat, und es gehorchen ihm die Achaier.
80 Denn mächtiger ist ein König, wenn er zürnt einem geringeren Mann.
Mag er den Zorn auch am selben Tag hinunterschlucken,
So hegt er den Groll auch hernach noch, bis er ihn erfüllt hat,
In seiner Brust. Doch du bedenke, ob du mich schützen wirst.«
Da antwortete und sprach zu ihm der fußschnelle Achilleus:
»Fasse Mut und sage immerhin den Spruch, welchen du weißt.
Denn bei Apollon, dem zeusgeliebten, zu dem du, Kalchas,
Betest, wenn du den Danaern die Göttersprüche offenbarst:
Niemand, solange ich lebe und auf Erden blicke,
Wird bei den hohlen Schiffen schwer die Hände auf dich legen,
90 Von allen Danaern, auch nicht, wenn du den Agamemnon nennst,
Der sich jetzt der weit Beste zu sein rühmt unter den Achaiern.«
Und da faßte Mut und sprach der untadlige Seher:
»Nicht wegen eines Gelübdes findet er Tadel oder eines Hundertopfers,
Nein, wegen des Priesters, den mißachtet hat Agamemnon
Und ihm nicht freigab die Tochter und die Lösung nicht annahm:
Deswegen hat Schmerzen gegeben der Ferntreffer und wird sie noch geben.
Und wird nicht eher von den Danaern hinwegstoßen das schmähliche
                                                              Verderben,
Ehe man nicht ihrem Vater zurückgibt die flinkäugige Jungfrau,
Ohne Kaufpreis, ohne Lösung, und ein heiliges Hundertopfer
100 Nach Chryse führt. Dann mögen wir ihn begütigen und bereden.«
So sprach er und setzte sich nieder. Da erhob sich unter ihnen
Der Heros, der Atreus-Sohn, der weitherrschende Agamemnon,
Bekümmert, und von Ingrimm gewaltig waren die ringsumdunkelten Sinne
Erfüllt, und seine Augen glichen brennendem Feuer.
Zu Kalchas sprach er zuerst, Unheil blickend:

»Unglücks-Seher! Nie hast du mir je das Gedeihliche geredet!
Immer ist dir lieb in deinem Sinn, das Üble zu künden,
Doch ein gutes Wort hast du nie gesprochen noch vollendet!
Auch jetzt redest du weissagend unter den Danaern,
110 Daß also darum der Ferntreffer ihnen Schmerzen bereitet,
Weil ich für die Tochter des Chryses die prangende Lösung
Nicht annehmen wollte, da ich sie viel lieber behalten
Wollte im Haus. Ja, und selbst der Klytaimnestra zog ich sie vor,
Der ehelichen Gattin, da sie nicht geringer ist als sie,
Nicht an Gestalt noch Wuchs, an Verstand oder irgend an Werken.
Doch auch so will ich sie zurückgeben, wenn dies das Bessere ist.
Will ich doch, daß das Volk heil sei, statt daß es zugrunde gehe.
Aber mir bereitet sofort ein Ehrgeschenk, daß ich nicht einzig
Von den Argeiern ohne Geschenk bin, da sich dies auch nicht geziemt.
120 Seht ihr das doch alle, wie mir mein Ehrgeschenk dahingeht.«
       Da antwortete ihm der fußstarke göttliche Achilleus:
»Atreus-Sohn, Ruhmvollster! Du Habgierigster unter allen!
Wie sollen dir denn ein Ehrgeschenk geben die hochgemuten Achaier?
Wissen wir doch nicht, daß irgendwo viel Gemeingut liegt,
Sondern was wir von den Städten erbeuteten: aufgeteilt ist es,
Und nicht gehört sichs, daß die Männer dies wieder herbringen und
                                                              zusammenwerfen.
Darum gib du jetzt diese dem Gott hin, und wir Achaier
Werden es dreifach und vierfach zurückerstatten, wenn Zeus denn einmal
Gibt, die Stadt Troja, die gutummauerte, zu zerstören.«
130   Da antwortete und sprach zu ihm der gebietende Agamemnon:
»Nicht, so tapfer du bist, gottgleicher Achilleus!,
Sinne so auf Trug: du wirst mich nicht hintergehen und bereden!
Oder willst du, daß du selber ein Ehrgeschenk hast, ich aber
Nur so sitze und darbe, und von mir verlangst du, jene zurückzugeben?
Ja, wenn mir ein Ehrgeschenk geben die hochgemuten Achaier,
Meinem Herzen entsprechend, so daß es gleich an Wert sei . . .
Geben sie es aber nicht, so werde ich es mir selber nehmen.
Entweder deines oder des Aias Ehrgeschenk oder des Odysseus
Hole ich mir: der mag dann zürnen, zu dem ich komme! –
140 Doch wahrhaftig! das können wir auch später noch einmal bedenken.
Jetzt aber auf! ziehen wir ein schwarzes Schiff in die göttliche Salzflut
Und versammeln Ruderer dafür, hinlänglich, und legen ein Hundertopfer
Hinein und lassen sie selbst, Chryseïs, die schönwangige,
Hinaufsteigen. Und einer sei Führer, ein Mann aus dem Rat,

Aias oder Idomeneus oder der göttliche Odysseus,
Oder auch du, Pelide! Gewaltigster aller Männer!
Daß du uns den Ferntreffer gnädig stimmst und die Opfer verrichtest.«
    Da sah ihn von unten herauf an und sagte zu ihm der fußschnelle Achilleus:
»O mir! in Unverschämtheit Gehüllter! auf Vorteil Bedachter!
150 Wie wird einer willig noch deinen Worten gehorchen von den Achaiern,
Einen Gang zu tun oder gegen Männer mit Kraft zu kämpfen?
Kam ich doch nicht der Troer wegen hierher, der Lanzenstreiter,
Um mit ihnen zu kämpfen, denn sie haben mir nichts angetan.
Nicht haben sie jemals meine Rinder hinweggetrieben oder Pferde,
Noch haben sie je in Phthia, der starkscholligen, männernährenden,
Die Frucht verwüstet, da doch sehr viel dazwischen liegt:
Schattige Berge und das Meer, das brausende –
Sondern dir, du gewaltig Unverschämter! folgten wir, daß du dich freutest,
Um Ehre zu gewinnen dem Menelaos und dir, du Hundsäugiger!
160 Gegen die Troer. Daran kehrst du dich nicht, und es kümmert dich nicht!
Und da drohst du, selbst wirst du mein Ehrgeschenk mir fortnehmen,
Um das ich mich viel gemüht, und mir gaben es die Söhne der Achaier!
Habe ich doch niemals ein gleiches Ehrgeschenk wie du, wann immer
Die Achaier eine gutbewohnte Stadt der Troer zerstören,
Sondern den größeren Teil des vielstürmenden Krieges
Besorgen meine Hände; doch kommt es dann zur Verteilung,
Dein ist das weit größere Ehrgeschenk, doch ich, mit einem geringen,
Mir lieben, kehre zu den Schiffen, nachdem ich mich müde gekämpft.
Nun aber gehe ich nach Phthia, da es wahrhaftig viel besser ist,
170 Heimzukehren mit den geschweiften Schiffen, und nicht denke ich,
Dir hier, ohne Ehre, Besitz und Reichtum aufzuhäufen!«
    Ihm antwortete darauf der Herr der Männer Agamemnon:
»Fahre nur ab, wenn der Mut dich drängt! Ich werde dich nicht bitten,
Um meinetwillen zu bleiben! Bei mir sind noch andere,
Die mich ehren werden, und vor allem der ratsinnende Zeus!
Der Verhaßteste bist du mir unter den zeusgenährten Königen:
Denn immer ist Streit dir lieb und Kriege und Kämpfe!
Wenn du sehr stark bist, so hat dir dies wohl ein Gott gegeben.
So kehre nach Haus mit den Schiffen, den deinen, und deinen Gefährten
180 Und herrsche über die Myrmidonen! Doch du kümmerst mich nicht
Noch kehre ich mich daran, daß du grollst! Doch drohe ich dir so:
Da mir fortnimmt die Chryses-Tochter Phoibos Apollon,
Werde ich diese mit meinem Schiff und meinen Gefährten
Senden. Doch gehe ich selber und hole Briseïs, die schönwangige,

In meine Hütte, dein Ehrgeschenk! daß du es gut weißt,
Wieviel besser ich bin als du, und daß auch ein anderer sich hüte,
Sich mir gleich zu dünken und gleichzustellen ins Angesicht!«
       So sprach er. Doch dem Peleus-Sohn war es ein Schmerz, und drinnen
Sein Herz in der behaarten Brust erwog ihm zwiefach:
190 Ob er, das scharfe Schwert gezogen von dem Schenkel,
Die Männer aufjagte und den Atreus-Sohn erschlage,
Oder Einhalt täte dem Zorn und zurückhalte den Mut.
Während er dies erwog im Sinn und in dem Mute,
Und schon aus der Scheide zog das große Schwert, da kam Athene
Vom Himmel herab: sie schickte die Göttin, die weißarmige Here,
Die beide zugleich im Mute liebte und sich um sie sorgte.
Und sie trat hinter ihn, und bei der blonden Mähne ergriff sie den
                                                                        Peleus-Sohn,
Ihm allein sichtbar, von den anderen sah sie keiner.
Und es erstarrte Achilleus und wandte sich um, und alsbald erkannte er
200 Pallas Athenaia, und schrecklich erstrahlten ihm ihre Augen.
Und er begann und sprach zu ihr die geflügelten Worte:
»Warum nur wieder, Kind des Zeus, des Aigishalters, bist du gekommen?
Wohl um den Übermut zu sehen Agamemnons, des Atreus-Sohns?
Doch ich sage dir heraus, und das, denke ich, wird auch vollendet werden:
Für seine Überheblichkeiten wird er noch einmal das Leben verlieren!«
       Da sagte wieder zu ihm die Göttin, die helläugige Athene:
»Gekommen bin ich, Einhalt zu tun deinem Ungestüm, wenn du mir folgtest,
Herab vom Himmel, und mich schickt die Göttin, die weißarmige Here,
Die euch beide zugleich im Mute liebt und sich um euch sorgt.
210 Doch auf! laß ab vom Streit und ziehe nicht das Schwert mit der Hand!
Aber freilich, mit Worten halte ihm vor, wie es auch sein wird.
Denn so sage ich es heraus, und das wird auch vollendet werden:
Sogar dreimal so viele glänzende Gaben werden dir einst werden
Um dieses Übermutes willen. Du aber halte an dich und folge uns!«
       Da antwortete und sprach zu ihr der fußschnelle Achilleus:
»Not ist es, Göttin, euer beider Wort zu bewahren,
Ob man auch noch so sehr im Mute zürnt, denn so ist es besser.
Wer den Göttern gehorcht, sehr hören sie auch auf diesen.«
       Sprachs und hielt an auf dem silbernen Griff die Hand, die schwere,
220 Und zurück in die Scheide stieß er das große Schwert und war nicht
                                                                        ungehorsam
Dem Wort Athenaias. Sie aber ging zum Olympos
In die Häuser des Zeus, des Aigishalters, zu den anderen Göttern.

Der Peleus-Sohn aber sprach von neuem mit harten Worten
Den Atriden an und ließ noch nicht ab von seinem Zorn:
»Weinbeschwerter! mit den Augen eines Hundes und dem Herzen eines
Hirsches!
Weder zum Kampf dich zu rüsten zugleich mit dem Volk
Noch auf eine Lauer zu gehen mit den Besten der Achaier
Hast du jemals gewagt im Mut: das scheint dir der Tod zu sein!
Ist doch viel einträglicher, im breiten Heer der Achaier
230 Gaben dem abzunehmen, wer immer dir entgegenredet,
Volksgut verzehrender König! da du über Nichtige gebietest.
Denn sonst hättest du, Atreus-Sohn! jetzt zum letztenmal beleidigt!
Aber ich sage dir heraus und schwöre darauf den großen Eid:
Wahrlich! bei diesem Stab, der nie mehr Blätter und Äste
Treibt, nachdem er einmal verließ den Stumpf in den Bergen,
Und nicht mehr aufsprossen wird, denn rings abgeschabt hat das Erz ihm
Blätter und Rinde; nun tragen ihn die Söhne der Achaier
In den Händen, die rechtspflegenden, welche die Satzungen
Wahren von Zeus her – und das wird dir ein großer Eid sein:
240 Wahrlich! einst wird nach Achilleus eine Sehnsucht kommen den Söhnen der
Achaier
Allen insgesamt, und dann wirst du ihnen, so bekümmert du bist,
Nicht helfen können, wenn viele unter Hektor, dem männermordenden,
Sterbend fallen; du aber wirst im Innern den Mut zerfleischen
Im Zorn, daß du den Besten der Achaier für nichts geehrt hast!«
    So sprach der Peleus-Sohn und warf den Stab zur Erde,
Den mit goldenen Nägeln beschlagenen, und setzte sich selber.
Der Atride aber drüben zürnte fort. Und unter denen sprang Nestor,
Der süßredende, auf, der hellstimmige Redner der Pylier,
Dem auch von der Zunge süßer als Honig floß die Stimme.
250 Dem waren schon zwei Geschlechter der sterblichen Menschen
Dahingeschwunden, die vormals mit ihm zugleich ernährt und geboren waren
In Pylos, der hochheiligen, und er herrschte unter den dritten.
Der redete vor ihnen mit rechtem Sinn und sagte:
    »Nein doch! wirklich, eine große Trauer kommt über die achaische Erde!
Ja, freuen wird sich Priamos und des Priamos Söhne,
Und auch die anderen Troer werden sehr froh sein im Mute,
Wenn sie über euch dies alles erfahren, wie ihr beide streitet,
Die ihr überlegen seid den Danaern im Rat und überlegen im Kampf.
Aber folgt mir, denn ihr seid beide jünger als ich!
260 Schon vor Zeiten bin ich mit besseren Männern, als ihr es seid,

Umgegangen, und diese haben mich nie für gering geachtet.
Denn nicht sah ich jemals solche Männer und werde sie nicht sehen,
Wie den Peirithoos und den Dryas, den Hirten der Völker,
Und den Kaineus, den Exadios und den gottgleichen Polyphemos
Und Theseus, den Aigeus-Sohn, Unsterblichen vergleichbar.
Ja, als die Stärksten erwuchsen sie unter den Erdenmenschen,
Die Stärksten waren sie und kämpften mit den Stärksten:
Den Kentauren, den bergbewohnenden, und furchtbar haben sie sie vernichtet.
Auch mit denen bin ich umgegangen, aus Pylos kommend,
270 Weither, von dem fernen Lande: sie riefen mich selber.
Und ich kämpfte, auf mich selbst gestellt. Mit jenen könnte keiner
Von denen, die heute die Sterblichen sind auf Erden, kämpfen!
Und sie hörten auf meinen Rat und folgten der Rede.
Darum folgt auch ihr, da es besser ist, zu folgen.
Weder nimm du diesem, so mächtig du bist, die Jungfrau, sondern laß sie,
Wie ihm einmal zum Ehrgeschenk gaben die Söhne der Achaier.
Noch wolle du, Peleus-Sohn, gegen den König streiten
Gewaltsam, da niemals eine nur gleichartige Ehre zusteht
Dem stabführenden König, dem Zeus Prangen verliehen.
280 Denn bist du stark, und eine Göttin gebar dich als Mutter,
So ist er mächtiger, weil er über mehr Volk gebietet.
Atreus-Sohn! doch du tue Einhalt deinem Ungestüm, und ich will
Anflehen den Achilleus, daß er aufgebe den Zorn, er, der die große
Schutzwehr ist allen Achaiern in dem schlimmen Krieg!«
        Da antwortete und sprach zu ihm der gebietende Agamemnon:
»Ja wirklich! dies alles hast du, Alter! nach Gebühr gesprochen.
Aber der Mann da will überlegen sein allen anderen:
Alle will er beherrschen und über alle gebieten,
Allen Weisungen geben – denen mancher nicht folgen wird, denke ich!
290 Haben ihn zum Lanzenkämpfer gemacht die immer seienden Götter,
Geben sie ihm damit das Vorrecht, Schmähungen zu reden?«
        Da fiel ihm ins Wort und erwiderte der göttliche Achilleus:
»Wirklich! ja! ein Feiger, ein Garnichts würde ich heißen,
Wenn ich in jeder Sache dir wiche, was du auch sagst.
Anderen trage dies auf! Mir aber gib keine Weisung,
Denn nicht mehr werde ich dir gehorchen, denke ich!
Doch etwas anderes sage ich dir, du aber lege es dir in deinen Sinn:
Mit Händen werde ich dir nicht wegen eines Mädchens kämpfen,
Nicht mit dir noch einem anderen, da ihr sie mir nehmt, die ihr sie gegeben.
300 Von dem anderen aber, was mein ist bei dem schnellen schwarzen Schiff,

Davon holst du nichts weg und nimmst es gegen meinen Willen!
Wenn aber – auf! versuche es! damit es auch die hier erkennen:
Schnell wird dir das schwarze Blut um die Lanze strömen!«
    So standen die beiden auf, mit feindlichen Worten streitend,
Und lösten die Versammlung auf bei den Schiffen der Achaier.
Der Peleus-Sohn ging zu den Lagerhütten und ebenmäßigen Schiffen
Zusammen mit dem Sohn des Menoitios und seinen Gefährten.
Der Atride aber ließ ein schnelles Schiff in die Salzflut ziehen
Und wählte dafür Ruderer aus, zwanzig, und brachte ein Hundertopfer
310 Hinein für den Gott und führte hinauf die schönwangige Chryseïs.
Und ließ sie sitzen, und als Führer stieg ein der vielkluge Odysseus.
Und aufgestiegen fuhren sie darauf über die feuchten Pfade. –
Das Volk aber hieß der Atreus-Sohn sich reinigen,
Und sie reinigten sich und warfen die Befleckungen ins Meer
Und verrichteten dem Apollon vollgültige Hundertopfer
Von Stieren und Ziegen am Strand der unfruchtbaren Salzflut,
Und der Fettdampf kam zum Himmel, rings herumwirbelnd im Rauch.
So waren diese im Heer damit beschäftigt. – Doch Agamemnon
Ließ nicht ab vom Streit, den er zuvor angedroht dem Achilleus,
320 Sondern er sprach zu Talthybios und Eurybates,
Die ihm Herolde waren und geschäftige Diener:
»Ihr geht beide zur Lagerhütte des Peleus-Sohns Achilleus
Und nehmt bei der Hand und bringt die schönwangige Briseïs.
Gibt er sie aber nicht, so werde ich sie mir selber holen,
Kommend mit mehreren: das wird ihm noch schrecklicher sein!«
    So sprach er und schickte sie fort und legte ihnen das harte Wort auf.
Die aber gingen widerwillig das Ufer entlang des unfruchtbaren Meeres.
Und sie gelangten zu den Lagerhütten und Schiffen der Myrmidonen.
Und ihn fanden sie bei der Hütte und dem Schiff, dem schwarzen,
330 Sitzend, und nicht freute sich, sie zu sehen, Achilleus.
Und die beiden standen da, in Furcht und Scheu vor dem König,
Und redeten ihn nicht an und befragten ihn nicht.
Er aber erkannte es in seinem Sinn und sagte:
»Freut euch, Herolde! ihr Boten des Zeus wie auch der Männer!
Kommt näher! Nicht ihr seid mir schuld, sondern Agamemnon,
Der euch beide schickt der Briseïs wegen, der Jungfrau. –
Doch auf! zeusentsproßter Patroklos! führe heraus die Jungfrau
Und gib sie ihnen, sie wegzuführen. Und die beiden selbst sollen Zeugen sein
Vor den Göttern, den seligen, und vor den sterblichen Menschen
340 Und vor diesem König, dem starrsinnigen, wenn man einst wieder

Meiner bedürfen wird, um das schmähliche Verderben abzuwehren
Von den anderen. Denn wahrhaftig! er rast mit heillosem Sinn
Und weiß nicht zugleich voraus wie zurück zu denken,
Wie ihm bei den Schiffen heil die Achaier kämpfen!«
   So sprach er. Und Patroklos gehorchte seinem Gefährten
Und führte aus der Hütte die schönwangige Briseïs
Und gab sie, sie wegzuführen. Und die gingen zurück zu den Schiffen der
                                           Achaier,
Und widerwillig ging die Frau mit ihnen. Aber Achilleus
Setzte sich weinend alsbald, abseits von den Gefährten,
350 An den Strand der grauen Salzflut und blickte auf das grenzenlose Meer
Und betete viel zu seiner Mutter und streckte die Arme:
»Mutter! da du mich geboren hast nur für ein kurzes Leben,
So sollte Ehre mir doch der Olympier verbürgen,
Zeus, der hochdonnernde! Jetzt aber ehrt er mich auch nicht ein wenig!
Wahrhaftig! hat mich doch der Atreus-Sohn, der weitherrschende
                                       Agamemnon,
Verunehrt, denn er nahm und hat mein Ehrgeschenk, das er selbst mir
                                       fortnahm!«
   So sprach er, Tränen vergießend. Und ihn hörte die hehre Mutter,
Die in den Tiefen der Salzflut saß bei dem greisen Vater.
Und schnell tauchte sie auf aus dem grauen Meer wie ein Nebel
360 Und setzte sich vor ihm nieder, dem Tränen Vergießenden,
Streichelte ihn mit der Hand, sprach das Wort und benannte es heraus:
»Kind! was weinst du? welch Leid ist dir in das Herz gekommen?
Sprich es aus! verbirg es nicht im Sinn! Damit wir es beide wissen.«
   Da sagte, schwer stöhnend, zu ihr der fußschnelle Achilleus:
»Du weißt es! was soll ich dir, die du es weißt, dies alles berichten? –
Wir zogen nach Theben, der heiligen Stadt des Eëtion,
Und diese zerstörten wir und führten hierher alles.
Und das verteilten unter sich gut die Söhne der Achaier
Und wählten für den Atriden aus die Chryses-Tochter, die schönwangige.
370 Und Chryses wieder, der Priester des Ferntreffers Apollon,
Kam zu den schnellen Schiffen der erzgewandeten Achaier,
Um freizukaufen die Tochter, und brachte unermeßliche Lösung
Und hielt die Binden in Händen des Ferntreffers Apollon
An einem goldenen Stab und flehte zu allen Achaiern
Und den beiden Atreus-Söhnen am meisten, den Ordnern der Völker.
Da stimmten ehrfürchtig zu alle anderen Achaier,
Daß man den Priester scheuen und die prangende Lösung nehmen sollte.

Doch dem Atreus-Sohn Agamemnon behagte das nicht im Mute,
Sondern er schickte ihn übel fort und legte ihm ein hartes Wort auf.
380 Und zürnend ging der Greis wieder hinweg, und Apollon
Hörte auf ihn, wie er betete, da er ihm sehr lieb war.
Und er sandte auf die Argeier sein böses Geschoß, und die Völker
Starben dicht gedrängt, und es kamen die Geschosse des Gottes
Überall hin im breiten Heer der Achaier. Uns aber sagte
Der Seher, der es gut wußte, die Göttersprüche des Ferntreffers.
Alsbald hieß ich als erster, den Gott gnädig zu stimmen.
Und den Atriden ergriff darauf der Zorn, und schnell aufgestanden
Drohte er an das Wort, das nun verwirklicht wurde.
Denn jene entsenden mit einem schnellen Schiff die hellblickenden Achaier
390 Nach Chryse und führen Gaben mit sich für den Herrn.
Die aber – da gingen eben Herolde aus der Hütte und führten sie weg,
Die Tochter des Brises, die mir gaben die Söhne der Achaier. –
Doch du, wenn du es vermagst, nimm dich an deines tapferen Sohns.
Geh zum Olympos und flehe zu Zeus, wenn du denn jemals
Gefällig warst mit einem Wort dem Herzen des Zeus oder einem Werk.
Denn oft habe ich dich in den Häusern des Vaters dich rühmen hören,
Wie du sagtest, daß du dem schwarzwolkigen Kronion
Allein unter den Unsterblichen das schmähliche Verderben abgewehrt,
Als ihn binden wollten die anderen Olympier:
400 Here und auch Poseidon und Pallas Athene.
Aber du kamst, Göttin, und löstest ihn von den Fesseln,
Da du schnell den Hundertarm riefst zum großen Olympos,
Den Briareos die Götter nennen, alle Menschen aber
Aigaion, denn der ist stärker an Kraft als sein Vater Poseidon.
Und er setzte sich nieder bei Kronion, seines Prangens froh,
Und vor dem fürchteten sich die seligen Götter und banden ihn nicht.
Daran erinnere ihn jetzt und setze dich zu ihm und fasse seine Knie:
Ob er wohl gewillt wäre, den Troern beizustehen, die aber
An den hinteren Schiffen und am Meer zusammenzudrängen, die Achaier,
410 Hingemordet, auf daß sie alle genug bekommen von ihrem König!
Und es erkenne auch der Atreus-Sohn, der weitherrschende Agamemnon,
Seine Verblendung, daß er den Besten der Achaier für nichts geehrt hat!«
    Darauf erwiderte ihm Thetis, Tränen vergießend:
»O mir, mein Kind! was habe ich dich aufgezogen, zum Unheil geboren!
Daß du doch bei den Schiffen ohne Tränen und ohne Leid
Säßest, wo doch dein Lebenslos nur kurz ist und gar nicht für lange!
Jetzt aber bist du zugleich kurzlebig und elend vor allen:

So habe ich dich zu schlimmem Schicksal geboren in den Häusern!
Doch um dir dieses Wort dem Zeus zu sagen, dem donnerfrohen,
420 Gehe ich selbst zum Olympos, dem stark beschneiten, ob er mir folge.
Aber du bleibe jetzt sitzen bei den schnellfahrenden Schiffen
Und zürne weiter den Achaiern und halte dich ganz vom Kampfe fern.
Denn Zeus ist gestern zum Okeanos unter die untadligen Aithiopen
Gegangen zum Gastmahl, und die Götter alle gingen mit ihm.
Doch am zwölften Tag wird er dir wieder zurückkehren zum Olympos,
Und dann gehe ich dir alsbald zum Haus des Zeus mit der ehernen Schwelle
Und flehe ihn an bei den Knien, und er wird mir folgen, denke ich.«
    So sprach sie und ging hinweg und ließ ihn dort,
Zürnend in seinem Mute um die schöngegürtete Frau,
430 Die sie ihm mit Gewalt, gegen seinen Willen, genommen hatten. –
                                                                    Aber Odysseus
Gelangte nach Chryse mit dem heiligen Hundertopfer.
Und als sie nun ins Innere des vieltiefen Hafens gekommen waren,
Zogen sie die Segel ein und legten sie in dem schwarzen Schiffe nieder
Und legten den Mast auf die Mastgabel, ihn an den Vortauen niederlassend,
Eilends, und ruderten das Schiff zur Anfurt vor mit den Rudern.
Und warfen Ankersteine aus und banden die Hecktaue an
Und stiegen auch selber aus an der Brandung des Meeres
Und luden das Hundertopfer aus für den Ferntreffer Apollon.
Und auch die Chryses-Tochter stieg aus dem meerdurchfahrenden Schiff.
440 Die führte dann zu dem Altar der vielkluge Odysseus
Und gab sie ihrem Vater in die Hände und sagte zu ihm:
»Chryses! mich hat entsendet der Herr der Männer Agamemnon,
Dir die Tochter zu bringen und dem Phoibos ein heiliges Hundertopfer
Auszurichten für die Danaer, daß wir den Herrn gnädig stimmen,
Der jetzt über die Argeier stöhnenreiche Kümmernisse gebracht hat.«
    So sprach er und gab sie ihm in die Hände, und der empfing freudig
Die eigene Tochter. Und schnell stellten sie für den Gott
Das heilige Hundertopfer gereiht um den schöngebauten Altar,
Und wuschen sich dann die Hände und nahmen auf die Opfergerste.
450 Und unter ihnen betete Chryses laut, die Hände emporhaltend:
    »Höre mich, Silberbogner! der du schützend um Chryse wandelst
Und um Killa, die hochheilige, und über Tenedos mit Kraft gebietest!
Ja, da hast du zuvor mich schon einmal gehört, wie ich betete,
Und mich geehrt und groß geschlagen das Volk der Achaier.
So erfülle mir auch jetzt noch dieses Begehren:
Jetzt nun wehre ab von den Danaern das schmähliche Verderben!«

So sprach er und betete, und ihn hörte Phoibos Apollon.
Als sie aber gebetet und die Opfergerste geworfen hatten,
Zogen sie zuerst die Hälse der Opfertiere zurück und schlachteten sie und
häuteten sie ab
460 Und schnitten die Schenkel heraus und umwickelten sie mit Fett,
Doppelt gefaltetem, und legten rohes Fleisch darauf.
Und der Alte verbrannte sie auf Scheitern und träufte funkelnden Wein darauf,
Und neben ihm hielten Jünglinge die fünfzinkigen Gabeln in Händen.
Als aber die Schenkel verbrannt waren und sie von den inneren Teilen gekostet
hatten,
Zerstückelten sie das andere und spießten es auf Bratspieße
Und brieten es sorgsam und zogen alles herunter.
Und als sie die Arbeit geendet und das Mahl bereitet hatten,
Speisten sie, und es war für den Mut kein Mangel an dem gebührenden Mahl.
Doch als sie das Verlangen nach Trank und Speise vertrieben hatten,
470 Füllten Jünglinge die Mischkrüge bis zum Rand mit dem Trank
Und teilten allen zu, vorher spendend aus den Bechern.
Und den ganzen Tag stimmten sie gnädig den Gott mit Gesang und Tanz,
Singend den schönen Heilsgesang, die Jünglinge der Achaier,
Feiernd den Ferntreffer; der aber freute sich im Sinn, wie er es hörte.
Als aber die Sonne unterging und das Dunkel heraufkam,
Da nun legten sie sich nieder bei den Hecktauen des Schiffes.
Als aber die Frühgeborene erschien, die rosenfingrige Eos,
Da liefen sie alsdann aus zum breiten Heer der Achaier,
Und ihnen sandte einen günstigen Fahrwind der Ferntreffer Apollon.
480 Und sie stellten den Mast auf und breiteten die weißen Segel aus,
Und der Wind blies mitten hinein in das Segel, und die Woge
Brauste gewaltig um den Bug des Schiffes, die purpurne, wie es dahinfuhr,
Und es lief über das Gewoge dahin, seinen Pfad durchmessend.
Aber als sie gelangten zum breiten Heer der Achaier,
Da zogen sie das schwarze Schiff an das Festland,
Hoch auf den Sand, und stellten große Stützbalken darunter.
Sie selber aber zerstreuten sich zu den Hütten und den Schiffen.
Der aber zürnte fort, sitzend bei den schnellfahrenden Schiffen,
Der zeusentsproßte Sohn des Peleus, der fußschnelle Achilleus.
490 Weder ging er je in die männerehrende Versammlung
Noch je in den Kampf, sondern er verzehrte sein Herz,
Dort am Orte bleibend, und sehnte sich nach Kampfgeschrei und Krieg.
Als aber seitdem die zwölfte Morgenröte heraufkam,
Da nun gingen zum Olympos die immer seienden Götter

Alle zusammen, und Zeus ging voran. Doch Thetis vergaß nicht
Die Aufträge ihres Sohnes, sondern tauchte auf aus dem Gewoge des Meers
Und stieg in der Frühe hinauf zum großen Himmel und zum Olympos
Und fand den weitumblickenden Kroniden, wie er entfernt von den anderen
Saß auf der höchsten Kuppe des vielgipfligen Olympos.
500 Und sie setzte sich vor ihm nieder und faßte seine Knie
Mit der Linken und griff ihm an das Kinn mit der Rechten
Und sprach und flehte zu Zeus Kronion, dem Herrn:
»Zeus, Vater! wenn ich je dir Nutzen unter den Unsterblichen brachte
Mit Wort oder Werk, so erfülle mir dieses Begehren:
Ehre mir den Sohn, der der Kurzlebigste ist von allen!
Und nun hat ihn der Herr der Männer Agamemnon
Verunehrt, denn er nahm und hat sein Ehrgeschenk, das er selbst ihm fortnahm.
Du aber ehre ihn, Olympier! ratsinnender Zeus!
Und verleihe solange den Troern Obmacht, bis die Achaier
510 Meinen Sohn ehren werden und ihm mehr noch geben an Ehre!«
So sprach sie. Doch es sagte nichts zu ihr der Wolkensammler Zeus,
Sondern in Schweigen saß er lange. Thetis aber, so wie sie seine Knie ergriffen,
So hielt sie sich angeklammert und fragte zum zweiten Male wieder:
»Unfehlbar sage es mir denn zu und nicke Gewährung!
Oder versage es, denn nichts hast du zu fürchten! daß ich es gut weiß,
Wie sehr unter allen ich die ehrloseste Göttin bin!«
Da fuhr groß auf und sagte zu ihr der Wolkensammler Zeus:
»Wirklich! heillose Dinge! daß du mir auferlegst, mich mit Here
Zu verfeinden, wenn sie mich reizt mit schmähenden Worten!
520 Die streitet auch so stets mit mir unter den unsterblichen Göttern
Und sagt, daß ich in der Schlacht den Troern helfe.
Aber du gehe nun wieder fort, daß dich Here nicht bemerkt!
Dies aber soll meine Sorge sein, bis daß ich es erfülle.
Doch auf! ich will es dir zunicken mit dem Haupt, daß du überzeugt bist.
Denn das ist von mir unter den Unsterblichen das größte
Zeichen, denn nicht ist von mir widerrufbar noch trügerisch
Noch auch unvollendbar, was immer ich mit dem Haupt zunicke!«
Sprach es, und mit den schwarzen Brauen nickte Kronion,
Und die ambrosischen Haare des Herrn wallten nach vorn
530 Von dem unsterblichen Haupt, und erbeben ließ er den großen Olympos.
Als die beiden sich so beraten hatten, trennten sie sich.
Sie sprang alsdann in das Meer, das tiefe, vom glänzenden Olympos,
Zeus aber ging zu seinem Haus. Und die Götter erhoben sich alle
Von den Sitzen, ihrem Vater entgegen, und keiner wagte,

Zu warten, bis er herankam, sondern entgegen traten sie ihm alle.
So setzte er sich dort nieder auf dem Thron. Here aber hatte ihn gesehen,
Und es blieb ihr nicht unbemerkt, wie mit ihm Rat gehalten
Die silberfüßige Thetis, die Tochter des Meeresalten.
Und sogleich sprach sie zu Zeus Kronion mit stachelnden Worten:
40 »Wer hat da wieder, Listiger! von den Göttern mit dir Rat gehalten?
Immer ist es dir lieb, fern von mir heimliche Dinge
Auszudenken und zu entscheiden, und niemals wagst du,
Bereitwillig mir das Wort zu sagen, das du im Sinn führst.«
    Da erwiderte ihr der Vater der Männer und der Götter:
»Here! hoffe nicht darauf, alle meine Pläne zu erfahren!
Hart werden sie dir sein, und bist du auch meine Gattin!
Doch den es billig ist zu hören, den soll alsdann keiner
Von den Göttern früher erfahren noch von den Menschen.
Den ich aber gewillt bin, getrennt von den Göttern zu ersinnen,
50 Danach sollst du nicht im einzelnen fragen noch es erforschen!«
    Darauf erwiderte ihm die Kuhäugige, die Herrin Here:
»Schrecklichster Kronos-Sohn! was für ein Wort hast du gesprochen!
Gar nicht habe ich bisher dich befragt noch ausgeforscht,
Nein, ganz in Ruhe bedenkst du das, was immer du willst.
Jetzt aber fürchte ich gewaltig im Sinn, ob dich nicht beredet hat
Die silberfüßige Thetis, die Tochter des Meeres-Alten.
Saß sie doch in der Frühe bei dir und faßte deine Knie.
Der, denke ich, hast du es wahrhaftig zugenickt, daß du Achilleus
Ehren wirst, aber viele Achaier verderben bei den Schiffen.«
60   Da antwortete und sagte zu ihr der Wolkensammler Zeus:
»Unbändige! immer mußt du ›denken‹, und ich kann dir nicht entgehen!
Ausrichten aber kannst du dennoch nichts, und immer nur ferner
Wirst du meinem Herzen, und das wird dir noch schrecklicher sein!
Doch wenn dieses so ist, so wird es mir eben so lieb sein!
Aber setz dich nieder in Schweigen und gehorche meinem Wort!
Kaum werden dir sonst helfen, so viele da Götter sind im Olympos,
Wenn ich dir nahe komme und die unberührbaren Hände an dich lege!«
    So sprach er. Da fürchtete sich die Kuhäugige, die Herrin Here,
Und sie setzte sich schweigend nieder und bändigte ihr Herz.
70 Und aufgebracht waren im Haus des Zeus die Götter, die Uranionen.
Doch unter ihnen begann Hephaistos, der kunstberühmte, mit den Reden,
Seiner Mutter zu Gefallen, der weißarmigen Here:
    »Wirklich! heillose Dinge sind das und nicht mehr erträglich!
Wenn ihr zwei der Sterblichen wegen derart streitet

Und vor den Göttern ein Gezänk aufführt! Und gar keine Freude
Wird mehr sein an dem guten Mahl, wenn das Gemeinere obsiegt!
Der Mutter rede ich zu, wenn sie es auch selbst erkennt,
Unserem Vater zu Gefallen zu sein, dem Zeus, daß nicht wieder
Der Vater streite und uns das Mahl zusammenwerfe.
580 Denn ist er gewillt, der Olympier, der blitzeschleudernde,
Uns von den Sitzen zu stoßen – er ist ja der bei weitem Stärkste.
Aber gehe du ihn an mit freundlichen Worten!
Gleich wird uns dann der Olympier wieder gnädig sein!«
    So sprach er und sprang auf, und den doppelt gebuchteten Becher
Legte er seiner Mutter in die Hände und sagte zu ihr:
»Ertrage es, meine Mutter! und halte an dich, wenn auch bekümmert!
Daß ich dich nicht, so lieb du mir bist, vor meinen Augen
Geschlagen sehe. Dann könnte ich dir, so bekümmert ich bin,
Nicht helfen. Denn schwer ist es, dem Olympier entgegenzutreten!
590 Denn auch ein andermal schon, als ich dir beizustehen suchte,
Ergriff er mich am Fuß und warf mich von der göttlichen Schwelle.
Den ganzen Tag lang trug es mich, jedoch mit untergehender Sonne
Stürzte ich herab auf Lemnos, und nur wenig Leben war noch in mir.
Dort pflegten mich Männer der Sintier alsbald, den Herabgestürzten.«
    So sprach er. Da lächelte die Göttin, die weißarmige Here,
Und lächelnd nahm sie mit der Hand den Becher vom Sohn.
Der aber begann, den anderen Göttern rechtshin allen
Den süßen Nektar auszuschenken, aus dem Mischkrug schöpfend.
Und unauslöschliches Gelächter erhob sich unter den seligen Göttern,
600 Als sie sahen, wie Hephaistos durch das Haus hin keuchte.
    So speisten sie damals den ganzen Tag bis zur untergehenden Sonne,
Und für ihren Mut war kein Mangel an dem gebührenden Mahl,
Und auch nicht an der Leier, der gar schönen, die Apollon hielt,
Und auch nicht an den Musen, die wechselnd mit schöner Stimme sangen.
Als aber untergegangen war das strahlende Licht der Sonne,
Da gingen sie, sich niederzulegen, ein jeder in sein Haus,
Wo für einen jeden das Haus der ringsberühmte Hinkende,
Hephaistos, gefertigt hatte mit kundigem Sinn.
Zeus aber ging zu seinem Lager, der Olympier, der blitzeschleudernde,
610 Wo er auch vormals zu schlafen pflegte, wenn ihm der süße Schlaf kam.
Dort stieg er hinauf und schlief, und bei ihm die goldthronende Here.

ZWEITER GESANG

*ZWEITER GESANG Zeus schickt Agamemnon einen Unheilstraum, der ihm den
baldigen Fall Trojas verkündet. – Agamemnon stellt mit dem Heer
eine Probe an, in der er das Gegenteil davon sagt, was er will, und das Heer ist nahe
daran, nach Hause zu fahren. Odysseus hält mit Hilfe der Götter die Männer
zurück und bringt den Thersites zur Ordnung. Erneute Beratung mit
Reden des Odysseus und Nestor, die die Vorzeichen und Eide vom
Anfang des Krieges heraufrufen. Wappnung und Sammlung des Heeres in
der Ebene. – Der zweite Teil bringt eine Heerschau mit dem Schiffskatalog
und dem Katalog der Troer.*

Da schliefen die anderen Götter und die pferdegerüsteten Männer
Die ganze Nacht. Aber den Zeus hielt nicht der süße Schlaf,
Sondern er überlegte in seinem Sinn, wie er den Achilleus
Ehren und viele der Achaier verderben sollte bei den Schiffen.
Und dieses schien ihm in seinem Mute der beste Rat,
Dem Atreus-Sohn Agamemnon einen Unheilstraum zu senden.
Und er begann und sagte zu ihm die geflügelten Worte:
»Eil dich und geh, Unheilstraum, zu den schnellen Schiffen der Achaier!
Und bist du gekommen in die Hütte Agamemnons, des Atreus-Sohns,
10 So sage ihm alles ganz unverdreht, wie ich es auftrage.
Rüsten heiße ihn die am Haupte langgehaarten Achaier
Mit aller Macht, denn jetzt mag er nehmen die Stadt, die breitstraßige,
Der Troer: nicht mehr sind zwiefach gesonnen, die die olympischen
                                                    Häuser haben,
Die Unsterblichen, denn umgestimmt hat sie alle zusammen
Here mit ihren Bitten, und es sind den Troern Kümmernisse verhängt.«
    So sprach er, und der Traum ging hin, als er die Rede hörte,
Und eilends gelangte er zu den schnellen Schiffen der Achaier.
Und er ging zu dem Atreus-Sohn Agamemnon und traf ihn
Schlafend in der Hütte, und um ihn war ergossen ambrosischer Schlummer.
20 Und er trat ihm zu Häupten, dem Sohn des Neleus gleichend,
Dem Nestor, den am meisten unter den Alten ehrte Agamemnon.
Diesem gleichend sprach zu ihm der göttliche Traum:
»Du schläfst, Sohn des Atreus, des kampfgesinnten Pferdebändigers?
Nicht darf die ganze Nacht schlafen ein ratpflegender Mann,

Dem die Völker anvertraut sind und dem so viel obliegt.
Jetzt aber vernimm mich schnell: von Zeus bin ich dir ein Bote,
Der sich von fern her groß um dich sorgt und sich deiner erbarmt.
Rüsten heißt er dich die am Haupte langgehaarten Achaier
Mit aller Macht, denn jetzt magst du nehmen die Stadt, die breitstraßige,
30 Der Troer: nicht mehr sind zwiefach gesonnen, die die olympischen Häuser
                                                                              haben,
Die Unsterblichen, denn umgestimmt hat sie alle zusammen
Here mit ihren Bitten, und es sind den Troern Kümmernisse verhängt
Von Zeus her. Doch du halte es fest in deinem Sinn, und kein Vergessen
Soll dich ergreifen, wenn der honigsinnige Schlaf dich losläßt.«
    So sprach er und ging hinweg und ließ ihn dort,
Das bedenkend im Mute, was nicht vollendet werden sollte.
Denn er meinte, er werde nehmen des Priamos Stadt an jenem Tag,
Der Kindische! und wußte das nicht, was Zeus im Sinn trug für Dinge.
Denn auferlegen sollte er noch Schmerzen und Stöhnen
40 Den Troern und Danaern in starken Schlachten.
Und er erwachte aus dem Schlaf, und um ihn ergossen war die göttliche Stimme.
Und er setzte sich aufrecht und tauchte in ein weiches Gewand,
Ein schönes, neu gefertigtes, und warf sich den großen Mantel um,
Und unter die glänzenden Füße band er sich schöne Sohlen.
Und um die Schultern warf er sich das Schwert mit silbernen Nägeln
Und ergriff den Stab, den vom Vater ererbten, den unvergänglichen immer.
Mit diesem ging er unter die Schiffe der erzgewandeten Achaier.
    Da stieg Eos, die Göttin, hinauf zum großen Olympos,
Um Zeus das Licht anzusagen und den anderen Unsterblichen.
50 Er aber befahl den Herolden, den hellstimmigen,
Zur Versammlung zu berufen die am Haupte langgehaarten Achaier.
Diese riefen es aus, und sie versammelten sich gar schnell.
Doch eine Ratsversammlung setzte er zuerst der hochgemuten Alten
Beim Schiff des Nestor, des in Pylos angestammten Königs.
Als er diese zusammengerufen, bereitete er dichten Rat:
    »Hört, Freunde! Ein göttlicher Traum kam zu mir im Schlaf
Durch die ambrosische Nacht, und vor allem dem göttlichen Nestor
Glich er an Aussehen, Größe und Wuchs am nächsten.
Und er trat mir zu Häupten und sagte zu mir die Rede:
60 ›Du schläfst, Sohn des Atreus, des kampfgesinnten Pferdebändigers?
Nicht darf die ganze Nacht schlafen ein ratpflegender Mann,
Dem die Völker anvertraut sind und dem so viel obliegt.
Jetzt aber vernimm mich schnell: von Zeus bin ich dir ein Bote,

Der sich von fern her groß um dich sorgt und sich deiner erbarmt.
Rüsten heißt er dich die am Haupte langgehaarten Achaier
Mit aller Macht, denn jetzt magst du nehmen die Stadt, die breitstraßige,
Der Troer: nicht mehr sind zwiefach gesonnen, die die olympischen Häuser
                                                                         haben,
Die Unsterblichen, denn umgestimmt hat sie alle zusammen
Here mit ihren Bitten, und es sind den Troern Kümmernisse verhängt
70 Von Zeus her. Doch du halte es fest in deinem Sinn!‹ – So sprach er
Und ging und flog davon, und mich ließ der süße Schlaf los.
Doch auf! ob wir irgendwie rüsten die Söhne der Achaier!
Doch erst will ich sie mit Worten auf die Probe stellen, wie es Brauch ist,
Und sie abfahren heißen mit den vielrudrigen Schiffen.
Ihr aber haltet sie, der eine hier, der andere dort, zurück mit Worten.«
    So sprach er und setzte sich nieder. Da erhob sich unter ihnen
Nestor, der von Pylos der Herrscher war, der sandigen.
Der redete vor ihnen mit rechtem Sinn und sagte:
»Freunde! ihr Führer der Argeier und Berater!
80 Hätte irgendein anderer der Achaier diesen Traum berichtet,
Trug würden wir ihn nennen und uns lieber davon abwenden.
Jetzt aber sah ihn der Mann, der sich der weit Beste rühmt unter den Achaiern.
Doch auf! ob wir irgendwie rüsten die Söhne der Achaier!«
    So sprach er und ging als erster aus dem Rat,
Und sie standen auf und gehorchten dem Hirten der Völker,
Die stabführenden Könige, und herbei stürmten die Völker.
Und wie Schwärme heranziehen von dichtgedrängten Bienen,
Die immer neu aus dem hohlen Felsen kommen,
Und in Trauben fliegen sie zu den Frühlingsblumen,
90 Die einen fliegen hierhin, genugsam viel, und die andern dorthin:
So kamen von denen viele Schwärme von den Schiffen und Hütten
Vorn an dem tiefen Gestade in Reihen scharenweise
Zur Versammlung. Und unter ihnen war Ossa, das Gerücht, entbrannt,
Die sie zu gehen trieb, des Zeus Botin, und sie versammelten sich.
Und aufgeregt war die Versammlung, und es stöhnte darunter die Erde,
Als die Völker sich setzten, und es war ein Getöse. Und neun Herolde
Suchten rufend, sie zurückzuhalten, ob sie wohl mit dem Geschrei
Einhalten und hören wollten auf die zeusgenährten Könige.
Und mit Mühe setzte sich das Volk, und sie hielten sich auf den Sitzen
100 Und hörten auf mit Lärmen. Und auf stand der gebietende Agamemnon
Und hielt den Stab, den Hephaistos mühsam gefertigt –
Hephaistos hatte ihn gegeben dem Zeus Kronion, dem Herrn,

Doch Zeus gab ihn dem Geleiter, dem Argos-Töter.
Hermes aber, der Herr, gab ihn dem Pelops, dem Pferdestachler,
Doch Pelops wieder gab ihn dem Atreus, dem Hirten der Völker.
Atreus aber, als er starb, hinterließ ihn dem schafereichen Thyestes,
Doch Thyestes wieder hinterließ ihn dem Agamemnon zu tragen,
Daß er über viele Inseln und ganz Argos gebiete. –
Auf diesen gestützt sprach er unter den Argeiern die Worte:
110   »Freunde! Helden der Danaer! Diener des Ares!
Groß hat mich Zeus, der Kronide, in schwere Beirrung verstrickt,
Der Harte! der mir zuvor versprochen und zugenickt hat,
Daß ich heimkehren sollte, wenn ich die gutummauerte Ilios vernichtet.
Jetzt aber sann er bösen Betrug und heißt mich
Ruhmlos nach Argos kehren, nachdem ich viel Volk verloren.
So muß dem Zeus, dem übermächtigen, das wohl lieb sein,
Der schon von vielen Städten die Häupter gelöst hat
Und auch noch lösen wird, denn seine Gewalt ist die größte.
Denn schimpflich ist dies, auch für die Späteren zu erfahren,
120 Daß so vergeblich ein solches und so großes Volk der Achaier,
Ohne etwas auszurichten, einen Kampf kämpft und streitet
Gegen Männer, die weniger sind, und noch zeigt sich kein Ende.
Denn wollten wir, die Achaier wie auch die Troer,
Nachdem wir verläßliche Eidopfer geschlachtet, uns zählen lassen beide,
Und die Troer sammelten sich, so viele da eigenen Herdes sind,
Wir aber würden zu Zehntschaften geordnet, die Achaier,
Und wählten je einen Mann der Troer, den Wein zu schenken:
Vielen Zehntschaften würde dann der Weinschenk fehlen!
Um soviel mehr, sage ich, sind die Söhne der Achaier
130 Als die Troer, die in der Stadt wohnen. Doch als Verbündete
Sind darin aus vielen Städten lanzenschwingende Männer,
Die mich groß zurückschlagen und nicht, wie ich will, zulassen,
Daß ich von Ilios zerstöre die gutbewohnte Stadt.
Schon neun Jahre des großen Zeus sind dahingegangen,
Und schon faulen die Balken der Schiffe und gelockert sind die Taue,
Die aber, unsere Frauen und kleinen Kinder,
Sitzen wohl in den Häusern und warten. Uns aber bleibt das Werk
So unvollendet, um dessentwillen wir hierhergekommen.
Doch auf! folgen wir alle so, wie ich es sage:
140 Fahren wir ab mit den Schiffen ins eigene väterliche Land!
Denn nicht mehr werden wir Troja, die breitstraßige, erobern.«
        So sprach er, und ihnen erregte er den Mut in der Brust,

Allen in der Menge, die nicht zugehört hatten bei der Beratung.
Und aufgerührt wurde die Versammlung wie die großen Wogen des Meeres,
Der Ikarischen See, die der Ostwind und der Südwind
Erregte, herangestürmt aus den Wolken des Vaters Zeus.
Und wie wenn der Westwind aufrührt das tiefe Saatfeld, wenn er kommt
Und heftig hereinfährt, und es neigt sich darunter mit den Ähren:
So wurde ihre ganze Versammlung aufgerührt, und mit wirrem Geschrei
150 Stürmten sie zu den Schiffen, und unter ihren Füßen der Staub
Stieg empor, sich erhebend. Und sie riefen einander zu,
Anzupacken an den Schiffen und sie zu ziehen in die göttliche Salzflut.
Und sie räumten die Kielfurchen aus, und das Geschrei kam zum Himmel,
Wie sie heimwärts strebten, und weg nahmen sie die Stützbalken unter den
                                                                   Schiffen.
    Da wäre den Argeiern gegen das Geschick die Heimkehr bereitet worden,
Hätte nicht zu Athenaia Here das Wort gesprochen:
»Nein doch, Kind des Zeus, des Aigishalters, Atrytone!
So werden denn nach Hause, ins eigene väterliche Land
Abfahren die Argeier über die breiten Rücken des Meeres?
160 Und zum Jubel würden sie dem Priamos und den Troern
Die argeische Helena lassen, um deretwillen viele der Achaier
In Troja sind umgekommen, fern dem eigenen väterlichen Land!
Doch geh jetzt unter das Volk der erzgewandeten Achaier:
Halte mit deinen sanften Worten jeden einzelnen Mann zurück
Und laß sie nicht ins Meer ziehen die beiderseits geschweiften Schiffe!«
    So sprach sie, und nicht ungehorsam war die Göttin, die helläugige Athene.
Und sie schritt hin und schwang sich von den Häuptern des Olympos
Und gelangte eilends zu den schnellen Schiffen der Achaier.
Da fand sie den Odysseus, dem Zeus gleichwiegend an Einsicht,
170 Wie er dastand und legte nicht Hand an das Schiff, das gutverdeckte, schwarze,
Denn Kummer war ihm über das Herz und den Mut gekommen.
Und sie trat heran und sprach zu ihm, die helläugige Athene:
»Zeusentsproßter Laërtes-Sohn, reich an Erfindungen, Odysseus!
So werdet ihr denn nach Hause, ins eigene väterliche Land
Abfahren, euch in die vielrudrigen Schiffe werfend?
Und zum Jubel würdet ihr dem Priamos und den Troern
Die argeische Helena lassen, um deretwillen viele der Achaier
In Troja sind umgekommen, fern dem eigenen väterlichen Land?
Doch geh jetzt unter das Volk der Achaier und zögere nicht mehr
180 Und halte mit deinen sanften Worten jeden einzelnen Mann zurück
Und laß sie nicht ins Meer ziehen die beiderseits geschweiften Schiffe!«

So sprach sie, und er vernahm die Stimme der Göttin, wie sie gesprochen.
Und er schritt hin und lief und warf den Mantel ab, und den nahm auf
Der Herold Eurybates, der Ithakesier, der ihm folgte.
Selbst aber trat er entgegen dem Atreus-Sohn Agamemnon und nahm von ihm
Den Stab, den vom Vater ererbten, den unvergänglichen immer;
Mit diesem ging er unter die Schiffe der erzgewandeten Achaier.
Und welchen er von den Königen traf und den hervorragenden Männern,
Den hielt er zurück mit sanften Worten, herangetreten:
190 »Mann des Unglücks! nicht steht es dir an, dich wie ein Geringer zu fürchten!
Sondern setz dich selber hin und laß auch das andere Volk sich setzen.
Noch weißt du ja nicht genau, wie der Sinn des Atreus-Sohnes ist:
Jetzt stellt er eine Probe an, doch bald wird er strafen die Söhne der Achaier.
Haben wir doch nicht alle gehört, wie er im Rat gesprochen.
Daß er nicht erzürne und Übles antue den Söhnen der Achaier!
Groß ist der Mut in einem zeusgenährten König,
Von Zeus ist sein Amt, und es liebt ihn der ratsinnende Zeus.«
Und wenn er wieder einen Mann des Volkes sah und schreiend antraf,
Den schlug er mit dem Stab und fuhr ihn an mit der Rede:
200 »Mann des Unglücks! setz dich still hin und höre die Rede anderer,
Die besser sind als du! Denn du bist unkriegerisch und kraftlos,
Weder zählst du jemals im Kampf noch in der Beratung!
Können wir doch nicht alle hier Könige sein, wir Achaier!
Nichts Gutes ist Vielherrschaft: einer soll Herr sein,
Einer König, dem der Sohn des krummgesonnenen Kronos
Stab und Satzungen gab, daß er König sei unter ihnen.«
So schritt er gebietend durch das Heer, sie aber stürmten wieder
Zur Versammlung von den Schiffen und den Lagerhütten,
Lärmend, wie wenn das Gewoge des vieltosenden Meeres
210 Gegen das große Gestade braust, und es dröhnt das Meer.
Da setzten sich die anderen und hielten sich auf den Sitzen.
Thersites allein, der in Worten Maßlose, kreischte noch weiter.
Der wußte Worte in seinem Sinn, ungeordnete und viele,
Um drauflos und nicht nach der Ordnung mit den Königen zu streiten,
Sondern alles, was er nur meinte, daß es zum Lachen den Argeiern wäre.
Und er war als der häßlichste Mann nach Ilios gekommen:
Krummbeinig war er und hinkend auf einem Fuß, und die beiden Schultern
Waren ihm bucklig, gegen die Brust zusammengebogen, und darüber
Zugespitzt war er am Kopf, und spärlich sproßte darauf die Wolle.
220 Am verhaßtesten war er zumal dem Achilleus und Odysseus;
Beide schalt er stets. Damals wieder zählte er dem göttlichen Agamemnon

Mit schrillem Kreischen Schmähungen her, denn auf den waren die Achaier
Gewaltig ergrimmt und verargten es ihm in dem Mute.
Da schalt er, laut schreiend, den Agamemnon mit der Rede:
»Atreus-Sohn! worüber beklagst du dich wieder und wonach gierst du?
Voll von Erz sind dir die Hütten, und viele Frauen
Sind in den Hütten, ausgewählte, die wir Achaier
Immer als erstem dir geben, wenn wir eine Stadt erobern.
Oder fehlt es dir auch noch an Gold, das einer dir bringen soll
230 Von den pferdebändigenden Troern von Ilios als Lösung für einen Sohn,
Den ich gebunden dahergeführt oder ein anderer der Achaier?
Oder eine neue Frau, daß du dich mit ihr vereinigst in Liebe,
Die du für dich gesondert festhältst? Nicht gehört sichs,
Als Führer ins Unglück zu bringen die Söhne der Achaier!
O ihr Weichlinge, übles Schandvolk! Achaierinnen, nicht mehr Achaier!
Kehren wir doch heim mit den Schiffen, und lassen wir den da
Hier in Troja Ehrgeschenke verdauen, daß er sieht,
Ob nicht auch wir ihm ein Beistand sind, oder auch nicht.
Wo er auch jetzt den Achilleus, der ein viel besserer Mann als er ist,
240 Verunehrt hat, denn er nahm und hat sein Ehrgeschenk, das er selbst ihm
                                                          fortnahm.
Doch es hat Achilleus gar keine Galle im Leib, sondern ist schlaff,
Denn sonst hättest du, Atreus-Sohn, jetzt zum letztenmal beleidigt!«
     So sprach er und schalt Agamemnon, den Hirten der Völker,
Der Thersites. Doch schnell trat zu ihm der göttliche Odysseus,
Sah ihn von unten herauf an und fuhr ihn an mit dem schweren Wort:
»Thersites! Schwätzer von krausem Zeug, wenn auch ein hellstimmiger Redner!
Halte an dich und wolle nicht als einziger mit den Königen streiten!
Denn kümmerlicher als du, so sage ich, ist kein anderer Sterblicher
Unter allen, die mit den Atreus-Söhnen nach Ilios gekommen.
250 Darum nimm nicht die Könige in den Mund, wenn du redest,
Und bringe Beschimpfungen gegen sie vor und tritt ein für die Heimkehr!
Noch wissen wir nicht sicher, wie es werden soll mit diesen Dingen:
Ob gut oder schlecht heimkehren die Söhne der Achaier.
Deshalb sitzt du jetzt hier und beschimpfst den Atreus-Sohn Agamemnon,
Den Hirten der Völker, weil ihm sehr vieles geben
Die Helden der Danaer? und du verhöhnst ihn vor der Versammlung?
Doch das sage ich dir heraus, und das wird auch vollendet werden:
Treffe ich dich noch einmal, daß du sinnlos sprichst wie jetzt eben,
Nicht mehr soll dann dem Odysseus das Haupt auf den Schultern stehen,
260 Noch will ich weiter des Telemachos Vater heißen,

Wenn ich dich nicht nehme und dir deine Kleider ausziehe,
Den Mantel und den Rock und was deine Scham umhüllt,
Und dich selbst weinend zu den schnellen Schiffen jage,
Geprügelt aus der Versammlung mit schmählichen Hieben!«
    So sprach er und schlug ihm mit dem Stab über Rücken und Schultern,
Und er krümmte sich, und dick entfloß ihm die Träne.
Und ein Striemen, ein blutiger, erhob sich von seinem Rücken
Unter dem goldenen Stab, und er setzte sich nieder und fürchtete sich,
Und Schmerzen leidend, mit leerem Blick, wischte er sich ab die Träne.
270 Die aber, so bekümmert sie waren, lachten vergnügt über ihn,
Und so redete mancher und sah den anderen neben sich an:
    »Nein doch! wahrhaftig, zehntausend gute Dinge hat Odysseus schon getan,
Mit guten Ratschlägen vorangehend und den Krieg ausrüstend.
Jetzt aber hat er das als weit Bestes getan unter den Argeiern,
Daß er diesem wortwerfenden Lästerer Einhalt tat mit reden!
Ja, schwerlich wird ihn einmal wieder der mannhafte Mut erregen,
Zu schelten die Könige mit schmähenden Worten!«
    So sprach die Menge. Und auf stand der Städtezerstörer Odysseus,
Den Stab haltend, und neben ihm die helläugige Athene,
280 Einem Herold gleichend, gebot zu schweigen dem Volk,
Daß zugleich die vordersten wie auch die hintersten Söhne der Achaier
Seine Rede hörten und seinen Rat bedachten.
Der redete vor ihnen mit rechtem Sinn und sagte:
    »Atreus-Sohn! jetzt wollen dich also, Herr! die Achaier
Zum Verächtlichsten machen unter allen sterblichen Menschen
Und dir nicht das Versprechen erfüllen, das sie versprachen,
Noch auf dem Weg hierher von der pferdenährenden Argos,
Daß du heimkehren solltest, wenn du die gutummauerte Ilios vernichtet.
Denn so wie junge Kinder und verwitwete Weiber
290 Jammern sie untereinander und wollen nach Hause kehren.
Freilich, es ist schon eine Plage, um überdrüssig heimzukehren!
Denn auch mancher, der nur einen Monat ausharrt fern seiner Gattin,
Wird ungeduldig bei dem vielgejochten Schiff, wenn ihn die Stürme,
Die winterlichen, zurückhalten und die erregte See.
Uns aber ist es das neunte umlaufende Jahr,
Daß wir hier ausharren. Darum verarge ich es nicht den Achaiern,
Ungeduldig zu werden bei den geschweiften Schiffen. Aber gleichwohl
Wäre es doch schimpflich, so lange zu warten und leer heimzukehren.
Haltet aus, Freunde! und wartet noch eine Zeit, daß wir erfahren,
300 Ob Kalchas recht den Spruch getan hat oder auch nicht.

Denn gut wissen wir doch dieses im Sinn, und ihr alle seid Zeugen,
Die die Göttinnen des Todes nicht mit sich fortgetragen:
Gestern und ehegestern wars, als in Aulis die Schiffe der Achaier
Sich sammelten, um Böses dem Priamos und den Troern zu bringen.
Und wir, rings um die Quelle bei den heiligen Altären,
Verrichteten den Unsterblichen vollgültige Hundertopfer
Unter der schönen Platane, von der her glänzendes Wasser strömte.
Da erschien ein großes Zeichen: eine Schlange, am Rücken blutrot,
Eine schreckliche, die der Olympier selber schickte ans Licht,
310 Schoß unter dem Altar hervor und fuhr die Platane hinauf.
Dort waren die Jungen eines Sperlings, kleine Kinder,
Auf dem obersten Ast, unter Blättern geduckt,
Acht, doch die Mutter war die neunte, die die Kinder geboren.
Da fraß diese auf die kläglich zwitschernden,
Die Mutter aber umflog wehklagend ihre Kinder;
Aber sie packte, sich ringelnd, die Klagende am Flügel.
Doch als sie die Kinder des Sperlings aufgefressen und ihn selber,
Da machte sie klar erkennbar der Gott, der sie erscheinen ließ,
Denn zu Stein machte sie der Sohn des Kronos, des krummgesonnenen.
320 Wir aber standen und staunten, was geschehen war,
Wie da das furchtbare Ungetüm gekommen war in der Götter Hundertopfer.
Kalchas aber tat gleich darauf den Seherspruch und sagte:
›Warum seid ihr verstummt, ihr am Haupte langgehaarten Achaier?
Uns hat dieses als großes Wunderzeichen gewiesen der ratsinnende Zeus,
Ein spätes, spät sich erfüllendes, dessen Ruhm niemals vergehen wird.
So wie diese die Kinder des Sperlings aufgefressen hat und ihn selber,
Acht, doch die Mutter war die neunte, die die Kinder geboren:
So werden wir dort Krieg führen ebenso viele Jahre,
Im zehnten Jahr aber die Stadt erobern, die breitstraßige.‹
330 So redete jener, und das wird jetzt alles vollendet werden.
Aber auf! harrt alle aus, ihr gutgeschienten Achaier,
Hier am Ort, bis wir die große Stadt des Priamos genommen!«
    So sprach er. Und die Argeier jauchzten groß auf, und rings die Schiffe
Erdröhnten gewaltig unter dem Geschrei der Achaier,
Während sie Beifall gaben dem Wort des göttlichen Odysseus.
Unter ihnen aber sprach auch der Gerenier, der Rosselenker Nestor:
    »Nein doch! wahrhaftig, wie Kinder redet ihr in der Versammlung,
Unmündige, die noch nicht kümmern die Werke des Krieges!
Wo werden uns nun hingehen die Verträge und die Eide?
340 Ins Feuer mögen da die Beschlüsse kommen und die Pläne der Männer

Und die Spenden ungemischten Weins und die Handschläge, auf die wir
                                                                    vertrauten!
Denn nur so mit Worten streiten wir, und kein Mittel
Können wir finden, die wir die viele Zeit schon hier sind.
Atreus-Sohn! doch du, wie früher mit unerschütterlichem Ratschluß,
Sei Führer auch weiter den Argeiern in den starken Schlachten!
Die laß zugrunde gehen, die ein oder zwei, die da gesondert
Von den Achaiern beschließen – Erfüllung wird ihnen nicht werden! – ,
Eher nach Argos zu gehen, ehe wir noch von Zeus, dem Aigishalter,
Erkennen, ob Täuschung sein Versprechen war oder auch nicht.
350 Denn ich sage jetzt: zugenickt hat uns der übergewaltige Kronion
An dem Tag, als auf die schnellfahrenden Schiffe die Achaier
Stiegen, um den Troern Mord und Todesschicksal zu bringen.
Rechtshin blitzend, ließ er uns günstige Zeichen erscheinen.
Darum dringe keiner eher darauf, nach Hause zu kehren,
Ehe er nicht bei einer der troischen Frauen geschlafen
Und Buße genommen für die Angst und das Stöhnen der Helena!
Wenn aber einer unbändig wünscht, nach Hause zu kehren,
So berühre er nur sein Schiff, das gutverdeckte, schwarze,
Daß er noch vor den anderen dem Tod und dem Schicksal folge! –
360 Doch, Herr! überlege selber gut und folge auch einem anderen!
Nicht soll das Wort dir verwerflich sein, das ich sage.
Ordne die Männer nach Stämmen, nach Sippen, Agamemnon!
Daß die Sippe den Sippen helfe, die Stämme den Stämmen.
Und hast du so getan, und es gehorchen dir die Achaier, dann wirst du
Erkennen, wer von den Führern schlecht ist und wer von den Männern,
Und wer tüchtig ist, denn je für sich werden sie kämpfen.
Und wirst erkennen, ob du nach Götterwillen nicht die Stadt eroberst
Oder wegen der Feigheit der Männer und ihres Unverstands im Krieg.«
     Da antwortete und sprach zu ihm der gebietende Agamemnon:
370 »Wahrhaftig! da besiegst du wieder im Rat, Alter, die Söhne der Achaier!
Wenn doch, Zeus Vater und Athenaia und Apollon!,
Zehn solche Berater mir unter den Argeiern wären!
Dann würde sich bald neigen die Stadt des Priamos, des Herrschers,
Unter unseren Händen genommen und zerstört.
Aber mir hat der Aigishalter, der Kronide Zeus, Schmerzen gegeben,
Der mich in endlosen Hader und Streitigkeiten wirft.
Denn da haben ich und Achilleus gestritten wegen eines Mädchens
Mit feindlichen Worten, und ich bin als erster beschwerlich geworden.
Doch wenn wir jemals wieder übereinstimmen, dann wird nicht mehr

380 Den Troern ein Aufschub des Unheils sein, auch nicht ein wenig.
Jetzt aber geht zum Frühmahl, daß wir zusammenführen den Ares.
Gut schärfe jeder den Speer, gut richte er den Schild her,
Gut gebe jeder den Pferden die Mahlzeit, den schnellfüßigen,
Gut schaue jeder rings nach dem Wagen und denke des Kampfes,
Daß wir uns den ganzen Tag messen in dem verhaßten Ares.
Denn kein Ausruhen dazwischen wird sein, auch nicht ein wenig,
Wenn nicht die Nacht kommt und trennt die Kraft der Männer.
Schwitzen wird manchem der Tragriemen an der Brust
Des manndeckenden Schildes, und um die Lanze wird die Hand ermüden;
390 Schwitzen wird manchem das Pferd, den gutgeglätteten Wagen ziehend.
Wen ich aber fern von der Schlacht bemerke, daß er gewillt ist,
Zurückzubleiben bei den geschweiften Schiffen, für den wird es alsdann
Kein Mittel geben, daß er entrinnt den Hunden und den Vögeln!«
So sprach er. Und die Argeier jauchzten groß auf, wie die Woge
An einem hohen Gestade, wenn der Südwind kommt und sie aufrührt,
An einem vorspringenden Felsen: von diesem lassen niemals ab die Wogen
Von allfältigen Winden, wenn sie hierhin oder dorthin wehen.
Und sie standen auf und eilten, sich zerstreuend, zu den Schiffen
Und ließen Rauch aufsteigen bei den Hütten und nahmen das Frühmahl.
400 Und einer opferte diesem, ein anderer jenem der für immer geborenen Götter,
Betend, daß er dem Tod entrinnen möge und der Drangsal des Ares.
Der aber opferte ein Rind, der Herr der Männer Agamemnon,
Ein fettes, fünfjähriges, dem übergewaltigen Kronion.
Und er berief die Ältesten, die Ersten der All-Achaier:
Den Nestor zuerst und Idomeneus, den Herrscher,
Und sodann die beiden Aias und den Sohn des Tydeus
Und als sechsten den Odysseus, dem Zeus gleichwiegend an Einsicht.
Und von selbst kam zu ihm der gute Rufer Menelaos,
Denn er wußte im Mute, wie sein Bruder sich mühte.
410 Und sie traten um das Rind und nahmen auf die Opfergerste.
Und unter ihnen sprach betend der gebietende Agamemnon:
»Zeus! Ruhmvollster! Größter! Schwarzwolkiger, im Äther wohnend!
Möge nicht eher die Sonne untergehen und das Dunkel heraufkommen,
Ehe ich nicht vornüber hinabgeworfen das Dach des Priamos,
Rauchgeschwärzt, und verbrannt die Türen mit feindlichem Feuer,
Und ich das Panzerhemd des Hektor an der Brust in Fetzen
Zerrissen mit dem Erz, und viele Gefährten um ihn
Vornüber hingestreckt im Staub mit den Zähnen die Erde fassen!«
So sprach er. Aber noch nicht gewährte es ihm Kronion,

420 Sondern nahm die Opfer an, aber mehrte ihm unendliche Drangsal.
Als sie aber gebetet und die Opfergerste geworfen hatten,
Zogen sie die Hälse der Opfertiere zurück und schlachteten sie und häuteten
sie ab
Und schnitten die Schenkel heraus und umwickelten sie mit Fett,
Doppelt gefaltetem, und legten rohes Fleisch darauf.
Und das verbrannten sie auf blätterlosen Scheitern
Und spießten die inneren Teile auf und hielten sie über die Flamme des
Hephaistos.
Als aber die Schenkel verbrannt waren und sie von den inneren Teilen
gekostet hatten,
Zerstückelten sie das andere und spießten es auf Bratspieße
Und brieten es sorgsam und zogen alles herunter.
430 Und als sie die Arbeit geendet und das Mahl bereitet hatten,
Speisten sie, und es war für den Mut kein Mangel an dem gebührenden Mahl.
Doch als sie das Verlangen nach Trank und Speise vertrieben hatten,
Da begann unter ihnen mit Reden der Gerenier, der Rosselenker Nestor:
»Atreus-Sohn, Ruhmvollster! Herr der Männer Agamemnon!
Nicht mehr laß uns jetzt lange hier reden und noch länger
Das Werk aufschieben, das ja der Gott uns verbürgt.
Aber auf! es mögen die Herolde das Volk der erzgewandeten Achaier
Aufrufen und versammeln bei den Schiffen.
Wir aber wollen so zusammen in das breite Heer der Achaier
440 Gehen, daß wir schneller erwecken den scharfen Ares.«
So sprach er, und nicht ungehorsam war der Herr der Männer Agamemnon.
Sogleich befahl er den Herolden, den hellstimmigen,
Zum Kampf zu berufen die am Haupte langgehaarten Achaier.
Diese riefen es aus, und sie versammelten sich gar schnell.
Und die um den Atreus-Sohn, die zeusgenährten Könige,
Stürmten ordnend umher, und unter ihnen die helläugige Athene,
Die Aigis haltend, die hochgeehrte, die nicht alternde, unsterbliche.
Von der hängen herab hundert Quasten, ganz von Gold,
Alle gut geflochten, und hundert Rinder wert eine jede.
450 Mit dieser einherblitzend durchstürmte sie das Volk der Achaier
Und trieb sie zu gehen und erregte Kraft einem jeden
Im Herzen, unablässig zu streiten und zu kämpfen.
Und alsbald wurde der Krieg ihnen süßer als heimzukehren
In den gewölbten Schiffen zur eigenen väterlichen Erde.
Wie ein vernichtendes Feuer hinflammt über den unendlichen Wald
Auf den Gipfeln des Berges, und von weitem ist sichtbar der Glanz:

So drang, als sie dahinschritten, von dem Erz, dem unsäglichen,
Der Glanz, hellschimmernd, durch den Äther hinauf zum Himmel.
Und sie – so wie viele Schwärme von geflügelten Vögeln,
460 Gänsen oder Kranichen oder Schwänen mit langen Hälsen,
Auf der Asischen Wiese bei des Kaÿster Strömungen
Hierhin und dorthin fliegen, prunkend mit den Flügeln,
Mit Geschrei sich vorwärts niederlassend, und es erdröhnt die Wiese:
So ergossen von denen sich viele Schwärme von den Schiffen und Hütten
In die Ebene des Skamandros, und darunter die Erde
Dröhnte gewaltig unter den Füßen der Männer und der Pferde.
Und sie hielten an auf der Wiese des Skamandros, der blumigen,
Zehntausende, so viele, wie Blätter und Blüten entstehen im Frühling.
So wie viele Schwärme von dichtgedrängten Fliegen,
470 Die auf einem Viehhof umherschwirren
Zur Frühlingszeit, wenn von Milch die Gefäße triefen:
Ebenso viele am Haupte langgehaarte Achaier
Standen gegen die Troer im Feld, sie zu vernichten begierig.
Und sie – so wie Hirtenmänner verstreut weidende Ziegenherden
Leicht auseinander trennen, wenn sie sich auf der Weide vermischten:
So ordneten diese die Führer hierhin und dorthin,
Um in die Schlacht zu ziehen, und unter ihnen der gebietende Agamemnon,
An Augen und Haupt Zeus gleichend, dem donnerfrohen,
Und dem Ares am Gurt und an der Brust dem Poseidon.
480 Und wie ein Rind in der Herde groß hervorragend ist unter allen,
Ein Stier, denn er sticht hervor unter den versammelten Rindern:
So machte den Atreus-Sohn Zeus an jenem Tage
Hervorstechend unter den vielen und hervorragend unter den Helden.
    Sagt mir nun, Musen! die ihr die olympischen Häuser habt –
Denn ihr seid Göttinnen und seid zugegen bei allem und wißt alles,
Wir aber hören nur die Kunde und wissen gar nichts – :
Welches die Führer der Danaer und die Gebieter waren.
Die Menge freilich könnte ich nicht künden und nicht benennen,
Auch nicht, wenn mir zehn Zungen und zehn Münder wären
490 Und die Stimme unbrechbar, und mir ein ehernes Herz im Innern wäre,
Wenn nicht die olympischen Musen, des Zeus, des Aigishalters,
Töchter, mir ins Gedächtnis riefen, wie viele nach Ilios gekommen.
Die Führer aber der Schiffe will ich nennen und die Schiffe allesamt.
    Die Boioter führten Peneleos an und Leïtos
Und Arkesilaos, Prothoënor und Klonios:
Die Hyrië bewohnten und die felsige Aulis

Und Schoinos und Skolos und die schluchtenreiche Eteonos,
Thespeia und Graia und mit den breiten Reigenplätzen: Mykalessos.
Und die um Harma wohnten und Eilesion und Erythrai,
500 Und die Eleon hatten und Hyle und Peteon,
Okalea und Medeon, die gutgebaute Stadt,
Kopai und Eutresis und die taubenreiche Thisbe.
Und die Koroneia und die grasreiche Haliartos,
Und die Plataia hatten und die Glisas bewohnten,
Und die Hypothebai hatten, die gutgebaute Stadt,
Und das heilige Onchestos, des Poseidon prangenden Hain,
Und die die traubenreiche Arne hatten und Mideia
Und Nisa, die hochheilige, und Anthedon als die äußerste.
Von denen gingen fünfzig Schiffe, und in jedem
510 Fuhren junge Männer der Boioter hundert und zwanzig.
    Und die Aspledon bewohnten und das Minyeïsche Orchomenos,
Die führten Askalaphos an und Ialmenos, die Söhne des Ares,
Die Astyoche geboren im Hause des Aktor, des Azeus-Sohns,
Die ehrwürdige Jungfrau, ins Obergeschoß hinaufgestiegen,
Dem starken Ares, der sich heimlich zu ihr gelegt hatte.
Und mit denen zogen dreißig gewölbte Schiffe.
    Doch die Phoker führten Schedios an und Epistrophos,
Die Söhne des Iphitos, des hochgemuten Naubolos-Sohns:
Die Kyparissos hatten und die felsige Pytho
520 Und Krisa, die hochheilige, und Daulis und Panopeus,
Und die Anemoreia und Hyampolis umwohnten,
Und die bei dem göttlichen Strom Kephisos wohnten,
Und die Lilaia hatten bei den Quellen des Kephisos.
Und denen folgten vierzig schwarze Schiffe.
Und diese waren dabei, die Reihen der Phoker aufzustellen,
Und den Boiotern zunächst rüsteten sie sich nach links hin.
    Die Lokrer aber führte der Oileus-Sohn, der schnelle Aias –
Geringer und nicht so groß wie der Telamonier Ajas,
Sondern weit geringer: klein war er, mit linnenem Brustpanzer,
530 Doch mit der Lanze ausgezeichnet vor den All-Hellenen und Achaiern – :
Die Kynos bewohnten und Opus und Kalliaros
Und Bessa und Skarphe und die liebliche Augeiai
Und Tarphe und Thronion an den Strömungen des Boagrios.
Und dem folgten vierzig schwarze Schiffe
Der Lokrer, die gegenüber wohnen von der heiligen Euboia.
    Doch die Euboia hatten, die Mut atmenden Abanter,

Und Chalkis und Eiretria und die traubenreiche Histiaia
Und Kerinthos, am Meer gelegen, und Dion, die steile Stadt,
Und die Karystos hatten und die Styra bewohnten:
540 Von denen wieder war Anführer Elephenor, der Sproß des Ares,
Der Chalkodon-Sohn, der Führer der hochgemuten Abanter.
Und ihm folgten die schnellen Abanter, die am Hinterhaupt langgehaarten,
Lanzenkämpfer, begierig, mit den vorgestreckten Eschenlanzen
Die Panzer zu zerreißen um die Brust der Feinde.
Und dem folgten vierzig schwarze Schiffe.
   Und die Athen hatten, die gutgebaute Stadt,
Das Volk des Erechtheus, des großherzigen, den einst Athene
Aufzog, die Tochter des Zeus – ihn gebar die nahrunggebende Erde – ,
Und ihn einsetzte in Athen in ihrem fetten Tempel;
550 Dort stimmen ihn mit Stieren und Lämmern gnädig
Die Jünglinge der Athener mit den umlaufenden Jahren – :
Von denen wieder war der Führer der Sohn des Peteos Menestheus.
Dem gleich wurde niemals ein anderer Mann auf der Erde geboren,
Um die Gespanne zu ordnen und die Männer, die schildbewehrten;
Nestor allein wetteiferte mit ihm, denn er war früher geboren.
Und dem folgten fünfzig schwarze Schiffe. –
Aias aber führte aus Salamis zwölf Schiffe,
Und er führte und stellte sie auf, wo die Reihen der Athener standen.
   Doch die Argos hatten und die ummauerte Tiryns,
560 Hermione und Asine, die die tiefe Bucht beherrschen,
Troizen und Eïones und auch die weintragende Epidauros,
Und die Aigina hatten und Mases, die jungen Männer der Achaier:
Von denen wieder war der Führer der gute Rufer Diomedes
Und Sthenelos, des hochberühmten Kapaneus eigener Sohn,
Und mit ihnen ging Euryalos als dritter, der gottgleiche Mann,
Des Mekisteus Sohn, des Talaos-Sohns, des Herrschers;
Doch von allen zusammen war der Führer der gute Rufer Diomedes.
Und denen folgten achtzig schwarze Schiffe.
   Und die Mykenai hatten, die gutgebaute Stadt,
570 Und die reiche Korinthos und die gutgebaute Kleonai,
Und die Orneiai bewohnten und die liebliche Araithyrea
Und Sikyon, wo zuerst Adrastos König war,
Und die Hyperesia und die steile Gonoëssa
Und Pellene hatten und die um Aigion wohnten
Und durch das ganze Aigialos hin und um die breite Helike:
Von denen führte hundert Schiffe der gebietende Agamemnon,

Der Atreus-Sohn; dem folgten die weit meisten und besten
Völker. Und unter ihnen tauchte er selbst in das funkelnde Erz,
Prangend, und unter allen schien er hervor, den Helden,
580 Weil er der Erste war und bei weitem die meisten Männer anführte.
     Und die den Talgrund hatten von Lakedaimon, den schluchtenreichen,
Und Pharis und Sparta und die taubenreiche Messe,
Und die Bryseiai bewohnten und die liebliche Augeiai,
Und die Amyklai hatten und Helos, die Stadt am Meer,
Und die Laas hatten und Oitylos umwohnten:
Von denen führte ihm der Bruder, der gute Rufer Menelaos,
Sechzig Schiffe, doch sie rüsteten sich gesondert.
Und unter ihnen ging er selbst, seinem eifrigen Mut vertrauend,
Und trieb sie zum Kampf, und am meisten strebte er im Mute,
590 Buße zu nehmen für die Angst und das Stöhnen der Helena.
     Und die Pylos bewohnten und die liebliche Arene
Und Thryon, die Furt des Alpheios, und die gutgebaute Aipy,
Und die in Kyparisseeis und Amphigeneia wohnten
Und Pteleon und Helos und Dorion, wo die Musen
Dem Thraker Thamyris entgegentraten und ein Ende setzten seinem Gesang,
Als er aus Oichalia kam von Eurytos, dem Oichalier –
Denn er gebärdete sich prahlend, er werde siegen, wenn auch selber
Die Musen singen würden, die Töchter des Zeus, des Aigishalters.
Sie aber, erzürnt, machten ihn blind, und den Gesang, den göttlichen,
600 Nahmen sie ihm und ließen ihn vergessen des Zitherspiels – :
Von denen wieder war Führer der Gerenier, der Rosselenker Nestor,
Und mit ihm zogen neunzig gewölbte Schiffe.
     Und die Arkadien hatten unter Kyllenes Berg, dem steilen,
Bei dem Grabhügel des Aipytos, wo die Männer Nahkämpfer sind,
Und die Pheneos bewohnten und Orchomenos, das schafereiche,
Und Ripe und Stratië und die windige Enispe,
Und die Tegea hatten und die liebliche Mantinea,
Und die Stymphelos hatten und Parrasia bewohnten:
Von denen führte des Ankaios Sohn, der gebietende Agapenor,
610 Sechzig Schiffe, und viele fuhren auf jedem Schiff
Arkadische Männer, die sich darauf verstanden zu kämpfen.
Denn selbst hatte ihnen gegeben der Herr der Männer Agamemnon
Die gutverdeckten Schiffe, um über das weinfarbene Meer zu fahren,
Der Atreus-Sohn, da sie nicht die Werke des Meeres betrieben.
     Und die Buprasion und die göttliche Elis bewohnten,
Soviel da Hyrmine und Myrsinos als äußerste

Und der Olenische Felsen und Aleision einschließt:
Von denen gab es vier Anführer, und jedem einzelnen Mann
Folgten zehn schnelle Schiffe, und viele Epeier fuhren darin.
620 Von denen waren Amphimachos und Thalpios Führer,
Die Söhne, der des Kteatos, der andere des Eurytos, die Aktorionen,
Und die anderen führte der Amarynkeus-Sohn, der starke Diores,
Und die vierten führte Polyxeinos, der gottgleiche,
Der Sohn des Agasthenes, des Augias-Sohns, des Herrschers.
    Und die von Dulichion und von den heiligen Echinaden,
Den Inseln, die jenseits des Meeres liegen, gegenüber von Elis,
Von denen wieder war Anführer Meges, gleichwiegend dem Ares,
Der Phyleus-Sohn, den gezeugt hatte der zeusgeliebte Rosselenker Phyleus,
Der einst nach Dulichion fortgezogen war, dem Vater zürnend,
630 Und dem folgten vierzig schwarze Schiffe.
    Doch Odysseus führte die Kephallenen, die hochgemuten,
Die Ithaka hatten und das blätterschüttelnde Neriton-Gebirge,
Und die Krokyleia bewohnten und die rauhe Aigilips,
Und die Zakynthos hatten, und die Samos rings bewohnten,
Und die das Festland hatten und die gegenüberliegende Küste bewohnten:
Die führte Odysseus, dem Zeus gleichwiegend an Einsicht,
Und ihm folgten zwölf Schiffe mit mennigfarbenen Wangen.
    Und die Aitoler führte Thoas an, des Andraimon Sohn,
Die Pleuron bewohnten und Olenos wie auch Pylene
640 Und Chalkis nahe dem Meer und die felsige Kalydon.
Denn nicht mehr waren des Oineus, des großherzigen, Söhne,
Und auch er selbst war nicht mehr, und es starb der blonde Meleagros.
So war dem Thoas alles aufgetragen, zu herrschen unter den Aitolern.
Und ihm folgten vierzig schwarze Schiffe.
    Von den Kretern aber war Idomeneus, der speerberühmte, Führer,
Die Knosos hatten und Gortyn, die ummauerte,
Lyktos und Miletos und die weißschimmernde Lykastos
Und Phaistos und Rhytion, die gutbewohnten Städte,
Und die anderen, die rings auf Kreta mit den hundert Städten wohnten.
650 Von denen war Idomeneus, der speerberühmte, der Führer
Und Meriones, gleichwiegend dem Enyalios, dem männermordenden.
Und denen folgten achtzig schwarze Schiffe.
    Und Tlepolemos, der Heraklide, der tüchtige und große,
Führte aus Rhodos neun Schiffe der stolzen Rhodier,
Die Rhodos rings bewohnten, dreifach aufgeteilt:
Lindos, Ialysos und die weißschimmernde Kameiros.

Von denen war Tlepolemos, der speerberühmte, der Anführer,
Den Astyocheia geboren hatte der Gewalt des Herakles –
Die hatte er mitgeführt aus Ephyra von dem Fluß Selleeis,
660 Nachdem er viele Städte zerstört von zeusgenährten rüstigen Männern.
Doch Tlepolemos, als er nun aufgenährt war in dem gutgezimmerten Haus,
Tötete alsbald seines Vaters eigenen Mutterbruder,
Den schon alten Likymnios, den Sproß des Ares.
Und schnell zimmerte er Schiffe, und als er viel Volk versammelt,
Ging er und floh über das Meer, denn ihn bedrohten die anderen
Söhne und Sohnessöhne der Gewalt des Herakles.
Doch er kam nach Rhodos, umgetrieben, Schmerzen leidend.
Und dreifach siedelten sie dort nach Stämmen und wurden geliebt
Von Zeus, der über Götter und Menschen gebietet.
670 Und ihnen schüttete unsäglichen Reichtum herab Kronion.
   Nireus wieder führte aus Syme drei ebenmäßige Schiffe:
Nireus, der Aglaia Sohn und des Charopos, des Herrschers,
Nireus, der als der schönste Mann nach Ilios gekommen war
Vor den anderen Danaern, nach dem untadligen Peleus-Sohn.
Doch war er schwach, und wenig Volk ging mit ihm.
   Und die Nisyros hatten und Krapathos und Kasos
Und Kos, die Stadt des Eurypylos, und die Kalydnai-Inseln,
Die führten wieder Pheidippos an und Antiphos,
Die beiden Söhne des Thessalos, des Herakliden, des Herrschers.
680 Und mit denen zogen dreißig gewölbte Schiffe.
   Diese nun wieder, so viele das pelasgische Argos bewohnten,
Die in Alos und Alope und die in Trachis wohnten
Und die Phthia hatten und das frauenschöne Hellas,
Und Myrmidonen wurden sie genannt und Hellenen und Achaier:
Von denen wieder war über fünfzig Schiffe Führer Achilleus.
Aber diese gedachten nicht des schlimmtosenden Krieges,
Denn da war keiner, der ihnen die Reihen angeführt hätte.
Denn in den Schiffen lag der fußstarke göttliche Achilleus,
Zürnend um die Jungfrau, Briseïs, die schönhaarige,
690 Die er aus Lyrnessos sich ausgewählt, nachdem er sich viel gemüht,
Und hatte Lyrnessos verwüstet und die Mauern von Theben
Und den Mynes niedergeworfen und Epistrophos, die lanzengewohnten,
Die Söhne des Euenos, des Selepios-Sohns, des Herrschers.
Um diese bekümmert lag er: bald aber sollte er wieder aufstehen.
   Und die Phylake hatten und Pyrasos, die blumige,
Den Hain der Demeter, und Iton, die Mutter der Schafe,

Und das am Meer gelegene Antron und Pteleon, in Gras gebettet:
Die führte wieder der streitbare Protesilaos,
Solange er lebte; doch damals hielt ihn schon nieder die schwarze Erde,
700 Und seine Gattin war zurückgeblieben mit zerkratzten Wangen in Phylake
Und das Haus, das halbvollendete. Doch ihn tötete ein dardanischer Mann,
Wie er vom Schiff herabsprang, als weit ersten von den Achaiern.
Doch waren diese nicht führerlos, wenn sie auch den Führer entbehrten,
Sondern sie ordnete Podarkes, der Sproß des Ares,
Des Iphiklos Sohn, des schafereichen Phylakos-Sohns,
Der eigene Bruder des hochgemuten Protesilaos,
Der Jüngere von Geburt – der aber war der Ältere und Bessere,
Der Heros Protesilaos, der streitbare –, und nicht ermangelten die Männer
Des Führers, wenn sie auch jenen entbehrten, der ein Tüchtiger war.
710 Und dem folgten vierzig schwarze Schiffe.
      Und die Pherai bewohnten bei dem Boibeïschen See,
Boibe und Glaphyrai und die gutgebaute Iaolkos,
Von denen führte des Admetos eigener Sohn elf Schiffe,
Eumelos, den von Admetos gebar die göttliche unter den Frauen,
Alkestis, von des Pelias Töchtern die an Aussehen Beste.
      Und die Methone und Thaumakia bewohnten
Und Meliboia hatten und Olizon, die rauhe,
Von denen führte Philoktetes, der sich gut auf den Bogen verstand,
Sieben Schiffe, und Ruderer waren in jedem fünfzig eingeschifft,
720 Die sich gut auf den Bogen verstanden, um mit Kraft zu kämpfen.
Doch der lag auf der Insel, starke Schmerzen leidend,
Der hochheiligen Lemnos, wo ihn zurückgelassen die Söhne der Achaier,
Sich abquälend an der schlimmen Wunde von der unheilsinnenden
                                                                    Wasserschlange.
Dort lag dieser bekümmert. Doch bald sollten sich die Argeier
Bei den Schiffen erinnern des Herrschers Philoktetes.
Doch waren diese nicht führerlos, wenn sie auch den Führer entbehrten,
Sondern Medon ordnete sie, des Oileus Bastardsohn,
Den Rhene geboren hatte dem Städtezerstörer Oileus.
      Und die Trikka hatten und die felsstufige Ithome,
730 Und die Oichalia hatten, die Stadt des Eurytos, des Oichaliers,
Von denen wieder waren Anführer die beiden Söhne des Asklepios,
Die guten Ärzte Podaleirios und Machaon.
Und mit denen zogen dreißig gewölbte Schiffe.
      Und die Ormenion hatten und die Quelle Hypereia,
Und die Asterion hatten und des Titanos weiße Häupter,

Die führte Eurypylos, des Euaimon prangender Sohn,
Und dem folgten vierzig schwarze Schiffe.
    Und die Argissa hatten und Gyrtone bewohnten,
Orthe und Elone und Oloosson, die weiße Stadt,
740 Von denen wieder war Anführer der Standhafte im Kampf, Polypoites,
Der Sohn des Peirithoos, den der Unsterbliche zeugte, Zeus –
Von Peirithoos gebar ihn die berühmte Hippodameia
An dem Tag, als er strafte die zottigen Untiere, die Kentauren,
Und sie vom Pelion drängte, hin zu den Aithikern –:
Nicht allein, sondern zugleich mit ihm Leonteus, der Sproß des Ares,
Der Sohn des hochgemuten Koronos, des Kaineus-Sohns.
Und denen folgten vierzig schwarze Schiffe.
    Und Guneus führte aus Kyphos zweiundzwanzig Schiffe.
Dem folgten die Enianen und die im Kampf standhaften Peraiber,
750 Die um Dodona, die schlimmumstürmte, die Häuser errichtet hatten
Und die um den lieblichen Titaresios die Äcker bebauten,
Der vorschickt in den Peneios das schönströmende Wasser.
Doch nicht vermischt er sich mit dem silberwirbelnden Peneios,
Sondern oben auf ihm strömt er dahin wie Öl,
Denn von des furchtbaren Eides Wasser, der Styx, ist er ein Ausfluß.
    Und die Magneten führte Prothoos, des Tenthredon Sohn,
Die um den Peneios und den blätterschüttelnden Pelion
Wohnten: von denen war Prothoos, der schnelle, Führer,
Und ihm folgten vierzig schwarze Schiffe.
760   Diese also waren die Führer der Danaer und die Gebieter. –
Und wer war nun von denen der weit Beste – du sage es mir, Muse! –,
Von ihnen selbst und den Pferden, die den Atriden folgten?
Die Pferde waren die weit besten des Pheres-Enkels,
Die Eumelos antrieb, schnellfüßig wie Vögel,
Gleichen Haares, gleich an Jahren, schnurgleich über den Rücken,
Die in Pereia aufgenährt hatte der Silberbogner Apollon,
Beide weiblich, den Schrecken des Ares bringend.
Von den Männern wieder war der weit Erste der Telamonier Aias,
Solange Achilleus grollte, denn der war der bei weitem Stärkste,
770 Und auch die Pferde, welche trugen den untadligen Peleus-Sohn.
Doch der lag in den geschweiften Schiffen, den meerdurchfahrenden,
Fortgrollend auf Agamemnon, den Hirten der Völker,
Den Atreus-Sohn. Und die Männer erfreuten sich am Ufer des Meers
Mit Wurfscheiben und Speeren, die sie warfen,
Und mit Bogen. Die Pferde aber standen bei ihren Wagen ein jedes,

Den Lotos rupfend und den sumpfgenährten Eppich.
Die Wagen aber der Herren lagen, gut zugedeckt,
In den Hütten. Und sie, den aresgeliebten Führer entbehrend,
Streiften hierhin und dorthin durch das Heer und kämpften nicht. –
780 Und die nun gingen, als ob von Feuer verzehrt würde der ganze Boden,
Und die Erde stöhnte darunter wie unter Zeus, dem donnerfrohen,
Dem Zürnenden, wenn er um den Typhoeus die Erde geißelt
Bei den Arimern, wo sie sagen, es sei des Typhoeus Lager.
So stöhnte unter ihren Füßen groß die Erde,
Wie sie dahinschritten, und sehr schnell durchmaßen sie die Ebene.
Doch den Troern kam als Botin die windfüßige schnelle Iris
Von Zeus, dem Aigishalter, mit der schmerzlichen Botschaft.
Diese redeten in der Versammlung bei den Türen des Priamos,
Alle versammelt, die Jungen wie auch die Alten.
790 Und es trat dicht heran und sprach zu ihm die fußschnelle Iris,
An Stimme aber glich sie dem Sohn des Priamos Polites,
Der als der Späher der Troer, auf seine Schnellfüßigkeit vertrauend,
Oben auf dem Grabhügel saß des Aisyetes, des Alten,
Abwartend, wann von den Schiffen losbrechen würden die Achaier.
Diesem gleichend sprach zu ihm die fußschnelle Iris:
   »Greis! Immer sind dir weitläufige Reden lieb
Wie einst im Frieden, doch ein unendlicher Krieg hat sich erhoben!
Wahrhaftig! schon in sehr viele Schlachten der Männer bin ich gekommen,
Aber noch niemals habe ich ein solches und so großes Volk gesehen.
800 Denn wirklich! den Blättern oder dem Sande gleichend
Schreiten sie durch die Ebene zur Stadt, um zu kämpfen!
Hektor, dir aber trage ich vor allem auf, dieses zu tun:
Sind viele Verbündete doch in der großen Stadt des Priamos,
Und anderen ist eine andere Zunge der weit verstreuten Menschen.
Denen soll jeder Mann Weisung geben, über die er befiehlt,
Und diese führe er hinaus, wenn er die Leute seines Volkes geordnet hat.«
   So sprach sie, und Hektor verkannte nicht das Wort der Göttin,
Und schnell löste er die Versammlung auf, und sie stürmten zu den Waffen.
Und alle Tore wurden geöffnet, und hinaus stürmte das Volk,
810 Die zu Fuß und die Gespanne, und viel Getöse erhob sich.
Da ist vorn vor der Stadt eine steile Kuppe,
Abseits in der Ebene, umgehbar von beiden Seiten:
Ja, diese nennen die Männer Batieia,
Die Unsterblichen aber das Mal der sprunggeübten Myrine.
Dort wurden damals die Troer geordnet und die Verbündeten.

Unter den Troern war Führer der große helmfunkelnde Hektor,
Der Priamos-Sohn: mit ihm rüsteten sich die weit meisten und besten
Völker, vorwärts strebend mit den Lanzen.
Die Dardaner wieder führte der tüchtige Sohn des Anchises
820 Aineias, den von Anchises gebar die göttliche Aphrodite,
In den Tälern des Ida die Göttin bei dem Sterblichen gelagert –:
Nicht allein, sondern zugleich mit ihm die zwei Söhne des Antenor,
Archelochos und Akamas, die sich gut auf jeglichen Kampf verstanden.
Und die Zeleia bewohnten, zuunterst am Fuß des Ida,
Die reichen, die das schwarze Wasser des Aisepos tranken,
Die Troer, die führte wieder des Lykaon prangender Sohn
Pandaros, dem auch Apollon selbst den Bogen gegeben hatte.
Und die Adresteia hatten und den Gau von Apaisos,
Und die Pityeia hatten und Tereies steiles Gebirge,
830 Die führte Adrestos und Amphios im linnenen Brustpanzer,
Die beiden Söhne des Merops, des Perkosiers, der sich vor allen
Auf Wahrsagung verstand, und nicht wollte er seine Söhne
Ziehen lassen in den Krieg, den männerverderbenden, aber die beiden
Folgten ihm nicht: die Göttinnen führten sie des schwarzen Todes.
Und die rings um Perkote und den Praktios-Fluß wohnten,
Und die Sestos und Abydos hatten und die göttliche Arisbe,
Die führte wieder der Hyrtakos-Sohn Asios, der Führer der Männer,
Asios, der Hyrtakos-Sohn, den von Arisbe die Pferde gebracht hatten,
Die braunroten, großen, von dem Fluß Selleeis.
840 Und Hippothoos führte die Stämme der lanzengewohnten Pelasger,
Von denen, welche Larisa, die starkschollige, bewohnten.
Die führte Hippothoos und Pylaios, der Sproß des Ares,
Die beiden Söhne des Pelasgiers Lethos, des Teutamos-Sohns.
Doch die Thraker führte Akamas und Peiroos, der Held,
So viele der starkströmende Hellespontos einschließt.
Und Euphemos war der Führer der Kikonen, der Lanzenkämpfer,
Der Sohn des Troizenos, des zeusgenährten Keas-Sohns.
Doch Pyraichmes führte die Paionen mit den krummen Bogen
Fernher aus Amydon vom Axios, dem breitströmenden,
850 Axios, von dem sich das schönste Wasser über die Erde verbreitet.
Und die Paphlagonen führte das zottige Herz des Pylaimenes
Aus dem Land der Eneter, von wo die wilden Maultiere kommen,
Und die Kytoros hatten und Sesamos rings umwohnten,
Und die um den Parthenios-Fluß die berühmten Häuser bewohnten
Und Kromna und Aigialos und die hohen Erythinoi-Klippen.

Doch die Halizonen führten Odios und Epistrophos
Fernher aus Alybe, wo die Herkunft des Silbers ist.
　Und die Myser führte Chromis und Ennomos, der Vogelschauer.
Doch nicht wurde er von den Vögeln gerettet vor der schwarzen Todesgöttin,
860 Sondern wurde bezwungen unter den Händen des fußschnellen Aiakiden
Im Fluß, wo er auch die anderen Troer mordete.
Phorkys wieder führte die Phryger und Askanios, der gottgleiche,
Fernher aus Askanië, und sie waren begierig, in der Schlacht zu kämpfen.
Unter den Maionen wieder waren Mesthles und Antiphos Führer,
Die Söhne des Talaimenes, dem sie gebar die Nymphe des Gygaischen Sees.
Die führten auch die Maionen, die unter dem Tmolos Entstammten.
　Nastes wieder führte die Karer, die rauhsprechenden,
Die Miletos hatten und das Gebirge der Phthirer, das dichtbelaubte,
Und die Strömungen des Maiandros und Mykales steile Häupter.
870 Diese führten Amphimachos und Nastes,
Nastes und Amphimachos, des Nomion prangende Kinder,
Der auch Gold tragend in den Krieg ging wie eine Jungfrau,
Der Kindische! und nicht half ihm das gegen das traurige Verderben,
Sondern bezwungen wurde er unter den Händen des fußschnellen Aiakiden
Im Fluß, und das Gold trug Achilleus davon, der kampfgesinnte.
　Sarpedon aber führte die Lykier und der untadlige Glaukos
Fernher aus Lykien vom Xanthos, dem wirbelnden.

DRITTER GESANG *Aufmarsch der Heere. Paris bietet dem Menelaos den Zwei-*
kampf an. Während der Verhandlungen zeigt Helena von der Mauer aus dem Priamos
die Haupthelden der Achaier. Nach beschworenen Verträgen kommt es zum
Zweikampf, in dem der besiegte Paris von Aphrodite nach Troja entrückt wird.
Die Göttin bringt Helena zu Paris, die ihn schmäht, ihm dann aber doch gefügig ist.

Aber als die einzelnen mit ihren Führern geordnet waren,
Schritten die Troer mit Geschrei und Rufen heran wie Vögel:
So wie sich ein Geschrei von Kranichen erhebt unter dem Himmel,
Die, wenn sie nun dem Winter entfliehen und dem unsäglichen Regen,
Mit Geschrei dann fliegen zu des Okeanos Fluten,
Den Pygmäen-Männern Mord und Todesschicksal zu bringen,
Und in der Frühe tragen sie voran den bösen Streit.
Sie aber schritten in Schweigen heran, die Kampfmut atmenden Achaier,
Im Mute begierig, beizustehen einander.
10 So wie über des Berges Gipfel der Südwind herabgießt einen Nebel,
Den Hirten gar nicht lieb, dem Dieb aber besser als Nacht,
Und nur so weit blickt man, wie weit man einen Stein wirft:
So erhob sich unter ihren Füßen der Staub wirbelnd,
Wie sie heranschritten, und gar schnell durchmaßen sie die Ebene.
    Und als sie nahe heran waren, gegen einander gehend,
Da wollte bei den Troern Vorkämpfer sein Alexandros, der gottgleiche,
Ein Pantherfell an den Schultern und den krummen Bogen
Und ein Schwert. Und zwei Speere schwingend, mit Erz beschlagen,
Forderte er heraus von den Argeiern alle die Besten,
20 Mann gegen Mann mit ihm zu kämpfen in der furchtbaren Feindseligkeit.
Doch wie ihn nun bemerkte der aresgeliebte Menelaos,
Wie er einherging vor der Menge, groß ausschreitend –
So wie ein Löwe sich freut, wenn er auf einen großen Leib trifft,
Entweder einen gehörnten Hirsch oder eine wilde Ziege, die er findet,
Wenn ihn hungert, und hastig verschlingt er ihn, so sehr ihn auch
Scheuchen die schnellen Hunde und die rüstigen jungen Männer:
So freute sich Menelaos, als er Alexandros, den gottgleichen,
Mit Augen sah, denn er meinte, er werde strafen den Übeltäter.
Und sogleich sprang er vom Wagen mit den Waffen auf die Erde.

30 Doch wie ihn nun bemerkte Alexandros, der gottgleiche,
Wie er unter den Vorkämpfern erschien, da erschrak er in seinem Herzen,
Und zurück in die Schar der Gefährten wich er und vermied die Todesgöttin.
Und wie wenn ein Mann eine Schlange sieht und zurückfahrend wegspringt
In den Schluchten des Bergs, und Zittern ergriff ihm unten die Glieder,
Und er wich wieder zurück, und Blässe überkam ihm die Wangen:
So tauchte wieder in die Menge der stolzen Troer
In Furcht vor dem Sohn des Atreus Alexandros, der gottgleiche.
Doch als ihn Hektor sah, schalt er ihn mit schmähenden Worten:
»Unglücks-Paris! an Aussehen Bester! du weibertoller Verführer!
40 Wärst du doch nie geboren oder unvermählt zugrunde gegangen!
Das wollte ich wohl, und es wäre viel besser gewesen,
Als eine solche Schande zu sein und verachtet von anderen.
Ja, da lachen wohl laut die am Haupte langgehaarten Achaier,
Die meinten, daß du der beste Vorkämpfer seist, weil du ein schönes
Aussehen hast! Doch nicht ist Kraft im Innern und nichts von Stärke!
Bist du wirklich, ein solcher Mann, auf meerdurchfahrenden Schiffen
Über das Meer gefahren, nachdem du geschätzte Gefährten gesammelt,
Und bist zu fremden Völkern gegangen und hast ein schönes Weib entführt
Aus einem fernen Land, die Schwagersfrau von Männern, Lanzenkämpfern?
50 Deinem Vater zu großem Leid wie auch der Stadt und dem ganzen Volk,
Den Feinden aber zur Freude und zur Beschämung für dich selber!
Willst du jetzt nicht standhalten dem aresgeliebten Menelaos?
Erkennen würdest du, was für eines Mannes blühende Gattin du hast!
Nicht würde dir helfen die Leier und die Gaben der Aphrodite:
Die Mähne und das Aussehen, wenn du mit dem Staub vermengt bist!
Aber sehr furchtsam sind die Troer! sonst bekleidete dich schon
Ein steinerner Rock für all das Schlimme, das du getan hast!«
    Da sagte wieder zu ihm Alexandros, der gottgleiche:
»Hektor! da du mich nach Gebühr gescholten und nicht über Gebühr –
60 Immer ist dir das Herz wie eine Axt unaufreibbar,
Die durch den Baumstamm fährt unter einem Mann, der mit Kunst
Einen Schiffsbalken heraushaut, und sie mehrt die Wucht des Mannes:
So ist dir in der Brust furchtlos der Sinn.
Wirf mir nicht vor die reizenden Gaben der goldenen Aphrodite!
Sind dir doch nicht verwerflich der Götter hochberühmte Gaben,
Soviel sie selber geben: nach seinem Willen könnte keiner sie nehmen!
Doch jetzt, wenn du willst, daß ich kämpfen soll und streiten,
Laß die anderen Troer niedersitzen und alle Achaier
Und führt in der Mitte mich und den aresgeliebten Menelaos

70 Zusammen, daß wir um Helena und die Güter alle kämpfen.
Und wer von uns beiden siegt und der Überlegene sein wird,
Der soll die Güter alle und die Frau nehmen und nach Hause führen.
Ihr andern, wenn ihr Freundschaft und verläßliche Verträge geschlossen,
Bewohnt weiter die starkschollige Troja, sie aber sollen heimkehren
In das pferdenährende Argos und Achaia, das frauenschöne.«
      So sprach er. Und Hektor freute sich gewaltig, als er die Rede hörte,
Und in die Mitte tretend drängte er zurück die Reihen der Troer,
Den Speer in der Mitte fassend, und sie setzten sich alle miteinander.
Und auf ihn richteten die Bogen die am Haupte langgehaarten Achaier,
80 Mit Pfeilen zielend, und wollten mit Steinen werfen.
Doch da schrie weithin der Herr der Männer Agamemnon:
»Haltet ein, Argeier! werft nicht, ihr jungen Männer der Achaier!
Denn es gebärdet sich, als ob er ein Wort reden wollte, der helmfunkelnde
                                                                      Hektor.«
      So sprach er, und die hielten ein mit dem Kampf und wurden still
In Eile. Doch Hektor sprach in der Mitte zwischen beiden:
»Hört von mir, Troer und gutgeschiente Achaier,
Das Wort des Alexandros, um den sich der Streit erhoben!
Die anderen Troer heißt er und alle Achaier
Die schönen Waffen ablegen auf die vielnährende Erde:
90 Er selbst aber in der Mitte und der aresgeliebte Menelaos
Sollen allein um Helena und die Güter alle kämpfen.
Und wer von beiden siegt und der Überlegene sein wird,
Der soll die Güter alle und die Frau nehmen und nach Hause führen.
Wir anderen aber wollen Freundschaft und verläßliche Verträge schließen.«
      So sprach er, doch die waren alle stumm in Schweigen.
Und unter ihnen sprach auch der gute Rufer Menelaos:
»Hört jetzt auch mich! denn am meisten ist Schmerz gekommen
Über meinen Mut. Doch denke ich, daß nunmehr sich trennen sollen
Die Argeier und die Troer, nachdem ihr viel Schlimmes erlitten
100 Um meines Streites willen und des Alexandros Verblendung.
Und wem von uns beiden der Tod und das Schicksal bestimmt ist:
Er sterbe! Ihr anderen aber trennt euch auf das schnellste.
Doch bringt Lämmer herbei: ein weißes und ein schwarzes, weibliches,
Für die Erde und Helios, und für Zeus bringen wir ein anderes.
Und führt herbei die Gewalt des Priamos, daß er die Eidopfer schlachte,
Er selbst, denn seine Söhne sind übermütig und ohne Verlaß.
Daß keiner durch Übertretung die Eidopfer des Zeus verletze.
Denn immer sind die Sinne der jüngeren Männer schwankend;

Wo aber der Greis dabei ist: nach vorn zugleich wie nach rückwärts
110 Blickt er, wie es am weit besten zwischen beiden Seiten geschehe.«
     So sprach er. Da freuten sich die Achaier und die Troer,
Hoffend, ein Ende zu machen mit dem jammervollen Krieg.
Und sie hielten reihenweise die Gespanne an und stiegen selber ab
Und tauchten aus den Waffen; die legten sie nieder auf die Erde,
Nahe beieinander, denn wenig Feld war dazwischen.
Aber Hektor schickte zur Stadt zwei Herolde,
Um schnell die Lämmer zu bringen und den Priamos zu rufen.
Doch den Talthybios entsandte der gebietende Agamemnon,
Zu den gewölbten Schiffen zu gehen, und befahl, das Lamm
120 Zu bringen, und der war nicht ungehorsam dem göttlichen Agamemnon.
     Iris aber wieder kam zu Helena, der weißarmigen, als Botin,
Gleichend der Mannesschwester, der Gattin des Antenor-Sohns,
Die der Antenor-Sohn hatte, der gebietende Helikaon:
Laodike, unter des Priamos Töchtern die an Aussehen beste.
Die fand sie in der Halle: sie webte an einem großen Gewebe,
Einem doppelten, purpurnen, und wirkte viele Kämpfe hinein
Der Troer, der pferdebändigenden, und der erzgewandeten Achaier,
Die sie um ihretwillen ertrugen unter des Ares Händen.
Und es trat dicht heran und sagte zu ihr die fußschnelle Iris:
130   »Komm her, liebes Mädchen! damit du wunderbare Dinge siehst
Von den Troern, den pferdebändigenden, und den erzgewandeten Achaiern.
Sie, die bisher gegeneinander trugen den tränenreichen Ares
In der Ebene, begierig nach dem verderblichen Kampf,
Sie sitzen jetzt in Schweigen – und der Kampf ist geendet –,
Auf die Schilde gelehnt, und daneben stecken die langen Lanzen.
Alexandros aber und der aresgeliebte Menelaos
Werden mit den langen Lanzen kämpfen um deinetwillen,
Und wer siegen wird, dessen Gattin sollst du heißen.«
     So sprach die Göttin und warf ihr ein süßes Verlangen in den Mut
140 Nach dem Mann, dem früheren, und ihrer Stadt und den Eltern.
Und sogleich hüllte sie sich in weißschimmerndes Linnen
Und eilte aus dem Gemach, die zarte Träne vergießend,
Nicht allein: mit ihr zusammen gingen auch zwei Dienerinnen,
Aithre, die Tochter des Pittheus, und die kuhäugige Klymene.
Und schnell gelangten sie dann dorthin, wo die Skäischen Tore waren.
     Und die um Priamos und Panthoos und auch Thymoites,
Und Lampos und Klytios und Hiketaon, den Sproß des Ares,
Und auch Ukalegon und Antenor, verständig beide –

Die saßen, die Volksältesten, auf den Skäischen Toren,
150 Durch ihr Alter schon des Kampfes ledig, doch Redner
Tüchtige, Zikaden gleichend, die da im Wald
Auf dem Baum sitzend die lilienzarte Stimme entsenden.
So saßen die Führer der Troer auf dem Turm.
Wie diese nun die Helena sahen, wie sie auf den Turm kam,
Da redeten sie leise zueinander die geflügelten Worte:
»Nicht zu verargen den Troern und den gutgeschienten Achaiern,
Um eine solche Frau lange Zeit Schmerzen zu leiden!
Gewaltig gleicht sie unsterblichen Göttinnen von Angesicht!
Aber auch so – eine solche Frau! – kehre sie heim in den Schiffen,
160 Daß sie nicht uns und den Kindern hernach zum Unheil zurückbleibt.«
    So sprachen sie. Und Priamos rief Helena heran mit der Stimme:
»Komm her, liebes Kind! und setze dich zu mir!
Daß du den früheren Gatten siehst und die Schwäger und Freunde.
Du trägst mir keine Schuld: die Götter sind mir daran schuld,
Die über mich brachten den Krieg, den tränenreichen, der Achaier. –
So nenne mir auch diesen Mann, den ungeheuren, beim Namen,
Wer er ist, dieser achaische Mann, der tüchtige und große.
Wahrhaftig! mit dem Haupt sind andere noch größer,
Doch so schön habe ich noch keinen gesehen mit den Augen
170 Noch so ehrfurchtgebietend, denn einem königlichen Manne gleicht er.«
    Da antwortete ihm mit Worten Helena, die göttliche unter den Frauen:
»Ehrwürdig bist du mir, lieber Schwiegervater, und furchtbar!
Hätte mir doch lieber der Tod gefallen, der schlimme, als ich hierher
Deinem Sohn gefolgt bin und das Ehegemach und die Meinen verließ
Und die Tochter, die spätgeborene, und die lieblichen Altersgenossen!
Aber das ist nicht geschehen, und so schmelze ich hin mit Weinen.
Doch das will ich dir sagen, was du mich fragst und wonach du forschst.
Dieser ist des Atreus Sohn, der weitherrschende Agamemnon,
Beides: ein tüchtiger König und ein starker Lanzenkämpfer.
180 Mein Schwager auch war er, der Hundsäugigen – wenn er es denn je war!«
    So sprach sie. Da verwunderte sich über ihn der Greis und sagte:
»Seliger Atreus-Sohn! zum Glück Geborener! Gesegneter du vom Daimon!
Ja, dir sind untertan viele junge Männer der Achaier!
Einst bin ich auch nach Phrygien gekommen, dem weintragenden:
Da sah ich in Mengen phrygische Männer, rossebewegende,
Die Völker des Otreus und Mygdon, des gottgleichen,
Die damals ihr Heerlager hatten an den Ufern des Sangarios.
Denn auch ich wurde als Verbündeter unter ihnen gezählt

An dem Tag, als die Amazonen kamen, die männergleichen.
190 Aber auch die waren nicht so viele, wie die hellblickenden Achaier!«
     Zum zweiten wieder erblickte den Odysseus der Greis und fragte:
»Auf! nenne mir auch diesen, liebes Kind, wer der dort ist:
Geringer an Haupt ist er als Agamemnon, der Atreus-Sohn,
Doch breiter an Schultern und Brust zu schauen.
Die Waffen liegen ihm auf der vielnährenden Erde,
Und er selbst schreitet wie ein Widder die Reihen der Männer entlang.
Einem Bock vergleiche ich ihn mit dichter Wolle,
Der durch eine große Herde von Schafen schreitet, weißschimmernden.«
     Da antwortete ihm Helena, die dem Zeus Entsproßte:
200 »Dieser wieder ist der Laertes-Sohn, der vielkluge Odysseus,
Der aufgezogen ist in dem Gau von Ithaka, so steinig sie ist,
Und weiß allfache Listen und dichte Gedanken.«
     Da sagte wieder zu ihr der verständige Antenor:
»Ja, Frau! dies Wort hast du ganz richtig gesprochen.
Denn schon einmal ist auch hierher gekommen der göttliche Odysseus,
Um deinetwillen als Bote mit dem aresgeliebten Menelaos.
Die nahm ich gastlich auf und bewirtete sie in den Hallen
Und lernte kennen ihrer beider Gestalt und dichte Gedanken.
Doch als sie sich unter die versammelten Troer mischten,
210 Ragte, wenn sie standen, Menelaos hervor mit breiten Schultern,
Doch wenn sie beide saßen, war der Stattlichere Odysseus.
Sobald sie nun aber Worte und Gedanken webten vor allen,
Wahrhaftig! da redete Menelaos geläufig,
Nur wenig, doch mit sehr klarer Stimme, denn er war nicht wortreich
Und kein nichtiger Schwätzer, und war doch von Geburt der Jüngere.
Aber wenn nun der vielkluge Odysseus aufsprang,
Stand er da und schaute nach unten, die Augen auf die Erde gehefet,
Und bewegte den Stab nicht rückwärts und nicht vorwärts,
Sondern hielt ihn starr in der Hand, einem linkischen Mann gleichend;
220 Du hättest sagen mögen, daß er stumpf sei und ganz unverständig.
Doch sobald er die Stimme, die gewaltige, aus der Brust entsandte
Und Worte, Schneeflocken gleichend, winterlichen,
Dann hätte es mit Odysseus kein anderer Sterblicher aufgenommen.
Da verwunderte es uns nicht so sehr, des Odysseus Erscheinung zu sehen.«
     Zum dritten wieder, den Aias erblickend, fragte der Greis:
»Wer ist da dieser andere achaische Mann, der tüchtige und große,
Hervorragend unter den Argeiern an Haupt und breiten Schultern?«
     Da erwiderte ihm Helena, die langgewandete, die göttliche unter den Frauen:

»Dieser ist Aias, der ungeheure, die Schutzwehr der Achaier.
230 Idomeneus aber steht dort drüben unter den Kretern
    Wie ein Gott, und um ihn sind der Kreter Führer versammelt.
    Oft hat ihn bewirtet der aresgeliebte Menelaos
    In unserem Haus, wenn er von Kreta herüberkam. –
    Jetzt aber sehe ich zwar alle anderen hellblickenden Achaier,
    Die ich gut erkennen und auch mit Namen nennen könnte.
    Zwei aber kann ich nicht sehen als Ordner der Völker:
    Kastor, den Pferdebändiger, und den mit der Faust tüchtigen Polydeukes,
    Meine leiblichen Brüder, die beide mit mir geboren hat eine Mutter.
    Entweder sind sie nicht mitgefolgt aus Lakedaimon, dem lieblichen,
240 Oder sie folgten hierher in den meerdurchfahrenden Schiffen,
    Wollen jetzt aber nicht in den Kampf der Männer tauchen,
    Weil sie die Schmähungen scheuen und den Schimpf, den vielen, der mir
                                                                  zuteil wird.«
    So sprach sie. Doch die hielt schon nieder die lebenspendende Erde
    In Lakedaimon dort, im eigenen väterlichen Lande. –
    Doch die Herolde brachten durch die Stadt der Götter verläßliche Eidopfer:
    Zwei Lämmer und Wein, frohsinnigen, die Frucht des Feldes,
    In einem Ziegenschlauch, und es brachte einen schimmernden Mischkrug
    Der Herold Idaios und goldene Becher.
    Und er trat heran zu dem Alten und trieb ihn an mit Worten:
250 »Mache dich auf, Laomedons Sohn! Es rufen dich die Ersten
    Der Troer, der pferdebändigenden, und der erzgewandeten Achaier,
    In die Ebene hinabzusteigen, daß ihr verläßliche Eidopfer schlachtet.
    Alexandros aber und der aresgeliebte Menelaos
    Werden mit den langen Lanzen kämpfen um die Frau,
    Und dem, der gesiegt hat, soll die Frau und die Güter folgen.
    Wir anderen, wenn wir Freundschaft und verläßliche Verträge geschlossen,
    Sollen weiter bewohnen die starkschollige Troja, sie aber heimkehren
    In das pferdenährende Argos und Achaia, das frauenschöne.«
    So sprach er. Da erschauderte der Greis und befahl den Gefährten,
260 Die Pferde anzuschirren, und die gehorchten eifrig.
    Und Priamos stieg auf und zog die Zügel nach hinten,
    Und neben ihm trat Antenor auf den gar schönen Wagen,
    Und beide lenkten durch das Skäische Tor zur Ebene die schnellen Pferde.
    Doch als sie nun unter die Troer und Achaier gelangten,
    Stiegen sie von den Gespannen auf die vielnährende Erde
    Und schritten in die Mitte zwischen Troern und Achaiern.
    Und gleich erhob sich darauf der Herr der Männer Agamemnon

Und auch Odysseus, der vielkluge. Und Herolde, erlauchte,
Führten herbei der Götter verläßliche Eidopfer und mischten Wein
70 Im Mischkrug und gossen den Königen Wasser über die Hände.
Der Atreus-Sohn aber zog mit den Händen das Messer,
Das ihm immer neben der großen Scheide des Schwertes hing,
Und schnitt Haare von den Köpfen der Lämmer. Und alsbald teilten
Die Herolde sie den Ersten zu der Troer und der Achaier.
Und unter ihnen betete der Atride laut, die Hände emporhaltend:
»Zeus, Vater! der du vom Ida herrschst, Ruhmvollster! Größter!
Und Helios, der du auf alles siehst und alles hörst!
Und ihr Ströme! und du, Erde! und ihr, die ihr drunten
Die hingestorbenen Menschen straft, wenn einer einen Meineid schwört:
80 Seid ihr Zeugen und wacht über die verläßlichen Eidopfer!
Wenn den Menelaos Alexandros erschlägt:
Selbst soll er alsdann die Helena behalten und alle Güter,
Und wir werden in den Schiffen zurückkehren, den meerdurchfahrenden.
Wenn aber den Alexandros tötet der blonde Menelaos,
Dann sollen die Troer zurückgeben die Helena und alle Güter
Und eine Buße den Argeiern entrichten, wie sie angemessen ist
Und die auch bei den späteren Menschen noch bestehen wird.
Wenn aber Priamos und des Priamos Söhne die Buße
Mir nicht leisten wollen, wenn Alexandros gefallen ist,
90 Dann werde ich auch hernach noch kämpfen wegen des Bußgelds,
Hier ausharrend, bis ich das Ziel des Krieges erreiche.«
Sprach es und schnitt die Kehlen der Lämmer ab mit dem erbarmungslosen
Erz,
Und diese legte er nieder auf die Erde, die zuckenden,
Denen das Leben verging, denn die Kraft hatte ihnen das Erz genommen.
Und sie schöpften Wein aus dem Mischkrug in die Becher
Und gossen ihn hin und beteten zu den für immer geborenen Göttern.
Und so redete manch einer der Achaier und der Troer:
»Zeus, Ruhmvollster! Größter! und ihr anderen unsterblichen Götter!
Welche von beiden als erste gegen die Eide Schaden verüben:
100 *So* soll ihnen das Hirn zu Boden fließen, wie dieser Wein,
Ihnen selbst und den Kindern, und ihre Frauen sollen von anderen
bezwungen werden!«
So sprachen sie, doch durchaus nicht gewährte es ihnen Kronion. –
Und unter ihnen sagte der Dardanide Priamos die Rede:
»Hört mich, Troer und gutgeschiente Achaier!
Wahrhaftig! ich gehe zurück nach Ilios, der winddurchwehten,

Da ich es nicht ertrüge, mit Augen zu sehen,
Wie da kämpft der eigene Sohn mit dem aresgeliebten Menelaos.
Zeus weiß dies wohl und die anderen unsterblichen Götter,
Wem von beiden das Ende des Todes vom Schicksal bestimmt ist!«
310   Sprach es und legte auf den Wagen die Lämmer, der gottgleiche Mann,
Und stieg selber auf und zog die Zügel nach hinten,
Und neben ihm trat Antenor auf den gar schönen Wagen.
Und die beiden kehrten wieder zurück nach Ilios. –
Hektor aber, des Priamos Sohn, und der göttliche Odysseus
Maßen zuerst den Kampfplatz ab und nahmen alsdann Lose
Und schüttelten sie in einem Helm, einem erzgefügten:
Wer von den beiden zuerst entsenden sollte die eherne Lanze.
Und die Männer beteten und hielten zu den Göttern die Hände empor.
Und so redete manch einer der Achaier und der Troer:
320   »Zeus, Vater! der du vom Ida herrschst, Ruhmvollster! Größter!
Wer von den beiden diese Dinge zwischen beiden hat angestiftet,
Gib, daß dieser hinschwinde und tauche in das Haus des Hades!
Uns aber laß Freundschaft und verläßliche Verträge werden.«
So sprachen sie. Und es schüttelte der große helmfunkelnde Hektor,
Rückwärts blickend, und des Paris Los sprang schnell heraus.
Die aber setzten sich dann in Reihen, wo einem jeden
Die Pferde, die fußhebenden, und die bunten Waffen standen.
Er aber tauchte mit den Schultern in die Waffen, die schönen,
Der göttliche Alexandros, der Gatte der schönhaarigen Helena.
330   Die Beinschienen legte er zuerst um die Unterschenkel,
Schöne, mit silbernen Knöchelplatten versehen.
Zum zweiten dann tauchte er mit der Brust in den Panzer
Seines Bruders Lykaon, und er paßte ihm.
Und um die Schultern warf er sich das Schwert mit silbernen Nägeln,
Das eherne, und dann den Schild, den großen und festen.
Und auf das starke Haupt setzte er den gutgefertigten Helm
Mit dem Roßschweif, und schrecklich nickte von oben herab der Busch,
Und ergriff die wehrhafte Lanze, die ihm in die Hände paßte.
Und ganz so tauchte Menelaos, der streitbare, in die Waffen.
340   Und als sie sich nun auf beiden Seiten der Menge gerüstet hatten,
Schritten sie in die Mitte zwischen Troern und Achaiern,
Schrecklich blickend, und ein Staunen erfaßte, die es sahen:
Die Troer, die pferdebändigenden, und die gutgeschienten Achaier.
Und nahe standen sie einander auf dem abgemessenen Platz,
Die Lanzen schüttelnd, gegeneinander grollend.

Und zuerst entsandte Alexandros die langschattende Lanze
Und traf gegen den Schild des Atreus-Sohns, den allseits gleichen.
Doch nicht durchbrach ihn das Erz, sondern ihm verbog sich die Spitze
Auf dem Schild, dem starken. Der aber erhob sich als zweiter mit dem Erz,
350 Der Atreus-Sohn Menelaos und betete zu Zeus, dem Vater:
»Zeus, Herr! gib, daß ich ihm vergelte, der mir als erster Schlimmes
                                                          getan hat:
Dem göttlichen Alexandros, und bezwinge ihn unter meinen Händen!
Daß man zurückschaudere noch unter den spätgeborenen Menschen,
Einem Gastgeber Schlimmes zu tun, der einem Freundschaft erwies!«
Sprach es und holte aus und entsandte die langschattende Lanze
Und traf gegen den Schild des Priamos-Sohns, den allseits gleichen.
Und durch den Schild, den schimmernden, fuhr die starke Lanze
Und durch den Panzer, den vielverzierten, drang sie,
Und gerade an der Flanke vorbei durchschnitt die Lanze den Leibrock,
360 Doch er bog sich zur Seite und vermied die schwarze Todesgöttin.
Der Atreus-Sohn aber zog das Schwert mit silbernen Nägeln,
Holte aus und schlug auf den Bügel des Helms, doch dreifach
Und vierfach an ihm zersplittert fiel es ihm aus der Hand.
Und der Atreus-Sohn jammerte, aufblickend zum breiten Himmel:
»Zeus, Vater! kein anderer der Götter ist verderblicher als du!
Ja, da meinte ich, dem Alexandros die Schlechtigkeit zu vergelten,
Und jetzt zerbrach mir in den Händen das Schwert und flog mir die Lanze
Nutzlos aus den Händen, und ich habe ihn nicht getroffen!«
Sprach es, und anspringend ergriff er ihn am Helm, dem roßmähnigen,
370 Und schleifte ihn, herumgewendet, zu den gutgeschienten Achaiern.
Und es würgte ihn der vielbestickte Riemen unter dem weichen Hals,
Der ihm unter dem Kinn gespannt war als Halter des Helms.
Und er hätte ihn fortgezogen und unsägliches Prangen erworben,
Hätte es nicht scharf bemerkt des Zeus Tochter Aphrodite,
Die ihm zerriß den Riemen eines mit Kraft erschlagenen Rindes,
Und leer folgte der Helm der Hand, der schweren.
Den warf darauf der Heros unter die gutgeschienten Achaier,
Ihn herumwirbelnd, und es holten ihn die geschätzten Gefährten.
Er aber stürmte wiederum an, ihn zu töten begierig,
380 Mit der ehernen Lanze. Doch den entraffte Aphrodite,
Sehr leicht, wie eben ein Gott, und hüllte ihn in vielen Nebel,
Und setzte ihn nieder im Schlafgemach, dem wohlriechenden, duftenden.
Und selbst wieder ging sie, Helena zu rufen, und traf sie
Auf dem hohen Turm, und um sie waren genugsam viele Troerinnen.

Und sie faßte und zupfte sie mit der Hand an dem nektarischen Gewand,
Und einer Greisin gleichend, einer hochbetagten, sprach sie sie an,
Der Wollebereiterin, die ihr, als sie in Lakedaimon wohnte,
Gewirkt hatte schöne Wolle, und sie liebte sie stets am meisten.
Dieser gleichend sprach zu ihr die göttliche Aphrodite:
390 »Komm her! Alexandros ruft dich, nach Hause zu kommen!
Er ist im Schlafgemach und auf der gedrechselten Bettstatt,
An Schönheit strahlend und Kleidern, und du würdest nicht sagen,
Er sei vom Kampf mit einem Mann gekommen, sondern zum Reigen
Gehe er oder habe gerade den Reigen geendet und sich niedergesetzt.«
So sprach sie und erregte ihr den Mut in der Brust.
Und wie sie nun bemerkte den gar schönen Hals der Göttin
Und die Brust, die liebreizende, und die strahlenden Augen,
Da erstarrte sie und sprach das Wort und benannte es heraus:
»Heillose! was suchst du mich damit zu betören?
400 Willst du vielleicht mich noch weiter durch die wohlbewohnten Städte
Führen, in Phrygien oder in dem lieblichen Maionien,
Wenn dir einer auch dort lieb ist von den sterblichen Menschen?
Weil also jetzt Menelaos den göttlichen Alexandros
Besiegt hat und will mich Verhaßte nach Hause führen,
Deswegen bist du jetzt hier zu mir getreten voller Arglist?
Geh und setze dich zu ihm und verlasse den Weg der Götter
Und wende dich nie mehr auf deinen Füßen zurück zum Olympos,
Sondern plage dich ständig um ihn und behüte ihn,
Bis er zur Ehefrau dich macht oder seiner Sklavin!
410 Dorthin gehe ich nicht – es wäre ja eine Schande! –,
Ihm das Bett zu bestellen! Werden die Troerfrauen doch alle
Künftig mich tadeln, und habe ich doch Kümmernisse maßlose im Mute!«
Da wurde zornig und sprach zu ihr die göttliche Aphrodite:
»Reize mich nicht, Starrsinnige! daß ich im Zorn dich nicht verstoße
Und dich ebenso hasse, wie ich dich jetzt über die Maßen liebte,
Und in der Mitte von den beiden traurige Feindschaften stifte,
Den Troern und Danaern: dann gehst du in schlimmem Schicksal zugrunde!«
So sprach sie. Da fürchtete sich Helena, die dem Zeus Entsproßte,
Und sie ging, eingehüllt in das Gewand, das weißschimmernde, leuchtende,
420 In Schweigen, unbemerkt von allen Troerinnen, und voran ging die Göttin.
Und als sie in das Haus des Alexandros, das gar schöne, gelangten,
Da wandten die Dienerinnen sich schnell zu ihrer Arbeit,
Sie aber ging in das hochüberdachte Schlafgemach, die Göttliche unter den
                                                                        Frauen.

Und dort ergriff einen Stuhl die gernlächelnde Aphrodite,
Und die Göttin brachte und stellte ihn dem Alexandros gegenüber.
Dort setzte sich Helena nieder, die Tochter des Zeus, des Aigishalters,
Wandte die Augen ab und schalt ihren Gatten mit der Rede:
»Kommst du vom Kampf? Daß du doch dort zugrunde gegangen wärst,
Bezwungen von dem Mann, dem starken, der mein früherer Gatte war!
430 Ja, da hast du früher geprahlt, du seist dem aresgeliebten Menelaos
Mit deiner Kraft und den Händen und der Lanze überlegen.
Doch geh jetzt! fordere noch einmal den aresgeliebten Menelaos
Heraus, gegen dich zu kämpfen! Aber ich rate dir,
Abzustehen und nicht mit dem blonden Menelaos
Mann gegen Mann im Kampf zu kämpfen und zu streiten,
Unbedacht, daß du nicht schnell unter seinem Speer bezwungen wirst!«
Da erwiderte ihr Paris mit Worten und sagte zu ihr:
»Frau! schilt mir doch nicht den Mut mit harten Schmähungen!
Jetzt zwar hat Menelaos mich besiegt mit Athene:
440 Doch ein andermal wieder ich ihn, denn auch uns stehen Götter bei. –
Aber komm! legen wir uns und erfreuen wir uns der Liebe!
Denn noch nie hat das Verlangen mir so umhüllt die Sinne,
Auch nicht, als ich dich zuerst aus dem lieblichen Lakedaimon
Raubte und davonfuhr in den meerdurchfahrenden Schiffen
Und wir uns auf der Kranaë-Insel vermischten in Liebe und Lager,
So wie ich jetzt dich begehre und das süße Verlangen mich ergreift!«
Sprach es und ging voran zum Lager, und ihm folgte die Gattin. –
Da ruhten nun die beiden in der gurtdurchzogenen Bettstatt.
Der Atreus-Sohn aber eilte umher in der Menge, einem Raubtier gleich,
450 Ob er irgendwo erblickte Alexandros, den gottgleichen.
Doch keiner vermochte von den Troern und den berühmten Verbündeten,
Den Alexandros damals zu zeigen dem aresgeliebten Menelaos.
Denn wirklich, nicht aus Freundschaft hätten sie ihn verborgen, wenn einer
ihn sah,
Denn ihnen allen war er verhaßt gleich der schwarzen Todesgöttin.
Und unter ihnen sprach der Herr der Männer Agamemnon:
»Hört mich, Troer und Dardaner und ihr Verbündeten!
Der Sieg gehört ja nun offenbar dem aresgeliebten Menelaos.
So gebt ihr die argeische Helena und mit ihr die Güter
Heraus und entrichtet die Buße, die angemessen ist
460 Und die auch bei den späteren Menschen noch bestehen wird.«
So sprach der Atreus-Sohn, und es stimmten zu die anderen Achaier.

VIERTER GESANG *Götterversammlung. Auf des Zeus Befehl geht Athene zu
dem Troer Pandaros, um ihn zu einem Schuß auf Menelaos zu verleiten,
womit die Verträge gebrochen sind. Große Erregung. Agamemnon sagt den
Untergang Trojas voraus. Doch Menelaos ist nur leicht verwundet. – Agamemnon
hält eine Heerschau ab, in der er nun die einzelnen Helden aufruft. – Erster
allgemeiner Kampf.*

Die Götter aber saßen bei Zeus und hielten Versammlung
Auf goldenem Boden, und unter ihnen schenkte die Herrin Hebe
Den Nektar ein, und sie tranken einander zu
Mit goldenen Bechern und blickten auf die Stadt der Troer.
Da versuchte alsbald der Kronide, Here zu reizen
Mit stachelnden Worten und seitwärts zielender Rede:
»Sind zwei doch dem Menelaos Helferinnen unter den Göttinnen:
Die argeische Here und von Alalkomene Athene!
Aber da sitzen sie weit weg und ergötzen sich
10 Zuzuschauen, dem aber steht die gernlächelnde Aphrodite
Immer zur Seite und wehrt von ihm ab die Todesgöttinnen.
Auch jetzt hat sie ihn herausgerettet, und er meinte schon, daß er sterben
                müßte.
Aber wahrhaftig! der Sieg gehört dem aresgeliebten Menelaos.
Wir aber wollen bedenken, wie es werden soll mit diesen Dingen:
Ob wir von neuem schlimmen Krieg und schreckliches Getümmel
Erregen oder Freundschaft stiften zwischen beiden.
Wenn aber dieses etwa allen lieb und genehm ist,
Ja, so soll weiter bewohnt sein die Stadt des Priamos, des Herrschers,
Und Menelaos soll wieder die argeische Helena mit sich führen.«
20 So sprach er, und es murrten darüber Athenaia und Here;
Saßen dicht beieinander und sannen den Troern Böses.
Ja, da war Athenaia still und sagte gar nichts,
Erbittert auf Zeus, den Vater, und ein wilder Zorn ergriff sie.
Der Here aber konnte die Brust den Zorn nicht fassen, und sie sagte
                zu ihm:
»Schrecklichster Kronos-Sohn! was für ein Wort hast du gesprochen?
Wie willst du nichtig machen die Mühe und erfolglos

Und den Schweiß, den ich schwitzte in Anstrengung, und es ermatteten mir
                                           die Pferde,
Wie ich sammelte das Volk, dem Priamos zum Unheil und seinen Söhnen!
Tu es! doch wir anderen Götter billigen es dir nicht alle!«
30   Da fuhr groß auf und sagte zu ihr der Wolkensammler Zeus:
»Heillose! was haben dir nur Priamos und des Priamos Söhne
So viel Schlimmes getan, daß du unablässig eiferst,
Von Ilios zu zerstören die gutgebaute Stadt?
Wenn du hineingingst in die Tore und die langen Mauern
Und roh verzehrtest den Priamos und des Priamos Söhne
Und die anderen Troer: dann würdest du den Zorn ganz heilen!
Tu, wie du willst! Doch soll dieser Streit für künftig
Dir und mir nicht ein großes Zerwürfnis werden zwischen uns beiden.
Doch etwas anderes sage ich dir, und du lege es dir in deinen Sinn:
40   Wenn auch ich einmal im Eifer will eine Stadt zerstören,
Eine solche, in der dir liebe Männer angestammt sind,
So sollst du nicht aufhalten meinen Zorn, sondern mich lassen!
Denn auch ich habe es dir gegeben, willig, mit unwilligem Mute.
Denn so viele unter der Sonne und dem Himmel, dem bestirnten,
Städte bewohnt werden von irdischen Menschen,
Von denen war mir überaus im Herzen geehrt die heilige Ilios
Und Priamos und das Volk des lanzenguten Priamos.
Denn nicht fehlte es je meinem Altar an gebührender Speise,
Weihguß und Fettdampf, denn das empfangen wir zur Ehrengabe.«
50   Darauf erwiderte ihm die Kuhäugige, die Herrin Here:
»Wahrhaftig! da sind mir drei die weit liebsten Städte:
Argos und Sparta und die breitstraßige Mykene.
Diese zerstöre, sind sie dir übermäßig verhaßt im Herzen!
Vor diese stelle ich mich nicht und will es dir nicht verargen.
Denn wollte ich es auch verweigern und ließe sie nicht zerstören,
Richte ich doch nichts aus durch mein Weigern, da du viel stärker bist.
Doch nicht darf man auch meine Mühe erfolglos machen!
Denn auch ich bin ein Gott, und die Geburt ist mir daher, woher sie
                                          auch dir ist.
Und als Würdigste hat mich gezeugt Kronos, der krummgesonnene,
60   In beidem: der Geburt nach und weil ich deine Gattin
Heiße und du über alle Unsterblichen der Herr bist.
Aber wahrhaftig! darin laß uns nachgeben einer dem anderen,
Dir ich und du mir, und es werden uns folgen die anderen Götter,
Die unsterblichen. – Aber du befiehl schnell der Athenaia,

Daß sie gehe in das schreckliche Gewühl der Troer und der Achaier
Und versuche, ob wohl die Troer als erste beginnen,
Die hochprangenden Achaier gegen die Eide zu verletzen.«
    So sprach sie, und nicht ungehorsam war der Vater der Männer und
                                                              der Götter.
Sogleich sprach er zu Athenaia die geflügelten Worte:
70 »Gehe gar schnell ins Heer unter die Troer und die Achaier
Und versuche, ob wohl die Troer als erste beginnen,
Die hochprangenden Achaier gegen die Eide zu verletzen.«
    So sprach er und trieb Athene an, die es schon vorher drängte,
Und sie schritt hin und schwang sich von den Häuptern des Olympos.
Und wie einen Stern entsendet der Sohn des Kronos, des krummgesonnenen,
Schiffsleuten zum Zeichen oder einem breiten Heer von Männern,
Einen glänzenden, und von ihm sprühen ab viele Funken:
Dem gleichend schwang sich zur Erde Pallas Athene
Und sprang hinab in ihre Mitte. Und ein Staunen erfaßte, die es sahen:
80 Die Troer, die pferdebändigenden, und die gutgeschienten Achaier.
Und so redete mancher und sah den anderen neben sich an:
»Gewiß wird da wieder schlimmer Krieg und schreckliches Getümmel
Sein! Oder setzt Freundschaft zwischen beiden
Zeus, der den Menschen als Walter des Krieges bestellt ist?«
    So sprach manch einer von den Achaiern und den Troern.
Sie aber, einem Mann der Troer gleichend, tauchte in die Menge,
Dem Laodokos, Sohn des Antenor, dem starken Lanzenkämpfer,
Pandaros, den gottgleichen, suchend, ob sie ihn irgendwo fände.
Und sie fand des Lykaon Sohn, den untadligen und starken,
90 Wie er dastand, und um ihn her die starken Reihen schildtragender
Männer, die ihm gefolgt waren von des Aisepos Fluten.
Und sie trat zu ihm heran und sprach die geflügelten Worte:
    »Ob du mir jetzt wohl folgtest, Sohn des Lykaon, kampfgesinnter?
Wagtest du wohl, auf Menelaos den schnellen Pfeil zu entsenden?
Bei allen Troern würdest du Gunst und Ruhm gewinnen,
Und unter allen am meisten bei Alexandros, dem König.
Von dem würdest du zu allererst glänzende Gaben davontragen,
Wenn er sieht, wie Menelaos, der streitbare Sohn des Atreus,
Von deinem Geschoß bezwungen den leidigen Scheiterhaufen besteigt.
100 Aber auf! schnelle den Pfeil auf Menelaos, den ruhmvollen,
Und gelobe Apollon, dem lichtgeborenen, bogenberühmten,
Von Lämmern, erstgeborenen, auszurichten ein herrliches Hundertopfer,
Wenn du nach Hause kehrst zur Stadt der heiligen Zeleia.«

So sprach **Athenaia** und beredete ihm die Sinne, dem Sinnberaubten.
Alsbald nahm er ab den Bogen, den gutgeglätteten, vom Horn eines Bocks,
Eines wilden, den er einst selbst in die Brust getroffen hatte,
Als er aus dem Felsen hervortrat, ihm auflauernd im Anstand;
Und er traf ihn in die Brust, und er fiel rücklings auf den Felsen.
Dem waren die Hörner am Kopf sechzehn Handbreit lang gewachsen.
110 Und die hatte bearbeitend gefügt der horndrechselnde Künstler
Und alles gut geglättet und darauf gesetzt eine goldene Zwinge.
Und den legte er gut nieder, den gespannten, ihn gegen die Erde
Lehnend, und vor ihn hielten die Schilde die edlen Gefährten,
Daß nicht vorher aufsprängen die streitbaren Söhne der Achaier,
Ehe getroffen war Menelaos, der streitbare Sohn des Atreus.
Und er nahm den Deckel vom Köcher und wählte einen Pfeil aus,
Einen noch unverschossenen, beflügelten, den Erreger schwarzer Schmerzen.
Und schnell ordnete er auf der Sehne den bitteren Pfeil
Und gelobte Apollon, dem lichtgeborenen, bogenberühmten,
120 Von Lämmern, erstgeborenen, auszurichten ein herrliches Hundertopfer,
Wenn er nach Hause kehrte zur Stadt der heiligen Zeleia.
Und er zog, zugleich die Kerben fassend und die lederne Sehne,
Nahe an die Brust die Sehne und an den Bogen die eiserne Spitze.
Und nachdem er so zum Kreis gespannt hatte den großen Bogen,
Erklang der Bogen, und gewaltig schwirrte die Sehne, und hin sprang
                                                  der Pfeil,
Der scharfgespitzte, begierig, in die Menge zu fliegen.
    Doch nicht vergaßen dich, Menelaos, die seligen Götter,
Die unsterblichen, und als erste des Zeus Tochter, die Beutespenderin,
Die vor dich trat und dir das Geschoß, das spitze, abwehrte.
130 Und so weit scheuchte sie es weg von dem Leib, wie wenn eine Mutter
Von ihrem Kind die Fliege scheucht, wenn es im süßen Schlaf liegt.
Und selbst wieder lenkte sie es dorthin, wo die Halter des Gürtels,
Die goldenen, ihn zusammenhielten und der gedoppelte Panzer ihm begegnete.
Und hinein in den Gürtel, den gefügten, traf der bittere Pfeil,
Durch den Gürtel bohrte er sich, den verzierten,
Und durch den Panzer, den vielverzierten, drang er
Und den Schurz, den er trug als Schutz des Leibes, zur Abwehr der Speere,
Der ihm am meisten Schutz bot, und durch und durch ging er auch dort,
Und ganz zu äußerst ritzte der Pfeil die Haut des Mannes,
140 Und alsbald floß Blut, schwarzwolkiges, aus der Wunde.
Und wie wenn eine Frau Elfenbein mit Purpur färbt,
Eine Maionierin oder Karerin, daß es ein Backenstück sei für Pferde,

Und es liegt in der Kammer, und viele Kämpfer zu Wagen
Begehrten, es zu tragen, doch liegt es für einen König als Prunkstück,
Beides: ein Schmuck des Pferdes und dem Lenker ein Prangen:
So wurden dir, Menelaos, gefärbt vom Blut die Schenkel,
Die gutgewachsenen, und die Schienbeine und die Knöchel, die schönen,
                                                                          darunter.
Und da erschauderte der Herr der Männer Agamemnon,
Wie er sah, wie das schwarze Blut herabfloß aus der Wunde,
150 Und es erschauderte auch selbst der aresgeliebte Menelaos.
Doch als er sah, wie die Umschnürung und die Haken noch außen waren,
Da sammelte sich ihm, zurückgeströmt, der Mut in der Brust.
Und unter ihnen sprach, schwer stöhnend, der gebietende Agamemnon
Und hielt die Hand des Menelaos, und dazu stöhnten die Gefährten:
    »Lieber Bruder! zum Tod für dich habe ich die Eidopfer geschlachtet
Und dich allein herausgestellt, daß du vor den Achaiern mit den Troern
                                                                          kämpftest!
So haben die Troer dich getroffen und die verläßlichen Eidopfer zertreten.
Doch niemals ist nichtig der Eidschwur und das Blut der Lämmer
Und die Spenden ungemischten Weins und die Handschläge, auf die wir
                                                                          vertrauten!
160 Denn wenn es auch nicht sogleich der Olympier vollendet:
Vollenden wird er es, wenn auch spät, und mit Großem werden sie es büßen:
Mit ihren eigenen Häuptern und den Frauen und den Kindern.
Denn gut weiß ich das im Sinn und in dem Mute:
Sein wird der Tag, wo einst zugrunde geht die heilige Ilios
Und Priamos und das Volk des lanzenguten Priamos.
Und Zeus, der Kronide, der hoch am Steuerruder sitzt, im Äther
                                                                          wohnend,
Wird selber gegen sie die finstere Aigis schütteln, gegen sie alle,
Um dieses Betrugs willen grollend. Dies wird geschehen und nicht
                                                                          unerfüllt bleiben!
Doch mir wird schreckliches Weh um dich sein, o Menelaos,
170 Wenn du denn stirbst und erfüllst das Maß des Lebens.
Und als der Verächtlichste würde ich in das vieldurstige Argos kommen.
Denn sofort werden die Achaier des väterlichen Landes gedenken,
Und zum Jubel würden wir lassen dem Priamos und den Troern
Die argeische Helena. Doch deine Gebeine wird verfaulen lassen
Die Erde, der du liegst in Troja bei unvollendetem Werk.
Und mancher wird so reden von den Troern, den übermütigen,
Springend auf den Grabhügel des ruhmvollen Menelaos:

›Wollte doch so bei allem seinen Zorn vollenden Agamemnon,
Wie er auch jetzt vergeblich hierhergeführt das Heer der Achaier
180 Und nun nach Hause ging in das eigene väterliche Land
Mit leeren Schiffen und hierlassend den edlen Menelaos!‹
So wird einst einer sprechen: dann möge sich mir auftun die breite Erde!«
   Doch ermutigend sagte zu ihm der blonde Menelaos:
»Fasse Mut und erschrecke nicht das Volk der Achaier!
Nicht an entscheidender Stelle haftet das scharfe Geschoß, sondern vorher
Hielt es zurück der Gürtel, der allfunkelnde, und darunter
Binde und Schurz, den gearbeitet hatten Schmiedemänner.«
   Ihm antwortete und sprach der gebietende Agamemnon:
»Möge es doch so sein, Lieber! o Menelaos!
190 Die Wunde aber soll der Arzt abtasten und Kräuter
Auflegen, die stillen werden die schwarzen Schmerzen.«
   Sprach es und sagte zu Talthybios, dem göttlichen Herold:
»Talthybios! eilends rufe den Machaon hierher,
Den Mann, des Asklepios Sohn, des untadligen Arztes,
Daß er nach Menelaos sehe, dem streitbaren Sohn des Atreus,
Den einer mit dem Pfeil traf, der sich gut versteht auf den Bogen,
Von den Troern oder Lykiern, ihm zum Ruhm, uns aber zur Trauer.«
   So sprach er. Und ihm war nicht ungehorsam der Herold, als er es hörte,
Und schritt hin und ging unter das Volk der Achaier, der erzgewandeten,
200 Und schaute aus nach dem Helden Machaon. Und er bemerkte ihn,
Wie er dastand, und um ihn die starken Reihen schildtragender
Männer, die ihm gefolgt waren aus Trike, der pferdenährenden.
Und er trat zu ihm heran und sprach die geflügelten Worte:
»Auf, Sohn des Asklepios! Es ruft der gebietende Agamemnon,
Daß du siehst nach Menelaos, dem streitbaren Sohn des Atreus,
Den einer mit dem Pfeil traf, der sich gut versteht auf den Bogen,
Von den Troern oder Lykiern, ihm zum Ruhm, uns aber zur Trauer.«
   So sprach er und erregte ihm den Mut in der Brust,
Und sie schritten hin und gingen unter die Menge im breiten Heer der Achaier.
210 Doch als sie nun dorthin gelangten, wo der blonde Menelaos,
Der Getroffene, war, und um ihn versammelt alle die Besten
Im Kreise, da trat er mitten unter sie, der gottgleiche Mann,
Und alsbald zog er aus dem gefügten Gürtel den Pfeil,
Und wie er ihn herauszog, brachen rückwärts ab die scharfen Haken.
Und er löste ihm den Gürtel, den allfunkelnden, und darunter
Binde und Schurz, den gearbeitet hatten Schmiedemänner.
Aber als er die Wunde sah, wo eingedrungen war der bittere Pfeil,

Sog er aus das Blut und streute kundig darauf lindernde Kräuter,
Die seinem Vater einst wohlgesonnen gegeben hatte Cheiron.
220   Während diese geschäftig waren um den guten Rufer Menelaos,
Indessen kamen heran die Reihen der Troer, der schildtragenden;
Sie aber tauchten wieder in die Waffen und gedachten des Kampfes.
Da hättest du nicht schläfrig gesehen den göttlichen Agamemnon
Und nicht sich duckend und nicht ungewillt zu kämpfen,
Sondern eifrig drängend auf die Schlacht, die männerehrende.
Denn da ließ er die Pferde und den Wagen, den mit Erz verzierten,
Und diese hielt der Gefährte abseits, die schnaubenden,
Eurymedon, der Sohn des Ptolemaios, des Peiraios-Sohns.
Dem trug er vielfach auf, sie bereitzuhalten, wann immer ihm
230   Die Glieder Ermattung ergriffe, wie er gebietend schritt durch die Vielen.
Doch er, zu Fuß, durcheilte die Reihen der Männer,
Und welche er nun voll Eifer sah unter den Danaern, den roßschnellen,
Die ermunterte er kräftig, herangetreten, mit Worten:
»Argeier! laßt nicht nach in der ungestümen Kampfkraft!
Denn nicht wird der Vater Zeus Betrügern ein Helfer sein,
Sondern sie, die als erste, gegen die Eide, Schaden verübten,
Denen selber, wahrhaftig! sollen die zarte Haut die Geier fressen!
Wir aber werden ihre Frauen und kleinen Kinder
Fortführen in den Schiffen, nachdem wir die Stadt genommen.«
240   Und welche er wieder sich zurückhalten sah von dem verhaßten Kampf,
Die schalt er gewaltig mit zornigen Worten:
»Argeier, ihr Maulhelden! Schandvolk! Schämt ihr euch nicht?
Was steht ihr so da, angstverschreckt, wie Hirschkälber,
Die, wenn sie durch viel Feld gelaufen sind, ermüdet
Dastehen, und keine Kraft ist ihnen in dem Innern.
So steht ihr da, angstverschreckt, und wollt nicht kämpfen.
Oder wartet ihr, bis die Troer heran sind, dort, wo die Schiffe,
Die am Heck verzierten, heraufgezogen sind auf den Strand des grauen Meers,
Daß ihr seht, ob über euch seine Hand hält Kronion?«
250   So durcheilte dieser gebietend die Reihen der Männer.
Und er ging und kam zu den Kretern durch das Gedränge der Männer.
Die rüsteten sich um den kampfgesinnten Idomeneus:
Idomeneus unter den Vorkämpfern, einem Eber gleich an Kraft,
Und Meriones trieb ihm die hintersten Scharen an.
Als er diese sah, freute sich der Herr der Männer Agamemnon,
Und sogleich sprach er zu Idomeneus mit freundlichen Worten:
»Idomeneus! am höchsten ehre ich dich unter den Danaern, den roßschnellen,

Sowohl im Kampf wie auch bei anderem Werk
Oder auch beim Mahl, wann immer den funkelnden Ehrenwein
260 Die Ersten der Argeier in Mischkrügen mischen.
Denn wenn die anderen am Haupte langgehaarten Achaier
Das Zugeteilte trinken, so steht dein Becher immer
Angefüllt, so wie auch mir, zu trinken, wann immer der Mut befiehlt.
Aber erhebe dich zum Kampf, als der Mann, der du dich auch sonst zu sein
                                                  rühmst!«
    Ihm antwortete wieder Idomeneus, der Anführer der Kreter:
»Atreus-Sohn! gewiß werde ich dir ein geschätzter Gefährte
Sein, wie ich es vorher versprochen und zugenickt habe.
Aber treibe die anderen am Haupte langgehaarten Achaier,
Daß wir aufs schnellste kämpfen, da die Eide zusammenwarfen
270 Die Troer. Doch denen wird Tod und Kümmernisse hernach werden,
Da sie als erste, gegen die Eide, Schaden verübten!«
    So sprach er, und der Atride ging weiter, erfreut im Herzen.
Und er ging und kam zu den beiden Aias durch das Gedränge der Männer.
Die rüsteten sich, und ihnen folgte die Wolke des Fußvolks.
Und wie wenn von der Warte ein Ziegenhirt eine Wolke sieht,
Wie sie über das Meer herankommt unter dem Blasen des Westwinds,
Und von weitem erscheint sie ihm schwärzer als Pech,
Wie sie über das Meer hingeht, und bringt viel Sturmwind,
Er aber schaudert, wie er sie sieht, und treibt das Vieh in eine Höhle:
280 So gingen mit den beiden Aias von zeusgenährten rüstigen Männern
In den feindlichen Kampf die dichten Reihen,
Schwarz, von Schilden und von Lanzen starrend.
Und als er sie sah, da freute sich der gebietende Agamemnon,
Und er begann und sprach zu ihnen die geflügelten Worte:
»Aias! ihr Führer der Argeier, der erzgewandeten!
Euch – denn ich brauche euch nicht zu treiben – befehle ich nichts,
Denn selbst heißt ihr eifrig das Volk, mit Kraft zu kämpfen.
Wenn doch, Zeus Vater und Athenaia und Apollon!
Ein solcher Mut allen kommen wollte in die Brust!
290 Dann würde sich bald neigen die Stadt des Priamos, des Herrschers,
Unter unseren Händen genommen und zerstört!«
    So sprach er und ließ sie dort und ging zu anderen.
Dort traf er den Nestor, den hellstimmigen Redner der Pylier,
Wie er seine Gefährten ordnete und zu kämpfen antrieb
Um den großen Pelagon und Alastor und Chromios
Und um Haimon, den gebietenden, und Bias, den Hirten der Völker.

Die Wagenkämpfer stellte er vorn auf mit Pferden und Wagen,
Die zu Fuß dahinter, die vielen und tüchtigen, eine Schutzwehr
Des Krieges zu sein. Doch die Schlechten trieb er in die Mitte,
300 Daß, auch wenn einer nicht wollte, er gezwungen kämpfen sollte.
Die Wagenkämpfer wies er zuerst an, denn denen befahl er,
Ihre Pferde zurückzuhalten und nicht einherzujagen in der Menge:
    »Daß mir keiner, der Fahrkunst und seiner Mannhaftigkeit vertrauend,
Allein vor den anderen begehrt, mit den Troern zu kämpfen,
Noch auch zurückweicht! Denn dann wäret ihr schwächer.
Welcher Mann aber von seinem Wagen erreicht einen anderen Wagen,
Der stoße zu mit der Lanze, denn so ist es wahrhaftig viel besser.
So haben auch die früheren Männer Städte und Mauern zerstört,
Weil sie solch einen Sinn und Mut in der Brust bewahrten.«
310 So trieb sie der Greis, der sich von alters gut verstand auf Kämpfe.
Und als er ihn sah, da freute sich der gebietende Agamemnon
Und begann und sprach zu ihm die geflügelten Worte:
»Alter! wenn doch so, wie der Mut in deiner Brust ist,
So auch die Knie dir folgten, und dir wäre die Kraft beständig!
Aber dich reibt das Alter auf, das allen gemeinsame. Wenn doch ein anderer
Von den Männern es hätte, du aber unter den Jüngeren stündest!«
    Ihm antwortete darauf der Gerenier, der Rosselenker Nestor:
»Atreus-Sohn! ich wollte dir wahrhaftig auch selber
So sein wie damals, als ich erschlug den göttlichen Ereuthalion!
320 Aber niemals geben alles zugleich die Götter den Menschen:
War ich damals jung, so begleitet mich jetzt wieder das Alter.
Aber auch so will ich stehen bei den Wagenkämpfern und sie ermahnen
Mit Rat und Worten, denn das ist das Vorrecht der Alten.
Mit Speeren kämpfen sollen die Jüngeren, welche da jünger
Sind geboren als ich und auf ihre Gewalt vertrauen.«
    So sprach er, und der Atride ging weiter, erfreut im Herzen.
Und er fand den Peteos-Sohn, den pferdestachelnden Menestheus,
Wie er stand, und um ihn die Athener, die Meister des Kampfgeschreis.
Und nahe bei ihm stand der vielkluge Odysseus,
330 Und bei ihm standen der Kephallenier nicht schwache Reihen.
Denn es war zu ihnen noch nicht der Kriegslärm vom Volk gedrungen,
Sondern eben erst vordringend gegeneinander bewegten sich die Reihen
Der pferdebändigenden Troer und der Achaier. Sie aber standen
Und warteten ab, bis ein neuer Zug der Achaier herankäme
Und anstürmte gegen die Troer, daß sie anfingen mit dem Kampf.
Und als er sie sah, schalt sie der Herr der Männer Agamemnon

Und begann und sagte zu ihnen die geflügelten Worte:
»O Sohn des Peteos, des zeusgenährten Königs!
Und du in schlimmen Listen Ausgezeichneter, auf Vorteil Bedachter!
340 Was steht ihr abseits geduckt und wartet auf die anderen?
Für euch gehörte es sich, unter den ersten zu stehen
Oder euch der brennenden Schlacht entgegenzuwerfen!
Werdet ihr doch auch als erste von mir zum Mahl gerufen,
Wann immer den Ältesten ein Mahl zurüsten die Achaier.
Da ist es euch lieb, gebratenes Fleisch zu essen und Becher
Weines zu trinken, honigsüßen, wann immer ihr wollt.
Jetzt aber sähet ihr gern, wie auch zehn Haufen der Achaier
Weit vor euch kämpften mit dem erbarmungslosen Erz!«
        Da sah ihn von unten herauf an und sagte zu ihm der vielkluge Odysseus:
350 »Atreus-Sohn! was für ein Wort entfloh dem Gehege deiner Zähne?
Wie sagst du, daß wir uns dem Kampf entziehen? Wann immer wir Achaier
Gegen die pferdebändigenden Troer erwecken den scharfen Ares,
Wirst du sehen, wenn du willst und wenn dich dies kümmert,
Wie des Telemachos eigener Vater sich mischt unter die Vorkämpfer
Der pferdebändigenden Troer. Du hast dies ins Leere geredet!«
        Da lächelte und sagte zu ihm der gebietende Agamemnon,
Als er erkannte, daß er zornig war, und nahm zurück die Rede:
»Zeusentsproßter Laërtes-Sohn! reich an Erfindungen, Odysseus!
Nicht tadle ich dich übermäßig noch treibe ich dich!
360 Denn ich weiß ja, wie dir der Mut in deiner Brust
Heilsame Ratschläge weiß: du denkst, wie ich selber.
Aber komm! das machen wir später gut, wenn jetzt etwas Böses
Gesagt wurde: das mögen alles die Götter zunichte machen!«
        So sprach er und ließ ihn dort und ging zu anderen.
Und er fand des Tydeus Sohn, den hochgemuten Diomedes,
Wie er auf den Pferden stand und dem festgefügten Wagen,
Und neben ihm stand Sthenelos, des Kapaneus Sohn.
Den schalt, als er ihn sah, der gebietende Agamemnon
Und begann und sagte zu ihm die geflügelten Worte:
370 »O mir! Sohn des kampfgesinnten Tydeus, des Pferdebändigers!
Was duckst du dich? und was gaffst du nach den Brücken des Krieges?
So war es nicht dem Tydeus lieb, sich zu ducken,
Sondern weit vor den eigenen Gefährten mit den Feinden zu kämpfen.
So sagen, die ihn bei der Kampfarbeit gesehen. Ich selber traf
Und sah ihn nie. Allen überlegen, sagen sie, war er!
Wahrhaftig, da kam er ohne Krieg als Gastfreund

Nach Mykene mit dem gottgleichen Polyneikes, um Volk zu sammeln.
Denn diese führten damals ein Heer gegen die heiligen Mauern Thebens
Und baten sehr, daß man ihnen berühmte Verbündete schaffte.
380 Und die wollten sie geben und hießen es gut, was sie verlangten,
Aber Zeus wandte sie ab, ungünstige Zeichen weisend.
Doch als sie nun gegangen und schon voran des Weges gekommen waren,
Und zum Asopos gelangten, dem schilftiefen, in Gras gebettet,
Da wieder schickten den Tydeus die Achaier hin als Boten.
Und er ging und traf die vielen Kadmeionen,
Wie sie speisten im Haus der Gewalt des Eteokles.
Dort, war er auch ein Fremder, fürchtete sich der Rossetreiber Tydeus
Nicht, der er allein war unter den vielen Kadmeern,
Sondern forderte sie zu Kampfspielen heraus und siegte in allem,
390 Leicht, denn ein solcher Beistand war ihm Athene.
Die aber, erzürnt, die Kadmeer, die Stachler der Pferde,
Legten ihm, als er zurückging, einen dichten Hinterhalt,
Fünfzig junge Männer, und zwei waren die Führer:
Maion, der Haimon-Sohn, Unsterblichen vergleichbar,
Und des Autophonos Sohn, der standhafte im Kampf, Polyphontes.
Tydeus aber brachte auch über diese ein schmähliches Schicksal,
Alle tötete er, nur einen schickte er zurück nach Hause:
Maion, den entließ er, den Zeichen der Götter folgend. –
Ein solcher Mann war Tydeus, der Aitoler. Jedoch den Sohn
400 Zeugte er schlechter als sich im Kampf, doch in der Versammlung besser.«
    So sprach er, doch es sagte nichts zu ihm der starke Diomedes
Und scheute den Tadel des ehrwürdigen Königs.
Doch ihm antwortete der Sohn des ruhmvollen Kapaneus:
»Atreus-Sohn! rede nicht falsch: du weißt es genau zu sagen!
Wir rühmen uns dir, weit besser zu sein als die Väter!
Wir haben auch eingenommen den Sitz des siebentorigen Theben,
Und mit weniger Volk, herangeführt an die stärkere Mauer,
Vertrauend den Zeichen der Götter und des Zeus Beistand.
Jene aber gingen an ihren eigenen Freveltaten zugrunde.
410 Darum stelle mir niemals die Väter uns gleich an Ehre!«
    Da sah ihn von unten herauf an und sagte zu ihm der starke Diomedes:
»Lieber Alter! sitze in Schweigen und gehorche meinem Wort!
Denn nicht verarge ich es Agamemnon, dem Hirten der Völker,
Daß er antreibt zu kämpfen die gutgeschienten Achaier.
Denn ihm wird folgen der Ruhm, wenn die Achaier
Die Troer erschlagen und nehmen die heilige Ilios,

Ihm aber auch wieder große Trauer, wenn die Achaier erschlagen werden.
Aber auf denn! gedenken auch wir beide der ungestümen Kampfkraft!«
  Sprach es und sprang vom Wagen mit den Waffen auf die Erde,
420 Und es dröhnte gewaltig das Erz an der Brust des Herrschers,
Als er vorsprang: da hätte selbst einen Standhaften Furcht ergriffen.
  Und wie wenn am vielhallenden Gestade die Woge des Meeres
Sich erhebt: eine dicht nach der anderen, vom West getrieben;
Fern auf dem Meer behelmt sie sich erst, dann aber am Festland
Sich brechend braust sie gewaltig, und um die Klippen
Wölbt sie sich, gipfelt sich auf und speit von sich den Salzschaum:
So bewegten sich damals dicht nacheinander die Reihen der Danaer
Unablässig zum Kampf. Und es trieb die Seinen ein jeder
Von den Führern; die anderen gingen stumm, und du konntest meinen,
430 Daß ohne Stimme in der Brust ein so großes Heer nachfolgte,
Lautlos, in Furcht vor den Befehlenden, und an allen
Glänzten die bunten Waffen, in welchen sie reihenweise schritten.
  Die Troer aber, wie Schafe im Viehhof eines reich begüterten Mannes,
Zehntausende, stehen, wenn die weiße Milch wird abgemolken,
Unaufhörlich blökend, wenn sie die Stimme der Lämmer hören:
So erhob sich von den Troern ein wirres Geschrei im breiten Heer.
Denn nicht gleich war allen der Ruf und nicht nur eine Stimme,
Sondern die Zunge war gemischt und die Männer von vielen Orten
                                                    herbeigerufen.
  Und es erregte die einen Ares, die anderen die helläugige Athene,
440 Und Deimos und Phobos und Eris, die rastlos Eifernde,
Des männermordenden Ares Schwester und Gefährtin,
Welche klein sich zuerst behelmt, dann aber
Gegen den Himmel stemmt das Haupt und auf der Erde schreitet.
Die warf ihnen auch damals gemeinsamen Streit in die Mitte,
Schreitend durch die Menge, vermehrend das Stöhnen der Männer.
  Als sie nun aber auf einem Raum zusammentrafen,
Stießen sie zusammen die Rindshautschilde, zusammen die Lanzen und die
                                                    Kräfte der Männer,
Der erzgepanzerten, und die gebuckelten Schilde
Drängten einander, und viel Getöse erhob sich.
450 Da war zugleich Wehklagen und Siegesgeschrei der Männer,
Der Tötenden und Getöteten, und es strömte von Blut die Erde.
Wie vom Winter geschwollene Ströme, von den Bergen fließend,
In den Kessel zusammenwerfen das starke Wasser
Aus gewaltigen Quellen in dem ausgehöhlten Flußbett,

Und von denen hört fern der Hirt in den Bergen das Dröhnen:
So erhob sich, als sie sich mischten, Geschrei und Mühsal.
  Als erster erschlug Antilochos einen behelmten Mann der Troer,
Einen tüchtigen unter den Vorkämpfern: des Thalysios Sohn Echepolos.
Den traf er als erster am Bügel des Helms, des roßmähnigen,
460 Und durchbohrte die Stirn, und die eherne Spitze
Drang in den Knochen, und ihm umhüllte Dunkel die Augen,
Und er fiel wie ein Turm in dem starken Kampf.
Den, wie er fiel, ergriff bei den Füßen der gebietende Elephenor,
Des Chalkodon Sohn, der Führer der hochgemuten Abanter,
Und zog ihn aus den Geschossen, begierig, daß er aufs schnellste
Die Waffen raubte; doch kurz nur war sein Andrang.
Denn wie er den Leichnam schleifte, da sah der hochgemute Agenor,
Wie dem Gebückten neben dem Schild die Seite hervorschien,
Und stieß zu mit dem Schaft, dem erzbeschlagenen, und löste die Glieder.
470 So verließ ihn das Leben. Doch über ihm wurde bereitet
Schmerzliche Arbeit den Troern und Achaiern. Diese, wie Wölfe,
Sprangen einander an und packten Mann den Mann.
  Da traf den Sohn des Anthemion der Telamonier Aias,
Einen blühenden Jüngling, Simoeisios, den einst die Mutter,
Vom Ida herabgestiegen, gebar an des Simoeis Ufern,
Als sie den Eltern gefolgt war, um nach den Schafen zu schauen.
Darum nannten sie ihn Simoeisios. Und er erstattete seinen Eltern
Nicht den Lohn für die Pflege, denn kurz war sein Leben,
Unter dem Speer des hochgemuten Aias bezwungen.
480 Denn ihm, wie er ganz vorn ging, traf er die Brust neben der Warze,
Rechts, und gerade durch die Schulter ging die eherne Lanze.
Und er fiel in den Staub zu Boden gleich einer Pappel,
Die in der Niederung wächst in einem großen Sumpfland,
Glatt, nur ganz oben wachsen ihr die Zweige;
Die aber schlug ein Wagenbauer heraus mit dem braunroten Eisen,
Um sie zum Radkranz zu biegen für den gar schönen Wagen,
Und sie liegt nun vertrocknet an den Ufern des Flusses:
So streckte nieder den Anthemion-Sohn Simoeisios
Aias, der zeusentsproßte. Doch Anthiphos im funkelnden Panzer,
490 Der Priamos-Sohn, warf nach ihm in der Menge den scharfen Speer.
Den verfehlte er, doch Leukos, des Odysseus tüchtigen Gefährten,
Traf er in die Scham, als er den Toten heranzog.
Und er stürzte auf ihn, und aus der Hand fiel ihm der Tote.
  Doch um den Erschlagenen zürnte Odysseus heftig im Mute

Und schritt durch die Vorkämpfer, gerüstet mit funkelndem Erz,
Und ging und trat dicht heran und schleuderte den schimmernden Speer,
Um sich spähend, und rückwärts wichen die Troer
Vor dem zielenden Mann; und er warf nicht vergebens sein Geschoß,
Sondern traf einen Sohn des Priamos, Demokoon, den Bastard,
500 Der ihm von Abydos gekommen war von dem Gestüt der schnellen Pferde.
Den traf Odysseus, zürnend um den Gefährten, mit dem Speer
In die Schläfe, und durch die andere Schläfe drang
Die eherne Spitze, und ihm umhüllte Dunkel die Augen.
Und er stürzte dröhnend, und um ihn rasselten die Waffen,
Und es wichen zurück die Vorkämpfer und der strahlende Hektor.
Die Argeier aber schrien groß auf und zogen die Toten herüber
Und drangen noch viel weiter vor. Doch unwillig wurde Apollon,
Der von Pergamos niedersah, und rief den Troern zu, schreiend:
»Erhebt euch, pferdebändigende Troer! und weicht nicht im Kampf
510 Vor den Argeiern! Denn nicht ist ihnen von Stein die Haut oder Eisen,
Um standzuhalten dem leibdurchschneidenden Erz, wenn sie getroffen.
Auch kämpft wahrlich nicht Achilleus, der Sohn der schönhaarigen Thetis,
Sondern bei den Schiffen verkocht er den herzkränkenden Zorn.«
So sprach von der Stadt her der furchtbare Gott. Doch die Achaier
Erregte des Zeus Tochter, die Ruhmvollste, Tritogeneia,
Durch die Menge schreitend, wo immer sie Lässige erblickte.
Da band den Amarynkeus-Sohn Diores das Verhängnis,
Denn von einem Stein wurde er am Knöchel getroffen, einem scharfen,
Am rechten Unterschenkel; den warf der Führer der thrakischen Männer,
520 Peiroos, der Imbrasos-Sohn, der von Ainos war gekommen.
Und die beiden Sehnen und die Knochen zerschmetterte ihm gänzlich
Der schamlose Stein. Der aber fiel rücklings nieder
In den Staub, und breitete beide Arme aus nach seinen Gefährten,
Den Lebensmut verhauchend. Doch der lief herbei, der ihn getroffen,
Peiroos, und stieß mit dem Speer in den Nabel, und alle
Gedärme ergossen sich auf die Erde, und ihm umhüllte Dunkel die Augen.
Ihn aber, wie er anstürmte, traf der Aitoler Thoas mit dem Speer
In die Brust über der Warze, und das Erz haftete in der Lunge.
Und nah zu ihm herangelaufen kam Thoas und riß die schwere Lanze
530 Aus der Brust und zog das scharfe Schwert und hieb ihm
Mitten über den Bauch und raubte ihm das Leben.
Aber die Waffen zog er nicht ab, denn ihn umstanden die Gefährten,
Thraker, oben am Kopf behaart, mit langen Lanzen in den Händen,
Die ihn, so groß er war und so stark und edel,

Weg von sich stießen. Er aber wankte und wich zurück.
So lagen beide hingestreckt im Staub beieinander, die Führer,
Der von den Thrakern und der von den erzgewandeten Epeiern.
Und auch viele andere lagen da rings erschlagen.
    Da hätte kein Mann mehr das Werk getadelt, der hinzukam,
540 Der da noch ungetroffen und unverwundet vom scharfen Erz
Sich mitten darin bewegte, und ihn hätte Pallas Athene geführt
Bei der Hand und von ihm gewehrt den Schwung der Geschosse.
Denn viele der Troer und der Achaier lagen an diesem Tag
Vornüber hingestreckt im Staub beieinander.

FÜNFTER GESANG *Die erste, erfolgreiche Schlacht. Großtaten des Diomedes.*
Er wird von Pandaros verwundet, Athene stärkt ihn und verleiht ihm die Gabe,
Götter zu erkennen. Er tötet Pandaros und streckt Aineias zu Boden, der von
Aphrodite gerettet wird. Diomedes verletzt Aphrodite. Der Lykierfürst Sarpedon
tötet Tlepolemos und wird dabei von diesem schwer getroffen. Diomedes kämpft
unter Führung der Athene mit Ares und verwundet auch diesen.

Da wieder gab dem Tydeus-Sohn Diomedes Pallas Athene
Kampfkraft und Mut, daß er ausgezeichnet würde vor allen
Den Argeiern und guten Ruhm für sich gewinne.
Und brennen ließ sie ihm aus Helm und Schild ein unermüdliches Feuer,
Dem Stern, dem herbstlichen, ähnlich, der am meisten
Leuchtend strahlt, wenn er sich gebadet im Okeanos:
Solch ein Feuer ließ sie ihm brennen von Haupt und Schultern
Und trieb ihn mitten hinein, wo die meisten sich drängten.
War da unter den Troern ein Dares, reich, untadlig,
10 Priester des Hephaistos, und es waren ihm zwei Söhne,
Phegeus und Idaios, die sich gut auf jeglichen Kampf verstanden.
Diese stürmten, getrennt von den anderen, ihm entgegen,
Beide auf dem Gespann, er aber drang an zu Fuß von der Erde.
Und als sie nahe heran waren, gegeneinander gehend,
Da entsandte Phegeus zuerst die langschattende Lanze,
Doch dem Tydeus-Sohn flog über die linke Schulter der Lanze Spitze
Und traf ihn nicht. Der aber erhob sich als zweiter mit dem Erz,
Der Tydeus-Sohn, und nicht umsonst flog das Geschoß ihm aus der Hand,
Sondern traf die Brust zwischen den Warzen und stieß ihn vom Wagen.
20 Idaios aber sprang hinab und verließ den schönen Wagen
Und wagte nicht, den getöteten Bruder zu umschreiten.
Und auch selbst wäre er nicht entflohen der schwarzen Todesgöttin,
Doch Hephaistos zog ihn heraus und rettete ihn, ihn in Nacht verhüllend,
Daß ihm der Greis nicht gänzlich bekümmert bliebe.
Die Pferde aber trieb heraus der Sohn des hochgemuten Tydeus
Und gab sie den Gefährten, sie zu den hohlen Schiffen zu führen.
Die Troer aber, die hochgemuten, wie sie die Söhne des Dares sahen:
Den einen entflohen und den anderen getötet bei dem Wagen,

Da wurde allen der Mut verwirrt. – Doch die helläugige Athene
30 Nahm ihn bei der Hand und sprach mit Worten zu dem stürmenden Ares:
»Ares, Ares! du Menschenverderber! Blutbesudelter! Mauerzerstörer!
Wollen wir jetzt nicht lassen die Troer und Achaier,
Daß sie kämpfen, wem von den beiden Vater Zeus Prangen verleiht?
Wir aber weichen zurück und meiden den Zorn des Zeus.«
   So sprach sie und führte aus der Schlacht den stürmenden Ares
Und ließ ihn dann niedersitzen am hochufrigen Skamandros. –
Die Danaer aber brachten die Troer zum Wanken, und es ergriff ein jeder
Der Führer einen Mann. Und als erster warf der Herr der Männer Agamemnon
Den großen Odios, den Führer der Halizonen, vom Wagen.
40 Denn als er sich gerade umwandte, stieß er ihm den Speer in den Rücken,
Mitten zwischen die Schultern, und trieb ihn durch die Brust hindurch.
Und er stürzte dröhnend, und um ihn rasselten die Waffen.
Idomeneus aber tötete den Phaistos, den Sohn des Maioniers
Boros, der aus der starkscholligen Tarne gekommen war;
Den stieß Idomeneus, der speerberühmte, mit der langen Lanze,
Wie er auf den Wagen stieg, gegen die rechte Schulter,
Und er stürzte vom Wagen, und das verhaßte Dunkel ergriff ihn.
   Diesem nun raubten die Waffen die Gefährten des Idomeneus.
Doch des Strophios Sohn, Skamandrios, den jagderfahrenen,
50 Erlegte der Atreus-Sohn Menelaos mit der spitzen Lanze,
Den guten Jäger, denn gelehrt hatte ihn Artemis selber,
Alles Wild zu treffen, das der Wald ernährt in den Bergen.
Damals aber nützte ihm Artemis nichts, die pfeilschüttende,
Noch seine Treffkunst, in der er vorher war ausgezeichnet,
Sondern der Atreus-Sohn, der speerberühmte Menelaos,
Stieß ihn, wie er vor ihm floh, mit dem Speer in den Rücken,
Mitten zwischen die Schultern, und trieb ihn durch die Brust hindurch.
Und er stürzte vornüber, und um ihn rasselten die Waffen.
   Und Meriones erschlug den Phereklos, des Tekton Sohn,
60 Des Harmoniden, der es verstand, mit Händen alle Kunstwerke
Zu verfertigen, denn ihn liebte ausnehmend Pallas Athene.
Der hatte auch dem Alexandros gezimmert die ebenmäßigen Schiffe,
Die Unheilstifter, die allen Troern zum Unheil wurden
Wie auch ihm selbst, da er nicht von den Göttern die Sprüche wußte.
Den traf Meriones, als er ihn verfolgte und einholte,
In die rechte Hinterbacke, und durch und durch,
Gerade durch die Blase unter dem Knochen ging die Spitze.
Und aufs Knie stürzte er klagend, und der Tod umhüllte ihn.

Den Pedaios aber tötete Meges, den Sohn Antenors,
70 Der ein Bastard war, doch zog ihn sorgfältig auf die göttliche Theano
Gleich den eigenen Kindern, aus Gefälligkeit gegen ihren Gatten.
Den traf der Phyleus-Sohn, der speerberühmte, nahe herangetreten,
Am Haupt ins Genick mit dem scharfen Speer.
Und gerade den Zähnen entlang schnitt unter der Zunge das Erz,
Und er stürzte in den Staub und faßte das kalte Erz mit den Zähnen.
Eurypylos aber, des Euaimon Sohn, traf den göttlichen Hypsenor,
Den Sohn des hochgemuten Dolopion, der dem Skamandros
War als Priester bestellt, und war wie ein Gott geehrt im Volk.
Den schlug Eurypylos, der prangende Sohn des Euaimon,
80 Wie er vor ihm floh, nachlaufend gegen die Schulter,
Mit dem Schwert anspringend, und hieb ihm den schweren Arm ab.
Und der blutige Arm fiel zu Boden, und die beiden Augen
Ergriff ihm der purpurne Tod und das übermächtige Schicksal.
So mühten sich diese in der starken Schlacht.
Den Tydeus-Sohn aber hättest du nicht erkannt, bei welchen er stand,
Ob er zu den Troern gehörte oder zu den Achaiern.
Denn er wütete durch die Ebene, einem vollen Strom gleichend,
Einem winterlichen, der schnell strömend die Dämme zerbrach;
Und ihn halten nicht die sich hinziehenden Dämme
90 Und halten nicht die Gehege der kräftig blühenden Obstgärten,
Wenn er plötzlich kommt, wenn der Regen des Zeus darauf lastet,
Und viele schöne Werke der Männer stürzen unter ihm zusammen:
So kamen unter dem Tydeus-Sohn in Verwirrung die dichten Reihen
Der Troer und hielten ihm nicht stand, so viele sie waren.
Doch wie ihn nun bemerkte des Lykaon prangender Sohn,
Wie er durch die Ebene wütete und wirr vor sich hertrieb die Reihen,
Da spannte er schnell auf den Tydeus-Sohn den krummen Bogen
Und schoß auf den Anstürmenden und traf ihn an der rechten Schulter
Auf die Wölbung des Panzers, und hindurch flog der bittere Pfeil
100 Und drang gerade hindurch, und von Blut besudelt wurde der Panzer.
Und über ihn jubelte laut des Lykaon prangender Sohn:
»Erhebt euch, hochgemute Troer, Stachler der Pferde!
Getroffen ist der Beste der Achaier, und nicht, meine ich,
Wird er lange aushalten das starke Geschoß, wenn mich denn wirklich
Hertrieb der Herr, des Zeus Sohn, als ich aus Lykien aufbrach.«
So sprach er, sich rühmend. Den aber bezwang nicht das schnelle Geschoß,
Sondern er wich zurück, trat vor die Pferde und den Wagen
Und sprach zu Sthenelos, des Kapaneus Sohn:

»Auf, lieber Kapaneus-Sohn! steige herab vom Wagen,
110 Daß du mir aus der Schulter ziehst den bitteren Pfeil!«
      So sprach er. Und Sthenelos sprang vom Gespann zur Erde,
Trat zu ihm und zog das schnelle Geschoß ganz hindurch aus der Schulter,
Und das Blut schoß hervor aus dem geflochtenen Leibrock.
Ja, da betete alsdann der gute Rufer Diomedes:
»Höre mich, Kind des Zeus, des Aigishalters, Atrytone!
Hast du mir je auch dem Vater freundlich gesonnen zur Seite gestanden
Im feindlichen Kampf: jetzt sei auch mir freundlich, Athene!
Gib, daß ich den Mann fasse und er meiner Lanze in den Wurf kommt,
Der mir mit dem Schuß zuvorkam und sich rühmt und sagt, nicht mehr lange
120 Werde ich sehen das strahlende Licht der Sonne!«
      So sprach er und betete, und ihn hörte Pallas Athene,
Und machte ihm die Glieder leicht, die Füße und die Hände darüber,
Und trat zu ihm heran und sprach die geflügelten Worte:
»Fasse Mut jetzt, Diomedes! und kämpfe gegen die Troer!
Denn ich lege dir in die Brust das Ungestüm deines Vaters,
Das furchtlose, wie es hatte der schildschwingende Rossetreiber Tydeus.
Und auch das Dunkel nahm ich dir von den Augen, das vorher darauf lag,
Daß du deutlich erkennst einen Gott wie auch einen Mann.
Darum, wenn jetzt ein Gott hierherkäme und dich versuchte,
130 Daß du nicht unsterblichen Göttern entgegenkämpfst –
Den anderen. Aber käme des Zeus Tochter Aphrodite
In den Kampf, die magst du mit scharfem Erz verletzen.«
      So sprach sie und ging hinweg, die helläugige Athene,
Doch der Tydeus-Sohn ging und mischte sich wieder unter die Vorkämpfer.
Und war er schon vorher im Mut voll Begierde, mit den Troern zu kämpfen,
Ja, da faßte ihn dreimal so großes Ungestüm, so wie einen Löwen,
Den ein Hirte auf dem Feld bei den dichtwolligen Schafen
Nur streifte, als er über die Mauer sprang, und nicht erlegte.
Dessen Kraft erregte er nur, und dann wehrt er ihm nicht mehr,
140 Sondern er taucht in die Ställe, und die Verlassenen flüchten.
Und diese liegen hingeschüttet dicht übereinander,
Der aber springt voll Begierde aus dem tiefen Hofe:
So voll Begierde mischte sich unter die Troer der starke Diomedes.
      Da faßte er den Astynoos und Hypeiron, den Hirten der Völker,
Den einen über der Warze mit dem erzbeschlagenen Speere treffend,
Den anderen hieb er mit dem großen Schwert bei der Schulter
Ins Schlüsselbein und trennte die Schulter vom Hals und von dem Rücken.
Diese ließ er liegen und drang auf Abas ein und Polyïdos,

Die Söhne des Eurydamas, des greisen Traumdeuters.
150 Denen, als sie auszogen, hatte nicht der Greis die Träume gedeutet,
Sondern sie tötete der starke Diomedes.

Und er ging gegen Xanthos und Thoon, die Söhne des Phainops,
Beide spätgeborene, doch der war aufgerieben von dem traurigen Alter
Und zeugte keinen anderen Sohn, ihn über den Gütern zurückzulassen.
Da erschlug er diese und raubte ihnen das Leben,
Beiden, dem Vater aber ließ er Klage und traurige Kümmernisse
Zurück, da er sie nicht lebend empfing, aus der Schlacht heimkehrend,
Und entfernte Verwandte teilten sich in den Besitz. –
Da ergriff er zwei Söhne des Priamos, des Dardaniden,
160 Die beide auf einem Wagen standen: Echemmon und Chromios.
Und wie ein Löwe unter die Rinder springt und den Hals zerbricht
Einem Kalb oder einer Kuh, die im Gehölz weiden:
So warf er die beiden von den Pferden, der Sohn des Tydeus,
Hart, wider ihren Willen, und raubte darauf die Waffen.
Die Pferde aber gab er seinen Gefährten zu den Schiffen zu treiben.

Und ihn sah Aineias, wie er die Reihen der Männer vernichtete,
Und schritt hin und ging durch die Schlacht und das Gewühl der Lanzen,
Pandaros, den gottgleichen, suchend, ob er ihn irgendwo fände.
Und er fand des Lykaon Sohn, den untadligen und starken,
170 Und trat vor ihn hin und sprach ihn an mit dem Wort:
»Pandaros! wo ist dir der Bogen und die geflügelten Pfeile
Und der Ruhm, in dem kein Mann hier mit dir streitet
Und auch in Lykien keiner sich rühmt, besser zu sein als du?
Doch auf! sende auf diesen Mann das Geschoß, die Hände zu Zeus erhoben,
Der da übermächtig ist und schon viel Schlimmes getan hat
Den Troern, da er schon Vielen und Edlen die Knie gelöst hat –
Wenn er nicht ein Gott ist, der grollt den Troern,
Zürnend wegen der Opfer. Hart ist darüber der Zorn eines Gottes.«
Da sagte wieder zu ihm des Lykaon prangender Sohn:
180 »Aineias, Ratgeber der Troer, der erzgewandeten!
Dem Tydeus-Sohn, dem kampfgesinnten, gleicht er mir in allem.
Denn ich erkenne ihn an dem Schild und dem Helm mit Augenlöchern,
Und auf die Pferde sehend. Doch sicher weiß ich nicht, ob er nicht ein
                                                                    Gott ist.
Ist er aber der Mann, den ich meine, der kampfgesinnte Sohn des Tydeus,
Dann rast er so nicht ohne einen Gott, sondern nahe bei ihm
Steht einer der Unsterblichen, mit einer Wolke verhüllt an den Schultern,
Der ihm anderswohin lenkte das schnelle Geschoß, das ihn erreichte.

Denn schon habe ich auf ihn einen Pfeil entsandt und ihn getroffen
An der rechten Schulter, gerade durch die Wölbung des Panzers,
190 Und habe gedacht, ich hätte ihn dem Hades vorgeworfen,
Und habe ihn doch nicht bezwungen: ein Gott muß wohl ergrimmt sein!
Und ich habe nicht Pferde und Wagen dabei, sie zu besteigen.
Aber in den Hallen des Lykaon stehen wohl elf Wagen,
Schöne, eben zusammengefügte, neugefertigte, und darüber
Sind Decken gebreitet, und bei jedem von ihnen stehen
Zweigejochte Pferde und rupfen weiße Gerste und Spelt.
Wahrhaftig! gar vielfach hat mir der Greis, Lykaon, der Lanzenkämpfer,
Als ich auszog, Weisung erteilt in den gebauten Häusern
Und mich geheißen, auf die Pferde gestiegen und den Wagen
200 Die Troer anzuführen in den starken Schlachten.
Aber ich bin nicht gefolgt – freilich, es wäre viel besser gewesen! –
Um die Pferde zu schonen, daß sie mir nicht Mangel litten an Futter
In einem umzingelten Volk, gewohnt, genug zu fressen.
So ließ ich sie und bin zu Fuß nach Ilios gekommen,
Auf den Bogen vertrauend, der aber sollte mir gar nichts nützen.
Denn auf die zwei Besten habe ich schon einen Pfeil entsandt,
Den Tydeus-Sohn und den Atreus-Sohn, und von beiden brachte ich
Gewiß zum Fließen das Blut, da ich traf, doch reizte sie nur stärker.
So nahm ich zu schlimmem Schicksal vom Pflock den krummen Bogen
210 An dem Tag, als ich kam in die liebliche Ilios
Als Führer den Troern und Gunst erweisend dem göttlichen Hektor.
Wenn ich aber heimkehre und wiedersehe mit den Augen
Mein väterliches Land und die Frau und das hochüberdachte große Haus:
Auf der Stelle soll mir dann das Haupt abschneiden ein fremder Mann,
Wenn ich nicht diesen Bogen ins helle Feuer werfe,
Ihn mit den Händen zerbrechend. Er hat mich vergeblich begleitet!«
    Ihm entgegnete wieder Aineias, der Führer der Troer:
»Rede nicht so! denn nicht eher wird dies anders,
Ehe wir beide nicht gegen diesen Mann mit Pferden und Wagen
220 Angehen und, entgegenkämpfend, uns mit Waffen an ihm versuchen.
Doch auf! steige auf meinen Wagen, damit du siehst,
Wie tüchtig die Pferde des Tros sind: kundig, durch die Ebene
Gar schnell hierhin und dorthin zu verfolgen oder auch zu fliehen.
Die werden uns auch zur Stadt retten, wenn denn von neuem
Zeus dem Tydeus-Sohn Diomedes wird Prangen verleihen.
Aber auf jetzt! nimm die Geißel und die glänzenden Zügel,
Und ich will das Gespann besteigen, um zu kämpfen.

Oder übernimm du den Mann, und mich sollen die Pferde bekümmern.«
Da sagte wieder zu ihm des Lykaon prangender Sohn:
230 »Aineias! du selbst halte die Zügel und deine Pferde!
Besser werden sie unter dem gewohnten Zügelhalter den gebogenen Wagen
Ziehen, wenn wir denn vor dem Tydeus-Sohn wieder fliehen müssen.
Daß sie nicht störrisch werden vor Furcht und uns nicht willig
Aus dem Kampfe tragen, wenn sie deine Stimme entbehren,
Und sich auf uns stürzt des hochgemuten Tydeus Sohn
Und uns selbst erschlägt und die einhufigen Pferde forttreibt.
Nein, treibe du selbst deinen Wagen und deine Pferde!
Den aber werde ich, wenn er kommt, mit dem scharfen Speer empfangen.«
Als sie so gesprochen hatten, bestiegen sie den bunten Wagen
240 Und lenkten begierig auf den Tydeus-Sohn die schnellen Pferde.
Und diese sah Sthenelos, des Kapaneus prangender Sohn,
Und schnell sprach er zu dem Tydeus-Sohn die geflügelten Worte:
»Tydeus-Sohn Diomedes, du meinem Herzen Lieber!
Da sehe ich zwei Männer, starke, begierig, mit dir zu kämpfen,
Voll unermeßlicher Kraft! Der eine versteht sich gut auf den Bogen,
Pandaros, und Sohn des Lykaon rühmt er sich zu sein.
Aineias aber rühmt sich, als Sohn dem großherzigen Anchises
Entstammt zu sein, und die Mutter ist ihm Aphrodite.
Doch auf! weichen wir zurück auf dem Gespann, und wüte mir nicht so
250 Durch die Vorkämpfer, daß du dein Herz nicht zugrunde richtest!«
Da sah ihn von unten herauf an und sagte zu ihm der starke Diomedes:
»Rede mir nicht von Flucht! da ich nicht denke, daß ich dir folge.
Das ist nicht meine Art, mich fernzuhalten vom Kampf
Oder zu ducken! Noch ist mir die Kraft beständig!
Doch mir widerstrebt, auf den Wagen zu steigen. So wie ich hier bin,
Trete ich ihnen entgegen: nicht läßt mich zittern Pallas Athene!
Diese tragen nicht wieder zurück die schnellen Pferde
Beide, hinweg von uns, und mag auch einer entrinnen.
Doch etwas anderes sage ich dir, du aber lege es dir in deinen Sinn:
260 Wenn denn mir die ratkundige Athene Prangen verleiht,
Beide zu töten, so halte du diese schnellen Pferde
Hier am Ort zurück, die Zügel am Wagenrand festgebunden,
Und denke daran: springe auf des Aineias Pferde und treibe
Sie von den Troern weg unter die gutgeschienten Achaier.
Denn sie sind dir von dem Geschlecht, von dem der weitumblickende Zeus
Sie dem Tros zur Buße gab für den Sohn Ganymedes, weil sie die besten sind
Der Pferde, so viele sind unter dem Morgen und der Sonne.

Von diesem Geschlecht stahl sie der Herr der Männer Anchises,
Der heimlich vor Laomedon ihnen weibliche Pferde zuführte.
270 Aus diesen erwuchsen ihm sechs zur Zucht in den Häusern,
Vier behielt er selbst und ernährte sie an der Krippe,
Die zwei aber gab er Aineias, dem Meister des Schreckens.
Griffen wir diese beiden, so würden wir guten Ruhm gewinnen!«
    So redeten diese dergleichen miteinander.
Die beiden aber kamen rasch heran, treibend die schnellen Pferde.
Da sagte als erster zu ihm des Lykaon prangender Sohn:
»Starkmutiger! Kampfgesinnter! des erlauchten Tydeus Sohn!
Wahrhaftig! nicht bezwang dich das schnelle Geschoß, der bittere Pfeil!
Jetzt aber versuche ich es mit der Lanze, ob ich wohl treffe!«
280   Sprach es und holte aus und entsandte die langschattende Lanze
Und traf gegen den Schild des Tydeus-Sohns, und durch ihn hindurch
Flog die eherne Spitze und drang bis an den Panzer.
Und über ihn jubelte laut des Lykaon prangender Sohn:
»Getroffen in die Weiche, durch und durch! und nicht mehr lange,
Meine ich, erträgst du es! Mir aber hast du großen Ruhm gegeben!«
    Da sagte unerschrocken zu ihm der starke Diomedes:
»Fehlgeschossen, und nicht getroffen! Doch hört ihr beide, meine ich,
Nicht eher auf, ehe nicht wenigstens einer, gefallen,
Sättigt mit Blut Ares, den stierschildtragenden Kämpfer.«
290   So sprach er und warf, und das Geschoß lenkte Athene
Auf die Nase neben dem Auge, und es durchbohrte die weißen Zähne.
Und ihm schnitt ab die Wurzel der Zunge das unaufreibbare Erz,
Und die Spitze fuhr ihm heraus am untersten Kinn.
Und er stürzte vom Wagen, und um ihn rasselten die Waffen,
Die funkelnden, hellschimmernden, und neben ihm scheuten die Pferde,
Die schnellfüßigen, und auf der Stelle wurde ihm gelöst Seele und Kraft.
    Aineias aber sprang herab mit dem Schild und dem Speer, dem großen,
In Furcht, daß ihm den Leichnam entreißen könnten die Achaier,
Und schritt um ihn wie ein Löwe, auf seine Kraft vertrauend,
300 Und vor ihn hielt er den Speer und den Schild, den allseits gleichen,
Begierig, den zu töten, wer immer ihm nahe käme,
Schrecklich schreiend. Doch der ergriff einen Feldstein mit der Hand,
Der Tydeus-Sohn, ein großes Werk, wie nicht zwei Männer ihn tragen,
So wie jetzt die Sterblichen sind; doch der schwang ihn leicht auch allein.
Damit traf er gegen die Hüfte des Aineias, dort, wo der Schenkel
Sich in der Hüfte dreht: sie nennen es die ›Pfanne‹.
Und er zermalmte ihm die Pfanne und zerriß dazu die beiden Sehnen,

Und die Haut schürfte ab der rauhe Stein. Doch der Heros
Stand, ins Knie gestürzt, und stützte sich mit der schweren Hand
10 Auf die Erde, und schwarze Nacht umhüllte ihm die Augen.
  Und dort wäre umgekommen der Herr der Männer Aineias,
Hätte es nicht scharf bemerkt des Zeus Tochter Aphrodite,
Die Mutter, die ihn von Anchises gebar, dem Rinderhütenden.
Und um ihren eigenen Sohn goß sie die weißen Arme,
Und vor ihn hielt sie des schimmernden Gewandes Falte,
Ein Schirm vor den Geschossen zu sein, daß keiner der Danaer, der
                                                              roßschnellen,
Ihm das Erz in die Brust werfe und das Leben nähme.
  Diese nun trug ihren eigenen Sohn heraus aus dem Kampf.
Doch des Kapaneus Sohn vergaß nicht die Anweisungen,
20 Die ihm aufgetragen hatte der gute Rufer Diomedes,
Sondern er hielt zurück die eigenen einhufigen Pferde
Außerhalb des Getöses, die Zügel am Wagenrand festgebunden,
Und sprang auf des Aineias schönhaarige Pferde
Und trieb sie aus den Troern unter die gutgeschienten Achaier
Und gab sie dem Deïpylos, seinem Gefährten, den er über alle
Altersgenossen ehrte, weil er im Sinn ihm das Rechte wußte,
Daß er sie zu den gewölbten Schiffen treibe. Doch der Heros
Stieg auf die eigenen Pferde und nahm die glänzenden Zügel,
Und schnell fuhr er dem Tydeus-Sohn nach mit den starkhufigen Pferden,
30 Begierig. Der aber ging gegen Kypris mit dem erbarmungslosen Erz,
Denn er erkannte, daß sie kraftlos war als Gott und nicht eine
Der Göttinnen, die da über den Krieg der Männer gebieten:
Nicht Athenaia und auch nicht die städtezerstörende Enyo.
Doch als er sie erreichte, nachsetzend durch die dichte Menge,
Da holte er aus gegen sie, der Sohn des hochgemuten Tydeus,
Und anspringend mit dem scharfen Speer stieß er ganz oben in die Hand,
Die zarte, und gleich in die Haut fuhr der Speer
Durch das ambrosische Gewand, das ihr die Anmutgöttinnen selbst gefertigt,
Zuoberst über der Handfläche. Und es floß das ambrosische Blut
40 Des Gottes, Ichor, wie es fließt in den seligen Göttern.
Denn sie essen nicht Brot, nicht trinken sie funkelnden Wein,
Daher sind sie blutlos und werden unsterblich genannt.
Sie aber schrie laut auf und warf von sich den Sohn.
Und den rettete auf den Armen Phoibos Apollon,
In einer schwarzblauen Wolke, daß keiner der Danaer, der roßschnellen,
Ihm das Erz in die Brust werfe und das Leben nähme.

Doch über sie jubelte laut der gute Rufer Diomedes:
»Weiche, Tochter des Zeus, aus Krieg und Feindseligkeit!
Oder ists nicht genug, daß du wehrlose Frauen verleitest?
350 Wenn du aber in den Krieg kommst – wahrhaftig! ich meine,
Schaudern wirst du vor dem Krieg, wenn du ihn nur von fern hörst!«
      So sprach er. Sie aber, außer sich, ging weg und wurde schrecklich
                                                                    gepeinigt.
Diese nahm Iris, die windfüßige, und führte sie aus der Menge,
Gequält von Schmerzen, und schwarz färbte sich die schöne Haut.
Und sie fand alsdann zur Linken der Schlacht den stürmenden Ares
Sitzend, an Nebel die Lanze gelehnt und die schnellen Pferde.
Und ins Knie gestürzt erbat sie von ihrem Bruder
Vielfach flehend die Pferde mit dem goldenen Stirnband:
»Lieber Bruder! bringe mich fort und gib mir die Pferde,
360 Daß ich komme zum Olympos, wo der Sitz der Unsterblichen ist.
Gar sehr quält mich die Wunde, die mir ein sterblicher Mann schlug:
Der Tydeus-Sohn, der jetzt wohl selbst mit Zeus, dem Vater, mag kämpfen!«
      So sprach sie, und Ares gab ihr die Pferde mit dem goldenen Stirnband.
Und sie stieg auf den Wagen, bekümmert in ihrem Herzen,
Und neben ihr stieg Iris auf und faßte die Zügel mit den Händen,
Schwang die Geißel und trieb, und die flogen nicht unwillig dahin,
Und schnell gelangten sie dann zum Sitz der Götter, dem steilen Olympos.
Dort hielt die Pferde an die windfüßige schnelle Iris,
Löste sie von dem Wagen und warf ihnen hin ambrosische Speise.
370 Sie aber, die göttliche Aphrodite, fiel der Dione in den Schoß,
Ihrer Mutter, und sie nahm in die Arme ihre Tochter,
Streichelte sie mit der Hand, sprach das Wort und benannte es heraus:
»Wer hat dir solches angetan, liebes Kind, von den Uranionen,
Einfach so, als hättest du etwas Arges angestellt vor aller Augen?«
      Ihr antwortete darauf die gern lächelnde Aphrodite:
»Verwundet hat mich des Tydeus Sohn, der hochgemute Diomedes,
Weil ich meinen Sohn habe aus dem Kampf getragen,
Aineias, der mir der weit liebste ist von allen.
Denn nicht mehr ist es der Troer und Achaier schreckliches Kampfgewühl!
380 Nein, schon kämpfen die Danaer selbst mit Unsterblichen!«
      Ihr antwortete darauf Dione, die hehre unter den Göttinnen:
»Ertrage es, mein Kind! und halte an dich, wenn auch bekümmert!
Denn schon viele von uns, die wir die olympischen Häuser haben,
Mußten es ertragen von Männern, die wir einander schwere Schmerzen
                                                                    schufen

Ertragen hat es Ares, als Otos und der starke Ephialtes,
Die Söhne des Aloeus, ihn banden mit starker Fessel,
Und in ehernem Faß gebunden lag er drei und zehn Monde.
Und dort wäre umgekommen Ares, der Unersättliche im Krieg,
Hätte ihre Stiefmutter nicht, die gar schöne Eëriboia,
90 Es dem Hermes gesagt: der stahl heraus den Ares,
Schon aufgerieben, und bezwungen hatte ihn die schwere Fessel.
Ertragen hat es auch Here, als der starke Sohn des Amphitryon
Sie traf in die rechte Brust mit dreischneidigem Pfeil.
Damals hatte auch sie unheilbarer Schmerz ergriffen!
Ertragen hat unter diesen auch Hades den schnellen Pfeil, der Ungeheure,
Als ihn der gleiche Mann: des Zeus Sohn, des Aigishalters,
Unter den Toten traf am Tor und ihm Schmerzen bereitet.
Und er ging zum Haus des Zeus und zum großen Olympos,
Gequält im Herzen, von Schmerzen durchbohrt. Denn der Pfeil war ihm
00 In die kräftige Schulter gedrungen und betrübte ihm den Mut.
Aber Paiëon streute ihm schmerzstillende Kräuter auf
Und heilte ihn, denn er war nicht sterblich geschaffen. –
Der Harte! Gewalttätige! den es nicht kümmerte, Unbill zu üben,
Der mit dem Bogen Götter verletzte, die den Olympos innehaben!
Aber auf dich hat jener gereizt die Göttin, die helläugige Athene.
Der Kindische! und wußte das nicht in seinem Sinn, der Sohn des Tydeus,
Daß der nicht lange lebt, der mit Unsterblichen kämpft,
Und ihm nicht bei den Knien Kinder ›Väterchen!‹ rufen,
Kehrt er heim aus dem Krieg und der schrecklichen Feindseligkeit.
10 Darum soll jetzt der Tydeus-Sohn, und wenn er auch sehr stark ist,
Sich bedenken, daß nicht einer mit ihm kämpft, der besser ist als du!
Daß nicht Aigialeia, die umsichtige Tochter des Adrastos,
Aus dem Schlaf aufweckt ihre Hausgenossen mit langem Klagen,
Weil sie den ehelichen Gatten entbehrt, den Besten der Achaier,
Die starke Gattin des pferdebändigenden Diomedes!«
    Sprachs, und mit beiden Händen wischte sie ab von der Hand den Ichor:
Heil wurde die Hand und gelindert die schweren Schmerzen.
Die aber wieder, als sie es sahen, Athenaia und Here,
Reizten mit stachelnden Worten Zeus, den Kroniden.
20 Und unter ihnen begann die Reden die Göttin, die helläugige Athene:
»Zeus, Vater! ob du mir wohl zürnst, was immer ich sage?
Hat da doch wirklich Kypris eine von den Achaier-Frauen verleitet,
Mit den Troern zu gehen, die sie jetzt über die Maßen lieb hat –
Hat eine gestreichelt von den gutgewandeten Achaier-Frauen

Und sich an goldener Nadel die Hand geritzt, die zarte!«
    So sprach sie. Da lächelte der Vater der Männer und der Götter,
Und rief sie zu sich und sprach zu der goldenen Aphrodite:
»Nicht dir, mein Kind, sind gegeben des Krieges Werke!
Sondern du gehe den lieblichen Werken der Hochzeit nach:
430 Alles das ist Sache des Ares, des schnellen, und der Athene.«
    So redeten diese dergleichen miteinander. –
Gegen Aineias aber stürmte der gute Rufer Diomedes,
Der doch erkannte, daß selbst über ihn die Hände hielt Apollon.
Aber er scheute auch nicht den großen Gott und strebte immer,
Aineias zu töten und ihm die berühmten Waffen abzuziehen.
Dreimal sprang er da an, ihn zu töten begierig;
Dreimal stieß ihm gegen den schimmernden Schild Apollon.
Doch als er nun das viertemal anstürmte, einem Daimon gleichend,
Da sprach mit schrecklichem Zuruf zu ihm der Ferntreffer Apollon:
440 »Besinne dich, Tydeus-Sohn, und weiche! und wolle nicht Göttern
Gleich gesonnen sein, da niemals vom gleichen Stamm
Die unsterblichen Götter sind und die am Boden schreitenden Menschen!«
    So sprach er, und der Tydeus-Sohn wich ein wenig zurück nach hinten,
Den Zorn vermeidend des Ferntreffers Apollon.
Den Aineias aber legte Apollon fern von der Menge
In die heilige Pergamos, wo ihm ein Tempel gebaut war.
Ja, den heilten Leto und Artemis, die pfeilschüttende,
Im großen, inneren Gemach des Tempels und gaben ihm Prangen.
Er aber bereitete ein Abbild, der Silberbogner Apollon,
450 Ihm selber, dem Aineias, gleichend und auch so an Waffen.
Und um dies Abbild zerhieben einander die Troer
Und die göttlichen Achaier um die Brust die Rindshäute:
Die Schilde, die gutgerundeten, und die beweglichen Handschilde.
Und da sprach zu dem stürmenden Ares Phoibos Apollon:
»Ares, Ares! du Menschenverderber! Blutbesudelter! Mauerzerstörer!
Könntest du nicht hingehen und diesen Mann vom Kampfe abziehen,
Den Tydeus-Sohn, der jetzt wohl selbst mit Zeus, dem Vater, mag kämpfen?
Kypris hat er zuerst von nah in die Hand getroffen bei der Wurzel,
Aber dann stürmte er gegen mich selbst, einem Daimon gleichend.«
460   Als er so gesprochen hatte, setzte er sich auf Pergamos' Höhe.
Doch zu den Reihen der Troer ging der verderbliche Ares und trieb sie,
Dem schnellen Akamas gleichend, dem Führer der Thraker.
Und den Söhnen des Priamos, den zeusgenährten, rief er zu:
»Ihr Söhne des Priamos, des zeusgenährten Königs!

Wie lange wollt ihr das Volk noch von den Achaiern töten lassen?
Etwa bis sie um die Tore, die gutgebauten, kämpfen?
Tot liegt der Mann, den wir gleich dem göttlichen Hektor ehrten:
Aineias, der Sohn des großherzigen Anchises.
Doch auf! retten wir aus dem Getöse den edlen Gefährten!«
So sprach er und erregte Kraft und Mut eines jeden.
Da aber schalt Sarpedon heftig den göttlichen Hektor:
»Hektor! wohin ging dir die Kraft, die du vorher immer hattest?
Sagtest du doch, ohne Volk und Verbündete wolltest du halten
Die Stadt allein mit den Schwägern und deinen Brüdern.
Von diesen kann ich jetzt keinen sehen und bemerken,
Sondern sie ducken sich nieder wie Hunde um den Löwen.
Wir aber kämpfen, die wir doch nur als Verbündete hier sind.
Denn auch ich, ein Verbündeter, bin von sehr weit her gekommen,
Denn weit weg ist Lykien am Xanthos, dem wirbelnden.
Dort ließ ich meine Gattin zurück und den kleinen Sohn
Und viele Güter, die einer sich wünscht, dem sie mangeln.
Aber auch so treibe ich die Lykier an und bin selbst begierig,
Mit einem Mann zu kämpfen. Und doch habe ich hier nichts dergleichen,
Was die Achaier mir wegschleppen oder forttreiben könnten.
Du aber, du stehst da und befiehlst nicht einmal den anderen
Männern, standzuhalten und sich für die Frauen zu wehren.
Daß ihr nicht, wie in den Maschen eines allumgarnenden Netzes
Gefangen, feindlichen Männern zum Raub und zur Beute werdet!
Die aber werden schnell eure gutbewohnte Stadt zerstören!
Doch dir sollte das alles zur Sorge sein die Nächte wie auch am Tage,
Daß du die Führer der weitberühmten Verbündeten anflehst,
Rastlos auszuhalten, und abtust den starken Vorwurf!«
So sprach Sarpedon, und in den Sinn biß Hektor das Wort.
Und sogleich sprang er vom Wagen mit den Waffen auf die Erde,
Und schwingend die scharfen Speere ging er rings durch das Heer
Und trieb an zu kämpfen und erweckte schreckliches Kampfgewühl.
Und sie wurden umgewandt und traten entgegen den Achaiern.
Die Argeier aber warteten, geschlossen, und wurden nicht geschreckt.
Und wie der Wind die Spreu trägt über die heilige Tenne
Von worfelnden Männern, wenn die blonde Demeter
Scheidet die Frucht von der Spreu bei andrängenden Winden,
Und unten wird weiß die gehäufte Spreu: so wurden damals
Von unten weiß die Achaier vom Staub, den die Füße der Pferde
Aufwirbelten durch die Männer hin zum vielehernen Himmel,

Als sie wieder sich mischten. Und umwendeten die Wagenlenker,
Und gerade nach vorn trugen sie die Kraft der Hände, und rings in Nacht
Hüllte der stürmende Ares die Schlacht, den Troern zu helfen,
Überall hingetreten, und führte die Befehle aus
Des Phoibos Apollon mit dem goldenen Schwert, der ihn geheißen,
510 Den Troern Mut zu wecken, als er sah, daß Pallas Athene
Gegangen war, denn diese war den Danaern ein Beistand.
Und selbst entließ er den Aineias aus dem fetten Gemach des Tempels
Und warf Kampfkraft in die Brust dem Hirten der Völker.
Und Aineias trat unter die Gefährten. Die aber freuten sich,
Als sie sahen, wie er lebend und unverletzt auf sie zukam,
Voll guter Kraft; doch forschten sie dem nicht nach:
Nicht ließ es zu die andere Arbeit, die der Silberbogner weckte,
Ares auch, der Menschenverderber, und Eris, die rastlos eifernde.
   Aber die beiden Aias und Odysseus und Diomedes
520 Trieben die Danaer, daß sie kämpften; doch auch selber
Scheuten sie nicht vor der Troer Gewalt noch vor ihrem Ansturm.
Sondern sie harrten aus, Wolken gleichend, welche Kronion
Bei Windstille hingestellt hat auf hochragenden Bergen,
Unbeweglich, solange des Nordwinds Kraft und der anderen
Heftig wehenden Winde schläft, die die schattigen Wolken
Auseinanderjagen mit schrillen Böen, wenn sie wehen:
So widerstanden den Troern die Danaer unentwegt und flohen nicht.
Der Atreus-Sohn aber eilte umher in der Menge, vielfach rufend:
»Freunde! seid Männer und faßt euch ein wehrhaftes Herz!
530 Und habt Scham voreinander in den starken Schlachten!
Da, wo Männer sich schämen, werden mehr gerettet als getötet;
Den Fliehenden aber entsteht weder Ruhm noch Rettung.«
   Sprach es und schleuderte schnell den Speer und traf einen vorderen Kämpfer:
Deïkoon, den Gefährten des hochgemuten Aineias,
Den Pergasos-Sohn, den die Troer gleich des Priamos Söhnen
Ehrten, denn er war schnell, unter den Vordersten zu kämpfen.
Diesen traf auf den Schild mit dem Speer der gebietende Agamemnon.
Der aber hielt der Lanze nicht stand, sondern durch und durch ging das Erz,
Und unten in den Bauch trieb er ihn durch den Gürtel.
540 Und er stürzte dröhnend, und um ihn rasselten die Waffen.
   Da wieder griff Aineias der Danaer beste Männer:
Des Diokles Söhne, den Krethon und Orsilochos,
Deren Vater wohnte in der gutgebauten Phere,
Reich an Lebensgut, und dem Geschlecht nach war er von einem Strom her,

Dem Alpheios, der breit sich gießt durch der Pylier Erde.
Der zeugte den Orsilochos, vielen Männern zum Herrscher,
Orsilochos aber zeugte Diokles, den hochgemuten,
Und von Diokles entstanden die Zwillingssöhne
Krethon und Orsilochos, die sich gut auf jeglichen Kampf verstanden.
550 Die beiden waren, zur Jugendkraft gelangt, auf den schwarzen Schiffen
Den Argeiern gefolgt nach Ilios, der rosseguten,
Um den Atreus-Söhnen, Agamemnon und Menelaos,
Ehre zu gewinnen; doch dort umhüllte sie das Ende des Todes.
Diese – so wie zwei Löwen auf des Gebirges Gipfeln
Genährt wurden von der Mutter in den Dickichten des tiefen Waldes;
Beide rauben sie Rinder und feiste Schafe
Und verwüsten die Gehöfte der Menschen, bis sie auch selber
Unter den Händen der Männer getötet werden vom scharfen Erz:
So wurden die beiden bezwungen unter des Aineias Händen
560 Und stürzten nieder, Tannen gleich, hochragenden.
    Und um die Gefallenen jammerte es den aresgeliebten Menelaos,
Und er schritt durch die Vorkämpfer, gerüstet mit funkelndem Erz,
Schwingend die Lanze, und ihm erregte die Kraft Ares,
Darauf bedacht, daß er bezwungen werde unter des Aineias Händen.
Doch ihn sah Antilochos, des hochgemuten Nestor Sohn,
Und schritt durch die Vorkämpfer, denn er fürchtete sehr für den Hirten der
                                                                    Völker,
Daß ihm nicht etwas geschehe und er ihnen ganz die Mühe vereitele.
Schon waren den beiden die Hände und die spitzen Lanzen
Gegeneinander gerichtet, begierig zu kämpfen.
570 Doch Antilochos trat dicht neben den Hirten der Völker,
Und Aineias hielt nicht stand, ein so schneller Kämpfer er war,
Wie er zwei Männer sah, ausharrend beieinander.
Doch als diese nun die Toten gezogen in das Volk der Achaier,
Warfen sie die beiden Unglücklichen in die Hände der Gefährten,
Und selber wandten sie sich und kämpften unter den Vordersten.
    Da ergriffen sie den Pylaimenes, gleichwiegend dem Ares,
Den Führer der Paphlagonen, der hochgemuten Schildträger.
Den, wie er dastand, durchstach der Atride, der speerberühmte Menelaos,
Mit der Lanze und traf ihn gegen das Schlüsselbein.
580 Antilochos aber traf Mydon, den Zügelhalter, den Gefährten,
Des Atymnios tüchtigen Sohn. Der wandte gerade die einhufigen Pferde,
Als er ihn traf mit einem Stein mitten auf den Ellenbogen, und aus den Händen
Fielen ihm die Zügel, weiß von Elfenbein, zu Boden in den Staub.

Antilochos aber, anspringend, hieb ihm mit dem Schwert an die Schläfe,
Und er fiel, schwer atmend, aus dem gutgearbeiteten Wagenstuhl
Kopfüber in den Staub auf Vorderschädel und Schultern.
Sehr lange stand er so, denn auf tiefen Sand war er getroffen,
Bis die Pferde ihn stießen und in den Staub zu Boden warfen,
Die Antilochos peitschte und trieb zum Heer der Achaier.
590 Diese bemerkte Hektor durch die Reihen und stürmte gegen sie,
Schreiend, und es folgten zugleich die Scharen der Troer,
Die starken, und ihnen voran ging Ares und die Herrin Enyo,
Die Kydoimos trug, den schamlosen Wirrwarr des Kampfes;
Doch Ares schwang in den Händen die ungeheure Lanze
Und schritt bald vor Hektor einher, bald hinter ihm.
Und als er ihn sah, da erschauderte der gute Rufer Diomedes.
Und wie wenn ein Mann, der über viel Feld geht, ratlos
Steht vor dem schnellströmenden Fluß, der hinab ins Meer strömt,
Wenn er sieht, wie er braust im Schaum, und läuft zurück nach hinten:
600 So wich damals zurück der Tydeus-Sohn und sagte zu den Männern:
»Freunde! was staunen wir doch, daß der göttliche Hektor
Ein Lanzenkämpfer ist und ein kühner Krieger!
Steht bei ihm doch immer einer der Götter, der ihm das Unheil abwehrt!
Auch jetzt ist jener bei ihm: Ares, und gleicht einem sterblichen Mann.
Darum weicht immer nach rückwärts, gegen die Troer gewendet,
Und begehren wir nicht, gegen Götter mit Kraft zu kämpfen!«
So sprach er, und ganz nahe kamen heran zu ihnen die Troer.
Da tötete Hektor zwei Männer, erfahren im Kampf,
Die beide auf einem Wagen standen: Menesthes und Anchialos.
610 Und um die Gefallenen jammerte es den Telamon-Sohn, den großen Aias,
Und er ging und trat dicht heran und schleuderte den schimmernden Speer
Und traf den Amphios, des Selagos Sohn, der in Paisos
Wohnte, reich an Gütern, reich an Feldern. Aber das Schicksal
Führte ihn, Beistand zu leisten, zu Priamos und seinen Söhnen.
Diesen traf gegen den Gürtel der Telamonier Aias,
Und unten im Bauch haftete die langschattende Lanze,
Und er stürzte dröhnend. Und er lief hinzu, der strahlende Aias,
Die Waffen zu rauben. Doch überschütteten ihn die Troer mit Speeren,
Scharfen, hellblinkenden, und der Schild fing viele auf. Er aber
620 Mit der Ferse dagegen tretend, zog aus dem Leichnam die eherne Lanze
Heraus, doch vermochte er nicht mehr, die anderen schönen Waffen
Ihm von den Schultern zu nehmen, denn bedrängt wurde er von Geschossen
Und fürchtete die stark ihn umgebenden stolzen Troer,

Die vielen und tüchtigen, die ihm entgegenstanden und Lanzen hielten,
Die ihn, so groß er war und so stark und edel,
Weg von sich stießen, er aber wankte und wich zurück.
   So mühten sich diese in der starken Schlacht.
Den Tlepolemos aber, den Herakliden, den tüchtigen und großen,
Trieb gegen den gottgleichen Sarpedon das gewaltige Schicksal.
630 Und als sie nahe heran waren, gegeneinander gehend,
Der Sohn und der Sohnessohn des Zeus, des Wolkensammlers,
Da sagte zu ihm als erster Tlepolemos die Rede:
   »Sarpedon, Ratgeber der Lykier! was mußt du dich ducken,
Bist du einmal hier, du im Kampf unerfahrener Mann?
Fälschlich sagen sie, du seist ein Sohn des Zeus, des Aigishalters!
Der du doch weit nachstehst hinter jenen Männern,
Die dem Zeus entstammt sind unter den früheren Menschen.
Aber welch ein Mann, sagen sie, ist des Herakles Gewalt gewesen:
Mein Vater, der kühn ausdauernde, löwenmutige,
640 Der einmal hierherkam um der Pferde des Laomedon willen
Mit nur sechs Schiffen und Männern, wenigeren als diese,
Und von Ilios zerstörte die Stadt und ausleerte die Straßen!
Dir aber ist schwach der Mut, und hinsterben deine Völker!
Und nicht wirst du den Troern, denke ich, eine Hilfe sein,
Aus Lykien gekommen, auch nicht, wenn du sehr stark bist,
Sondern von mir bezwungen wirst du des Hades Tore durchschreiten!«
   Ihm antwortete wieder Sarpedon, der Führer der Lykier:
»Tlepolemos! wahrhaftig, jener hat zerstört die heilige Ilios
Durch den Unverstand eines Mannes, des erlauchten Laomedon,
650 Der ihn, der ihm Gutes tat, mit bösem Wort hart anließ
Und ihm die Pferde nicht gab, um derentwillen er von weit hergekommen.
Dir aber, sage ich, wird hier der Tod und die schwarze Todesgöttin
Von mir bereitet werden, und von meinem Speer bezwungen
Gibst du mir Ruhm, die Seele aber dem rosseberühmten Hades!«
   So sprach Sarpedon. Der aber erhob die Eschenlanze,
Tlepolemos, und beiden zugleich flogen die langen Speere
Aus den Händen. Der traf ihn mitten in den Hals,
Sarpedon, und die Spitze ging durch und durch, die schmerzliche,
Und dem verhüllte finstere Nacht die Augen.
660 Tlepolemos aber hatte den linken Schenkel mit der großen Lanze
Getroffen, und die Spitze fuhr hindurch, begierig,
Hinstreifend am Knochen, doch noch wehrte der Vater ihm das Verderben.
   Die nun trugen den gottgleichen Sarpedon, die göttlichen Gefährten,

Heraus aus dem Kampf, und ihn beschwerte der lange Speer,
Der nachschleifte. Doch das bedachte keiner und merkte darauf,
Aus dem Schenkel zu ziehen den eschenen Speer, daß er gehen konnte,
In der Hast, denn solche Mühe hatten sie, um ihn beschäftigt.
   Den Tlepolemos aber trugen drüben die gutgeschienten Achaier
Heraus aus dem Kampf. Doch das bemerkte der göttliche Odysseus,
670 Kühn wagenden Muts, und es stürmte ihm sein Herz.
Und er überlegte darauf im Sinn und in dem Mute,
Ob er zuerst den Sohn des Zeus, des starkdröhnenden, verfolgte
Oder ob er noch vielen der Lykier das Leben nehme.
Und nicht war es Odysseus, dem großherzigen, bestimmt,
Den starken Sohn des Zeus zu töten mit scharfem Erz;
So wandte ihm gegen die Menge der Lykier den Mut Athene.
Da erlegte er den Koiranos, den Alastor und Chromios,
Den Alkandros und Halios und Noëmon und Prytanis.
Und nun hätte noch mehr der Lykier getötet der göttliche Odysseus,
680 Hätte es nicht scharf bemerkt der große helmfunkelnde Hektor.
Und er schritt durch die Vorkämpfer, gerüstet mit funkelndem Erz,
Und brachte den Danaern Schrecken. Da freute sich über ihn, wie er herankam,
Sarpedon, der Sohn des Zeus, und sprach das Wort mit Jammern:
»Priamos-Sohn! laß mich nicht zur Beute liegen den Danaern!
Sondern steh mir bei! Dann mag mich auch verlassen das Leben
In der Stadt, der euren – da ich nun einmal nicht sollte
Nach Hause kehren, ins eigene väterliche Land,
Um zu erfreuen die Gattin, die eigene, und den kleinen Sohn!«
   So sprach er. Doch es sagte nichts zu ihm der helmfunkelnde Hektor,
690 Sondern eilte vorbei, begierig, daß er aufs schnellste
Zurückstieße die Argeier und vielen das Leben nehme. –
Die nun setzten den gottgleichen Sarpedon, die göttlichen Gefährten,
Nieder unter des Aigishalters Zeus gar schöner Eiche,
Und aus dem Schenkel stieß ihm heraus den Eschenspeer
Der starke Pelagon; der war ihm ein lieber Gefährte.
Und der Atem verließ ihn, und Dunkel war ergossen über die Augen.
Doch atmete er wieder auf, und rings der Hauch des Nordwinds
Belebte ihm, anhauchend, den schlimm ermatteten Mut.
   Die Argeier aber, bedrängt unter Ares und dem erzgepanzerten Hektor,
700 Wandten sich weder je zu den schwarzen Schiffen
Noch stürmten sie entgegen in der Schlacht, sondern immer nach hinten
Wichen sie, als sie erfuhren, daß unter den Troern Ares war.
   Wen hat da als ersten und wen als letzten getötet

Hektor, des Priamos Sohn, und der eherne Ares?
Den gottgleichen Teuthras und darauf den pferdestachelnden Orestes
Und Trechos, den aitolischen Lanzenkämpfer, und Oinomaos
Und den Oinops-Sohn Helenos und Oresbios mit funkelndem Gurt,
Der in Hyle wohnte und groß bedacht war auf Reichtum,
An dem See, dem Kephisischen, und neben ihm wohnten andere
710 Boioter und hatten inne den gar fetten Gau.
     Doch als diese nun sah die Göttin, die weißarmige Here,
Die Argeier, wie sie zugrunde gingen in der starken Schlacht,
Sprach sie sogleich zu Athenaia die geflügelten Worte:
»Nein doch! Kind des Zeus, des Aigishalters, Atrytone!
Wirklich! vergebens haben wir dem Menelaos das Wort versprochen,
Daß er heimkehren sollte, nachdem er die gutummauerte Ilios vernichtet,
Wenn wir derart wüten lassen den verderblichen Ares!
Aber auf denn! gedenken auch wir beide der ungestümen Kampfkraft!«
     So sprach sie, und nicht ungehorsam war die Göttin, die helläugige Athene.
720 Jene ging hin und besorgte die Pferde mit goldenem Stirnband,
Here, die würdige Göttin, die Tochter des großen Kronos.
Hebe aber warf schnell um den Wagen die gebogenen Räder,
Die ehernen, achtspeichigen, um die eiserne Achse.
Von denen ist golden der Radkranz, unvergänglich, doch darüber
Sind eherne Radbeschläge angefügt, ein Wunder zu schauen,
Und die Naben sind von Silber, die sich drehen auf beiden Seiten.
Und der Wagenkorb ist mit goldenen und silbernen Riemen
Durchspannt, und zwei rings umlaufende Geländer sind daran,
Und von ihm aus geht die silberne Deichsel. Am äußersten Ende
730 Band sie fest das goldene schöne Joch und steckte die Gurte hinein,
Die schönen, goldenen. Und unter das Joch führte Here
Die schnellfüßigen Pferde, begierig nach Streit und Kampfruf.
     Aber Athenaia, die Tochter des Zeus, des Aigishalters,
Schüttete hin das weiche Gewand auf des Vaters Schwelle,
Das bunte, das sie selbst gemacht und gefertigt hatte mit den Händen,
Tauchte dann in das Panzerhemd des Zeus, des Wolkensammlers,
Und rüstete sich mit Waffen zum Krieg, dem tränenreichen.
Und um die Schultern warf sie die Aigis, die mit Quasten besetzte,
Die furchtbare, welche rings Phobos, der Schrecken, umkränzt.
740 Auf ihr ist der Streit, auf ihr die Abwehr und der schaurige Angriff,
Auf ihr das Haupt der Gorgo, des furchtbaren Ungeheuers,
Furchtbar und schrecklich, das Zeichen des Zeus, des Aigishalters.
Auf das Haupt setzte sie den viergebuckelten Helm mit zwei Backenstücken,

Den goldenen, mit den Kämpfern von hundert Städten versehen.
Und stieg auf den flammenden Wagen mit den Füßen und ergriff die Lanze,
Die schwere, große, wuchtige, womit sie die Reihen der Männer bändigt,
Der Heroen, welchen sie zürnt, die Tochter des gewaltigen Vaters.
Here aber berührte schnell mit der Geißel die Pferde.
Von selber dröhnten auf die Tore des Himmels, die die Horen hüten,
750 Denen anvertraut ist der große Himmel und der Olympos,
Bald zurückzuschieben die dichte Wolke, bald vorzulegen.
Dort nun lenkten sie hindurch die vom Stachel getriebenen Pferde.
Und sie fanden Kronion, wie er entfernt von den anderen Göttern
Saß, auf der höchsten Kuppe des vielgipfligen Olympos.
Dort hielt die Pferde an die Göttin, die weißarmige Here,
Und fragte Zeus, den Höchsten, und sagte zu ihm:
»Zeus, Vater! verargst du dem Ares nicht diese abscheulichen Dinge?
Ein wie großes und tüchtiges Volk der Achaier verdirbt er,
Drauflos und nicht nach der Ordnung, doch mir zum Kummer! Die aber
760 Erfreuen sich in guter Ruhe, Kypris und der Silberbogner Apollon,
Die diesen Sinnberaubten losgelassen, der keinerlei Recht kennt!
Zeus, Vater! ob du mir wohl zürnst, wenn ich den Ares
Schändlich zerschlagen aus der Schlacht hinweg verscheuche?«
    Da antwortete und sagte zu ihr der Wolkensammler Zeus:
»Auf denn! treibe auf ihn Athenaia, die Beutespenderin,
Die ihn vor allem pflegt in schlimme Schmerzen zu bringen!«
    So sprach er, und nicht ungehorsam war die Göttin, die weißarmige Here.
Und sie peitschte die Pferde, und die flogen nicht unwillig dahin,
Mitten zwischen der Erde und dem bestirnten Himmel.
770 Und wie weit durch die Luft ein Mann sieht mit den Augen,
Auf einer Warte sitzend, der schaut über das weinfarbene Meer:
So weit sprangen der Götter hochwiehernde Pferde.
    Doch als sie nach Troja gelangten und den beiden strömenden Flüssen,
Wo der Simoeis zusammen seine Wasser wirft und der Skamandros,
Dort hielt die Pferde an die Göttin, die weißarmige Here,
Löste sie von dem Wagen und goß vielen Nebel um sie,
Und ihnen ließ der Simoeis Ambrosia aufsprießen zum Weiden.
Und die beiden gingen, schüchternen Tauben gleich an Tritten,
Begierig, den Männern, den Argeiern, beizustehen.
780 Doch als sie nun dorthin gelangten, wo die meisten und Besten
Standen, um die Gewalt des pferdebändigenden Diomedes
Zusammengedrängt, Löwen gleichend, rohfressenden,
Oder wilden Ebern, denen die Kraft nicht schwach ist,

Da trat hin und schrie die Göttin, die weißarmige Here,
Dem Stentor gleich, dem großherzigen, mit der ehernen Stimme,
Der so laut zu rufen pflegte wie fünfzig andere:
»Schämt euch, Argeier! übles Schandvolk! an Aussehen stattlich!
Ja, solange in den Kampf ging der göttliche Achilleus,
Kamen nie die Troer heraus vor die Dardanischen Tore,
790 Denn sie fürchteten jenes Mannes wuchtige Lanze.
Jetzt aber kämpfen sie fern von der Stadt bei den hohlen Schiffen!«
    So sprach sie und erregte Kraft und Mut eines jeden.
Zu dem Tydeus-Sohn aber eilte die Göttin, die helläugige Athene.
Und sie fand den Herrscher bei den Pferden und dem Wagen,
Wie er die Wunde kühlte, die ihm Pandaros mit dem Pfeil geschlagen.
Denn ihn quälte der Schweiß unter dem breiten Tragriemen
Des gutgerundeten Schilds: der quälte ihn, und matt wurde ihm die Hand,
Und hochhaltend den Riemen wischte er das schwarzwolkige Blut ab.
Und die Göttin faßte das Joch der Pferde und sagte:
800 »Wahrlich! wenig gleicht ihm der Sohn, den sich Tydeus erzeugte!
Tydeus war dir klein von Gestalt, jedoch ein Kämpfer!
Denn auch wenn ich nicht zulassen wollte, daß er kämpfte
Und sich hervortat – damals, als er fern von den Achaiern
Als Bote nach Theben kam zu den vielen Kadmeionen:
Da befahl ich ihm, ruhig in den Hallen zu speisen.
Doch er bewies seinen starken Mut, so wie auch früher,
Forderte die jungen Männer der Kadmeer heraus und siegte in allem,
Leicht, ein solcher Beistand war ich ihm.
Dir aber stehe ich wahrhaftig zur Seite und wache über dich,
810 Und ich rufe dich ernstlich auf, mit den Troern zu kämpfen.
Dir aber drang die Ermattung vom vielen Ansturm in die Glieder,
Oder dich hält die Furcht, die entseelende. Dann bist du gewiß nicht
Des Tydeus Sohn, des kampfgesinnten Oineus-Sohns!«
    Da antwortete und sagte zu ihr der starke Diomedes:
»Ich erkenne dich, Göttin! Tochter des Zeus, des Aigishalters!
Darum sage ich dir ernstlich das Wort und will es nicht verbergen:
Nicht hält mich die Furcht, die entseelende, noch irgendein Zögern,
Sondern noch denke ich deiner Anweisungen, die du mir auftrugst.
Nicht ließest du mich den seligen Göttern entgegen kämpfen,
820 Den anderen; aber käme des Zeus Tochter Aphrodite
In den Kampf, die sollte ich mit scharfem Erz verletzen.
Deshalb weiche ich selbst jetzt zurück, und auch den anderen
Argeiern befahl ich, sich alle hier zu sammeln.

Erkenne ich Ares doch, wie er in der Schlacht gebietet!«
　　Ihm antwortete darauf die Göttin, die helläugige Athene:
»Tydeus-Sohn Diomedes, du meinem Herzen Lieber!
Weder fürchte du deshalb den Ares noch einen anderen
Der Unsterblichen, ein solcher Beistand bin ich dir.
Doch auf! halte auf Ares zuerst die einhufigen Pferde
830　Und schlage ihn aus der Nähe, und scheue nicht den stürmenden Ares!
Diesen Rasenden, Unheilgeschaffenen, Bald-so-und-bald-anders!
Der erst kürzlich vor mir und Here sich stellte in seinen Reden,
Als wollte er gegen die Troer kämpfen und den Argeiern beistehen.
Jetzt aber hält er es mit den Troern, und diese hat er vergessen!«
　　So sprach sie und stieß den Sthenelos vom Gespann zur Erde,
Ihn zurückziehend mit der Hand, und der sprang schnell herab.
Und sie stieg auf den Wagen neben den göttlichen Diomedes,
Voll Eifer, die Göttin, und laut krachte die eichene Achse
Unter der Schwere, denn sie trug den furchtbaren Gott und den besten Mann.
840　Und sie ergriff die Geißel und die Zügel, Pallas Athene:
Sogleich hielt sie auf Ares zuerst die einhufigen Pferde.
Ja, der zog die Waffen ab dem ungeheuren Periphas,
Dem weit Besten der Aitoler, dem prangenden Sohn des Ochesios.
Dem zog Ares die Waffen ab, der blutbesudelte. Aber Athene
Tauchte in die Hades-Kappe, daß sie nicht sähe der gewaltige Ares.
Doch wie der männermordende Ares sah den göttlichen Diomedes,
Ja, da ließ er dort liegen den Periphas, den ungeheuren,
Wo er ihn zuerst getötet und ihm das Leben genommen,
Und ging gerade zu auf Diomedes, den Pferdebändiger.
850　Und als sie nahe heran waren, gegeneinander gehend,
Da stieß Ares zuerst zu über das Joch und die Zügel der Pferde
Mit der ehernen Lanze, begierig, ihm das Leben zu nehmen.
Und diese ergriff mit der Hand die Göttin, die helläugige Athene,
Und stieß sie, daß sie unter dem Wagenstuhl nutzlos herausfuhr.
Als zweiter wieder stürmte an der gute Rufer Diomedes
Mit der ehernen Lanze. Und diese stemmte Pallas Athene
Zuunterst gegen die Weichen, wo er gegürtet war mit dem Schurz.
Dorthin traf sie ihn und stieß und riß die schöne Haut auf
Und zog den Speer wieder heraus. Da brüllte der eherne Ares
860　So laut, wie neuntausend hell aufschreien oder auch zehntausend
Männer im Kampf, die den Streit des Ares zusammenführen.
Die aber ergriff ein Zittern, die Achaier und die Troer,
Voll Furcht, so brüllte Ares, der Unersättliche im Krieg.

Und wie aus Wolken finster erscheint der untere Luftraum,
Wenn sich bei Hitze ein Wind erhebt, ein schlimm wehender:
So erschien dem Tydeus-Sohn Diomedes der eherne Ares,
Wie er zusammen mit Wolken auffuhr zum breiten Himmel.
   Und schnell gelangte er zum Sitz der Götter, dem steilen Olympos,
Und setzte sich nieder bei Zeus Kronion, bekümmert im Mute,
870 Und zeigte ihm das ambrosische Blut, das herabfloß aus der Wunde.
Und wehklagend sprach er zu ihm die geflügelten Worte:
   »Zeus, Vater! verargst du es nicht, wenn du siehst diese abscheulichen Dinge?
Immer ertragen wir Götter dir doch das Schaudervollste,
Einer nach dem Willen des anderen, den Menschen Gunst erweisend.
Mit dir hadern wir alle: du hast sie erzeugt, die sinnberaubte Jungfrau,
Die verderbliche, die stets heillose Dinge anstellt.
Denn die anderen alle, so viele da Götter sind im Olympos,
Dir gehorchen wir und unterwerfen uns ein jeder.
Diese aber schiltst du weder mit einem Wort noch einem Werk,
880 Sondern läßt sie gewähren, da du selbst sie gezeugt hast, die abscheuliche
                                                                    Tochter.
Die hat jetzt des Tydeus Sohn, den übermütigen Diomedes,
Aufgereizt, zu rasen gegen unsterbliche Götter.
Kypris hat er zuerst von nah in die Hand getroffen bei der Wurzel,
Aber dann stürmte er gegen mich selbst, einem Daimon gleichend.
Mich aber trugen davon die schnellen Füße – sonst hätte ich lange
Dort Schmerzen ertragen unter den furchtbaren Leichen,
Oder ich lebte kraftlos fort von den Hieben des Erzes.«
   Da sah ihn von unten herauf an und sagte zu ihm der Wolkensammler Zeus:
»Nicht, du Bald-so-und-bald-anders!, sitze hier bei mir und winsele!
890 Der Verhaßteste bist du mir von den Göttern, die den Olympos haben,
Denn immer ist Streit dir lieb und Kriege und Kämpfe.
In dir ist der Mutter Ungestüm, das unbändige, nicht bezähmbare,
Der Here, die auch ich kaum mit Worten bezwinge.
Darum meine ich, du leidest dies durch ihre Anstiftungen.
Aber wahrlich! nicht länger dulde ich, daß du Schmerzen hast!
Von mir bist du der Geburt nach, und mir hat dich die Mutter geboren!
Doch wärst du gezeugt von einem anderen Gott, so abscheulich,
Längst schon säßest du tiefer als die Uranionen!«
   So sprach er, und dem Paiëon befahl er, ihn zu heilen.
900 Und Paiëon streute ihm schmerzstillende Kräuter auf
Und heilte ihn, denn er war nicht sterblich geschaffen.
Und wie wenn Feigenlab weiße Milch in Eile läßt fest werden,

Die flüssige, und sehr schnell gerinnt sie rings beim Rühren:
So rasch wurde geheilt der stürmende Ares.
Und ihn wusch Hebe und tat ihm liebreizende Gewänder an,
Und er setzte sich nieder bei Zeus Kronion, seines Prangens froh.
    Die aber gingen wieder zum Hause des großen Zeus,
Die argeische Here und von Alalkomene Athene,
Als sie geendigt hatten dem menschenverderbenden Ares sein Männermorden.

SECHSTER GESANG   *Hektor wird von dem Seher Helenos nach Troja geschickt, damit seine Mutter Hekabe mit den Frauen Trojas einen Bittgang zu Athene tue. – Der Lykier Glaukos und Diomedes treffen sich im Kampf, nennen einander ihr Geschlecht und tauschen als Gastfreunde die Waffen. – Hektor geht in Troja zu seiner Mutter Hekabe, sodann zu Paris und Helena und trifft endlich seine Frau Andromache am Skäischen Tor und spricht mit ihr. Hektor steht bereits im Schatten des Todes.*

Allein gelassen blieb der Troer und Achaier schreckliches Kampfgewühl,
Und vielfach hierhin und dorthin ging der Kampf in der Ebene,
Wie sie gegeneinander die erzbeschlagenen Speere richteten,
Mitten zwischen des Simoeis und des Xanthos Strömungen.
    Aias, der Telamon-Sohn, die Schutzwehr der Achaier,
Durchbrach als erster der Troer Reihe und schuf Licht den Gefährten.
Er traf einen Mann, der der Beste war von den Thrakern,
Den Sohn des Eussoros, Akamas, den tüchtigen und großen.
Den traf er als erster am Bügel des Helms, des roßmähnigen,
10 Und durchbohrte die Stirn, und die eherne Spitze
Drang in den Knochen, und ihm umhüllte Dunkel die Augen.
    Den Axylos aber erschlug der gute Rufer Diomedes,
Den Teuthras-Sohn: er wohnte in der gutgebauten Arisbe,
Reich an Lebensgut, und lieb war er den Menschen,
Denn alle bewirtete er freundlich, da er am Weg die Häuser bewohnte.
Aber keiner von denen wehrte ihm damals ab das traurige Verderben
Und trat vor ihn zum Schutz, sondern beiden nahm er das Leben:
Ihm selbst und dem Gefolgsmann Kalesios, der damals die Pferde
Hielt als sein Zügelhalter, und beide tauchten in die Erde.
20   Den Dresos aber und den Opheltios erschlug Euryalos.
Dann ging er gegen Aisepos und Pedasos, die einstmals
Die Quellnymphe Abarbareë gebar dem untadligen Bukolion.
Bukolion war ein Sohn des erlauchten Laomedon,
Der älteste von Geburt, doch heimlich gebar ihn die Mutter.
Dieser, die Schafe hütend, vermischte sich mit der Nymphe
In Liebe und Lager, und sie wurde schwanger und gebar die Zwillingssöhne.
Und ihnen beiden löste die Kraft und die schimmernden Glieder
Des Mekisteus Sohn, und zog ihnen die Waffen von den Schultern.

Den Astyalos aber tötete der im Krieg standhafte Polypoites.
30 Und Pidytes, den Perkosier, erlegte Odysseus
Mit der ehernen Lanze, und Teukros den göttlichen Aretaon.
Antilochos aber erschlug den Ableros mit dem schimmernden Speer,
Der Nestor-Sohn, und den Elatos der Herr der Männer Agamemnon.
Dieser bewohnte an des gutströmenden Satnioeis Ufern
Die steile Pedasos. Den Phylakos aber ergriff Leïtos, der Held,
Während er floh, und Eurypylos erschlug den Melanthios.
    Den Adrestos aber ergriff sodann der gute Rufer Menelaos
Lebend, denn die beiden Pferde scheuten ihm durch das Feld,
Strauchelnd über einen Zweig der Tamariske, und zerbrachen
40 Vorn an der Deichsel den gebogenen Wagen und liefen selber
Beide zur Stadt, wohin auch die anderen gescheucht sich flüchteten.
Selbst aber wurde er aus dem Wagen neben das Rad gewirbelt
Vornüber in den Staub auf den Mund. Da trat zu ihm
Der Atreus-Sohn Menelaos mit der langschattenden Lanze.
Doch Adrestos ergriff alsdann seine Knie und flehte:
»Fange mich lebend, Atreus-Sohn! und nimm angemessene Lösung!
Viele Kostbarkeiten liegen in meines reichen Vaters Haus:
Erz und Gold und vielbearbeitetes Eisen.
Davon wird dir gern der Vater unermeßliche Lösung geben,
50 Wenn er erfährt, daß ich am Leben bin bei den Schiffen der Achaier.«
    So sprach er und beredete ihm den Mut in der Brust.
Und fast schon wollte er ihn seinem Gefolgsmann geben,
Ihn zu den schnellen Schiffen zu führen. Doch Agamemnon
Kam auf ihn zugelaufen und rief und sagte das Wort:
»O Lieber! o Menelaos! was sorgst du dich so sehr um diese Männer?
Oder ist dir zu Haus von den Troern das Beste geschehen?
Nein, von denen soll keiner entgehen dem jähen Verderben
Und unseren Händen. Auch nicht, wen im Leib die Mutter
Trägt als einen Knaben: auch er soll nicht entrinnen! Sondern allesamt
60 Sollen sie gänzlich vertilgt sein aus Ilios, unbestattet und spurlos!«
    So sprach er und stimmte um den Sinn des Bruders, der Held,
Da er das Rechte riet. Und er stieß von sich mit der Hand
Den Helden Adrestos, und der gebietende Agamemnon
Stach ihm in die Weichen. Und er fiel zurück, und der Atride
Trat mit der Ferse auf die Brust und zog heraus die eschene Lanze.
    Nestor aber rief den Argeiern zu, weithin schreiend:
»Freunde! Helden der Danaer! Diener des Ares!
Daß keiner sich jetzt auf die Beute wirft und hinten

Zurückbleibt, daß er das meiste davonträgt zu den Schiffen!
70 Nein, töten wir die Männer! Dann könnt ihr auch das in Ruhe
Den Toten im Feld abnehmen, den gestorbenen.«
   So sprach er und erregte Kraft und Mut eines jeden. –
Da wären wieder die Troer vor den aresgeliebten Achaiern
Hinauf nach Ilios gegangen, von Kraftlosigkeiten überwältigt,
Hätte nicht gesagt zu Aineias und Hektor, herangetreten,
Helenos, der Priamos-Sohn, der weit beste unter den Vogelschauern:
   »Aineias und Hektor! da auf euch am meisten die Mühe
Lastet unter den Troern und Lykiern, weil ihr die Besten
Seid für jedes Unternehmen, zu kämpfen wie auch zu überlegen:
80 Bleibt hier stehen und haltet das Volk zurück vor den Toren,
Überall hingetreten, ehe sie wieder in die Arme der Weiber
Fliehend sich stürzen und eine Freude den Feinden werden.
Aber habt ihr die Reihen alle wieder ermutigt,
So wollen wir hierbleiben und mit den Danaern kämpfen,
So sehr erschöpft wir sind, denn die Not drängt uns.
Hektor! du aber geh zur Stadt und sage alsdann
Deiner und meiner Mutter: sie rufe zusammen die würdigsten Frauen
Beim Tempel Athenaias, der helläugigen, auf der oberen Burg.
Und sie öffne darauf mit dem Schlüssel die Türen des heiligen Hauses,
90 Und ein Gewand, das ihr das liebreizendste und größte
Scheint in der Halle und ist ihr selbst das weitaus liebste,
Dieses lege sie auf die Knie der schönhaarigen Athenaia
Und verspreche, ihr zwei und zehn Rinder im Tempel zu opfern,
Jährige, die noch nicht den Stachel gespürt: ob sie sich erbarme
Der Stadt und der Frauen der Troer und kleinen Kinder;
Ob sie fernhalte des Tydeus Sohn von der heiligen Ilios,
Den wilden Lanzenkämpfer, den starken Meister des Schreckens,
Der, so sage ich, der Stärkste ist unter den Achaiern.
Auch den Achilleus haben wir nie so gefürchtet, den Führer der Männer,
100 Der doch, so sagen sie, von einer Göttin stammt. Aber dieser
Rast gar zu sehr, und keiner kann es an Ungestüm ihm gleichtun.«
   So sprach er, und Hektor war nicht ungehorsam seinem Bruder.
Und sogleich sprang er vom Wagen mit den Waffen auf die Erde,
Und schwingend die scharfen Speere ging er rings durch das Heer
Und trieb an zu kämpfen und erweckte schreckliches Kampfgewühl.
Und sie wurden umgewandt und traten entgegen den Achaiern.
Die Argeier aber wichen zurück und hörten auf mit Morden.
Und sie meinten, es sei einer der Unsterblichen vom bestirnten Himmel

Herabgestiegen, den Troern zu helfen, so wurden sie umgewandt.
110 Hektor aber rief den Troern zu, weithin schreiend:
»Troer, hochgemute! und ihr weitberühmten Verbündeten!
Seid Männer, Freunde, und gedenkt der ungestümen Kampfkraft,
Indessen ich selbst nach Ilios gehe und den Alten
Sage, den Ratsherren, und auch unseren Frauen,
Daß sie zu den Göttern beten und Hundertopfer versprechen.«
So sprach er und ging hinweg, der helmfunkelnde Hektor,
Und gegen Knöchel und Nacken schlug ihm das Fell, das schwarze,
Das als äußerster Rand lief um den gebuckelten Schild. –
Glaukos aber, des Hippolochos Sohn, und der Sohn des Tydeus
120 Trafen inmitten beider zusammen, begierig zu kämpfen.
Doch als sie nahe heran waren, gegeneinander gehend,
Da sagte als erster zu ihm der gute Rufer Diomedes:
»Wer bist du, Bester! von den sterblichen Menschen?
Denn nie habe ich dich gesehen in der Schlacht, der männerehrenden,
Vormals, doch jetzt bist du weit vorangeschritten vor allen
In deiner Kühnheit, daß du meine langschattende Lanze erwartest.
Die Söhne von Unseligen sind es, die meinem Ungestüm begegnen!
Doch bist du einer der Unsterblichen, vom Himmel herabgekommen,
So wollte ich nicht mit himmlischen Göttern kämpfen!
130 Denn auch des Dryas Sohn, der starke Lykurgos,
Lebte nicht lange, der mit den himmlischen Göttern gestritten:
Der einst des rasenden Dionysos Ammen
Jagte auf dem heiligen Berg von Nysa, und sie ließen alle zusammen
Die Opfergeräte zu Boden fallen, von dem männermordenden Lykurgos
Geschlagen mit dem Ochsenstachel. Dionysos aber, flüchtend,
Tauchte in die Woge des Meers, und Thetis nahm ihn auf in ihrem Bausch,
Den Erschrockenen, denn ein starkes Zittern ergriff ihn vor dem Drohen
Des Mannes. Dem zürnten darauf die Götter, die leicht lebenden,
Und blind machte ihn des Kronos Sohn, und nicht mehr lange
140 Lebte er, da er den Unsterblichen allen verhaßt war, den Göttern.
Nein, auch ich will nicht mit den seligen Göttern kämpfen!
Doch bist du einer der Sterblichen, die die Frucht des Feldes essen:
Komm näher! daß du schneller gelangst in des Verderbens Schlingen!«
Da sagte wieder zu ihm des Hippolochos strahlender Sohn:
»Tydeus-Sohn, hochgemuter! was fragst du nach meinem Geschlecht?
Wie der Blätter Geschlecht, so ist auch das der Männer.
Die Blätter – da schüttet diese der Wind zu Boden, und andere treibt
Der knospende Wald hervor, und es kommt die Zeit des Frühlings.

So auch der Männer Geschlecht: dies sproßt hervor, das andere schwindet.
150 Doch wenn du auch dies erfahren willst, daß du es gut weißt,
Unser Geschlecht – und es wissen dies viele Männer! –:
Da ist eine Stadt Ephyra im Winkel des pferdenährenden Argos;
Dort lebte Sisyphos, der der schlaueste war von den Männern,
Sisyphos, der Aiolos-Sohn. Der zeugte als Sohn den Glaukos,
Aber Glaukos zeugte den untadligen Bellerophontes.
Diesem hatten die Götter Schönheit und anmutige Männlichkeit
Verliehen. Aber Proitos sann ihm Böses in dem Mute,
Der ihn aus dem Land vertrieb – denn er war der viel Stärkere –
Der Argeier, denn Zeus hatte ihn unter seinem Zepter gebändigt.
160 Mit ihm verlangte rasend des Proitos Frau, die göttliche Anteia,
Sich zu vermischen in heimlicher Liebe. Doch sie beredete
Nicht den rechtlich denkenden kampfgesinnten Bellerophontes.
Sie aber log und sprach zu Proitos, dem König:
›Stirb, o Proitos! oder erschlage den Bellerophontes,
Der sich in Liebe mit mir vermischen gewollt, die ich nicht wollte!‹
So sprach sie, und den Herrscher ergriff der Zorn, was er da hörte.
Zwar ihn zu töten vermied er, das scheute er in dem Mute.
Doch schickte er ihn nach Lykien und gab ihm verderbliche Zeichen,
In eine zusammengelegte Tafel geritzt, todbringende, viele,
170 Und befahl, sie dem Schwiegervater zu zeigen, um ihn zu verderben.
Er aber ging nach Lykien, unter der Götter untadligem Geleit.
Doch als er nach Lykien gelangte und zum strömenden Xanthos,
Ehrte ihn bereitwillig der Herrscher des breiten Lykien.
Neun Tage bewirtete er ihn und opferte neun Rinder.
Doch als nun die zehnte erschien, die rosenfingrige Eos,
Da befragte er ihn und verlangte, das Zeichen zu sehen,
Das er ihm von dem Schwiegersohn Proitos brachte.
Doch als er empfing das böse Zeichen des Schwiegersohns,
Da hieß er ihn zuerst, die Chimaira, die ungeheure,
180 Töten. Die war göttlichen Geschlechts und nicht von Menschen:
Vorn ein Löwe und hinten Schlange und in der Mitte Ziege,
Ausschnaubend die furchtbare Gewalt des brennenden Feuers.
Und die tötete er, den Zeichen der Götter folgend.
Zum zweiten wieder kämpfte er mit den Solymern, den ruhmvollen;
Das war der härteste Kampf, sagte er, in den er je getaucht mit Männern.
Zum dritten wieder erschlug er die Amazonen, die männergleichen.
Dem Zurückkehrenden aber webte dieser einen anderen dichten Anschlag:
Auswählend aus dem breiten Lykien die besten Männer,

Legte er einen Hinterhalt. Doch die kehrten nicht wieder nach Hause,
190 Denn alle erschlug sie der untadlige Bellerophontes.
Doch als er ihn nun als den starken Sproß eines Gottes erkannte,
Da behielt er ihn dort und gab ihm seine Tochter,
Gab ihm auch die Hälfte seines ganzen Königsamtes.
Und die Lykier schnitten ihm ein Landgut heraus, vortrefflich vor anderen,
Ein schönes, mit Baumgarten und Saatfeld, daß er es bebaute.
Und sie gebar ihm drei Kinder, dem kampfgesinnten Bellerophontes:
Den Isandros und den Hippolochos und die Laodameia.
Zu Laodameia aber legte sich der ratsinnende Zeus,
Und sie gebar den gottgleichen Sarpedon, den erzgepanzerten.
200 Doch als nun auch er verhaßt wurde allen Göttern,
Da irrte er über die Aleïsche Ebene, einsam,
Sein Leben verzehrend, den Pfad der Menschen vermeidend.
Den Sohn Isandros aber erschlug ihm Ares, der Unersättliche im Krieg,
Als er kämpfte mit den Solymern, den ruhmvollen.
Aber die Tochter tötete erzürnt die goldprangende Artemis.
Hippolochos aber zeugte mich, und von ihm sage ich, daß ich stamme.
Und er schickte mich nach Troja und trug mir gar vielfach auf,
Immer Bester zu sein und überlegen zu sein den anderen
Und der Väter Geschlecht nicht Schande zu machen, die die weit Besten
210 Waren in Ephyra wie auch in dem breiten Lykien.
Aus diesem Geschlecht und Blut rühme ich mich dir zu stammen!«
    So sprach er. Da freute sich der gute Rufer Diomedes,
Und er heftete die Lanze in die vielnährende Erde
Und sprach mit freundlichen Worten zu dem Hirten der Völker:
»Wirklich! da bist du mir ein Gastfreund von den Vätern her, ein alter!
Denn Oineus, der göttliche, hat einst den untadligen Bellerophontes
In den Hallen bewirtet und ihn zwanzig Tage dabehalten.
Und sie reichten einander auch schöne Gastgeschenke:
Oineus gab einen Gürtel, von Purpur schimmernd,
220 Bellerophontes aber einen goldenen Becher, doppelt gebuchtet.
Und den ließ ich zurück, als ich ging, in meinen Häusern.
An Tydeus aber kann ich mich nicht erinnern, da er mich noch klein
Zurückließ, als in Theben umkam das Volk der Achaier.
So bin ich dir jetzt dein Gastfreund mitten in Argos,
Du aber in Lykien, wenn ich in das Land von denen gelange.
Aber meiden wir voneinander die Lanzen, auch im Gedränge!
Sind mir doch viele Troer und berühmte Verbündete,
Zu töten, wen immer ein Gott mir gibt und ich mit den Füßen erreiche,

Und dir wieder viele Achaier, zu erschlagen, wen du vermagst.
230 Die Waffen aber laß uns miteinander tauschen, damit auch diese
Erkennen, daß wir von den Vätern her uns Gastfreunde rühmen!«
    Als sie so gesprochen hatten, sprangen sie von den Gespannen
Und ergriffen einander bei den Händen und verpflichteten sich einander.
Da wieder benahm dem Glaukos der Kronide Zeus die Sinne,
Der mit dem Tydeus-Sohn Diomedes die Waffen tauschte:
Goldene gegen eherne, hundert Rinder gegen neun Rinder. –
    Als Hektor aber zum Skäischen Tor und der Eiche gelangte,
Da liefen rings auf ihn zu der Troer Frauen und Töchter
Und fragten nach ihren Söhnen und Brüdern und Anverwandten
240 Und ihren Männern. Er aber hieß sie alsdann zu den Göttern beten,
Alle der Reihe nach; doch vielen waren Kümmernisse verhängt.
Doch als er zu des Priamos Haus, dem gar schönen, gelangte –
Mit glattbehauenen Vorhallen war es erbaut, aber darinnen
Waren fünfzig Gemächer aus glattbehauenem Stein,
Nah aneinander gebaut: da pflegten des Priamos Söhne
Zu schlafen bei ihren ehelichen Gattinnen.
Für die Töchter aber waren gegenüber innerhalb des Hofes
Zwölf überdachte Gemächer von glattbehauenem Stein
Nah aneinander gebaut: da pflegten die Schwiegersöhne
250 Zu schlafen des Priamos bei ihren ehrwürdigen Gattinnen. –
Da kam ihm die freundlich Gebende, die Mutter entgegen
Und führte Laodike dorthin, die an Aussehen Beste von den Töchtern.
Und sie wuchs ihm ein in die Hand, sprach das Wort und benannte es heraus:
    »Kind! warum hast du verlassen den kühnen Kampf und bist gekommen?
Da bedrängen uns wohl sehr die Söhne der Achaier mit dem Unglücksnamen
Im Kampf um die Stadt, und dich hat hierher der Mut getrieben,
Zu kommen und von der oberen Burg zu Zeus die Hände zu erheben.
Aber warte, bis ich honigsüßen Wein dir bringe,
Daß du für Zeus, den Vater, und die anderen Unsterblichen
260 Spendest zuerst und dann auch dich selber erquickst, wenn du trinkst.
Dem ermüdeten Mann pflegt große Kraft der Wein zu mehren,
So wie du ermüdet bist, kämpfend für die Deinen.«
    Ihr antwortete darauf der große helmfunkelnde Hektor:
»Reiche mir nicht den Wein, den honigsinnigen, hehre Mutter.
Daß du mir nicht die Glieder lähmst, und ich Mut und Kraft vergesse.
Mit ungewaschenen Händen aber dem Zeus den funkelnden Wein zu spenden,
Das scheue ich. Geht es doch nicht an, den schwarzwolkigen Kronion
Mit Blut und Schmutz besudelt anzuflehen.

Aber du gehe zum Tempel Athenaias, der Beutespenderin,
270 Mit Rauchopfern, nachdem du versammelt die würdigsten Frauen.
Und ein Gewand, das dir das liebreizendste und größte
Ist in der Halle und ist dir selbst das weitaus liebste,
Dieses lege auf die Knie der schönhaarigen Athenaia
Und versprich, ihr zwei und zehn Rinder im Tempel zu opfern,
Jährige, die noch nicht den Stachel gespürt: ob sie sich erbarme
Der Stadt und der Frauen der Troer und kleinen Kinder:
Ob sie fernhalte des Tydeus Sohn von der heiligen Ilios,
Den wilden Lanzenkämpfer, den starken Meister des Schreckens. –
Aber du gehe zum Tempel Athenaias, der Beutespenderin!
280 Ich aber will zu Paris gehen, daß ich ihn rufe,
Ob er wohl hören will, wenn ich rede. – Daß sich ihm doch auf der Stelle
Auftun möge die Erde! Denn als große Plage hat ihn der Olympier
Aufgenährt den Troern und Priamos, dem großherzigen, und seinen Söhnen.
Wenn ich ihn sähe hinuntergehen in das Haus des Hades,
Sagte ich wohl, ich vergäße im Sinn die unergötzliche Drangsal!«
    So sprach er. Sie aber lief zur Halle und rief den Mägden,
Und die versammelten in der Stadt die würdigsten Frauen.
Selbst aber stieg sie in die Kammer hinab, die duftende,
Wo die Gewänder ihr waren, die allgemusterten, Werke von Frauen
290 Sidoniens, die Alexandros selbst, der gottgleiche,
Von Sidonien hatte gebracht, als er über das breite Meer fuhr,
Auf dem Weg, auf welchem er Helena mitgebracht, die Gutgeborene.
Von denen nahm Hekabe eines auf und brachte es zum Geschenk für Athene,
Welches das schönste war an bunten Mustern und das größte,
Und es leuchtete wie ein Stern; es lag zuunterst unter den anderen.
Und sie schritt hin und ging, und viele eilten mit ihr würdige Frauen.
Als sie aber auf der oberen Burg zum Tempel der Athene gelangten,
Öffnete ihnen die Türen die schönwangige Theano,
Des Kisses Tochter, die Gattin Antenors, des Pferdebändigers.
300 Diese hatten die Troer bestellt als Priesterin der Athenaia.
Und mit dem Opferruf erhoben sie alle die Hände zu Athene.
Sie aber nahm das Gewand, die schönwangige Theano,
Legte es auf die Knie Athenaias, der schönhaarigen,
Und betete flehend zur Tochter des Zeus, des großen:
    »Herrin Athenaia! Stadtschirmerin! Hehre unter den Göttinnen!
Zerbrich dem Diomedes die Lanze und gib, daß auch er selber
Vornüber niederstürze vor den Skäischen Toren!
Daß wir dir zwei und zehn Rinder gleich jetzt im Tempel opfern,

Jährige, die noch nicht den Stachel gespürt, ob du dich erbarmst
310 Der Stadt und der Frauen der Troer und kleinen Kinder.«
      So sprach sie betend, doch weigerte es Pallas Athene.
So beteten diese zur Tochter des Zeus, des großen. –
Hektor aber war zu den Häusern des Alexandros gekommen,
Den schönen, die er selbst gefertigt mit Männern, die damals die besten
Zimmermänner waren in der starkschollingen Troja.
Die hatten ihm das Gemach erbaut und Halle und Hof
Bei Priamos und bei Hektor auf der oberen Burg.
Da ging Hektor hinein, der zeusgeliebte, und in der Hand
Hielt er die Lanze, elf Ellen lang, und vorn an dem Schaft
320 Leuchtete die eherne Spitze, und um sie lief ein goldener Ring.
Und den fand er in dem Gemach, beschäftigt mit den schönen Waffen,
Schild und Panzer, sowie den krummen Bogen betastend.
Und die argeische Helena saß bei den dienenden Frauen
Und unterwies die Mägde in ringsberühmten Werken.
Doch als ihn Hektor sah, schalt er ihn mit schmähenden Worten:
»Heilloser! nicht recht ist es, daß du solchen Groll gefaßt im Mute!
Die Völker schwinden hin im Kampf um die Stadt und die steile Mauer;
Um deinetwillen aber ist Kampfgeschrei und Krieg um diese Stadt
Entbrannt. Du würdest doch auch mit einem anderen hadern,
330 Den du siehst, wie er sich zurückhielte von dem verhaßten Kampf!
Doch auf! daß nicht bald die Stadt verbrannt wird von feindlichem Feuer!«
      Da sagte wieder zu ihm Alexandros, der gottgleiche:
»Hektor! da du mich nach Gebühr gescholten und nicht über Gebühr,
Darum sage ich dir, du aber vernimm es und höre mich:
Wahrhaftig! nicht so sehr aus Groll und aus Unwillen gegen die Troer
Saß ich in dem Gemach: meinem Gram wollte ich mich überlassen!
Jetzt aber sprach mir die Gattin zu mit freundlichen Worten
Und trieb mich in den Kampf. Und so scheint es mir auch selber
Besser zu sein; der Sieg aber wechselt zwischen den Männern.
340 Aber auf! warte jetzt, ich tauche in die kriegerischen Waffen.
Oder geh! ich komme dir nach und erreiche dich, denke ich!«
      So sprach er. Doch es sagte nichts zu ihm der helmfunkelnde Hektor.
Helena aber sprach zu ihm mit freundlichen Worten:
»Schwager mir, der Hündin, der unheilstiftenden, schaudervollen!
Hätte mich doch an dem Tag, als mich zuerst gebar die Mutter,
Mit sich fortgetragen ein böser Wirbel des Windes
Ins Gebirge oder in die Woge des vieltosenden Meeres,
Wo die Woge mich fortriß, bevor diese Dinge geschahen!

Doch weil diese Übel die Götter so bestimmten:
350 Wäre ich doch dann eines besseren Mannes Gattin,
Der empfindet den Tadel und die vielen Schmähungen der Menschen!
Doch diesem sind weder jetzt die Sinne beständig noch künftig.
Darum wird er es noch zu spüren bekommen, denke ich! –
Aber auf! komm herein jetzt und setze dich hier auf den Sessel,
Schwager! Dir ist am meisten Mühsal über den Sinn gekommen
Um meiner, der Hündin, willen und des Alexandros Verblendung,
Denen Zeus hat auferlegt ein schlimmes Schicksal, daß wir auch künftig
Zum Gesange werden den späteren Menschen!«
        Da antwortete ihr der große helmfunkelnde Hektor:
360 »Heiß mich nicht sitzen, Helena! so gut du es meinst. Du wirst mich nicht
                                                                        bereden!
Denn schon drängt mich der Mut, daß ich den Troern helfe,
Die ein großes Verlangen nach mir haben, da ich fern bin.
Aber du treibe diesen, und er eile sich auch selber,
Daß er mich noch innerhalb der Stadt erreiche.
Denn auch ich will nach Hause gehen, damit ich sehe
Nach den Hausleuten und meiner Gattin und dem kleinen Sohn.
Weiß ich doch nicht, ob ich noch einmal zu ihnen wiederkehre
Oder die Götter mich schon bezwingen unter den Händen der Achaier.«
        So sprach er und ging hinweg, der helmfunkelnde Hektor,
370 Und schnell gelangte er dann zu den wohlbewohnten Häusern.
Doch fand er die weißarmige Andromache nicht in den Hallen,
Sondern mitsamt dem Kind und der schöngekleideten Wärterin
War sie zum Turm hinaufgestiegen, klagend und jammernd.
Doch wie nun Hektor die untadlige Gattin im Haus nicht antraf,
Ging er und trat auf die Schwelle und sagte unter den Mägden:
»Auf denn! ihr Mägde, berichtet mir unfehlbar:
Wohin ging Andromache, die weißarmige, aus der Halle?
Ist sie zu den Schwagersfrauen oder den gutgewandten Mannesschwestern
Oder zum Tempel Athenaias hinausgegangen, wo die anderen
380 Flechtenschönen Troerfrauen die furchtbare Göttin gnädig stimmen?«
        Da aber sagte zu ihm die flinke Schaffnerin die Rede:
»Hektor! weil du so sehr befiehlst, die Wahrheit zu sagen:
Nicht zu den Schwagersfrauen oder den gutgewandten Mannesschwestern
Noch zum Tempel Athenaias ist sie hinausgegangen, wo die anderen
Flechtenschönen Troerfrauen die furchtbare Göttin gnädig stimmen.
Nein, zu dem Turm ging sie, dem großen, von Ilios, weil sie hörte,
Die Troer würden bedrängt, und groß sei die Übermacht der Achaier.

Und schon ist sie in Eile zur Mauer gekommen,
Einer Rasenden gleich, und die Amme trägt ihr den Knaben.«
390   So sprach die Frau, die Schaffnerin. Und Hektor eilte vom Hause
Wieder denselben Weg die gutgebauten Straßen hinunter.
Als er an die Tore gelangte, die große Stadt durchschreitend,
Die Skäischen, wo er hindurchgehen mußte zur Ebene,
Da kam ihm die teuer umworbene Gattin entgegen gelaufen,
Andromache, die Tochter des großherzigen Eëtion,
Des Eëtion, der unter der bewaldeten Plakos wohnte,
In Theben unter der Plakos, und über kilikische Männer Herr war:
Dessen Tochter hatte der erzgepanzerte Hektor.
Die kam ihm da entgegen, und mit ihr ging die Wärterin
400   Und trug im Bausch den Knaben, den munteren, der noch klein war,
Hektors Sohn, den geliebten; er glich einem schönen Stern.
Den nannte Hektor Skamandrios, aber die anderen
Astyanax, denn allein beschirmte Ilios Hektor.
Ja, da lächelte er, auf den Knaben blickend, in Schweigen.
Andromache aber trat dicht zu ihm heran, Tränen vergießend,
Wuchs ihm ein in die Hand, sprach das Wort und benannte es heraus:
»Unbegreiflicher! Vernichten wird dich dein Ungestüm! Und nicht erbarmst
                                                                 du dich
Deines kleinen Kindes noch meiner, der Unglücklichen, die ich bald Witwe
Von dir bin! Denn bald erschlagen dich die Achaier,
410   Alle herangestürmt. Mir aber wäre besser,
Wenn ich dich verloren habe, in die Erde zu tauchen! Denn keine andere
Erquickung wird mir noch sein, wenn du dem Schicksal gefolgt bist,
Nein, nur Gram! Und nicht leben mir Vater noch hehre Mutter.
Ja, unseren Vater erschlug der göttliche Achilleus
Und zerstörte die Stadt der Kilikier, die gutbewohnte,
Die hochtorige Thebe, und erschlug den Eëtion.
Doch nahm er ihm nicht die Waffen: das scheute er in dem Mute,
Sondern verbrannte ihn mitsamt dem Rüstzeug, dem verzierten,
Und schüttete ein Mal über ihm auf, und rings pflanzten Ulmen
420   Die Nymphen vom Berge, die Töchter des Zeus, des Aigishalters.
Auch die sieben Brüder, die mir waren in den Hallen,
Die gingen alle an einem Tag in das Haus des Hades:
Alle tötete sie der fußstarke göttliche Achilleus
Über den schleppfüßigen Rindern und weißschimmernden Schafen.
Aber die Mutter, die Königin war unter der bewaldeten Plakos,
Diese führte er hierher mit den anderen Gütern

Und gab sie dann wieder frei und nahm unermeßliche Lösung.
Doch in den Hallen des Vaters traf sie Artemis, die pfeilschüttende.
Hektor! doch du bist mir Vater und hehre Mutter
430 Und auch Bruder: du bist mir der blühende Lagergenosse!
Doch so erbarme dich jetzt und bleibe hier auf dem Turm!
Daß du dein Kind nicht zur Waise machst und deine Frau zur Witwe.
Stelle das Volk beim Feigenbaum auf, wo am leichtesten
Ist ersteigbar die Stadt und berennbar die Mauer.
Dreimal kamen dort schon und versuchten es die Besten
Um die beiden Aias und den hochberühmten Idomeneus
Und um die Atreus-Söhne und den streitbaren Sohn des Tydeus:
Ob es ihnen einer gesagt hat, der die Göttersprüche gut weiß,
Oder wohl auch ihr eigener Mut sie treibt und anweist.«
440   Da sagte wieder zu ihr der große helmfunkelnde Hektor:
»Ja, an all das denke auch ich, Frau. Aber zu furchtbar
Schäme ich mich vor den Troern und schleppgewandeten Troerfrauen,
Wollte ich mich wie ein schlechter Mann vom Kampfe fernhalten.
Auch heißt es mich nicht mein Mut, da ich lernte, immer ein Edler
Zu sein und unter den vordersten Troern zu kämpfen,
Zu wahren des Vaters großen Ruhm und meinen eigenen.
Denn gut weiß ich das im Sinn und in dem Mute:
Sein wird der Tag, wo einst zugrunde geht die heilige Ilios
Und Priamos und das Volk des lanzenguten Priamos.
450 Doch nicht der Schmerz um die Troer wird mich hernach so kümmern,
Selbst um Hekabe nicht und Priamos, den Herrscher,
Noch um die Brüder, die da viele und edle
In den Staub fallen werden unter feindlichen Männern,
So wie um dich, wenn einer von den erzgewandeten Achaiern
Dich Weinende wegführt und raubt dir den Tag der Freiheit,
Und du in Argos webst für eine andere am Webstuhl
Und Wasser trägst von der Quelle Messeïs oder Hypereia,
Viel widerstrebend, doch ein harter Zwang liegt auf dir.
Und einst wird einer sprechen, wenn er sieht, wie du Tränen vergießt:
460 ›Die da ist Hektors Frau, der der Beste war im Kampf
Unter den pferdebändigenden Troern, als sie um Ilios kämpften.‹
So wird einst einer sprechen, und dir wird neu der Schmerz sein
Im Entbehren eines solchen Mannes, der abwehrte den Tag der Knechtschaft.
Aber mag mich doch, gestorben, die aufgeschüttete Erde decken,
Ehe ich deinen Schrei vernähme und deine Verschleppung!«
   So sprach er und langte nach seinem Sohn, der strahlende Hektor.

Zurück aber bog sich das Kind an die Brust der schöngegürteten Amme,
Schreiend, erschreckt vom Anblick des eigenen Vaters.
Es fürchtete sich vor dem Erz und dem Busch von Roßhaar,
470 Den es sah, wie er furchtbar oben vom Helm hernieder nickte.
Da lachte sein Vater heraus und auch die hehre Mutter.
Sogleich nahm herab vom Haupt den Helm der strahlende Hektor
Und setzte ihn nieder zu Boden, den hellschimmernden.
Doch wie er nun seinen Sohn geküßt und in den Armen geschwungen,
Sprach er und betete zu Zeus und den anderen Göttern:
»Zeus und ihr anderen Götter! Gebt, daß auch dieser,
Mein Sohn, werde wie auch ich: hervorragend unter den Troern
Und so gut an Kraft, und daß er über Ilios mit Macht gebiete.
Und einst mag einer sagen: ›Der ist viel besser als der Vater!‹,
480 Wenn er vom Kampf kommt. Und er bringe ein blutiges Rüstzeug,
Wenn er erschlug einen feindlichen Mann. Dann freue sich in ihrem Sinn die
                                                                    Mutter!«
So sprach er und legte seiner Gattin in die Arme
Seinen Sohn, und sie empfing ihn in dem duftenden Bausch des Gewandes,
Unter Tränen lachend. Den Mann erbarmte es, als er es sah,
Und er streichelte sie mit der Hand, sprach das Wort und benannte es heraus:
»Unbegreifliche! quäle dich mir nicht gar zu sehr in deinem Mute!
Denn über mein Teil hinaus wird mich kein Mann dem Hades vorwerfen!
Aber dem Schicksal, sage ich, ist keiner entronnen von den Männern,
Nicht gering noch edel, nachdem er einmal geboren. –
490 Doch du geh ins Haus und besorge deine eigenen Werke:
Webstuhl und Spindel, und befiehl den Dienerinnen,
An ihr Werk zu gehen. Der Krieg ist Sache der Männer,
Aller, und zumeist die meine, die wir angestammt sind in Ilios.«
So sprach er und nahm den Helm, der strahlende Hektor,
Mit dem Roßschweif. Seine Gattin aber schritt dem Haus zu,
Immer wieder sich umwendend und reiche Tränen vergießend.
Und schnell gelangte sie dann zu den wohlbewohnten Häusern
Hektors, des männermordenden, und traf drinnen die vielen
Dienenden Frauen und erregte unter ihnen allen die Klage.
500 Ja, da erhoben sie über den noch lebenden Hektor
In seinem eigenen Hause die Totenklage.
Denn nicht mehr, meinten sie, werde er aus dem Kampf
Wiederkehren, entronnen der Kraft und den Händen der Achaier. –
Auch Paris verweilte nicht lange in den hohen Häusern,
Sondern als er getaucht war in die berühmten Waffen, die erzverzierten,

Eilte er dann durch die Stadt, den raschen Füßen vertrauend.
Und wie ein eingestelltes Pferd, mit Gerste sattgefressen an der Krippe,
Die Fessel zerreißt und durch das Feld läuft, stampfend,
Gewohnt, sich zu baden in dem gutströmenden Fluß,
510 Prangend, und hoch hält es das Haupt, und rings seine Mähnen
Flattern um die Schultern, und seiner Pracht vertrauend
Tragen es leicht die Knie zu den gewohnten Plätzen und der Pferdeweide:
So schritt auch der Sohn des Priamos herab von Pergamos' Höhe,
In Waffen hell leuchtend, wie der Strahl der Sonne,
Jauchzend, und schnell trugen ihn die Füße. Und sogleich darauf
Traf er Hektor, den göttlichen, seinen Bruder, als der eben
Sich umwandte von dem Ort, wo er vertraulich mit seiner Frau gesprochen.
Da sagte als erster zu ihm Alexandros, der gottgleiche:
»Lieber! ja, da halte ich dich auf, wo du doch so eilst,
520 Durch mein Verweilen, und kam nicht zur rechten Zeit, wie du befohlen!«
    Da antwortete und sagte zu ihm der helmfunkelnde Hektor:
»Unbegreiflicher! wirklich, kein Mann, der gerecht wäre,
Könnte dir verachten das Werk der Schlacht, denn wehrhaft bist du.
Aber absichtlich läßt du dich gehen und willst nicht! Doch mein Herz
Kränkt es im Mute, wenn ich über dich Schmähungen höre
Von den Troern, die viele Mühsal haben um deinetwillen.
Aber gehen wir! Das machen wir später gut, wenn denn Zeus einmal
Uns gibt, den himmlischen Göttern, den für immer geborenen,
Aufzustellen den Mischkrug der Freiheit in den Hallen,
530 Wenn wir aus Troja verjagten die gutgeschienten Achaier!«

SIEBENTER GESANG *Apollon und Athene bringen durch den Seher Helenos
Hektor dazu, den Achaiern einen Zweikampf anzubieten. Aias nimmt die Forderung
an. Der Kampf geht in großer Form vor sich, wird aber durch die Herolde abends
abgebrochen. – Verhandlungen in Troja. Man ist bereit, Helena zurückzugeben,
doch Paris verwirft es. – Die Achaier sind besorgt und bauen eine Mauer um das
Schiffslager. Weingelage des Abends unter bösen Vorzeichen.*

So sprach er und stürmte aus den Toren, der strahlende Hektor,
Und mit ihm ging Alexandros, sein Bruder, und im Mute
Waren sie beide begierig, zu kämpfen und zu streiten.
Und wie ein Gott Seeleuten einen erwünschten Fahrwind gibt,
Nachdem sie sich abgemüht mit gutgeglätteten Fichtenrudern,
Das Meer befahrend, und von Ermattung sind unten die Glieder gelöst:
So erschienen die beiden erwünscht den Troern.
    Da erlegten sie – der eine den Sohn des Areïthoos, des Herrschers,
Der in Arne wohnte: Menesthios, den der Keulenschwinger
10 Areïthoos gezeugt hatte und Phylomedusa, die kuhäugige.
Hektor aber traf den Eïoneus mit der scharfen Lanze
In den Hals unter dem Helmkranz von gutem Erz und löste ihm die Glieder.
Aber Glaukos, des Hippolochos Sohn, der Anführer lykischer Männer,
Traf den Iphinoos mit dem Speer in der starken Schlacht,
Den Dexios-Sohn, wie er auf das schnelle Gespann sprang, in die Schulter,
Und er fiel vom Gespann zu Boden und gelöst wurden ihm die Glieder.
    Doch als diese nun sah die Göttin, die helläugige Athene,
Die Argeier, wie sie zugrunde gingen in der starken Schlacht,
Da schritt sie hin und schwang sich herab von den Häuptern des Olympos
20 In die heilige Ilios. Und ihr entgegen erhob sich Apollon,
Der von Pergamos niedersah und den Sieg den Troern wollte.
Und die beiden begegneten einander bei der Eiche.
Da sagte als erster zu ihr der Herr, des Zeus Sohn Apollon:
    »Warum kommst du wieder so eifrig, Tochter des großen Zeus,
Vom Olympos herab, und dich reizte der große Mut?
Wohl daß du den Danaern den in der Schlacht umschlagenden Sieg gibst?
Da du dich nicht der Troer erbarmst, die zugrunde gehen.
Doch ob du mir wohl folgtest? das wäre viel besser.

Jetzt laß uns enden den Kampf und die Feindseligkeit,
30 Heute; später sollen sie wieder kämpfen, bis sie das Ende
Von Ilios gefunden haben, da es so lieb ist im Mute
Euch unsterblichen Göttinnen, diese Stadt zu vernichten!«
    Da sagte wieder zu ihm die Göttin, die helläugige Athene:
»So soll es sein, Ferntreffer! Das hatte ich auch selbst im Sinn,
Als ich vom Olympos kam unter die Troer und Achaier.
Doch auf! wie denkst du den Kampf der Männer zu beenden?«
    Da sagte wieder zu ihr der Herr, des Zeus Sohn Apollon:
»Laß uns erregen des Hektor starke Kraft, des Pferdebändigers,
Ob er wohl einen der Danaer herausfordert, er allein,
40 Mann gegen Mann mit ihm zu kämpfen im furchtbaren Kampf.
Die aber werden, betroffen, die erzumschienten Achaier,
Einen allein antreiben, zu kämpfen mit dem göttlichen Hektor.«
    So sprach er, und nicht ungehorsam war die Göttin, die helläugige Athene.
Aber Helenos, des Priamos eigener Sohn, vernahm in dem Mute
Jenen Beschluß, der den Göttern gefiel, wie sie sich berieten.
Und er ging und trat zu Hektor und sagte zu ihm die Rede:
»Hektor, Sohn des Priamos! dem Zeus gleichwiegend an Einsicht!
Ob du mir jetzt wohl folgtest? Ein Bruder bin ich dir!
Laß die anderen Troer niedersitzen und alle Achaier,
50 Und fordere selber heraus von den Achaiern, wer der Beste ist,
Mann gegen Mann mit dir zu kämpfen im furchtbaren Kampf.
Noch ist dir nicht bestimmt, zu sterben und dem Schicksal zu folgen!
Denn so vernahm ich die Stimme der Götter, der für immer geborenen.«
    So sprach er, und Hektor freute sich gewaltig, als er die Rede hörte,
Und in die Mitte tretend drängte er zurück die Reihen der Troer,
Den Speer in der Mitte fassend, und sie setzten sich alle miteinander.
Und Agamemnon ließ niedersitzen die gutgeschienten Achaier.
Doch Athenaia und der Silberbogner Apollon
Setzten sich beide, Vögeln gleichend, Lämmergeiern,
60 Auf die Eiche, die hohe, des Vaters Zeus, des Aigishalters,
Sich freuend an den Männern: die saßen in dichten Reihen,
Von Schilden und Helmen und von Lanzen starrend.
Und wie der Westwind über das Meer einen Schauer hinwirft,
Wenn er sich eben erhebt, und es schwärzt sich das Meer darunter:
So saßen die Reihen der Achaier und der Troer
In der Ebene, und Hektor sprach in der Mitte zwischen beiden:
    »Hört mich, Troer und gutgeschiente Achaier!
Daß ich sage, was mir der Mut in der Brust befiehlt.

Die Eide hat der Kronide, der hoch am Steuerruder sitzt, nicht vollendet,
70 Sondern Schlimmes sinnend steckt er das Ziel für beide Seiten,
Bis ihr entweder Troja, die gutumtürmte, einnehmt
Oder selbst bei den Schiffen bezwungen werdet, den meerdurchfahrenden.
Doch sind ja unter euch die Besten der All-Achaier.
Wen immer von diesen sein Mut jetzt treibt, mit mir zu kämpfen,
Der trete hier hervor aus allen als Vorkämpfer gegen den göttlichen Hektor!
Und so sage ich, und Zeus soll uns dabei Zeuge sein:
Wenn mich jener tötet mit dem langschneidigen Erz,
Soll er mir die Waffen nehmen und zu den hohlen Schiffen tragen,
Meinen Leib aber zurück nach Hause geben, daß mich dem Feuer
80 Die Troer und der Troer Frauen übergeben, den Toten.
Wenn aber ich ihn töte, und mir gibt Ruhm Apollon,
Werde ich ihm die Waffen nehmen und zur heiligen Ilios tragen
Und sie aufhängen beim Tempel Apollons, des Ferntreffers.
Den Leichnam aber gebe ich zurück zu den gutverdeckten Schiffen,
Daß ihn bestatten mögen die am Haupte langgehaarten Achaier
Und ihm ein Mal aufschütten am breiten Hellespontos.
Und einst wird einer sprechen noch von den spätgeborenen Menschen,
Fahrend im Schiff, dem vielrudrigen, über das weinfarbene Meer:
›Das ist das Mal eines Mannes, der vor Zeiten gestorben,
90 Den einst, als er sich hervortat, erschlug der strahlende Hektor.‹
So wird einst einer sprechen, und dieser mein Ruhm wird nie vergehen.«
    So sprach er. Die aber waren alle stumm in Schweigen;
Sie schämten sich, es zu weigern, und fürchteten, es anzunehmen.
Und spät erst stand Menelaos auf und sprach unter ihnen
Und schmähte sie scheltend, und groß stöhnte er im Mute:
»O mir! ihr Prahler! Achaierinnen, nicht mehr Achaier!
Wahrhaftig! ein Schimpf wird das sein, schrecklicher als schrecklich,
Wenn jetzt nicht einer der Danaer entgegentritt dem Hektor.
Aber daß ihr doch alle zu Wasser und Erde würdet,
00 Die ihr hier sitzt ein jeder, so ganz ohne Herz und ruhmlos!
Gegen den aber will ich selbst mich rüsten! Doch oben werden
Die Seile des Sieges gehalten von den unsterblichen Göttern!«
    Als er so gesprochen hatte, tauchte er in die schönen Waffen.
Und da wäre dir, Menelaos! des Lebens Ende erschienen
Unter den Händen Hektors, denn er war der viel Stärkere,
Hätten nicht aufspringend dich ergriffen die Könige der Achaier.
Und der Atride selbst, der weitherrschende Agamemnon,
Ergriff ihn bei der rechten Hand, sprach das Wort und benannte es heraus:

»Von Sinnen bist du, Menelaos, Zeusgenährter! nicht braucht es für dich
110 Solche Sinnlosigkeit! Halte an dich, wenn auch bekümmert,
Und wolle nicht wetteifernd kämpfen mit einem Mann, besser als du!
Mit Hektor, dem Priamos-Sohn, vor dem doch auch andere zurückscheuen.
Schauderte doch auch Achilleus, in der Schlacht, der männerehrenden,
Ihm zu begegnen, der doch weit besser ist als du.
Aber du geh jetzt und setze dich nieder in der Schar der Gefährten!
Doch dem werden einen anderen Vorkämpfer aufstehen lassen die Achaier.
Ist er auch furchtlos und unersättlich im Kampfgewühl,
Wird er doch, sage ich, froh das Knie wohl sinken lassen,
Wenn er entrinnt aus dem feindlichen Kampf und der furchtbaren
                                                       Feindseligkeit!«
120   So sprach er und stimmte um den Sinn des Bruders, der Held,
Da er das Rechte riet. Und er folgte ihm. Und ihm nahmen darauf
Freudig die Gefährten von den Schultern die Waffen.
Doch Nestor stand auf und sprach unter den Argeiern:
    »Nein doch! wirklich, eine große Trauer kommt über die achaische Erde!
Ja, groß wehklagen würde der greise Rossetreiber Peleus,
Der tüchtige Ratgeber und Redner der Myrmidonen,
Der einst, als er mich fragte, sich sehr freute in seinem Haus,
Von allen Argeiern das Geschlecht zu erfragen und die Geburt.
Wenn er nun hört, wie sich diese alle vor Hektor ducken,
130 Wird er vielfach zu den Unsterblichen seine Hände aufheben,
Daß ihm der Mut aus den Gliedern tauchen möge in das Haus des Hades.
Wäre ich doch, Zeus Vater und Athenaia und Apollon!,
So jung wie damals, als am schnellfließenden Keladon kämpften
Die versammelten Pylier und die Arkader, die lanzengewohnten,
Bei den Mauern von Pheia an den Strömungen des Iardanos.
Denen stand Ereuthalion auf als Vorkämpfer, der gottgleiche Mann,
Und hatte die Waffen an den Schultern des Areïthoos, des Herrschers,
Des göttlichen Areïthoos, den mit Beinamen ›Keulenschwinger‹
Die Männer nannten und die schöngegürteten Frauen,
140 Weil er nicht mit dem Bogen kämpfte und dem Speer, dem großen,
Sondern mit eiserner Keule durchbrach er die Reihen.
Den tötete Lykurgos durch List, und nicht durch Stärke,
In einer Enge des Wegs, wo ihm nicht half die Keule
Gegen das Verderben, die eiserne, denn Lykurgos kam ihm zuvor,
Und mitten durchbohrte er ihn mit dem Speer, und er schlug rücklings zu
                                                       Boden.
Und er zog ihm die Waffen ab, die ihm gab der eherne Ares,

Und diese trug er dann selber im Gewühl des Ares.
Doch als Lykurgos war alt geworden in den Häusern,
Gab er sie dem Ereuthalion, seinem Gefolgsmann, zu tragen.
150 In dessen Waffen also forderte er heraus alle die Besten.
Aber die zitterten sehr und fürchteten sich, und keiner wagte es.
Mich aber trieb der Mut, der vielwagende, zu kämpfen
In meiner Kühnheit, von Geburt aber war ich der Jüngste von allen.
Und ich kämpfte mit ihm, und es gab mir Ruhm Athene.
Den habe ich als den größten Mann und den stärksten erschlagen,
Denn weit lag er hingestreckt, hierhin und dorthin! –
Wäre ich doch so jung, und mir wäre die Kraft beständig:
Dann sollte bald einem Kampf begegnen der helmfunkelnde Hektor!
Doch ihr, die ihr die Besten seid der All-Achaier –
160 Nicht einmal ihr wollt bereitwillig dem Hektor entgegentreten!«
     So schalt der Greis. Die aber standen auf, neun im ganzen.
Und es erhob sich als weit erster der Herr der Männer Agamemnon,
Und nach ihm erhob sich der Tydeus-Sohn, der starke Diomedes,
Und nach diesen die beiden Aias, gekleidet in ungestüme Kampfkraft,
Und nach diesen Idomeneus und der Gefolgsmann des Idomeneus
Meriones, gleichwiegend dem Enyalios, dem männermordenden,
Und nach diesen Eurypylos, des Euaimon prangender Sohn,
Und auf stand Thoas, der Andraimon-Sohn, und der göttliche Odysseus.
Alle diese waren gewillt, zu kämpfen mit dem göttlichen Hektor.
170 Und unter ihnen sprach wieder der Gerenier, der Rosselenker Nestor:
»Jetzt werft das Los über euch der Reihe nach, welchem es zufällt.
Denn dieser Mann wird zum Nutzen sein den gutgeschienten Achaiern
Und auch selbst seinem Mute nützen, wenn er davonkommt
Aus dem feindlichen Kampf und der furchtbaren Feindseligkeit.«
     So sprach er, und die bezeichneten sich ein Los jeder,
Und warfen es in den Helm Agamemnons, des Atreus-Sohns.
Und die Männer beteten und hielten zu den Göttern die Hände empor.
Und so redete manch einer, aufblickend zum breiten Himmel:
»Zeus, Vater! laß es den Aias erlosen oder den Sohn des Tydeus,
180 Oder auch ihn selbst, den König der goldreichen Mykene!«
     So sprachen sie. Und es schüttelte der Gerenier, der Rosselenker Nestor,
Und heraus sprang das Los aus dem Helm, das sie auch selber wollten:
Das des Aias. Und ein Herold trug es überallhin durch die Menge
Und zeigte es nach rechts hin allen den Besten der Achaier,
Die aber erkannten es nicht und wiesen es zurück ein jeder.
Doch als er zu dem kam, es überallhin durch die Menge tragend,

Der es eingeritzt hatte und in den Helm geworfen, der strahlende Aias,
Ja, da hielt er die Hand auf, und der warf es hinein, herangetreten,
Und er sah und erkannte das Zeichen des Loses und freute sich im Mute.
190 Und er warf es vor seinem Fuß zu Boden und sagte:
»Freunde! ja, das Los ist mein! Und ich freue mich auch selber
In dem Mut, denn ich denke, besiegen werde ich den göttlichen Hektor.
Aber auf! solange ich in die kriegerischen Waffen tauche,
So lange betet ihr zu Zeus Kronion, dem Herrn,
In Schweigen, für euch selber, daß es nicht die Troer hören –
Oder auch offenkundig, da wir gleichwohl niemanden zu fürchten haben.
Denn keiner soll mich mit Gewalt, willig, den Unwilligen, zurücktreiben,
Noch durch Geschicklichkeit; da auch ich nicht hoffe, so unkundig
In Salamis geboren zu sein und aufgewachsen!«
200 So sprach er. Und die beteten zu Zeus Kronion, dem Herrn,
Und so redete manch einer, aufblickend zum breiten Himmel:
»Zeus, Vater! der du vom Ida herrschst, Ruhmvollster! Größter!
Gib dem Aias den Sieg, und daß er prangenden Ruhm erwerbe!
Doch wenn du auch Hektor liebst und dich um ihn sorgst,
So verleihe den beiden gleiche Gewalt und Prangen!«
    So sprachen sie, und Aias rüstete sich mit funkelndem Erz.
Doch als er alle Waffen angetan hatte an dem Leib,
Da stürmte er los, wie der ungeheure Ares schreitet,
Der in den Kampf geht unter die Männer, welche Kronion
210 Aneinanderbrachte, in der Kraft des mutverzehrenden Streits zu kämpfen.
So erhob sich Aias, der ungeheure, die Schutzwehr der Achaier,
Lächelnd mit finsterem Antlitz, und unten mit den Füßen
Ging er groß ausschreitend und schwang die langschattende Lanze.
Und über ihn freuten sich auch die Argeier, als sie ihn sahen,
Den Troern aber überkam schreckliches Zittern die Glieder einem jeden,
Und Hektor selbst schlug das Herz in der Brust.
Doch er konnte nicht mehr fliehen noch zurück in die Menge
Tauchen der Männer, da er zum Kampf herausgefordert.
    Und Aias kam nahe heran und trug den Schild, einem Turm gleich,
220 Ehern, mit sieben Rindshäuten, den ihm Tychios mit Mühe gefertigt,
Der weit Beste der Lederschneider, der in Hyle die Häuser bewohnte.
Der hatte ihm den Schild gemacht, den funkelnden, siebenhäutigen,
Von Stieren, gutgenährten, und als achtes legte er Erz darüber.
Den trug vor der Brust der Telamonier Aias
Und trat dicht zu Hektor heran und sprach zu ihm drohend:
»Hektor! jetzt wirst du es deutlich erkennen, du, einer allein,

Wie auch unter den Danaern sind überragende Männer,
Auch nach Achilleus, dem männerdurchbrechenden, löwenmutigen!
Doch der liegt in den geschweiften Schiffen, den meerdurchfahrenden,
30 Fortgrollend auf Agamemnon, den Hirten der Völker.
Aber auch wir sind solche, die dir können entgegentreten,
Viele sogar! Doch fang an mit dem Streit und dem Kampf!«
    Da sagte wieder zu ihm der große helmfunkelnde Hektor:
»Aias, zeusentsproßter Telamon-Sohn! Herrscher der Völker!
Stelle mich nicht auf die Probe wie einen schwachen Knaben
Oder ein Weib, das nicht weiß die Werke des Krieges!
Ich aber weiß gut Bescheid mit Schlachten und Männermorden,
Weiß nach rechts und weiß nach links den Schild zu führen,
Den trockenen von Rindshaut: das heißt mir, als Schildträger kämpfen!
40 Weiß voranzustürmen in das Gewühl der schnellen Pferde,
Weiß im Nahkampf zu tanzen dem feindlichen Ares.
Aber ich will nicht werfen nach dir, einem solchen Mann,
Heimlich spähend, nein offen, ob ich wohl treffe!«
    Sprach es und holte aus und entsandte die langschattende Lanze
Und traf des Aias furchtbaren Schild, den siebenhäutigen,
Gegen das äußerste Erz, das als achte Schicht darauf war.
Durch sechs Schichten fuhr schneidend das unaufreibbare Erz,
Doch in der siebenten Haut blieb es stecken. Als zweiter wieder
Entsandte Aias, der zeusentsproßte, die langschattende Lanze
50 Und traf gegen den Schild des Priamos-Sohns, den allseits gleichen,
Und durch den Schild, den schimmernden, fuhr die starke Lanze,
Und durch den Panzer, den vielverzierten, drang sie,
Und gerade an der Flanke vorbei durchschnitt die Lanze den Leibrock,
Doch er bog sich zur Seite und vermied die schwarze Todesgöttin.
    Und beide, nachdem sie herausgezogen die langen Lanzen mit den Händen,
Fielen zugleich einander an, Löwen gleichend, rohfressenden,
Oder wilden Ebern, denen die Kraft nicht schwach ist.
Der Priamos-Sohn stieß alsdann mitten auf den Schild mit dem Speer,
Doch nicht durchbrach ihn das Erz, sondern ihm verbog sich die Spitze.
60 Aias aber, anspringend, stieß auf den Schild, und durch und durch
Ging die Lanze, und er erschütterte ihn, wie er anstürmte,
Und fuhr ihm ritzend über den Hals, und auf sprudelte das schwarze Blut.
    Doch auch so ließ nicht ab von dem Streit der helmfunkelnde Hektor,
Sondern zurückweichend ergriff er einen Stein mit der Hand, der schweren,
Der in der Ebene lag, einen schwarzen, zackigen und großen:
Damit traf er des Aias furchtbaren Schild, den siebenhäutigen,

Mitten auf den Buckel, und rings ertönte das Erz.
Als zweiter wieder nahm Aias einen viel größeren Stein auf,
Wirbelte ihn herum und warf und legte unermeßliche Kraft hinein.
270 Und nach innen zerbrach er den Schild mit dem mühlsteinartigen Felsblock
Und beschädigte ihm seine Knie. Und rücklings wurde er hingestreckt,
Eingepreßt in den Schild. Doch schnell erhob ihn Apollon.
     Und nun hätten sie mit den Schwertern zugestoßen aus der Nähe,
Wären nicht die Herolde, die Boten des Zeus und der Männer,
Gekommen, der von den Troern und der von den erzgewandeten Achaiern,
Talthybios und Idaios, verständig beide.
Und in der Mitte zwischen beiden hielten sie die Stäbe, und es sagte die Rede
Der Herold Idaios, der verständige Gedanken wußte:
»Nicht mehr, liebe Kinder, kämpft nun und streitet!
280 Denn beide liebt euch der Wolkensammler Zeus,
Und beide seid ihr Kämpfer, das wissen auch wir alle.
Schon kommt die Nacht herauf: gut ist es, auch der Nacht zu gehorchen!«
     Da antwortete und sagte zu ihm der Telamonier Aias:
»Idaios! den Hektor ermahnt, daß er dieses sage!
Denn er hat selbst zum Kampf gefordert alle die Besten.
Er fange an! Doch will ich gern folgen, wenn er vorangeht.«
     Da sagte wieder zu ihm der große helmfunkelnde Hektor:
»Aias! da dir ein Gott hat Größe und Kraft gegeben
Und Verstand, und bist mit der Lanze weitaus der Beste der Achaier:
290 Laß jetzt uns aufhören mit dem Kampf und der Feindseligkeit,
Heute: später werden wir wieder kämpfen, bis der Daimon
Uns trennt und einer von beiden Seiten den Sieg gibt.
Schon kommt die Nacht herauf: gut ist es, auch der Nacht zu gehorchen!
Daß du alle Achaier bei den Schiffen erfreust
Und die Deinen am meisten und die Gefährten, die bei dir sind.
Doch ich werde in der großen Stadt des Priamos, des Herrschers,
Die Troer erfreuen und die schleppgewandeten Troerfrauen,
Die für mich beten werden, getaucht in den göttlichen Festplatz.
Doch auf! wir wollen einander ringsberühmte Gaben geben beide,
300 Daß manch einer so spricht der Achaier und der Troer:
›Sie haben gekämpft in dem Streit, dem mutverzehrenden,
Sie haben sich wieder getrennt, in Freundschaft vereinigt!‹«
     Als er so gesprochen hatte, gab er ein Schwert mit Silbernägeln,
Das er brachte mitsamt der Scheide und dem gutgeschnittenen Tragriemen.
Doch Aias gab einen Gürtel, von Purpur schimmernd.
Und die beiden trennten sich, und der eine ging in das Volk der Achaier,

Der aber ging in die Menge der Troer. Und die freuten sich,
Als sie sahen, wie er lebend und unverletzt auf sie zukam,
Des Aias Kraft entronnen und den unberührbaren Händen.
10 Und sie führten ihn zur Stadt, den wider ihr Hoffen heil gebliebenen.
  Den Aias wieder führten drüben die gutgeschienten Achaier
Zu dem göttlichen Agamemnon, froh seines Sieges.
Doch als sie nun in den Hütten des Atreus-Sohnes waren,
Da opferte für sie ein Rind der Herr der Männer Agamemnon,
Ein männliches, fünfjähriges, dem übergewaltigen Kronion.
Das zogen sie ab und besorgten es und zerlegten das Ganze
Und zerstückelten es kundig und spießten es auf Bratspieße
Und brieten es sorgfältig und zogen alles herunter.
  Und als sie die Arbeit geendet und das Mahl bereitet hatten,
20 Speisten sie, und es war für den Mut kein Mangel an dem gebührenden Mahl.
Aber mit den Rückenstücken, den durchlaufenden, ehrte den Aias
Der Heros, der Atreus-Sohn, der weiterrschende Agamemnon.
Doch als sie das Verlangen nach Trank und Speise vertrieben hatten,
Da begann ihnen der Greis als allererster, einen Plan zu weben:
Nestor, von dem auch vorher stets der beste Rat erschien.
Der redete vor ihnen mit rechtem Sinn und sagte:
»Atreus-Sohn und ihr anderen Besten der All-Achaier!
Viele sind da gestorben am Haupte langgehaarte Achaier,
Denen jetzt das schwarze Blut um den gutströmenden Skamandros
30 Vergoß der scharfe Ares, und die Seelen gingen hinab zum Haus des Hades.
Darum mußt du gleich mit dem Frühlicht den Kampf der Achaier beenden,
Und selber wollen wir, versammelt, hierherfahren die Leichen
Mit Rindern und Maultieren, und dann verbrennen wir sie,
Etwas entfernt von den Schiffen, daß die Gebeine für die Kinder ein jeder
Nach Hause führt, wenn wir wieder heimkehren zur väterlichen Erde.
Und einen Hügel schütten wir auf um die Brandstätte, einen einzigen,
Ihn aufwerfend allen gemeinsam aus der Ebene; und an ihm bauen wir schnell
Hohe Türme, eine Schutzwehr für die Schiffe und uns selber,
Und in ihnen machen wir Tore, gut eingepaßte,
40 Damit durch sie hindurch ein Fahrweg sei.
Außen aber ziehen wir dicht daran einen tiefen Graben,
Der die Pferde und das Volk abwehrt, rings umlaufend,
Daß nicht einmal mit Wucht andrängt der Krieg der stolzen Troer!«
  So sprach er, und sie alle hießen es gut, die Könige. –
Der Troer Versammlung aber fand statt auf der oberen Burg von Ilios,
Eine gewaltig aufgeregte, bei den Türen des Priamos.

Und unter ihnen begann Antenor, der verständige, mit den Reden:
»Hört mich, Troer und Dardaner und ihr Verbündeten!
Daß ich sage, was mir der Mut in der Brust befiehlt.
350 Auf jetzt! die argeische Helena und mit ihr die Güter
Geben wir den Atriden, sie mitzuführen. Jetzt kämpfen wir als solche,
Die die verläßlichen Eide gebrochen haben: so wird uns nichts Gutes,
Denke ich, vollendet werden, wenn wir nicht derart handeln.«
So sprach er und setzte sich nieder. Da erhob sich unter ihnen
Der göttliche Alexandros, der Gatte der schönhaarigen Helena.
Der antwortete und sagte zu ihm die geflügelten Worte:
»Antenor! nicht mehr, was mir lieb ist, hast du da geredet!
Du weißt doch sonst auch ein besseres Wort als dies zu erdenken.
Hast du aber wirklich dies im Ernst geredet,
360 Dann haben die Götter dir selbst den Verstand genommen!
Doch ich will unter den Troern, den pferdebändigenden, reden.
Gerade heraus sage ich: die Frau gebe ich nicht wieder!
Die Güter aber, so viele ich von Argos mitgebracht zu unserem Haus,
Die alle will ich geben und noch anderes dazulegen von Haus her.«
So sprach er und setzte sich nieder. Da erhob sich unter ihnen
Der Dardanide Priamos, der Ratgeber, gleichwiegend den Göttern.
Der redete vor ihnen mit rechtem Sinn und sagte:
»Hört mich, Troer und Dardaner und ihr Verbündeten,
Daß ich sage, was mir der Mut in der Brust befiehlt!
370 Für jetzt nehmt das Nachtmahl in der Stadt, so wie auch früher,
Und gedenkt der Wacht und haltet euch munter ein jeder.
In der Frühe aber soll Idaios gehen zu den hohlen Schiffen
Und ansagen den Atreus-Söhnen Agamemnon und Menelaos
Das Wort des Alexandros, um den sich der Streit erhoben.
Und auch dies dichte Wort soll er sagen: ob sie gewillt sind,
Aufzuhören mit dem Kampf, dem schlimmtosenden, bis wir die Toten
Verbrannt haben. Später kämpfen wir wieder, bis der Daimon
Uns trennt und den einen von beiden den Sieg gibt.«
So sprach er, und die hörten gut auf ihn und gehorchten.
380 Darauf nahmen sie das Nachtmahl im Heer in den Abteilungen.
In der Frühe aber ging Idaios zu den hohlen Schiffen,
Und er fand die Danaer in der Versammlung, die Diener des Ares,
Bei dem hinteren Schiff Agamemnons. Und unter diesen
Trat in die Mitte und sprach der rufende Herold:
»Atreus-Sohn und ihr anderen Besten der All-Achaier!
Priamos befiehlt und die anderen erlauchten Troer,

Anzusagen, wenn es euch etwa lieb und genehm ist,
Das Wort des Alexandros, um den sich der Streit erhoben.
Die Güter, so viele Alexandros in den hohlen Schiffen
390 Nach Troja hat mitgeführt – wäre er doch vorher umgekommen! –,
Die alle will er geben und noch anderes dazulegen von Haus her.
Die eheliche Gattin aber des ruhmvollen Menelaos
Will er nicht geben, sagt er – wahrhaftig, die Troer verlangten es!
Und auch dies Wort befahlen sie mir zu sagen: ob ihr gewillt seid,
Aufzuhören mit dem Kampf, dem schlimmtosenden, bis wir die Toten
Verbrannt haben. Später kämpfen wir wieder, bis der Daimon
Uns trennt und den einen von beiden den Sieg gibt.«
So sprach er. Die aber waren alle stumm in Schweigen.
Und spät erst sprach unter ihnen der gute Rufer Diomedes:
400 »Keiner soll jetzt von Alexandros die Güter annehmen
Noch auch Helena! Ist doch zu erkennen, auch wenn einer sehr kindisch wäre:
Aufgehängt über den Troern sind schon des Verderbens Schlingen!«
So sprach er. Die aber jubelten ihm alle zu, die Söhne der Achaier,
Staunend über das Wort des Diomedes, des Pferdebändigers.
Und da sprach zu Idaios der gebietende Agamemnon:
»Idaios! wahrhaftig, das Wort der Achaier hörst du selber,
Wie sie dir Antwort geben, und so gefällt es auch mir.
Doch um die Toten – da verweigere ich nicht, sie zu verbrennen.
Denn da ist kein Aufsparen der hingestorbenen Toten,
410 Daß man sie, wenn sie gestorben, nicht schnell mit dem Feuer besänftige.
Die Eide aber wisse Zeus, der starkdröhnende Gatte der Here!«
So sprach er und hielt den Stab empor zu allen Göttern.
Und Idaios ging wieder zurück zu der heiligen Ilios.
Die aber saßen in der Versammlung, die Troer und Dardanionen,
Alle zusammen und warteten, wann er käme,
Idaios. Und der kam und sagte die Botschaft an,
In ihrer Mitte stehend. Und sehr schnell bereiteten sie sich
Für beides: die Leichen zu holen, und andere, nach Holz zu gehen.
Und die Argeier drüben eilten von den gutverdeckten Schiffen,
420 Um die Leichen zu holen, und andere, nach Holz zu gehen.
    Da traf Helios eben neu auf die Fluren,
Aus dem stillfließenden, tiefströmenden Okeanos
Zum Himmel aufsteigend, und diese begegneten einander.
Da war es schwer, einen jeden Mann herauszuerkennen,
Doch wuschen sie ab mit Wasser den blutigen Schorf
Und hoben sie, heiße Tränen vergießend, auf die Wagen.

Und nicht ließ sie klagen Priamos, der große. Und sie, in Schweigen,
Schichteten die Toten auf den Scheiterhaufen, bekümmert im Herzen,
Und als sie sie im Feuer verbrannt hatten, gingen sie zu der heiligen Ilios.
430 Und ebenso schichteten drüben die gutgeschienten Achaier
Die Toten auf den Scheiterhaufen, bekümmert im Herzen,
Und als sie sie im Feuer verbrannt hatten, gingen sie zu den hohlen Schiffen.
    Als es aber noch nicht Morgen war und noch zwielichtige Nacht,
Da versammelte sich um den Scheiterhaufen eine erlesene Schar der Achaier.
Und einen Hügel machten sie über ihm, einen einzigen,
Ihn aufwerfend allen gemeinsam aus der Ebene; und an ihm bauten sie die Mauer
Und hohe Türme, eine Schutzwehr für die Schiffe und sie selber.
Und in ihnen machten sie Tore, gut eingepaßte,
Damit durch sie hindurch ein Fahrweg sei.
440 Außen aber zogen sie dicht daran einen tiefen Graben,
Einen breiten, großen, und innen rammten sie Pfähle ein.
    So mühten sich die am Haupte langgehaarten Achaier. –
Die Götter aber, die bei Zeus saßen, dem Blitzeschleuderer,
Staunten über das große Werk der erzgewandeten Achaier.
Und unter ihnen begann die Reden Poseidon, der Erderschütterer:
»Zeus, Vater! ist da wohl einer der Sterblichen auf der grenzenlosen Erde,
Der den Unsterblichen noch seinen Sinn und seine Absicht ansagt?
Siehst du nicht, wie nun wieder die am Haupte langgehaarten Achaier
Eine Mauer gemauert haben zum Schutz der Schiffe, und einen Graben
450 Darum gezogen, und haben nicht den Göttern berühmte Hundertopfer
                                                          gegeben?
Von der wird, wahrlich! der Ruhm sein, soweit die Morgenröte sich verbreitet,
Die aber werden sie vergessen, mit der ich und Phoibos Apollon
Dem Heros Laomedon die Stadt befestigt unter schwerer Arbeit!«
    Da fuhr groß auf und sagte zu ihm der Wolkensammler Zeus:
»Nein doch! Erderschütterer, weitmächtiger! wie hast du geredet!
Ein anderer der Götter könnte wohl fürchten diesen Gedanken,
Der weit schwächer als du an Händen und an Kraft ist.
Dein Ruhm aber, wahrlich! wird sein, soweit die Morgenröte sich verbreitet.
Auf denn! wenn wieder die am Haupte langgehaarten Achaier
460 Fortziehen mit den Schiffen zum eigenen väterlichen Land,
Reiße die Mauer ein und schütte sie ganz hinab in die Salzflut
Und bedecke wieder den großen Strand mit Sand,
Daß dir die große Mauer vertilgt sei der Achaier!«
    So redeten diese dergleichen miteinander. –
Und die Sonne ging unter, und vollendet war das Werk der Achaier.

Und sie schlachteten Rinder bei den Hütten und nahmen das Nachtmahl.
Und Schiffe aus Lemnos waren angekommen, die Wein brachten,
Viele, die gesandt hatte der Sohn des Iason Euneos,
Den Hypsipyle gebar von Iason, dem Hirten der Völker.
470 Doch für die Atreus-Söhne gesondert, Agamemnon und Menelaos,
Hatte mitgegeben der Iason-Sohn von süßem Wein tausend Maße.
Von dort holten sich Wein die am Haupte langgehaarten Achaier:
Manche gegen Erz und andere gegen braunrotes Eisen,
Andere gegen Häute und andere gegen die ganzen Rinder,
Andere gegen Sklaven, und sie hielten ein blühendes Mahl.
    Die ganze Nacht speisten alsdann die am Haupte langgehaarten Achaier,
Auch die Troer rings in der Stadt und die Verbündeten.
Und die ganze Nacht sann ihnen Schlimmes der ratsinnende Zeus,
Schrecklich dröhnend, und diese ergriff die blasse Furcht.
480 Und Wein gossen sie aus den Bechern zu Boden, und keiner wagte
Eher zu trinken, ehe er gespendet dem übermächtigen Kronion.
Alsdann legten sie sich nieder und empfingen des Schlafes Gabe.

ACHTER GESANG *Der zweite Schlachttag. Zeus verbietet den Göttern, sich am Kampf zu beteiligen, um nun die Niederlage der Achaier zu bewirken. – Nestor, in Gefahr, wird von Diomedes gerettet. Diomedes weicht zurück, vom Blitz des Zeus geschreckt. Teukros mit seinen Pfeilen schafft den Achaiern Luft, doch wird er von Hektor mit einem Stein getroffen. – Here und Athene versuchen, gegen des Zeus Verbot den Achaiern zu helfen, werden aber von Iris zurückgeholt. Zeus sagt den weiteren Gang der Ereignisse voraus. – Die Achaier schwer geschlagen. Hektor hält eine siegesgewisse Rede, und die Troer übernachten mitten im Feld.*

Eos im Safrangewand verbreitete sich über die ganze Erde,
Und Zeus hielt eine Versammlung der Götter, der donnerfrohe,
Auf der höchsten Kuppe des vielgipfligen Olympos.
Und er redete selbst zu ihnen, und die Götter hörten alle darauf:
»Hört mich, alle Götter und alle Göttinnen,
Daß ich sage, was mir der Mut in der Brust befiehlt!
Möge jetzt kein weiblicher Gott und kein männlicher dies versuchen,
Dieses mein Wort zu vereiteln, sondern alle zusammen
Stimmt bei, daß ich aufs schnellste diese Dinge vollende.
10 Wen ich aber getrennt von den Göttern willens sehe,
Daß er käme, den Troern beizustehen oder den Danaern:
Geschlagen wird er nicht wohlbehalten zurückkehren zum Olympos!
Oder ich fasse und werfe ihn in den Tartaros, den nebligen,
Weit weg, wo am tiefsten unter der Erde der Abgrund ist.
Dort sind eisern die Tore und ist von Erz die Schwelle,
So weit unter dem Hades, wie der Himmel ist über der Erde.
Dann wird er erkennen, wieweit ich der Stärkste bin von den Göttern allen!
Wenn aber – auf! versucht es, Götter! daß ihr alle es wißt:
Hängt ein Seil, ein goldenes, auf, herab vom Himmel,
20 Und alle faßt an, ihr Götter, und alle Göttinnen!
Doch werdet ihr nicht vom Himmel auf den Boden niederziehen
Zeus, den höchsten Ratgeber, auch nicht, wenn ihr noch so sehr euch mühtet.
Doch sobald auch ich dann im Ernste ziehen wollte:
Mitsamt der Erde zöge ich euch hinauf und mitsamt dem Meer;
Und das Seil bände ich dann um die Spitze des Olympos,
Und in der Schwebe hinge dann das alles.

Soweit bin ich überlegen den Göttern, überlegen den Menschen!«
    So sprach er, und die waren alle stumm in Schweigen,
Von dem Wort betroffen, denn sehr gewaltig hatte er gesprochen.
30 Und spät erst sprach unter ihnen die Göttin, die helläugige Athene:
»Unser Vater, Kronide! Höchster derer, die da herrschen!
Gut wissen auch wir, daß dir die Kraft ist unbezwinglich.
Aber dennoch jammern uns die Danaer, die Lanzenkämpfer,
Die nun, ein schlimmes Schicksal erfüllend, zugrunde gehen.
Aber freilich, vom Kampf wollen wir uns enthalten, wie du befiehlst.
Rat aber wollen wir den Argeiern geben, der ihnen nütze,
Daß sie nicht alle zugrunde gehen vor deinem Zürnen!«
    Da lächelte und sagte zu ihr der Wolkensammler Zeus:
»Fasse Mut, Tritogeneia, mein Kind! Ich spreche ja nicht
40 Mit entschiedenem Mute, sondern ich will dir freundlich sein!«
    So sprach er und schirrte die beiden erzfüßigen Pferde an den Wagen,
Die schnellfliegenden, mit goldenen Mähnen behaarten,
Und tauchte selbst in Gold mit dem Leib und faßte die Geißel,
Die goldene, gutgefertigte, und trat auf seinen Wagen
Und schwang die Geißel und trieb, und die flogen nicht unwillig dahin,
Mitten zwischen der Erde und dem bestirnten Himmel.
Und er kam zur Ida, der quellenreichen, der Mutter der Tiere,
Zum Gargaron: dort war ihm ein Hain und ein Altar voll Opferrauch.
Dort hielt die Pferde an der Vater der Männer und der Götter,
50 Löste sie von dem Wagen und goß vielen Nebel um sie.
Und selber setzte er sich auf den Gipfel, seines Pranges froh,
Und blickte auf der Troer Stadt und die Schiffe der Achaier.
    Sie aber nahmen das Frühmahl, die am Haupte langgehaarten Achaier,
Schnell bei den Lagerhütten, und gleich danach rüsteten sie sich.
Doch die Troer wieder wappneten sich drüben in der Stadt,
Wenigere, doch begehrten sie auch so, in der Schlacht zu kämpfen,
Unter zwingender Not, für ihre Kinder und für ihre Frauen.
Und alle Tore wurden geöffnet, und heraus stürmte das Volk,
Die zu Fuß und die Gespanne, und viel Getöse erhob sich.
60   Als sie nun aber auf einem Raum zusammentrafen,
Stießen sie zusammen die Rindshautschilde, zusammen die Lanzen und die
                                                    Kräfte der Männer,
Der erzgepanzerten, und die gebuckelten Schilde
Drängten einander, und viel Getöse erhob sich.
Da war zugleich Wehklagen und Siegesgeschrei der Männer,
Der Tötenden und Getöteten, und es strömte von Blut die Erde.

Solange Morgen war und der heilige Tag sich mehrte,
So lange hafteten von beiden die Geschosse, und es fiel das Volk.
Als aber die Sonne die Mitte des Himmels umschritt,
Da nun spannte der Vater die goldenen Waagschalen auseinander
70 Und legte zwei Lose hinein des starkschmerzenden Todes:
Der Troer, der pferdebändigenden, und der erzgewandeten Achaier,
Faßte sie in der Mitte und zog sie hoch. Da senkte sich der Schicksalstag der
                                                                              Achaier.
Der Achaier Todeslose sanken nieder zur vielnährenden Erde,
Und die der Troer erhoben sich zum breiten Himmel.
Und selber dröhnte er vom Ida her gewaltig, und einen brennenden Glanz
Schickte er in das Volk der Achaier. Und die, wie sie es sahen,
Erstarrten, und alle ergriff die blasse Furcht.
Da wagte weder Idomeneus standzuhalten noch Agamemnon,
Noch hielten die beiden Aias stand, die Diener des Ares.
80 Nestor allein hielt stand, der Gerenier, der Hüter der Achaier –
Nicht freiwillig: ein Pferd kam ihm zu Schaden, das traf mit dem Pfeil
Der göttliche Alexandros, der Gatte der schönhaarigen Helena,
Oben ins Haupt, wo die vordersten Haare der Pferde
Auf dem Schädel wachsen, und wo die entscheidendste Stelle ist.
Und es bäumte sich auf vor Schmerz – das Geschoß war ins Gehirn gedrungen –
Und brachte die Pferde durcheinander, um das Erz sich wälzend.
Während der Alte die Stränge des Beipferds losschnitt,
Zuspringend mit dem Schwert, indessen kamen Hektors schnelle Pferde
Durch das Gedränge herbei und trugen den kühnen Zügelhalter:
90 Hektor. Und da hätte der Alte das Leben gelassen,
Hätte es nicht scharf bemerkt der gute Rufer Diomedes.
Und er schrie gewaltig und trieb den Odysseus:
    »Zeusentsproßter Laertes-Sohn, reich an Erfindungen, Odysseus!
Wohin fliehst du, den Rücken wendend, wie ein Feigling in der Menge?
Daß dir nur keiner im Fliehen den Speer in den Rücken bohre!
Aber bleib! daß wir von dem Alten hinwegstoßen den grimmigen Mann!«
    So sprach er, doch nicht hörte darauf der vielwagende göttliche Odysseus,
Sondern eilte vorbei zu den hohlen Schiffen der Achaier.
Doch der Tydeus-Sohn, auf sich selbst gestellt, mischte sich unter die
                                                                         Vorkämpfer.
100 Und er trat vor die Pferde des Neleus-Sohns, des Alten,
Und begann und sagte zu ihm die geflügelten Worte:
    »Alter! ja, da setzen dir heftig zu die jungen Kämpfer,
Und deine Kraft ist gelöst, und beschwerlich begleitet dich das Alter.

Schwächlich ist dir der Gefährte, und langsam sind dir die Pferde.
Doch auf! steige auf meinen Wagen, damit du siehst,
Wie tüchtig die Pferde des Tros sind: kundig, durch die Ebene
Gar schnell hierhin und dorthin zu verfolgen oder auch zu fliehen:
Sie, die ich jüngst dem Aineias abnahm, dem Meister des Schreckens.
Deine laß die Gefährten besorgen! Die aber wollen wir beide
110 Gegen die pferdebändigenden Troer lenken, daß auch Hektor
Es wisse, ob auch mir der Speer in den Händen wütet!«
    So sprach er, und nicht ungehorsam war der Gerenier, der Rosselenker
                                                                        Nestor.
Die Pferde des Nestor besorgten alsdann die beiden Gefährten:
Der kräftige Sthenelos und Eurymedon, der mannhafte.
Sie aber stiegen beide auf des Diomedes Wagen,
Und Nestor nahm in die Hände die glänzenden Zügel
Und peitschte die Pferde, und schnell kamen sie dem Hektor nahe.
Nach dem, wie er gerade anstürmte, warf den Speer der Sohn des Tydeus,
Und ihn verfehlte er; doch den Zügelhalter, den Gefährten,
120 Den Sohn des hochgemuten Thebaios, den Eniopeus,
Der die Zügel der Pferde hielt, traf er in die Brust an der Warze.
Und er stürzte vom Wagen, und rückwärts wichen ihm die Pferde,
Die schnellfüßigen, und auf der Stelle wurde ihm gelöst Seele und Kraft.
    Da umhüllte dem Hektor schreckliches Weh die Sinne um den Zügelhalter.
Den ließ er alsdann liegen, so bekümmert er war um den Gefährten,
Und suchte nach einem kühnen Zügelhalter. Und nicht mehr lange
Mußten die Pferde des Lenkers entbehren, denn sogleich fand er
Den Iphitos-Sohn Archeptolemos, den kühnen. Den ließ er damals
Das schnellfüßige Gespann besteigen und gab ihm die Zügel in die Hände.
130 Da wäre Vernichtung gewesen und heillose Dinge entstanden,
Und sie wären eingepfercht worden in Ilios wie Lämmer,
Hätte es nicht scharf bemerkt der Vater der Männer und der Götter.
Und schrecklich donnernd entsandte er den weißschimmernden Wetterstrahl,
Und vor den Pferden des Diomedes sandte er ihn nieder in die Erde.
Und eine schreckliche Flamme stieg auf von brennendem Schwefel,
Doch die beiden Pferde, in Furcht, duckten sich nieder unter den Wagen.
Dem Nestor aber entflohen aus den Händen die glänzenden Zügel,
Und er fürchtete sich im Mute und sagte zu Diomedes:
»Tydeus-Sohn, auf! wende wieder zur Flucht die einhufigen Pferde!
140 Oder erkennst du nicht, daß von Zeus her dir keine Kraft folgt?
Jetzt verleiht diesem da Zeus, der Kronide, Prangen,
Heute: später wieder wird er auch uns, wenn er will, es geben.

Ein Mann aber könnte nicht den Sinn des Zeus aufhalten,
Auch kein sehr starker, da er wahrhaftig viel stärker ist.«
 Ihm antwortete darauf der gute Rufer Diomedes:
»Ja wirklich, dies alles hast du, Alter, nach Gebühr gesprochen!
Doch das kommt mir als schrecklicher Kummer über das Herz und den Mut:
Wird Hektor doch einst sagen, wenn er unter den Troern redet:
›Der Tydeus-Sohn ist gescheucht von mir zu den Schiffen gekommen!‹
150 So wird er einst prahlen: dann möge sich mir auftun die breite Erde!«
 Ihm antwortete darauf der Gerenier, der Rosselenker Nestor:
»O mir! Sohn des Tydeus, des kampfgesinnten! Wie hast du geredet?
Denn mag Hektor dich auch schlecht und kraftlos nennen,
Doch werden es nicht glauben die Troer und Dardanionen
Noch die Frauen der Troer, der hochgemuten Schildträger,
Denen du in den Staub geworfen die blühenden Lagergenossen.«
 So sprach er und wandte zur Flucht die einhufigen Pferde,
Zurück durch das Gedränge. Da überschütteten sie die Troer und Hektor
Unter unsäglichem Geschrei mit stöhnenbringenden Geschossen.
160 Und über ihn jubelte laut der große helmfunkelnde Hektor:
»Tydeus-Sohn! am höchsten ehrten dich die Danaer, die roßschnellen,
Mit Ehrensitz und Fleischstücken und vollen Bechern.
Jetzt aber werden sie dich verunehren, denn wie ein Weib bist du beschaffen!
Fahr hin, schwächliches Püppchen! Denn nicht werde ich dir weichen,
Daß du unsere Türme besteigst und die Frauen wegführst
In den Schiffen: zuvor bringe ich dir den Todesdaimon!«
 So sprach er. Und der Tydeus-Sohn erwog zwiespältig,
Ob er die Pferde wenden und ihm entgegen kämpfen sollte.
Dreimal erwog er es im Sinn und in dem Mute,
170 Und dreimal dröhnte von den Ida-Bergen der ratsinnende Zeus
Und gab ein Zeichen den Troern des in der Schlacht umschlagenden Siegs.
Hektor aber rief den Troern zu, weithin schreiend:
»Troer und Lykier und Dardaner, Nahkampfstreiter!
Seid Männer, Freunde, und gedenkt der ungestümen Kampfkraft!
Denn ich erkenne, daß mir entschieden hat zugenickt Kronion
Den Sieg und großes Prangen, aber den Danaern Unheil.
Die Kindischen! die diese Mauer ausgeklügelt haben,
Schwach, nicht der Beachtung wert, die unsere Kraft nicht aufhält.
Die Pferde überspringen leicht den ausgehobenen Graben!
180 Doch wenn ich zu den gewölbten Schiffen komme,
Dann soll eine Vorsorge sein für brennendes Feuer,
Daß ich im Feuer die Schiffe verbrenne und sie selber töte,

Die Argeier, bei den Schiffen, gescheucht von dem Rauch!«
    So sprach er und rief den Pferden zu und sagte:
»Xanthos und du, Podargos, und Aithon und göttlicher Lampos!
Jetzt lohnt mir die Pflege, die euch gar reichlich
Andromache gab, die Tochter des großherzigen Eëtion,
Wenn sie euch zuerst hinstellte den honigsinnigen Weizen
Und Wein mischte zu trinken, wann immer der Mut befahl,
190 Eher als mir, der ich mich doch rühme, ihr blühender Gatte zu sein.
Aber folgt nach und eilt euch, daß wir erbeuten
Den Nestoreischen Schild, dessen Ruhm jetzt zum Himmel reicht –
Ganz von Gold ist er, die Griffe wie auch er selbst! –
Und von den Schultern des Diomedes, des Pferdebändigers,
Den kunstreichen Panzer, den Hephaistos mit Mühe gefertigt.
Wenn wir dies beides erbeuten, dann hoffe ich, die Achaier
Noch in dieser Nacht zu treiben auf die schnellen Schiffe!«
    So sprach er, sich rühmend. Doch unwillig wurde die Herrin Here,
Und sie warf sich hin und her auf dem Thron und ließ erbeben den großen
                                                              Olympos.
200 Und Poseidon, den großen Gott, redete sie an:
»Nein doch! Erderschütterer, weitmächtiger! Und nicht einmal dir
Jammert im Innern der Mut um die Danaer, die zugrunde gehen?
Die dir doch Gaben hinauf nach Helike und Aigai bringen,
Viele und erfreuliche; so wolle du ihnen auch den Sieg!
Denn sind wir gewillt, so viele wir den Danaern Helfer sind,
Wegzustoßen die Troer und dem weitumblickenden Zeus zu wehren,
So mag er daselbst wohl bekümmert sitzen allein auf dem Ida!«
    Da fuhr groß auf und sagte zu ihr der gebietende Erderschütterer:
»Here, Wortverwegene! welch ein Wort hast du gesprochen?
210 Nicht will ich, daß wir mit Zeus Kronion kämpfen,
Wir anderen, da er wahrhaftig viel stärker ist!«
    So redeten diese dergleichen miteinander. –
Doch die – soviel Raum von den Schiffen der Graben einschloß bis zur Mauer,
War alles erfüllt zugleich von Pferden und schildtragenden Männern,
Zusammengedrängten: es drängte sie, gleichwiegend dem schnellen Ares,
Hektor, der Priamos-Sohn, als Zeus ihm Prangen gab.
Und er hätte verbrannt mit loderndem Feuer die ebenmäßigen Schiffe,
Hätte es nicht in den Sinn gelegt dem Agamemnon die Herrin Here,
Der sich auch selbst abmühte, schnell die Achaier anzutreiben.
220 Und er schritt hin und ging zu den Hütten und Schiffen der Achaier
Und hielt einen großen purpurnen Mantel in der kräftigen Hand,

Und trat auf das großbauchige Schiff des Odysseus, das schwarze,
Das das mittelste war, gut, um nach beiden Seiten zu rufen:
Hin zu des Aias Lagerhütten, des Telamon-Sohns,
Wie auch des Achilleus; die hatten zu äußerst die ebenmäßigen Schiffe
Heraufgezogen, ihrer Tapferkeit vertrauend und der Stärke ihrer Arme.
Und er schrie durchdringend und rief den Danaern zu:
»Schämt euch, Argeier! übles Schandvolk! an Aussehen stattlich!
Wo sind die Ruhmreden hin, als wir sagten, wir seien die Besten,
230 Die von damals, als ihr in Lemnos geredet als leere Prahler,
Essend viel Fleisch von Rindern, aufrecht gehörnten,
Trinkend Mischkrüge, randvoll gefüllt mit Wein:
Gegen der Troer hundert und zweihundert wolltet ihr stehen
Jeder im Kampf – jetzt aber sind wir nicht einem gewachsen,
Hektor, der bald die Schiffe verbrennt mit loderndem Feuer. –
Zeus, Vater! hast du schon einen der übergewaltigen Könige
Mit solcher Verblendung verblendet und ihm großes Prangen geraubt?
Niemals, sage ich, fuhr ich vorbei an deinem gar schönen Altar
Im Schiff, dem vielrudrigen, als ich zum Unglück hierher kam,
240 Sondern auf allen verbrannte ich Fett und Schenkel von Rindern,
Strebend, die gutummauerte Troja zu zerstören.
Aber, Zeus! erfülle mir doch dieses Begehren:
Laß uns jetzt nur selber davonkommen und entrinnen,
Und laß nicht so von den Troern bezwungen werden die Achaier!«
    So sprach er. Und den Vater jammerte es, wie er Tränen vergoß,
Und er nickte ihm zu, daß das Volk heil bleibe und nicht zugrunde gehe.
Und sogleich schickte er einen Adler, den gültigsten unter den Vögeln,
Ein Hirschkalb in den Klauen, das Kind der schnellen Hirschkuh,
Und bei des Zeus gar schönem Altar warf er nieder das Hirschkalb,
250 Da, wo dem allkündenden Zeus opferten die Achaier.
Und als sie nun sahen, daß von Zeus gekommen war der Vogel,
Sprangen sie stärker ein auf die Troer und gedachten des Kampfes.
    Da rühmte sich keiner von den Danaern, so viele sie waren,
Eher als der Tydeus-Sohn voran zu halten die schnellen Pferde
Und aus dem Graben zu treiben und ihnen entgegen zu kämpfen,
Sondern als weit erster griff er einen behelmten Mann der Troer,
Den Phradmon-Sohn Agelaos. Der wandte zur Flucht die Pferde,
Und als er sich umwandte, stieß er ihm den Speer in den Rücken
Mitten zwischen die Schultern und trieb ihn durch die Brust hindurch.
260 Und er stürzte vom Wagen, und um ihn rasselten die Waffen.
Und nach ihm kamen die Atreus-Söhne Agamemnon und Menelaos,

Und nach ihnen die beiden Aias, gekleidet in ungestüme Kampfkraft,
Und nach ihnen Idomeneus und der Gefolgsmann des Idomeneus
Meriones, gleichwiegend dem Enyalios, dem männermordenden,
Und nach ihnen Eurypylos, des Euaimon prangender Sohn,
Und Teukros kam als neunter und spannte den zurückschnellenden Bogen
Und trat unter den Schild des Aias, des Telamon-Sohns.
Da schob Aias den Schild ein wenig beiseite, aber der Heros
Spähte jedesmal um sich, wenn er einen mit dem Pfeil in der Menge
270 Getroffen hatte, und der fiel dort und verlor das Leben;
Er aber eilte zurück, und wie ein Kind unter die Mutter,
Duckte er sich an Aias, und der deckte ihn mit dem Schild, dem
                                                         schimmernden.
    Wen erlegte da als ersten von den Troern der untadlige Teukros?
Den Orsilochos zuerst und den Ormenos und den Ophelestes,
Den Daitor und Chromios und den gottgleichen Lykophontes
Und den Polyaimon-Sohn Amopaon und Melanippos;
Sie alle, einen nach dem anderen, streckte er hin auf die vielnährende Erde.
Da freute sich, als er ihn sah, der Herr der Männer Agamemnon,
Wie er mit dem starken Bogen vernichtete die Reihen der Troer.
280 Und er ging hin, trat zu ihm und sprach zu ihm die Rede:
    »Teukros, liebes Haupt! Telamon-Sohn, Herrscher der Völker!
Triff weiter so, ob du wohl ein Licht den Danaern würdest
Und deinem Vater Telamon, der dich aufzog, als du klein warst,
Und dich, den Bastard, aufnahm in seinem Hause.
Diesen, wenn er auch fern ist, bringe zu gutem Ruhm!
Dir aber sage ich heraus, und so wird es auch vollendet werden:
Wenn denn Zeus mir gibt, der Aigishalter, und Athene,
Von Ilios zu zerstören die gutgebaute Stadt,
Werde ich dir als erstem nach mir eine Ehrengabe in die Hände legen:
290 Einen Dreifuß oder zwei Pferde mitsamt dem Wagen
Oder eine Frau, die mit dir das gemeinsame Lager besteigt.«
    Da antwortete und sagte zu ihm der untadlige Teukros:
»Atreus-Sohn, Ruhmvollster! was treibst du mich, der ich auch selber
Mich beeifere? Nicht, wahrhaftig, soweit mir die Kraft reicht,
Lasse ich ab! Nein, seitdem wir sie zurückdrängen auf Ilios,
Seitdem lauere ich mit dem Bogen und töte die Männer.
Acht schon habe ich entsandt langschneidige Pfeile,
Und alle haften sie im Leib von kampfschnellen rüstigen Männern.
Den aber kann ich nicht treffen, den Hund, den tollwütigen!«
300   Sprach es, und einen anderen Pfeil schnellte er von der Sehne

Gerade auf Hektor zu; ihn zu treffen strebte sein Mut.
Und ihn verfehlte er, doch den untadligen Gorgythion,
Den tüchtigen Sohn des Priamos, traf er in die Brust mit dem Pfeil.
Den hatte, aus Aisyme gefreit, die Mutter geboren,
Die schöne Kastianeira, an Gestalt Göttinnen ähnlich.
Und wie ein Mohn senkte er das Haupt zur Seite, der im Garten wächst,
Beschwert von Frucht und von der Nässe des Frühlings:
So neigte er zur Seite das Haupt, das vom Helm beschwerte.
    Und Teukros schnellte einen anderen Pfeil von der Sehne
310 Gerade auf Hektor zu: ihn zu treffen strebte sein Mut.
Aber er fehlte auch diesmal, denn es lenkte ihn ab Apollon.
Doch den Archeptolemos, den kühnen Zügelhalter Hektors,
Der zum Kampf heraneilte, traf er in die Brust an der Warze,
Und er stürzte vom Wagen, und rückwärts wichen ihm die Pferde,
Die schnellfüßigen, und auf der Stelle wurde ihm gelöst Seele und Kraft.
    Da umhüllte dem Hektor schreckliches Weh die Sinne um den Zügelhalter.
Den ließ er alsdann dort, so bekümmert er war um den Gefährten,
Und befahl Kebriones, dem Bruder, der ihm nah war,
Die Zügel der Pferde zu nehmen, und der war nicht ungehorsam, als er es hörte.
320 Aber selbst sprang er zu Boden von dem hellschimmernden Wagen,
Gewaltig schreiend, und ergriff einen Feldstein mit der Hand
Und ging gerade auf Teukros zu: ihn zu treffen befahl ihm der Mut.
Ja, der nahm aus dem Köcher heraus einen bitteren Pfeil
Und legte ihn auf die Sehne. Da traf ihn der helmfunkelnde Hektor,
Wie er sie zurückzog, an der Schulter, wo das Schlüsselbein trennt
Hals und Brust und wo die entscheidendste Stelle ist.
Dort traf er ihn, wie er auf ihn zielte, mit dem zackigen Stein
Und zerriß ihm die Sehne, und es erlahmte die Hand an der Wurzel,
Und er stand, ins Knie gestürzt, und der Bogen fiel ihm aus der Hand.
330 Doch Aias blieb nicht unbekümmert um den gestürzten Bruder,
Sondern lief hin, schritt um ihn und deckte ihn rings mit dem Schild.
Darauf bückten sich unter ihn die zwei geschätzten Gefährten:
Mekisteus, des Echios Sohn, und der göttliche Alastor,
Und trugen ihn zu den gewölbten Schiffen, den schwer Stöhnenden.
    Und wieder aufs neue erregte Kraft in den Troern der Olympier,
Und gerade auf den tiefen Graben zu stießen sie die Achaier.
Und Hektor schritt unter den ersten, in Kraft sich brüstend.
Und wie ein Hund einen wilden Eber oder einen Löwen
Von hinten packt, mit schnellen Füßen verfolgend,
340 In die Hüften und Hinterbacken, und abpaßt, wenn er sich wendet:

So bedrängte Hektor die am Haupte langgehaarten Achaier,
Immer den letzten tötend, die aber flohen.
Aber als sie durch die Pfähle und den Graben gekommen waren,
Flüchtend, und viele wurden bezwungen unter der Troer Händen,
Da machten sie bei den Schiffen halt und blieben stehen
Und riefen einander zu, und zu allen Göttern
Die Hände erhebend, beteten sie laut ein jeder.
Hektor aber lenkte rings hierhin und dorthin die schönhaarigen Pferde,
Mit den Blicken der Gorgo oder des männermordenden Ares.
350 Als sie diese sah, jammerte es die Göttin, die weißarmige Here,
Und sogleich sprach sie zu Athenaia die geflügelten Worte:
»Nein doch! Kind des Zeus, des Aigishalters! Sollen wir nicht mehr
Uns um die Danaer sorgen, die zugrunde gehen, ganz zuletzt noch?
Die nun, ein schlimmes Schicksal erfüllend, zugrunde gehen
Unter dem Andrang des einen Mannes: der rast nicht mehr erträglich,
Hektor, der Priamos-Sohn, und hat schon viel Schlimmes getan.«
     Da sagte wieder zu ihr die Göttin, die helläugige Athene:
»Ja, der sollte freilich die Kraft und das Leben verlieren,
Unter den Händen der Argeier umgekommen in dem väterlichen Land!
360 Aber mein Vater rast mit unguten Sinnen,
Der Harte, immer Gewalttätige und meines Strebens Vereitler!
Daran denkt er nicht mehr, wie ich sehr oft den Sohn ihm
Gerettet habe, zerrieben von den Mühen, die ihm Eurystheus auftrug.
Ja, da klagte er empor zum Himmel, und mich schickte Zeus,
Um ihm beizustehen, herab vom Himmel.
Hätte ich dieses vorausgesehen mit klugen Sinnen,
Wie er ihn zum Haus des Hades schickte, des Torschließers,
Aus der Unterwelt den Hund des verhaßten Hades zu holen:
Er wäre nicht entkommen des stygischen Wassers jähen Fluten!
370 Jetzt aber haßt er mich und vollendet der Thetis Pläne,
Die ihm die Knie küßte und mit der Hand sein Kinn berührte,
Flehend, daß er ehren sollte Achilleus, den Städtezerstörer.
Doch wahrlich! es wird dazu kommen, daß er wieder ›liebe Helläugige!‹
                                                                        sagt!
Aber du schirre uns an jetzt die einhufigen Pferde,
Während ich tauche in das Haus des Zeus, des Aigishalters,
Und mich mit Waffen rüste zum Kampf, daß ich sehe,
Ob sich über uns des Priamos Sohn, der helmfunkelnde Hektor,
Freut, wenn wir offen erscheinen auf den Brücken des Krieges,
Oder auch mancher der Troer die Hunde und Vögel sättigt

380 Mit Fett und Fleischstücken, gefallen bei den Schiffen der Achaier!«
      So sprach sie, und nicht ungehorsam war die Göttin, die weißarmige Here.
    Sie ging hin und besorgte die Pferde mit goldenem Stirnband,
    Here, die würdige Göttin, die Tochter des großen Kronos.
    Aber Athenaia, die Tochter des Zeus, des Aigishalters,
    Schüttete hin das weiche Gewand auf des Vaters Schwelle,
    Das bunte, das sie selbst gemacht und gefertigt hatte mit den Händen,
    Tauchte dann in das Panzerhemd des Zeus, des Wolkensammlers,
    Und rüstete sich mit Waffen zum Krieg, dem tränenreichen.
    Und sie stieg auf den flammenden Wagen mit den Füßen und ergriff die Lanze,
390 Die schwere, große, wuchtige, womit sie die Reihen der Männer bändigt,
    Der Heroen, welchen sie zürnt, die Tochter des gewaltigen Vaters.
    Here aber berührte schnell mit der Geißel die Pferde.
    Von selber dröhnten auf die Tore des Himmels, die die Horen hüten,
    Denen anvertraut ist der große Himmel und der Olympos,
    Bald zurückzuschieben die dichte Wolke, bald vorzulegen.
    Dort nun lenkten sie hindurch die vom Stachel getriebenen Pferde.
      Zeus aber, der Vater, wie er es vom Ida her sah, zürnte schrecklich,
    Und Iris trieb er, die goldgeflügelte, um Botschaft auszurichten:
    »Eil dich und geh, schnelle Iris! bringe sie zurück, und laß sie
400 Nicht mir entgegentreten, denn unsanft werden wir im Kampf
                                                  zusammentreffen!
    Denn so sage ich es heraus, und das wird auch vollendet werden:
    Lähmen werde ich ihnen am Wagen die schnellen Pferde
    Und sie selbst aus dem Wagenstuhl werfen und den Wagen zerbrechen.
    Und nicht in zehn umlaufenden Jahren werden ihnen
    Die Wunden heilen, die schlagen wird der Wetterstrahl –
    Daß die Helläugige es weiß, wenn sie mit ihrem Vater kämpft!
    Der Here verarge ich es nicht so sehr, noch zürne ich ihr:
    Immer pflegt sie doch zu durchkreuzen, was ich auch sage.«
      So sprach er. Und es erhob sich Iris, die sturmfüßige, um es auszurichten.
410 Und sie schritt hinab von den Bergen des Ida zum großen Olympos
    Und traf sie ganz vorn an den Toren des schluchtenreichen Olympos
    Und hielt sie zurück und sagte zu ihnen des Zeus Rede:
    »Wohin strebt ihr? was rast euch das Herz in dem Innern?
    Nicht läßt es zu der Kronide, den Argeiern beizustehen!
    Denn so hat gedroht des Kronos Sohn, so wie er es auch vollendet:
    Lähmen will er euch am Wagen die schnellen Pferde
    Und euch selbst aus dem Wagenstuhl werfen und den Wagen zerbrechen.
    Und nicht in zehn umlaufenden Jahren werden euch

Die Wunden heilen, die schlagen wird der Wetterstrahl –
420 Daß du, Helläugige! es weißt, wenn du mit deinem Vater kämpfst!
Der Here verargt er es nicht so sehr, noch zürnt er ihr:
Immer pflegt sie doch zu durchkreuzen, was er auch sagt. –
Aber du, Schrecklichste, freche Hündin! wenn du es wirklich
Wagen wirst, gegen Zeus die gewaltige Lanze zu erheben . . .«
   So sprach sie und ging hinweg, die fußschnelle Iris.
Aber zu Athenaia sagte Here die Rede:
»Nein doch! Kind des Zeus, des Aigishalters! Ich lasse uns beide
Nicht mehr gegen Zeus um der Sterblichen willen kämpfen!
Mag hinschwinden der eine von ihnen, der andere leben,
430 Wen immer es trifft! Er aber mag nach eigenem Sinn im Mute
Über Troer und Danaer entscheiden, wie es sich gebührt.«
   So sprach sie und wandte zurück die einhufigen Pferde.
Und ihnen lösten die Horen die schönhaarigen Pferde
Und banden sie an bei den ambrosischen Krippen
Und lehnten den Wagen an die Wände, die hellschimmernden.
Sie selber aber setzten sich nieder auf goldenen Sesseln
Unter den anderen Göttern, bedrückt in ihrem Herzen.
   Zeus, der Vater, aber jagte vom Ida her den gutberäderten Wagen und die
                                                                          Pferde
Zum Olympos und gelangte bis zu den Sitzen der Götter.
440 Und ihm löste die Pferde der ruhmvolle Erderschütterer,
Setzte den Wagen auf das Gestell und breitete ein Leintuch darüber.
Er selbst aber setzte sich nieder auf dem goldenen Thron, der weitumblickende
                                                                          Zeus,
Und ihm unter den Füßen erbebte der große Olympos.
Sie aber saßen allein, getrennt von Zeus, Athenaia und Here,
Und redeten ihn nicht an und befragten ihn nicht.
Er aber erkannte es in seinem Sinn und sagte:
   »Was seid ihr so niedergedrückt, Athenaia und Here?
Ihr habt euch doch nicht abgemüht in der Schlacht, der männerehrenden,
Zu verderben die Troer, gegen die ihr einen schrecklichen Groll hegt?
450 Niemals – so wie mir die Kraft ist und die unberührbaren Hände! –
Werden mich abwenden, so viele da Götter sind im Olympos!
Euch aber hat eher ein Zittern erfaßt die strahlenden Glieder,
Ehe ihr den Kampf saht und des Kampfes schreckliche Werke.
Denn so sage ich es heraus, und das wäre auch vollendet worden:
Nicht wärt ihr auf eurem Wagen, vom Blitz geschlagen,
Zurück zum Olympos gekehrt, wo der Sitz der Unsterblichen ist!«

So sprach er, und es murrten darüber Athenaia und Here,
Saßen dicht beieinander und sannen den Troern Böses.
Ja, da war Athenaia still und sagte gar nichts,
460 Erbittert auf Zeus, den Vater, und ein wilder Zorn ergriff sie.
Der Here aber konnte die Brust den Zorn nicht fassen, und sie sagte zu ihm:
»Schrecklichster Kronos-Sohn! was für ein Wort hast du gesprochen!
Gut wissen auch wir, daß dir die Kraft ist unbezwinglich!
Aber dennoch jammern uns die Danaer, die Lanzenkämpfer,
Die nun, ein schlimmes Schicksal erfüllend, zugrunde gehen.
Aber freilich, vom Kampf wollen wir uns enthalten, wie du befiehlst,
Rat aber wollen wir den Argeiern geben, der ihnen nütze,
Daß sie nicht alle zugrunde gehen vor deinem Zürnen.«
     Da antwortete und sagte zu ihr der Wolkensammler Zeus:
470 »Morgen wirst du sogar noch stärker den übermächtigen Kronion
Sehen, wenn du willst, Kuhäugige! Herrin Here!,
Wie er vernichtet das viele Heer der Argeier, der Lanzenkämpfer.
Denn nicht eher wird ablassen vom Kampf der gewaltige Hektor,
Ehe sich bei den Schiffen erhebt der fußschnelle Peleus-Sohn,
An dem Tag, wo sie bei den hinteren Schiffen kämpfen
In schrecklichster Enge um Patroklos, den toten.
Denn so ist es bestimmt. Um dich aber kümmere ich mich nicht,
Wenn du zürnst, auch nicht, wenn du zu den äußersten Grenzen
Der Erde und des Meeres gelangst, wo Iapetos und Kronos
480 Sitzen und weder an den Strahlen des Sohns der Höhe, Helios,
Sich erfreuen noch an den Winden, und der tiefe Tartaros ist um sie.
Auch wenn du schweifend dorthin gelangst, so kümmert es mich nicht,
Wenn du erbittert bist, da nichts Hündischeres ist als du!«
     So sprach er. Und es sagte nichts zu ihm die weißarmige Here. –
Und hinab sank in den Okeanos das strahlende Licht der Sonne
Und zog die Nacht, die schwarze, über die nahrunggebende Erde.
Den Troern tauchte gegen ihren Willen hinab das Licht. Den Achaiern aber
Kam erwünscht, dreifach erfleht, herauf die finstere Nacht.
     Bei den Troern aber hielt eine Versammlung der strahlende Hektor,
490 Sie fort von den Schiffen führend, an dem wirbelnden Fluß
Auf freiem Platz, wo zwischen den Leichen der Boden hindurchschien.
Und von den Gespannen abgestiegen auf die Erde, hörten sie die Rede,
Die Hektor sprach, der zeusgeliebte, und in der Hand
Hielt er die Lanze, elf Ellen lang, und vorn an dem Schaft
Leuchtete die eherne Spitze, und um sie lief ein goldener Ring.
Darauf gestützt sprach er unter den Troern die Worte:

»Hört mich, Troer und Dardaner und ihr Verbündeten!
Jetzt meinte ich zu vernichten die Schiffe und alle Achaier
Und wieder zurückzukehren nach Ilios, der winddurchwehten.
500 Aber zuvor kam das Dunkel, das jetzt die Argeier am meisten
Hat gerettet und die Schiffe an der Brandung des Meeres.
Doch wahrhaftig! gehorchen wir jetzt der schwarzen Nacht
Und bereiten wir das Nachtmahl, und die schönhaarigen Pferde
Löst von den Wagen und werft ihnen das Futter vor.
Und bringt aus der Stadt Rinder und feiste Schafe,
Eilig, und schafft Wein herbei, honigsinnigen,
Und Brot aus den Häusern, und sammelt dazu viel Holz,
Daß wir die ganze Nacht hindurch bis zur frühgeborenen Eos
Viele Feuer brennen und der Glanz zum Himmel gelangt.
510 Daß nicht sogar in der Nacht die am Haupte langgehaarten Achaier
Zur Flucht sich aufmachen über die breiten Rücken des Meeres.
Wahrhaftig! nicht ohne Mühe sollen sie die Schiffe besteigen, in Ruhe,
Sondern so, daß mancher von ihnen noch zu Haus das Geschoß verdaut,
Getroffen von einem Pfeil oder einer spitzen Lanze,
Wenn er auf das Schiff springt; daß auch ein anderer sich hüte,
Gegen die pferdebändigenden Troer den tränenreichen Ares zu tragen!
Die Herolde aber, die zeusgeliebten, sollen in der Stadt ausrichten,
Daß die halbwüchsigen Knaben und die Alten mit ergrauten Schläfen
Sich lagern rings um die Stadt auf den gotterbauten Türmen,
520 Und die weiblichen Frauen sollen in den Hallen eine jede
Ein großes Feuer brennen, und eine beständige Wache soll sein,
Daß keine Kriegsschar eindringt in die Stadt, wenn die Männer fort sind.
So soll es sein, ihr großherzigen Troer, wie ich es sage,
Und das Wort, das jetzt heilsam ist, soll damit gesagt sein.
Ein anderes aber werde ich morgen reden unter den pferdebändigenden Troern.
Ich hoffe und bete zu Zeus und den anderen Göttern,
Von hier zu verjagen die Hunde, die von den Todesgöttinnen hergeführten,
Die die Todesgöttinnen herführten auf den schwarzen Schiffen!
Aber so laßt uns denn zur Nacht für uns selber wachen,
530 Morgen in der Frühe aber wollen wir, mit Waffen gerüstet,
Bei den gewölbten Schiffen den scharfen Ares wecken.
Ich will doch sehen, ob der Tydeus-Sohn, der starke Diomedes,
Mich zurückstößt von den Schiffen gegen die Mauer oder ob ich
Ihn mit dem Erz töte und das blutige Rüstzeug davontrage!
Morgen wird er seine Bestheit beweisen, ob er meiner Lanze
Standhält, der herankommenden! Doch unter den Ersten, denke ich,

Wird er liegen, getroffen, und viele Gefährten um ihn,
Wenn die Sonne aufgeht zum morgigen Tag! – Wenn ich doch so gewiß
Unsterblich wäre und ohne Alter alle Tage
540 Und geehrt würde, wie geehrt wird Athenaia und Apollon,
Wie jetzt dieser Tag Unheil bringt den Argeiern!«
    So redete Hektor, und die Troer lärmten ihm zu.
Und sie lösten die Pferde vom Joch, die schweißbedeckten,
Und banden sie mit den Riemen bei ihren Wagen an ein jeder.
Und brachten aus der Stadt Rinder und feiste Schafe,
Eilig, und brachten Wein herbei, honigsinnigen,
Und Brot aus den Hallen und sammelten dazu viel Holz,
Und verrichteten den Unsterblichen vollgültige Hundertopfer.
Und es trugen den Fettdampf vom Boden die Winde zum Himmel,
550 Den süßen. Von dem aber speisten nicht die seligen Götter,
Noch wollten sie ihn, denn sehr verhaßt war ihnen die heilige Ilios
Und Priamos und das Volk des lanzenguten Priamos.
    Sie aber, hochgemut, saßen auf den Brücken des Krieges
Die ganze Nacht, und ihnen brannten viele Feuer.
Und wie wenn am Himmel die Sterne um den schimmernden Mond
Sich zeigen hervorstrahlend, wenn ohne Winde ist der Äther,
Und sichtbar werden alle Klippen und vorspringenden Gipfel
Und die Schluchten, und vom Himmel herein bricht der unendliche Äther,
Und man sieht alle Sterne, und es freut sich im Sinn der Hirt:
560 So viele Feuer zwischen den Schiffen und den Strömungen des Xanthos,
Die die Troer da brannten, leuchteten vor Ilios.
Tausend Feuer brannten in der Ebene, und an jedem
Saßen fünfzig im Schein des brennenden Feuers.
Und die Pferde rupften weiße Gerste und Spelt
Und erwarteten bei den Wagen stehend die gutthronende Eos.

NEUNTER GESANG *Besorgnis im Lager der Achaier. Agamemnon bietet auf Nestors Rat dem Achilleus die Versöhnung und reiche Genugtuung an. Aias, Odysseus und Phoinix werden als Gesandte zu Achilleus geschickt. Achilleus zeigt sich unnachgiebig, will aber schließlich, auf Aias' Mahnung, nicht abfahren, sondern warten, bis Hektor und die Troer an seinen Schiffen stehen. Rückkehr der Gesandten. Rede des Diomedes.*

So hielten die Troer die Wacht. Die Achaier aber
Hielt die unsägliche Flucht, die Gefährtin des schaudervollen Schreckens,
Und von Trauer, unerträglicher, waren betroffen alle die Besten.
Und wie zwei Winde das fischreiche Meer aufrühren,
Boreas und Zephyros: sie wehen von Thrakien herüber,
Plötzlich aufgekommen, und zugleich türmt sich auf die schwarze Woge
Und spült vielen Tang an entlang der Salzflut:
So wurde zerrissen der Mut in der Brust der Achaier.
Der Atreus-Sohn aber, von großem Kummer betroffen im Herzen,
10 Ging hin und her und befahl den Herolden, den hellstimmigen,
Zur Versammlung zu laden jeden einzelnen Mann beim Namen,
Doch nicht zu rufen, und er selber mühte sich unter den ersten.
Und sie saßen in der Versammlung, bedrückt. Und auf stand Agamemnon,
Tränen vergießend, wie eine Quelle mit schwarzem Wasser,
Die den steilen Felsen hinab das dunkle Wasser gießt:
So sprach er schwer stöhnend unter den Argeiern die Worte:
»Freunde! ihr Führer der Argeier und Berater!
Groß hat mich Zeus, der Kronide, in schwere Beirrung verstrickt,
Der Harte! der mir damals versprochen und zugenickt hat,
20 Daß ich heimkehren sollte, wenn ich die gutummauerte Ilios vernichtet.
Jetzt aber ersann er bösen Betrug und heißt mich
Ruhmlos nach Argos kehren, nachdem ich viel Volk verloren.
So muß dem Zeus, dem übermächtigen, das wohl lieb sein,
Der schon von vielen Städten die Häupter gelöst hat
Und auch noch lösen wird, denn seine Gewalt ist die größte.
Doch auf! folgen wir alle so wie ich es sage:
Fahren wir ab in den Schiffen ins eigene väterliche Land!
Denn nicht mehr werden wir Troja, die breitstraßige, erobern.«

So sprach er. Die aber waren alle still in Schweigen
30 Und saßen lange stumm, bedrückt, die Söhne der Achaier.
Und spät erst sprach unter ihnen der gute Rufer Diomedes:
»Atreus-Sohn! mit dir zuerst muß ich streiten, dem Unverständigen,
Wie das der Brauch ist, Herr! in der Versammlung, du aber zürne nicht.
Da hast du mir zuerst die Kampfkraft vor den Danaern gescholten
Und gesagt, daß ich unkriegerisch und kraftlos sei, und das alles
Wissen die Argeier, die Jungen wie auch die Alten.
Doch dir gab nur eines von zweien der Sohn des krummgesonnenen Kronos:
Mit dem Herrscherstab gab er dir, geehrt zu werden vor allen,
Kampfkraft aber gab er dir nicht, was die größte Stärke ist.
40 Heilloser! glaubst du denn, die Söhne der Achaier
Seien so ganz unkriegerisch und kraftlos, wie du redest?
Doch wenn dir selbst der Mut danach drängt, nach Hause zu kehren:
Geh! frei ist dir der Weg, und dir liegen die Schiffe
Dicht am Meer, die dir von Mykene gefolgt sind, die sehr vielen.
Aber die anderen bleiben, die am Haupte langgehaarten Achaier,
Bis wir Troja zerstörten. Wenn aber auch diese –
Mögen sie abfahren in den Schiffen ins eigene väterliche Land!
Wir aber, ich und Sthenelos, werden kämpfen, bis wir das Ende
Von Ilios gefunden haben, denn mit dem Gott sind wir gekommen!«
50 So sprach er. Die aber jubelten ihm alle zu, die Söhne der Achaier,
Staunend über das Wort des Diomedes, des Pferdebändigers.
Und unter ihnen stand auf und sprach der Rosselenker Nestor:
»Tydeus-Sohn! überlegen stark bist du im Kampf
Und bist im Rat unter allen Gleichaltrigen der beste.
Keiner wird dir die Rede tadeln von allen Achaiern,
Noch widersprechen; doch zum Ziel der Reden bist du nicht gekommen.
Wirklich! bist du doch auch jung und könntest auch mein Sohn sein,
Der jüngste von Geburt. Doch du redest verständig
Vor den Königen der Argeier, denn du hast nach Gebühr gesprochen.
60 Doch auf! ich, der ich mich rühme, älter zu sein als du,
Will es heraussagen und alles durchgehen, und keiner soll mir
Das Wort mißachten, auch nicht der gebietende Agamemnon.
Ohne Geschlecht, ohne Gesetz, ohne Herd muß der sein,
Der sich sehnt nach dem Krieg, dem schaudervollen, im eigenen Volk!
Doch wahrhaftig! gehorchen wir jetzt der schwarzen Nacht,
Und bereiten wir das Nachtmahl. Aber die Wächter mögen ein jeder
Sich lagern längs des gezogenen Grabens außerhalb der Mauer.
Den jungen Männern trage ich dieses auf. Dann aber –

Atreus-Sohn! du gehe voran, denn du bist der königlichste:
70 Gib ein Mahl den Ältesten! Dir gebührt es und ist dir nicht ungebührlich.
Voll von Wein sind dir die Hütten, den die Schiffe der Achaier
Täglich von Thrakien her über das breite Meer bringen;
Bei dir liegt die ganze Bewirtung, und du gebietest über viele.
Haben aber viele sich versammelt, wirst du dem folgen, wer immer
Den besten Rat zu raten weiß. Und sehr bedürfen alle Achaier
Eines guten und dichten Rats, da die Feinde nahe den Schiffen
Viele Feuer brennen: wer wird sich darüber freuen?
Diese Nacht wird das Heer vernichten oder retten!«
     So sprach er, und die hörten gut auf ihn und gehorchten.
80 Und heraus stürmten die Wächter mit ihren Waffen
Um den Nestor-Sohn Thrasymedes, den Hirten der Völker,
Und um Askalaphos und Ialmenos, die Söhne des Ares,
Und um Meriones und Aphareus und Deïpyros
Und um den Sohn des Kreion, den göttlichen Lykomedes.
Sieben waren die Führer der Wachen, und hundert gingen mit jedem
Junge Männer und trugen lange Lanzen in den Händen.
Und sie gingen und setzten sich mitten zwischen Graben und Mauer
Und zündeten dort ein Feuer an und bereiteten sich das Nachtmahl ein jeder.
     Der Atreus-Sohn aber führte die Ältesten der Achaier alle zusammen
90 Zur Hütte und setzte ihnen ein dem Mute zusagendes Mahl vor.
Und sie streckten die Hände aus nach den bereiten, vorgesetzten Speisen.
Doch als sie das Verlangen nach Trank und Speise vertrieben hatten,
Da begann ihnen der Greis als allererster einen Plan zu weben,
Nestor, von dem auch vorher stets der beste Rat erschien.
Der redete vor ihnen mit rechtem Sinn und sagte:
»Atreus-Sohn! Ruhmvollster! Herr der Männer Agamemnon!
Mit dir will ich enden und mit dir beginnen, da du über viele
Völker der Herr bist, und es hat Zeus dir in die Hand gelegt
Herrscherstab und Satzungen, daß du ihnen ratest.
00 Darum mußt du mehr als andere ein Wort sagen und auch darauf hören,
Und es auch einem anderen vollenden, wenn einen der Mut heißt,
Daß er zum Guten spricht. Von dir hängt ab, worin er vorangeht.
Ich aber will sagen, wie es mir am besten zu sein scheint.
Denn kein anderer wird einen besseren Gedanken als diesen erdenken,
Wie ich ihn denke, schon lange wie auch jetzt noch:
Von da an, wo du, Zeusgenährter, hingingst und die Jungfrau Briseïs
Dem zürnenden Achilleus aus der Hütte fortnahmst –
Nicht nach unserem Sinn! Denn sehr habe ich dir

Vielfach abgeraten, du aber gabst deinem großherzigen Mute nach
110 Und hast den besten Mann, den selbst die Unsterblichen ehrten,
Verunehrt, denn du nahmst und hast sein Ehrgeschenk. Aber auch jetzt noch
Laß uns darauf denken, wie wir ihn versöhnen und bereden können
Mit freundlichen Gaben und sanften Worten.«
    Da sagte wieder zu ihm der Herr der Männer Agamemnon:
»Alter! nicht unwahr hast du meine Beirrungen dargelegt.
Ich war beirrt und leugne es selbst nicht. Viele Männer
Wiegt ja ein Mann auf, den Zeus von Herzen liebt,
Wie er jetzt diesen ehrte und bezwang das Volk der Achaier.
Aber da ich beirrt war und meinem leidigen Sinn vertraute,
120 Will ich es wiedergutmachen und unermeßliche Buße geben.
Vor euch allen will ich die ringsberühmten Gaben nennen.
Sieben noch nicht vom Feuer berührte Dreifüße und zehn Pfunde Goldes,
Blinkende Kessel zwanzig und zwölf Pferde,
Stattliche, preistragende, die mit den Füßen Preise gewannen.
Nicht unbegütert wäre der Mann, dem so viel zuteil würde,
Und auch nicht arm an hochgeschätztem Golde,
Wieviel mir Kampfpreise gebracht haben die einhufigen Pferde.
Und sieben Frauen will ich geben, die untadlige Werke wissen,
Von Lesbos, die, als er selbst Lesbos, die gutgebaute, nahm,
130 Ich mir auswählte, die an Schönheit besiegten die Stämme der Frauen.
Die gebe ich ihm, und darunter wird die sein, die ich damals fortnahm,
Die Tochter des Brises; und will dazu den großen Eid schwören,
Daß ich nie ihr Lager bestiegen und mich mit ihr vereinigt,
Wie das unter Menschen der Brauch ist, Männern wie Frauen.
Dies soll ihm alles sofort bereit sein. Wenn aber hinwieder
Die Götter geben, daß wir die große Stadt des Priamos zerstören,
So soll er ein Schiff genug mit Gold und Erz beladen,
Wenn er kommt und die Achaier die Beute verteilen.
Und troische Frauen zwanzig soll er sich selbst auswählen,
140 Die nach der argeischen Helena die schönsten sind.
Doch wenn wir zum achaischen Argos kommen, dem Euter des Landes,
Mag er mein Schwiegersohn sein, und ich will ihn ehren gleich dem
                                                                    Orestes,
Der mir als Spätgeborener aufgenährt wird in vieler Fülle.
Und drei Töchter sind mir in der gutgezimmerten Halle:
Chrysothemis und Laodike und Iphianassa;
Von denen mag er, welche er will, als die Seine davonführen, ohne
                                                                    Brautkauf,

Zum Haus des Peleus. Ich aber will noch Erfreuliches mitgeben,
Sehr vieles, soviel noch niemals einer mitgab seiner Tochter.
    Und sieben gutbewohnte Städte will ich ihm geben:
50 Kardamyle und Enope und die grasreiche Hire
Und Pherai, die hochheilige, und Antheia mit tiefen Wiesen
Und die schöne Aipeia und Pedasos, die weintragende.
Alle liegen sie nahe der Salzflut, am äußersten Rand der sandigen Pylos,
Und Männer wohnen darin, reich an Herden, reich an Rindern,
Die mit Beschenkungen wie einen Gott ihn ehren werden
Und unter seinem Herrscherstab ihm fette Satzungen erfüllen. –
Diese Dinge wollte ich ihm erfüllen, wenn er abläßt vom Zorn.
Bändige er sich! Hades, wahrlich, ist unversöhnlich und unbezwinglich,
Darum ist er auch den Sterblichen der Verhaßteste aller Götter!
60 Und er ordne sich mir unter! um soviel königlicher ich bin
Und soviel an Geburt ich mich rühme, früher geboren zu sein!«
    Da antwortete ihm der Gerenier, der Rosselenker Nestor:
»Atreus-Sohn! Ruhmvollster! Herr der Männer Agamemnon!
Nicht mehr verächtliche Gaben bietest du dem Herrn Achilleus.
Doch auf! laßt uns ausgewählte Männer antreiben, die aufs schnellste
Zur Lagerhütte gehen des Peleus-Sohns Achilleus.
Oder auf! ich will sie aussuchen, und die mögen folgen.
Phoinix soll zu allererst, der zeusgeliebte, vorangehen,
Alsdann aber Aias, der große, und der göttliche Odysseus,
70 Und von Herolden sollen Odios und Eurybates mitgehen.
Doch bringt Wasser für die Hände und gebietet, daß man schweige,
Daß wir zu Zeus, dem Kroniden, beten, ob er sich erbarme.«
    So sprach er, und ihnen allen gefiel das Wort, das er gesprochen.
Alsbald gossen Herolde ihnen Wasser über die Hände,
Und Jünglinge füllten die Mischkrüge bis zum Rand mit dem Trank
Und teilten allen zu, vorher spendend aus den Bechern.
Doch als sie den Weihguß getan und getrunken hatten, soviel der Mut
                                                                    wollte,
Brachen sie auf aus der Hütte Agamemnons, des Atreus-Sohns.
Denen aber trug vielfach auf der Gerenier, der Rosselenker Nestor,
80 Jeden einzelnen anblickend, am meisten aber dem Odysseus,
Zu versuchen, wie sie bereden den untadligen Peleus-Sohn.
    Und die beiden schritten hin das Ufer entlang des vieltosenden Meeres
Und beteten sehr viel zu dem Erdbeweger, dem Erderschütterer,
Daß sie leicht bereden möchten den großen Sinn des Aiakiden.
Und sie gelangten zu den Lagerhütten und Schiffen der Myrmidonen

Und fanden ihn, wie er seinen Sinn erfreute mit der hellstimmigen Leier,
Der schönen, kunstreichen, und ein silberner Steg war auf ihr.
Die hatte er genommen aus der Beute, als er die Stadt des Eëtion zerstörte.
Mit dieser erfreute er seinen Mut und sang die Rühme der Männer.
190 Patroklos aber saß ihm gegenüber, allein, in Schweigen,
Und wartete, wann der Aiakide aufhörte mit Singen.
Die aber kamen näher, und voran schritt der göttliche Odysseus.
Und sie traten vor ihn, und staunend sprang auf Achilleus
Mitsamt der Leier und verließ den Sitz, wo er gesessen.
Und ebenso stand Patroklos auf, als er die Männer sah.
Und ihnen den Willkomm bietend sagte der fußschnelle Achilleus:
»Freut euch! Ja, als Freunde kommt ihr! Ja, sehr bedurfte es dessen!
Die ihr, so erbittert ich bin, mir die liebsten sein sollt der Achaier!«
So sprach er und führte sie hinein, der göttliche Achilleus,
200 Und ließ sie niedersitzen auf Lehnstühlen und purpurnen Decken.
Und schnell sprach er zu Patroklos, der ihm nah war:
»Einen größeren Mischkrug, Sohn des Menoitios, stelle nun auf
Und mische einen kräftigeren und bereite jedem einen Becher!
Denn diese sind als die liebsten Männer unter mein Dach gekommen.«
So sprach er, und Patroklos gehorchte seinem Gefährten
Und stellte die große Fleischbank hin im Schein des Feuers
Und legte den Rücken eines Schafs darauf und einer fetten Ziege,
Und legte darauf das Rückenstück eines feisten Schweins, blühend von Fett.
Und ihm hielt es Automedon, doch es zerlegte der göttliche Achilleus
210 Und zerstückelte es gut und spießte es auf Bratspieße.
Und das Feuer fachte groß an der Menoitios-Sohn, der gottgleiche Mann.
Doch als das Feuer niedergebrannt war und hinschwand die Flamme,
Breitete er die Holzkohle aus und streckte die Spieße darüber
Und streute göttliches Salz darauf und hob sie auf die Herdgabeln.
Und nachdem er es gebraten und auf die Fleischbretter geschüttet,
Nahm Patroklos das Brot und verteilte es auf dem Tisch
In schönen Körben, und das Fleisch verteilte Achilleus.
Und selber setzte er sich dem göttlichen Odysseus gegenüber
An der anderen Wand, und gebot dem Patroklos, seinem Gefährten,
220 Den Göttern zu opfern, und der warf die Opferstücke ins Feuer.
Und sie streckten die Hände aus nach den bereiten vorgesetzten Speisen.
Und als sie das Verlangen nach Trank und Speise vertrieben hatten,
Nickte Aias dem Phoinix zu. Doch das bemerkte der göttliche Odysseus,
Und er füllte seinen Becher mit Wein und trank dem Achilleus zu:
»Freue dich, Achilleus! Am gebührenden Mahl haben wir nicht Mangel,

Nicht in der Hütte Agamemnons, des Atreus-Sohns,
Noch auch jetzt hier. Denn da sind viele dem Mut zusagende Dinge,
Um zu speisen. Doch nicht um die Werke der erfreulichen Mahlzeit geht es,
Sondern auf ein gar zu großes Unheil schauend, Zeusgenährter!,
230 Sind wir in Furcht! Und zweifelhaft ist, ob gerettet oder vernichtet werden
Die gutverdeckten Schiffe, wenn du nicht tauchst in deine Kampfkraft.
Denn nahe den Schiffen und der Mauer haben ihr Lager aufgeschlagen
Die hochgemuten Troer und weitberühmten Verbündeten
Und haben viele Feuer angezündet im Heer, und nicht mehr, sagen sie,
Werden sie sich zurückhalten, sondern in die schwarzen Schiffe fallen.
Und Zeus, der Kronide, ihnen günstige Zeichen weisend,
Blitzt. Und Hektor, gewaltig in Kraft sich brüstend,
Rast ungeheuerlich, auf Zeus vertrauend, und ehrt für nichts
Weder Männer noch Götter: ein starker Wahnsinn ist in ihn getaucht!
240 Er betet, daß aufs schnellste das göttliche Frühlicht erscheine,
Denn er droht, von den Schiffen die höchsten Heckspitzen abzuhauen
Und sie selbst zu verbrennen in mächtigem Feuer, und die Achaier
Bei ihnen zu erschlagen, verwirrt von dem Rauch.
Dies fürchte ich gewaltig im Sinn: daß nicht seine Drohungen
Ihm die Götter erfüllen und daß es uns bestimmt ist,
Zugrunde zu gehen in Troja, fern von Argos, dem pferdenährenden.
Aber auf! wenn du gedenkst, selbst spät noch, die Söhne der Achaier,
Die bedrängten, herauszuretten aus dem Kampflärm der Troer!
Selbst wird es dir hernach ein Kummer sein, und da ist kein Mittel,
250 Für geschehenes Unheil Heilung zu finden. Nein, weit eher
Bedenke, wie du den Danaern abwehren wirst den schlimmen Tag!
Lieber! hat, wirklich! dir der Vater doch aufgetragen, Peleus,
An dem Tag, als er dich aus Phthia dem Agamemnon schickte:
›Mein Kind! Kraft werden Athenaia und Here
Geben, wenn sie es wollen. Du aber halte den großherzigen Mut
Fest in der Brust, denn Freundlichkeit ist besser!
Laß ab von dem unheilstiftenden Streit, so werden mehr dich
Ehren die Argeier, die Jungen wie auch die Alten!‹
So trug der Alte dir auf, doch du vergißt es. Aber auch jetzt noch:
260 Hör auf! laß den Zorn, den herzkränkenden! Und Agamemnon
Wird dir angemessene Gaben geben, wenn du abläßt vom Zorn.
Willst du, so höre es von mir, und ich will dir herzählen,
Wie viele Gaben in seiner Hütte dir versprochen hat Agamemnon.
Sieben noch nicht vom Feuer berührte Dreifüße und zehn Pfunde Goldes,
Blinkende Kessel zwanzig und zwölf Pferde,

Stattliche, preistragende, die mit den Füßen Preise gewannen.
Nicht unbegütert wäre der Mann, dem so viel zuteil würde,
Und auch nicht arm an hochgeschätztem Gold,
Wieviel des Agamemnon Pferde Kampfpreise gewannen mit den Füßen.
270 Und sieben Frauen will er geben, die untadlige Werke wissen,
Von Lesbos, die, als du selbst Lesbos, die gutgebaute, nahmst,
Er sich auswählte, die damals an Schönheit besiegten die Stämme der Frauen.
Die will er dir geben, und darunter wird sein, die er damals fortnahm:
Die Tochter des Brises, und er will dazu den großen Eid schwören,
Daß er nie ihr Lager bestiegen und sich mit ihr vereinigt,
Wie das der Brauch ist, Herr! unter Männern wie Frauen.
Dies soll dir alles sofort bereit sein. Wenn aber hinwieder
Die Götter geben, daß wir die große Stadt des Priamos zerstören,
So sollst du ein Schiff genug mit Gold und Erz beladen,
280 Wenn du kommst und wir Achaier die Beute verteilen.
Und troische Frauen zwanzig sollst du dir selbst auswählen,
Die nach der argeischen Helena die schönsten sind.
Doch wenn wir zum achaischen Argos kommen, dem Euter des Landes,
Magst du sein Schwiegersohn sein, und er will dich ehren gleich dem
                                                                      Orestes,
Der ihm als Spätgeborener aufgenährt wird in vieler Fülle.
Und drei Töchter sind ihm in der gutgezimmerten Halle:
Chrysothemis und Laodike und Iphianassa;
Von denen magst du, welche du willst, als die Deine davonführen, ohne
                                                                      Brautkauf,
Zum Haus des Peleus. Er aber will noch Erfreuliches mitgeben,
290 Sehr vieles, soviel noch niemals einer mitgab seiner Tochter.
Und sieben gutbewohnte Städte will er dir geben:
Kardamyle und Enope und die grasreiche Hire
Und Pherai, die hochheilige, und Antheia mit tiefen Wiesen
Und die schöne Aipeia und Pedasos, die weintragende.
Alle liegen sie nahe der Salzflut, am äußersten Rand der sandigen Pylos,
Und Männer wohnen darin, reich an Herden, reich an Rindern,
Die mit Beschenkungen wie einen Gott dich ehren werden
Und unter deinem Herrscherstab dir fette Satzungen erfüllen. –
Diese Dinge wird er dir erfüllen, wenn du abläßt vom Zorn.
300 Doch wenn der Atreus-Sohn dir noch mehr verhaßt ist im Herzen,
Er selbst und seine Gaben, so erbarme du dich doch der anderen
All-Achaier, der bedrängten im Heer, die wie einen Gott dich
Ehren werden. Denn sehr großen Ruhm magst du unter ihnen gewinnen:

Jetzt könntest du Hektor fassen, denn sehr nah wird er dir kommen
In seinem Wahnsinn, dem verderblichen, da keiner, so sagt er,
Ihm gleich sei unter den Danaern, die hierher die Schiffe führten.«
    Da antwortete und sagte zu ihm der fußschnelle Achilleus:
»Zeusentsproßter Laertes-Sohn, reich an Erfindungen, Odysseus!
Not ist es, das Wort ohne Rückhalt herauszusagen,
10 So wie ich es denke und wie es auch vollendet wird,
Daß ihr nicht bei mir sitzt und mir vorgirrt, der eine hier, der andere dort.
Denn verhaßt ist mir der Mann gleich den Toren des Hades,
Der das eine verbirgt im Sinn und anderes ausspricht.
Ich aber will sagen, wie es mir am besten zu sein scheint.
Nicht wird mich der Atreus-Sohn Agamemnon bereden, meine ich,
Und auch nicht die anderen Danaer, da ja kein Dank war,
Daß ich kämpfte mit feindlichen Männern unablässig immer.
Gleiches Teil wird dem, der zurückbleibt, und wer noch so sehr kämpft,
Und in gleicher Ehre steht der Schlechte wie auch der Tüchtige.
20 Gleichermaßen stirbt der Tatenlose und wer vieles getan hat.
Nichts hat es mir verschafft, daß ich Schmerzen litt im Mute,
Immer mein Leben daransetzend, um zu kämpfen.
Und wie eine Vogelmutter den unflüggen Jungen hinträgt
Den Bissen, wenn sie ihn findet, und schlecht geht es ihr selber,
So habe auch ich viele schlaflose Nächte hingebracht
Und Tage, blutige, durchgemacht im Kampfe,
Mit Männern kämpfend um der Frauen willen von denen!
Zwölf Städte von Menschen habe ich schon zerstört mit Schiffen,
Zu Fuß aber elf, so sage ich, in der starkscholligen Troja.
30 Aus diesen allen habe ich Kleinode viele und edle
Mir geholt und alles gebracht und dem Agamemnon gegeben,
Dem Atreus-Sohn! Und der, hinten bleibend bei den schnellen Schiffen,
Nahm es, und weniges verteilte er, doch vieles behielt er,
Anderes aber gab er den Ersten als Ehrgeschenk und den Königen.
Denen liegt dies sicher. Mir allein aber von den Achaiern
Nahm er es und hat die Gattin, die herzerfreuende. Mag er liegen
Bei ihr und sich ergötzen! Warum aber müssen Krieg führen mit den Troern
Die Argeier? Und warum hat das Volk gesammelt und hergeführt
Der Atreus-Sohn? Etwa nicht der Helena wegen, der schönhaarigen?
40 Lieben allein denn ihre Gattinnen von den sterblichen Menschen
Die Atreus-Söhne? Wo doch jeder gute und verständige Mann
Die Seine lieb hat und für sie sorgt, so wie auch ich diese
Von Herzen lieb hatte, war sie auch eine Speergefangene.

Doch jetzt, da er mir aus den Händen das Ehrgeschenk nahm und mich
                                                                    betrogen,
Soll er es nicht versuchen mit mir, der ich es gut weiß! Er wird mich nicht
                                                                    bereden!
Nein, mag er, Odysseus, mit dir und den anderen Königen
Bedenken, wie er von den Schiffen abwehrt das feindliche Feuer!
Ja, sehr viel hat er sich schon gemüht, während ich fern war,
Und hat da eine Mauer gebaut und an ihr einen Graben gezogen,
350 Einen breiten, großen, und innen Pfähle eingerammt.
Aber auch so vermag er die Stärke Hektors, des männermordenden,
Nicht aufzuhalten! Doch solange ich unter den Achaiern kämpfte,
Wollte er nie die Schlacht vorantragen von der Mauer, Hektor,
Sondern nur bis zum Skäischen Tor und der Eiche kam er,
Wo er einmal mir allein sich stellte, und kaum entrann er meinem Angriff.
Jetzt aber, da ich nicht kämpfen will mit dem göttlichen Hektor,
Wirst du morgen, wenn ich dem Zeus und allen Göttern geopfert
Und die Schiffe gut beladen und sie ins Meer hinabgezogen,
Sehen, wenn du willst und wenn dich dies kümmert,
360 Wie ganz in der Frühe über den fischreichen Hellespontos fahren
Meine Schiffe, und darin Männer, die sich zu rudern beeifern.
Gibt aber gute Fahrt der ruhmvolle Erderschütterer,
Mag ich am dritten Tag in die starkschollige Phthia gelangen.
Habe ich doch sehr vieles, was ich dort ließ, als ich zum Unglück hierherfuhr,
Und anderes werde ich von hier: Gold wie auch rötliches Erz
Und Frauen, gutgegürtete, und graues Eisen
Mitführen, soviel ich erlost. Nur das Ehrgeschenk, das er gegeben,
Nahm er mir wieder, gewalttätig, der gebietende Agamemnon,
Der Atreus-Sohn! Dem sage alles, wie ich es auftrage,
370 Öffentlich, daß auch die anderen Achaier darüber erbittert sind,
Wenn er noch irgendeinen der Danaer hofft zu betrügen,
Immer in Unverschämtheit gehüllt; und nicht würde er wagen,
Mir, hündisch, wie er ist, ins Angesicht zu blicken.
Nicht will ich Ratschläge mit ihm beraten noch gar ein Werk!
Denn er hat mich betrogen und an mir übel getan, und niemals wieder
Soll er mich täuschen mit Worten. Das mag ihm genügen! Sondern in Ruhe
Fahre er hin! Denn die Sinne hat ihm benommen der ratsinnende Zeus.
Verhaßt sind mir seine Gaben, und ich achte ihn für gar nichts!
Und wollte er mir auch zehnmal und zwanzigmal soviel geben,
380 Soviel er jetzt hat, und wenn noch von irgendwo anderes hinzukäme,
Oder soviel in Orchomenos eingeht oder soviel in Theben,

Dem ägyptischen, wo in den Häusern der meiste Besitz liegt –
Hunderttorig ist es, und zweihundert können durch jedes
Männer herausziehen mit Pferden und Wagen –
Und wollte er mir soviel geben, wie da Sand und Staub ist:
Auch so würde er nicht mehr meinen Mut bereden, Agamemnon,
Bis er mir nicht die ganze hat abgebüßt, die herzkränkende Beschimpfung!
Eine Tochter aber nehme ich nicht von Agamemnon, dem Atreus-Sohn,
Und wenn sie mit der goldenen Aphrodite an Schönheit stritte
Und es an Werken Athenaia, der helläugigen, gleichtäte:
Auch so nehme ich sie nicht! Mag er sich von den Achaiern einen anderen
Auswählen, wer immer ihm zusagt und wer königlicher ist!
Denn wenn mich die Götter bewahren und ich nach Hause gelange,
Wird mir Peleus dann gewiß eine Frau aussuchen, er selber.
Viele Achaierinnen sind da in Hellas und Phthia,
Töchter von Vornehmsten, welche Städte beschirmen;
Von denen mache ich, welche ich will, zu meiner Gattin!
Dort verlangte mir gar vielfach der mannhafte Mut,
Eine eheliche Gattin zu freien, eine angemessene Lagergenossin,
Und mich der Güter zu erfreuen, die der Greis erworben hat, Peleus.
Denn das Leben wiegt mir nichts auf, auch nicht, soviel sie sagen,
Daß Ilios an Gütern besaß, die gutbewohnte Stadt,
Vormals im Frieden, ehe die Söhne der Achaier kamen,
Noch soviel die steinerne Schwelle des Pfeilschützen im Innern
Einschließt, des Phoibos Apollon, in der felsigen Pytho.
Denn erbeuten kann man Rinder und feiste Schafe,
Und erwerben Dreifüße und Pferde mit falben Häuptern:
Das Leben aber eines Mannes, daß es wiederkehre, kann weder erbeutet
Noch ergriffen werden, sobald es verlassen hat das Gehege der Zähne.
Denn die Mutter sagt, die Göttin, die silberfüßige Thetis,
Daß mich zwiefache Lose führen zum Ziel des Todes:
Wenn ich hierbleibe und kämpfe um die Stadt der Troer,
Ist mir verloren die Heimkehr, doch wird unvergänglich der Ruhm sein.
Wenn ich aber nach Hause gelange ins eigene väterliche Land,
Ist mir verloren der gute Ruhm, doch wird mir lange das Leben
Dauern und mich nicht schnell das Ziel des Todes erreichen. –
Doch auch den anderen möchte ich zureden,
Abzufahren nach Hause, denn nicht mehr werdet ihr das Ende finden
Der steilen Ilios, denn stark hält der weitumblickende Zeus
Seine Hand über sie, und voll Zuversicht sind die Völker.
Ihr aber geht und richtet den Ersten der Achaier

Die Botschaft aus, denn das ist das Vorrecht der Alten:
Daß sie auf einen anderen Rat im Sinne denken, einen besseren,
Der ihnen die Schiffe bewahrt sowie das Volk der Achaier
Bei den gewölbten Schiffen, denn dieser steht ihnen nicht bereit,
Auf den sie jetzt gedacht haben, denn ich zürne weiter! –
Doch Phoinix soll hier bei uns bleiben und sich niederlegen,
Daß er mir in den Schiffen folge ins eigene väterliche Land,
Morgen – wenn er will: gezwungen werde ich ihn nicht mitführen.«
430   So sprach er, und die waren alle stumm in Schweigen,
Von dem Wort betroffen, denn sehr gewaltig hatte er es verweigert.
Und spät erst sprach unter ihnen der Alte, der Rossetreiber Phoinix,
In Tränen ausbrechend, denn er fürchtete sehr für die Schiffe der Achaier:
»Wenn du dir denn die Heimkehr in den Sinn legst, strahlender Achilleus
Und gar nicht abwehren willst von den schnellen Schiffen
Das vernichtende Feuer, da dir der Zorn den Mut befallen –
Wie sollte ich dann ohne dich, liebes Kind, hier zurückbleiben,
Allein? Denn dir schickte mich mit der greise Rossetreiber Peleus
An dem Tag, als er dich aus Phthia dem Agamemnon schickte:
440   Den Kindischen, der noch den gemeinsamen Kampf nicht kannte
Noch auch die Versammlungen, wo sich auszeichnen die Männer.
Darum sandte er mich mit, dich alles das zu lehren:
Ein Redner von Worten zu sein und ein Täter von Taten.
So wollte ich dann ohne dich, liebes Kind, nicht zurückbleiben,
Auch nicht, wenn mir ein Gott selber verspräche,
Das Alter abzuschaben und mich so jugendkräftig zu machen
Wie damals, als ich zuerst verließ das frauenschöne Hellas,
Fliehend den Streit mit dem Vater, Amyntor, dem Ormeniden,
Der mir sehr zürnte der Kebse wegen, der schönhaarigen,
450   Die er selber liebte und mißachtete die Gattin,
Meine Mutter. Die flehte mich an beständig bei den Knien,
Mich vorher mit der Kebse zu vermischen, damit sie verabscheute den Alten
Ihr gehorchte ich und tat es. Und sofort argwöhnte es mein Vater
Und fluchte mir viel und rief dazu die verhaßten Erinyen:
Daß niemals auf seine Knie gesetzt werde ein eigener Sohn,
Der von mir erzeugt sei. Und die Götter erfüllten die Flüche:
Zeus, der unterirdische, und die furchtbare Persephoneia.
Da gedachte ich ihn zu töten mit dem scharfen Erz,
Doch einer der Unsterblichen hemmte den Zorn, der mir in den Sinn legte
460   Die Nachrede des Volks und die vielen Schmähungen der Menschen,
Daß ich nicht Vatermörder unter den Achaiern hieße.

Da ließ sich mir durchaus nicht mehr der Mut zurückhalten im Innern,
Während der Vater zürnte, herumzustreichen in den Häusern.
Ja, da versuchten viel die Gesippen und die Vettern um mich,
Mich flehend dort zurückzuhalten in den Häusern.
Und viele feiste Schafe und schleppfüßige krummgehörnte Rinder
Schlachteten sie; und viele Schweine, blühend von Fett,
Sengten sie ab und streckten sie über die Flamme des Hephaistos,
Und viel Wein wurde getrunken aus den Krügen des Alten.
470 Und neun Nächte lang verbrachten sie um mich her die Nacht
Und stellten abwechselnd Wachen auf, und nie verlosch das Feuer:
Das eine unter der Vorhalle des gutumzäunten Hofes,
Das andere im Vorhaus vor den Türen des Schlafgemachs.
Doch als mir nun die zehnte finstere Nacht heraufkam,
Da brach ich die Türen auf des Schlafgemachs, die dichtgefugten,
Und ging hinaus und sprang über den Zaun des Hofes
Und entging leicht den wachenden Männern und den dienenden Frauen.
Dann floh ich fern hinweg durch das weiträumige Hellas
Und kam nach Phthia, der starkscholligen, der Mutter der Schafe,
480 Zu Peleus, dem Herrn. Und der nahm mich bereitwillig auf
Und tat mir Liebes an, wie ein Vater Liebes antut seinem Sohn,
Dem einzigen, spätgeborenen, als Erbe vielen Besitzes,
Und machte mich reich und verlieh mir viel Volk,
Und ich wohnte zu äußerst in Phthia und herrschte über die Doloper.
Und dich habe ich so groß gemacht, den Göttern gleicher Achilleus!,
Und liebte dich von Herzen, da du mit keinem anderen
Zum Mahle gehen wolltest oder essen in den Hallen,
Ehe ich dich nicht auf meine Knie setzte und sättigte
Mit Fleisch, das ich vorschnitt, und den Wein dir hinhielt.
490 Oftmals hast du den Rock mir an der Brust befeuchtet,
Den Wein aussprudelnd nach leidiger Kinderart.
So habe ich für dich sehr viel ertragen und mich viel gemüht,
Das bedenkend, daß mir die Götter keinen Nachkommen vollenden würden
Aus mir selbst. Doch dich habe ich mir zum Sohn gemacht, den Göttern gleicher
                                                            Achilleus!
Daß du mir einmal abwehrtest ein schmähliches Verderben. –
Aber, Achilleus! bezwinge den großen Mut! Mußt du doch nicht
Ein mitleidloses Herz haben! Nachgiebig sind auch die Götter selber,
Denen doch noch größer die Kraft ist, die Ehre und die Gewalt.
Doch auch sie lassen sich mit Rauchopfern und sanften Gebeten
500 Und Weihguß und Fettdampf umstimmen von den Menschen,

Die da bitten, wenn einer sich vergangen und verfehlt hat.
Denn da sind auch die BITTEN, die Töchter des großen Zeus,
Lahm und runzlig und seitwärts blickend mit den Augen,
Deren Geschäft es auch ist, hinter Ate, der Verblendung, herzugehen.
Ate aber ist stark und hat gerade Füße, darum läuft sie
Allen weit voraus und ist früher da auf der ganzen Erde,
Schadend den Menschen; die aber heilen hernach es wieder.
Wer nun scheut die Töchter des Zeus, wenn sie zu ihm kommen,
Dem bringen sie großen Nutzen und hören ihn, wenn er betet.
510 Wo einer sie aber abweist und es starr verweigert,
Da gehen sie denn zu Zeus Kronion und bitten,
Daß ihn die Ate begleite, damit er durch Schaden büße.
Aber, Achilleus! gib auch du, daß den Töchtern des Zeus
Ehre folge, die auch den Sinn von anderen Edlen umstimmt!
Denn wenn er nicht Gaben brächte und anderes nennte für später,
Der Atreus-Sohn, sondern immer heftig beschwerlich bliebe,
Nicht würde ich dir dann raten, den Zorn von dir zu werfen
Und den Argeiern zu helfen, so sehr sie es ersehnen.
Nun aber gibt er vieles sofort und verspricht anderes für später,
520 Und hat Männer zu bitten ausgesandt, die Besten,
Die er erwählt hat im achaischen Volk und die auch dir selber
Die Liebsten sind der Argeier. Deren Wort sollst du nicht beschämen
Noch ihre Füße; vorher war es nicht zu verargen, daß du zürntest.
So haben wir auch von früheren Männern Kunde erfahren,
Heroen, wann immer ein heftiger Zorn einen ankam:
Zugänglich waren sie für Gaben und zu bereden mit Worten.
Ich denke da an dieses Ereignis von alters, nicht erst von neulich,
Wie es war, und will es vor euch allen, den Freunden, berichten.
Da kämpften die Kureten und die Aitoler, die standhaften,
530 Um die Stadt Kalydon und erschlugen einander:
Die Aitoler, sich wehrend um die liebliche Kalydon,
Die Kureten begierig, sie im Ares zu vernichten.
Denn da hatte jenen ein Unheil erregt die goldthronende Artemis,
Zürnend, weil ihr nicht Ernteopfer an der Lehne des Saatfelds
Oineus gebracht. Doch die anderen Götter speisten Hundertopfer,
Aber einzig ihr opferte er nicht, der Tochter des großen Zeus,
Ob er es nun vergaß oder nicht bedachte: groß beirrt war er im Mute.
Sie aber, die Pfeilschüttende, erregte zürnend von göttlichem Geschlecht
Einen Keiler, einen wilden Eber mit weißem Zahn,
540 Der viel Schlimmes zu tun pflegte dem Feld des Oineus

Und ausgerissen viele große Bäume zu Boden warf
Mitsamt den Wurzeln und mitsamt den Blüten der Äpfel.
Den aber tötete der Sohn des Oineus, Meleagros,
Der aus vielen Städten Jägermänner zusammenbrachte
Und Hunde, denn nicht von wenigen Sterblichen war er zu bezwingen,
So groß war er und schickte viele auf den leidigen Scheiterhaufen.
Sie aber schuf um ihn viel Lärm und Kampfgeschrei,
Um den Kopf des Ebers und die Haut, die zottige,
Zwischen den Kureten und den Aitolern, den hochgemuten.
550 Solange nun Meleagros, der aresgeliebte, kämpfte,
So lange ging es den Kureten schlimm, und sie vermochten nicht,
Vor der Mauer draußen standzuhalten, so viele sie waren.
Doch als nun in Meleagros tauchte der Zorn, der auch anderen
Schwellen läßt in der Brust den Sinn, so verständig sie sind,
Ja, da lag er, seiner Mutter Altheia zürnend im Herzen,
Bei seiner ehelichen Gattin, der schönen Kleopatra,
Der Tochter der Marpessa, der Euenos-Tochter mit den schönen Fesseln,
Und des Idas, der der stärkste war unter den irdischen Männern
Von damals, und sogar gegen den Herrn erhob er den Bogen,
560 Phoibos Apollon, um der Frau willen mit den schönen Fesseln.
Diese nannten damals in den Häusern der Vater und die hehre Mutter
Alkyone mit Beinamen, weil ihre Mutter
In dem Schicksal des vieltrauernden Eisvogels klagte,
Als sie der Ferntreffer emporraffte, Phoibos Apollon.
Bei der lag Meleagros, den herzkränkenden Zorn verkochend,
Zürnend wegen der Flüche seiner Mutter, die zu den Göttern
Viel hatte geflucht im Leid um die Ermordung des Bruders.
Und viel drosch sie auch die vielnährende Erde mit den Händen,
Den Hades rufend und die furchtbare Persephoneia,
570 Auf den Knien kauernd, und feucht von Tränen war ihr Gewand,
Dem Sohn den Tod zu geben. Und die im Dunkeln wandelnde Erinys
Hörte sie aus dem Erebos, die ein unversöhnliches Herz hat.
Doch denen erhob sich schnell um die Tore ein Getöse und ein Dröhnen,
Als die Türme getroffen wurden. Den aber flehten die Ältesten
Der Aitoler an – sie entsandten der Götter vornehmste Priester –,
Herauszukommen und zu helfen, und versprachen ein großes Geschenk.
Wo immer am fettesten wäre die Ebene der lieblichen Kalydon,
Da hießen sie ihn, sich ein sehr schönes Landgut auszuwählen,
Fünfzig Äcker groß, und sich davon die Hälfte als Weinland
580 Und die Hälfte als baumloses Ackerland aus der Ebene herauszuschneiden.

Und viel bat ihn inständig der greise Rossetreiber Oineus,
Auf die Schwelle hingetreten der hochüberdachten Kammer,
Rüttelnd an den festen Torflügeln, den Sohn auf Knien bittend.
Und viel flehten ihn an die Schwestern und die hehre Mutter –
Der aber weigerte sich noch mehr – und viel die Gefährten,
Die ihm die nächsten und liebsten waren von allen.
Doch konnten sie auch so nicht seinen Mut in der Brust bereden,
Ehe nicht das Schlafgemach häufig getroffen wurde; die aber
Erstiegen die Türme, die Kureten, und wollten in Brand setzen die große Stadt.
590 Und da nun flehte den Meleagros die gutgegürtete Gattin
Jammernd an und zählte ihm her alle Kümmernisse,
So viele den Menschen werden, deren Stadt erobert wird:
Die Männer töten sie, die Stadt vertilgt das Feuer,
Die Kinder führen andere hinweg und die tiefgegürteten Frauen.
Dem aber wurde erregt der Mut, als er die schlimmen Dinge hörte,
Und er schritt hin und ging und tauchte mit dem Leib in die hellschimmernde
                                                            Rüstung.
So wehrte dieser den Aitolern ab den schlimmen Tag,
Nachgebend seinem Mut. Dem aber erfüllten sie nicht mehr die Gaben,
Die vielen und erfreulichen, doch auch so wehrte er ab das Unheil. –
600 Du aber denke mir nicht so im Sinn, und nicht mag dich der Daimon
Dahin bringen, Lieber! Denn schlimmer würde es sein,
Den Schiffen, wenn sie brennen, zu helfen. Nein, auf die Gaben hin:
Gehe! Denn gleich einem Gott werden dich die Achaier ehren.
Doch tauchst du ohne Gaben in den Kampf, den männerverderbenden,
Nicht gleichermaßen wirst du mehr geehrt sein, auch wenn du wehrst dem
                                                            Kampf.«
    Da antwortete und sagte zu ihm der fußschnelle Achilleus:
»Phoinix, lieber Alter! Zeusgenährter! Nicht braucht es für mich
Diese Ehre! Ich denke, ich bin geehrt durch des Zeus Bestimmung,
Die mir dauert bei den geschweiften Schiffen, solange der Atem
610 In der Brust mir bleibt und meine Knie sich mir regen.
Doch etwas anderes sage ich dir, und du lege es dir in deinen Sinn:
Verstöre mir nicht den Mut mit Wehklagen und Betrübnis,
Dem Atriden, dem Heros, Gunst erweisend. Nicht sollst du ihm
Freund sein! Daß du nicht mir verhaßt wirst, der ich dir freund bin.
Schön ist es dir, mit mir den zu kränken, der mich kränkt!
Sei König mit mir zugleich und empfange die Hälfte der Ehre!
Diese werden es melden. Du aber bleibe hier, und lege dich nieder
Auf weichem Lager. Doch mit dem erscheinenden Frühlicht

Wollen wir bedenken, ob wir heimkehren in unser Land oder bleiben.«

620 Sprach es und winkte dem Patroklos mit den Brauen in Schweigen,
Dem Phoinix ein dichtes Lager hinzubreiten, daß sie aufs schnellste
Von der Hütte aus die Heimkehr betreiben könnten. Da sagte Aias,
Der gottgleiche Telamon-Sohn, unter ihnen die Rede:
»Zeusentsproßter Laertes-Sohn, reich an Erfindungen, Odysseus!
Gehen wir! Denn mir scheint, wir werden das Ziel der Rede
Nicht auf diesem Wege vollenden! Doch müssen wir schnellstens
Melden das Wort den Danaern, und ist es auch kein gutes,
Die jetzt wohl sitzen und warten. Aber Achilleus
Hat zum Grausamen verkehrt in der Brust den großherzigen Mut,
630 Der Harte! und kehrt sich nicht an die Freundschaft der Gefährten,
Mit der wir ihn ehrten bei den Schiffen ausnehmend vor anderen.
Der Erbarmungslose! Hat doch auch mancher für den Mord eines Bruders
Buße angenommen oder für seinen Sohn, den gestorbenen.
Und der blieb dort im Gau, nachdem er viel gezahlt hatte,
Dem aber hielt sich zurück das Herz und der mannhafte Mut,
Wenn er die Buße empfing. Dir aber haben einen unnachgiebigen und schlimmen
Mut in die Brust gesetzt die Götter eines Mädchens wegen,
Eines einzigen! Nun aber bieten wir dir sieben, weitaus die besten,
Und zu diesen noch anderes vieles. Doch du fasse einen sanften Mut
640 Und scheue das Haus! Denn unter dein Dach sind wir gekommen
Aus der Menge der Danaer, und wir meinten, weit vor den anderen
Dir die nächsten zu sein und liebsten von den Achaiern allen.«

Da antwortete und sagte zu ihm der fußschnelle Achilleus:
»Aias! zeusentsproßter Telamon-Sohn! Herrscher der Völker!
Alles, scheint es, hast du mir irgendwie aus dem Sinn gesprochen.
Aber mir schwillt das Herz vor Groll, wann immer ich denke
An diese Dinge, wie er mir Schimpf antat vor den Argeiern,
Der Atreus-Sohn, so wie irgendeinem ehrlosen Zugewanderten! –
Aber ihr geht und richtet aus die Botschaft.
650 Denn nicht eher werde ich des blutigen Kampfs gedenken,
Ehe nicht des kampfgesinnten Priamos Sohn, der göttliche Hektor,
Zu den Hütten und Schiffen der Myrmidonen gelangt ist,
Die Argeier tötend, und die Schiffe verschwelen ließ im Feuer.
Doch gewiß! bei meiner Hütte und dem Schiff, dem schwarzen,
Wird Hektor, so begierig er ist, vom Kampf ablassen, meine ich!«

So sprach er. Und die nahmen jeder den doppelt gebuchteten Becher,
Taten den Weihguß und gingen zurück die Schiffe entlang, und voran ging
                                                                    Odysseus.

Patroklos aber befahl den Gefährten und den Mägden,
Dem Phoinix ein dichtes Lager hinzubreiten aufs schnellste.
660 Und sie gehorchten und breiteten das Lager hin, wie er befohlen:
Felle und Polster und von Leinen die zarte Flocke.
Dort legte sich nieder der Greis und erwartete das göttliche Frühlicht.
Aber Achilleus schlief im Innern der gutgezimmerten Hütte,
Und bei ihm lag die Frau, die er mit sich geführt von Lesbos:
Des Phorbas Tochter, die schönwangige Diomede.
Und Patroklos legte sich drüben nieder, und auch bei ihm
Lag Iphis, die gutgegürtete, die ihm gab der göttliche Achilleus,
Als er die steile Skyros nahm, die Stadt des Enyeus.
      Doch als sie nun in den Hütten des Atreus-Sohnes waren,
670 Tranken ihnen zu aus goldenen Bechern die Söhne der Achaier,
Der von hier, der von dort, aufstehend, und befragten sie.
Und als erster befragte sie der Herr der Männer Agamemnon:
»Auf! sage mir, vielgepriesener Odysseus! du großer Ruhm der Achaier:
Will er abwehren von den Schiffen das feindliche Feuer
Oder weigert er es, und hält der Groll noch den großherzigen Mut?«
      Da sagte wieder zu ihm der vielwagende göttliche Odysseus:
»Atreus-Sohn, Ruhmvollster! Herr der Männer Agamemnon!
Jener will nicht auslöschen den Groll, sondern noch mehr
Ist er von Ungestüm erfüllt und weist dich ab und deine Gaben.
680 Selber heißt er dich unter den Argeiern bedenken,
Wie du die Schiffe bewahrst und das Volk der Achaier.
Selbst aber hat er gedroht, mit dem erscheinenden Frühlicht
Die gutverdeckten Schiffe ins Meer zu ziehen, die beiderseits geschweiften.
Und auch den anderen, sagte er, wolle er zureden,
Abzufahren nach Hause, denn nicht mehr werdet ihr das Ende finden
Der steilen Ilios, denn stark hält der weitumblickende Zeus
Seine Hand über sie, und voll Zuversicht sind die Völker. –
So sprach er, und auch diese sind da, es zu sagen, die mir folgten:
Aias und auch die zwei Herolde, verständig beide.
690 Phoinix, der Greis, hat sich dort niedergelegt, denn er befahl es;
Daß er ihm in den Schiffen folge ins eigene väterliche Land,
Morgen, wenn er will. Gezwungen wird er ihn nicht mitführen.«
      So sprach er. Die aber waren alle still in Schweigen,
Von dem Wort betroffen, denn sehr gewaltig hatte er gesprochen,
Und saßen lange stumm, bedrückt, die Söhne der Achaier.
Und spät erst sprach unter ihnen der gute Rufer Diomedes:
»Atreus-Sohn, Ruhmvollster! Herr der Männer Agamemnon!

Hättest du doch nicht angefleht den untadligen Peleus-Sohn
Und zehntausend Gaben geboten! Der aber ist auch sonst hochfahrend:
700 Nun hast du ihn noch viel mehr in den Hochmut getrieben.
Aber wahrhaftig! lassen wir ihn, ob er nun gehen wird
Oder bleiben! Dann wird er wieder kämpfen, wenn ihm
Der Mut in der Brust es befiehlt und ein Gott ihn antreibt! –
Doch auf! folgen wir alle so wie ich es sage.
Jetzt legt euch nieder, wenn ihr euer Herz erfreut habt
An Brot und Wein, denn darin liegt Mut und Kampfkraft.
Doch wenn erscheint die schöne rosenfingrige Eos,
Führe du schnell vor die Schiffe das Volk und die Gespanne,
Sie antreibend, und kämpfe auch selbst unter den ersten!«
710   So sprach er, und die alle hießen es gut, die Könige,
Staunend über das Wort des Diomedes, des Pferdebändigers.
Und gingen dann, als sie den Weihguß getan, ein jeder in seine Hütte
Und legten sich dort nieder und empfingen des Schlafes Gabe.

ZEHNTER GESANG   *Agamemnon weckt die Ersten der Achaier. Neue*
Beratung. Odysseus und Diomedes werden als Späher ins Lager der Troer geschickt.
Gleichzeitig schicken die Troer den Dolon als Späher ins Griechenlager.
Odysseus und Diomedes nehmen ihn gefangen, horchen ihn aus und töten ihn.
Sie dringen ins troische Lager ein, richten ein Blutbad an, töten den Rhesos
und erbeuten seine Rosse. – Der zehnte Gesang ist nicht von Homer. Sein Dichter
liebt die barocken, absonderlichen Spezialitäten.

   Da schliefen die anderen bei den Schiffen, die Ersten der All-Achaier,
Die ganze Nacht hindurch, vom weichen Schlaf bezwungen.
Doch den Atreus-Sohn Agamemnon, den Hirten der Völker,
Hielt nicht der süße Schlaf, denn viel bewegte er in dem Sinn.
Und wie wenn blitzt der Gatte der schönhaarigen Here,
Wenn er vielen Regen bereitet, unsäglichen, oder Hagel
Oder Schneefall, wenn der Schnee die Fluren überstreut,
Oder etwa den großen Schlund des Krieges, des scharfen:
So dicht in seiner Brust stöhnte auf Agamemnon,
10 Tief aus dem Herzen, und es zitterten ihm die Sinne im Innern.
Ja, wenn er auf die troische Ebene blickte,
Staunte er über die Feuer, die vielen, die vor Ilios brannten,
Über den Klang der Flöten und Pfeifen und das Lärmen der Menschen;
Doch wenn er auf die Schiffe sah und das Volk der Achaier,
So raufte er sich viele Haare vom Haupt mitsamt den Wurzeln
Dem Zeus in der Höhe, und groß stöhnte ihm das ruhmvolle Herz.
Und dieses schien ihm in seinem Mut der beste Rat:
Zu Nestor zu gehen, dem Neleus-Sohn, zuerst von den Männern,
Ob er mit ihm einen Plan, einen untadligen, zimmerte,
20 Der ein unheilwehrender würde für alle Danaer.
Und aufgerichtet tauchte er mit der Brust in den Leibrock,
Und unter die glänzenden Füße band er sich schöne Sohlen,
Und darauf warf er sich die rote Haut eines Löwen um,
Eines braunroten, großen, bis zu den Füßen reichend, und ergriff die Lanze.
   Und ebenso hielt den Menelaos ein Zittern – denn auch ihm
Hatte sich nicht auf die Lider der Schlaf gesetzt –, daß den Argeiern
Nicht etwas widerfahre, die doch um seinetwillen über die große Feuchte

Nach Troja gekommen, auf den kühnen Kampf bedacht.
Und in ein Pantherfell hüllte er zuerst die breiten Schultern,
30 Ein buntes, und den Helmkranz erhob und setzte er auf das Haupt,
Den ehernen, und ergriff den Speer mit der kräftigen Hand
Und schritt hin und ging, zu wecken seinen Bruder, der groß über alle
Argeier herrschte und war wie ein Gott geehrt im Volk.
Den fand er, wie er um die Schultern legte das schöne Rüstzeug
Bei dem Heck des Schiffs, und willkommen war er ihm, als er herankam.
Da sagte als erster zu ihm der gute Rufer Menelaos:
»Warum, Lieber, rüstest du dich so? Etwa daß du einen der Gefährten
Als Späher gegen die Troer treibst? Aber gar schrecklich
Fürchte ich, dir wird keiner dieses Werk versprechen,
40 Feindliche Männer auszuspähen, allein hingehend
Durch die ambrosische Nacht. Das müßte ein sehr Kühnherziger sein!«
    Da antwortete und sagte zu ihm der gebietende Agamemnon:
»Eines Rats bedarf es für mich und dich, Zeusgenährter, o Menelaos!
Eines vorteilhaften, der die Argeier und die Schiffe retten
Und bewahren kann, da sich gewendet hat der Sinn des Zeus:
Den Opfern Hektors hat er mehr zugewandt den Sinn.
Denn noch nie habe ich gesehen oder davon reden hören,
Daß *ein* Mann so viel Schreckliches an einem Tag vollbrachte,
Wieviel Hektor getan hat, der zeusgeliebte, den Söhnen der Achaier,
50 Nur so, nicht als eigener Sohn einer Göttin noch eines Gottes.
Doch Taten hat er getan, die, sage ich, kümmern werden die Argeier
Fernhin und lange, so viele Übel ersann er den Achaiern.
Doch geh jetzt! rufe den Aias und den Idomeneus,
Schnell zu den Schiffen laufend. Doch ich will zu dem göttlichen Nestor
Gehen und ihn antreiben aufzustehen, ob er wohl gewillt ist,
Zu der heiligen Schar der Wächter zu gehen und Weisung zu geben.
Ihm werden sie am meisten folgen, denn sein Sohn
Befiehlt den Wächtern und des Idomeneus Gefolgsmann
Meriones, denn die haben wir damit betraut am meisten.«
60   Ihm antwortete darauf der gute Rufer Menelaos:
»Wie trägst du es mir auf mit dem Wort und befiehlst es?
Bleibe ich dort bei diesen und warte, bis du kommst,
Oder laufe ich wieder zu dir, wenn ich es ihnen gut aufgetragen?«
    Da sagte wieder zu ihm der Herr der Männer Agamemnon:
»Bleibe dort, daß wir nicht einander verfehlen,
Wenn wir beide gehen, denn viele Wege sind durch das Lager.
Und rufe, wohin du kommst, und befiehl wach zu bleiben,

Und nenne beim Namen jeden Mann nach dem väterlichen Geschlecht
Und ehre alle und überhebe dich nicht im Mute.
70 Vielmehr wollen wir uns auch selber mühen! Denn so sandte uns wohl
Zeus, als wir geboren wurden, ein schweres Unheil.«
   So sprach er und schickte den Bruder fort, nachdem er es ihm gut aufgetragen.
Doch er schritt hin und ging zu Nestor, dem Hirten der Völker,
Und den fand er bei der Lagerhütte und dem Schiff, dem schwarzen,
Auf weichem Lager, und neben ihm lag das bunte Rüstzeug,
Der Schild und zwei Speere und der schimmernde Helm,
Und daneben lag der Gürtel, der allfunkelnde, mit dem sich der Greis
Gürtete, wenn er sich zum Kampf, dem männerverderbenden, rüstete
Und das Volk anführte, da er wahrhaftig nicht dem traurigen Alter nachgab.
80 Und aufgerichtet auf den Ellenbogen und den Kopf erhebend
Redete er den Atriden an und befragte ihn mit dem Wort:
»Wer bist du, der du bei den Schiffen durch das Lager gehst, allein
Durch die finstere Nacht, wenn die anderen Sterblichen schlafen?
Suchst du ein Maultier oder einen der Gefährten?
Sprich! komm nicht schweigend zu mir heran! Was willst du?«
   Ihm antwortete darauf der Herr der Männer Agamemnon:
»Nestor, Neleus-Sohn! du großer Ruhm der Achaier!
Du wirst doch den Atreus-Sohn Agamemnon erkennen, den vor allen
Immerfort Zeus in Mühen bringt, solange der Atem
90 In der Brust mir bleibt und meine Knie sich mir regen.
So irre ich umher, da der süße Schlaf sich mir nicht auf die Augen
Setzte, sondern der Krieg mich kümmert und die Sorgen der Achaier.
Denn schrecklich fürchte ich um die Danaer, und nicht ist mir das Herz
Standhaft, sondern außer mir bin ich, und das Herz will mir
Aus der Brust springen, und es zittern unten die strahlenden Glieder.
Doch willst du etwas tun, da auch dich der Schlaf nicht ankommt,
Auf! gehen wir zu den Wachen hinab, daß wir sehen,
Ob sie nicht die Ermattung und Übermüdung satt bekommen
Und sich schlafen gelegt haben und ganz der Wache vergessen.
100 Aber feindliche Männer lagern in der Nähe, und wir wissen nicht,
Ob sie nicht selbst in der Nacht vorhaben zu kämpfen.«
   Ihm antwortete darauf der Gerenier, der Rosselenker Nestor:
»Atreus-Sohn! Ruhmvollster! Herr der Männer Agamemnon!
Schwerlich wird dem Hektor alle Gedanken der ratsinnende Zeus
Vollenden, soviel er jetzt wohl erhofft! Sondern ich meine,
Er wird sich mit noch mehr Kümmernissen plagen, wenn Achilleus
Wieder aus dem leidigen Zorn sein Herz umwendet.

Dir aber folge ich gern, und dazu wollen wir noch andere wecken:
Den Tydeus-Sohn, den speerberühmten, und Odysseus
10 Und den schnellen Aias und des Phyleus wehrhaften Sohn.
Aber wollte einer hingehen und auch diese rufen:
Den gottgleichen Aias und Idomeneus, den Herrn;
Denn deren Schiffe liegen am weitesten entfernt und nicht sehr nahe.
Doch den Menelaos, so lieb und ehrwürdig er mir ist,
Muß ich schelten, magst du es mir auch verargen, und will es nicht verbergen,
Daß er schläft und es dir allein überläßt, dich zu mühen.
Jetzt sollte er sich um alle die Ersten bemühen
Und sie anflehen, denn gekommen ist eine Not, nicht mehr erträglich!«
Da sagte wieder zu ihm der Herr der Männer Agamemnon:
20 »Alter! ein andermal hieße ich dich sogar, ihm Vorwürfe machen.
Denn oftmals läßt er sich gehen und will sich nicht mühen –
Nicht einem Zögern nachgebend oder dem Unverstand des Sinnes,
Sondern weil er auf mich blickt und meinen Anstoß erwartet.
Jetzt aber ist er weit früher als ich erwacht und zu mir getreten,
Und ich sandte ihn, die zu rufen, nach denen du fragst.
Aber gehen wir! Und jene treffen wir vor den Toren
Unter den Wachen. Denn dort befahl ich ihnen, sich zu versammeln.«
Ihm antwortete darauf der Gerenier, der Rosselenker Nestor:
»So wird ihn niemand tadeln und ihm nicht gehorchen
30 Von den Argeiern, wann immer er einen antreibt und ihm befiehlt.«
So sprach er und tauchte mit der Brust in den Leibrock,
Und unter die glänzenden Füße band er sich schöne Sohlen
Und befestigte sich den purpurnen Mantel mit einer Spange,
Den doppelten, weiten, und dicht sproßte darauf die Wolle,
Und ergriff die wehrhafte Lanze, gespitzt mit scharfem Erz,
Und schritt hin und ging zu den Schiffen der erzgewandeten Achaier.
Zuerst weckte dann den Odysseus, dem Zeus gleichwiegend an Einsicht,
Aus dem Schlaf der Gerenier, der Rosselenker Nestor,
Ihn anrufend, und schnell umkam ihm der Ruf die Sinne.
40 Und er kam aus der Hütte und sagte zu ihnen die Rede:
»Was irrt ihr so bei den Schiffen durch das Lager, allein
Durch die ambrosische Nacht? Weil eine so große Not gekommen?«
Ihm antwortete darauf der Gerenier, der Rosselenker Nestor:
»Zeusentsproßter Laertes-Sohn, reich an Erfindungen, Odysseus!
Verarge es nicht! Denn ein solcher Kummer hat überwältigt die Achaier.
Doch komm mit! daß wir auch einen anderen wecken, dem es zukommt,
Ratschlüsse zu beraten, ob wir fliehen sollen oder kämpfen.«

So sprach er. Und der vielkluge Odysseus ging in die Hütte,
Legte den bunten Schild um die Schultern und ging mit ihnen.
150 Und sie gingen zu dem Tydeus-Sohn Diomedes. Den trafen sie draußen
Vor der Hütte mit seinen Waffen, und um ihn schliefen die Gefährten
Und hatten die Schilde unter den Köpfen, und die Lanzen steckten
Ihnen aufrecht mit den Schäften in der Erde, und weithin strahlte
Das Erz, wie der Blitz des Vaters Zeus. Und der Heros schlief,
Und unter ihm war eine Rindshaut gebreitet von einem Herdenrind,
Doch unter dem Kopf lag ihm eine Decke, eine schimmernde.
Den weckte, herangetreten, der Gerenier, der Rosselenker Nestor,
Stieß ihn an mit dem Fuß und trieb ihn und schalt ihn ins Angesicht:
»Wach auf, Sohn des Tydeus! Was schläfst du den Schlaf die ganze Nacht?
160 Hörst du nicht, wie die Troer auf der Schwelle des Bodens
Lagern, nahe den Schiffen, und wenig Raum nur trennt uns noch?«
So sprach er. Und der fuhr sehr schnell aus dem Schlaf empor
Und begann und sagte zu ihm die geflügelten Worte:
»Hart bist du, Alter! Du hörst niemals auf mit der Mühe!
Sind da nicht auch andere, jüngere Söhne der Achaier,
Die alsdann aufwecken könnten jeden der Könige,
Überall zu ihnen tretend? Du aber bist unbezwinglich, Alter!«
Da sagte wieder zu ihm der Gerenier, der Rosselenker Nestor:
»Ja wirklich! dies alles hast du, Kind, nach Gebühr gesprochen!
170 Da sind mir Söhne, untadlige, und da sind Männer,
Viele sogar, von denen einer hingehen und sie rufen könnte.
Aber eine sehr große Not hat überwältigt die Achaier.
Denn jetzt steht es für alle Achaier auf Messers Schneide:
Entweder ein sehr trauriges Verderben oder daß sie leben.
Doch geh jetzt! laß Aias, den schnellen, und den Sohn des Phyleus
Aufstehen – denn du bist jünger! –, wenn du mich bedauerst.«
So sprach er. Und der warf sich um die Schultern die Haut eines Löwen,
Eines braunroten, großen, bis zu den Füßen reichend, und ergriff die Lanze,
Schritt hin und ging, weckte diese und brachte sie, der Heros.
180 Und als sie sich nun unter die versammelten Wächter mischten,
Da fanden sie durchaus nicht schlafend die Führer der Wächter,
Sondern wach mit ihren Waffen saßen sie alle.
Und wie Hunde um Schafe eine schlimme Wacht halten im Gehöft,
Wenn sie hörten ein starkmutiges Raubtier, das den Wald herab
Kommt durch das Gebirge, und viel Lärm ist um es
Von Männern und Hunden, und der Schlaf ist ihnen vergangen:
So war denen der süße Schlaf von den Lidern vergangen,

Die Nacht hindurch wachend, die schlimme; denn immer nach der Ebene
Waren sie gewandt, ob sie herankommen hörten die Troer.
190 Als er diese sah, freute sich der Greis und ermutigte sie mit der Rede
Und begann und sagte zu ihnen die geflügelten Worte:
»So wacht jetzt, liebe Kinder! und keinen soll der Schlaf
Ergreifen, daß wir nicht eine Freude den Feinden werden!«
    So sprach er und eilte durch den Graben, die aber folgten,
Die Könige der Argeier, so viele zur Beratung gerufen waren,
Und mit ihnen gingen Meriones und des Nestor prangender Sohn,
Denn sie selbst hatten sie gerufen, mit ihnen zu beraten.
Und als sie den gezogenen Graben durchschritten hatten, setzten sie sich nieder
Auf freiem Platz, wo zwischen den Leichen der Boden hindurchschien,
200 Den Gefallenen, dort wo sich wieder zurückgewandt der gewaltige Hektor
Vom Morden der Argeier, als schon die Nacht sie umhüllte.
Dort setzten sie sich nieder und wiesen einander die Worte.
Und ihnen begann die Reden der Gerenier, der Rosselenker Nestor:
    »Freunde! Möchte denn nicht ein Mann, seinem eigenen kühnen Mut
Vertrauend, unter die hochgemuten Troer gehen,
Ob er wohl einen der Feinde ergriffe am Rand des Lagers
Oder wohl auch ein Gerede unter den Troern vernehme,
Was sie da untereinander beraten: ob sie gedenken,
Hier bei den Schiffen zu bleiben, weitab, oder zur Stadt
210 Wieder hinaufzugehen, nachdem sie die Achaier bezwungen haben.
Dies alles könnte er erfahren und wieder zurück zu uns kommen,
Unverletzt, und groß würde ihm unter dem Himmel der Ruhm sein
Bei allen Menschen. Und auch eine Gabe soll ihm werden, eine gute:
Denn so viele in den Schiffen gebieten als die Ersten,
Von denen allen wird ihm jeder ein Schaf geben, ein schwarzes,
Weibliches, mit einem Lamm unter sich, denn kein Besitz kommt diesem gleich.
Und immer wird er bei den Mählern und Festschmäusen dabei sein.«
    So sprach er. Die aber waren alle stumm in Schweigen.
Und unter ihnen sprach der gute Rufer Diomedes:
220 »Nestor! Mich treibt das Herz und der mannhafte Mut,
In das Lager der feindlichen Männer zu tauchen, die nahe sind,
Der Troer. Doch wenn noch ein anderer Mann mir folgte,
Mehr Zuversicht würde das sein und ermutigender.
Wo zwei zusammengehen, bemerkt auch der eine vor dem anderen,
Wo ein Vorteil sich bietet. Einer allein, mag er es auch bemerken,
So ist ihm doch langsamer der Sinn und schwach die Einsicht.«
    So sprach er. Die aber wollten viele dem Diomedes folgen:

Gewillt waren die beiden Aias, die Diener des Ares,
Gewillt Meriones und sehr willig des Nestor Sohn,
230 Und gewillt der Atreus-Sohn, der speerberühmte Menelaos,
Und gewillt der wagemutige Odysseus, zu tauchen in die Menge
Der Troer, denn immer verwegen war ihm der Mut in den Sinnen.
Und unter ihnen sprach der Herr der Männer Agamemnon:
»Tydeus-Sohn Diomedes, du meinem Herzen Lieber!
Zum Gefährten magst du dir denn wählen, wen immer du willst:
Unter den sich Darbietenden den Besten, da ja viele es begehren.
Und daß du nicht Scheu hast in deinem Sinn und den Besseren
Zurückläßt und den Schlechteren dir mitnimmst, und der Scheu nachgibst,
Auf die Abkunft blickend, auch nicht, wenn er königlicher ist.«
240   So sprach er, denn er fürchtete für den blonden Menelaos.
Und unter ihnen sprach wieder der gute Rufer Diomedes:
»Wenn ihr mich denn heißt, mir selbst den Gefährten zu wählen,
Wie könnte ich dann des Odysseus, des göttlichen, vergessen,
Dem vor allen entschlossen ist das Herz und der mannhafte Mut
In allen Mühen, und es liebt ihn Pallas Athene.
Geht dieser mit, so würden wir auch aus brennendem Feuer
Beide wiederkehren, denn besser als andere weiß er zu denken.«
Da sagte wieder zu ihm der vielwagende göttliche Odysseus:
»Tydeus-Sohn! nicht sollst du mich so sehr loben noch auch tadeln!
250 Denn wahrhaftig! das wissen die Argeier, unter denen du redest.
Doch gehen wir! Denn schnell ist die Nacht vollbracht und nah der Morgen.
Schon sind die Sterne vorgerückt, und das meiste der Nacht ist vorüber
Mit zwei Teilen, und nur der dritte Teil ist noch übrig.«
Als sie so gesprochen hatten, tauchten sie in die schrecklichen Waffen.
Dem Tydeus-Sohn gab der Standhafte im Kampf, Thrasymedes,
Das zweischneidige Schwert – das seine war bei dem Schiff geblieben –
Und den Schild, und auf das Haupt setzte er ihm die Kappe
Aus Stierhaut, ohne Bügel und Helmbusch, die auch Sturmhaube
Genannt wird und den Kopf schützt der rüstigen jungen Männer.
260 Meriones aber gab dem Odysseus Bogen und Köcher
Und das Schwert, und auf das Haupt setzte er ihm die Kappe,
Aus Leder gefertigt, und mit vielen Riemen war sie innen
Hart durchspannt, außen aber umgaben sie schimmernde Zähne
Eines weißzahnigen Schweins dicht auf beiden Seiten,
Gut und kundig, und in der Mitte war Filz eingefügt.
Die hatte einst aus Eleon Autolykos sich ausgewählt, als er eindrang
In das feste Haus des Amyntor, des Ormeniden.

Und er gab sie dem Kytherer Amphidamas nach Skandeia,
Und Amphidamas gab sie dem Molos als Gastgeschenk,
70 Doch dieser gab sie dem Meriones, seinem Sohn, um sie zu tragen.
Ja, damals umgab sie, aufgesetzt, dicht das Haupt des Odysseus.
   Und als sie nun beide getaucht waren in die schrecklichen Waffen,
Schritten sie hin und gingen und ließen dort zurück alle die Besten.
Und ihnen sandte zur Rechten nah dem Weg einen Reiher
Pallas Athenaia; den sahen sie nicht mit den Augen
Durch die finstere Nacht, doch hörten sie ihn schreien.
Und es freute sich über den Vogel Odysseus und betete zu Athene:
»Höre mich, Kind des Zeus, des Aigishalters! die du mir immer
In allen Mühen zur Seite stehst, und ich bleibe dir nicht verborgen,
80 Wenn ich mich rege. Jetzt wieder sei mir vor allem freundlich, Athene!
Gib, daß wir wieder mit gutem Ruhm zu den Schiffen gelangen,
Wenn wir vollbracht ein großes Werk, das die Troer bekümmert!«
   Als zweiter wieder betete der gute Rufer Diomedes:
»Höre nun auch mich, Kind des Zeus, Atrytone!
Sei mit mir, wie du mit dem Vater warst, dem göttlichen Tydeus,
In Theben, als er vor den Achaiern ging als Bote.
Diese verließ er am Asopos, die erzgewandeten Achaier,
Und brachte ein freundliches Wort dorthin den Kadmeionen.
Aber als er zurückging, vollbrachte er gar schreckliche Dinge
90 Mit dir, hehre Göttin! als du ihm bereitwillig zur Seite standest.
So stehe jetzt auch mir willig zur Seite und bewahre mich!
Dir aber bringe ich dar ein Rind, ein einjähriges, breitstirniges,
Ungezähmtes, das noch nie ein Mann unter das Joch geführt.
Dies will ich dir darbringen, die Hörner mit Gold überzogen!«
   So sprachen sie bittend, und sie hörte Pallas Athene.
Und nachdem sie gebetet zur Tochter des großen Zeus,
Schritten sie hin, zwei Löwen gleich, durch die Nacht, die schwarze,
Über Mord, über Leichen, durch Rüstzeug und schwarzes Blut.
   Aber wahrhaftig, auch Hektor ließ nicht die mannhaften Troer
100 Schlafen, sondern er rief zusammen alle die Besten,
So viele da Führer der Troer und Berater waren.
Als er diese zusammengerufen, bereitete er dichten Rat:
»Wer könnte mir wohl dieses Werk versprechen und vollenden
Gegen eine große Gabe? Lohn soll ihm hinreichend werden.
Denn ich gebe ihm einen Wagen und zwei starknackige Pferde,
Die die besten sind bei den schnellen Schiffen der Achaier:
Ihm, der es wagen wollte – und sich selber würde er Ruhm gewinnen –,

Nah zu den schnellfahrenden Schiffen zu gehen und zu erkunden,
Ob die schnellen Schiffe bewacht werden, wie auch früher,
310 Oder ob sie schon, unter unseren Händen bezwungen,
Die Flucht unter sich beraten und nicht gewillt sind,
Die Nacht hindurch zu wachen, und satt haben die schreckliche Ermattung.«
       So sprach er, die aber waren alle stumm in Schweigen.
War da unter den Troern ein Dolon, Sohn des Eumedes,
Des göttlichen Herolds, reich an Gold, reich an Erz.
Der war dir von Aussehen häßlich, doch schnellfüßig,
Und er war der einzige Sohn unter fünf Schwestern.
Der sagte damals zu den Troern und Hektor die Rede:
»Hektor! Mich treibt das Herz und der mannhafte Mut,
320 Nah zu den schnellfahrenden Schiffen zu gehen und es zu erkunden.
Doch auf! halte mir den Stab empor und schwöre mir,
Daß du mir wahrhaftig die Pferde und den erzverzierten Wagen
Geben wirst, die da tragen den untadligen Peleus-Sohn.
Dir aber werde ich kein vergeblicher Späher sein noch wider die Erwartung.
Denn so weit gehe ich in das Lager durch und durch, bis ich komme
Zu dem Schiff Agamemnons, wo wohl gerade die Ersten
Ratschlüsse beraten, ob sie fliehen sollen oder kämpfen.«
       So sprach er. Und der nahm den Stab in die Hände und schwor ihm:
»Wisse es nun Zeus selbst, der starkdröhnende Gatte der Here,
330 Daß nicht auf diesen Pferden ein anderer Mann wird fahren
Der Troer, sondern du, sage ich, sollst fort und fort damit prangen.«
       So sprach er und schwor einen nichtigen Eid, diesen aber reizte er.
Und sogleich warf er sich um die Schultern den krummen Bogen
Und zog sich darüber das Fell eines grauen Wolfes und setzte
Auf das Haupt die Iltiskappe und ergriff den scharfen Wurfspieß
Und schritt hin und ging zu den Schiffen aus dem Lager. Und nicht mehr sollte
Er zurückkommen von den Schiffen und Hektor das Wort berichten.
       Doch als er verlassen hatte die Menge der Pferde und der Männer,
Schritt er eifrig des Wegs. Da bemerkte ihn, wie er herankam,
340 Der zeusentsproßte Odysseus und sagte zu Diomedes:
»Da kommt jemand, Diomedes, vom Lager gegangen, ein Mann,
Ich weiß nicht, ob als Späher zu unseren Schiffen,
Oder will er einen berauben der hingestorbenen Toten.
Doch lassen wir ihn zuerst vorbeigehen durch die Ebene
Ein wenig, dann können wir ihm nachstürmen und ihn fangen,
Schnell; doch überholt er uns seitwärts mit den Füßen:
Immer dann gegen die Schiffe ihn abgedrängt vom Lager,

Nachstürmend mit der Lanze, daß er nicht irgendwie zur Stadt entweiche.«
Als sie so gesprochen hatten, legten sie sich abseits vom Weg
350 Unter die Leichen, und der lief schnell vorbei im Unverstand.
Doch als er eine solche Strecke entfernt war, wie Maultiere
In einem Zuge pflügen – denn die sind besser als Rinder,
Über das tiefe Brachfeld den festgefügten Pflug zu ziehen –,
Da liefen die beiden herzu, und er blieb stehen, die Tritte hörend,
Denn er hoffte im Mute, es kämen Gefährten von den Troern,
Ihn umkehren zu lassen, weil Hektor ihn zurückbeordert.
Doch als sie eine Speerwurflänge entfernt waren oder noch weniger,
Erkannte er sie als feindliche Männer, und rasch bewegte er die Knie,
Um zu fliehen, die aber stürmten schnell heran, ihn jagend.
360 Und wie zwei scharfzahnige Hunde, in der Jagd erfahren,
Ein Rehkalb oder einen Hasen hetzen unablässig immer,
Einen bewaldeten Platz hinauf, der aber läuft klagend voran:
So jagten ihn der Tydeus-Sohn und der Städtezerstörer Odysseus,
Ihn von den Seinen abschneidend, unablässig immer.
Aber als er sich fast schon mischen wollte unter die Wächter,
Fliehend zu den Schiffen, da warf in den Tydeus-Sohn Athene
Kraft, daß nicht einer der erzgewandeten Achaier
Sich vorher rühme, ihn getroffen zu haben, und er als zweiter käme.
Und mit dem Speer nachstürmend sagte zu ihm der starke Diomedes:
370 »Bleib! oder ich treffe dich mit dem Speer! Und nicht, sage ich,
Entgehst du lange von meiner Hand dem jähen Verderben!«
Sprach es, entsandte die Lanze und verfehlte absichtlich den Mann,
Und über die rechte Schulter hinweg fuhr in die Erde
Des gutgeglätteten Speeres Spitze. Und er blieb stehen und erschrak,
Schlotternd, und aus dem Mund kam ein Klappern der Zähne,
Blaß vor Furcht. Und die beiden holten ihn schwer atmend ein
Und packten ihn an den Händen, und der sprach weinend das Wort:
»Fangt mich lebend! Ich kaufe mich frei! Denn drinnen ist mir
Erz und Gold und vielbearbeitetes Eisen:
380 Davon wird euch gern der Vater unermeßliche Lösung geben,
Wenn er erfährt, daß ich am Leben bin bei den Schiffen der Achaier!«
Da antwortete und sagte zu ihm der vielkluge Odysseus:
»Fasse Mut! und dir soll nicht der Tod auf der Seele liegen!
Doch auf! sage mir dieses und berichte es mir zuverlässig:
Was gehst du so zu den Schiffen von dem Lager, allein
Durch die finstere Nacht, wenn die anderen Sterblichen schlafen?
Etwa um einen zu berauben der hingestorbenen Toten?

Oder hat Hektor dich gesandt, um alles einzelne auszuspähen
Bei den gewölbten Schiffen? Oder hat dich selbst der Mut gereizt?«
390   Da antwortete ihm Dolon, und ihm zitterten unten die Glieder:
»Mit vielen Betörungen hat mich Hektor, wider Vernunft, verleitet,
Der mir des erlauchten Peleus-Sohnes einhufige Pferde
Zu geben versprach und den erzverzierten Wagen.
Und er hieß mich, durch die schnelle Nacht, die schwarze,
Nah zu den feindlichen Männern zu gehen und zu erkunden,
Ob die schnellen Schiffe bewacht werden wie auch früher,
Oder ob ihr schon, unter unseren Händen bezwungen,
Die Flucht unter euch beratet und nicht gewillt seid,
Die Nacht hindurch zu wachen, und satt habt die schreckliche Ermattung.«
400   Da lächelte und sagte zu ihm der vielkluge Odysseus:
»Ja, da hat dir nach großen Geschenken der Mut getrachtet:
Den Pferden des Aiakiden, des kampfgesinnten! Doch die sind schwierig
Für sterbliche Männer zu bändigen und zu fahren,
Einem anderen als Achilleus, den gebar eine unsterbliche Mutter.
Doch auf! sage mir dieses und berichte es mir zuverlässig:
Wo hast du jetzt Hektor verlassen, den Hirten der Völker, als du herkamst?
Wo liegt ihm das Rüstzeug, das kriegerische? wo sind ihm die Pferde?
Wie steht es mit den Wachen der anderen Troer und Lagerplätzen?
Und was beraten sie untereinander: ob sie gedenken,
410   Hier bei den Schiffen zu bleiben, weitab, oder zur Stadt
Wieder hinaufzugehen, nachdem sie die Achaier bezwungen haben?«
Da sagte wieder zu ihm Dolon, des Eumedes Sohn:
»So will ich dir denn dieses ganz unverdreht berichten.
Hektor unter denen, so viele da Berater sind,
Berät Ratschlüsse beim Mal des göttlichen Ilos,
Fern von dem Lärm. Die Wachen aber, nach denen du fragst, Held:
Keine gesonderte sichert das Lager und bewacht es.
So viele Lagerfeuer der Troer sind, welchen es not tut,
Da sind sie munter und rufen einander zu, zu wachen.
420   Doch die vielfach herbeigerufenen Verbündeten wieder
Schlafen, denn sie überlassen die Wache den Troern.
Denn nicht in der Nähe sitzen ihre Kinder und Frauen.«
Da antwortete und sagte zu ihm der vielkluge Odysseus:
»Wie nun? mit den Troern vermischt, den pferdebändigenden,
Schlafen sie, oder gesondert? Dies sage mir genau, daß ich es erfahre.«
Darauf antwortete ihm Dolon, des Eumedes Sohn:
»So will ich denn auch dieses ganz unverdreht berichten.

Zum Meer hin schlafen die Karer und die Paionen mit krummen Bogen
Und die Leleger und Kaukonen und die göttlichen Pelasger.
430 Nach Thymbre hin erlosten es die Lykier und die stolzen Myser
Und die Phryger, die zu Pferde kämpfen, und die pferdegerüsteten Maionen.
Aber was fragst du mich darüber aus nach all und jedem?
Denn wenn ihr begehrt, in die Menge der Troer zu tauchen:
Da schlafen Thraker, abseits, neugekommen, zu äußerst von allen,
Und unter ihnen Rhesos, der König, der Sohn des Eïoneus.
Dessen Pferde sah ich als die schönsten und größten:
Weißer als Schnee und im Laufen gleich den Winden.
Und der Wagen ist ihm gut gearbeitet mit Gold und Silber
Und die Waffen golden, die ungeheuren, ein Wunder zu schauen,
440 Mit denen er kam: die ziemt es sich nicht für sterbliche Männer
Zu tragen, nein, nur für unsterbliche Götter! –
Doch mich bringt jetzt zu den schnellfahrenden Schiffen,
Oder laßt mich gebunden hier mit erbarmungsloser Fessel,
Bis ihr gegangen seid und mich auf die Probe gestellt habt,
Ob ich nach Gebühr vor euch gesprochen oder auch nicht.«
    Da sah ihn von unten herauf an und sagte zu ihm der starke Diomedes:
»Denke mir ja nicht, Dolon! an ein Entkommen in deinem Mut,
So Gutes du berichtet hast, da du in unsere Hände gekommen!
Denn wenn wir dich jetzt freigeben gegen Lösung oder laufen lassen,
450 Kommst du gewiß auch später zu den schnellen Schiffen der Achaier,
Entweder um zu spähen oder mit Gewalt entgegen zu kämpfen.
Verlierst du aber, unter meinen Händen bezwungen, das Leben,
Wirst du hernach nicht mehr jemals eine Plage sein den Argeiern!«
    Sprach es, und der wollte ihn fassen am Kinn mit der kräftigen Hand
Und anflehen, doch er schlug ihn mitten in den Hals,
Mit dem Schwert anspringend, und durchschnitt ihm beide Sehnen,
Und während er noch aufschrie, wurde das Haupt mit dem Staub vermengt.
Und sie nahmen ihm die Iltiskappe vom Kopf und das Wolfsfell
Und den zurückschnellenden Bogen und den Speer, den großen,
460 Und das hielt hoch empor mit der Hand der göttliche Odysseus
Zu Athenaia, der Beutespenderin, und sprach betend das Wort:
»Freue dich daran, Göttin! Denn dich werden wir als erste im Olympos
Vor allen Unsterblichen beschenken. Doch geleite uns auch wieder
Zu den Pferden der thrakischen Männer und Lagerstätten!«
    So sprach er und hob es hoch empor und legte es von sich
Auf eine Tamariske und legte dazu ein deutliches Zeichen:
Zusammengeknickte Halme und der Tamariske üppige Zweige,

Daß es ihnen nicht entginge bei der Rückkehr durch die schnelle Nacht, die
                                                                    schwarze.
Und sie schritten beide weiter durch Rüstzeug und schwarzes Blut
470 Und gelangten schnell zur Schar der thrakischen Männer.
Die schliefen, von Ermattung erschöpft, und ihnen lag das Rüstzeug,
Das schöne, neben ihnen an der Erde, gut nach der Ordnung,
In drei Reihen, und bei jedem von ihnen standen die zweigejochten Pferde.
Und Rhesos schlief in der Mitte, und bei ihm waren die schnellen Pferde
An den Rand der Wagenbrüstung mit Riemen gebunden.
Den zeigte Odysseus, der ihn vorher sah, dem Diomedes:
»Dies ist dir der Mann, Diomedes! und dies die Pferde,
Die uns Dolon bezeichnet hat, den wir getötet.
Doch auf! zeige deine starke Kraft! Nicht brauchst du
480 Unnütz mit Waffen dabeizustehen! Nein, löse die Pferde,
Oder du töte die Männer, und mich sollen die Pferde bekümmern.«
    So sprach er. Dem aber hauchte Kraft ein die helläugige Athene,
Und er tötete rings um sich her. Und von denen erhob sich schmähliches
                                                                    Stöhnen,
Den vom Schwert Erschlagenen, und es rötete sich von Blut die Erde.
Und wie ein Löwe kommt über unbehütetes Kleinvieh,
Ziegen oder Schafe, und hineinspringt, Schlimmes sinnend:
So kam über die thrakischen Männer der Sohn des Tydeus,
Bis er zwölf getötet hatte. Doch der vielkluge Odysseus –
Wen immer der Tydeus-Sohn schlug mit dem Schwert, herangetreten,
490 Den faßte Odysseus hinterher am Fuß und zog ihn heraus,
Das bedenkend im Mute, daß die schönhaarigen Pferde
Leicht hindurchkämen und sich nicht fürchteten im Mute,
Auf Leichen tretend, denn sie waren noch nicht gewöhnt an diese.
Doch als nun den König erreichte der Sohn des Tydeus,
Da raubte er ihm als dem dreizehnten den honigsüßen Lebensmut,
Dem schwer Atmenden, denn ein böser Traum stand ihm zu Häupten
In jener Nacht: des Oineus-Sohnes Sohn, nach dem Rat der Athene.
Indessen aber löste der wagemutige Odysseus die einhufigen Pferde,
Koppelte sie zusammen mit Riemen und trieb sie aus der Menge,
500 Sie mit dem Bogen schlagend: er hatte nicht bedacht, die schimmernde Geißel
Aus dem bunten Wagen mit den Händen zu nehmen.
Und er pfiff und gab ein Zeichen dem göttlichen Diomedes.
Der aber blieb und schwankte, was er als das Hündischste täte:
Ob er den Wagen faßte, wo die bunten Waffen lagen,
Und an der Deichsel herauszog oder hochhob und ihn hinaustrug,

Oder ob er noch vielen der Thraker das Leben nehme.
Während er dies erwog im Sinn, indessen trat Athene
Nahe heran und sagte zu dem göttlichen Diomedes:
»Denke an die Heimkehr, Sohn des hochgemuten Tydeus,
510 Zu den gewölbten Schiffen, daß du nicht noch flüchtend zurückmußt!
Daß nicht irgendein anderer Gott auch die Troer aufweckt!«
   So sprach sie, und er vernahm die Stimme der Göttin, wie sie gesprochen,
Und stieg schnell auf die Pferde, und Odysseus schlug auf sie ein
Mit dem Bogen, und sie flogen zu den schnellen Schiffen der Achaier. –
Und keine vergebliche Wacht hielt der Silberbogner Apollon,
Als er sah, wie Athenaia dem Sohn des Tydeus folgte.
Dieser grollend, tauchte er in die große Menge der Troer
Und trieb auf den Berater der Thraker Hippokoon,
Des Rhesos tüchtigen Neffen. Und der fuhr aus dem Schlaf empor,
520 Und als er leer sah den Platz, wo die schnellen Pferde gestanden hatten,
Und die Männer noch zuckend in den schrecklichen Morden,
Da jammerte er und rief beim Namen seinen Gefährten.
Und bei den Troern erhob sich Geschrei und unsägliche Verwirrung,
Wie sie zusammenstürmten und sahen die schrecklichen Dinge:
Was die Männer verübt, und gegangen waren zu den hohlen Schiffen.
   Doch die, als sie dorthin gelangten, wo sie Hektors Späher getötet,
Da hielt Odysseus zurück, der zeusgeliebte, die schnellen Pferde,
Und der Tydeus-Sohn sprang zur Erde und legte das blutige Rüstzeug
Dem Odysseus in die Hände und stieg wieder auf die Pferde.
530 Und der peitschte die Pferde, und die flogen nicht unwillig dahin
Zu den gewölbten Schiffen, denn so war es ihnen lieb im Mute.
   Nestor aber hörte als erster den Hufschlag und sagte:
»Freunde! ihr Führer der Argeier und Berater!
Irre ich oder rede ich die Wahrheit? doch treibt mich der Mut.
Von schnellfüßigen Pferden trifft der Hufschlag mir die Ohren.
Möchten doch Odysseus jetzt und der starke Diomedes
So von den Troern hierher treiben einhufige Pferde!
Aber schrecklich fürchte ich im Sinn, es sei etwas geschehen
Den Besten der Argeier unter dem Kampflärm der Troer!«
540 Noch war das Wort nicht ganz ausgesprochen, da kamen sie selber,
Und sie stiegen herab zur Erde. Doch die, voll Freude,
Begrüßten sie mit der Rechten und freundlichen Worten.
Und als erster befragte sie der Gerenier, der Rosselenker Nestor:
»Auf! sage mir, vielgepriesener Odysseus, du großer Ruhm der Achaier!
Wie habt ihr diese Pferde genommen? eintauchend in die Menge

Der Troer? Oder verlieh sie euch ein Gott, der euch traf?
Gewaltig gleichen sie den Strahlen der Sonne!
Immer zwar mische ich mich unter die Troer, und niemals, sage ich,
Bleibe ich bei den Schiffen, bin ich auch ein alter Krieger.
550 Doch noch nie habe ich solche Pferde gesehen noch wahrgenommen.
Nein, ich denke, ein Gott gab sie euch, der euch begegnet.
Denn beide liebt euch der Wolkensammler Zeus
Und die Tochter des aigishaltenden Zeus, die helläugige Athene.«
     Da antwortete und sagte zu ihm der vielkluge Odysseus:
»Nestor, Neleus-Sohn! du großer Ruhm der Achaier!
Leicht könnte ein Gott auch bessere Pferde als diese
Geben, wenn er will, denn wahrhaftig! die Götter sind viel stärker.
Diese Pferde aber, Alter! nach denen du fragst, sind neugekommene,
Thrakische, ihren Herrn aber hat der tüchtige Diomedes
560 Getötet, und bei ihm zwölf Gefährten, alle die besten.
Und als dreizehnten faßten wir einen Späher nahe den Schiffen,
Welchen als Kundschafter ausgesandt hat unseres Lagers
Hektor wie auch die anderen erlauchten Troer.«
     So sprach er und trieb durch den Graben die einhufigen Pferde,
Jauchzend, und mit ihm gingen erfreut die anderen Achaier.
Doch als sie zu des Tydeus-Sohnes Hütte, der gutgebauten, gelangten,
Banden sie die Pferde an mit gutgeschnittenen Riemen
Bei der Pferdekrippe, wo auch die Pferde des Diomedes standen,
Die schnellfüßigen, und honigsüßen Weizen fraßen.
570 Und Odysseus legte das blutige Rüstzeug des Dolon
Hinten ins Schiff, bis sie das Opfer bereiteten für Athene.
Sie selber aber spülten sich ab den vielen Schweiß im Meer,
Hineingegangen: die Schienbeine und den Nacken und die Schenkel.
Und als ihnen abgespült hatte die Woge des Meeres
Den vielen Schweiß von der Haut, und sie abgekühlt hatten ihr Herz,
Stiegen sie in die gutgeglätteten Badewannen und wuschen sich.
Und als sie sich gewaschen und glattgesalbt hatten mit dem Öl,
Setzten sie sich zum Frühmahl und schöpften aus dem vollen Mischkrug
Und spendeten für Athene den honigsüßen Wein.

ELFTER GESANG   *Es beginnt der dritte Kampftag der Ilias, der bis zum acht-*
zehnten Gesang reicht. Agamemnon dringt mächtig vor und vollbringt große Taten.
Zeus gibt dem Hektor die Verheißung, er werde am Abend an den Schiffen stehen.
Agamemnon, Diomedes und Odysseus werden verwundet. Die Troer dringen vor,
und Aias allein hält den Rückzug auf. Achilleus schickt den Freund Patroklos zu Nestor,
der ihm aufträgt, Achilleus zu bereden: er soll entweder selber kämpfen oder
Patroklos in seinen Waffen hinausschicken.

Und Eos erhob sich vom Lager bei dem erlauchten Tithonos,
Daß sie den Unsterblichen das Licht brächte und den Sterblichen.
Zeus aber entsandte Eris zu den schnellen Schiffen der Achaier,
Die schmerzliche, und sie hielt das Zeichen des Krieges in den Händen.
Und sie trat auf das großbauchige Schiff des Odysseus, das schwarze,
Das das mittelste war, gut, um nach beiden Seiten zu rufen:
Hin zu den Aias Lagerhütten, des Telamon-Sohnes,
Wie auch des Achilleus; die hatten zu äußerst die ebenmäßigen Schiffe
Hinaufgezogen, ihrer Tapferkeit vertrauend und der Stärke ihrer Arme.
10 Dorthin trat und schrie die Göttin groß und schrecklich
Hell auf und warf den Achaiern große Kraft einem jeden
In das Herz, unablässig zu streiten und zu kämpfen.
Und alsbald wurde der Krieg ihnen süßer als heimzukehren
In den gewölbten Schiffen zur eigenen väterlichen Erde.
Der Atreus-Sohn aber rief und befahl, sich zu gürten,
Den Argeiern, und tauchte auch selbst in das funkelnde Erz.
Die Beinschienen legte er zuerst um die Unterschenkel,
Schöne, mit silbernen Knöchelplatten versehen.
Zum zweiten dann tauchte er mit der Brust in den Panzer,
20 Den ihm einst Kinyres gegeben als Gastgeschenk.
Denn bis nach Kypros war gedrungen die große Kunde, daß die Achaier
Hinauf nach Troja mit Schiffen fahren wollten.
Darum gab er ihm diesen, um Gunst zu erweisen dem König.
Ja, auf dem waren zehn Bahnen von schwarzem Blaufluß
Und zwölf von Gold und zwanzig von Zinn;
Und Schlangen von Blaufluß reckten sich auf zum Hals hin,
Beiderseits drei, Regenbogen gleichend, welche Kronion

In die Wolke stemmt, als Zeichen für die sterblichen Menschen.
Und um die Schultern warf er sich das Schwert; darauf glänzten hell
30 Goldene Nägel, und um es herum war eine Scheide
Von Silber, an ein goldenes Wehrgehenk gefügt.
Und auf nahm er den manndeckenden vielverzierten Schild, den stürmenden,
Den schönen: rings um ihn waren zehn Kreise aus Erz,
Und auf ihm waren Buckel, zwanzig, von Zinn,
Weiße, und inmitten einer aus schwarzem Blaufluß.
Und darauf rundete sich die Gorgo mit finsterem Antlitz,
Schrecklich blickend, umgeben von ›Furcht‹ und ›Schrecken‹.
Und an ihm war ein silbernes Tragband, und auf diesem
Ringelte sich eine Schlange von Blaufluß, und Häupter waren ihr
40 Drei, nach beiden Seiten gewendet, einem einzigen Hals entwachsen.
Und aufs Haupt setzte er den viergebuckelten Helm mit zwei Backenstücken,
Den roßmähnigen, und schrecklich nickte von oben herab der Busch.
Und ergriff zwei wehrhafte Speere, mit Erz beschlagen,
Scharfe, und fernhin leuchtete das Erz von ihnen
Bis in den Himmel. Und es dröhnten dazu Athenaia und Here,
Ehrend den König der goldreichen Mykene.
     Und seinem Wagenlenker befahl darauf ein jeder,
Die Pferde gut nach der Ordnung dort am Graben zurückzuhalten.
Sie selber aber, zu Fuß, mit Waffen gerüstet,
50 Eilten, und unauslöschliches Geschrei erhob sich vor Morgen.
Und weit früher als die Gespanne waren sie am Graben geordnet,
Doch die Gespanne folgten nur wenig danach. Und Wirrwarr erregte,
Bösen, unter ihnen der Kronide und sandte aus der Höhe Tautropfen,
Mit Blut besudelte, aus dem Äther, weil er vorhatte,
Viele kraftvolle Häupter dem Hades vorzuwerfen.
     Die Troer aber sammelten sich drüben auf der Schwelle des Bodens
Um Hektor, den großen, und den untadligen Pulydamas
Und Aineias, der bei den Troern wie ein Gott geehrt war im Volk,
Und die drei Antenor-Söhne: Polybos und den göttlichen Agenor
60 Und den jungen Akamas, Unsterblichen vergleichbar.
Doch Hektor trug unter den ersten den Schild, den allseits gleichen.
Und wie aus Wolken hervorscheint ein verderblicher Stern,
Hell leuchtend, und dann wieder eintaucht in die schattigen Wolken:
So erschien Hektor bald unter den ersten,
Bald unter den letzten, sie antreibend, und ganz von Erz
Strahlte er wie der Blitz des Vaters Zeus, des Aigishalters.
     Die aber, so wie Schnitter, welche gegeneinander

Die Mahd vortreiben auf dem Feld eines reichen Mannes
Von Weizen oder Gerste, und dicht fallen die Büschel:
70 So mordeten Troer und Achaier, gegeneinander springend,
Und keiner von ihnen gedachte der verderblichen Flucht.
Gleich hielt ihre Häupter die Schlacht. Sie aber, wie Wölfe,
Wüteten, und Eris freute sich, es zu sehen, die stöhnenreiche.
Denn sie allein von den Göttern war bei den Kämpfenden,
Die anderen Götter waren nicht bei ihnen, sondern in Ruhe
Saßen sie in ihren Hallen, wo einem jeden
Die schönen Häuser erbaut waren in den Falten des Olympos.
Alle aber klagten sie an den schwarzwolkigen Kronion,
Weil er beschlossen hatte, den Troern Prangen zu verleihen.
80 Doch um sie kümmerte sich nicht der Vater, sondern abseits
Setzte er sich nieder, entfernt von den anderen, seines Prangens froh,
Und blickte auf der Troer Stadt und die Schiffe der Achaier
Und das Blitzen des Erzes und die Tötenden und Getöteten.
Solange Morgen war und der heilige Tag sich mehrte,
So lange hafteten von beiden die Geschosse, und es fiel das Volk.
Zur Zeit aber, wo ein holzfällender Mann sich die Mahlzeit bereitet
In den Schluchten des Bergs, wenn er es satt hat, mit den Händen
Große Bäume zu fällen, und Überdruß ihm in den Mut kam
Und ihm nach süßer Nahrung das Verlangen rings die Sinne ergreift:
90 Zu der Zeit durchbrachen mit ihrer Tapferkeit die Danaer die Reihen,
Zurufend den Gefährten Schar für Schar; und Agamemnon
Sprang als erster hinein und faßte einen Mann: Biënor, den Hirten der Völker,
Ihn selbst und dann seinen Gefährten Oileus, den Pferdestachler.
Ja, der sprang vom Gespann herab und trat ihm entgegen,
Und dem gerade Anstürmenden stieß er in die Stirn mit dem scharfen Speer,
Und nicht hielt der Helmkranz, schwer von Erz, ihm ab den Speer,
Sondern er drang durch ihn und den Knochen, und das Gehirn
Wurde drinnen ganz mit Blut vermengt, und er bezwang ihn im Ansturm.
Und die ließ er dort liegen, der Herr der Männer Agamemnon,
100 Mit hellschimmernder Brust, da er ihnen ausgezogen die Panzerhemden.
Doch er ging, um den Isos und den Antiphos zu erschlagen,
Zwei Söhne des Priamos, Bastard und echter Sohn, die beide
Auf einem Wagen standen: der Bastard führte die Zügel,
Antiphos stand neben ihm, der ringsberühmte. Die hatte Achilleus
Einmal in den Tälern des Ida mit Weidenruten gebunden.
Schafe hütend ergriff er sie, und gab sie frei gegen Lösung.
Damals nun traf der Atreus-Sohn, der weitherrschende Agamemnon,

Den einen über der Warze gegen die Brust mit dem Speer,
Den Antiphos aber hieb er neben das Ohr mit dem Schwert und warf ihn
110 Vom Wagen und raubte eilig von beiden die schönen Waffen,
Und erkannte sie, denn er hatte sie vorher bei den schnellen Schiffen
Gesehen, als sie vom Ida führte der fußschnelle Achilleus.
Und wie ein Löwe die kleinen Kinder einer schnellen Hirschkuh
Leicht zermalmt, sie packend mit starken Zähnen,
In ihr Lager gekommen, und ihnen das zarte Herz raubt –
Sie aber, wenn sie auch ganz nah ist, kann ihnen nicht helfen,
Denn ein Zittern, ein schreckliches, überkommt sie selber,
Und schnell eilt sie durch dichtes Gebüsch und Gehölz,
Hastend, in Schweiß, vor dem Andrang des starken Tieres:
120 So konnte denen keiner der Troer vor dem Verderben
Helfen, nein, selbst auch flüchteten sie vor den Argeiern.
  Doch den Peisandros und den standhaften Hippolochos,
Die Söhne des Antimachos, des kampfgesinnten, der am meisten –
Da er Gold von Alexandros genommen hatte als prangende Gaben –
Nicht zuließ, daß man die Helena gab dem blonden Menelaos:
Von diesem ergriff die beiden Söhne der gebietende Agamemnon,
Auf einem Wagen stehend, und zugleich suchten sie die schnellen Pferde zu
                                                                      halten.
Denn ihnen aus den Händen waren entflohen die glänzenden Zügel,
Und durcheinander kamen die Pferde. Doch er stürmte an wie ein Löwe,
130 Der Atreus-Sohn. Die aber flehten ihn an vom Wagen:
»Fange uns lebend, Atreus-Sohn! und nimm angemessene Lösung!
Viele Kostbarkeiten liegen in des Antimachos Häusern:
Erz und Gold und vielbearbeitetes Eisen:
Davon wird dir gern der Vater unermeßliche Lösung geben,
Wenn er erfährt, daß wir am Leben sind bei den Schiffen der Achaier!«
  So sprachen die beiden weinend zu dem König
Mit sanften Worten, unsanft aber hörten sie die Stimme:
»Wenn ihr denn seid des Antimachos Söhne, des kampfgesinnten,
Der einst in der Versammlung der Troer den Menelaos,
140 Als er auf Botschaft kam mit dem gottgleichen Odysseus,
Dort zu töten befahl und nicht zurückzulassen zu den Achaiern,
So werdet ihr jetzt für eures Vaters schmähliche Kränkung büßen!«
  Sprach es und stieß den Peisandros vom Gespann zu Boden,
Mit dem Speer in die Brust treffend, und er schlug rücklings zur Erde.
Hippolochos aber sprang herab, und den erschlug er am Boden,
Schnitt ihm die Arme ab mit dem Schwert und schlug ihm ab den Hals,

Und wie eine Walze schleuderte er ihn, dahinzurollen durch die Menge.
Die ließ er liegen. Aber dort, wo die meisten Reihen sich drängten,
Dort sprang er hinein, und zugleich die anderen gutgeschienten Achaier.
50 Fußvolk tötete Fußvolk, das floh notgedrungen,
Wagenkämpfer die Wagenkämpfer, und unter ihnen erhob sich der Staub
Aus der Ebene, den aufrührten die starkdröhnenden Füße der Pferde,
Wie sie mit dem Erz mordeten. Doch der gebietende Agamemnon
Setzte immer tötend nach, den Argeiern zurufend.
   Und wie wenn vernichtendes Feuer in einen holzreichen Wald fällt,
Und überallhin trägt es wirbelnd der Wind, und die Stämme
Fallen mitsamt den Wurzeln, bedrängt vom Ansturm des Feuers:
So fielen unter dem Atreus-Sohn Agamemnon die Häupter
Der Troer, die flohen; und viele starknackige Pferde
60 Rasselten mit leeren Wagen dahin auf den Brücken des Krieges,
Die Zügelhalter entbehrend, die untadligen: die aber lagen
Auf der Erde, den Geiern weit lieber als ihren Frauen.
Den Hektor aber hielt Zeus heraus aus Geschossen und Staub,
Aus dem Männermord, aus Blut und aus dem Wirrwarr.
Der Atreus-Sohn aber setzte nach, heftig, den Danaern zurufend.
Und die Troer stürzten vorbei am Mal des Ilos, des Dardaniden von ehemals,
Mitten durch die Ebene, vorbei am Feigenbaum,
Hinstrebend zur Stadt. Der aber, schreiend, setzte ständig nach,
Der Atride, und mit Mordblut besudelt war er an den unberührbaren Händen.
70   Doch als sie zum Skäischen Tor und der Eiche gelangten,
Da blieben sie stehen und warteten aufeinander.
Andere aber flüchteten noch mitten in der Ebene wie Kühe,
Die ein Löwe gescheucht hat, gekommen im Dunkel der Nacht,
Alle, der einen aber erscheint ein jähes Verderben;
Er packt sie und bricht ihr den Nacken heraus mit den starken Zähnen
Zuerst und schlürft dann das Blut und alle Eingeweide:
So setzte der Atreus-Sohn ihnen nach, der gebietende Agamemnon,
Immer den letzten tötend, die aber flohen.
Und viele stürzten vornüber und rücklings von den Gespannen
80 Unter des Atriden Händen, denn rings voran wütete er mit der Lanze.
   Aber als er schon fast unter die Stadt und die steile Mauer
Gelangt war, da setzte sich der Vater der Männer und der Götter
Nieder auf den Gipfeln des Ida, des quellenreichen,
Vom Himmel herabgestiegen, und hielt den Blitz in den Händen.
Und Iris trieb er, die goldgeflügelte, um Botschaft auszurichten:
»Eil dich und geh, schnelle Iris! Sage dieses Wort dem Hektor:

Solange er sieht, wie Agamemnon, der Hirt der Völker,
Unter den Vorkämpfern wütet, die Reihen der Männer tötend,
So lange weiche er zurück und befehle dem anderen Volk,
190   Gegen die Feinde zu kämpfen in der starken Schlacht.
Doch wenn er von einem Speer geschlagen oder getroffen vom Pfeil
Auf das Gespann springt, dann werde ich ihm Kraft verbürgen,
Daß er töte, bis er zu den gutverdeckten Schiffen gelangt
Und untergeht die Sonne und das heilige Dunkel heraufkommt.«
   So sprach er. Und nicht ungehorsam war die windfüßige schnelle Iris.
Sie schritt herab von den Bergen des Ida zur heiligen Ilios
Und fand den Sohn des kampfgesinnten Priamos, den göttlichen Hektor,
Wie er auf den Pferden stand und dem festgefügten Wagen.
Und es trat dicht heran und sagte zu ihm die fußschnelle Iris:
200   »Hektor, Sohn des Priamos! dem Zeus gleichwiegend an Einsicht!
Zeus, der Vater, hat mich gesandt, daß ich dir dieses sage:
Solange du siehst, wie Agamemnon, der Hirt der Völker,
Unter den Vorkämpfern wütet, die Reihen der Männer tötend,
So lange weiche aus dem Kampf und befiehl dem anderen Volk,
Gegen die Feinde zu kämpfen in der starken Schlacht.
Doch wenn er von einem Speer geschlagen oder getroffen vom Pfeil
Auf das Gespann springt, dann wird er dir Kraft verbürgen,
Daß du tötest, bis du zu den gutverdeckten Schiffen gelangst
Und untergeht die Sonne und das heilige Dunkel heraufkommt.«
210   So sprach sie und ging hinweg, die fußschnelle Iris.
Hektor aber sprang vom Wagen mit den Waffen auf die Erde,
Und schwingend die scharfen Speere ging er rings durch das Heer
Und trieb an zu kämpfen und erweckte schreckliches Kampfgewühl.
Und sie wurden umgewandt und traten entgegen den Achaiern,
Die Argeier aber drüben verstärkten ihre Reihen.
Geordnet wurde die Schlacht, und sie stellten sich gegeneinander. Doch
                                                                      Agamemnon
Sprang als erster hinein: weit vor allen wollte er kämpfen.
   Sagt mir nun, Musen, die ihr die olympischen Häuser habt,
Wer da als erster entgegen trat dem Agamemnon
220   Von den Troern selbst oder den berühmten Verbündeten!
Iphidamas, der Antenor-Sohn, der tüchtige und große,
Aufgezogen in Thrake, der starkscholligen, der Mutter der Schafe.
Kisses ernährte ihn in den Häusern, als er klein war,
Seiner Mutter Vater, der die schönwangige Theano erzeugte.
Doch als er zum Maß der reichprangenden Jugend gelangt war,

Da behielt er ihn dort und gab ihm seine Tochter, und neu vermählt
Ging er aus dem Schlafgemach auf die Kunde hin von den Achaiern
Mit zwölf geschweiften Schiffen, die ihm folgten.
Die ließ er alsdann in Perkote zurück, die ebenmäßigen Schiffe,
30 Er aber war zu Fuß nach Ilios gekommen.
Der trat damals dem Atreus-Sohn Agamemnon entgegen.
Und als sie nahe heran waren, gegeneinander gehend,
Fehlte der Atreus-Sohn, und seitwärts vorbei flog ihm die Lanze.
Iphidamas aber stieß ihn gegen den Gürtel unten am Panzer
Und stemmte selber nach, der schweren Hand vertrauend.
Doch er durchbohrte nicht den allfunkelnden Gürtel, sondern viel früher
Bog sich, auf Silber treffend, wie Blei die Spitze.
Und diese ergriff mit der Hand der weitherrschende Agamemnon,
Zog sie zu sich heran, begierig wie ein Löwe, und riß sie
40 Ihm aus der Hand, schlug ihm das Schwert in den Hals und löste die Glieder.
So fiel dieser dort und schlief den ehernen Schlaf, der Arme,
Fern der vermählten Gattin, den Stadtleuten Hilfe bringend,
Der ehelichen, von der er noch keinen Dank sah, und gab doch vieles:
Erstlich gab er hundert Rinder, und dann versprach er tausend
Ziegen zugleich und Schafe, die ihm weideten unermeßlich.
Damals nun zog ihm die Rüstung ab der Atreus-Sohn Agamemnon
Und ging und trug durch die Menge der Achaier die schönen Waffen.
    Doch wie ihn nun Koon bemerkte, der Ausgezeichnete vor den Männern,
Ältestgeborener Sohn des Antenor, da verhüllte ihm starke Trauer
50 Die Augen um seinen gefallenen Bruder. Und er trat seitwärts
Heran mit dem Speer, unbemerkt von dem göttlichen Agamemnon,
Und stieß ihn mitten in den Arm, unter dem Ellenbogen,
Und gerade hindurch drang des schimmernden Speeres Spitze.
Und da erschauderte der Herr der Männer Agamemnon.
Doch auch so ließ er nicht ab von Schlacht und Kampf,
Sondern sprang zu auf Koon mit der windgenährten Lanze.
Ja, der wollte den Iphidamas, den Bruder vom gleichen Vater,
Eifrig fortschleppen am Fuß und rief alle die Besten.
Und den, wie er ihn durch die Menge zog, traf er unter dem gebuckelten Schild
60 Mit dem Schaft, dem erzbeschlagenen, und löste die Glieder,
Und trat heran, und über Iphidamas schlug er ihm das Haupt ab.
Da erfüllten des Antenor Söhne durch den Atreus-Sohn, den König,
Ihr Schicksal und tauchten in das Haus des Hades.
    Er aber ging gegen die Reihen der anderen Männer
Mit der Lanze und mit dem Schwert und großen Steinen,

Solange ihm das Blut noch warm hervorquoll aus der Wunde.
Doch als der Schnitt verharschte und aufhörte das Blut,
Da tauchten scharfe Schmerzen in den Mut des Atreus-Sohnes.
Und wie wenn in den Wehen das scharfe Geschoß ein Weib trifft,
270 Das schneidende, das die mühenerzeugenden Eileithyien entsenden,
Die Töchter der Here, die die bitteren Wehen verwalten:
So tauchten scharfe Schmerzen in den Mut des Atreus-Sohnes.
Und er sprang auf den Wagen und befahl dem Zügelhalter,
Zu den gewölbten Schiffen zu fahren, denn bekümmert war er im Herzen.
Und er schrie durchdringend und rief den Danaern zu:
»Freunde! ihr Führer der Argeier und Berater!
Wehrt ihr nun ab von den meerdurchfahrenden Schiffen
Das schmerzliche Kampfgewühl! Denn mich läßt nicht der ratsinnende Zeus
Den ganzen Tag über mit den Troern kämpfen.«
280   So sprach er. Und der Zügelhalter peitschte die schönhaarigen Pferde
Zu den gewölbten Schiffen, und die flogen nicht unwillig dahin,
Schaumbedeckt an den Brüsten und von unten mit Staub besprengt,
Den gepeinigten König hinweg aus der Schlacht zu tragen.
Doch als nun Hektor bemerkte, wie Agamemnon fortging,
Rief er den Troern und Lykiern zu, weithin schreiend:
»Troer und Lykier und Dardaner, Nahkampfstreiter!
Seid Männer, Freunde! und gedenkt der ungestümen Kampfkraft!
Fort ist der Mann, der beste, mir aber hat großen Ruhm gegeben
Zeus, der Kronide. Darum lenkt gerade die einhufigen Pferde
290 Auf die starken Danaer zu, daß ihr überlegenen Ruhm gewinnt!«
     So sprach er und erregte Kraft und Mut eines jeden.
Und wie wenn irgendwo ein Jäger die weißzahnigen Hunde
Hetzt auf ein Wildschwein, einen Eber, oder einen Löwen:
So hetzte auf die Achaier die hochgemuten Troer
Hektor, der Priamos-Sohn, dem männermordenden Ares gleichend.
Und selbst schritt er hochgemut einher unter den ersten
Und fiel ein in die Schlacht, einem hochher wehenden Wirbel gleich,
Der herabspringt und das veilchenfarbene Meer erregt.
     Wen hat da als ersten und wen als letzten getötet
300 Hektor, der Priamos-Sohn, als Zeus ihm Prangen gab?
Den Asaios zuerst und Autonoos und Opites
Und Dolops, den Klytios-Sohn, und Opheltios und Agelaos
Und Aisymnos und Oros und auch Hipponoos, den standhaften.
Diese Führer der Danaer erschlug er, und darauf
Die Menge, so wie wenn der West die Wolken erschüttert

Des aufhellenden Südwinds und schlägt sie mit tiefem Wirbelsturm,
Und viel geschwollenes Gewoge wälzt sich daher, und hoch auf
Sprüht Schaum unter dem Blasen des viel umirrenden Windes:
So dicht wurden die Häupter der Männer unter Hektor bezwungen.
Da wäre Vernichtung gewesen und heillose Dinge entstanden,
Und fliehend wären in die Schiffe gefallen die Achaier,
Hätte nicht dem Tydeus-Sohn Diomedes zugerufen Odysseus:
»Tydeus-Sohn! was ist mit uns, daß wir die ungestüme Kampfkraft vergaßen?
Doch auf! hierher, Lieber! tritt mir zur Seite! Denn eine Schande
Wird es sein, wenn die Schiffe nimmt der helmfunkelnde Hektor.«
    Da antwortete und sagte zu ihm der starke Diomedes:
»Wahrhaftig! ich bleibe und halte stand! Doch von kurzer Dauer
Wird unsere Freude sein, da der Wolkensammler Zeus
Den Troern eher Kraft geben will als uns.«
    Sprach es und stieß den Thymbraios vom Gespann zu Boden,
Ihn mit dem Speer treffend gegen die linke Brust, und Odysseus
Den Molion, den gottgleichen Gefolgsmann dieses Herrschers.
Diese ließen sie dann, nachdem sie ein Ende gesetzt ihrem Kampf,
Und gingen beide in die Menge und wüteten, wie wenn zwei Eber
Sich unter jagende Hunde stürzen, voll hohen Mutes:
So mordeten sie die Troer, wieder vorstürmend. Doch die Achaier
Atmeten froh auf, während sie flohen vor dem göttlichen Hektor.
Da nahmen sie einen Wagen und zwei Männer, die besten im Volk,
Die beiden Söhne des Merops, des Perkosiers, der sich vor allen
Auf Wahrsagung verstand, und nicht wollte er seine Söhne
Ziehen lassen in den Krieg, den männerverderbenden. Aber die beiden
Folgten ihm nicht: die Göttinnen führten sie des schwarzen Todes.
Diese brachte der Tydeus-Sohn, der speerberühmte Diomedes,
Um Mut und Leben und zog ihnen ab die berühmten Waffen.
Den Hippodamos aber erschlug Odysseus und den Hypeirochos.
    Da spannte ihnen Kronion die Schlacht ins Gleiche,
Herabblickend vom Ida, die aber erschlugen einander.
Ja, da stieß der Sohn des Tydeus den Agastrophos mit dem Speer,
Den Paion-Sohn, den Helden, in die Hüfte; und seine Pferde
Waren nicht in der Nähe zur Flucht: groß beirrt war er im Mute.
Denn diese hielt abseits der Gefolgsmann, er aber, zu Fuß,
Wütete durch die Vorkämpfer, bis er sein Leben verlor.
Doch Hektor bemerkte es scharf durch die Reihen und stürmte gegen sie,
Schreiend, und es folgten zugleich die Scharen der Troer.
Als er ihn sah, da erschauderte der gute Rufer Diomedes,

Und schnell sprach er zu Odysseus, der ihm nah war:
»Da wälzt sich dies Unheil auf uns zu: der gewaltige Hektor!
Doch auf! halten wir stand und bleiben wir, uns zu wehren!«
Sprach es und holte aus und entsandte die langschattende Lanze
350 Und traf, und verfehlte ihn nicht, auf das Haupt ihm zielend,
Oben gegen den Helm. Doch ab sprang das Erz von dem Erze
Und kam nicht an die Haut, die schöne, denn zurück hielt es der Helm,
Der dreischichtige, mit Augenlöchern, den ihm verliehen Phoibos Apollon.
Und Hektor lief schnell unermeßlich weit zurück und mischte sich in die Menge
Und stand, ins Knie gestürzt, und stützte sich mit der kräftigen Hand
Auf die Erde, und schwarze Nacht umhüllte ihm die Augen.
Und während der Tydeus-Sohn dem Flug des Speeres nachlief
Weithin durch die Vorkämpfer, wo er ihm niederfuhr in die Erde,
Indessen kam Hektor zu Atem, und zurück auf den Wagen springend
360 Fuhr er hinweg in die Menge und vermied die schwarze Todesgöttin.
Doch mit dem Speer nachstürmend sagte zu ihm der starke Diomedes:
»Wieder entrannst du jetzt dem Tod, Hund! Wahrhaftig, und nahe
Kam dir das Unheil! Jetzt rettete dich wieder Phoibos Apollon,
Zu dem du wohl betest, wenn du gehst in das Dröhnen der Speere.
Doch gewiß, ich mache ein Ende mit dir, auch später, wenn ich dich treffe!
Wenn denn einer der Götter auch mir ein Helfer ist.
Jetzt aber gehe ich gegen die anderen, wen immer ich erreiche.«
Sprach es und nahm dem Paion-Sohn, dem speerberühmten, die Waffen.
Doch Alexandros, der Gatte der schönhaarigen Helena,
370 Spannte auf den Tydeus-Sohn den Bogen, den Hirten der Völker,
An die Säule gelehnt auf dem männererbauten Grabhügel
Des Ilos, des Dardaniden, des ehemals Alten im Volk.
Ja, da nahm der eben den Panzer dem starken Agastrophos
Von der Brust, den allfunkelnden, und den Schild von den Schultern
Und den wuchtigen Helm. Doch der zog zurück des Bogens Bügel
Und traf – und nicht umsonst flog das Geschoß ihm aus der Hand –
In den Spann des rechten Fußes, und durch und durch gedrungen
Haftete der Pfeil in der Erde. Und der lachte sehr vergnügt,
Sprang aus dem Hinterhalt, und sich rühmend sprach er das Wort:
380 »Getroffen! und nicht umsonst entfloh das Geschoß! Hätte ich dich doch
Zuunterst in die Weichen getroffen und dir das Leben genommen!
So hätten auch die Troer aufgeatmet von dem Unheil,
Die vor dir schaudern wie vor dem Löwen meckernde Ziegen!«
Da sagte unerschrocken zu ihm der starke Diomedes:
»Pfeilschütze! schandbarer du! im Haarschopf Prangender, Mädchenbegaffer

Wenn du es Mann gegen Mann mit mir in Waffen versuchtest,
Nichts würde dir helfen der Bogen und die dichten Pfeile!
Doch jetzt, wo du mir das Fußblatt geritzt hast, rühmst du dich nichtig.
Nicht kümmerts mich, so als hätte ein Weib mich getroffen oder törichtes Kind!
390 Stumpf ist das Geschoß eines Mannes, der kraftlos ist, ein Garnichts!
Ja, anderes kommt von mir, auch wenn es nur leicht berührt,
Das scharfe Geschoß und macht schnell einen leblos.
Und rings zerkratzt sind dann die Wangen seines Weibes
Und seine Kinder verwaist, doch er, mit Blut die Erde rötend,
Verfault, und die Vögel sind mehr um ihn als die Weiber!«
    So sprach er. Da kam dicht heran der speerberühmte Odysseus
Und trat vor ihn, und der setzte sich hinter ihm nieder und zog
Das schnelle Geschoß aus dem Fuß. Und ein Schmerz durchdrang ihm den Leib,
Ein quälender, und er sprang auf den Wagen und befahl dem Zügelhalter,
400 Zu den gewölbten Schiffen zu fahren, denn bekümmert war er im Herzen.
    Allein gelassen war Odysseus, der speerberühmte, und keiner
Der Argeier harrte aus bei ihm, denn die Flucht hatte alle ergriffen.
Und aufgebracht sprach er zu seinem großherzigen Mute:
»O mir, ich! was wird mit mir? Ein großes Übel, wenn ich fliehe
Vor der Menge, in Furcht! Doch schauriger, wenn man mich fängt,
Allein, und die anderen Danaer scheuchte Kronion.
Aber was redet mein Mut mir da für Dinge?
Weiß ich doch, daß nur Schlechte aus dem Kampfe weichen.
Wer aber Erster ist in der Schlacht, für den ist es durchaus not,
410 Standzuhalten mit Kraft, ob er getroffen wird oder einen anderen trifft.«
    Während er dies erwog im Sinn und in dem Mute,
Indessen kamen heran die Reihen der Troer, der schildtragenden,
Umstellten ihn rings und nahmen ihr eigenes Unheil in die Mitte.
Und wie um einen Eber die Hunde und rüstigen jungen Männer
Sich drängen, und der kommt aus dem tiefen Gehölz,
Den weißen Zahn an den gebogenen Kinnbacken wetzend,
Sie aber stürmen rings an, und von unten kommt ein Knirschen
Der Zähne, doch die halten alsbald stand, so schrecklich er ist:
So drängten sich damals um den zeusgeliebten Odysseus
420 Die Troer. Doch er stieß zuerst dem untadligen Deïopites
Oben in die Schulter, anspringend mit dem scharfen Speer,
Dann aber erschlug er den Thoon und den Ennomos.
Und den Chersidamas sodann, als er vom Gespann herabsprang,
Stieß er mit dem Speer in die Bauchfalte unter dem gebuckelten Schild,
Und er fiel in den Staub und faßte die Erde mit verkrampfter Hand.

Diese ließ er liegen und traf den Hippasos-Sohn Charops
Mit dem Speer, den leiblichen Bruder des gutbegüterten Sokos.
Und um ihm beizustehen, kam Sokos, der gottgleiche Mann,
Und ging und trat dicht heran und sagte zu ihm die Rede:
430 »Odysseus, vielgepriesener! an Listen unersättlich und an Mühsal!
Heute wirst du dich entweder rühmen über zwei Hippasos-Söhnen,
Daß du solche Männer erschlugst und ihnen die Waffen raubtest,
Oder du wirst, von meinem Speer geschlagen, das Leben verlieren!«
So sprach er und stieß gegen den Schild, den allseits gleichen,
Und durch den Schild, den schimmernden, fuhr die gewaltige Lanze,
Und durch den Panzer, den vielverzierten, drang sie und schälte
Ganz von den Rippen das Fleisch ab, doch Pallas Athenaia
Ließ sie nicht in die Eingeweide des Mannes sich mischen.
Und Odysseus erkannte, daß ihm nicht an entscheidende Stelle
440 Kam das Geschoß, und er wich zurück und sagte zu Sokos die Rede:
»Ah, Elender! Wahrhaftig, jetzt trifft dich das jähe Verderben!
Ja, du hast mir ein Ende gesetzt, mit den Troern zu kämpfen.
Dir aber, sage ich, wird hier der Tod und die schwarze Todesgöttin
Kommen an diesem Tag, und unter meinem Speer bezwungen
Gibst du mir Ruhm, die Seele aber dem rosseberühmten Hades!«
Sprach es, und der wandte sich wieder zur Flucht und ging davon,
Doch als er sich umwandte, stieß er ihm den Speer in den Rücken,
Mitten zwischen die Schultern, und trieb ihn durch die Brust hindurch.
Und er stürzte dröhnend. Da rühmte sich der göttliche Odysseus:
450 »Sokos, Sohn des kampfgesinnten Hippasos, des Pferdebändigers!
Dich vor mir das Ziel des Todes erreicht, und du bist nicht entronnen.
Ah, Elender! Nicht wird dir der Vater und die hehre Mutter
Die Augen zudrücken im Tod, sondern Vögel werden,
Rohfressende, an dir zerren, rings dicht mit den Flügeln schlagend.
Mich aber, wenn ich sterbe, bestatten die göttlichen Achaier.«
So sprach er und zog des kampfgesinnten Sokos gewaltige Lanze
Aus seinem Leib und aus dem Schild, dem gebuckelten,
Und das Blut beim Herausziehen schoß ihm hervor und betrübte den Mut.
Die Troer aber, die hochgemuten, wie sie das Blut des Odysseus sahen,
460 Riefen sie einander zu in der Menge und gingen alle gegen ihn.
Er aber wich nach hinten zurück und schrie nach den Gefährten.
Dreimal schrie er da, soviel das Haupt eines Mannes faßte,
Dreimal aber hörte ihn aufschreien der aresgeliebte Menelaos,
Und schnell sagte er zu Aias, der ihm nah war:
»Aias, zeusentsproßter Telamon-Sohn, Herrscher der Völker!

Da umkam mich von Odysseus, dem wagemutigen, ein Schrei,
Ganz so, als ob ihn, der allein ist, überwältigten
Die Troer, ihn abschneidend in der starken Schlacht.
Doch gehen wir in die Menge! denn beizustehen ist besser.
470 Ich fürchte, daß ihm etwas geschieht, allein gelassen unter den Troern,
So tapfer er ist, und ein großes Entbehren würde den Danaern kommen.«
      So sprach er und ging voran, und es folgte ihm der gottgleiche Mann.
Und sie fanden darauf Odysseus, den zeusgeliebten, und um ihn her
Waren die Troer wie rote Schakale in den Bergen
Um einen gehörnten Hirsch, einen getroffenen, den ein Mann mit dem Pfeil
Traf von der Sehne; und dem entkam er, fliehend mit den Füßen,
Solange das Blut warm war und seine Knie sich regten.
Doch wenn ihn nun bezwungen hat der schnelle Pfeil,
So zerfleischen ihn die rohfressenden Schakale in den Bergen
480 In einem schattigen Waldstück. Doch herbei führt einen Löwen der Daimon,
Einen reißenden; da fliehen die Schakale auseinander, der aber frißt:
So waren damals um Odysseus, den kampfgesinnten, erfindungsreichen,
Die Troer, viele und streitbare. Doch er, der Heros,
Anspringend mit seiner Lanze, wehrte ab den erbarmungslosen Tag.
Und Aias kam nahe heran und trug den Schild, einem Turm gleich,
Trat neben ihn, und die Troer flohen auseinander hierhin und dorthin.
      Ja, da führte diesen der streitbare Menelaos aus der Menge,
Ihn am Arm haltend, bis der Gefolgsmann herantrieb die Pferde.
Aias aber sprang auf die Troer zu und ergriff den Doryklos,
490 Des Priamos Bastardsohn, stieß dann den Pandokos nieder,
Und nieder stieß er den Lysandros und den Pyrasos und Pylartes.
Und wie wenn ein voller Strom hinab zur Ebene fließt,
Ein winterlicher von den Bergen, bedrängt vom Regen des Zeus,
Und viele trockene Eichen und viele Fichten
Reißt er hinein, und viel Schlamm wirft er in die Salzflut:
So trieb sie vor sich her in die Ebene damals der strahlende Aias,
Erschlagend Pferde und Männer. – Doch Hektor hatte es noch nicht
Erfahren, da er zur Linken kämpfte der ganzen Schlacht,
An den Ufern des Flusses Skamandros, wo am meisten
500 Der Männer Häupter fielen und Geschrei, unauslöschliches, sich erhob
Um Nestor, den großen, und den streitbaren Idomeneus.
Mit denen machte sich Hektor zu schaffen, Schreckliches verübend
Mit Lanze und Wagenlenkung, und vernichtete die Reihen der Jungen.
Doch wären noch nicht aus dem Weg gewichen die göttlichen Achaier,
Hätte nicht Alexandros, der Gatte der schönhaarigen Helena,

Einhalt getan dem Machaon, sich hervorzutun, dem Hirten der Völker,
Mit dreischneidigem Pfeil ihn treffend in die rechte Schulter.
Um den nun fürchteten sehr die Mut atmenden Achaier,
Daß sie ihn nicht, wenn die Schlacht sich wandte, ergreifen möchten.
510 Und alsbald sprach Idomeneus zu dem göttlichen Nestor:
»Nestor, Neleus-Sohn! du großer Ruhm der Achaier!
Auf! besteige deinen Wagen, und neben dir soll Machaon
Aufsteigen, und lenke eiligst zu den Schiffen die einhufigen Pferde!
Denn ein ärztlicher Mann wiegt viele andere auf,
Pfeile herauszuschneiden und lindernde Kräuter aufzustreuen.«
    So sprach er, und nicht ungehorsam war der Gerenier, der Rosselenker
                                                                Nestor,
Und stieg sogleich auf seinen Wagen, und neben ihm stieg Machaon
Auf, des Asklepios Sohn, des untadligen Arztes.
Und er peitschte die Pferde, und die flogen nicht unwillig dahin
520 Zu den gewölbten Schiffen, denn so war es ihnen lieb im Mute. –
Doch Kebriones bemerkte, wie die Troer in Verwirrung waren,
Der neben Hektor stand, und er sagte zu ihm die Rede:
»Hektor! wir machen uns hier mit den Danaern zu schaffen
Zu äußerst des schlimmtosenden Kampfes. Die anderen aber,
Die Troer, sind in Verwirrung, vermischt die Pferde und sie selber,
Und Aias treibt sie vor sich her, der Telamon-Sohn. Gut habe ich ihn erkannt,
Denn er hat den breiten Schild an den Schultern. Doch laß auch uns
Dorthin die Pferde und den Wagen lenken, wo am meisten
Die Wagenkämpfer und die zu Fuß, den bösen Streit vortreibend,
530 Einander vernichten, und Geschrei, unauslöschliches, sich erhob.«
    So sprach er und peitschte die schönhaarigen Pferde
Mit der schwirrenden Geißel, und die, den Hieb vernehmend,
Trugen leicht den schnellen Wagen unter die Troer und Achaier,
Stampfend auf Leichen und Schilde. Und mit Blut wurde die ganze Achse
Von unten her bespritzt und die Geländer um den Stuhl des Wagens,
Gegen die von den Pferdehufen Tropfen schlugen
Und andere von den Radbeschlägen. Der aber strebte, in das Männergewühl
Zu tauchen und anspringend durchzubrechen, und trug einen Wirrwarr,
Einen schlimmen, in die Danaer, und nur wenig ließ er ab vom Speer.
540 Doch er durcheilte die Reihen der anderen Männer
Mit der Lanze und mit dem Schwert und großen Steinen,
Dem Kampf mit Aias aber wich er aus, dem Telamon-Sohn,
Denn Zeus verargte es ihm, mit dem besseren Mann zu kämpfen.
    Und Zeus, der Vater, der hoch am Steuerruder sitzt, erregte in Aias Schrecken,

Und er stand erstarrt, und nach hinten warf er den Schild, den siebenhäutigen,
Und floh, um sich spähend, in die Menge, einem Raubtier gleichend,
Immer wieder sich umwendend, und nur wenig wechselnd Knie um Knie.
Und wie wenn einen braunroten Löwen vom Pferch der Rinder
Hunde scheuchten und Männer, Landbewohner,
550 Und sie lassen ihn nicht sich das Fett von den Rindern holen,
Die ganze Nacht durch wachend; der aber, nach Fleisch begierig,
Dringt an, doch er richtet nichts aus, denn Speere in Mengen
Fliegen ihm entgegen von kühnen Händen
Und brennende Bündel: die flieht er, sosehr er andringt,
Und in der Frühe macht er sich fort, bedrückten Mutes:
So ging damals Aias von den Troern fort, bedrückt im Herzen,
Viel widerstrebend, denn er fürchtete sehr für die Schiffe der Achaier.
Und wie wenn ein Esel am Saatfeld entlang geht und stemmt sich gegen die
                                                                Knaben,
Ein störrischer, auf dem schon viele Knüttel rings zerbrochen wurden,
560 Und eingedrungen schert er ab die tiefe Saat, und die Knaben
Hauen mit den Knütteln, doch ihre Gewalt ist kindisch,
Und kaum trieben sie ihn hinaus, nachdem er sich sattgefressen am Futter:
So folgten damals beständig dem großen Aias, dem Telamon-Sohn,
Die hochgemuten Troer und die vielversammelten Verbündeten
Und stießen ihn mit den Schäften mitten auf den Schild.
Aias aber gedachte bald der ungestümen Kampfkraft,
Sich wieder umwendend, und hielt zurück die Reihen
Der pferdebändigenden Troer, bald wandte er sich wieder zur Flucht,
Doch sperrte er allen den Weg zu den schnellen Schiffen.
570 Und selbst zwischen Troern und Achaiern in der Mitte stehend
Wütete er. Die Speere aber von kühnen Händen
Hafteten teils in dem Schild, dem großen, vorwärts drängend,
Aber viele auch halbwegs, bevor sie die weiße Haut gekostet,
Blieben in der Erde stecken, voll Gier, sich am Fleisch zu ersättigen.
    Doch wie ihn nun bemerkte des Euaimon prangender Sohn
Eurypylos, wie er überwältigt wurde von dichten Geschossen,
Da ging er und trat neben ihn und schleuderte den schimmernden Speer
Und traf den Phausias-Sohn Apisaon, den Hirten der Völker,
In die Leber unter dem Zwerchfell und löste sogleich unten die Knie.
580 Und Eurypylos sprang zu und zog ihm die Waffen von den Schultern.
Doch wie ihn nun bemerkte Alexandros, der gottgleiche,
Wie er die Waffen abzog dem Apisaon, da spannte er sogleich
Den Bogen auf Eurypylos und traf ihn mit dem Pfeil in den Schenkel,

Den rechten, und es brach ab das Rohr und beschwerte den Schenkel.
Und zurück in die Schar der Gefährten wich er und vermied die Todesgöttin.
Und er schrie durchdringend und rief den Danaern zu:
»Freunde! ihr Führer derArgeier und Berater!
Wendet euch um und steht und wehrt ab den erbarmungslosen Tag
Dem Aias, der von Geschossen überwältigt wird, und nicht, sage ich,
590 Wird er entkommen aus dem schlimmtosenden Kampf. Aber gerade entgegen
Stellt euch um Aias, den großen, den Telamon-Sohn!«
      So sprach Eurypylos, der verwundete. Und die traten neben ihn,
Dicht beieinander, die Schilde an die Schultern gelehnt,
Die Speere emporgehalten. Und Aias kam auf sie zu,
Blieb stehen und wandte sich, als er zur Schar der Gefährten gelangte.
      So kämpften sie da nach Art des brennenden Feuers.
Den Nestor aber führten aus dem Kampf die Stuten des Neleus,
Schwitzend, und trugen den Machaon, den Hirten der Völker.
Den aber sah und bemerkte der fußstarke göttliche Achilleus,
600 Denn er stand am Heck auf dem großbauchigen Schiff
Und blickte auf die jähe Not und den tränenreichen Ansturm.
Und schnell sprach er zu seinem Gefährten Patroklos,
Vom Schiff aus rufend, und der hörte es in der Lagerhütte
Und kam heraus, dem Ares gleich: das war für ihn des Unheils Anfang.
Da sagte als erster zu ihm der streitbare Sohn des Menoitios:
»Warum rufst du mich, Achilleus? und wozu bedarfst du meiner?«
      Da antwortete und sagte zu ihm der fußschnelle Achilleus:
»Göttlicher Menoitios-Sohn, du meinem Herzen Lieber!
Jetzt, denke ich, werden zu meinen Knien treten die Achaier,
610 Flehend, denn gekommen ist eine Not, nicht mehr erträglich!
Doch geh jetzt, Patroklos, zeusgeliebter! befrage den Nestor,
Wen er da verwundet aus dem Kampf führt.
Ja gewiß, er gleicht von hinten dem Machaon in allem,
Dem Asklepios-Sohn, doch sah ich nicht die Augen des Mannes,
Denn die Pferde stürmten an mir vorüber, vorwärts strebend.«
      So sprach er. Und Patroklos gehorchte seinem Gefährten,
Und schritt hin und lief zu den Hütten und Schiffen der Achaier. –
Als diese nun aber zur Hütte des Neleus-Sohns gelangten,
Da stiegen sie selber ab auf die vielnährende Erde,
620 Und die Pferde löste Eurymedon, der Gefolgsmann des Alten,
Vom Wagen. Sie aber kühlten sich den Schweiß ab von den Gewändern,
Sich gegen den Wind stellend am Strand des Meeres. Aber sodann
Kamen sie in die Hütte und setzten sich auf Sesseln nieder.

Und ihnen bereitete einen Mischtrank die flechtenschöne Hekamede,
Die von Tenedos der Alte erhielt, als Achilleus es zerstörte,
Die Tochter des Arsinoos, des großherzigen, die ihm die Achaier
Auswählten, weil er im Rat sich hervortat unter allen.
Die stellte vor ihnen zuerst einen Tisch hin, einen schönen,
Mit blaulasierten Füßen, einen gutgeglätteten, und auf ihm
630 Eine eherne Schüssel und darauf Zwiebeln, die Zukost zum Trank,
Und gelben Honig, und dazu Mehl von heiliger Gerste,
Und dazu den überaus schönen Becher, den von Hause mitgebracht der Alte,
Mit goldenen Nägeln beschlagen, und Ohren hatte er
Vier, und zwei Tauben pickten auf beiden Seiten
Eines jeden, goldene, und zwei Standbeine waren darunter.
Jeder andere bewegte ihn mit Mühe vom Tisch,
Wenn er voll war, Nestor aber, der Alte, hob ihn ohne Mühe.
Darin bereitete ihnen eine Mischung die Frau, Göttinnen ähnlich,
Von pramneïschem Wein, und rieb Ziegenkäse darüber
640 Auf einer Reibe von Erz und streute darauf weiße Gerste
Und hieß sie trinken, nachdem sie zubereitet hatte den Mischtrank.
    Und als die beiden nun getrunken und den vieltrockenen Durst vertrieben
                                                            hatten,
Erfreuten sie sich mit Reden und erzählten einander.
Da trat Patroklos in die Tür, der gottgleiche Mann.
Und als er ihn sah, erhob sich der Alte von dem Stuhl, dem schimmernden,
Nahm seine Hand, führte ihn herein und hieß ihn niedersitzen.
Doch Patroklos auf der anderen Seite schlug es ab und sagte die Rede:
»Nein, kein Sitzen, Greis, zeusgenährter! und du wirst mich nicht bereden.
Ehrfurcht verlangt und Scheu, der mich sandte, zu fragen,
650 Wen du da hergeführt hast, verwundet. Aber auch selber
Erkenne ich es und sehe Machaon, den Hirten der Völker,
Und gehe jetzt, das Wort auszurichten, zurück als Bote zu Achilleus.
Denn du weißt es gut, Greis, zeusgenährter, wie er ist,
Der furchtbare Mann: leicht mag er auch den Schuldlosen beschuldigen!«
    Da antwortete ihm der Gerenier, der Rosselenker Nestor:
»Warum nur jammert Achilleus so um die Söhne der Achaier,
Wie viele da von Geschossen getroffen sind? Und er weiß nicht
Von dem Leid, wie groß es sich erhob im Heer. Denn die Besten
Liegen in den Schiffen, durch Wurf oder Hieb verwundet.
660 Getroffen ist der Tydeus-Sohn, der starke Diomedes,
Verwundet Odysseus, der speerberühmte, und Agamemnon,
Getroffen ist auch Eurypylos mit dem Pfeil am Schenkel.

Diesen anderen aber habe ich eben aus dem Kampf geführt,
Getroffen mit einem Pfeil von der Sehne. Aber Achilleus,
Der Tapfere, sorgt sich nicht um die Danaer noch erbarmt er sich.
Oder wartet er, bis schon die schnellen Schiffe dicht am Meer
Wider Willen der Argeier von feindlichem Feuer verbrannt sind
Und wir selbst erschlagen werden der Reihe nach? Denn meine Kraft
Ist nicht, wie sie früher war in den biegsamen Gliedern.
670 Wäre ich doch so jung, und mir wäre die Kraft beständig,
Wie damals, als den Eleiern und uns war Streit entstanden
Um einen Rinderraub, als ich den Itymoneus erschlug,
Den tüchtigen Sohn des Hypeirochos, der in Elis wohnte,
Als ich mir Entschädigung holte. Doch der, sich wehrend um seine Rinder,
Wurde unter den ersten getroffen von dem Speer aus meiner Hand,
Und er fiel nieder, und um ihn flohen die Männer, die Landbewohner.
Und Beute trieben wir zusammen vom Feld, reichliche, viele:
Fünfzig Herden von Rindern, ebenso viele Haufen von Schafen,
Ebenso viele Schweineherden, ebenso viele Herden verstreuter Ziegen,
680 Und falbe Pferde hundert und fünfzig,
Alles weibliche, und unter vielen standen Fohlen.
Die trieben wir alle hinein in das Neleïsche Pylos
Während der Nacht zur Burg. Da freute sich im Sinne Neleus,
Weil mir vieles zugefallen, der ich als Neuling in den Krieg ging.
Da riefen die Herolde aus mit dem erscheinenden Frühlicht,
Es sollten kommen, denen eine Schuld geschuldet wurde in der göttlichen Elis.
Und es versammelten sich der Pylier führende Männer
Und teilten aus, denn vielen schuldeten eine Schuld die Epeier,
Da wir nur wenige waren, geschwächt, in Pylos.
690 Denn es war gekommen und hatte uns geschwächt in früheren Jahren
Die Gewalt des Herakles, und erschlagen wurden alle die Besten.
Denn zwölf Söhne waren wir des untadligen Neleus: von denen
Blieb ich übrig allein, und die anderen gingen alle zugrunde.
Dadurch übermütig, taten die erzgewandeten Epeier
Uns Gewalt an und verübten frevelhafte Dinge.
Und der Alte wählte sich aus eine Rinderherde und einen großen Haufen
Schafe, ausgesondert dreihundert, und dazu die Hirten,
Denn auch ihm wurde eine große Schuld geschuldet in der göttlichen Elis:
Vier preistragende Pferde zusammen mit dem Wagen,
700 Die zu den Wettkämpfen kamen: um einen Dreifuß sollten sie laufen.
Doch die hielt dort zurück der Herr der Männer Augeias
Und schickte den Lenker fort, bekümmert um seine Pferde.

Der Alte, wegen dieser Worte wie auch Werke erzürnt,
Wählte sich unermeßlich viel aus; das andere gab er ins Volk
Zur Verteilung, daß ihm keiner des gleichen Anteils verlustig ginge.
Wir aber besorgten das alles und verrichteten um die Stadt
Heilige Opfer den Göttern. Die aber kamen am dritten Tag alle
Zugleich sie selber in Mengen wie auch die einhufigen Pferde,
Mit aller Macht. Und unter ihnen rüsteten sich die Molionen,
710 Beide noch Knaben, noch nicht sehr erfahren in der ungestümen Kampfkraft.
Es ist da eine Stadt Thryoëssa, eine steile Kuppe,
Fern am Alpheios, am äußersten Rand der sandigen Pylos:
Diese wollten sie rings umlagern, sie zu vernichten begierig.
Aber als sie die ganze Ebene durchzogen, da kam uns Athene
Als Bote gelaufen vom Olympos in der Nacht: wir sollten uns rüsten,
Und nicht unwillig war das Volk in Pylos, das sie versammelte,
Sondern sehr begierig zu kämpfen. Mich aber ließ Neleus
Nicht mich rüsten und versteckte vor mir die Pferde,
Denn er sagte, ich wüßte noch nichts von den Werken des Krieges.
720 Doch auch so stach ich unter den Wagenkämpfern hervor, den unseren,
War ich auch nur zu Fuß, denn so führte den Streit Athene.
Es ist da ein Fluß Minyeïos, der ins Meer fließt,
Nahe bei Arene: dort erwarteten wir das heilige Frühlicht,
Die Wagenkämpfer der Pylier, und es strömte heran das Fußvolk.
Von dort mit aller Macht, mit Waffen gerüstet,
Kamen wir mittags zum heiligen Strom des Alpheios.
Da verrichteten wir dem Zeus, dem übergewaltigen, schöne Opfer,
Und einen Stier dem Alpheios und einen Stier dem Poseidon,
Doch Athenaia, der helläugigen, ein Herdenrind.
730 Darauf nahmen wir das Nachtmahl im Heer in den Abteilungen
Und legten uns zur Ruhe in seinen Waffen ein jeder
An den Strömungen des Flusses. Doch die hochgemuten Epeier
Hatten bereits die Stadt umstellt, sie zu vernichten begierig.
Zuvor aber zeigte sich ihnen ein großes Werk des Ares.
Denn als die Sonne sich leuchtend erhob über die Erde,
Trafen wir in der Schlacht zusammen, betend zu Zeus und Athene.
Als aber zwischen Pyliern und Epeiern der Streit im Gang war,
Nahm ich als erster einen Mann und holte mir die einhufigen Pferde:
Den Mulios, den Lanzenkämpfer. Ein Schwiegersohn war er des Augeias
740 Und hatte die älteste Tochter, die blonde Agamede,
Die so viele Heilkräuter wußte, wie sie ernährt die breite Erde.
Den, wie er herankam, traf ich mit dem erzbeschlagenen Speer,

Und er stürzte in den Staub. Ich aber sprang auf den Wagen
Und stellte mich unter die Vorkämpfer. Doch die hochgemuten Epeier
Flohen auseinander, hierhin und dorthin, als sie sahen den Mann
Gefallen, den Führer der Wagenkämpfer, der der Beste war im Kampf.
Ich aber stürmte an, einem schwarzen Sturmwind gleichend,
Und fünfzig Wagen nahm ich, und zwei Männer bei jedem
Faßten mit den Zähnen die Erde, unter meinem Speer bezwungen.
750 Und ich hätte erschlagen die Aktor-Söhne, die Molionen-Knaben,
Hätte sie nicht der Vater, der weitherrschende Erderschütterer,
Aus dem Kampf gerettet, sie verhüllend in vielen Nebel.
Da verbürgte Zeus den Pyliern große Kraft,
Denn so lange verfolgten wir sie nun durch die ausgedehnte Ebene,
Sie tötend und das Rüstzeug, das schöne, aufsammelnd,
Bis wir nach Buprasion, dem weizenreichen, die Pferde trieben
Und zum Olenischen Fels und wo nach Aleisios die Kuppe
Benannt wird; von dort wandte wieder zurück das Volk Athene.
Da tötete ich den letzten Mann und ließ ihn dort. Doch die Achaier
760 Lenkten zurück von Buprasion nach Pylos die schnellen Pferde,
Und alle priesen unter Göttern den Zeus, den Nestor unter den Männern. –
So war ich – wenn ich denn war! – unter Männern. Aber Achilleus
Will allein seiner Tapferkeit froh sein. Doch wahrhaftig! ich meine,
Viel wird er es hernach beklagen, wenn das Volk zugrunde gegangen!
Lieber! hat wirklich dir doch Menoitios solches aufgetragen,
An dem Tag, als er dich aus Phthia dem Agamemnon schickte –
Wir beide aber waren im Haus, ich und der göttliche Odysseus,
Und hörten alles gut in den Hallen, wie er es auftrug.
Zu Peleus waren wir gekommen in die gutbewohnten Häuser,
770 Um Volk zu sammeln rings im achaischen Land, dem vielnährenden.
Und dort fanden wir dann den Heros Menoitios im Hause
Und dich, und dabei Achilleus. Und der greise Rossetreiber Peleus
Verbrannte fette Schenkel eines Rindes dem Zeus, dem donnerfrohen,
In der Umzäunung im Hof und hielt einen goldenen Becher
Und goß als Spende funkelnden Wein auf die brennenden Opfergaben,
Und ihr beide besorgtet das Fleisch des Rinds. Doch da traten
Wir beide ins Vortor. Und staunend sprang auf Achilleus,
Nahm unsere Hand, führte uns herein und hieß uns niedersitzen
Und setzte uns gut Bewirtung vor, wie es Brauch ist mit Gästen.
780 Doch als wir uns ergötzt hatten an Speise und Trank,
Begann ich mit der Rede und forderte euch auf, mitzuziehen.
Und ihr wolltet es sehr, und viel trugen euch auf die beiden.

Peleus, der Alte, trug seinem Sohn auf, dem Achilleus:
›Immer Bester zu sein und überlegen zu sein den anderen.‹
Dir aber wieder trug so Menoitios auf, der Sohn des Aktor:
›Mein Kind! Von Geburt ist der Höhere Achilleus,
Der Ältere aber bist du, doch an Kraft ist er viel besser.
Doch du sprich ihm gut zu mit dichtem Wort und rate ihm
Und gib ihm Weisung, und er wird dir folgen zum Guten.‹
790 So trug der Alte dir auf, doch du vergißt es! Aber auch jetzt noch
Sage dies dem Achilleus, dem kampfgesinnten, ob er dir folge.
Und wer weiß, ob du ihm nicht mit einem Daimon den Mut bewegst,
Wenn du ihm zusprichst! Denn gut ist der Zuspruch eines Gefährten.
Wenn er aber in seinem Sinn einen Götterspruch meidet
Und ihm einen von Zeus gewiesen hat die hehre Mutter:
So schicke er doch dich hinaus, und das übrige Volk der Myrmidonen
Soll mitfolgen, ob du wohl ein Licht den Danaern würdest.
Und die schönen Waffen gebe er dir im Kampf zu tragen:
Vielleicht, daß sie dich für ihn halten und ablassen vom Kampf,
800 Die Troer, und aufatmen die streitbaren Söhne der Achaier,
Die bedrängten, und ist auch nur kurz das Aufatmen im Krieg.
Leicht mögt ihr Unermüdeten die in der Schlacht ermüdeten Männer
Zurückstoßen zur Stadt von den Schiffen und Lagerhütten!«
    So sprach er und erregte ihm den Mut in der Brust,
Und er schritt hin und lief die Schiffe entlang zu dem Aiakiden Achilleus.
Doch als er gelangt war im Lauf zu den Schiffen des göttlichen Odysseus,
Patroklos, wo ihnen die Versammlung und Gerichtsstätte war,
Dort, wo ihnen auch die Altäre der Götter erbaut waren,
Da kam ihm Eurypylos, der Verwundete, entgegen,
810 Der zeusentsproßte Euaimon-Sohn, mit dem Pfeil im Schenkel,
Hinkend aus dem Kampf, und naß herab floß ihm der Schweiß
Von Schultern und Haupt, und aus der leidigen Wunde
Sprudelte schwarz das Blut, doch war ihm der Sinn beständig.
Wie er ihn sah, jammerte es den streitbaren Sohn des Menoitios,
Und wehklagend sprach er zu ihm die geflügelten Worte:
»Ah, Elende! ihr Führer der Danaer und Berater!
So solltet ihr fern von den Euren und dem väterlichen Lande
In Troja sättigen die schnellen Hunde mit weißschimmerndem Fett?
Doch auf! sage mir dies, zeusgenährter Eurypylos, Heros:
820 Werden die Achaier wohl noch aufhalten den ungeheuren Hektor
Oder schon zugrunde gehen, unter seinem Speer bezwungen?«
    Da sagte wieder zu ihm der verwundete Eurypylos:

»Nein, keine Hilfe mehr wird sein, zeusentsproßter Patroklos,
Für die Achaier, sondern sie werden in die schwarzen Schiffe fallen!
Denn schon alle, so viele vorher die Besten waren,
Liegen bei den Schiffen, durch Wurf oder Hieb verwundet
Von den Händen der Troer; deren Kraft aber hebt sich ständig.
Aber du rette mich und führe mich zu dem Schiff, dem schwarzen,
Und schneide mir aus dem Schenkel den Pfeil und wasche ab das schwarze Blut
830 Mit warmem Wasser und streue lindernde Kräuter darauf,
Gute, die, sagen sie, du von Achilleus gelernt hast,
Den Cheiron gelehrt hat, der gerechteste von den Kentauren.
Denn die Ärzte Podaleirios und Machaon –
Da, denke ich, liegt der eine in den Hütten mit einer Wunde
Und bedarf auch selbst eines untadligen Arztes,
Der andere aber hält stand im Feld der Troer dem scharfen Ares.«
    Da sagte wieder zu ihm des Menoitios wehrhafter Sohn:
»Wie sollen diese Dinge noch werden? was tun wir, Eurypylos, Heros?
Ich gehe, dem kampfgesinnten Achilleus das Wort zu sagen,
840 Das Nestor mir auftrug, der Gerenier, der Hüter der Achaier.
Doch auch so will ich dich nicht verlassen, den Gequälten.«
    Sprach es, faßte ihn unter der Brust und führte den Hirten der Völker
In die Hütte, und ein Gefolgsmann sah es und breitete Rindshäute hin.
Darauf streckte er ihn aus und schnitt mit dem Messer aus dem Schenkel
Das scharfe Geschoß, das sehr spitze, und wusch ihm ab das schwarze Blut
Mit warmem Wasser und tat eine bittere Wurzel darauf,
Die er zerrieb mit den Händen, eine schmerztötende, die ihm alle
Schmerzen stillte, und die Wunde verharschte, und auf hörte das Blut.

ZWÖLFTER GESANG   *Der Kampf um die Mauer. Hektor folgt dem Rat des Pulydamas, zu Fuß die Mauer zu erstürmen. Es erscheint ein Vogelzeichen, und Pulydamas warnt die Troer. Hektor in seiner Siegeszuversicht mißachtet die Warnung. Nach längerem Kampf gelingt es dem Sarpedon, die Brustwehr einzureißen. Hektor sprengt mit einem Steinwurf das Tor.*

So heilte in der Lagerhütte des Menoitios streitbarer Sohn
Eurypylos, den Verwundeten. Die aber kämpften,
Die Argeier und Troer, scharenweise. Und nicht mehr sollte
Der Graben sie aufhalten der Danaer und die Mauer darüber,
Die breite, die sie gebaut zum Schutz der Schiffe und einen Graben
Darum gezogen, und hatten nicht den Göttern berühmte Hundertopfer
                                                              gegeben,
Daß sie ihnen die schnellen Schiffe und die viele Beute
Drinnen bewahrte. Gegen den Willen der Götter war sie gebaut,
Der Unsterblichen: darum auch war sie nicht lange Zeit beständig.
10 Zwar solange Hektor am Leben war und Achilleus zürnte
Und unzerstört war die Stadt des Priamos, des Herrschers,
Solange war auch die große Mauer der Achaier beständig.
Doch als von den Troern gestorben waren alle die Besten
Und viele der Argeier – die einen wurden bezwungen, andere blieben übrig –
Und zerstört wurde des Priamos Stadt im zehnten Jahr
Und die Argeier gegangen waren in den Schiffen ins eigene väterliche Land:
Damals nun sannen darauf Poseidon und Apollon,
Auszutilgen die Mauer, und führten dagegen die Kraft der Ströme,
So viele von den Ida-Bergen in die Salzflut fließen:
20 Rhesos und Heptaporos und Karesos und Rhodios,
Grenikos und auch Aisepos und der göttliche Skamandros
Und der Simoeis, wo viele Rindshautschilde und Helme
Niederfielen in den Staub und das Geschlecht halbgöttlicher Männer:
Von denen allen wandte die Mündungen zusammen Phoibos Apollon.
Und er sandte neun Tage die Strömung gegen die Mauer, und ununterbrochen
Regnete Zeus, daß er schneller ins Meer die Mauer schwemme.
Und der Erderschütterer selbst, den Dreizack in Händen führend,
Ging voran und stieß heraus alle Grundschichten mit den Wogen

Von Baumstämmen und Steinen, die mühsam gelegt hatten die Achaier.
30 Und glatt machte er es beim starkströmenden Hellespontos
Und bedeckte wieder den großen Strand mit Sand,
Als er ausgetilgt die Mauer, und wandte die Flüsse, daß sie wiederkehrten
In ihren Lauf, wo sie auch früher gesandt das schönströmende Wasser.
    So also sollten späterhin Poseidon und Apollon
Es fügen. Damals aber war Schlacht und Kampfgeschrei entbrannt
Um die Mauer, die gutgebaute, und es krachten die Balken der Türme,
Die getroffenen. Und die Argeier, durch des Zeus Geißel bezwungen,
Hielten sich zusammengedrängt bei den gewölbten Schiffen,
In Furcht vor Hektor, dem starken Meister des Schreckens.
40 Doch der kämpfte, wie schon zuvor, einem Sturmwind gleichend.
Und wie wenn unter Hunden und jagenden Männern
Ein Eber oder Löwe sich herumwendet, in Kraft sich brüstend,
Die aber fügen sich selbst turmgleich aneinander
Und stehen ihm entgegen und schleudern dicht gedrängt die Lanzen
Aus den Händen: doch dem zittert niemals das ruhmvolle Herz
Und fürchtet sich nicht, und seine Mannhaftigkeit tötet ihn,
Und häufig wendet er sich herum, die Reihen der Männer versuchend,
Und wo er anstürmt, dort weichen die Reihen der Männer:
So ging Hektor durch die Menge und flehte an die Gefährten
50 Und trieb sie, den Graben zu durchschreiten. Und die Pferde wagten
Es nicht, die schnellfüßigen, sondern standen laut wiehernd
Am äußersten Rand, denn der Graben schreckte sie ab,
Der breite, und nicht leicht war er aus der Nähe zu überspringen
Noch zu durchqueren, denn die Ränder standen überhängend ganz
An ihm entlang auf beiden Seiten, und darüber war er mit Pfählen,
Spitzen, gefügt, die aufgestellt die Söhne der Achaier,
Dichte und große, zur Abwehr feindlicher Männer.
Dort wäre nicht leicht ein Pferd, den gutberäderten Wagen ziehend,
Hineingegangen; doch die zu Fuß überlegten, ob sie es vollbrächten.
60   Da nun sagte Pulydamas zu dem kühnen Hektor, herangetreten:
»Hektor und ihr anderen Anführer der Troer und der Verbündeten!
Unbedacht ist es, durch den Graben zu treiben die schnellen Pferde!
Er ist sehr schwer zu durchqueren, denn Pfähle stehen in ihm,
Spitze, und dahinter ist gleich die Mauer der Achaier.
Da ist es nicht möglich, hinabzusteigen und zu kämpfen
Für Wagenkämpfer, denn eng ist er: da werden sie, meine ich, zu Schaden
                                                        kommen.
Gewiß, wenn die da ganz vernichten will, ihnen Schlimmes sinnend,

Zeus, der hochdonnernde, und trachtet, den Troern zu helfen,
Wahrhaftig! ich wollte, daß dieses auch auf der Stelle geschehe:
70 Daß ruhmlos hier die Achaier zugrunde gehen, fern von Argos.
Aber wenn sie sich wenden und es kommt ein Rückstoß
Von den Schiffen, und wir stürzen in den ausgehobenen Graben:
Nicht einmal mehr ein Bote, meine ich, käme dann wieder
Zurück zur Stadt, vor den wieder umgewandten Achaiern.
Doch auf! folgen wir alle so wie ich es sage:
Die Pferde sollen die Gefährten zurückhalten bei dem Graben,
Wir selber aber wollen zu Fuß, mit Waffen gerüstet,
Alle zusammen dem Hektor folgen. Und nicht werden die Achaier
Standhalten, wenn denn über ihnen sind aufgehängt des Verderbens Schlingen!«
80 So sprach Pulydamas, und Hektor gefiel das Wort, das heilsame.
Und sogleich sprang er vom Wagen mit den Waffen auf die Erde,
Und auch die anderen Troer blieben nicht versammelt auf den Gespannen,
Sondern alle sprangen herab, wie sie den göttlichen Hektor sahen.
Und seinem Wagenlenker befahl darauf ein jeder,
Die Pferde gut nach der Ordnung dort am Graben zurückzuhalten.
Sie aber, auseinander getreten, schlossen sich neu zusammen,
Fünffach geordnet, und folgten zugleich den Führern.
Die einen gingen mit Hektor und dem untadligen Pulydamas,
Die die meisten und besten waren und begehrten am meisten,
90 Die Mauer zu durchbrechen und bei den hohlen Schiffen zu kämpfen.
Und ihnen folgte Kebriones als dritter, doch bei dem Wagen
Ließ Hektor zurück einen anderen, geringeren als Kebriones.
Die zweiten aber führte Paris an und Alkathoos und Agenor,
Die dritten Helenos und Deïphobos, der gottgleiche,
Zwei Söhne des Priamos, und der dritte war Asios, der Heros,
Asios, der Hyrtakos-Sohn, den von Arisbe die Pferde gebracht hatten,
Die braunroten, großen, von dem Fluß Selleeis.
Doch die vierten führte an der tüchtige Sohn des Anchises,
Aineias, und zugleich mit ihm die zwei Söhne des Antenor
100 Archelochos und Akamas, die sich gut auf jeglichen Kampf verstanden.
Und Sarpedon führte an die hochberühmten Verbündeten
Und wählte sich dazu den Glaukos und den streitbaren Asteropaios,
Denn die schienen ihm die ausnehmend Besten zu sein
Der anderen, nach ihm selbst; er aber stach hervor unter allen.
Und diese, aneinandergeschlossen mit gutgefertigten Rindshautschilden,
Gingen gerade gegen die Danaer, begierig, und meinten, nicht mehr
Würden sie standhalten, sondern in die schwarzen Schiffe fallen.

Da waren die anderen Troer und weitberühmten Verbündeten
Dem Rat des Pulydamas, des untadligen, gefolgt.
110 Doch nicht wollte der Hyrtakos-Sohn Asios, der Herr der Männer,
Dort lassen die Pferde und den Zügelhalter, den Gefährten,
Sondern mit ihnen näherte er sich den schnellen Schiffen.
Der Kindische! und sollte nicht, den bösen Todesgöttinnen entronnen,
Mit den Pferden und dem Wagen prunkend von den Schiffen
Wieder zurückkehren nach Ilios, der winddurchwehten,
Denn vorher umhüllte ihn das Verhängnis, das nicht zu nennende,
Unter der Lanze des erlauchten Idomeneus, des Deukalion-Sohns.
Denn er ging nach der linken Seite der Schiffe, da, wo die Achaier
Aus der Ebene zurückkehrten mit Pferden und Wagen:
120 Da trieb er hindurch die Pferde und den Wagen, und an den Toren
Fand er nicht vorgelegt die Türflügel und den großen Riegel,
Sondern offen hielten sie die Männer, ob sie einen der Gefährten,
Aus dem Kampf entflohen, retten möchten zu den Schiffen.
Dorthin, vorwärts trachtend, hielt er die Pferde, die aber folgten
Mit scharfem Geschrei, denn sie meinten, nicht mehr würden
Standhalten die Achaier, sondern in die schwarzen Schiffe fallen.
Die Kindischen! In den Toren fanden sie die zwei besten Männer,
Die hochgemuten Söhne der Lapithen, der Lanzenkämpfer:
Den Sohn des Peirithoos, den starken Polypoites,
130 Und den Leonteus, dem männermordenden Ares gleichend.
Die beiden standen vorn vor den hohen Toren
So wie Eichen in den Bergen mit hohen Häuptern,
Die dem Wind standhalten und dem Regen alle Tage,
Mit großen, sich weit erstreckenden Wurzeln festgeklammert:
So hielten diese, ihren Händen und ihrer Gewalt vertrauend,
Stand, wie er herankam, dem großen Asios und flohen nicht.
Doch jene gingen gerade auf die Mauer zu, die gutgebaute,
Hoch emporhaltend die trockenen Schilde, mit lautem Kriegsruf,
Um Asios, den Herrn, und Iamenos und Orestes
140 Und den Asios-Sohn Adamas und Thoon und Oinomaos.
    Die aber hatten solange die gutgeschienten Achaier,
Drinnen stehend, getrieben, sich um die Schiffe zu wehren.
Doch als sie nun bemerkten, wie die Troer gegen die Mauer
Anstürmten und bei den Danaern Geschrei entstand und Flucht,
Da brachen die beiden hervor und kämpften vor den Toren,
Zwei wilden Ebern vergleichbar, die in den Bergen
Von Männern und Hunden abwarten den Schwarm, der herankommt;

Und seitwärts vorbrechend zertrümmern sie um sich das Gehölz,
Es herausschneidend mit den Wurzeln, und von unten kommt ein Knirschen
150 Der Zähne, bis einer sie trifft und ihnen das Leben nimmt:
So knirschte denen das schimmernde Erz an der Brust,
Von vorn getroffen, denn sie kämpften sehr gewaltig,
Dem Volk auf der Mauer vertrauend und der eigenen Kraft.
Die aber warfen mit Steinen von den gutgebauten Türmen,
Sich wehrend für sich selber und die Lagerhütten
Und die schnellfahrenden Schiffe. Und wie Schneeflocken fielen sie zur Erde,
Die ein heftiger Wind, der die schattigen Wolken schüttelt,
In Mengen niederwirft auf die vielnährende Erde:
So strömten denen aus den Händen die Geschosse, von den Achaiern
160 Wie auch von den Troern, und rings erklangen dumpf die Helme,
Getroffen von Mühlsteinen, und die gebuckelten Schilde.
    Damals nun wehklagte und schlug seine beiden Schenkel
Asios, der Hyrtakos-Sohn, und sprach unwillig das Wort:
»Zeus, Vater! ja, als Lügenfreund bist auch du beschaffen
Ganz und gar! Denn nicht hätte ich geglaubt, die Helden der Achaier
Würden standhalten unserer Kraft und den unberührbaren Händen.
Die aber – so wie Wespen mit beweglichen Leibern oder Bienen
Ihre Häuser bauen an einem Weg, einem schroffen,
Und nicht aufgeben ihren hohlen Bau, sondern standhalten
170 Gegen jagende Männer und sich wehren für ihre Kinder:
So wollen auch diese, obschon nur zwei, nicht von den Toren
Weichen, bevor sie entweder töteten oder erlegt sind!«
    So sprach er. Doch des Zeus Sinn bewegte er nicht mit dieser Rede,
Denn dem Hektor wollte sein Mut Prangen verleihen. –
Andere aber kämpften den Kampf um andere Tore.
Doch schwer ist es für mich, das alles wie ein Gott zu sagen.
Denn überall um die Mauer erhob sich ein gewaltiges Feuer,
Ein steinernes, und die Argeier wehrten sich, wenn auch bekümmert,
Notgedrungen um die Schiffe. Die Götter aber trauerten im Mute
180 Alle, so viele den Danaern in der Schlacht Helfer waren.
Die Lapithen aber führten zusammen den Krieg und die Feindseligkeit.
Da wieder traf des Peirithoos Sohn, der starke Polypoites,
Mit dem Speer den Damasos durch den Helm, den erzwangigen.
Und nicht hielt der eherne Helm ihn zurück, sondern durch und durch
Zerbrach die eherne Spitze den Knochen, und das Gehirn
Wurde drinnen ganz mit Blut vermengt, und er bezwang ihn im Ansturm.
Und darauf erschlug er den Pylon und den Ormenos.

Und nach Hippomachos, dem Sohn des Antimachos, warf Leonteus,
Der Sproß des Ares, mit dem Speer und traf ihn gegen den Gürtel.
190 Dann wieder zog er aus der Scheide das Schwert, das scharfe,
Und den Antiphates als ersten, anstürmend durch die Menge,
Schlug er im Nahkampf, der aber stürzte rücklings zu Boden;
Aber alsdann den Menon und Iamenos und Orestes:
Sie alle, einen nach dem anderen, streckte er hin auf die vielnährende Erde.
    Während sie von diesen das blanke Rüstzeug raubten,
Indessen standen die jungen Männer, die Pulydamas und Hektor folgten,
Die die meisten und besten waren und begehrten am meisten,
Die Mauer zu durchbrechen und im Feuer die Schiffe zu verbrennen –
Die bedachten sich noch und standen dort vor dem Graben.
200 Denn es kam ihnen ein Vogel, als sie hinüber wollten,
Ein Adler, hochfliegend, nach links hin das Volk abschneidend,
Und trug eine blutrote Schlange in den Fängen, eine ungeheure,
Lebend, noch zuckend, und sie vergaß noch nicht des Kampfes:
Denn sie schlug ihn, der sie hielt, gegen die Brust beim Halse,
Rückwärts sich krümmend, und der ließ sie von sich zu Boden fallen
In scharfen Schmerzen und warf sie nieder inmitten der Menge
Und flog selbst kreischend hinweg mit dem Wehen des Windes.
Die Troer aber erschauderten, als sie die sich ringelnde Schlange sahen,
Die in ihrer Mitte lag, das Zeichen des Zeus, des Aigishalters.
210   Da nun sagte Pulydamas zu dem kühnen Hektor, herangetreten:
»Hektor! zwar immer läßt du mich hart an in den Versammlungen,
Wenn ich Gutes rate, da es sich ja auch wirklich nicht geziemt,
Daß ein Mann des Volkes abweichend redet, weder im Rat
Noch jemals im Kampf, sondern deine Macht soll er immer mehren.
Jetzt aber sage ich heraus, wie es mir am besten zu sein scheint:
Gehen wir nicht, mit den Danaern um die Schiffe zu kämpfen!
Denn so, meine ich, wird es vollendet werden, wenn denn wirklich
Dieser Vogel den Troern kam, als sie hinüber wollten,
Ein Adler, hochfliegend, nach links hin das Volk abschneidend,
220 Und trug eine blutrote Schlange in den Fängen, eine ungeheure,
Lebend, und gleich ließ er sie los, bevor er in sein Haus gelangte,
Und vollbrachte es nicht, sie zu bringen und seinen Kindern zu geben:
So werden wir, wenn wir denn Tore und Mauer der Achaier
Mit großer Stärke durchbrechen und die Achaier weichen,
Nicht in Ordnung zurückgehen von den Schiffen denselben Weg.
Denn viele der Troer werden wir zurücklassen, die die Achaier
Mit dem Erz töten werden, sich wehrend um die Schiffe.

So würde es ein Wahrsager ausdeuten, der sich klar im Mute
Auf die Wunderzeichen verstünde, und es gehorchten ihm die Völker.«
230   Da sah ihn von unten herauf an und sagte zu ihm der helmfunkelnde Hektor:
»Pulydamas! nicht mehr, was mir lieb ist, hast du da geredet!
Du weißt doch sonst auch ein besseres Wort als dies zu erdenken!
Hast du aber wirklich dies im Ernst geredet,
Dann haben die Götter dir selbst den Verstand genommen!
Da verlangst du, ich soll des Zeus, des starkdröhnenden,
Ratschlüsse vergessen, die er selbst mir versprochen und zugenickt hat!
Und du verlangst, daß man den flügelstreckenden Vögeln
Gehorcht. An die kehre ich mich nicht noch kümmert es mich,
Ob sie zur rechten hingehen nach dem Morgen und zur Sonne
240   Oder auch zur linken nach dem dunstigen Dunkel hin.
Wir aber wollen dem Ratschluß des großen Zeus gehorchen,
Der über alle Sterblichen und Unsterblichen gebietet.
Ein Vogel ist der beste: sich wehren um die väterliche Erde!
Warum fürchtest du den Krieg und die Feindseligkeit?
Denn wenn auch wir anderen alle rings getötet werden
Bei den Schiffen der Argeier: für dich ist keine Furcht, daß du umkommst!
Denn dir ist das Herz nicht standhaft vor dem Feind noch streitbar.
Doch wenn du dich fernhältst vom Kampf oder irgendeinen anderen
Beredest mit Worten und ihn abwendest vom Krieg:
250   Sogleich wirst du, von meinem Speer geschlagen, das Leben verlieren!«
    Als er so gesprochen hatte, ging er voran, die aber folgten
Mit unsäglichem Geschrei, und dazu erregte Zeus, der donnerfrohe,
Von den Ida-Bergen herab einen Wind, einen Wirbelsturm,
Der gerade gegen die Schiffe den Staub trug, und den Achaiern
Bezauberte er den Sinn, doch den Troern und Hektor verlieh er Prangen.
Auf dessen Wunderzeichen vertrauend und die eigene Stärke
Machten sie sich daran, die große Mauer der Achaier zu brechen.
Die Stützbalken der Türme begannen sie herauszureißen und die Brustwehren
                                                            umzustürzen
Und die vorspringenden Pfeiler herauszuwuchten, die die Achaier
260   Zuvorderst in die Erde gesetzt, um Stützen zu sein der Türme;
Die wollten sie herausziehen und hofften, die Mauer der Achaier
Zu brechen. Doch noch wichen die Danaer nicht aus dem Weg,
Sondern mit den Stierhautschilden die Brustwehren umzäunend
Warfen sie von dort auf die Feinde, die unter die Mauer kamen.
Aber die beiden Aias gingen umher mit häufigem Zuruf
Überall auf den Türmen und trieben an die Kraft der Achaier,

Den einen mit freundlichen, den anderen schalten sie mit harten Worten,
Wen immer sie ganz nachlassen sahen in der Schlacht:
    »Freunde! wer da hervorragend ist von den Argeiern, wer mittelmäßig
270 Und wer auch geringer – denn nicht sind alle Männer
    Gleich im Kampf –: jetzt gibt es Arbeit für alle!
    Aber auch selbst erkennt ihr das wohl. Daß sich keiner nach hinten
    Zu den Schiffen gewendet halte, wenn er meinen Zuruf gehört hat!
    Sondern strebt vorwärts, und einer rufe dem anderen zu:
    Ob Zeus, der Olympier, es wohl gibt, der blitzeschleudernde,
    Daß wir den Streit zurückstoßen und die Feinde zur Stadt verscheuchen!«
        So trieben die beiden laut rufend an die Schlacht der Achaier.
    Und von ihnen – wie wenn Schneeflocken fallen, dichte,
    An einem Tag im Winter, wenn der ratsinnende Zeus
280 Anhebt zu schneien, um den Menschen seine Geschosse zu weisen,
    Und er schläfert ein die Winde und schüttet beständig, bis er verhüllt
    Der hohen Berge Häupter und vorspringende Gipfel
    Und die Felder von Lotos und der Männer fette Äcker;
    Und auch an der grauen Salzflut liegt er geschüttet auf Buchten und Ufern,
    Nur die anbrandende Woge hält ihn zurück, alles andere aber
    Wird eingehüllt von oben, wenn der Schneefall des Zeus darauf lastet:
    So flogen denen von beiden Seiten dichte Steine,
    Teils in die Troer, teils von den Troern in die Achaier,
    Wie sie warfen, und über die ganze Mauer hin erhob sich ein Dröhnen.
290   Und noch nicht hätten damals die Troer und der strahlende Hektor
    Der Mauer Tore aufgebrochen und den großen Riegel,
    Hätte nicht seinen Sohn Sarpedon der ratsinnende Zeus
    Erregt gegen die Achaier wie einen Löwen gegen krummgehörnte Rinder.
    Und sogleich hielt er den Schild vor sich, den allseits gleichen,
    Den schönen aus Erz, den getriebenen: den hatte der Schmied
    Getrieben und von innen dichte Rindshäute genäht
    Mit goldenen Drähten, durchlaufenden, ringsherum.
    Den vor sich haltend und zwei Speere schüttelnd schritt er hin
    Und ging wie ein auf Bergen ernährter Löwe, der lange
300 Entbehrt hat das Fleisch, und es treibt ihn der mannhafte Mut,
    Um an die Schafe heranzukommen, daß er sogar in ein festes Haus geht;
    Denn wenn er auch Hirtenmänner bei ihnen findet,
    Die mit Hunden und Speeren Wache halten bei den Schafen,
    Läßt er sich doch nicht ohne Versuch vom Gehöft verscheuchen,
    Sondern entweder raubt er, anspringend, oder wird auch selber
    Getroffen unter den Ersten von einem Speer aus schneller Hand:

So reizte damals den gottgleichen Sarpedon der Mut,
Gegen die Mauer anzustürmen und die Brustwehren zu durchbrechen.
Und alsbald sprach er zu Glaukos, dem Sohn des Hippolochos:
310 »Glaukos! warum sind wir beide wohl geehrt am meisten
Mit Ehrensitz und Fleischstücken und vollen Bechern
In Lykien, und alle blicken auf uns wie Götter?
Und ein Landgut, ein großes, bebauen wir an des Xanthos Ufern,
Ein schönes, mit Baumgarten und Saatfeld, weizentragendem.
Darum müssen wir bei den Lykiern jetzt unter den Ersten
Stehen oder uns der brennenden Schlacht entgegenwerfen.
Daß manch einer so spricht von den dicht gepanzerten Lykiern:
›Wahrhaftig! nicht ruhmlos herrschen in Lykien
Unsere Könige und speisen fette Schafe
320 Und Wein, auserlesenen, honigsüßen; nein, auch die Kraft
Ist tüchtig, da sie bei den Lykiern unter den Ersten kämpfen!‹
Ja, Lieber! Wenn wir, aus diesem Krieg entronnen,
Für immer ohne Alter sein würden und unsterblich,
Dann würde ich selbst nicht unter den Ersten kämpfen
Und auch dich nicht zur Schlacht, der männerehrenden, rufen.
Jetzt aber, da gleichwohl vor uns stehen die Göttinnen des Todes,
Zehntausende, denen kein Sterblicher entfliehen kann oder entrinnen:
Gehen wir! ob wir einem Ruhm verleihen oder einer uns!«
So sprach er. Und Glaukos wandte sich nicht ab und war nicht ungehorsam,
330 Und vorwärts gingen beide, die große Schar der Lykier führend.
Und als er diese sah, erschauderte der Sohn des Peteos Menestheus,
Denn gegen dessen Turm gingen sie, Unheil bringend.
Und er spähte umher am Turm der Achaier, ob er einen der Führer
Sähe, der ihm das Verderben abwehre von den Gefährten.
Da bemerkte er die beiden Aias, unersättlich im Kampf,
Wie sie dastanden, und Teukros, eben von der Hütte gekommen,
In der Nähe, doch konnte er sie nicht erreichen mit der Stimme,
So groß war das Dröhnen – und das Geschrei kam zum Himmel –,
Wie getroffen wurden die Schilde und die roßmähnigen Helme
340 Und die Tore; denn alle waren verschlossen, und die hatten vor ihnen
Sich aufgestellt und suchten mit Gewalt durchbrechend hineinzukommen.
Und schnell entsandte er zu Aias den Herold Thootes:
»Geh, göttlicher Thootes! und lauf und rufe den Aias,
Am liebsten die beiden, das wäre das das weit beste von allem.
Denn bald wird hier bereitet werden ein jähes Verderben,
So drängen mit Wucht heran die Führer der Lykier, die ja auch früher

Sehr ungestüm waren in den starken Schlachten.
Wenn sich ihnen aber auch dort Mühsal und Streit erhoben,
So komme doch allein der Telamon-Sohn, der streitbare Aias,
350 Und mit ihm soll Teukros gehen, der sich gut versteht auf den Bogen.«
    So sprach er. Und ihm war nicht ungehorsam der Herold, als er es hörte,
Und er schritt hin und lief die Mauer entlang der erzgewandeten Achaier
Und ging und trat zu den beiden Aias und sprach sogleich:
»Aias! ihr Führer der Argeier, der erzgewandeten!
Euch heißt des Peteos eigener Sohn, des zeusgenährten, dorthin
Zu kommen, daß ihr der Mühsal, wenn auch nur kurz, entgegentretet;
Am liebsten ihr beide, das wäre das weit beste von allem.
Denn bald wird dort bereitet werden ein jähes Verderben,
So drängen mit Wucht heran die Führer der Lykier, die ja auch früher
360 Sehr ungestüm waren in den starken Schlachten.
Wenn aber auch hier sich Kampf und Streit erhoben,
So komme doch allein der Telamon-Sohn, der streitbare Aias,
Und mit ihm soll Teukros gehen, der sich gut versteht auf den Bogen.«
    So sprach er. Und nicht ungehorsam war der Telamon-Sohn, der große Aias.
Sogleich sagte er zu dem Oileus-Sohn die geflügelten Worte:
»Aias! Ihr beide, du und der starke Lykomedes,
Bleibt hier stehen und treibt die Danaer an, mit Kraft zu kämpfen.
Ich aber will dorthin gehen und dem Kampf entgegentreten,
Und schnell komme ich wieder, wenn ich denen gut beigestanden.«
370 So sprach er und ging hinweg, der Telamonier Aias,
Und mit ihm ging Teukros, der Bruder vom gleichen Vater,
Und mit ihnen Pandion und trug des Teukros krummen Bogen.
Und als sie zu dem Turm des hochgemuten Menestheus gelangten,
Innen an der Mauer gehend – und zu Bedrängten kamen sie –,
Da stiegen auf die Brustwehren, einem finsteren Sturmwind gleichend,
Die starken Führer der Lykier und Berater.
Und sie stießen zusammen, entgegen zu kämpfen, und Geschrei erhob sich.
    Aias, der Telamon-Sohn, erschlug als erster einen Mann,
Des Sarpedon Gefährten, Epikles, den hochgemuten,
380 Mit einem scharfkantigen Block werfend, der im Innern der Mauer lag,
Ein großer, zu oberst bei der Brustwehr, und nicht hätte ihn leicht
In beiden Händen ein Mann gehalten, und wäre er noch so jugendkräftig,
So wie jetzt die Sterblichen sind: doch der hob und warf ihn von oben
Und zermalmte ihm den viergebuckelten Helm und schmetterte die Knochen
                                                              des Hauptes
Zusammen alle miteinander; und der, einem Taucher gleichend,

Stürzte herab vom hohen Turm, und das Leben verließ die Gebeine.
Teukros aber traf Glaukos, den starken Sohn des Hippolochos,
Mit dem Pfeil, wie er anstürmte gegen die hohe Mauer,
Da, wo er den Arm entblößt sah, und machte seinem Kampf ein Ende.
390 Und er sprang unbemerkt zurück von der Mauer, daß ihn keiner
Der Achaier verwundet sähe und sich rühmte mit Worten.
    Sarpedon aber war es ein Kummer, daß Glaukos hinwegging,
Gleich als er es bemerkte. Doch auch so vergaß er nicht des Kampfes,
Sondern stieß und traf mit dem Speer den Thestor-Sohn Alkmaon
Und zog die Lanze heraus, und der folgte dem Speer und fiel
Vornüber, und um ihn klirrten die Waffen, die erzverzierten.
Sarpedon aber faßte die Brustwehr mit den starken Händen
Und zog, und die folgte nach in ganzer Länge, und darüber
Wurde die Mauer entblößt, und er machte einen Weg für viele.
400 Doch zugleich trafen ihn Aias und Teukros: der mit dem Pfeil
Gegen den Tragriemen über der Brust, den schimmernden,
Des manndeckenden Schildes, doch die Todesgöttinnen wehrte
Zeus von seinem Sohn, daß er nicht bei den hinteren Schiffen bezwungen würde.
Aias aber, anspringend, stieß auf den Schild, und nicht hindurch
Ging die Lanze, doch er erschütterte ihn, wie er anstürmte,
Und er ging ein wenig zurück von der Brustwehr, doch nicht gänzlich
Wich er, da ihm der Mut hoffte, Prangen zu gewinnen.
Und zurückgewendet rief er den gottgleichen Lykiern zu:
»Lykier! was laßt ihr so nach in der ungestümen Kampfkraft?
410 Denn schwer ist es für mich, und bin ich auch ein Starker,
Durchzubrechen allein und einen Weg zu machen bei den Schiffen.
Aber folgt nach! Ist doch von mehreren das Werk besser.«
    So sprach er. Und sie, in Furcht vor dem Zuruf des Herrn,
Drangen wuchtiger an um den ratpflegenden Herrscher.
Die Argeier aber drüben verstärkten ihre Reihen
Im Innern der Mauer. Und da zeigte sich ihnen ein großes Werk:
Denn weder vermochten es die starken Lykier, die Mauer
Der Danaer zu durchbrechen und einen Weg zu machen bei den Schiffen,
Noch vermochten es je die Lanzenkämpfer, die Danaer,
420 Die Lykier von der Mauer zurückzustoßen, nachdem sie einmal
                                                        herangekommen.
Sondern so wie um Grenzsteine zwei Männer streiten,
Meßruten in den Händen, auf dem gemeinsamen Feld,
Die beide auf schmalem Raum um den gleichen Anteil streiten:
So trennten diese nur die Brustwehren, und über sie hinweg

Zerhieben sie einander um die Brust die Rindshäute:
Die Schilde, die gutgerundeten, und die beweglichen Handschilde.
Und viele stachen in den Leib mit dem erbarmungslosen Erz,
Entweder einem, der sich umwandte und den Rücken entblößte
Von den Kämpfenden, viele aber selbst durch den Schild hindurch.
430   Überall waren da die Türme und Brustwehren vom Blut der Männer
Bespritzt von beiden Seiten, von Troern wie auch Achaiern.
Aber auch so konnten sie keine Flucht der Achaier bewirken: sie hielten sich,
So wie die Waagschalen eine Frau, eine ehrliche Spinnerin,
Die hier das Gewicht hält und dort die Wolle und auf beiden Seiten
Hochzieht und das Gleichgewicht herstellt, daß sie den Kindern den kärglichen
                                                                    Lohn erwirbt:
So war denen ins Gleiche gespannt die Schlacht und der Kampf,
Bis denn Zeus überlegenen Ruhm dem Hektor gab,
Dem Priamos-Sohn, der als erster hineinsprang in die Mauer der Achaier.
Und er schrie durchdringend und rief den Troern zu:
440   »Erhebt euch, pferdebändigende Troer! Zerbrecht die Mauer
Der Argeier und werft hinein in die Schiffe das brennende Feuer!«
    So sprach er und trieb sie an, und sie alle hörten es mit den Ohren
Und gingen gerade gegen die Mauer alle zusammen, und alsdann
Stiegen sie auf die Stützbalken, die spitzen Speere haltend.
Hektor aber raffte auf und trug einen Stein, der vor den Toren
Gestanden hatte, unten dick, doch am oberen Ende
War er scharf: den hätten auch nicht zwei Männer, die besten im Volk,
Leicht vom Boden auf einen Wagen gewuchtet,
So wie jetzt die Sterblichen sind: doch der schwang ihn leicht auch allein;
450   Den machte ihm leicht der Sohn des krummgesonnenen Kronos.
Und wie wenn ein Hirte leicht die Wolle trägt von einem männlichen Schaf,
Mit einer Hand sie fassend, und wenig drückt ihn das Gewicht:
So erhob Hektor den Stein und trug ihn gegen die Türflügel,
Welche die Tore dicht verwahrten, die festgefügten,
Zweiflügligen, hohen, und zwei Riegel hielten sie im Innern,
Wechselnd übereinander greifend, und daran war gefügt ein einziger Bolzen.
Und er trat ganz dicht heran, und angestemmt warf er ihn in die Mitte,
Breitbeinig, daß ihm nicht kraftlos sei das Geschoß.
Und er brach ab die beiden Zapfen, und der Stein fiel hinein
460   Mit seiner Wucht, und groß brüllten um ihn die Tore, und auch die Riegel
Hielten nicht stand, und die Türflügel splitterten hierhin und dorthin
Unter des Steines Schwung. Der aber sprang hinein, der strahlende Hektor,
Der schnellen Nacht gleichend von Angesicht, und er leuchtete von Erz,

Schrecklichem, mit dem er angetan war am Leib, und hielt in den Händen
Zwei Speere: keiner hätte ihn aufhalten können, entgegentretend,
Außer den Göttern, als er sprang in die Tore, und von Feuer brannten seine
Augen.
Und er rief den Troern zu, sich zurückwendend in die Menge,
Über die Mauer zu steigen, und sie gehorchten ihm, wie er sie antrieb.
Und sogleich stiegen die einen über die Mauer und die anderen ergossen sich
470 Durch die Tore selbst, die gutgebauten, die Danaer aber flohen
Hin zu den gewölbten Schiffen, und Lärm entstand, unendlicher.

DREIZEHNTER GESANG *Der Kampf um die Schiffe. Als Zeus seine Augen*
vom Kampffeld in Troja abwendet, kommt Poseidon und verstärkt heimlich den
Widerstand der Achaier. Die beiden Aias stehen gegen Hektor. Idomeneus,
der Führer der Kreter, von Meriones begleitet, zeichnet sich im Kampf aus, vor allem
gegen Aineias und Paris. Erneute Warnung des Pulydamas. Verstärkter Angriff auf die
Schiffe.

Doch Zeus, als er nun die Troer und Hektor an die Schiffe gebracht,
Ließ er sie bei diesen Kampfarbeit haben und Jammer
Unablässig. Er selbst aber wandte ab die leuchtenden Augen,
Herabblickend fern auf das Land der rossepflegenden Thraker
Und der Myser, der Nahkampfstreiter, und der erlauchten Hippomolgen,
Der milchtrinkenden, und der Abier, der gerechtesten der Menschen.
Doch auf Troja wandte er durchaus nicht mehr die leuchtenden Augen,
Denn er erwartete nicht in seinem Mute, daß der Unsterblichen einer
Käme, um den Troern beizustehen oder den Danaern.
10   Doch keine vergebliche Wacht hielt der gebietende Erderschütterer.
Denn auch er saß und sah staunend auf den Kampf und die Schlacht,
Hoch auf dem obersten Gipfel der bewaldeten Samos,
Der thrakischen, denn von dort zeigte sich der ganze Ida,
Zeigte sich des Priamos Stadt und die Schiffe der Achaier.
Dort saß er, aus der Salzflut gekommen, und ihn jammerten die Achaier,
Von den Troern bezwungen, und dem Zeus verargte er es gewaltig.
Und sogleich stieg er von dem Berg herab, dem felsigen,
Schnell ausschreitend mit den Füßen, und es erzitterten die großen Berge
und der Wald
Unter den Füßen, den unsterblichen, des Poseidon, wie er dahinging.
20 Dreimal griff er aus mit dem Schritt, und mit dem vierten erreichte er sein Ziel.
Aigai; dort waren ihm berühmte Häuser in den Tiefen der Bucht,
Goldene, schimmernde, bereitet, unvergänglich immer.
Dort angekommen schirrte er die beiden erzfüßigen Pferde an den Wagen,
Die schnellfliegenden, mit goldenen Mähnen behaarten,
Und tauchte selbst in Gold mit dem Leib und faßte die Geißel,
Die goldene, gutgefertigte, und stieg auf seinen Wagen
Und ging und trieb durch die Wogen, und es hüpften die Ungeheuer unter ihm

Überall her aus den Schlünden und verkannten nicht ihren Herrn.
Und in Freude trat auseinander das Meer, und die flogen dahin,
30 Sehr leicht, und unten wurde nicht benetzt die eherne Achse.
Und zu den Schiffen der Achaier trugen ihn die gutspringenden Pferde.
Es ist da eine breite Höhle in den Tiefen der tiefen Bucht,
Inmitten zwischen Tenedos und Imbros, der felsigen;
Dort hielt die Pferde an Poseidon, der Erderschütterer,
Löste sie von dem Wagen und warf ihnen hin ambrosische Speise
Zu essen, und um die Füße warf er ihnen Fußfesseln, goldene,
Unzerbrechliche, unlösliche, daß sie beständig dort warten sollten
Auf den zurückkehrenden Herrn. Er aber ging in das Heer der Achaier.
     Die Troer aber alle zusammen, der Flamme gleich oder dem Wirbelsturm,
40 Folgten dem Hektor, dem Priamos-Sohn, voll rastloser Begierde,
Tosend, hell aufschreiend; sie hofften, die Schiffe der Achaier
Einzunehmen und bei diesen alle die Besten zu töten.
Aber Poseidon, der Erdbeweger, der Erderschütterer,
Trieb die Argeier an, gekommen aus der tiefen Salzflut,
Gleichend dem Kalchas an Gestalt und unzerreibbarer Stimme,
Und sprach die beiden Aias zuerst an, die auch selbst schon drängten:
     »Aias! ihr beide werdet bewahren das Volk der Achaier,
Der Kampfkraft eingedenk und nicht des schaurigen Schreckens.
Denn anderswo fürchte ich nicht die unberührbaren Hände
50 Der Troer, die die große Mauer überstiegen haben in Haufen,
Denn alle halten sie auf die gutgeschienten Achaier.
Hier aber fürchte ich am schrecklichsten, daß uns etwas geschieht,
Wo dieser Rasende, der Flamme gleich, vorangeht:
Hektor, der sich rühmt, ein Sohn des starkmächtigen Zeus zu sein.
Euch beiden aber mag dieses einer der Götter in den Sinn legen:
Daß ihr selbst standhaltet mit Kraft und es auch befehlt den anderen.
Dann mögt ihr ihn, ob er auch anstürmt, zurücktreiben von den Schiffen,
Den schnellfahrenden, auch wenn der Olympier selbst ihn aufreizt.«
     Sprach es, der Erdbeweger, der Erderschütterer, und mit dem Stab
60 Schlug er sie beide und erfüllte sie mit Kraft, gewaltiger,
Und machte ihnen die Glieder leicht, die Füße und die Hände darüber.
Doch er selbst, so wie ein Falke, ein schnellbeschwingter, auffliegt,
Der sich von einem steilen Felsen, einem sehr hohen, erhebt
Und zur Ebene stürmt, einen anderen Vogel zu jagen:
So eilte von ihnen hinweg Poseidon, der Erderschütterer.
Von den beiden erkannte ihn zuerst der Oileus-Sohn, der schnelle Aias,
Und sogleich sprach er zu Aias, dem Telamon-Sohn:

»Aias! da uns einer der Götter, die den Olympos haben,
Dem Seher gleichend, heißt, bei den Schiffen zu kämpfen –
70 Denn das ist nicht Kalchas, der Wahrsager, der Vogelschauer!
Denn von hinten habe ich die Bewegungen der Füße und der Schenkel
Leicht erkannt, wie er fortging: sind gut erkennbar doch die Götter!
Und auch mir selber verlangt der Mut in meiner Brust
Stärker danach, zu kämpfen und zu streiten,
Und heftig drängen mir unten die Füße und die Hände darüber!«
     Da antwortete und sagte zu ihm der Telamonier Aias:
»So drängen jetzt auch mir um den Speer die unberührbaren Hände,
Und mir hebt sich die Kraft, und unten treibt es mich vorwärts
Mit beiden Füßen, und ich begehre, auch selbst allein
80 Mit Hektor, dem Priamos-Sohn, voll rastloser Begierde zu kämpfen!«
     So redeten diese dergleichen miteinander,
In Freude über die Kampfkraft, die ihnen der Gott in den Mut geworfen.
Indessen erregte hinten der Erdbeweger die Achaier,
Die sich bei den schnellen Schiffen ihr Herz abkühlten.
Denen waren in schmerzlicher Ermattung ihre Glieder gelöst,
Und zugleich war es ihnen im Mut ein Kummer, die Troer
Zu sehen, die die große Mauer überstiegen hatten in Haufen.
Wie sie diese sahen, vergossen sie Tränen unter den Brauen,
Meinten sie doch, sie würden nicht entrinnen aus dem Unheil. Doch der
                                                              Erderschüttere
90 Ging unter sie, und leicht trieb er an die starken Reihen.
Zu Teukros kam er zuerst und Leïtos, ihnen zurufend,
Und zu Peneleos, dem Helden, und Thoas und Deïpyros
Und zu Meriones und Antilochos, den Meistern des Kampfgeschreis.
Die trieb er an und sprach zu ihnen die geflügelten Worte:
»Schämt euch, Argeier! ihr jungen Männer! Euch habe ich vertraut,
Daß ihr kämpfen und unsere Schiffe bewahren würdet!
Wenn aber *ihr* ablaßt vom Kampf, dem unseligen, so zeigt sich
Jetzt der Tag, daß wir von den Troern bezwungen werden.
Nein doch! wirklich, ein großes Wunder sehe ich da mit den Augen,
100 Ein schreckliches, wie ich niemals meinte, daß es vollendet würde:
Daß die Troer gegen unsere Schiffe gehen, die doch früher
Flüchtigen Hirschkühen glichen, die da im Wald
Schakalen und Panthern und Wölfen zur Speise werden,
Nur so umherstreifend, wehrlos, und keine Kampfkraft ist in ihnen:
So wollten früher die Troer der Kraft und den Händen der Achaier
Niemals entgegenstehen, auch nicht ein wenig.

Jetzt aber kämpfen sie fern von der Stadt bei den hohlen Schiffen,
Durch unseres Anführers Verschulden und die Lässigkeit der Männer,
Die, mit jenem zerstritten, sich nicht wehren wollen
10 Um die schnellfahrenden Schiffe, sondern bei ihnen getötet werden.
Aber wenn denn ganz und gar auch wirklich schuld ist
Der Heros, der Atreus-Sohn, der weitherrschende Agamemnon,
Deswegen, weil er verunehrt hat den fußschnellen Peleus-Sohn,
So dürfen doch wir durchaus nicht ablassen vom Kampf.
Nein, heilen wir das schnell! Sind doch heilbar die Sinne der Edlen.
Doch das ist nicht mehr schön, wie ihr nachlaßt in der ungestümen Kampfkraft,
Ihr alle, die ihr die Besten seid im Heer. Denn nicht würde ich
Mit einem Manne hadern, der da vom Kampf abläßt,
Weil er ein Schwächling ist! Euch aber verarge ich es von Herzen.
20 O ihr Weichlinge! bald werdet ihr noch ein größeres Unheil schaffen
Mit dieser Lässigkeit! Nein, legt euch in den Sinn ein jeder
Die Schande und böse Nachrede! Denn schon hat ein großer Streit sich erhoben.
Hektor kämpft schon, der gute Rufer, bei den Schiffen,
Der Starke, und zerbrach die Tore und den großen Riegel!«
So erregte mit häufigem Zuruf der Erdbeweger die Achaier.
Und um der beiden Aias stellten sich die Reihen,
Die starken: die hätte auch Ares nicht getadelt, wenn er hinzukam,
Noch Athenaia, die volkaufregende; denn die Besten,
Auserlesenen, hielten stand den Troern und dem göttlichen Hektor,
30 Den Speer mit dem Speer verzäunend, den Schild mit dem Schildrand.
Schild drängte den Schild, Helm Helm und Mann den Mann,
Und es berührten einander roßmähnige Helme mit glänzenden Bügeln,
Wenn sie nickten, so dicht standen sie aneinander.
Die Lanzen aber bogen sich, von kühnen Händen
Geschüttelt, sie aber trachteten vorwärts und begehrten zu kämpfen.
Die Troer aber stießen vor, gesammelt, und voran ging Hektor,
Gerade vorwärts trachtend, so wie ein rollender Block von einem Felsen,
Den hinab vom Rand ein wintergeschwollener Fluß stößt,
Der bei unsäglichem Regen die Stützen des schamlosen Felsens losbrach;
40 Und hoch emporspringend fliegt er dahin, und unter ihm kracht
Der Wald, und er läuft unentwegt beständig, bis er auf ebenen
Boden gelangt; dann aber rollt er nicht mehr, sosehr er andrängt:
So drohte Hektor zunächst bis an das Meer
Leicht durchzukommen durch die Hütten und Schiffe der Achaier,
Sie tötend, doch als er traf auf die dichten Reihen, da blieb er
Stehen, nah herangedrungen. Die Söhne der Achaier aber, ihm entgegen,

Stachen mit den Schwertern und zweischneidigen Lanzen
Und stießen ihn von sich hinweg, er aber wankte und wich zurück.
Und er schrie durchdringend und rief den Troern zu:
150 »Troer und Lykier und Dardaner, Nahkampfstreiter!
Haltet stand bei mir! Nicht lange, wahrhaftig, halten mich auf die Achaier,
Ob sie auch noch so turmgleich sich selbst aneinanderfügen,
Sondern ich meine, sie weichen vor der Lanze, wenn mich denn wirklich
Antrieb der Beste der Götter, der starkdröhnende Gatte der Here!«
    So sprach er und erregte Kraft und Mut eines jeden.
Da kam Deïphobos hochgemut unter ihnen einhergeschritten,
Der Priamos-Sohn, und vor sich hielt er den Schild, den allseits gleichen,
Leicht mit den Füßen vorschreitend und schildgedeckt den Fuß vorsetzend.
Doch Meriones zielte auf ihn mit dem schimmernden Speer
160 Und traf – und fehlte nicht – auf den Schild, den allseits gleichen,
Von Stierhaut, doch drang er nicht durch, sondern viel früher
Brach am Schaftende ab der lange Speer. Deïphobos aber
Hielt den Stierhautschild von sich weg und fürchtete sich im Mute
Vor der Lanze des Meriones, des kampfgesinnten. Doch der Heros
Wich zurück in die Schar der Gefährten und zürnte schrecklich
Über beides: den Sieg und die Lanze, die er zerbrach.
Und er schritt hin und ging zu den Hütten und Schiffen der Achaier,
Um den großen Speer zu holen, der ihm in der Hütte geblieben war.
    Die anderen aber kämpften, und Geschrei, unauslöschliches, erhob sich.
170 Und Teukros, der Telamon-Sohn, erschlug als erster einen Mann:
Imbrios, den Lanzenkämpfer, den Sohn des pferdereichen Mentor.
Der wohnte in Pedaion, ehe die Söhne der Achaier kamen,
Und hatte eine Bastard-Tochter des Priamos, Medesikaste.
Doch als die Schiffe der Danaer kamen, die beiderseits geschweiften,
Ging er zurück nach Ilios und tat sich hervor unter den Troern
Und wohnte bei Priamos, und der ehrte ihn gleich seinen Kindern.
Den stieß der Sohn des Telamon unter das Ohr mit der langen Lanze
Und zog die Lanze heraus, der aber fiel wie eine Esche,
Die auf dem Gipfel des Berges, des rings weit sichtbaren,
180 Mit dem Erz geschlagen ihr zartes Laub zu Boden wirft:
So fiel er, und um ihn klirrten die Waffen, die erzverzierten.
    Und Teukros stürmte an, begierig, die Waffen abzuziehen.
Doch Hektor warf nach ihm, wie er anstürmte, mit dem schimmernden Speer
Der aber sah ihm entgegen und wich aus der ehernen Lanze,
Ein wenig, und der traf Amphimachos, des Kteatos Sohn, des Aktorionen,
Der gerade zum Kampf kam, gegen die Brust mit dem Speer.

Und er stürzte dröhnend, und um ihn rasselten die Waffen.
Und Hektor stürmte an, um den Helm, den an die Schläfen angepaßten,
Vom Haupte wegzureißen des großherzigen Amphimachos.
Doch wie er anstürmte, holte Aias aus mit dem schimmernden Speer
Gegen Hektor, aber nirgends zeigte sich die Haut, sondern ganz mit Erz,
Schrecklichem, war er umhüllt, und der stach auf den Buckel des Schildes
Und stieß ihn mit großer Stärke, und er wich zurück nach hinten
Von den beiden Toten, und die zogen heraus die Achaier.
Den Amphimachos brachten Stichios und der göttliche Menestheus,
Die Führer der Athener, zum Volk der Achaier,
Den Imbrios aber die beiden Aias, begierig in ungestümer Kampfkraft.
Und so wie zwei Löwen eine Ziege unter scharfzahnigen Hunden
Wegreißen und tragen sie beide durch dichtes Gehölz,
Hoch über der Erde sie zwischen den Kiefern haltend:
So hielten diesen hoch die beiden Aias, die gerüsteten,
Und raubten die Waffen, und das Haupt schlug von dem zarten Hals
Der Oileus-Sohn, wegen Amphimachos erzürnt,
Und schickte es, zurückgewendet, wie einen Ball durch die Menge,
Und dem Hektor fiel es vorn vor den Füßen in den Staub.
    Und damals nun zürnte Poseidon übermäßig im Herzen,
Daß der Sohnes-Sohn gefallen war in der furchtbaren Feindseligkeit.
Und er schritt hin und ging zu den Hütten und Schiffen der Achaier,
Die Danaer antreibend, den Troern aber bereitete er Kümmernisse.
Idomeneus aber begegnete ihm, der speerberühmte,
Wie er kam von einem Gefährten, der ihm eben aus dem Kampf
Gekommen war, an der Kniekehle verwundet mit scharfem Erz.
Den trugen die Gefährten; und er, als er den Ärzten Weisung gegeben,
Ging zur Lagerhütte, denn noch begehrte er, dem Kampf
Entgegenzutreten. Und zu ihm sprach der gebietende Erderschütterer,
Gleichend an Stimme dem Sohn des Andraimon, Thoas,
Der in ganz Pleuron und der steilen Kalydon
Über die Aitoler herrschte und war wie ein Gott geehrt im Volk:
»Idomeneus, Ratgeber der Kreter! Wo sind dir die Drohungen
Hingekommen, die den Troern androhten die Söhne der Achaier?«
    Ihm antwortete wieder Idomeneus, der Anführer der Kreter:
»Thoas! nicht ist irgendein Mann jetzt schuld, soweit ich es
Erkenne, denn alle verstehen wir zu kämpfen!
Weder hält einen die Furcht, die entseelende, noch gibt einer
Der Trägheit nach und taucht aus dem Kampf, dem schlimmen. Aber so
Wird es nun wohl lieb sein dem übergewaltigen Kronion,

Daß ruhmlos hier die Achaier zugrunde gehen, fern von Argos.
Doch, Thoas – denn auch früher schon warst du standhaft im Kampf
Und treibst auch einen anderen an, wen immer du lässig siehst –:
230 So laß jetzt nicht ab und rufe auf jeden einzelnen Mann!«
      Ihm antwortete darauf Poseidon, der Erderschütterer:
»Idomeneus! Nicht soll der Mann mehr nach Hause kehren
Von Troja, sondern hier den Hunden zum Spielzeug werden,
Der an diesem Tag freiwillig abläßt vom Kampf!
Doch auf! nimm die Waffen und komm hierher! Wir müssen zusammen
Uns bemühen, ob wir nicht von Nutzen sein können, obschon nur zwei.
Vereint entsteht Tüchtigkeit auch bei sehr schwachen Männern;
Wir beide aber verstehen es, auch mit Tapferen zu kämpfen!«
      So sprach er und ging wieder zurück, der Gott, in den Kampf der Männer
240 Doch Idomeneus, als er zur Hütte, der gutgebauten, gelangte,
Tauchte mit dem Leib in die schönen Waffen und ergriff zwei Speere
Und schritt hin und ging, dem Blitz gleichend, welchen Kronion
Faßt mit der Hand und schwingt ihn vom glänzenden Olympos,
Weisend ein Zeichen den Sterblichen, und stark kenntlich sind seine Strahlen.
So leuchtete ihm das Erz um die Brust, wie er dahinlief.
Da begegnete ihm Meriones, sein tüchtiger Gefolgsmann,
Noch nahe bei der Hütte, denn er ging nach einem ehernen Speer,
Um ihn zu holen. Und zu ihm sprach die Kraft des Idomeneus:
»Meriones! des Molos Sohn, fußschneller! Liebster der Gefährten!
250 Warum kamst du und verließt den Kampf und die Feindseligkeit?
Bist du getroffen und quält dich die Spitze eines Geschosses?
Oder kamst du zu mir von irgendeinem als Bote? Aber auch selber
Verlangt mich ja nicht, in den Hütten zu sitzen, sondern zu kämpfen!«
      Ihm entgegnete wieder der verständige Meriones:
»Idomeneus, Ratgeber der Kreter, der erzgewandeten!
Ich komme, ob dir eine Lanze in den Hütten geblieben ist,
Um sie zu holen. Denn die zerbrach ich, die ich vorher hatte,
Als ich den Schild des Deïphobos traf, des übermütigen.«
      Ihm entgegnete wieder Idomeneus, der Anführer der Kreter:
260 »Speere, wenn du willst, wirst du einen oder auch zwanzig finden,
Stehend in der Hütte an den Wänden, den hellschimmernden,
Troische, die ich Erschlagenen abnahm. Denn nicht glaube ich,
Von feindlichen Männern entfernt zu stehen im Kampfe.
Darum habe ich Speere und Schilde, mit Buckeln versehene,
Und Helme und Panzer, leuchtend glänzende.«
      Ihm entgegnete wieder der verständige Meriones:

»Wahrhaftig! auch ich habe bei der Hütte und dem Schiff, dem schwarzen,
Viel Rüstzeug der Troer, aber es ist nicht nahe, um es zu holen.
Denn niemals, sage ich, habe auch ich vergessen der Kampfkraft!
270 Sondern unter den Ersten in der Schlacht, der männerehrenden,
Stehe ich, wann immer der Streit sich erhoben des Krieges.
Einem anderen mag es wohl eher entgehen der erzgewandeten Achaier,
Wie ich kämpfe: doch du solltest es selber wissen, meine ich!«
    Ihm entgegnete wieder Idomeneus, der Anführer der Kreter:
»Ich weiß, wie du bist an Tüchtigkeit! was brauchst du das zu sagen?
Würden wir jetzt bei den Schiffen erlesen werden alle die Besten
Für eine Lauer, wo sich am meisten die Tüchtigkeit erweist der Männer,
Da, wo der feige Mann und der streitbare hell ins Licht tritt –
Denn bei dem schlechten verändert sich bald so, bald so die Farbe,
280 Und nicht hält ihn zurück der Mut im Innern, daß er still sitzt,
Sondern er kauert unruhig und sitzt wechselnd auf beiden Füßen,
Und drinnen schlägt ihm das Herz in der Brust gewaltig,
Die Todesgöttinnen ahnt er, und es gibt ein Klappern der Zähne.
Bei dem Tapferen ändert sich nicht die Farbe, und nicht zu sehr
Fürchtet er sich, wenn er einmal sitzt in der Lauer der Männer,
Sondern betet, daß man aufs schnellste sich vermischt im leidigen Kampf –:
Auch da würde keiner deine Kraft und deine Hände tadeln!
Und würdest du auch beim Kampf durch Wurf oder Hieb getroffen,
Nicht fiele dir von hinten das Geschoß in den Hals oder in den Rücken,
290 Sondern es würde entweder der Brust oder dem Leib begegnen,
Während du vorwärts strebtest im Gekose der Vorkämpfer. –
Aber auf! laß uns dies nicht länger reden wie törichte Kinder,
Während wir stehen, daß es uns nicht einer über die Maßen verarge.
Sondern du geh zur Hütte und nimm eine wuchtige Lanze.«
    So sprach er. Und Meriones, gleichwiegend dem schnellen Ares,
Nahm eilig aus der Lagerhütte eine eherne Lanze
Und ging Idomeneus nach, groß auf den Kampf bedacht.
Und wie der männerverderbende Ares in den Kampf hineingeht,
Und ihm folgt Phobos, sein Sohn, so stark wie furchtlos,
300 Der in Schrecken setzt sogar einen standhaften Kämpfer –
Die beiden rüsten sich aus Thrakien, um unter die Ephyrer zu gehen
Oder unter die Phlegyer, die großherzigen, denn nicht
Hören sie auf beide; nur den einen geben sie Ruhm –:
So gingen Meriones und Idomeneus, die Führer der Männer,
In den Kampf, gerüstet mit funkelndem Erz.
Und zu ihm sagte als erster Meriones die Rede:

»Deukalion-Sohn! wo gedenkst du, in die Menge zu tauchen?
Zur Rechten des ganzen Heeres oder in der Mitte
Oder zur Linken? Denn nirgends, denke ich, sind dem Kampf
310 So wenig gewachsen die am Haupte langgehaarten Achaier.«
      Ihm entgegnete wieder Idomeneus, der Anführer der Kreter:
»Bei den Schiffen in der Mitte sind auch andere, sie zu verteidigen:
Die beiden Aias und Teukros, der der Beste ist von den Achaiern
Im Bogenschießen, tüchtig aber auch im stehenden Kampf.
Die werden ihn genugsam umtreiben im Krieg, sosehr er stürmt,
Hektor, den Priamos-Sohn, und wenn er auch sehr stark ist.
Steil wird es für ihn sein, so sehr begierig er auch ist zu kämpfen,
Deren Kraft zu besiegen und die unberührbaren Hände,
Daß er die Schiffe verbrennt, wenn nicht selber Kronion
320 Hineinwirft einen flammenden Brand in die schnellen Schiffe.
Einem Mann aber wird nicht weichen der Telamon-Sohn, der große Aias,
Einem, der sterblich ist und ißt das Korn der Demeter
Und der zu zerbrechen ist durch Erz und große Steine.
Selbst dem Achilleus nicht, dem männerdurchbrechenden, stünde er nach
Im stehenden Kampf – mit den Füßen kann man nicht mit ihm streiten.
Uns aber halte dich so zur Linken des Heeres, daß wir aufs schnellste
Sehen, ob wir einem Ruhm verleihen oder einer uns!«
      So sprach er. Und Meriones, gleichwiegend dem schnellen Ares,
Ging voran, bis sie ins Heer gelangten, wo er es ihm befohlen.
330 Die aber, wie sie Idomeneus sahen, der Flamme gleich an Kraft,
Ihn selbst und den Gefolgsmann in Rüstungen, kunstreich verzierten,
Riefen sie einander zu in der Menge und gingen alle gegen ihn.
Und ihnen trat zusammen der Streit bei den hinteren Schiffen.
Und wie wenn unter schrillen Winden die Wirbel dahinfahren
An dem Tag, wenn der meiste Staub ist auf den Wegen,
Und zusammen lassen sie aufstehen von Staub eine große Wolke:
So kam denen die Schlacht zusammen, und sie begehrten im Mute,
Einander in der Menge zu töten mit dem scharfen Erz.
Und es starrte die Schlacht, die männerverderbende, von Lanzen,
340 Langen, die sie hielten, leibdurchschneidenden, und die Augen
Blendete der Glanz, der eherne, von den leuchtenden Helmen
Und Panzern, frisch abgeriebenen, und schimmernden Schilden,
Wie sie zusammenkamen. Ein sehr Kühnherziger müßte der sein,
Den es damals freute, die Mühsal zu sehen, und nicht betrübte!
      Die aber, zwiefach gesonnen, die beiden starken Söhne des Kronos,
Bereiteten den Männern, den Heroen, traurige Schmerzen.

Und zwar wollte Zeus den Troern und Hektor den Sieg,
Um Achilleus, dem fußschnellen, Prangen zu geben. Und nicht gänzlich
Wollte er das Volk verderben, das achaische, vor Ilios,
350 Sondern der Thetis gab er Prangen und ihrem Sohn, dem starkmütigen.
Die Argeier aber trieb Poseidon an, unter sie gegangen,
Heimlich hervorgetaucht aus der grauen Salzflut: es bekümmerte ihn,
Wie sie von den Troern bezwungen wurden, und dem Zeus verargte er es
                                                              gewaltig.
Ja, da waren beide vom gleichen Geschlecht und von einem Vater,
Aber Zeus war früher geboren und wußte mehr.
Darum vermied der es auch, ihnen offen zu helfen,
Aber heimlich trieb er sie immer auf im Heer, einem Manne gleichend.
Und das Seil des starken Streits und gemeinsamen Kampfes
Spannten sie abwechselnd aus über beiden Seiten,
360 Das unzerreißbare und unlösliche, das vielen die Knie löste. –
     Da rief, obschon halb ergraut, den Danaern zu Idomeneus,
Und unter sie springend erregte er in den Troern Schrecken.
Denn er tötete den Othryoneus, der aus Kabesos hier war,
Eben erst auf die Kunde des Krieges hin gekommen.
Und er verlangte von des Priamos Töchtern die an Aussehen Beste,
Kassandra, ohne den Brautkauf, und versprach ein großes Werk:
Aus Troja gegen ihren Willen hinauszustoßen die Söhne der Achaier.
Und ihm hatte Priamos, der Greis, es versprochen und zugenickt,
Daß er sie geben werde, und er kämpfte, den Versprechungen vertrauend.
370 Idomeneus aber zielte auf ihn mit dem schimmernden Speer und warf
Und traf den Hochausschreitenden, und nicht schützte ihn der Panzer,
Der eherne, den er trug, und er heftete ihn mitten in den Magen.
Und er stürzte dröhnend. Der aber rühmte sich und sprach:
     »Othryoneus! Über die Maßen preise ich dich vor allen Sterblichen,
Wenn du denn wirklich das alles vollendest, was du gelobt hast
Dem Dardaniden Priamos, und er versprach dir seine Tochter.
Nun, auch wir würden dir das versprechen und vollenden
Und würden von des Atriden Töchtern die an Aussehen Beste geben,
Sie herbringend aus Argos, für dich zur Frau, wenn du mit uns
380 Ilios wolltest zerstören, die gutbewohnte Stadt.
Aber komm mit! wir handeln es aus bei den Schiffen, den meerdurchfahrenden,
Wegen der Heirat! Wir sind dir nicht schlechte Brautausstatter!«
     So sprach er und schleifte ihn am Fuß durch die starke Schlacht,
Der Heros Idomeneus. Doch dem kam Asios als Beschützer,
Zu Fuß vor seinen Pferden: die hielt ihm dicht an den Schultern schnaubend

Immer der Zügelhalter, der Gefährte. Er aber begehrte im Mute,
Idomeneus zu treffen. Doch der kam ihm zuvor und traf ihn mit dem Speer
In die Kehle unter dem Kinn, und durch und durch trieb er das Erz.
Und er stürzte, wie wenn eine Eiche stürzt oder Silberpappel
390 Oder eine Fichte, eine hochragende, die in den Bergen Zimmermänner
Herausschlugen mit Äxten, neugeschliffenen, um ein Schiffsbalken zu sein:
So lag er vor den Pferden und dem Wagen hingestreckt,
Brüllend, in den Staub verkrallt, den blutigen.
Dem Zügelhalter aber verschlug es die Sinne, die er vorher hatte,
Und er wagte nicht, den Händen der Feinde entfliehend
Die Pferde zurückzuwenden. Und ihn traf Antilochos, der standhafte,
Und mitten durchbohrte er ihn mit dem Speer, und nicht schützte ihn
Der Panzer, der eherne, den er trug, und er heftete ihn mitten in den Magen.
Und er fiel, schwer atmend, aus dem gutgearbeiteten Wagenstuhl,
400 Und die Pferde trieb Antilochos, des hochgemuten Nestor Sohn,
Von den Troern heraus unter die gutgeschienten Achaier.
      Deïphobos aber kam dicht heran zu Idomeneus,
Um Asios bekümmert, und schleuderte den schimmernden Speer.
Der aber sah ihm entgegen und wich aus der ehernen Lanze,
Idomeneus: er verbarg sich unter dem Schild, dem allseits gleichen,
Den er trug, von Häuten von Rindern und funkelndem Erz
Gerundet und mit zwei Querstäben gefügt. Unter dem duckte er
Sich ganz zusammen, und darüber hinweg flog die eherne Lanze,
Und dumpf erklang ihm der Schild, wie die Lanze darüber hinstreifte.
410 Doch nicht vergeblich entsandte er sie aus der schweren Hand,
Sondern traf den Hippasos-Sohn Hypsenor, den Hirten der Völker,
In die Leber unter dem Zwerchfell und löste sogleich unten die Knie.
Deïphobos aber rühmte sich über die Maßen und schrie laut:
»Wahrhaftig! nicht ohne Vergeltung liegt Asios, sondern ich meine,
Geht er auch in das Haus des Hades, des starken Torschließers,
Wird er sich freuen im Mute, weil ich ihm mitgab einen Begleiter!«
      So sprach er. Doch den Argeiern war es ein Kummer, wie er sich rühmte,
Und Antilochos, dem kampfgesinnten, erregte er am meisten den Mut.
Doch nicht, so bekümmert er war, vergaß er seinen Gefährten,
420 Sondern lief hin, schritt um ihn und deckte ihn rings mit dem Schild.
Darauf bückten sich unter ihn die zwei geschätzten Gefährten:
Mekisteus, des Echios Sohn, und der göttliche Alastor,
Und trugen ihn zu den gewölbten Schiffen, den schwer Stöhnenden.
Idomeneus aber ließ nicht ab von dem großen Ungestüm, sondern strebte
                                                                    immer,

Entweder einen von den Troern mit finsterer Nacht zu umhüllen,
Oder selbst zu fallen, das Verderben abwehrend den Achaiern.
Da traf er des Aisyetes eigenen Sohn, des zeusgenährten,
Den Heros Alkathoos – ein Schwiegersohn war er des Anchises
Und hatte zur Frau die Älteste der Töchter, Hippodameia.
430 Die liebten von Herzen der Vater und die hehre Mutter
Im Haus, denn vor allen Gleichaltrigen war sie ausgezeichnet
An Schönheit und Werken wie auch Verstand, darum nahm sie auch
Zur Frau der beste Mann in der breiten Troja.
Den bezwang damals unter Idomeneus Poseidon, der ihm bezauberte
Die leuchtenden Augen und fesselte die schimmernden Glieder.
Denn weder nach hinten zu fliehen vermochte er noch auszuweichen,
Sondern wie eine Säule oder ein Baum, ein hochbelaubter,
Stand er unbeweglich, und mitten durch die Brust stieß ihm den Speer
Der Heros Idomeneus und zerriß ihm rings das Panzerhemd,
440 Das eherne, das ihm vorher von der Haut abwehrte das Verderben:
Ja, damals erklang es dumpf, zerberstend um den Speer.
Und er stürzte dröhnend, und der Speer haftete ihm im Herzen,
Das ihm zuckend noch das Schaftende erbeben ließ
An der Lanze. Doch dann ließ schwinden die Kraft der gewaltige Ares.
Idomeneus aber rühmte sich über die Maßen und schrie laut:
»Deïphobos! erachten wir das nicht als einen guten Ausgleich:
Drei für einen getötet? Da du dich ja so rühmst.
Heilloser! Aber auf! stelle dich doch auch selbst mir entgegen,
Daß du siehst, als was für ein Sproß des Zeus ich hierhergekommen!
450 Der zeugte zuerst den Minos, den Schirmherrn Kretas,
Minos aber wieder zeugte als Sohn den untadligen Deukalion,
Und Deukalion zeugte mich, vielen Männern zum Herrscher
In der breiten Kreta. Jetzt aber haben mich hierher die Schiffe getragen
Dir zum Unheil und dem Vater wie auch den anderen Troern.«
So sprach er. Und Deïphobos erwog zwiefach,
Ob er sich einen der Troer zum Gefährten nähme, der hochgemuten,
Wieder zurückgewichen, oder es auch allein versuchte.
Und so schien es ihm, als er sich bedachte, besser zu sein:
Hinzugehen zu Aineias. Den aber fand er ganz hinten in der Menge,
460 Wie er dastand, denn immer grollte er dem göttlichen Priamos,
Weil er ihn, den Tüchtigen unter den Männern, nicht ehrte.
Und herangetreten sprach er zu ihm die geflügelten Worte:
»Aineias, Ratgeber der Troer! Jetzt ist es für dich sehr not,
Dem Schwager zu helfen, wenn irgend dich Kummer ankommt.

Aber komm mit! wir helfen dem Alkathoos, der dich doch früher,
Als dein Schwager, aufgenährt in den Häusern, als du klein warst.
Den aber hat dir Idomeneus, der speerberühmte, getötet.«
     So sprach er. Und dem erregte er den Mut in der Brust,
Und er ging zu auf Idomeneus, groß auf den Kampf bedacht.
470 Doch den Idomeneus ergriff nicht Furcht wie einen spätgeborenen Knaben,
Sondern er hielt stand wie ein Eber in den Bergen, auf seine Kraft vertrauend,
Der standhält dem vielen Schwarm von Männern, der herankommt,
An einem einsamen Ort, und es sträubt sich ihm oben der Rücken,
Und die beiden Augen leuchten ihm von Feuer, und die Zähne
Wetzt er, begierig, die Hunde abzuwehren und die Männer:
So hielt Idomeneus stand, der speerberühmte, und wich nicht
Vor Aineias, wie er herankam, dem kampfschnellen. Doch er schrie nach
                                                      den Gefährten,
Dem Askalaphos, den er sah, und Aphareus und Deïpyros
Und Meriones und Antilochos, den Meistern des Kampfgeschreis.
480 Die trieb er an und sprach zu ihnen die geflügelten Worte:
»Hierher, Freunde! und helft mir, der ich allein bin! Denn schrecklich fürchte ich
Aineias, wie er herankommt, den fußschnellen, der gegen mich angeht,
Der ein sehr Starker ist in der Schlacht, die Männer zu erschlagen.
Und er hat auch die Blüte der Jugend, was die größte Kraft ist.
Denn wären wir gleichen Alters bei diesem meinem Mute:
Schnell trüge entweder er große Kraft davon oder ich selber!«
     So sprach er. Und die alle, mit einem Mut im Innern,
Traten dicht aneinander, die Schilde an die Schultern gelehnt.
Doch Aineias drüben rief seinen Gefährten zu,
490 Dem Deïphobos und Paris, die er sah, und dem göttlichen Agenor,
Die mit ihm zusammen Führer der Troer waren, und darauf
Folgten die Männer, so wie dem Widder die Schafe folgen
Von der Weide, um zu trinken, und es freut sich im Sinn der Hirt:
So freute dem Aineias sich der Mut in der Brust,
Als er die Schar der Männer sah, die ihm selbst nachfolgte.
     Und die um Alkathoos stürmten an im Nahkampf
Mit langen Schäften, und um ihre Brust das Erz
Dröhnte gewaltig, wie sie in der Menge aufeinander zielten.
Aber zwei Männer, streitbare, ausnehmend vor den anderen,
500 Aineias und Idomeneus, gleichwiegend dem Ares,
Strebten, einander die Haut zu zerschneiden mit erbarmungslosem Erz.
Und Aineias warf als erster mit dem Speer nach Idomeneus,
Der aber sah ihm entgegen und wich aus der ehernen Lanze,

Und der Speer des Aineias fuhr im Schwung in die Erde,
Nachdem er umsonst aus der wuchtigen Hand gestürmt war.
Idomeneus aber traf den Oinomaos mitten in den Magen
Und zerbrach die Wölbung des Panzers, und das Erz schöpfte die Eingeweide
Heraus, und er fiel in den Staub und faßte die Erde mit verkrampfter Hand.
Und Idomeneus zog aus dem Leichnam die langschattende Lanze
510 Heraus, doch vermochte er nicht mehr, die anderen schönen Waffen
Ihm von den Schultern zu nehmen, denn bedrängt wurde er von Geschossen.
Denn nicht mehr beständig waren ihm die Gelenke der Füße im Stürmen,
Weder um nachzuspringen dem eigenen Geschoß noch auszuweichen.
Darum wehrte er zwar im stehenden Kampf ab den erbarmungslosen Tag,
Doch zu fliehen trugen ihn nicht mehr rasch die Füße aus dem Kampf.
Und nach ihm, wie er schrittweise davonging, warf den schimmernden Speer
Deïphobos, denn der hegte ihm Groll unablässig immer.
Aber er fehlte auch diesmal. Doch den Askalaphos traf er mit dem Speer,
Den Sohn des Enyalios, und durch die Schulter drang die starke Lanze,
520 Und er fiel in den Staub und faßte die Erde mit verkrampfter Hand.
Und noch nicht hatte es erfahren der starkbrüllende gewaltige Ares,
Daß sein Sohn gefallen war in der starken Schlacht,
Sondern ganz oben auf dem Olympos unter goldenen Wolken
Saß er, von des Zeus Ratschlüssen zurückgehalten, wo auch die anderen
Unsterblichen Götter waren, vom Kampf ausgeschlossen.
    Die aber um Askalaphos stürmten an im Nahkampf.
Da raubte Deïphobos dem Askalaphos den schimmernden Helm,
Doch Meriones, gleichwiegend dem schnellen Ares,
Stieß ihn, anspringend, mit dem Speer in den Arm, und aus der Hand
530 Fiel ihm der mit Augenlöchern versehene Helm dröhnend zu Boden.
Meriones aber, wiederum anspringend wie ein Geier,
Riß ihm heraus aus dem Oberarm die gewaltige Lanze
Und wich zurück in die Schar der Gefährten. Den aber führte Polites,
Sein eigener Bruder, ihn mit den Armen um die Mitte fassend,
Aus dem Kampf, dem schlimmtosenden, bis er zu den Pferden gelangte,
Den schnellen, die ihm hinter der Schlacht und dem Kampf
Standen mit dem Zügelhalter und dem bunten Wagen.
Diese trugen ihn zur Stadt, den schwer Stöhnenden,
Gequälten, und herab floß das Blut aus dem frisch verwundeten Arm.
540   Die anderen aber kämpften, und Geschrei, unauslöschliches, erhob sich.
Und Aineias, anstürmend, stieß den Aphareus, den Kaletor-Sohn,
In die Kehle, wie er sich gegen ihn wandte, mit dem scharfen Speer.
Und zur Seite neigte sich das Haupt, und ihm nach stürzte der Schild

Und der Helm, und um ihn ergoß sich der Tod, der lebenzerstörende.
Antilochos aber paßte den Thoon ab, wie er sich umwandte,
Stürmte ihm nach, stieß zu, und die ganze Ader durchschnitt er,
Die den Rücken hinaufläuft durchgehend bis zum Nacken:
Die durchschnitt er ganz, der aber fiel rücklings nieder
In den Staub und breitete beide Arme aus nach seinen Gefährten.
550 Doch Antilochos sprang zu und raubte die Waffen von den Schultern,
Um sich spähend, und die Troer, ihn umgebend, stießen von hier und dort
Auf den breiten Schild, den allfunkelnden, doch vermochten sie nicht,
Eindringend die zarte Haut zu ritzen mit dem erbarmungslosen Erz
Dem Antilochos, denn ringsum schützte Poseidon, der Erderschütterer,
Des Nestor Sohn, selbst unter vielen Geschossen.
Denn wirklich, niemals war er ohne Feinde, sondern unter ihnen
Drehte er sich, und nicht blieb die Lanze ihm unbeweglich, sondern immerfort
Geschwungen wirbelte sie herum, und er zielte darauf in seinem Sinn,
Ob er den Speer nach einem werfe oder anstürme aus der Nähe.
560   Aber nicht entging er dem Adamas, in die Menge zielend,
Dem Asios-Sohn, der ihn mitten stieß auf den Schild mit scharfem Erz,
Nahe herangestürmt; aber kraftlos machte ihm die Spitze
Der schwarzmähnige Poseidon, der ihm das Leben mißgönnte.
Und die blieb dort stecken wie ein Pfahl, ein im Feuer gebrannter,
In dem Schild des Antilochos, doch die Hälfte lag auf der Erde.
Und zurück in die Schar der Gefährten wich er und vermied die Todesgöttin.
   Meriones aber setzte dem Davongehenden nach und traf mit dem Speer
Mitten zwischen die Scham und den Nabel, da, wo am meisten
Schmerzhaft der Ares wird den elenden Sterblichen:
570 Dort hinein heftete er ihm die Lanze; und der folgte dem Speer
Und zappelte wie ein Stier, den in den Bergen Männer, Rinderhirten,
Mit Stricken gebunden, gegen den Willen gewaltsam führen:
So zappelte er, getroffen, ein weniges nur, nicht sehr lange,
Bis ihm aus dem Leib die Lanze herauszog, herangekommen,
Der Heros Meriones, und dem verhüllte Dunkel die Augen.
Den Deïpyros aber schlug Helenos von nah mit dem Schwert an die Schläfe,
Dem thrakischen, großen, und schmetterte ihm den Helm herab.
Und der, weggeschlagen, fiel zu Boden, und einer der Achaier
Hob ihn auf, wie er zwischen die Füße der Kämpfenden rollte.
580 Und dem verhüllte finstere Nacht die Augen.
   Den Atriden aber ergriff Kummer, den guten Rufer Menelaos,
Und er schritt drohend auf den Heros Helenos zu, den Herrscher,
Den scharfen Speer schwingend, der aber zog zurück des Bogens Bügel.

Achilleus mit der Lanze

Bauchamphora des Achilleus-Malers aus Vulci
Vatikanisches Museum Rom
Foto: Hirmer Fotoarchiv München

Briseis und Phoinix
Trinkschale des Brygos-Malers aus Tarquinia
Museum Tarquinia
Foto: Scala Istituto Fotografico Editoriale

Achilleus und Ajax beim Würfelspiel
Bauchamphora des Exekias aus Vulci
Vatikanisches Museum Rom
Foto: Scala Istituto Fotografico Editoriale

Briseis wird aus dem Zelt des Achilleus geführt
Trinkschale des Briseis-Malers aus Vulci
Britisches Museum London

*Odysseus und Phoinix versuchen vergeblich,
den grollenden Achilleus zur Wiederaufnahme
des Kampfes zu bewegen*

Hydria aus Castelluccio in der Basilicata
Antikenabt. der Staatl. Museen Preuß. Kulturbesitz Berlin

Achilleus verbindet den verwundeten Patroklos

Trinkschale des Sosias-Malers aus Vulci
Antikenabt. der Staatl. Museen Preuß. Kulturbesitz Berlin

Kampf um die Leiche des Patroklos
Trinkschale des Oltos aus Vulci
Antikenabt. der Staatl. Museen Preuß. Kulturbesitz Berlin

*Thetis empfängt von Hephaistos die Waffen
für Achilleus*

Trinkschale des Erzgießereimalers aus Vulci
Antikenabt. der Staatl. Museen Preuß. Kulturbesitz Berlin

*Thetis und eine Nereide auf Delphin
bringen dem Achilleus die Waffen*

Glockenkrater aus Gela
Archäologisches Museum Gela
Foto: Scala Istituto Fotografico Editoriale

Abschied eines Kriegers

Stamnos des Kleophon-Malers aus Vulci
Museum Antiker Kleinkunst München
Foto: Hirmer Fotoarchiv München

Achilleus tötet Hektor

Hydria des Eucharides-Malers aus Vulci
Vatikanisches Museum Rom

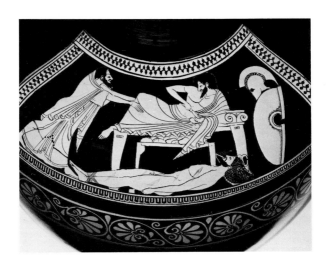

Priamos erbittet von Achilleus die Leiche Hektors

Hydria aus dem Umkreis des Euthymides
Fogg Art Museum Cambridge
Foto: Auktion 34 der Münzen und Medaillen AG Basel

Und beide strebten gleichzeitig: der eine, mit der spitzen Lanze
Zu werfen, der andere mit dem Pfeil von der Sehne.
Der Priamos-Sohn traf ihn dann gegen die Brust mit dem Pfeil
Auf die Wölbung des Panzers, doch ab sprang das bittere Geschoß.
Und wie wenn von der Fläche der Schaufel auf der großen Tenne
Bohnen springen, schwarzschalige, oder Erbsen
590 Unter dem schrillen Wind und dem Schwung des Worfelnden:
So flog von dem Panzer des ruhmvollen Menelaos
Weit abspringend in die Ferne das bittere Geschoß.
Der Atride aber, der gute Rufer Menelaos, traf ihn in die Hand,
Mit der er den Bogen hielt, den gutgeglätteten, und innen am Bogen
Gerade hindurch durch die Hand bohrte sich die eherne Lanze.
Und zurück in die Schar der Gefährten wich er und vermied die Todesgöttin,
Die Hand seitwärts herabhängend, und nachschleppte die Eschenlanze.
Und die zog ihm aus der Hand der hochgemute Agenor,
Und diese verband er mit der gutgedrehten Wolle des Schafs
600 Von einer Schleuder, die ein Gefährte ihm trug, dem Hirten der Völker.
    Doch Peisandros ging gerade zu auf den ruhmvollen Menelaos:
Ihn führte das Verhängnis, das böse, zu dem Ziel des Todes,
Von dir, Menelaos! bezwungen zu werden in der furchtbaren Feindseligkeit.
Und als sie nahe heran waren, gegeneinander gehend,
Fehlte der Atreus-Sohn, und seitwärts vorbei flog ihm die Lanze.
Peisandros aber stieß auf den Schild des ruhmvollen Menelaos,
Doch vermochte er nicht, das Erz hindurchzutreiben,
Denn der Schild hielt es auf, der breite, und ab brach am Schaft
Die Lanze – und der hatte sich gefreut in seinem Sinn und gehofft auf den Sieg.
610 Der Atreus-Sohn aber zog das Schwert mit silbernen Nägeln
Und sprang zu auf Peisandros, doch der faßte unter dem Schild die schöne
Streitaxt von gutem Erz an dem Stiel von Olivenholz,
Dem großen, gutgeglätteten, und zugleich kamen sie aneinander.
Ja, der schlug auf den Bügel des Helms, des roßmähnigen, ganz oben
Gleich unter dem Busch; der aber, wie jener herankam, auf die Stirn
Über der Nasenwurzel, und es knackten die Knochen, und die Augen
Fielen ihm vor den Füßen blutig zu Boden in den Staub,
Und er krümmte sich und fiel. Der aber trat ihm mit dem Fuß auf die Brust
Und zog ihm die Waffen ab, und sich rühmend sprach er das Wort:
620 »So wenigstens verlaßt ihr denn die Schiffe der roßschnellen Danaer,
Ihr übermütigen Troer, unersättlich des furchtbaren Kampfgeschreis!
Wo ihr doch auch sonst es nicht fehlen laßt an Schimpf und Schande,
Wie ihr mich habt beschimpft, ihr schlimmen Hündinnen, und nicht im Mute

Des Zeus, des starkdonnernden, schweren Zorn gefürchtet,
Des Gastlichen, der euch einst zerstören wird die Stadt, die steile!
Habt ihr mir doch die eheliche Gattin und viele Güter unbekümmert
Mit euch fortgeführt, nachdem ihr freundlich bei ihr aufgenommen!
Und jetzt wieder trachtet ihr, in die Schiffe, die meerdurchfahrenden,
Verderbliches Feuer zu werfen und zu töten die Helden, die Achaier!
630 Aber einmal laßt ihr wohl ab, so begierig ihr seid, vom Ares!
Zeus, Vater! da sagen sie, daß du über seist an Verstand den anderen,
Männern wie auch Göttern, und von dir her ist dies alles gekommen!
Wie du nur Gunst erweisen kannst diesen gewalttätigen Männern,
Den Troern, deren Ungestüm immer vermessen ist, und sie können
Nicht satt bekommen das Gewühl des gemeinsamen Kampfes.
Ist bei allem doch Sättigung: so bei dem Schlaf wie bei der Liebe
Und bei süßem Spiel und bei untadligem Reigentanz,
Wonach man doch noch eher wünscht, sich das Verlangen zu vertreiben,
Als nach dem Krieg; doch die Troer sind in der Schlacht unersättlich!«
640   So sprach er und raubte ihm vom Leib das blutige Rüstzeug
Und gab es den Gefährten, der untadlige Menelaos.
Er selbst aber ging und mischte sich wieder unter die Vorkämpfer.
Da sprang auf ihn zu der Sohn des Pylaimenes, des Königs,
Harpalion, der seinem Vater gefolgt war, um zu kämpfen,
Nach Troja, doch er kehrte nicht wieder zurück zur väterlichen Erde.
Der stieß damals mitten auf den Schild des Atriden mit dem Speer
Von nahem, doch vermochte er nicht, das Erz hindurchzutreiben,
Und zurück in die Schar der Gefährten wich er und vermied die Todesgöttin,
Überall um sich spähend, daß ihm keiner die Haut mit dem Erz berühre.
650 Doch Meriones, wie er davonging, sandte den erzbeschlagenen Pfeil
Und traf ihn in die rechte Hinterbacke, und der Pfeil
Drang gerade durch die Blase unter dem Knochen wieder heraus.
Und er setzte sich dort nieder, und in den Armen seiner Gefährten
Den Lebensmut verhauchend, lag er wie ein Wurm auf der Erde
Hingestreckt, und heraus floß das schwarze Blut und benetzte die Erde.
Um den machten sich die Paphlagonen, die großherzigen, zu schaffen,
Legten ihn auf den Wagen und führten ihn zur heiligen Ilios,
Bekümmert; und mit ihnen ging der Vater, Tränen vergießend,
Doch keine Buße wurde ihm für den Sohn, den gestorbenen.
660   Doch um den Erschlagenen zürnte Paris heftig im Mute,
Denn ein Gastfreund war er ihm unter den vielen Paphlagonen.
Um ihn erzürnt entsandte er den erzbeschlagenen Pfeil.
War da ein Euchenor, des Sehers Polyïdos Sohn,

Reich wie auch tüchtig, der in Korinthos die Häuser bewohnte.
Der ging wohl wissend um das verderbliche Todesschicksal zu Schiff.
Denn oftmals hatte ihm gesagt der Greis, der tüchtige Polyïdos,
An einer Krankheit, einer schmerzlichen, würde er hinschwinden in seinen
                                                              Häusern
Oder bei der Achaier Schiffen von den Troern bezwungen werden.
So vermied er zugleich die schmerzliche Buße von den Achaiern
670   Und die verhaßte Krankheit, daß er nicht Schmerzen litte im Mute.
Den traf er unter dem Kinnbacken und dem Ohr, und schnell ging der Mut
Aus den Gliedern, und das verhaßte Dunkel ergriff ihn.
    So kämpften sie da, nach Art des brennenden Feuers.
Hektor aber hatte nicht erfahren, der zeusgeliebte, und wußte nichts davon,
Daß ihm zur Linken der Schiffe die Männer erschlagen wurden
Von den Argeiern – und bald wäre den Achaiern Prangen geworden,
Denn so mächtig trieb der Erdbeweger, der Erderschütterer,
Die Argeier an, und dazu stand er selbst ihnen bei mit Kraft –:
Sondern er hielt sich dort, wo er zuerst in Tore und Mauer hineinsprang,
680   Als er durchbrach der Danaer dichte Reihen, der schildtragenden,
Dort, wo des Aias Schiffe lagen und des Protesilaos,
Auf den Strand der grauen Salzflut hinaufgezogen, und darüber
War die Mauer am niedrigsten erbaut: dort waren
Sie am heftigsten in der Schlacht, sie selbst und die Pferde.
Dort hielten die Boioter und die Ionier, die schlepprröckigen,
Die Lokrer und Phthier und die strahlenden Epeier
Mit Mühe ab den Anstürmenden von den Schiffen und vermochten nicht,
Von sich wegzustoßen den der Flamme gleichen göttlichen Hektor.
Die einen waren Auserlesene von den Athenern, und unter ihnen
690   Führte der Sohn des Peteos Menestheus, und ihm folgten
Pheidas und Stichios und Bias, der tüchtige; doch bei den Epeiern
Der Phyleus-Sohn Meges und Amphion und Drakios;
Und vor den Phthiern Medon und der Standhafte im Kampf, Podarkes.
Ja, da war der eine ein Bastardsohn des göttlichen Oileus,
Medon, ein Bruder des Aias, doch er wohnte in Phylake,
Fern dem väterlichen Land, weil er einen Mann erschlug,
Einen Verwandten der Stiefmutter Eriopis, die zur Frau hatte Oileus;
Podarkes aber war des Iphiklos Sohn, des Phylakos-Sohns.
Diese kämpften gerüstet vor den Phthiern, den hochgemuten,
700   Sich wehrend um die Schiffe, zusammen mit den Boiotern.
    Aias aber, der schnelle Sohn des Oileus, trat durchaus nicht mehr
Weg von Aias, dem Telamon-Sohn, auch nicht ein wenig.

Sondern wie im Brachfeld zwei Rinder, weinfarbene,
Gleichen Mutes den festgefügten Pflug ziehen, und ihnen
Um die Wurzeln der Hörner quillt viel Schweiß empor,
Und die beiden hält nur das Joch, das gutgeglättete, auseinander,
Wie sie streben, die Furche durchzuziehen bis zur Feldmark:
So standen die beiden, dicht zusammengetreten, beieinander.
Doch wahrhaftig, dem Telamon-Sohn folgten viele und tüchtige
710 Männer als Gefährten, die ihm den Schild abnahmen,
Wann immer ihm Ermattung und Schweiß die Knie ankam.
Doch dem Oileus-Sohn, dem großherzigen, folgten nicht die Lokrer,
Denn nicht hielt ihnen stand ihr Herz im stehenden Kampf,
Denn sie hatten nicht erzgefügte roßmähnige Helme
Und hatten nicht gutgerundete Schilde und eschene Speere:
Auf Bogen vertrauend und Schleuder aus gutgedrehter Wolle des Schafs
Waren sie mitgegangen nach Ilios, womit sie hernach
Häufig schossen und die Reihen der Troer durchbrachen.
Damals nun kämpften die einen vorn in kunstreich verzierten
720 Rüstungen gegen die Troer und Hektor, den erzgepanzerten,
Die aber schossen von hinten, verborgen, und die Troer gedachten
Nicht mehr des Kampfes, denn sie wurden verwirrt von den Pfeilen.
    Und da wären kläglich von den Schiffen und den Lagerhütten
Die Troer zurückgewichen nach Ilios, der winddurchwehten,
Hätte nicht Pulydamas zu dem kühnen Hektor gesagt, herangetreten:
»Hektor! Nicht zu bewegen bist du, Ratschlägen zu folgen!
Weil dir über die Maßen gab ein Gott die Werke des Krieges,
Darum willst du auch im Rat mehr wissen als andere.
Aber nicht alles zugleich kannst du dir selber nehmen!
730 Denn dem einen gab der Gott die Werke des Krieges,
Dem anderen Tanz, dem anderen Zitherspiel und Gesang;
Einem anderen legt Verstand in die Brust der weitumblickende Zeus,
Guten, und davon haben Nutzen viele Menschen,
Und viele rettet er, doch am meisten erkennt er es auch selber.
Ich aber will sagen, wie es mir am besten zu sein scheint.
Denn überall ist um dich her der Kranz des Krieges entbrannt;
Die Troer aber, die hochgemuten, nachdem sie die Mauer überstiegen,
Da stehen die einen beiseite mit Waffen und andere kämpfen,
Wenige gegen viele, verstreut über die Schiffe.
740 Aber gehe zurück und rufe hierher alle die Besten!
Und dann könnten wir den ganzen Rat bedenken:
Ob wir in die Schiffe, die vielrudrigen, fallen,

Wenn denn ein Gott Kraft geben will, oder ob wir alsdann
Von den Schiffen fortgehen, ungeschädigt. Denn wahrhaftig,
Ich fürchte, ob nicht die gestrige Schuld einfordern werden die Achaier,
Da bei den Schiffen ein Mann, unersättlich des Krieges, wartet.
Der wird sich durchaus nicht mehr des Kampfes enthalten, meine ich!«
    So sprach Pulydamas, und Hektor gefiel das Wort, das heilsame.
Und sogleich sprang er vom Wagen mit den Waffen auf die Erde
750 Und begann und sprach zu ihm die geflügelten Worte:
»Pulydamas! Du halte hier zurück alle die Besten!
Aber ich will dorthin gehen und dem Kampf entgegentreten,
Und schnell komme ich wieder, wenn ich es denen gut aufgetragen.«
    Sprach es und stürmte davon, einem beschneiten Berg gleichend,
Schreiend, und durch die Troer flog er und die Verbündeten.
Und hin zu dem Panthoos-Sohn, dem mannhaften Pulydamas,
Eilten sie alle, nachdem sie gehört hatten Hektors Stimme.
Der aber suchte Deïphobos und die Kraft des Helenos, des Herrschers,
Und den Asios-Sohn Adamas und Asios, des Hyrtakos Sohn,
760 Umhergehend unter den Vorkämpfern, ob er sie irgendwo fände.
Doch die fand er durchaus nicht mehr unversehrt und verschont vom
                                                          Verderben,
Sondern die einen lagen schon bei den hinteren Schiffen der Achaier,
Unter den Händen der Argeier des Lebens beraubt, und die anderen
Waren innerhalb der Mauer, durch Wurf oder Hieb verwundet.
Den aber fand er schnell zur Linken der Schlacht, der tränenreichen,
Den göttlichen Alexandros, den Gatten der schönhaarigen Helena,
Wie er die Gefährten ermutigte und sie antrieb zu kämpfen.
Und herangetreten sprach er ihn an mit schmähenden Worten:
»Unglücks-Paris! an Aussehen Bester! Du weibertoller Verführer!
770 Wo ist dir Deïphobos und die Kraft des Helenos, des Herrschers,
Und der Asios-Sohn Adamas und Asios, des Hyrtakos Sohn?
Wo ist dir Othryoneus? Jetzt geht vom Gipfel herab zugrunde
Die ganze Ilios, die steile: jetzt ist dir gewiß ein jähes Verderben!«
    Da sagte wieder zu ihm Alexandros, der gottgleiche:
»Hektor! Da dir der Mut danach ist, einen Schuldlosen zu beschuldigen:
Sonst einmal mag ich wohl eher zurückgewichen sein vom Kampf;
Doch auch mich hat durchaus nicht kraftlos geboren die Mutter!
Denn seitdem du bei den Schiffen den Gefährten die Schlacht erweckt hast,
Seitdem sind wir hier und machen uns mit den Danaern zu schaffen
780 Unablässig. Die Gefährten aber sind getötet, nach denen du fragst:
Einzig Deïphobos und die Kraft des Helenos, des Herrschers,

Sind davongegangen, von langen Lanzen getroffen
Beide am Arm, doch den Tod wehrte ihnen ab Kronion.
Jetzt aber geh voran, wohin immer dir Herz und Mut befiehlt:
Wir aber werden dir begierig folgen, und, so sage ich,
Es an Kampfkraft nicht fehlen lassen, soweit uns die Kraft reicht.
Über die Kraft aber kann auch ein Eifriger nicht kämpfen.«
    So sprach er und stimmte um den Sinn des Bruders, der Held,
Und sie schritten hin und gingen dorthin, wo am stärksten die Schlacht und das
                                                                    Gewühl war,
790 Um Kebriones und den untadligen Pulydamas
Und um Phalkes und Orthaios und den gottgleichen Polyphetes
Und Palmys und Askanios und Morys, die Söhne des Hippotion,
Die aus Askanië, der starkscholligen, als Ablösende gekommen waren
Am Morgen zuvor: damals aber trieb Zeus sie zu kämpfen.
Und sie gingen dahin gleich dem Wirbel schmerzlicher Winde,
Der unter dem Donner des Vaters Zeus hinabgeht zur Erde
Und mit unsäglichem Brausen sich mischt mit der Salzflut, und darin
Sind viele Wogen, strudelnde, des vieltosenden Meeres,
Gewölbte, weißschäumende, die einen voran und hinterdrein die anderen:
800 So die Troer: die einen voran, geschlossen, hinterdrein die anderen,
Von Erz funkelnd, folgten sie zugleich den Führern.
Aber Hektor ging voran, dem männermordenden Ares gleichend,
Der Priamos-Sohn, und vor sich hielt er den Schild, den allseits gleichen,
Von Rindshäuten dicht gefügt, und viel Erz lag darüber,
Und um die Schläfen erbebte ihm der schimmernde Helm.
Und überall rings an den Reihen versuchte er es, den Fuß vorsetzend,
Ob sie ihm irgend wichen, wie er schildgedeckt vorging.
Doch verstörte er nicht den Mut in der Brust der Achaier,
Und Aias forderte ihn als erster heraus, groß ausschreitend:
810 »Heilloser! komm heran! was suchst du umsonst in Furcht zu setzen
Die Argeier? Nicht sind wir im Kampf dir unerfahren,
Sondern durch des Zeus Geißel, die schlimme, werden wir Achaier bezwungen.
Da hofft dir wohl gar der Mut, die Schiffe zu zerstören!
Doch sogleich sind Hände auch uns, um uns zu wehren.
Ja, da möchte weit eher eure gutbewohnte Stadt
Unter unseren Händen genommen und vernichtet werden!
Aber dir selber, sage ich, steht nah bevor, daß du fliehend
Wirst beten zu Zeus, dem Vater, und den anderen Unsterblichen,
Daß dir schneller als Falken sein mögen die schönhaarigen Pferde,
820 Die zur Stadt dich tragen, hinstäubend durch die Ebene!«

Als er so gesprochen, kam ihm zur Rechten geflogen ein Vogel,
Ein Adler, hochfliegend, und darüber jauchzte das Volk der Achaier,
Ermutigt durch den Vogel. Der aber antwortete, der strahlende Hektor:
»Aias, nichtiger Schwätzer! du stiermäßiger Prahler! wie sprichst du!
Wäre ich doch so gewiß der Sohn des Zeus, des Aigishalters,
Alle Tage – und mich hätte geboren die Herrin Here –
Und ich würde geehrt, wie geehrt wird Athenaia und Apollon,
Wie jetzt dieser Tag Unheil bringt den Argeiern,
Allen insgesamt; und du wirst unter ihnen getötet werden, wenn du es wagst,
830 Meinem großen Speer zu stehen, der dir die Haut, die lilienzarte,
Zerfleischt. Dann wirst du der Troer Hunde und Vögel sättigen
Mit Fett und Fleischstücken, gefallen bei den Schiffen der Achaier!«
    Als er so gesprochen hatte, ging er voran, die aber folgten
Mit unsäglichem Geschrei, und dazu jauchzte das Volk dahinter.
Die Argeier aber jauchzten drüben und vergaßen nicht der Kampfkraft,
Sondern hielten stand, wie sie herankamen, den Besten der Troer.
Und das Geschrei von beiden gelangte zum Äther und zu des Zeus Strahlen.

VIERZEHNTER GESANG *Nestor, der den verwundeten Machaon versorgt hat,
eilt auf das Geschrei hinaus und trifft Agamemnon, Odysseus und Diomedes.
Man berät, ob man fliehen oder standhalten soll, und Poseidon stärkt die Achaier. –
Here überlistet den Zeus mit Aphrodites Liebeszauber und schläfert ihn ein,
und Poseidon kämpft nun offen auf seiten der Achaier. Hektor wird von Aias mit einem
Stein getroffen. Die Troer fliehen.*

Dem Nestor aber, wie er trank, entging gleichwohl nicht das Geschrei,
Sondern er sprach zu dem Asklepios-Sohn die geflügelten Worte:
»Bedenke, göttlicher Machaon, wie es werden soll mit diesen Dingen!
Schon wird stärker bei den Schiffen das Rufen der rüstigen jungen Männer.
Aber du sitze jetzt und trinke den funkelnden Wein,
Bis dir ein warmes Bad die flechtenschöne Hekamede
Wärmt und dir abwäscht den Schorf, den blutigen.
Ich aber will auf die Warte gehen und es schnell erfahren.«
So sprach er und ergriff den gutgefertigten Schild seines Sohnes,
10 Der in der Hütte lag, des Thrasymedes, des Pferdebändigers,
Hellschimmernd von Erz: der aber hatte den Schild seines Vaters.
Und ergriff die wehrhafte Lanze, gespitzt mit scharfem Erz,
Trat aus der Hütte und sah vor sich alsbald ein schmähliches Werk:
Die einen in Verwirrung, die anderen sie zusammendrängend von hinten,
Die hochgemuten Troer, und eingestürzt war die Mauer der Achaier.
Und wie wenn aufwallt das große Meer in stummem Gewoge,
Ahnend der schrillen Winde reißende Bahnen,
Nur so, und sich nicht voranwälzt, weder hierhin noch dorthin,
Ehe nicht ein entschiedener Wind von Zeus herabkommt:
20 So erwog der Alte, zerspalten in seinem Mute,
Zwiefach, ob er in die Menge ginge der roßschnellen Danaer
Oder zu dem Atreus-Sohn Agamemnon, dem Hirten der Völker.
Und so schien es ihm, als er sich bedachte, besser zu sein:
Hinzugehen zu dem Atreus-Sohn. – Die aber erschlugen einander,
Die Kämpfenden, und es krachte ihnen am Leib das Erz, das unaufreibbare,
Wie sie zustießen mit den Schwertern und zweischneidigen Lanzen.
Da begegneten dem Nestor die zeusgenährten Könige,
Wie sie von den Schiffen heraufkamen, so viele vom Erz getroffen waren:

Der Tydeus-Sohn und Odysseus und der Atreus-Sohn Agamemnon.
30 Denn weit entfernt von der Schlacht lagen ihre Schiffe heraufgezogen
Am Strand der grauen Salzflut. Denn als die vordersten hatten sie sie zur
Ebene hin
Heraufgezogen, die Mauer aber an den hintersten errichtet.
Denn ganz und gar nicht, so breit er war, vermochte der Strand
Alle Schiffe zu fassen, sondern eingeengt waren die Völker.
Darum lagen sie gestaffelt heraufgezogen und erfüllten des ganzen
Gestades große Bucht, soweit die Höhen sie umschlossen.
Darum kamen sie, um auf die Schlacht und den Kampf zu blicken,
Auf die Lanze gestützt, miteinander, und bekümmert war ihnen
Der Mut in der Brust. Da begegnete ihnen der Alte,
40 Nestor, und sinken ließ er den Mut in der Brust der Achaier.
        Und es begann und sagte zu ihm der gebietende Agamemnon:
»Nestor, Neleus-Sohn! du großer Ruhm der Achaier!
Warum hast du verlassen den Kampf, den männerverderbenden, und bist
hierher gekommen?
Ich fürchte, vollenden wird mir das Wort der gewaltige Hektor,
Wie er einmal angedroht hat, redend unter den Troern:
Er werde nicht eher von den Schiffen nach Ilios zurückkehren,
Ehe er nicht mit Feuer die Schiffe verbrannt und uns selbst getötet.
So redete jener: das wird jetzt alles vollendet werden.
Nein doch! jetzt werden gewiß auch die anderen gutgeschienten Achaier
50 Sich Groll gegen mich in den Mut werfen, so wie Achilleus,
Und sie wollen nicht kämpfen bei den hinteren Schiffen!«
        Ihm antwortete darauf der Gerenier, der Rosselenker Nestor:
»Ja, das ist wirklich so geschehen, und auch selber könnte
Zeus, der hochdonnernde, es nicht wieder anders machen!
Denn schon ist die Mauer eingestürzt, auf die wir vertrauten,
Eine unbrechbare Schutzwehr sei sie den Schiffen und uns selber.
Sie aber haben unausweichlichen Kampf bei den schnellen Schiffen,
Unablässig, und nicht mehr könntest du erkennen, sosehr du spähtest,
Von welcher Seite gescheucht in Verwirrung sind die Achaier,
60 So vermengt werden sie getötet, und das Geschrei kommt zum Himmel.
Wir aber wollen bedenken, wie es werden soll mit diesen Dingen,
Wenn denn Verstand etwas hilft! In den Kampf aber rate ich nicht,
Daß wir tauchen, denn es ist nicht möglich, daß ein Verwundeter kämpft.«
        Da sagte wieder zu ihm der Herr der Männer Agamemnon:
»Nestor! da sie nun bei den hinteren Schiffen kämpfen
Und die Mauer nicht genützt hat, die gebaute, und nicht der Graben,

Um die vieles erduldeten die Danaer, und sie hofften im Mute,
Eine unbrechbare Schutzwehr sei sie den Schiffen und uns selber –
So muß dem Zeus, dem übermächtigen, das wohl lieb sein,
70 Daß ruhmlos hier die Achaier zugrunde gehen, fern von Argos.
Wußte ich doch, wann er bereitwillig den Danaern beistand,
Und weiß jetzt, daß er denen da gleich den seligen Göttern
Prangen gibt, doch unsere Kraft und Hände hat er gebunden.
Doch auf! folgen wir alle so wie ich es sage:
Die Schiffe, so viele als erste hinaufgezogen sind, dicht am Meer,
Schleppen wir und ziehen sie alle in die göttliche Salzflut,
Und vertäuen sie hoch an den Ankersteinen, bis heraufkommt
Die unsterbliche Nacht; ob dann vielleicht ablassen vom Kampf
Die Troer. Dann könnten wir hinabziehen die Schiffe allesamt.
80 Denn nicht zu verargen ist es, dem Unheil zu entfliehen, auch nicht bei Nacht
Besser, man flieht und entgeht dem Unheil, als daß man ergriffen wird!«
    Da sah ihn von unten herauf an und sagte zu ihm der vielkluge Odysseus
»Atreus-Sohn! was für ein Wort entfloh dem Gehege deiner Zähne!
Verderblicher! Wenn du doch einen anderen, elendigen Haufen
Anführtest, statt über uns zu herrschen, denen Zeus
Von der Jugend gegeben hat bis ins Alter, abzuwickeln
Schmerzliche Kämpfe, bis wir hinschwinden ein jeder.
So gedenkst du wirklich, der Troer Stadt, die breitstraßige,
Zurückzulassen, um die wir viele Übel erduldet haben?
90 Schweige! damit kein anderer der Achaier diese Rede
Hört, die niemals ein Mann im Munde führen sollte,
Der es in seinem Sinn versteht, das Rechte zu sagen,
Und den Herrscherstab führt, und es gehorchen ihm die Völker,
So viele wie du sie beherrschst unter den Argeiern.
Jetzt aber muß ich dir ganz den Verstand absprechen, wie du geredet!
Der du verlangst, man sollte mitten in Krieg und Schlachtruf
Die gutverdeckten Schiffe in die Salzflut ziehen, daß es den Troern
Noch mehr nach Wunsch ausgeht, wo sie schon die Oberhand haben,
Und sich uns das jähe Verderben herabsenkt! Denn die Achaier
100 Werden den Kampf nicht aufhalten, wenn man die Schiffe ins Meer zieht,
Sondern nach hinten spähen und zurückweichen aus der Schlacht.
Da wird dein Vorschlag verderblich werden, Herrscher der Völker!«
    Ihm antwortete darauf der Herr der Männer Agamemnon:
»Odysseus! Sehr hast du mich getroffen im Mut mit deinem Tadel,
Dem schmerzlichen! Doch befehle ich nicht, daß gegen ihren Willen
Die gutverdeckten Schiffe ins Meer ziehen die Söhne der Achaier.

Jetzt aber komme einer, der einen besseren Rat als diesen spräche,
Ein Junger oder ein Alter: er wird mir willkommen sein!«
    Da sprach unter ihnen der gute Rufer Diomedes:
10 »Nah ist der Mann, nicht brauchen wir lange zu suchen, wenn ihr
Folgen wolltet, und euch nicht im Groll enträstet ein jeder,
Darum, daß ich von Geburt der Jüngste bin unter euch.
Von einem edlen Vater aber rühme auch ich mich von Geburt:
Tydeus, den in Theben die aufgeschüttete Erde deckt.
Denn dem Portheus wurden drei untadlige Söhne geboren,
Und sie wohnten in Pleuron und der steilen Kalydon:
Agrios und Melas, und der dritte war der Rosselenker Oineus,
Meines Vaters Vater, doch an Tüchtigkeit stach er hervor unter ihnen.
Aber er blieb am Ort. Doch mein Vater ließ sich in Argos nieder,
20 Umgetrieben; so wollte es wohl Zeus und die anderen Götter.
Von des Adrastos Töchtern nahm er eine zur Frau und bewohnte
Ein Haus, reich an Lebensgut, und hatte Felder genug,
Weizentragende, und viele Gärten waren rings mit Bäumen,
Und er hatte viel Vieh und tat sich hervor unter allen Achaiern
Mit der Lanze. Das werdet ihr gehört haben, wenn es denn wahr ist!
Darum haltet mich nicht der Geburt nach für gering und kraftlos,
Daß ihr mein Wort mißachtet, das gesprochene, wenn ich Gutes rede.
Kommt! gehen wir in den Kampf, verwundet, wie wir sind, notgedrungen!
Dort wollen wir uns dann selber der Feindseligkeit enthalten,
30 Fern von den Geschossen, daß keiner zur Wunde noch eine Wunde erhalte.
Doch die andern wollen wir antreiben und hineinschicken, die auch sonst
Ihrem Mute nachgebend abseits stehen und nicht kämpfen.«
    So sprach er. Und die hörten gut auf ihn und gehorchten,
Und schritten hin und gingen, und voran ging ihnen der Herr der Männer
                                                        Agamemnon. –
Und keine vergebliche Wacht hielt der ruhmvolle Erderschütterer,
Sondern er ging ihnen nach, einem bejahrten Manne gleichend,
Ergriff die rechte Hand Agamemnons, des Atreus-Sohnes,
Und begann und sagte zu ihm die geflügelten Worte:
»Atreus-Sohn! jetzt mag sich wohl das verderbliche Herz des Achilleus
40 Freuen in der Brust, den Mord und die Flucht der Achaier
Anzusehen: ist doch keine Vernunft in ihm, auch nicht ein wenig!
Mag er doch so zugrunde gehen und ein Gott ihn verkrüppeln!
Dir aber grollen noch nicht ganz und gar die seligen Götter,
Sondern noch werden wohl der Troer Führer und Berater
Die weite Ebene durchstäuben, und du wirst selbst mit ansehen,

Wie sie fliehen zur Stadt von den Schiffen und Lagerhütten!«
   So sprach er und schrie groß auf, anstürmend durch die Ebene.
   Und so laut wie neuntausend hell aufschreien oder zehntausend
   Männer im Kampf, die den Streit des Ares zusammenführen,
150 So laut sandte aus der Brust die Stimme der gebietende Erderschütterer.
   Und den Achaiern warf er große Kraft einem jeden
   In das Herz, unablässig zu streiten und zu kämpfen. –
       Here aber, die goldthronende, trat hin und blickte mit den Augen
   Vom Olympos herab, von der Kuppe, und erkannte sogleich,
   Wie der sich abmühte in der Schlacht, der männerehrenden,
   Der eigene Bruder und Schwager, und freute sich im Mute.
   Den Zeus aber sah sie sitzen auf dem höchsten Gipfel
   Des quellenreichen Ida, und verhaßt wurde er ihr im Mute.
   Und sie überlegte alsbald, die Kuhäugige, die Herrin Here,
160 Wie sie täuschen könnte den Sinn des Zeus, des Aigishalters.
   Und dieses schien ihr in ihrem Mute der beste Rat:
   Zum Ida zu gehen, nachdem sie sich gut zurechtgemacht,
   Ob ihn wohl irgend verlangen würde, zu schlafen in Liebe
   Bei ihrem Leib, und sie ihm einen Schlaf, einen leidlosen und sanften,
   Über die Augenlider gieße und die klugen Sinne.
       Und sie schritt hin und ging in die Kammer, die ihr der eigene Sohn gefertigt,
   Hephaistos, und hatte dichte Türen an die Pfosten gefügt
   Mit verborgenem Riegel: den konnte kein anderer Gott öffnen.
   Dort trat sie ein und legte davor die schimmernden Türen.
170 Mit Ambrosia wusch sie sich zuerst von der liebreizenden Haut
   Alle Unreinigkeiten und salbte sich glatt mit dem Öl,
   Dem ambrosischen, köstlichen, wohlriechenden, das sie hatte;
   Wurde es auch nur geschüttelt im Haus des Zeus mit der ehernen Schwelle,
   So gelangte doch der Duft bis zur Erde wie auch zum Himmel.
   Als sie sich damit die schöne Haut gesalbt hatte und die Haare
   Gekämmt, da flocht sie mit den Händen schimmernde Zöpfe,
   Schöne, ambrosische, herab von dem unsterblichen Haupt.
   Dann legte sie ein ambrosisches Gewand an, das ihr Athene
   Gewirkt und geglättet hatte und hineingesetzt viel Bildwerk,
180 Und befestigte es an der Brust mit goldenen Nadeln.
   Und sie gürtete sich mit dem Gürtel, mit hundert Troddeln versehen,
   Und steckte Ohrgehänge in die gutdurchbohrten Ohrläppchen mit drei Kugeln
   Wie Augäpfel, maulbeerförmig, viel Anmut strahlte davon aus.
   Und in ein Kopftuch hüllte sie sich von oben herab, die Hehre unter
                                                              den Göttinnen,

Ein schönes, neugefertigtes, weiß war es wie die Sonne.
Und unter die glänzenden Füße band sie sich schöne Sohlen.
Doch als sie nun den ganzen Staat um den Leib gelegt hatte,
Schritt sie hin und ging aus der Kammer und rief Aphrodite
Beiseite von den anderen Göttern und sagte zu ihr die Rede:
90 »Ob du mir jetzt wohl folgtest, liebes Kind, wie ich es sage?
Oder verweigerst du es, weil du darüber grollst im Mute,
Daß ich den Danaern beistehe und du den Troern?«
    Ihr antwortete darauf des Zeus Tochter Aphrodite:
»Here, würdige Göttin! Tochter des großen Kronos!
Sage, was hast du im Sinn? Der Mut heißt mich, es zu erfüllen,
Wenn ich es denn erfüllen kann und wenn es zu erfüllen ist.«
    Da sagte zu ihr mit listigem Sinn die Herrin Here:
»Gib mir jetzt die Liebeskraft und das Verlangen, womit du alle
Bezwingst, die Unsterblichen und die sterblichen Menschen!
00 Ich will gehen zu den Grenzen der vielnährenden Erde, um zu sehen
Okeanos, den Ursprung der Götter, und die Mutter Tethys,
Die mich in ihren Häusern gut aufgenährt und gepflegt haben,
Als sie mich empfangen von Rheia, als den Kronos der weitumblickende Zeus
Unter die Erde hinabschickte und das unfruchtbare Meer.
Um diese zu sehen, will ich gehen und den ungeschiedenen Streit
                                        ihnen schlichten.
Denn schon lange Zeit enthalten sie sich einander
Von Lager und Liebe, da Zorn ihnen den Mut befallen.
Wenn ich den beiden mit Worten bereden könnte ihr Herz
Und sie auf das Lager bringen, sich zu vereinigen in Liebe,
10 Immer würde ich ihnen lieb und ehrwürdig heißen.«
    Da sagte wieder zu ihr die gern lächelnde Aphrodite:
»Unmöglich und auch nicht geziemend, dir ein Wort zu verweigern!
Denn in den Armen des Zeus, des Stärksten, ruhst du.«
    Sprach es und löste von der Brust den bestickten Riemen,
Den bunten, worin ihr alle Bezauberungen gewirkt waren:
Dort drinnen war Liebeskraft, drinnen Verlangen, drinnen Liebesgeflüster,
Verführung, die auch den verständig Denkenden den Sinn raubt.
Den gab sie ihr in die Hände, sprach das Wort und benannte es heraus:
»Da nimm jetzt! stecke diesen Riemen in deinen Bausch,
20 Den bunten, in den alles hineingewirkt ist. Und nicht, sage ich,
Kehrst du unverrichteter Dinge zurück, was immer du in deinem
                                        Sinn bedenkst.«
    So sprach sie. Da lächelte die Kuhäugige, die Herrin Here,

Und lächelnd steckte sie ihn darauf in ihren Bausch. –
Die nun ging in das Haus, die Tochter des Zeus Aphrodite.
Here aber schwang sich hinab und verließ die Kuppe des Olympos,
Schritt über Piërien hin und die reizende Emathïë
Und stürmte über der rossepflegenden Thraker beschneite Berge,
Über die obersten Gipfel, und berührte nicht die Erde mit den Füßen.
Vom Athos aber schritt sie auf das Meer, das wogende,
230 Und gelangte nach Lemnos, der Stadt des göttlichen Thoas.
Dort traf sie den Schlaf, den Bruder des Todes,
Wuchs ihm ein in die Hand, sprach das Wort und benannte es heraus:
»Schlaf! du Herr über alle Götter und alle Menschen!
Ja, da hast du schon einmal mein Wort gehört; so laß dich
Auch jetzt noch bereden, und ich werde dir Dank wissen alle Tage.
Schläfere mir ein des Zeus Augen, die leuchtenden, unter den Brauen,
Sogleich, wenn ich mich zu ihm lege in Liebe!
Und zum Geschenk will ich dir geben einen schönen Lehnstuhl,
unvergänglich immer,
Einen goldenen, und Hephaistos, mein Sohn, der Hinkende,
240 Wird ihn kunstvoll fertigen und unten einen Schemel anbringen für die Füße.
Auf den magst du stützen die glänzenden Füße, wenn du beim Mahl sitzt.«
Da antwortete und sagte zu ihr der süße Schlaf:
»Here, würdige Göttin! Tochter des großen Kronos!
Einen anderen der Götter, der für immer Geborenen,
Könnte ich leicht einschläfern, sogar des Stromes Fluten,
Des Okeanos, der doch der Ursprung ist von allen.
Dem Zeus Kronion aber möchte ich nicht nahe kommen
Und nicht ihn einschläfern, wenn er es nicht selbst befiehlt.
Denn auch ein andermal schon hat ein Auftrag von dir mich klug gemacht,
250 An dem Tag, als Herakles, der hochgemute Sohn des Zeus,
Fortfuhr von Ilios, nachdem er die Stadt der Troer zerstörte.
Ja, da betäubte ich den Sinn des Zeus, des Aigishalters,
Süß um ihn ergossen, du aber sannst ihm Schlimmes im Mute:
Erregtest schmerzlicher Winde Wehen auf dem Meer
Und trugst ihn dann hinweg nach Kos, der gutbewohnten,
Entfernt von all den Seinen. Doch der, als er erwachte, wütete,
Schleuderte durch das Haus die Götter, und mich vor allen
Suchte er und hätte mich spurlos vom Äther ins Meer geworfen,
Hätte mich nicht die Nacht gerettet, die Bezwingerin der Götter und Menschen.
260 Zu ihr kam ich fliehend, der aber ließ ab, so sehr er zürnte,
Denn er scheute sich, der Nacht, der schnellen, Unliebes zu tun.

Und jetzt wieder treibst du mich, dies andere Unerfüllbare zu vollbringen!«
   Da sagte wieder zu ihm die Kuhäugige, die Herrin Here:
»Schlaf! aber warum denn nur bedenkst du dies in deinem Sinn?
Oder meinst du, es helfe so den Troern der weitumblickende Zeus,
Wie er übermäßig um Herakles zürnte, den eigenen Sohn?
Nein, komm! und ich will dir der Chariten eine, der jugendlichen,
Geben zur Frau, und sie soll deine Gattin heißen:
Pasitheë, nach der dich immer verlangt, alle Tage.«
70   So sprach sie. Da freute sich der Schlaf, antwortete und sagte zu ihr:
»Auf denn! schwöre mir jetzt bei dem unverletzlichen Wasser der Styx
Und fasse mit der einen Hand die vielnährende Erde
Und mit der anderen das Meer, das blanke, daß uns alle
Die unteren Götter Zeugen sind, versammelt um Kronos,
Daß du mir wahrhaftig geben wirst der Chariten eine, der jugendlichen:
Pasitheë, nach der mich auch selbst verlangt alle Tage!«
   So sprach er. Und nicht ungehorsam war die Göttin, die weißarmige Here,
Und sie schwor, wie er verlangte, und nannte die Götter alle,
Die im Tartaros drunten sind und Titanen heißen.
80 Aber als sie geschworen und den Eid vollendet hatte,
Schritten sie beide hin und verließen die Stadt von Lemnos und Imbros,
In Nebel gehüllt, und vollbrachten schnell den Weg
Und gelangten zur Ida, der quellenreichen, der Mutter der Tiere,
Zum Lekton, wo sie zuerst das Meer verließen, und schritten beide
Über das Festland, und unter ihren Füßen erbebten die Spitzen des Waldes.
Da blieb der Schlaf zurück, bevor die Augen des Zeus ihn sahen,
Auf eine Tanne gestiegen, eine übergroße, die damals auf dem Ida
Als größte gewachsen war und durch die Luft bis zum Äther reichte.
Dort saß er, dicht gedeckt von den Tannenzweigen,
90 Einem schrillstimmigen Vogel gleichend, den in den Bergen
Chalkis die Götter nennen, die Männer aber Habicht.
   Here aber stieg schnell hinauf zur Gargaron-Spitze
Auf dem hohen Ida, und es sah sie der Wolkensammler Zeus,
Und als er sie sah, da umhüllte ihm Verlangen die dichten Sinne,
So wie damals, als sie zum erstenmal sich vereinten in Liebe,
Zum Lager eilend, verborgen vor den eigenen Eltern.
Und er trat vor sie hin und sprach das Wort und benannte es heraus:
»Here! wo strebst du hin, daß du so vom Olympos daherkommst?
Und hast nicht Pferde und Wagen dabei, sie zu besteigen!«
100   Da sagte zu ihm mit listigem Sinn die Herrin Here:
»Ich will gehen zu den Grenzen der vielnährenden Erde, um zu sehen

Okeanos, den Ursprung der Götter, und die Mutter Tethys,
Die mich in ihren Häusern gut aufgenährt und gepflegt haben.
Um diese zu sehen, will ich gehen und den ungeschiedenen Streit
Ihnen schlichten. Denn schon lange Zeit enthalten sie sich einander
Von Lager und Liebe, da Zorn ihnen den Mut befallen.
Die Pferde aber stehen unten am Berg des quellenreichen Ida,
Die mich tragen werden über das Feste und über die Feuchte.
Jetzt aber komme ich deinetwegen so hierher vom Olympos,
310 Daß du mir nicht hernach zürnst, wenn ich stillschweigend
Wegginge hin zum Haus des tiefströmenden Okeanos.«
     Da antwortete und sagte zu ihr der Wolkensammler Zeus:
»Here! dahin kannst du dich auch noch später aufmachen.
Wir beide aber, komm! wollen uns erfreuen, in Liebe gelagert!
Denn noch nie hat das Verlangen nach einer Göttin oder einer Frau
Mir so den Mut in der Brust rings überströmt und bezwungen!
Auch nicht, als ich begehrte die Gattin des Ixion,
Die den Peirithoos gebar, den Ratgeber, gleichwiegend den Göttern.
Auch nicht, als es Danaë war mit den schönen Fesseln, die Akrisios-Tochter,
320 Die den Perseus gebar, den Ausgezeichneten vor allen Männern.
Auch nicht des Phoinix Tochter, des weitberühmten: Europa,
Die mir gebar den Minos und den gottgleichen Rhadamanthys.
Auch nicht Semele und auch nicht Alkmene in Theben,
Die Herakles, den starksinnigen, als Sohn geboren,
Doch den Dionysos gebar Semele zur Freude den Sterblichen.
Auch nicht, als es Demeter war, die flechtenschöne, die Herrin,
Noch Leto, die herrlich prangende, noch auch du selber –
So wie ich jetzt dich begehre und das süße Verlangen mich ergreift!«
     Da sagte zu ihm mit listigem Sinn die Herrin Here:
330 »Schrecklichster Kronos-Sohn! was für ein Wort hast du gesprochen!
Wenn du jetzt danach verlangst, dich in Liebe zu lagern
Auf den Gipfeln des Ida, so ist dies doch alles offen sichtbar!
Wie wäre das, wenn uns einer der Götter, der für immer geborenen,
Beide schlafend erblickte und hinginge und es allen Göttern
Kundmachte? Nicht kehrte ich dann zurück zu deinem Hause,
Vom Lager aufgestanden: es wäre ja eine Schande!
Doch wenn du es denn willst und es dir im Mute lieb ist –
Da ist dir eine Kammer, die der eigene Sohn dir gefertigt hat,
Hephaistos, und hat dichte Türen an die Pfosten gefügt:
340 Dorthin wollen wir gehen und uns legen, wenn dir denn das Lager
                                                          erwünscht ist!«

Da antwortete und sagte zu ihr der Wolkensammler Zeus:
»Here! weder der Götter einen fürchte noch einen der Männer,
Daß sie das sehen! Eine solche Wolke werde ich dir um uns hüllen,
Eine goldene, und uns beide wird auch nicht Helios hindurch erblicken,
Von dem doch das schärfste Licht ausgeht, um etwas zu sehen!«
Sprach es, und mit den Armen packte der Sohn des Kronos seine Gattin.
Und unter ihnen ließ wachsen die göttliche Erde frisch sprossendes Gras
Und Lotos, tauigen, und Krokos und Hyakinthos,
Dicht und weich, der sie von der Erde emporhob.
350 Darauf lagerten sich beide und zogen über sich eine Wolke,
Eine schöne, goldene, und es fielen hernieder glänzende Tropfen Tau.
So schlief er ruhig, der Vater, auf der Gargaron-Spitze,
Von Schlaf und Liebe bezwungen, und hielt in den Armen die Gattin. –
Da schritt hin und lief zu den Schiffen der Achaier der süße Schlaf,
Um die Botschaft zu sagen dem Erdbeweger, dem Erderschütterer.
Und er trat heran und sagte zu ihm die geflügelten Worte:
»Mit ernstlichem Sinn hilf jetzt den Danaern, Poseidon!
Und verleihe ihnen Prangen, wenn auch nur kurz, solange Zeus
Noch schläft, da ich eine sanfte Betäubung um ihn gehüllt habe.
360 Here aber hat ihn betört, sich in Liebe zu lagern.«
So sprach er und ging hinweg zu den berühmten Stämmen der Menschen.
Den aber reizte er noch mehr, den Danaern zu helfen.
Und sogleich sprang er vor unter die Ersten und befahl gewaltig:
»Argeier! wollen wir denn wieder den Sieg überlassen dem Hektor,
Dem Priamos-Sohn, daß er die Schiffe nimmt und Prangen gewinnt?
Freilich, der redet so und prahlt, deswegen, weil Achilleus
Bei den gewölbten Schiffen bleibt, zürnend im Herzen.
Aber nach dem wird keine gar zu große Sehnsucht sein,
Wenn wir anderen uns eifrig bemühen, einander beizustehen!
370 Aber auf! folgen wir alle so wie ich es sage:
Die Schilde umgetan, so viele die besten im Heer sind
Und die größten, und die Häupter mit hellglänzenden Helmen
Bedeckt und mit den Händen die längsten Lanzen ergreifend,
Gehen wir! Ich aber gehe voran, und nicht mehr, sage ich,
Wird Hektor, der Priamos-Sohn, standhalten, so sehr begierig er ist.
Welcher Mann aber standhaft ist und hat einen kleinen Schild
                                                    an der Schulter,
Einem Geringeren gebe er den und tauche in einen größeren Schild!«
So sprach er, und die hörten gut auf ihn und gehorchten.
Die Könige selber ordneten sie, wenn auch verwundet:

380 Der Tydeus-Sohn und Odysseus und der Atreus-Sohn Agamemnon,
Und hinschreitend zu allen tauschten sie aus die kriegerischen Waffen;
In tüchtige tauchte der Tüchtige und gab die geringeren dem Geringeren.
Als sie aber umgetan hatten um den Leib das funkelnde Erz,
Schritten sie hin und gingen, und voran ging ihnen Poseidon,
                                                        der Erderschütterer,
Das furchtbare Schwert, das langschneidige, in der kräftigen Hand,
Gleichend dem Blitz: dem ist es nicht erlaubt zu begegnen
In dem traurigen Kampf, sondern Furcht hält zurück die Männer.
Die Troer aber wieder ordnete drüben der strahlende Hektor.
    Ja, damals spannten den schrecklichsten Streit des Krieges aus
390 Der schwarzmähnige Poseidon und der strahlende Hektor,
Der eine den Troern, der andere den Argeiern helfend.
Und das Meer wallte auf gegen die Lagerhütten und Schiffe
Der Argeier, und sie gingen gegeneinander mit lautem Kriegsruf.
Nicht brüllt so des Meeres Gewoge gegen das Festland,
Von der hohen See her erregt durch das leidige Blasen des Nordwinds,
Noch ist so stark das Brausen des brennenden Feuers
In den Schluchten des Bergs, wenn es sich erhob, den Wald zu verbrennen,
Noch tost so stark der Wind um die Eichen, die hochbelaubten,
Der doch am meisten gewaltig braust, wenn er wütet,
400 So wie da der Troer und der Achaier Stimme war,
Der schrecklich Schreienden, als sie gegeneinander stürmten.
    Auf Aias aber warf als erster der strahlende Hektor
Mit der Lanze, als er ihm gerade war zugewandt – und fehlte nicht –,
Dorthin, wo die beiden Tragriemen über der Brust sich spannten,
Der eine vom Schild, der andere von dem Schwert mit Silbernägeln.
Die beiden schützten ihm die zarte Haut. Da zürnte Hektor,
Daß ihm das schnelle Geschoß umsonst aus der Hand entflohen war,
Und zurück in die Schar der Gefährten wich er und vermied die Todesgöttin.
Ihn traf darauf, wie er wegging, der Telamon-Sohn, der große Aias
410 Mit einem Stein, wie da viele als Stützen der schnellen Schiffe
Bei den Füßen der Kämpfenden rollten. Einen von denen hob er auf
Und warf ihn gegen die Brust über dem Schildrand, dicht am Hals,
Und wie einen Kreisel trieb er ihn mit dem Wurf, und der lief rundherum.
Und wie wenn unter dem Schlag des Vaters Zeus eine Eiche umstürzt,
Entwurzelt, und aus ihr kommt ein schrecklicher Geruch von Schwefel,
Und den erfüllt nicht Kühnheit, wer immer es sieht
Und nahe ist, denn schwer ist der Wetterstrahl des großen Zeus:
So fiel des Hektor Kraft schnell in den Staub zu Boden,

Und aus der Hand warf er die Lanze, und auf ihn stürzte der Schild
420 Und der Helm, und um ihn klirrten die Waffen, die erzverzierten.
   Die aber schrien groß auf und liefen herbei, die Söhne der Achaier,
Hoffend, ihn fortzuziehen, und schleuderten dicht gedrängt
Die Lanzen. Aber keiner vermochte, den Hirten der Völker
Zu verwunden durch Stoß oder Wurf, denn zuvor traten um ihn die Besten:
Pulydamas und Aineias und der göttliche Agenor
Und Sarpedon, der Führer der Lykier, und der untadlige Glaukos.
Und auch von den anderen war keiner um ihn unbekümmert, sondern vor ihn
Hielten sie die Schilde, die gutgerundeten. Und ihn hoben die Gefährten
Mit den Händen auf und trugen ihn aus dem Kampf, bis sie zu den Pferden
                                                                    gelangten,
430 Den schnellen, die ihm hinter der Schlacht und dem Kampf
Standen mit dem Zügelhalter und dem bunten Wagen.
Diese trugen ihn zur Stadt, den schwer Stöhnenden.
Doch als sie nun zur Furt gelangten des gutströmenden Flusses,
Xanthos, des wirbelnden, den Zeus, der Unsterbliche, zeugte,
Dort legten sie ihn vom Gespann auf die Erde und schütteten Wasser
Über ihn, und er atmete auf und blickte auf mit den Augen
Und setzte sich auf die Knie und erbrach schwarzwolkiges Blut,
Und wieder nach hinten sank er zur Erde, und seine Augen
Umhüllte schwarze Nacht, und noch bezwang der Wurf ihm den Mut.
440   Als aber die Argeier nun sahen, wie Hektor fortging,
Sprangen sie stärker ein auf die Troer und gedachten des Kampfes.
Da stieß als weit erster des Oileus Sohn, der schnelle Aias,
Den Satnios, auf ihn einspringend, mit dem Speer, dem scharfen,
Den Enops-Sohn, den die Quellnymphe gebar, die untadlige,
Dem Enops, als er die Rinder hütete an den Ufern des Satnioeis.
Zu dem kam dicht heran des Oileus Sohn, der speerberühmte,
Und stieß ihn in die Weichen, und der fiel zurück, und um ihn
Führten Troer und Danaer zusammen die starke Schlacht.
Ihm aber kam Pulydamas, der Lanzenschwinger, als Beschützer,
450 Der Panthoos-Sohn, und traf den Prothoënor in die rechte Schulter,
Den Sohn des Areilykos, und durch die Schulter drang die starke Lanze,
Und er fiel in den Staub und faßte die Erde mit verkrampfter Hand.
Pulydamas aber rühmte sich über die Maßen und schrie laut:
»Wahrhaftig! ich denke, da ist wieder dem hochgemuten Panthoos-Sohn
Nicht umsonst der Speer aus der starken Hand gesprungen!
Sondern einer der Argeier empfing ihn im Leib, und ich meine,
Auf ihn gestützt wird er in das Haus des Hades hinabgehen!«

So sprach er, doch den Argeiern war es ein Kummer, wie er sich rühmte.
Und Aias, dem kampfgesinnten, erregte er am meisten den Mut,
460 Dem Telamon-Sohn, denn dem am nächsten war er gefallen,
Und nach dem Davongehenden warf er schnell mit dem schimmernden Speer.
Pulydamas selbst aber vermied die schwarze Todesgöttin,
Seitwärts springend, und es empfing ihn des Antenor Sohn
Archelochos, denn dem hatten die Götter Verderben beschlossen.
Den traf er an dem Zusammenhalt von Kopf und Nacken,
Am obersten Wirbel, und durchschnitt ihm beide Sehnen.
Und ihm schlug viel früher das Haupt mit Mund und Nase
Am Boden auf als Unterschenkel und Knie, wie er stürzte.
Da schrie Aias wieder dem untadligen Pulydamas zu:
470 »Bedenke, Pulydamas! und sage es mir an untrüglich:
Ist dieses Mannes Tod nicht ein Ausgleich für Prothoënor?
Denn nicht gering scheint er mir und nicht von geringen Eltern,
Sondern ein Bruder des Antenor, des Pferdebändigers,
Oder ein Sohn, denn dem glich er der Abkunft nach am meisten.«
So sprach er und erkannte es gut. Die Troer aber ergriff Kummer im Mute.
Da stieß Akamas den Promachos, den Boioter, mit dem Speer,
Seinen Bruder umschreitend: der wollte ihn fortschleppen an den Füßen.
Über ihm aber rühmte sich Akamas über die Maßen und schrie laut:
»Argeier, ihr Maulhelden! an Drohungen unersättlich!
480 Wird doch gewiß nicht uns allein Mühsal und Drangsal
Zuteil, sondern einmal werdet auch ihr so erschlagen werden!
Bedenkt, wie euch Promachos da schläft, bezwungen
Von meiner Lanze, daß nicht die Buße für den Bruder
Lange unbezahlt sei. So mag auch mancher Mann sich wünschen,
Einen Verwandten im Haus zurückzulassen als Wehrer des Unheils!«
So sprach er. Doch den Argeiern war es ein Kummer, wie er sich rühmte,
Und Peneleos, dem kampfgesinnten, erregte er am meisten den Mut,
Und er stürmte gegen Akamas. Der aber hielt nicht stand dem Anstrum
Des Peneleos, des Herrschers. Doch der traf den Ilioneus,
490 Den Sohn des Phorbas, des schafereichen, den Hermes am meisten
Unter den Troern geliebt und ihm Besitz verliehen hatte;
Von dem gebar die Mutter als einzigen Sohn den Ilioneus.
Den stach er damals unter der Braue in die Bettung des Auges
Und stieß den Augapfel heraus, und der Speer drang durch das Auge
Und durch das Genick, und er setzte sich und breitete aus
Die beiden Arme. Peneleos aber zog das Schwert, das scharfe,
Und schlug ihn mitten in den Hals, und schmetterte ihm zu Boden

Das Haupt mitsamt dem Helm, und noch stak die wuchtige Lanze
In dem Auge; und der, es wie einen Mohnkopf hochhaltend,
500 Zeigte es den Troern, und sich rühmend sprach er das Wort:
»Sagt mir, ihr Troer, dem eigenen Vater und der Mutter
Des erlauchten Ilioneus, daß sie die Klage erheben in den Häusern!
Da auch nicht des Promachos Gattin, des Alegenor-Sohnes,
Wird ihres heimkehrenden Mannes sich erfreuen, wenn denn
Aus Troja mit den Schiffen fortziehen wir Söhne der Achaier!«
So sprach er, und ihnen allen ergriff ein Zittern unten die Glieder,
Und jeder spähte um sich, wohin er entfliehen könnte dem jähen Verderben. –
Sagt mir nun, Musen! die ihr die olympischen Häuser habt,
Wer da als erster der Achaier blutige Beute von Männern
510 Nahm, als wandte die Schlacht der ruhmvolle Erderschütterer!
Da traf Aias als erster, der Telamon-Sohn, den Hyrtios,
Des Gyrtios Sohn, den Führer der starkmütigen Myser.
Und den Phalkes erschlug Antilochos und den Mermeros,
Und Meriones tötete den Morys wie auch den Hippotion,
Und Teukros erlegte den Prothoon und den Periphetes.
Und der Atreus-Sohn stieß darauf den Hyperenor, den Hirten der Völker,
In die Weichen, und das Erz schöpfte die Eingeweide heraus,
Sie zerreißend, und die Seele stürmte aus der geschlagenen Wunde,
Eilends, und ihm umhüllte Dunkel die beiden Augen.
520 Die meisten aber ergriff Aias, der schnelle Sohn des Oileus,
Denn keiner war ihm gleich, um nachzusetzen mit den Füßen,
Wo Männer flohen, wenn Zeus in ihnen Schrecken erregte.

FÜNFZEHNTER GESANG *Zeus erwacht und befiehlt der Here, ihm Iris und Apollon vom Olympos zu rufen. Poseidon soll den Kampf verlassen, und Hektor, von Apollon gestärkt, soll gegen die Achaier vordringen. Es geschieht, und Apollon bahnt den Troern den Weg. – Patroklos verläßt den verwundeten Eurypylos in der Lagerhütte und eilt zu Achilleus. – Die Achaier ziehen sich an die Schiffe zurück. Aias kämpft um das Schiff des Protesilaos, in das Hektor Feuer werfen will.*

Aber als sie durch die Pfähle und den Graben gekommen waren,
Fliehend, und viele wurden bezwungen unter der Danaer Händen,
Da machten sie bei den Wagen halt und blieben stehen,
Blaß vor Furcht, gescheucht. – Da erwachte Zeus
Auf den Gipfeln des Ida neben der goldthronenden Here.
Und er fuhr auf und trat hin und sah die Troer ùnd Achaier:
Die einen in Verwirrung, die anderen sie zusammendrängend von hinten,
Die Argeier, und unter ihnen Poseidon, den Herrn.
Und sah den Hektor in der Ebene liegen, und um ihn saßen die Gefährten,
10 Der aber war von schwerer Atemnot befangen, im Herzen ohne Besinnung,
Blut erbrechend, da nicht der Schwächste ihn traf der Achaier.
Als er ihn sah, jammerte es den Vater der Männer und der Götter,
Und schrecklich sie von unten herauf anblickend sprach er zu Here die Rede:
»So hat denn wirklich unheilstiftend dein Betrug, unbändige Here,
Dem göttlichen Hektor beendet den Kampf und geschreckt die Völker!
Wahrhaftig! ich weiß nicht, ob du nicht für die böse Anzettelung wieder
Als erste den Lohn empfängst, und ich dich mit Hieben peitsche!
Oder weißt du nicht mehr, wie du von oben herabhingst? Und an die Füße
Hängte ich dir zwei Ambosse und warf um die Arme ein Band,
20 Ein goldenes, unbrechbares, und du hingst im Äther und in den Wolken.
Und unwillig waren die Götter auf dem großen Olympos,
Doch lösen konnten sie dich nicht, herangetreten, und wen ich ergriff,
Den packte und warf ich von der Schwelle, bis er zur Erde gelangte,
Nur wenig bei Kräften. Aber auch so ließ mir nicht los den Mut nicht los
Der unaufhörliche Schmerz um Herakles, den göttlichen,
Den du mit Hilfe des Boreas-Windes, die Stürme beredend,
Auf das unfruchtbare Meer schicktest, ihm Schlimmes sinnend,
Und ihn dann nach Kos, der gutbewohnten, hinwegtrugst.

Den rettete ich von dort und führte ihn wieder zurück
30 Nach Argos, dem pferdenährenden, wenn auch erst nach vielen Mühsalen.
Daran erinnere ich dich wieder, daß du aufhörst mit den Betrügereien!
Damit du siehst, ob dir hilft die Liebe und das Lager,
Wo du dich mir vermischt, von den Göttern kommend, und hast mich
                                                                betrogen!«
   So sprach er. Da erschauderte die Kuhäugige, die Herrin Here,
Und begann und sagte zu ihm die geflügelten Worte:
»Wisse dies jetzt die Erde und der breite Himmel darüber
Und das herabfließende Wasser der Styx, welches der größte
Schwur und der furchtbarste ist den seligen Göttern,
Und dein heiliges Haupt und unser beider Lager,
40 Das eheliche, bei dem ich nie leichthin schwören würde:
Nicht auf mein Anstiften tut Poseidon, der Erderschütterer,
Schaden den Troern und Hektor und hilft den anderen,
Sondern ihn treibt wohl selber der Mut und befiehlt es, und wie er
Sie bedrängt bei den Schiffen sah, jammerten ihn die Achaier.
Aber wirklich! ich wollte ihm sogar zureden,
Dorthin zu gehen, wohin du, Schwarzwolkiger, vorangehst!«
   So sprach sie. Da lächelte der Vater der Männer und der Götter
Und antwortete und sagte zu ihr die geflügelten Worte:
»Wenn nur du hinfort, Kuhäugige! Herrin Here!
50 Gleichen Sinnes mit mir unter den Unsterblichen säßest,
Dann würde Poseidon, und ob er auch ganz anders wollte,
Schnell umwenden den Sinn nach deinem und meinem Herzen!
Aber wenn du denn wahr und ohne Falsch gesprochen,
So gehe du jetzt zu den Stämmen der Götter und rufe hierher
Iris, daß sie komme, und Apollon, den bogenberühmten.
Damit sie unter das Volk der Achaier, der erzgewandeten,
Gehe und sage Poseidon, dem Herrn,
Daß er aufhöre mit dem Kampf und zu seinen eigenen Häusern gehe.
Den Hektor aber treibe zur Schlacht hin Phoibos Apollon
60 Und hauche ihm wieder Kraft ein und lasse ihn vergessen die Schmerzen,
Die ihn jetzt zerreiben im Innern. Doch die Achaier
Wende er wieder zurück, kraftlose Flucht erregend,
Und fliehend sollen sie in die vielrudrigen Schiffe fallen
Des Peliden Achilleus. Doch der wird aufstehen lassen seinen Gefährten
Patroklos, und den wird töten mit der Lanze der strahlende Hektor
Vor Ilios, nachdem er viele rüstige Männer vernichtet,
Andere, und unter ihnen meinen Sohn Sarpedon, den göttlichen.

Um jenen erzürnt wird töten den Hektor der göttliche Achilleus.
Von da an aber werde ich dir einen Rückstoß von den Schiffen
70 Ständig bewirken fort und fort, bis daß die Achaier
Ilios, die steile, einnehmen durch die Ratschläge der Athenaia.
Eher aber höre ich nicht auf mit dem Zorn und werde auch keinen anderen
Der Unsterblichen den Danaern hier beistehen lassen,
Ehe nicht das Begehren des Peleus-Sohns erfüllt ist,
Wie ich es zuerst ihm versprochen und zugenickt mit meinem Haupte
An dem Tag, als mir die Göttin Thetis die Knie ergriffen,
Flehend, daß ich ehren sollte Achilleus, den Städtezerstörer.«
   So sprach er, und nicht ungehorsam war die Göttin, die weißarmige Here,
Und schritt hinab von den Bergen des Ida zum großen Olympos.
80 Und wie wenn dahineilt der Gedanke eines Mannes, der über vieles
Land gekommen ist und in seinen klugen Sinnen denkt:
›Dort möchte ich sein oder dort!‹ und trachtet nach vielem,
So rasch flog eilends dahin die Herrin Here
Und gelangte zum steilen Olympos, und sie kam zu den Versammelten,
Den unsterblichen Göttern im Haus des Zeus. Und als diese sie sahen,
Sprangen sie alle auf und boten ihr den Willkomm mit den Bechern.
Sie aber ließ die anderen, und von Themis, der schönwangigen,
Nahm sie den Becher, denn als erste kam sie ihr entgegen gelaufen
Und begann und sprach zu ihr die geflügelten Worte:
90 »Here! warum bist du gekommen? und einer Gejagten gleichst du!
Gewiß hat dich in Schrecken gesetzt der Sohn des Kronos, der dein Gatte ist!«
   Darauf antwortete ihr die Göttin, die weißarmige Here:
»Frage mich nicht danach, Göttin Themis! Du weißt auch selber,
Wie dessen Mut überheblich ist und ohne Milde!
Aber du beginne den Göttern im Haus mit dem gemeinsamen Mahl.
Dies aber wirst du auch unter allen Unsterblichen hören,
Was Zeus für schlimme Dinge ansagt. Und nicht, sage ich,
Wird allen in gleicher Weise der Mut erfreut sein, weder den Sterblichen
Noch den Göttern, wenn einer auch jetzt noch speist mit frohem Sinn!«
100 So sprach sie und setzte sich nieder, die Herrin Here.
Und aufgebracht waren im Haus des Zeus die Götter. Sie aber lachte –
Mit den Lippen, doch nicht wurde die Stirn über den Brauen, den schwarzen,
Erwärmt, und von Unwillen ergriffen sagte sie unter allen:
»Kindische! die wir grollen dem Zeus, sinnberaubt!
Da streben wir noch, ihm Einhalt zu tun, indem wir ihm nahen
Mit Wort oder Gewalt! Er aber, abseits sitzend, kümmert sich nicht darum
Und kehrt sich nicht daran, denn er sagt, unter den unsterblichen Göttern

Sei er an Kraft und Gewalt der ausnehmend Beste.
So haltet aus, wann immer er euch auch ein Übel schickt einem jeden!
110 Schon jetzt, denke ich, ist dem Ares ein Leid entstanden:
Ein Sohn ging ihm zugrunde in der Schlacht, der Liebste der Männer,
Askalaphos, von dem der gewaltige Ares sagt, daß er sein sei.«
     So sprach sie. Da schlug Ares sich die blühenden Schenkel
Mit niederfahrenden Händen und sprach das Wort mit Jammern:
»Jetzt verargt es mir nicht, die ihr die olympischen Häuser habt,
Wenn ich räche den Mord des Sohns und gehe zu den Schiffen der Achaier!
Und wäre mir auch bestimmt, geschlagen vom Wetterstrahl des Zeus
Zu liegen zusammen mit den Toten in Blut und Staub!«
     So sprach er und befahl den Söhnen Deimos und Phobos, die Pferde
120 Anzuspannen, und tauchte selbst in das hellschimmernde Rüstzeug.
Da wäre noch ein anderer, größerer und schmerzlicherer
Groll und Zorn von Zeus den Unsterblichen bereitet worden,
Wäre nicht Athene, in großer Furcht um alle Götter,
Hinaus durch die Vorhalle gestürmt, verlassend den Stuhl, wo sie gesessen.
Und sie nahm ihm vom Haupt den Helm und den Schild von den Schultern
Und stellte die Lanze hin, die sie aus der kräftigen Hand nahm,
Die eherne, und fuhr mit Worten an den stürmenden Ares:
»Rasender! am Geist Gestörter! Verloren bist du! Ja, hast du umsonst
Ohren zu hören, und ist hin dein Verstand wie auch die Scheu?
130 Hörst du nicht, was die Göttin sagt, die weißarmige Here,
Die da jetzt von Zeus, dem Olympier, hergekommen?
Oder willst du selber, nachdem du erfüllt hast vieles Schlimme,
Zurück zum Olympos kommen, so bekümmert du bist, gezwungen,
Und den anderen allen ein großes Übel pflanzen?
Denn sogleich wird er die Troer, die hochgemuten, und die Achaier
Verlassen und zum Olympos kommen, gegen uns zu wüten,
Und packen der Reihe nach, wer da schuldig ist und wer auch nicht.
Darum rate ich dir jetzt: laß fahren den Groll um deinen Sohn!
Denn schon mancher, der besser war als er an Gewalt und an Händen,
140 Wurde erschlagen und wird noch künftig erschlagen werden. Schwer ist es,
Von sämtlichen Menschen Geschlecht und Nachkommenschaft zu retten!«
     So sprach sie und setzte in den Sessel den stürmenden Ares.
Aber Here rief zu sich den Apollon heraus aus dem Hause
Und Iris, die zwischen den Göttern die Botin ist, den unsterblichen,
Und begann und sagte zu ihnen die geflügelten Worte:
»Zeus befiehlt, daß ihr beide zum Ida kommt auf das schnellste.
Aber wenn ihr kommt und blickt dem Zeus ins Angesicht,

So tut, wozu auch immer er treibt und was er befiehlt.«
    Als sie so gesprochen, ging sie zurück, die Herrin Here,
150 Und setzte sich in den Sessel. Die beiden aber stürmten dahin und flogen
    Und kamen zur Ida, der quellenreichen, der Mutter der Tiere,
    Und fanden den weitumblickenden Kroniden auf der Gargaron-Spitze
    Sitzend, und um ihn war eine duftende Wolke gelegt.
    Und die beiden, als sie kamen vor Zeus, den Wolkensammler,
    Standen da, und nicht zürnte er, als er sie sah, im Mute,
    Weil sie ihm schnell den Worten seiner Gattin gefolgt waren.
    Und zu Iris sprach er zuerst die geflügelten Worte:
    »Eil dich nun und geh, schnelle Iris! und Poseidon, dem Herrn,
    Melde alles dieses und sei kein falscher Bote.
160 Befiehl ihm aufzuhören mit Schlacht und Kampf und zu gehen
    Unter die Stämme der Götter oder in die göttliche Salzflut.
    Wenn er jedoch meinen Worten nicht folgt und sie nicht beachtet,
    So bedenke er alsdann im Sinn und in dem Mute,
    Daß er, so stark er ist, wenn ich gegen ihn gehe, nicht wage,
    Mir standzuhalten, denn ich sage: ich bin an Gewalt viel stärker als er
    Und von Geburt der Ältere. Doch sein Herz scheut sich nicht,
    Sich mir gleich zu dünken, vor dem doch auch andere zurückschrecken!«
    So sprach er, und nicht ungehorsam war die windfüßige schnelle Iris,
    Und sie schritt hinab von den Bergen des Ida zur heiligen Ilios.
170 Und wie wenn aus den Wolken fliegt Schnee oder Hagel,
    Kalter, unter dem Andrang des äthergeborenen Nordwinds:
    So rasch flog eilends dahin die schnelle Iris,
    Und trat heran und sagte zu dem berühmten Erderschütterer:
    »Eine Botschaft dir zu bringen, Erdbeweger, schwarzmähniger,
    Kam ich hierher von Zeus, dem Aigishalter.
    Aufzuhören befiehlt er dir mit Schlacht und Kampf und zu gehen
    Unter die Stämme der Götter oder in die göttliche Salzflut.
    Wenn du jedoch seinen Worten nicht folgst und sie nicht beachtest,
    Droht auch jener, er werde, um mit Gewalt entgegenzukämpfen,
180 Hierher kommen. Doch befiehlt er dir, vor seinen Händen
    Auszuweichen, da er sagt, er sei an Gewalt viel stärker als du
    Und von Geburt der Ältere. Doch dein Herz scheut sich nicht,
    Sich mir gleich zu dünken, vor dem doch auch andere zurückschrecken!«
    Da fuhr groß auf und sagte zu ihr der ruhmvolle Erderschütterer:
    »Nein doch! da hat er, so mächtig er ist, überheblich gesprochen,
    Wenn er mich, den an Ehre Gleichen, gegen meinen Willen mit Gewalt will
                                                                    niederhalten!

Denn drei Brüder sind wir von Kronos her, die Rheia geboren:
Zeus und ich und als dritter Hades, der über die Unteren Herr ist.
Dreifach ist alles geteilt, und jeder erhielt seinen Teil an Ehre.
190 Ja, da erlangte ich, das graue Meer zu bewohnen immer,
Als wir losten, und Hades erlangte das neblige Dunkel,
Zeus aber erlangte den Himmel, den breiten, in Äther und Wolken.
Die Erde aber ist noch allen gemeinsam und der große Olympos.
So lebe ich auch durchaus nicht nach dem Sinn des Zeus, sondern ruhig,
Und ist er auch ein Starker, soll er bleiben in seinem Dritteil!
Mit Händen aber soll er mich ja nicht in Furcht setzen wie einen Geringen!
Wäre es doch besser für ihn, die Töchter und Söhne zu schelten
Mit gewaltigen Worten: sie, die er selber erzeugt hat!
Die werden, wenn er sie antreibt, auf ihn hören, wenn auch gezwungen!«
200   Ihm antwortete darauf die windfüßige schnelle Iris:
»Soll ich dir denn so, Erdbeweger, schwarzmähniger!
Dies Wort bringen dem Zeus, das unmilde und starke?
Oder lenkst du wohl etwas ein? Sind doch lenkbar die Sinne der Edlen!
Du weißt, wie den Älteren stets die Erinyen zur Seite stehen!«
    Da sagte wieder zu ihr Poseidon, der Erderschütterer:
»Iris, Göttin! dies Wort hast du ganz nach Gebühr gesprochen!
Gut ist auch das gewirkt, wenn ein Bote das Rechte weiß.
Doch das kommt mir als schrecklicher Kummer über das Herz und den Mut,
Wenn er den Gleichberechtigten und zum gleichen Schicksal
210 Bestimmten schelten will mit zornigen Worten!
Doch wahrhaftig! für jetzt werde ich, wenn auch unwillig, ihm weichen.
Doch etwas anderes sage ich dir, und das drohe ich aus dem Herzen:
Wenn er ohne mich und Athenaia, die Beutespenderin,
Und Here und Hermes und auch Hephaistos, den Herrn,
Die steile Ilios verschonen wird und sie nicht zerstören,
Und nicht große Überlegenheit geben den Argeiern,
So wisse er dies, daß unheilbarer Zorn sein wird uns beiden!«
    So sprach er und verließ das achaische Volk, der Erderschütterer,
Und ging und tauchte ins Meer, und ihn entbehrten die Helden, die Achaier.
220 Und da sprach zu Apollon der Wolkensammler Zeus:
»Gehe nun, lieber Phoibos! zu Hektor, dem erzgepanzerten,
Denn schon ist dir der Erdbeweger, der Erderschütterer,
Gegangen in die göttliche Salzflut und vermied unseren Zorn, den jähen.
Denn sehr hätten den Kampf vernommen auch die anderen,
Die da die unteren Götter sind, versammelt um Kronos!
Aber dies war sowohl für mich viel vorteilhafter wie auch für ihn selber,

Daß er zuvor, wenn auch unwillig, gewichen ist vor meinen Händen,
Da es wohl ohne Schweiß nicht wäre vollendet worden! –
Aber du nimm in die Hände die Aigis, die mit Quasten besetzte,
230 Und schüttele sie mächtig gegen sie und schrecke die Helden, die Achaier.
Dir selber aber, Ferntreffer! sei angelegen der strahlende Hektor.
Solange nun erwecke ihm große Kraft, bis die Achaier
Fliehend zu den Schiffen und zum Hellespontos gelangen.
Von da an aber werde ich selber Werk wie auch Wort bedenken,
Wie auch wieder die Achaier aufatmen können von der Mühsal.«
     So sprach er, und es war dem Vater nicht ungehorsam Apollon,
Und er schritt hinab von den Bergen des Ida, dem Falken gleichend,
Dem schnellen, dem Taubenwürger, der der schnellste ist der Vögel.
Und er fand den Sohn des kampfgesinnten Priamos, den göttlichen Hektor,
240 Sitzend, und er lag nicht mehr, und eben sammelte er den Mut
Und erkannte um sich her die Gefährten, und Atemnot und Schweiß
Hörten auf, da ihn erweckte der Sinn des Zeus, des Aigishalters.
Und herangetreten sagte zu ihm der Ferntreffer Apollon:
»Hektor, Sohn des Priamos! Warum sitzt du denn fern von den anderen,
Nur wenig bei Kräften? Da hat dich wohl irgendein Leid betroffen?«
     Da sagte schwach an Kräften zu ihm der helmfunkelnde Hektor:
»Und wer von den Göttern bist du, Bester, der du mich fragst ins Angesicht?
Hast du nicht gehört, daß bei den hinteren Schiffen der Achaier,
Als ich seine Gefährten erschlug, mich traf der gute Rufer Aias
250 Mit einem Stein auf die Brust und mir beendete die ungestüme Kampfkraft?
Und schon meinte ich, daß ich zu den Toten und dem Haus des Hades
Käme an diesem Tag, da ich fast aushauchte mein Herz.«
     Da sagte wieder zu ihm der Herr, der Ferntreffer Apollon:
»Fasse Mut jetzt! einen solchen Beschützer hat dir Kronion
Vom Ida geschickt, dir beizustehen und zu helfen:
Phoibos Apollon mit dem goldenen Schwert, der ich dich auch früher
Rettete, dich selber zugleich und die steile Stadt.
Doch auf jetzt! treibe die Wagenkämpfer an, die vielen,
Zu den gewölbten Schiffen zu lenken die schnellen Pferde.
260 Ich aber gehe voran und werde den Pferden den Weg
Ebnen, den ganzen, und zurückwenden die Helden, die Achaier!«
     So sprach er und hauchte große Kraft ein dem Hirten der Völker.
Und wie ein eingestelltes Pferd, mit Gerste sattgefressen an der Krippe,
Die Fessel zerreißt und durch das Feld läuft, stampfend,
Gewohnt, sich zu baden in dem gutströmenden Fluß,
Prangend, und hoch hält es das Haupt, und rings seine Mähnen

Flattern um die Schultern, und seiner Pracht vertrauend
Tragen es leicht die Knie zu den gewohnten Plätzen und der Pferdeweide:
So rasch bewegte Hektor die Füße und die Knie,
270 Antreibend die Wagenkämpfer, als er gehört hatte des Gottes Stimme.
Die aber – wie einen Hirsch, einen gehörnten, oder eine wilde Ziege
Hunde scheuchten und Männer, Landbewohner;
Sie rettete ein schroffer Felsen und dichtes Gehölz,
Und ihnen war nicht bestimmt, sie zu erreichen.
Doch auf ihr Geschrei erschien ein starkbärtiger Löwe
Auf dem Weg, und schnell trieb er alle zurück, so begierig sie waren:
So folgten die Danaer solange immer in Haufen,
Zustoßend mit den Schwertern und zweischneidigen Lanzen;
Doch wie sie Hektor sahen, wie er anging gegen die Reihen der Männer,
280 Erstarrten sie, und allen fiel der Mut hinab vor die Füße.
    Unter denen aber redete darauf Thoas, des Andraimon Sohn,
Der weit Beste der Aitoler, der sich verstand auf den Wurfspieß
Und tüchtig war im stehenden Kampf: in der Versammlung aber übertrafen
Ihn wenige der Achaier, wenn die jungen Männer wetteiferten mit Reden.
Der redete vor ihnen mit rechtem Sinn und sagte:
»Nein doch! wirklich, ein großes Wunder sehe ich da mit den Augen:
Wie da hinwieder von neuem erstanden ist, den Todesgöttinnen entronnen,
Hektor! Und sicher hat sehr gehofft der Mut eines jeden,
Daß er gestorben sei unter des Aias Händen, des Telamon-Sohnes.
290 Aber wieder hat einer der Götter ihn gerettet und bewahrt,
Den Hektor, der schon vielen Danaern die Knie gelöst hat,
Wie es auch jetzt geschehen wird, meine ich. Denn nicht ohne
Zeus, den starkdröhnenden, tritt er als Vorkämpfer auf, so voll Begierde.
Aber auf! folgen wir alle so wie ich es sage:
Der Menge befehlen wir, zu den Schiffen zurückzugehen.
Wir selber aber, die wir uns rühmen, die Besten zu sein im Heer,
Bleiben stehen, ob wir ihn zunächst zurückhalten, ihm entgegentretend,
Die Speere emporgehalten. Dann, meine ich, wird er, so begierig er ist,
Im Mute sich fürchten, in die Menge der Danaer zu tauchen!«
300   So sprach er, und die hörten gut auf ihn und gehorchten.
Und die um Aias und Idomeneus, den Herrscher,
Um Teukros, Meriones und Meges, gleichwiegend dem Ares,
Ordneten die Schlacht, die Besten rufend,
Dem Hektor und den Troern entgegen. Doch dahinter
Zog sich die Menge zurück zu den Schiffen der Achaier.
Die Troer aber stießen vor, gesammelt, und voran ging Hektor,

Groß ausschreitend, und vor ihm her ging Phoibos Apollon,
Umhüllt an den Schultern mit einer Wolke, und hielt die stürmende Aigis,
Die schreckliche, rings zottige, hervorstrahlend, die der Schmied
310 Hephaistos dem Zeus gab zu tragen zum Schrecken der Männer.
Diese in Händen haltend ging er voran den Völkern.
Die Argeier aber hielten stand, gesammelt, und Kampfgeschrei erhob sich,
Scharfes, von beiden Seiten, und von den Sehnen sprangen
Die Pfeile, und viele Speere von kühnen Händen
Hafteten teils im Leib von kampfschnellen jungen Männern,
Aber viele auch halbwegs, bevor sie die weiße Haut gekostet,
Blieben in der Erde stecken, voll Gier, sich am Fleisch zu ersättigen.
Solange nun die Aigis in den Händen ruhig hielt Phoibos Apollon,
Solange hafteten von beiden die Geschosse, und es fiel das Volk.
320 Aber als er ins Angesicht blickend den Danaern, den roßschnellen,
Sie schüttelte und selbst dazu schrie, sehr groß, bezauberte er ihnen
Den Mut in der Brust, und sie vergaßen die ungestüme Kampfkraft.
Und die, wie eine Rinderherde oder einen großen Haufen Schafe
Zwei Raubtiere vor sich hertreiben im Dunkel der schwarzen Nacht,
Wenn sie plötzlich kommen, und der Hüter ist nicht zugegen:
So wurden gescheucht die Achaier, kraftlos, denn in sie sandte
Schrecken Apollon, doch den Troern und Hektor verlieh er Prangen.
   Da ergriff Mann den Mann, als sich die Schlacht zerstreute.
Hektor erschlug den Stichios wie auch den Arkesilaos:
330 Diesen, der erzgewandeten Boioter Führer,
Jenen, des Menestheus, des hochgemuten, treuen Gefährten.
Aineias aber raubte dem Medon und dem Iasos die Waffen.
Ja, da war der eine ein Bastardsohn des göttlichen Oileus,
Medon, ein Bruder des Aias, doch er wohnte in Phylake,
Fern dem väterlichen Land, weil er einen Mann erschlug,
Einen Verwandten der Stiefmutter Eriopis, die zur Frau hatte Oileus.
Iasos hinwieder war zum Führer der Athener bestellt
Und wurde der Sohn des Sphelos genannt, des Bukoliden.
Und den Mekisteus erschlug Pulydamas, den Echios aber Polites
340 In der vordersten Schlacht, und Klonios erschlug der göttliche Agenor.
Und den Deïochos traf Paris zu unterst in die Schulter von hinten,
Als er floh unter den Vorkämpfern, und durch und durch trieb er das Erz.
Während sie diesen die Rüstungen raubten, indessen wurden die Achaier
In den Graben, den ausgehobenen, gestürzt und in die Pfähle,
Hierhin und dorthin gescheucht, und tauchten in die Mauer, notgedrungen.
Hektor aber rief den Troern zu, weithin schreiend:

»Gegen die Schiffe stürmt und laßt das blutige Rüstzeug!
Wen ich aber woanders, entfernt von den Schiffen sehe,
Auf der Stelle beschließe ich dem den Tod, und nicht werden ihn
350 Die Verwandten, Männer und Frauen, dem Feuer übergeben, den Toten,
Sondern die Hunde werden an ihm zerren vor der Stadt, der unseren!«
   So sprach er und schlug mit der Geißel von der Schulter herab auf
                                                                  die Pferde,
Den Troern zurufend Reihe für Reihe, und die, mit ihm zusammen,
Lenkten alle mit Zuruf die wagenziehenden Pferde
Mit unsäglichem Geschrei. Voraus aber Phoibos Apollon
Riß leicht ein die Hänge des tiefen Grabens mit den Füßen
Und warf sie mitten hinein und überbrückte ihn mit einem Weg,
Groß und breit, so weit der Schwung eines Speeres
Reicht, wenn ein Mann, seine Kraft versuchend, ihn entsendet.
360 Dort strömten sie vor in geschlossenen Haufen, und voran Apollon,
Die Aigis haltend, die hochgeehrte, und riß die Mauer ein
Der Achaier, sehr leicht, wie ein Kind den Sand nahe am Meer,
Das, wenn es sich Spielwerke gebaut mit kindischem Sinn,
Sie wieder zusammenwarf mit Füßen und Händen, spielend:
So hast auch du, Nothelfer Phoibos! die viele Arbeit und Mühsal
Zusammengeworfen der Argeier und ihnen selber Flucht erregt.
   Die aber machten bei den Schiffen halt und blieben stehen
Und riefen einander zu, und zu allen Göttern
Die Hände erhebend, beteten sie laut ein jeder.
370 Und Nestor wieder am meisten, der Gerenier, der Hüter der Achaier,
Betete, die Hände ausstreckend zum Himmel, dem bestirnten:
»Zeus, Vater! wenn einer dir je in Argos, dem weizenreichen,
Eines Rindes oder Schafes fette Schenkel verbrannt hat
Und gebetet heimzukehren, und du hast es versprochen und zugenickt,
So denke daran und wehre, Olympier! dem erbarmungslosen Tag,
Und laß nicht so von den Troern bezwungen werden die Achaier!«
   So sprach er und betete, und groß dröhnte der ratsinnende Zeus,
Die Gebete hörend des Neleus-Sohns, des Alten.
Die Troer aber, als sie vernahmen das Dröhnen des Zeus, des Aigishalters,
380 Sprangen stärker ein auf die Argeier und gedachten des Kampfes.
Und sie, wie eine große Woge des breitstraßigen Meeres
Über die Bordwand des Schiffes herabkommt, wenn andrängt
Die Gewalt des Windes, denn die verstärkt am meisten die Wogen:
So kamen die Troer mit lautem Jauchzen herab über die Mauer
Und trieben die Pferde hinein und kämpften bei den hinteren Schiffen

Mit den zweischneidigen Lanzen im Nahkampf, die einen von den Gespannen,
Die anderen hoch von den Schiffen, den schwarzen, hinaufgestiegen,
Mit langen Stangen, die ihnen auf den Schiffen lagen
Für den Seekampf, zusammengesetzten, an der Spitze mit Erz umkleidet. –
390 Patroklos aber, solange die Achaier und die Troer
Um die Mauer kämpften, außerhalb der schnellen Schiffe,
Solange saß er in der Hütte des mannhaften Eurypylos
Und erfreute ihn mit Reden, und auf die traurige Wunde
Streute er Kräuter als Heilmittel gegen die schwarzen Schmerzen.
Doch als er nun bemerkte, wie die Troer gegen die Mauer
Anstürmten und bei den Danaern Geschrei entstand und Flucht,
Da wehklagte er und schlug seine beiden Schenkel
Mit niederfahrenden Händen und sprach das Wort mit Jammern:
»Eurypylos! nicht mehr kann ich, sosehr du es auch möchtest,
400 Hier bei dir bleiben! Denn schon hat ein großer Streit sich erhoben.
Doch dich mag ein Gefolgsmann erheitern. Ich aber eile
Zu Achilleus, daß ich ihn antreibe zu kämpfen.
Wer weiß, ob ich ihm nicht mit einem Daimon den Mut bewege,
Wenn ich ihm zuspreche! Denn gut ist der Zuspruch eines Gefährten.«
      So sprach er, und ihn trugen hinweg die Füße. – Doch die Achaier
Hielten stand dem herankommenden Troern unentwegt, konnten sie aber,
Obschon sie weniger waren, nicht fortstoßen von den Schiffen.
Doch auch die Troer konnten niemals die Reihen der Danaer
Durchbrechen und bei den Hütten eindringen und den Schiffen,
410 Sondern wie eine Richtschnur einen Schiffsbalken gerade richtet
In den Händen eines kundigen Zimmermanns, der sich gut versteht
Auf jegliche Geschicklichkeit, nach den Weisungen der Athene:
So war denen ins Gleiche gespannt die Schlacht und der Kampf.
Andere aber kämpften den Kampf um andere Schiffe.
Doch Hektor ging entgegen dem ruhmvollen Aias,
Und sie beide mühten sich um das gleiche Schiff, und weder konnte
Der diesen hinaustreiben und in Brand setzen das Schiff mit Feuer,
Noch dieser ihn zurückstoßen, nachdem ihn herangeführt ein Daimon.
Da traf den Sohn des Klytios Kaletor der strahlende Aias,
420 Als er Feuer trug zum Schiff, gegen die Brust mit dem Speer,
Und er stürzte dröhnend, und der Brand fiel ihm aus der Hand.
Doch Hektor, als er mit den Augen bemerkte, wie sein Vetter
In den Staub fiel vor dem Schiff, dem schwarzen,
Rief er den Troern und Lykiern zu, weithin schreiend:
»Troer und Lykier und Dardaner, Nahkampfstreiter!

Daß ihr doch ja nicht zurückweicht aus der Schlacht in dieser Enge!
Sondern rettet den Sohn des Klytios, daß ihm nicht die Achaier
Die Waffen rauben, da er gefallen im Sammelplatz der Schiffe!«
    So sprach er und schleuderte auf Aias den schimmernden Speer.
430 Den verfehlte er, traf aber dann den Lykophron, Mastors Sohn,
Des Aias Gefährten, den Kytherier, der bei ihm wohnte,
Da er einen Mann erschlug auf der Insel Kythera, der hochheiligen.
Diesen traf er am Kopf über dem Ohr mit dem scharfen Erz,
Wie er bei Aias stand, und er fiel rücklings in den Staub
Vom Heck des Schiffes zu Boden, und gelöst wurden ihm die Glieder.
Aias aber erschauderte und sprach zu seinem Bruder:
»Teukros, Lieber! da wurde uns getötet ein treuer Gefährte,
Mastors Sohn, den wir beide, von Kythera gekommen in unser Haus,
Ehrten gleich den eigenen Eltern in den Hallen.
440 Den hat Hektor, der hochgemute, getötet. Wo sind dir nun die Pfeile,
Die schnelltötenden, und der Bogen, den dir verliehen Phoibos Apollon?«
    So sprach er, und der vernahm es und lief und trat ihm zur Seite,
Den Bogen in der Hand, den zurückschnellenden, und den Köcher,
Den pfeilaufnehmenden, und sehr schnell sandte er die Geschosse auf die Troer.
Und er traf den Kleitos, des Peisenor prangenden Sohn,
Des Pulydamas Gefährten, des erlauchten Panthoos-Sohns,
Der die Zügel in Händen hielt; der mühte sich mit den Pferden,
Denn dorthin lenkte er sie, wo die weit meisten Reihen sich drängten,
Dem Hektor und den Troern zu Gefallen. Schnell aber kam ihm selber
450 Das Unheil, das keiner ihm abwehrte, sosehr sie es begehrten.
Denn in den Nacken fuhr ihm von hinten der stöhnenreiche Pfeil,
Und er stürzte vom Wagen, und rückwärts wichen ihm die Pferde,
Mit leerem Wagen rasselnd. Und ihr Herr bemerkte es schnellstens,
Pulydamas, und kam als erster den Pferden entgegengelaufen.
Und diese gab er dem Astynoos, dem Protiaon-Sohn,
Und ermahnte ihn vielfach, auf ihn zu blicken und ihm nahe zu halten
Die Pferde; er selbst aber ging und mischte sich wieder unter die Vorkämpfer.
    Und Teukros nahm einen anderen Pfeil gegen Hektor, den

                                erzgepanzerten,
Und hätte ihm beendet den Kampf bei den Schiffen der Achaier,
460 Hätte er ihn getroffen, wie er sich hervortat, und ihm das Leben geraubt.
Doch nicht entging es dem klugen Sinn des Zeus, der da wachte
Über Hektor, und Teukros, dem Telamon-Sohn, den Ruhm nahm:
Der ihm die gutgedrehte Sehne an dem untadligen Bogen
Zerriß, als er sie auf ihn spannte, und es irrte ihm ab zur Seite

Der Pfeil, der erzbeschwerte, und der Bogen fiel ihm aus der Hand.
Teukros aber erschauderte und sagte zu dem Bruder:
»Nein doch! da schert uns gänzlich ab die Anschläge unseres Kampfes
Ein Daimon, der mir den Bogen aus der Hand 'warf
Und die Sehne zerriß, die neugedrehte, die ich aufgezogen
470 In der Frühe, daß sie aushielte viele abspringende Pfeile!«
     Ihm antwortete darauf der Telamon-Sohn, der große Aias:
»Lieber! so laß den Bogen und die zahlreichen Pfeile liegen,
Da ein Gott ihn zusammenwarf, der es den Danaern mißgönnte.
Und nimm mit den Händen den langen Speer und den Schild um die Schulter
Und kämpfe gegen die Troer und treibe an die anderen Völker.
Wahrhaftig! nicht ohne Mühe, auch wenn sie uns bezwingen werden,
Sollen sie nehmen die gutverdeckten Schiffe! Sondern gedenken wir des
                                                        Kampfes!«
     So sprach er. Und der legte den Bogen in der Hütte nieder,
Und um die Schultern legte er den Schild, den vierschichtigen,
480 Und auf das starke Haupt setzte er den gutgefertigten Helm
Mit dem Roßschweif, und schrecklich nickte von oben herab der Busch.
Und er ergriff die wehrhafte Lanze, gespitzt mit scharfem Erz,
Und schritt hin und lief und trat sehr schnell dem Aias zur Seite.
     Doch als Hektor sah, daß des Teukros Geschoß beschädigt war,
Rief er den Troern und Lykiern zu, weithin schreiend:
»Troer und Lykier und Dardaner, Nahkampfstreiter!
Seid Männer, Freunde! und gedenkt der ungestümen Kampfkraft
Bei den gewölbten Schiffen! Denn schon sah ich mit Augen
Des besten Mannes Geschoß von Zeus beschädigt.
490 Leicht ist erkennbar die Kraft des Zeus an den Männern:
An jenen sowohl, denen er überlegenes Prangen verbürgt,
Wie auch, die er mindert und denen er nicht helfen will,
So wie er jetzt die Kraft der Argeier mindert und uns beisteht.
Aber kämpft bei den Schiffen, gesammelt! Und wer von euch
Von Wurf oder Hieb getroffen dem Tod und dem Schicksal folgt,
Der sterbe! Nicht unwürdig ist es ihm, sich wehrend um die Heimat
Zu sterben. Doch seine Gattin ist sicher und seine Kinder künftig,
Und sein Haus und Landlos unversehrt, wenn die Achaier
Fortziehen mit den Schiffen zum eigenen väterlichen Land!«
500 So sprach er und erregte Kraft und Mut eines jeden.
Doch Aias drüben rief seinen Gefährten zu:
»Schämt euch, Argeier! Jetzt geht es darum, zugrunde zu gehen
Oder gerettet zu werden und die Übel wegzustoßen von den Schiffen!

Oder hofft ihr, wenn die Schiffe nimmt der helmfunkelnde Hektor,
Daß zu Fuß gelange in sein väterliches Land ein jeder?
Oder hört ihr nicht, wie er antreibt sein ganzes Volk,
Hektor, der doch die Schiffe in Brand zu setzen vorhat?
Denn wahrhaftig! nicht zum Reigen zu kommen, ruft er, sondern zu kämpfen!
Uns aber bleibt kein besserer Gedanke und Rat als dieser:
510 Daß wir im Nahkampf Hände und Kraft vermischen.
Besser, auf einmal zugrunde zu gehen oder zu leben,
Als sich lange abzumatten in der furchtbaren Feindseligkeit,
So umsonst bei den Schiffen, unter geringeren Männern!«
   So sprach er und erregte Kraft und Mut eines jeden.
Da ergriff Hektor den Schedios, des Perimedes Sohn,
Den Führer der Phoker, und Aias ergriff den Laodamas,
Den Anführer des Fußvolks, des Antenor prangenden Sohn.
Und Pulydamas nahm dem Otos, dem Kyllenier, die Rüstung,
Dem Gefährten des Phyleus-Sohns, dem Führer der hochgemuten Epeier.
520 Aber Meges sah es und sprang auf ihn zu. Doch der wich zur Seite,
Pulydamas, und er verfehlte ihn, denn nicht ließ Apollon
Es zu, daß des Panthoos Sohn unter den Vorkämpfern bezwungen wurde.
Aber dem Kroismos stieß er mitten in die Brust mit dem Speer,
Und er stürzte dröhnend, und der zog ihm die Waffen von den Schultern.
   Indessen sprang Dolops auf ihn zu, der sich gut verstand auf die Lanze,
Der Lampos-Sohn – ihn hatte Lampos gezeugt, der Laomedon-Sohn,
Als Besten der Männer, der sich gut verstand auf die ungestüme Kampfkraft.
Der stieß damals mitten auf den Schild des Phyleus-Sohns mit dem Speer,
Nahe herangestürmt, doch den schützte der dichte Panzer,
530 Den er trug, mit Platten gefügt. Den hatte einst Phyleus
Mitgebracht aus Ephyra von dem Fluß Selleeis.
Den gab ihm als Gastgeschenk der Herr der Männer Euphetes,
Ihn im Kampf zu tragen, zur Abwehr feindlicher Männer.
Der wehrte ihm auch damals von der Haut des Sohnes das Verderben.
Den Dolops aber stach Meges gegen den Helm, den erzgefügten,
Roßmähnigen, an der obersten Kuppe mit der spitzen Lanze
Und brach ihm ab den Roßhaarbusch, und ganz zu Boden
Fiel er nieder in den Staub, noch frisch von Purpur schimmernd.
Während der mit ihm kämpfte, standhaft, und noch den Sieg erhoffte,
540 Indessen kam diesem Menelaos, der streitbare, als Beschützer
Und trat seitwärts heran mit dem Speer, unbemerkt, und traf hinten die
                                                                        Schulter,
Und die Spitze fuhr ihm durch die Brust hindurch, begierig,

Vorwärts strebend, und er sank hin vornüber.
Die beiden gingen, um die erzgefügten Waffen von den Schultern
Zu rauben. Hektor aber rief seinen Brüdern zu,
Allen insgesamt, und schalt als ersten den Hiketaon-Sohn,
Den starken Melanippos. Der hatte bislang die schleppfüßigen Rinder
Geweidet in Perkote, als die Feinde noch in der Ferne waren;
Doch als die Schiffe der Danaer kamen, die beiderseits geschweiften,
550 Ging er zurück nach Ilios und tat sich hervor unter den Troern
Und wohnte bei Priamos, und der ehrte ihn gleich seinen Kindern.
Den schalt Hektor und sprach das Wort und benannte es heraus:
»So also, Melanippos! lassen wir nach? Und nicht einmal dir
Kümmert dein Herz sich um den Vetter, den erschlagenen?
Siehst du nicht, wie sie geschäftig sind um die Waffen des Dolops?
Doch komm mit! Jetzt gilt es nicht mehr, von fern mit den Argeiern
Zu kämpfen: entweder wir töten sie, oder vom Gipfel herab
Nehmen sie ein die steile Ilios und töten die Bürger.«
So sprach er und ging voran, und es folgte ihm der gottgleiche Mann.
560 Die Argeier aber trieb an der Telamon-Sohn, der große Aias:
»Freunde! seid Männer und legt euch Scham in den Mut!
Und habt Scham voreinander in den starken Schlachten!
Da, wo Männer sich schämen, werden mehr gerettet als getötet;
Den Fliehenden aber erhebt sich weder Ruhm noch Rettung!«
So sprach er, und die begehrten auch selbst, sich zu wehren,
Und warfen sich in den Mut das Wort und umzäunten die Schiffe
Mit einem Zaun von Erz, und dagegen erweckte Zeus die Troer.
Den Antilochos aber trieb an der gute Rufer Menelaos:
»Antilochos! Kein anderer ist jünger als du von den Achaiern,
570 Noch mit den Füßen schneller, noch so streitbar wie du, um zu kämpfen.
Ob du wohl vorspringen und treffen könntest einen Mann der Troer?«
So sprach er und eilte wieder zurück, den aber reizte er.
Und er sprang heraus aus den Vorkämpfern und schleuderte den schimmernden
                                                                          Speer,
Um sich spähend, und rückwärts wichen die Troer
Vor dem schleudernden Mann. Und er warf nicht vergebens sein Geschoß,
Sondern des Hiketaon Sohn, den hochgemuten Melanippos,
Der gerade zum Kampf kam, traf er in die Brust bei der Warze,
Und er stürzte dröhnend, und um ihn rasselten die Waffen.
Und Antilochos sprang zu wie ein Hund, der auf ein Hirschkalb,
580 Ein getroffenes, losstürmt, das, wie es aus dem Lager sprang,
Ein Jäger traf mit dem Wurf und ihm unten die Knie löste.

So sprang auf dich, Melanippos! Antilochos zu, der standhafte,
Die Waffen zu rauben. Doch entging er nicht dem göttlichen Hektor,
Der ihm entgegengelaufen kam durch die Feindseligkeit.
Antilochos aber hielt nicht stand, ein so schneller Kämpfer er war,
Sondern er flüchtete, einem Raubtier gleichend, das Böses verübte,
Das, wenn es einen Hund getötet oder einen Hirten bei den Rindern,
Flieht, noch ehe der Haufen sich versammelt hat der Männer.
So flüchtete der Nestor-Sohn, und ihn überschütteten die Troer und Hektor
590 Unter unsäglichem Geschrei mit stöhnenbringenden Geschossen.
Und er blieb stehen und wandte sich, als er zur Schar der Gefährten gelangte.
    Die Troer aber, Löwen gleichend, rohfressenden,
Stürmten gegen die Schiffe und vollendeten des Zeus Gebote,
Der ihnen große Kraft weckte und den Mut der Argeier
Bezauberte und ihnen das Prangen raubte, die aber reizte.
Denn dem Hektor wollte sein Mut Prangen verleihen,
Dem Priamos-Sohn, daß er in die geschweiften Schiffe das brennende Feuer
Hineinwerfe, das unermüdliche, und der Thetis maßlose Bitte
Ganz erfülle. Denn darauf wartete der ratsinnende Zeus,
600 Daß er von einem brennenden Schiff den Glanz mit den Augen sähe.
Denn von da an wollte er einen Rückstoß von den Schiffen
Bereiten den Troern, den Danaern aber Prangen verleihen.
Darauf bedacht, erweckte er bei den gewölbten Schiffen
Hektor, den Priamos-Sohn, der auch selbst schon sehr begierig war.
Und er wütete wie Ares, der Lanzenschwinger, oder wie vernichtendes Feuer
In den Bergen wütet, in den Dickichten des tiefen Waldes.
Schaum trat ihm um den Mund, die beiden Augen aber
Leuchteten ihm unter den finsteren Brauen, und rings wurde der Helm
Schrecklich an den Schläfen erschüttert, während er kämpfte:
610 Hektor, denn selbst war ihm vom Äther her ein Helfer
Zeus, der unter vielen Männern ihn allein
Ehrte und ihm Prangen verlieh. Denn nur von kurzer Dauer
Sollte er sein, denn schon erregte gegen ihn den Schicksalstag
Pallas Athenaia unter der Gewalt des Peleus-Sohnes.
    Und er wollte durchbrechen die Reihen der Männer, es dort versuchend,
Wo er die dichteste Menge sah und die besten Waffen.
Doch auch so konnte er nicht durchbrechen, sosehr er es begehrte,
Denn sie hielten sich turmartig aneinandergefügt, so wie ein Felsen,
Ein schroffer, großer, nahe an der grauen Salzflut,
620 Der standhält der schrillen Winde reißenden Bahnen
Und den Wogen, den geschwollenen, die sich an ihm brechen:

So hielten stand die Danaer den Troern unentwegt und flohen nicht.
Der aber, allseits leuchtend von Feuer, sprang in die Menge
Und fiel ein, wie wenn eine Woge in das schnelle Schiff fällt,
Heftig, unter Wolken, eine windgenährte, und das ist ganz
Von Schaum überdeckt, und des Windes furchtbares Wehen
Braust hinein in das Segel, und es zittern im Innern die Schiffsleute,
In Furcht, denn knapp nur trägt es sie unter dem Tod hinweg:
So wurde zerrissen der Mut in der Brust der Achaier.
630   Aber der, wie ein Löwe verderbensinnend über Rinder kommt,
Die in der Niederung eines großen Sumpflandes weiden,
Zehntausende, und unter ihnen ein Hirt, noch nicht sehr erfahren,
Mit einem Raubtier zu kämpfen beim Morden eines krummgehörnten Rindes;
Ja, der geht den vordersten oder hintersten Reihen der Rinder
Immer zur Seite, der aber springt mitten hinein und frißt
Ein Rind, die aber flüchteten vor ihm alle: so wurden damals
Die Achaier unsäglich gescheucht von Hektor und Zeus, dem Vater,
Alle, er aber tötete allein den Mykener Periphetes,
Den eigenen Sohn des Kopreus, der von Eurystheus, dem Herrscher,
640   Immer als Bote kam zu der Gewalt des Herakles.
Von dem war er gezeugt: eines weit schlechteren Vaters besserer Sohn
In allfachen Tüchtigkeiten, so mit den Füßen wie auch zu kämpfen,
Und auch an Verstand war er unter den ersten Männern Mykenes.
Dieser verbürgte damals dem Hektor überlegenes Prangen.
Denn als er sich zurückwandte, prallte er gegen den Rand des Schildes,
Den er selbst trug, bis zu den Füßen reichend, als Schutz gegen Speere.
In dem verfing er sich, fiel auf den Rücken, und rings der Helm
Dröhnte schrecklich um die Schläfen des Fallenden.
Doch Hektor bemerkte es scharf und kam dicht zu ihm herangelaufen
650   Und bohrte ihm in die Brust den Speer, und nahe bei den eigenen Gefährten
Tötete er ihn, und sie konnten, so bekümmert sie waren um den Gefährten,
Ihm nicht helfen, denn sie selber fürchteten sehr den göttlichen Hektor.
     Vor sich sahen sie die Schiffe, und rings umgaben sie die äußersten
Schiffe, die sie zuerst hinaufgezogen; die aber strömten nach.
Doch die Argeier wichen zurück von den Schiffen, wenn auch gezwungen,
Von den ersten, hielten dort aber stand bei den Hütten,
Dicht versammelt, und zerstreuten sich nicht über das Lager: Scham hielt sie
Und Furcht, denn unablässig riefen sie einander zu.
Und Nestor wieder am meisten, der Gerenier, der Hüter der Achaier,
660   Flehte bei den Eltern auf Knien an jeden einzelnen Mann:
»Freunde! seid Männer und legt euch Scham in den Mut

Vor den anderen Menschen! Und dazu gedenke ein jeder
Der Kinder und Frauen und der Habe und seiner Eltern,
Wem sie am Leben noch sind wie auch, wem sie gestorben.
An ihrer Stelle flehe ich hier auf den Knien, die sie fern sind,
Daß ihr standhaltet mit Kraft und euch nicht wendet zur Flucht!«
     So sprach er und erregte Kraft und Mut eines jeden.
Und ihnen stieß von den Augen die Wolke des Dunkels Athene,
Die unsägliche, und sehr ward ihnen Licht nach beiden Seiten:
670 Nach den Schiffen hin wie nach dem gemeinsamen Kampf.
Und Hektor gewahrten sie, den guten Rufer, und die eigenen Gefährten,
Sowohl die hinten abseits standen und nicht kämpften,
Wie die anderen, die den Kampf kämpften bei den schnellen Schiffen.
     Doch nicht mehr gefiel es dem Aias, dem großherzigen, im Mute,
Dort zu stehen, wo abseits standen die anderen Söhne der Achaier,
Sondern über die Aufbauten der Schiffe ging er hin, groß ausschreitend,
Und bewegte eine Stange in den Händen, eine große, bestimmt für den
                                                                Seekampf,
Eine zusammengefügte mit Klammern, zweiundzwanzig Ellen lang.
Und wie ein Mann, der es gut versteht, auf Pferden kunstvoll zu reiten,
680 Nachdem er sich aus vielen vier Pferde zusammengekoppelt,
Sie aus der Ebene treibt und zur großen Stadt dahinjagt
Auf der volktragenden Straße, und viele staunen über ihn,
Männer und Frauen, und er, unfehlbar sicher springend,
Wechselt immer von einem zum anderen, die aber fliegen dahin:
So eilte Aias über viele Aufbauten der schnellen Schiffe
Dahin, groß ausschreitend, und seine Stimme gelangte bis zum Äther.
Und immer gewaltig schreiend rief er den Danaern zu,
Sich um die Schiffe und Lagerhütten zu wehren. Aber auch Hektor
Blieb nicht im Haufen der dicht gepanzerten Troer,
690 Sondern wie ein braunroter Adler auf ein Volk von Vögeln,
Geflügelten, niederstößt, die entlang am Flusse weiden,
Gänse oder Kraniche oder Schwäne mit langen Hälsen:
So drang Hektor gerade zu auf ein schwarzbugiges Schiff,
Dagegen anstürmend. Doch ihn stieß Zeus von hinten
Mit sehr mächtiger Hand, und trieb auch das Volk zugleich mit ihm.
     Und wieder wurde eine bittere Schlacht bei den Schiffen bereitet.
Du hättest sagen mögen, sie stießen unermüdlich und unaufreibbar
Gegeneinander im Kampf, so stürmisch kämpften sie.
Und denen, wie sie kämpften, war dieser Gedanke: ja, die Achaier
700 Meinten, nicht zu entrinnen dem Unheil, sondern zugrunde zu gehen;

Den Troern aber hoffte der Mut in der Brust eines jeden,
Die Schiffe zu verbrennen und zu töten die Helden, die Achaier.
Das bedenkend, standen diese gegeneinander.
Hektor aber packte am Heck ein Schiff, ein meerdurchfahrendes,
Schönes, schnellfahrendes: das hatte den Protesilaos nach Troja
Getragen und führte ihn nicht wieder zurück ins väterliche Land.
Um dessen Schiff nun erschlugen die Achaier und die Troer
Einander im Nahkampf, und nicht die Schüsse von Bogen
Erwarteten sie aus der Ferne und nicht die Würfe von Spießen,
710 Sondern nahe beieinander standen sie, mit einem Mute,
Und kämpften mit scharfen Beilen und mit Äxten
Und großen Schwertern und zweischneidigen Lanzen.
Und viele Schwerter, schöne, mit schwarzen Streifen, geknaufte,
Fielen teils aus den Händen zu Boden, teils von den Schultern
Der kämpfenden Männer, und es strömte von Blut die schwarze Erde.
Doch Hektor ließ das Heck, als er es ergriffen, nicht fahren,
Den Knauf festhaltend in Händen, und rief den Troern zu:
»Schafft Feuer herbei! und zugleich erhebt selber alle zusammen den
                                                              Schlachtruf!
Jetzt hat uns Zeus den Tag gegeben, der alle aufwiegt:
720 Die Schiffe zu nehmen, die, gegen der Götter Willen hierhergekommen,
Uns viele Leiden brachten, wegen der Feigheit der Ältesten,
Die, wenn ich kämpfen wollte bei den hinteren Schiffen,
Mich selber stets gehindert und das Volk zurückgehalten.
Aber hat damals beschädigt der weitumblickende Zeus
Unsere Sinne: jetzt treibt er selber und gebietet!«
     So sprach er, und die stürmten noch heftiger gegen die Argeier.
Doch Aias hielt nicht mehr stand; überwältigt wurde er von Geschossen,
Sondern wich ein wenig zurück – er meinte schon, daß er sterben müßte –
Auf die Querbank, sieben Fuß breit, und verließ die Aufbauten des
                                                              ebenmäßigen Schiffes.
730 Dort stand er wartend und wehrte mit der Lanze die Troer
Immer ab von den Schiffen, wenn einer trug unermüdliches Feuer.
Und immer gewaltig schreiend rief er den Danaern zu:
»Freunde! Helden der Danaer! Diener des Ares!
Seid Männer, Freunde! und gedenkt der ungestümen Kampfkraft!
Oder meinen wir, es seien noch irgend Helfer da hinten?
Oder eine stärkere Mauer, die den Männern das Verderben abwehrte?
Nicht, wahrhaftig! ist nah eine Stadt, eine mit Türmen gefügte,
Wo wir uns wehren könnten mit einem Volk, das den Sieg wendete.

Sondern in der Ebene der dicht gepanzerten Troer
40 Sitzen wir an das Meer gelehnt, fern der väterlichen Erde.
Darum ist unser Licht in den Armen, nicht in der Weichlichkeit des Kampfes!«
Sprach es und setzte ihnen weiter begierig zu mit der spitzen Lanze.
Und wer irgend von den Troern auf die hohlen Schiffe zulief
Mit loderndem Feuer, dem Hektor zu Gefallen, der ihn antrieb,
Den erstach Aias, ihn abpassend mit der langen Lanze.
Und zwölf, vorn vor den Schiffen, aus der Nähe erstach er.

SECHZEHNTER GESANG *Patroklos tritt zu Achilleus und fleht, ihn in seinen Waffen hinauszusenden. Als Aias nicht mehr standhält und das Feuer in das Schiff des Protesilaos fällt, treibt Achilleus selbst den Patroklos, mit den Myrmidonen auszuziehen. Patroklos vertreibt die Troer von dem brennenden Schiff bis zu den Mauern Trojas. Er tötet Sarpedon, den Zeus von Schlaf und Tod in seine Heimat geleiten läßt. Doch als Patroklos weiter vorstößt, schlägt ihn Apollon in den Rücken und Euphorbos und Hektor töten ihn.*

So kämpften diese um das Schiff, das gutverdeckte.
Patroklos aber trat zu Achilleus, dem Hirten der Völker,
Heiße Tränen vergießend, wie eine Quelle mit schwarzem Wasser,
Die den steilen Felsen hinab das dunkle Wasser gießt.
Wie er ihn sah, jammerte es den fußstarken göttlichen Achilleus,
Und er begann und sprach zu ihm die geflügelten Worte:
»Warum bist du in Tränen, Patroklos, so wie ein Mädchen,
Ein kleines, das neben der Mutter herläuft und bittet, es aufzunehmen,
Und faßt sie am Kleid und hält sie zurück, die Eilende,
10 Und in Tränen blickt es sie an, bis sie es aufnimmt:
Dem gleichend, Patroklos! vergießt du die zarte Träne.
Willst du den Myrmidonen etwas anzeigen oder mir selber?
Oder hast du eine Botschaft aus Phthia gehört, für dich allein?
Sie sagen doch, daß Menoitios noch lebt, der Sohn des Aktor,
Und es lebt auch der Aiakide Peleus unter den Myrmidonen,
Um welche beide wir sehr trauern würden, wenn sie tot wären.
Oder jammerst du etwa um die Argeier, wie sie zugrunde gehen
Bei den gewölbten Schiffen, wegen ihres eigenen Vergehens?
Sprich es aus, verbirg es nicht im Sinn! damit wir es beide wissen.«
20 Da sagtest du schwer stöhnend zu ihm, Wagenkämpfer Patroklos:
»O Achilleus, des Peleus Sohn! weit Bester der Achaier!
Verarge es nicht! Denn ein solcher Kummer hat überwältigt die Achaier.
Denn schon alle, so viele vorher die Besten waren,
Liegen in den Schiffen, durch Wurf oder Hieb verwundet.
Getroffen ist der Tydeus-Sohn, der starke Diomedes,
Verwundet Odysseus, der speerberühmte, und Agamemnon,
Und getroffen ist auch Eurypylos mit dem Pfeil am Schenkel.

Und um sie sind die Ärzte, die kräuterreichen, beschäftigt,
Die Wunden zu heilen. Du aber bist nicht zu bewegen, Achilleus!
30 Mag mich doch niemals ein solcher Zorn ergreifen, wie du ihn hegst,
Unheilsheld! Wie wird ein anderer, Spätgeborener, an dir sich noch freuen,
Wenn du den Argeiern nicht das schmähliche Verderben abwehrst!
Erbarmungsloser! Dein Vater war nicht der Rossetreiber Peleus
Noch auch Thetis die Mutter: das blanke Meer hat dich geboren
Und schroffe Felsen, denn dein Sinn ist ohne Milde!
Wenn du aber in deinem Innern einen Götterspruch meidest,
Und dir einen von Zeus gewiesen hat die hehre Mutter,
So schicke doch mich hinaus, schnell, und gib mir mit das übrige Volk
Der Myrmidonen, ob ich wohl ein Licht den Danaern werde.
40 Und gib mir, daß ich um die Schultern mit deinen Waffen mich rüste:
Vielleicht, daß sie mich für dich halten und ablassen vom Kampf,
Die Troer, und aufatmen die streitbaren Söhne der Achaier,
Die bedrängten, und ist auch nur kurz das Aufatmen im Krieg.
Leicht könnten wir Unermüdeten die in der Schlacht ermüdeten Männer
Zurückstoßen zur Stadt von den Schiffen und Lagerhütten.«
    So sprach er flehend, der groß Kindische. Ja, und er sollte
Sich selbst den Tod, den schlimmen, und die Todesgöttin erflehen.
Da fuhr groß auf und sagte zu ihm der fußschnelle Achilleus:
»O mir! zeusentsproßter Patroklos! wie hast du gesprochen!
50 Weder ein Götterspruch kümmert mich, von dem ich weiß,
Noch hat mir etwas von Zeus gewiesen die hehre Mutter.
Doch das kommt mir als schrecklicher Kummer über das Herz und den Mut,
Wenn den Gleichgestellten ein Mann gewillt ist zu beschädigen
Und sein Ehrgeschenk ihm wieder zu nehmen, weil er an Macht vorangeht.
Ein schrecklicher Kummer ist mir das, da ich Schmerzen litt im Mute.
Das Mädchen, das mir als Ehrgeschenk auswählten die Söhne der Achaier,
Und die ich mit meinem Speer erbeutet und die gutummauerte Stadt zerstört:
Die hat mir wieder aus den Händen genommen der gebietende Agamemnon,
Der Atreus-Sohn, so wie irgendeinem ehrlosen Zugewanderten! –
60 Doch diese Dinge wollen wir abgetan sein lassen; kann man ja auch nicht
Unablässig zürnen im Sinn! Doch gesagt habe ich wahrhaftig,
Daß ich nicht eher den Zorn aufgebe, sondern erst dann, wenn
Zu meinen Schiffen gelangt sei Kampfgeschrei und Krieg. –
Du aber tauche mit den Schultern in meine berühmten Waffen
Und führe an die Myrmidonen, die kriegliebenden, zu kämpfen,
Wenn denn die schwarze Wolke der Troer rings mit Macht
Die Schiffe umgibt, und sie, an die Brandung des Meeres

Gelehnt, vom Land nur noch einen schmalen Raum innehaben,
Die Argeier, und der Troer ganze Stadt herangerückt ist,
70 Zuversichtlich. Denn sie sehen nicht nahe von meinem Helm die Stirn,
Dem leuchtenden: schnell hätten sie fliehend die Wassergräben
Gefüllt mit Toten, wenn mir der gebietende Agamemnon
Freundlich gesonnen wäre! Jetzt aber kämpfen sie um das Lager.
Denn nicht in den Händen des Tydeus-Sohns Diomedes
Wütet die Lanze, den Danaern das Verderben abzuwehren,
Noch haben sie irgend die Stimme des Atriden gehört, des rufenden,
Aus seinem verhaßten Haupt, sondern die des Hektor, des männermordenden,
Zurufend den Troern, hallt ringsum. Und die, mit Kampfgeschrei,
Nehmen die ganze Ebene ein, in der Schlacht besiegend die Achaier.
80 Aber auch so, Patroklos! wehre das Verderben von den Schiffen
Und falle ein mit Macht, daß sie nicht im lodernden Feuer
Die Schiffe verbrennen und uns die Heimkehr nehmen.
Doch folge mir, wie ich dir das Ziel der Rede in den Sinn lege,
So daß du mir große Ehre und Prangen gewinnst
Vor allen Danaern, und sie die sehr schöne Jungfrau
Wieder zurückschicken und dazu glänzende Gaben bringen:
Hast du sie aus den Schiffen vertrieben, so kehre zurück! Wenn aber wieder
Dir gibt, Prangen zu gewinnen, der starkdröhnende Gatte der Here:
Daß du nicht ohne mich verlangst zu kämpfen mit den Troern,
90 Den kampfliebenden – geringer an Ehre würdest du mich machen! –,
Und daß du nicht in der Freude an Kampf und Feindseligkeit,
Die Troer mordend, gegen Ilios die Männer anführst!
Daß nicht vom Olympos einer der Götter, der für immer geborenen,
Dazwischentritt, denn sehr liebt die der Ferntreffer Apollon.
Nein, wende dich wieder zurück, sobald du Licht bei den Schiffen
Gebracht hast, und laß die in der Ebene weiter kämpfen!
Wenn doch, Zeus Vater und Athenaia und Apollon!
Nicht einer der Troer jetzt dem Tod entginge, so viele sie sind,
Und nicht einer der Argeier, und nur wir beide hervortauchten aus dem
                                                                    Verderben,
100 Daß wir allein die heiligen Stirnbinden Trojas lösten!«
      So redeten diese dergleichen miteinander. –
Doch Aias hielt nicht mehr stand: überwältigt wurde er von Geschossen.
Es bezwang ihn der Sinn des Zeus und die erlauchten Troer,
Die nach ihm warfen. Und um die Schläfen hatte der schimmernde Helm
Ein schreckliches Dröhnen, wenn er getroffen wurde, und getroffen
                                                          wurde er ständig

An den Buckeln, den gutgearbeiteten. Und müde wurde er an der
                                                    linken Schulter,
Wie er immer unentwegt den funkelnden Schild hielt. Doch sie vermochten
Ihn nicht an ihm zu erschüttern, dagegen drängend mit Geschossen.
Immer von schwerer Atemnot war er befangen, und herab floß der Schweiß
10 Ihm überall aus den Gliedern, viel, und auf keine Weise konnte er
Aufatmen, und rings um ihn war Unheil gepackt auf Unheil.
    Sagt mir nun, Musen! die ihr die olympischen Häuser habt:
Wie da zuerst das Feuer fiel in die Schiffe der Achaier!
Hektor hieb gegen des Aias eschenen Speer, herangetreten,
Mit dem Schwert, dem großen, am Schaft hinter der Spitze
Und schlug sie gerade ab. Und den schwang der Telamonier Aias
Umsonst in der Hand, den verstümmelten Speer, und weit weg von diesem
Fiel die eherne Lanzenspitze dröhnend zu Boden.
Da erkannte Aias in seinem untadligen Mut – und ihn schauderte –
20 Die Werke der Götter: daß ihm gänzlich beschor die Anschläge des Kampfes
Zeus, der hochdonnernde, und den Sieg den Troern wollte.
Und er wich zurück aus den Geschossen. Die aber warfen das unermüdliche
                                                    Feuer
In das schnelle Schiff, und über das war sogleich ergossen die unauslöschliche
                                                    Flamme.
    So war um dieses am Heck das Feuer geschäftig. Aber Achilleus
Schlug seine beiden Schenkel und sagte zu Patroklos:
»Erhebe dich, zeusentsproßter Patroklos, pferdetreibender!
Ich sehe schon bei den Schiffen das Brausen des feindlichen Feuers.
Daß sie nur nicht die Schiffe nehmen und kein Entrinnen mehr ist!
Tauche in die Waffen, schnellstens! Ich aber will das Volk versammeln.«
130   So sprach er, Patroklos aber rüstete sich mit funkelndem Erz.
Die Beinschienen legte er zuerst um die Unterschenkel,
Schöne, mit silbernen Knöchelplatten versehen.
Zum zweiten dann tauchte er mit der Brust in den Panzer,
Den bunten, bestirnten, des fußschnellen Aiakiden.
Und um die Schultern warf er sich das Schwert mit silbernen Nägeln,
Das eherne, und dann den Schild, den großen und wuchtigen.
Und auf das starke Haupt setzte er den gutgefertigten Helm
Mit dem Roßschweif, und schrecklich nickte von oben herab der Busch;
Und ergriff zwei wehrhafte Speere, die ihm in die Hände paßten.
40 Die Lanze allein aber nahm er nicht des untadligen Aiakiden,
Die schwere, große, wuchtige: die konnte kein anderer der Achaier
Schwingen, sondern allein verstand sie zu schwingen Achilleus,

Die Esche vom Pelion, die seinem Vater gebracht hatte Cheiron
Von des Pelion Gipfel, Mord zu sein den Helden.
Die Pferde aber hieß er schnell anschirren den Automedon,
Den er nach Achilleus, dem männerdurchbrechenden, am meisten ehrte;
Der Zuverlässigste war er ihm, in der Schlacht zu warten auf seinen Zuruf.
Und ihm führte Automedon unter das Joch die schnellen Pferde,
Xanthos und Balios, die zugleich mit den Winden dahinflogen,
150 Die geboren hatte dem Zephyros-Wind die Harpyie Podarge,
Als sie weidete auf der Wiese bei der Strömung des Okeanos.
Und in die Leinen des Beipferds führte er den untadligen Pedasos,
Den einst, als er die Stadt des Eëtion nahm, mitführte Achilleus,
Der, wenn auch sterblich geboren, lief mit den unsterblichen Pferden.
    Zu den Myrmidonen aber ging und ließ sie sich rüsten Achilleus,
Alle durch die Lagerhütten hin mit Waffen. Die aber, wie Wölfe,
Rohfressende, denen um das Zwerchfell unsägliche Kraft ist,
Die einen Hirsch, einen gehörnten, großen, in den Bergen erlegten
Und ihn verzehren, und ihnen allen ist die Wange von Blut gerötet,
160 Und im Rudel laufen sie, um von der Quelle mit schwarzem Wasser
Zu lecken mit ihren dünnen Zungen das schwarze Wasser,
Das oberste, erbrechend den Mord des Blutes, und drinnen der Mut
In der Brust ist ohne Zittern, doch rings beengt ist der Bauch:
So waren der Myrmidonen Führer und Berater
Um den tüchtigen Gefolgsmann des fußschnellen Aiakiden
Eilig bewegt. Und unter diesen stand der streitbare Achilleus,
Antreibend die Pferde und die Männer, die schildbewehrten.
    Fünfzig Schiffe waren es, schnelle, die Achilleus
Nach Troja angeführt hatte, der zeusgeliebte, und in jedem
170 Waren fünfzig Männer an den Ruderpflöcken als Gefährten.
Und fünf hatte er zu Führern gemacht, denen er vertraute,
Weisung zu geben, er selbst aber herrschte groß mit Macht.
Die eine Schar führte Menesthios im funkelnden Panzer,
Der Sohn des Spercheios, des zeusentströmten Flusses.
Ihn gebar des Peleus Tochter, die schöne Polydore,
Spercheios, dem unermüdlichen, die Frau bei dem Gott gelagert,
Dem Namen nach aber dem Boros, dem Sohn des Periëres,
Der sie öffentlich zur Frau nahm und brachte unermeßliche Brautgeschenke.
Von der zweiten aber war der streitbare Eudoros Führer,
180 Der Jungfrauensohn, den gebar die im Reigen schöne Polymele,
Des Phylas Tochter. Die hatte der starke Argostöter
Begehrt, als er sie mit den Augen sah unter den Tanzenden

Im Reigen der Artemis mit der goldenen Spindel, der tosenden.
Und er stieg sogleich ins Obergeschoß und legte sich heimlich zu ihr,
Hermes, der kluge, und sie brachte ihm den prangenden Sohn,
Eudoros, überlegen im schnellen Lauf wie auch als Kämpfer.
Doch als ihn die Göttin der Geburtsmühen, Eileithyia,
Herausgeführt hatte ans Licht und er die Strahlen der Sonne sah,
Da führte diese des Echekles starke Kraft, des Aktor-Sohnes,
190 In sein Haus, nachdem er gebracht zehntausend Brautgeschenke.
Den aber nährte gut auf der alte Phylas und pflegte ihn,
Ihn mit Liebe umgebend, als wäre er sein eigener Sohn. –
Von der dritten war der streitbare Peisandros Führer,
Des Maimalos Sohn, der hervorstach unter allen Myrmidonen,
Mit der Lanze zu kämpfen, nach dem Gefährten des Peleus-Sohns.
Die vierte aber führte der Alte, der Rossetreiber Phoinix,
Die fünfte aber Alkimedon, des Laërkes untadliger Sohn. –
Doch als sie nun alle mit ihren Führern aufgestellt hatte
Achilleus, gut geordnet, da legte er ihnen das starke Wort auf:
200   »Myrmidonen! daß keiner mir die Drohungen vergesse,
Die ihr bei den schnellen Schiffen androhtet den Troern
Während des ganzen Zorns, und habt mir vorgeworfen ein jeder:
›Harter Sohn des Peleus! Mit Galle hat dich aufgenährt die Mutter!
Erbarmungsloser! der du bei den Schiffen gegen ihren Willen hältst die
                                                              Gefährten!
Kehren wir doch wieder heim mit den Schiffen, den meerdurchfahrenden,
Da ja der schlimme Zorn dir so den Mut befallen!‹
Das habt ihr, versammelt, oft zu mir gesagt. Jetzt aber ist erschienen
Das große Werk der Schlacht, nach der ihr zuvor verlangtet.
Da mag einer, der ein wehrhaftes Herz hat, mit den Troern kämpfen!«
210   So sprach er und erregte Kraft und Mut eines jeden,
Und stärker fügten sich zusammen die Reihen, als sie den König hörten.
Und wie wenn ein Mann eine Mauer fügt mit dichten Steinen
Eines hohen Hauses, die Gewalten der Winde abzuwehren:
So fügten sich aneinander die Helme und Schilde, die gebuckelten.
Schild drängte den Schild, Helm Helm und Mann den Mann,
Und es berührten einander roßmähnige Helme mit glänzenden Bügeln,
Wenn sie nickten, so dicht standen sie aneinander.
Vorn vor allen aber rüsteten sich zwei Männer:
Patroklos wie auch Automedon, mit einem Mute,
220 Voran zu kämpfen den Myrmidonen. Aber Achilleus
Schritt hin und ging in die Hütte und öffnete den Deckel von dem Kasten,

Dem schönen, kunstreich gefertigten, den ihm die silberfüßige Thetis
Auf das Schiff gebracht, ihn mitzuführen, gut gefüllt mit Gewändern
Und Mänteln zum Schutz vor den Winden und wollenen Decken.
Da lag ihm ein Becher, ein gefertigter, und es hatte weder ein anderer
Von den Männern aus ihm getrunken den funkelnden Wein,
Noch tat er je den Weihguß für einen der Götter außer Zeus, dem Vater.
Den nahm er damals aus dem Kasten und reinigte ihn mit Schwefel
Zuerst und wusch ihn dann mit schönen Güssen Wassers
230 Und wusch sich selber die Hände und schöpfte funkelnden Wein
Und betete dann, in die Mitte der Umzäunung getreten, und spendete den Wein,
Zum Himmel aufblickend, und dem Zeus entging er nicht, dem donnerfrohen:
»Zeus, Herr von Dodona! Pelasgier! ferne wohnend!
Der du in Dodona herrschst, der schlimmumstürmten, und rings wohnen
Die Sellen, deine Ausdeuter, mit ungewaschenen Füßen, am Boden lagernd;
Ja, da hast du schon einmal mein Wort gehört, wie ich betete,
Und mich geehrt und groß geschlagen das Volk der Achaier.
So erfülle mir auch jetzt noch dieses Begehren!
Denn selber bleibe ich im Sammelplatz der Schiffe,
240 Doch den Gefährten schicke ich aus mit vielen Myrmidonen,
Um zu kämpfen. Laß diesen Prangen begleiten, weitumblickender Zeus!
Und ermutige ihm das Herz im Innern, daß auch Hektor
Es wisse, ob er auch allein versteht zu kämpfen,
Unser Gefolgsmann, oder ob ihm nur dann die unberührbaren Hände
Rasen, wann immer auch ich gehe in das Gewühl des Ares.
Hat er aber von den Schiffen Schlacht und Kampfruf zurückgetrieben:
Unversehrt möge er mir dann zu den schnellen Schiffen gelangen
Mit den Waffen allen und den Nahkämpfern, den Gefährten!«
So sprach er und betete, und ihn hörte der ratsinnende Zeus.
250 Und das eine gab ihm der Vater, das andere aber versagte er.
Von den Schiffen gab er ihm wegzustoßen den Kampf und die Schlacht,
Heil aber versagte er ihm aus der Schlacht zurückzukehren. –
Als dieser nun den Weihguß getan und gebetet hatte zu Zeus, dem Vater,
Ging er wieder in die Hütte und legte den Becher fort in den Kasten
Und ging und trat vor die Hütte, denn noch wollte er in seinem Mute
Zuschauen dem Kampfgewühl der Troer und Achaier, dem schrecklichen.
     Die aber, zusammen mit Patroklos, dem großherzigen, gerüstet,
Schritten hin, um hochgemut auf die Troer einzudringen.
Und sofort strömten sie hinaus, Wespen gleichend,
260 Am Wege nistenden, die die Knaben zu reizen pflegen,
Sie immer neckend, die am Weg die Häuser haben,

Die Kindischen! und ein gemeinsames Übel bereiten sie vielen;
Und wenn nur im Vorübergehen ein Mensch, ein Wanderer,
Sie aufscheucht unwillentlich, fliegen sie mit wehrhaftem Herzen
Vorwärts eine jede und wehrt sich um ihre Kinder:
Mit Herz und Mut wie diese strömten damals die Myrmidonen
Aus den Schiffen, und Geschrei, unauslöschliches, erhob sich.
    Und Patroklos rief den Gefährten zu, weithin schreiend:
»Myrmidonen! Gefährten des Peleus-Sohns Achilleus!
270 Seid Männer, Freunde! und gedenkt der ungestümen Kampfkraft!
Daß wir dem Peliden Ehre schaffen, der der weit Beste
Der Argeier ist bei den Schiffen, wie auch seine nahkämpfenden Gefährten.
Und es erkenne auch der Atreus-Sohn, der weitherrschende Agamemnon,
Seine Verblendung, daß er den Besten der Achaier für nichts geehrt hat!«
    So sprach er und erregte Kraft und Mut eines jeden.
Und sie fielen ein in die Troer, gesammelt, und rings die Schiffe
Erdröhnten gewaltig unter dem Geschrei der Achaier.
Wie die Troer aber sahen des Menoitios streitbaren Sohn,
Ihn selbst und den Gefolgsmann, in Waffen funkelnd,
280 Da wurde allen der Mut verwirrt, und es wankten die Reihen.
Sie meinten, es habe bei den Schiffen der fußschnelle Peleus-Sohn
Den Zorn von sich geworfen und Freundschaft gewählt.
Und jeder spähte um sich, wohin er entfliehen könnte dem jähen Verderben.
    Patroklos aber schleuderte als erster den schimmernden Speer
Gerade hinein in die Mitte, wo die meisten sich drängten,
Bei dem hinteren Schiff des hochgemuten Protesilaos,
Und traf den Pyraichmes, der die Paionen, die pferdegerüsteten,
Geführt hatte aus Amydon vom Axios, dem breitströmenden.
Den traf er in die rechte Schulter, der aber fiel rücklings nieder
290 In den Staub, wehklagend, und die Gefährten um ihn flüchteten,
Die Paionen, denn Patroklos warf einen Schrecken in sie alle,
Als er ihren Führer getötet, der der Beste war im Kampf.
Und aus den Schiffen trieb er sie und löschte das lodernde Feuer,
Und halb verbrannt blieb dort liegen das Schiff. Sie aber flohen,
Die Troer, unter unsäglichem Lärm, und die Danaer strömten nach
Über die gewölbten Schiffe, und Lärm entstand, unendlicher.
Und wie wenn von dem hohen Gipfel eines großen Berges
Fortbewegt eine dichte Wolke der Blitzesammler Zeus,
Und sichtbar werden alle Klippen und vorspringenden Gipfel
300 Und die Schluchten, und vom Himmel herein bricht der unendliche Äther:
So atmeten die Danaer, fortstoßend von den Schiffen das feindliche Feuer,

Ein wenig auf, doch es gab kein Nachlassen des Kampfes.
Denn noch flohen die Troer nicht vor den aresgeliebten Achaiern
Vorwärts gewandt von den schwarzen Schiffen, sondern stellten
Sich noch entgegen, wichen jedoch von den Schiffen zurück, notgedrungen.
   Da ergriff Mann den Mann, als sich die Schlacht zerstreute:
Jeder der Führer. Und als erster traf des Menoitios streitbarer Sohn
Den Areilykos, als er sich eben wandte, in den Schenkel
Mit der spitzen Lanze, und durch und durch trieb er das Erz.
310 Und den Knochen zerbrach die Lanze, und vornüber stürzte er nieder
Auf die Erde. Doch Menelaos, der streitbare, stieß den Thoas
In die Brust, die neben dem Schild entblößte, und löste die Glieder.
Der Phyleus-Sohn aber paßte den Amphiklos ab, wie er heranstürmte,
Kam ihm zuvor und traf ihn oben in den Schenkel, wo der dickste
Muskel des Menschen ist, und rings um die Spitze der Lanze
Zerrissen ihm die Sehnen, und ihm umhüllte Dunkel die Augen.
   Und von den Nestor-Söhnen stieß der eine den Atymnios mit dem scharfen
                                                                        Speer,
Antilochos, und durch die Weiche trieb er die eherne Lanze,
Und der stürzte vornüber. Maris aber sprang aus der Nähe mit dem Speer
320 Auf Antilochos zu, erzürnt um seinen Bruder,
Und trat vor den Toten. Doch ihm kam der gottgleiche Thrasymedes
Zuvor, ehe er zustieß, und traf ihn – und fehlte nicht –
Sogleich in die Schulter, und den Oberarm schälte des Speeres Spitze
Aus den Muskeln und schmetterte den Knochen gänzlich herunter.
Und er stürzte dröhnend, und Dunkel umhüllte ihm die Augen.
So gingen die beiden, von zwei Brüdern bezwungen,
In die Unterwelt, des Sarpedon tüchtige Gefährten,
Die speergeübten Söhne des Amisodaros, der die Chimaira
Aufgenährt hatte, die ungeheure, zum Übel für viele Menschen.
330 Aias aber, der Oileus-Sohn, sprang zu auf Kleobulos und faßte
Ihn lebend, gestrauchelt im Gewühl, doch löste er ihm auf der Stelle
Die Kraft und schlug ihn mit dem geknauften Schwert in den Nacken,
Und das ganze Schwert wurde heiß vom Blut, und die beiden Augen
Ergriff ihm der purpurne Tod und das übermächtige Schicksal.
Peneleos aber und Lykon liefen aufeinander zu, denn mit den Lanzen
Hatten sie einander verfehlt und beide vergeblich geworfen.
Und sie liefen wieder mit den Schwertern aufeinander zu. Da schlug Lykon
Auf den Bügel des roßmähnigen Helmes, und rings am Heft
Zersprang das Schwert. Der aber schlug ihm unter das Ohr in den Hals,
340 Peneleos, und ganz hinein tauchte das Schwert, und nur die Haut hielt noch,

Und seitwärts herab hing der Kopf, und unten lösten sich die Glieder.
    Meriones aber erreichte den Akamas mit raschen Füßen,
Und stieß ihn, wie er auf den Wagen stieg, gegen die rechte Schulter,
Und er stürzte aus dem Wagen, und Dunkel war ergossen über die Augen.
Idomeneus aber stieß den Erymas in den Mund mit dem erbarmungslosen Erz,
Und gerade hindurch fuhr hinten heraus der eherne Speer,
Unterhalb des Gehirns, und spaltete die weißen Knochen.
Und herausgeschüttelt wurden die Zähne, und es füllten sich ihm
Mit Blut die beiden Augen, und aus dem Mund und durch die Nasenlöcher
350 Sprühte er es, klaffend, und ihn umhüllte des Todes schwarze Wolke.
    Diese, die Führer der Danaer, erlegten einen Mann ein jeder.
Und wie Wölfe Lämmer anfallen oder Böcklein,
Reißende, sie unter den Schafen wegraubend, die in den Bergen
Durch des Hirten Unverstand zerstreut sind; und die, wie sie es sehen,
Raffen jene alsbald hinweg in ihrem kraftlosen Mute:
So fielen die Danaer die Troer an, die aber gedachten
Der Flucht, der schlimmtosenden, und vergaßen die ungestüme Kampfkraft.
Aias aber, der große, strebte immer, auf den erzgepanzerten Hektor
Einen Wurf zu tun. Der aber, voller Geschicklichkeit im Kampf,
360 Mit dem Stierhautschild gedeckt die breiten Schultern,
Gab acht auf das Schwirren der Pfeile und das Dröhnen der Speere.
Ja, er erkannte den in der Schlacht umschlagenden Sieg.
Aber auch so hielt er stand und rettete die geschätzten Gefährten.
    Und wie wenn vom Olympos eine Wolke zieht in den Himmel
Aus dem Äther, dem göttlichen, wenn Zeus einen Sturmwind ausspannt:
So entstand denen von den Schiffen her Geschrei und Flucht,
Und nicht nach der Ordnung gingen sie wieder hinüber. Den Hektor aber
Trugen hinaus die schnellfüßigen Pferde, mit den Waffen, und er verließ
das Volk,
Das troische, die der ausgehobene Graben wider Willen zurückhielt.
370 Und im Graben ließen viele wagenziehende schnelle Pferde,
Vorn an der Deichsel zerbrochen, zurück die Wagen der Herren.
    Patroklos aber setzte nach, heftig den Danaern zurufend,
Den Troern Schlimmes sinnend. Die aber erfüllten mit Geschrei und Flucht,
Als sie zersprengt waren, alle Wege, und hoch breitete sich aus
Der Staubwirbel unter den Wolken, und es streckten sich die einhufigen
Pferde
Zurück zur Stadt von den Schiffen und von den Lagerhütten.
Und Patroklos, wo er am meisten in Verwirrung sah das Volk,
Dorthin lenkte er mit Zuruf, und unter die Achsen fielen die Männer

Vornüber aus den Wagen, und die Wagenkörbe stürzten rasselnd um.
380 Und gerade über den Graben hinweg sprangen die schnellen Pferde,
Die unsterblichen, die dem Peleus die Götter gegeben als prangende Gaben,
Vorwärts strebend, und gegen Hektor trieb ihn der Mut,
Denn er strebte, ihn zu treffen. Den aber trugen hinaus die schnellen Pferde.
Und wie unter einem Sturmwind beschwert ist die ganze schwarze Erde
An einem herbstlichen Tag, wenn das reißendste Wasser herabschüttet
Zeus, wenn er mit Männern in seinem Grolle hart verfährt,
Die mit Gewalt auf dem Markt schiefe Rechtsweisungen geben
Und das Recht austreiben und sich nicht kümmern um der Götter Vergeltung;
Deren Flüsse füllen sich alle, die strömenden,
390 Und es schneiden dann viele Hänge ab die Sturzbäche,
Und gewaltig stöhnend strömen sie in die purpurne Salzflut
Jäh herab von den Bergen, und es schwinden hin die Werke der Menschen:
So stöhnten gewaltig die Pferde der Troer, während sie liefen.
    Patroklos aber, als er nun die ersten Reihen abgeschoren hatte,
Drängte sie wieder zu den Schiffen zurück und ließ sie nicht,
Sosehr sie strebten, zur Stadt hinaufgehen, sondern inmitten
Zwischen den Schiffen und dem Fluß und der hohen Mauer
Tötete er nachstürmend und ließ sich Buße zahlen für viele.
Ja, da traf er den Pronoos als ersten mit dem schimmernden Speer
400 In die Brust, die neben dem Schild entblößte, und löste die Glieder,
Und er stürzte dröhnend. Der aber stürmte gegen Thestor, des Enops Sohn,
Als zweiten: der saß in dem gutgeglätteten Wagen
Zusammengekauert, denn es verschlug ihm die Sinne, und aus den Händen
Waren ihm die Zügel geglitten. Der aber stach mit der Lanze, herangetreten,
In den rechten Kinnbacken und durchbohrte ihm die Zähne,
Und ihn am Speer fassend zog er ihn über den Wagenrand, wie ein Mann,
Auf einem vorspringenden Felsen sitzend, den heiligen Fisch
Aus dem Meer herauszieht mit der Schnur und dem blanken Erz:
So zog er aus dem Wagen den Schnappenden mit dem schimmernden Speer,
410 Stieß ihn hin auf den Mund, und wie er fiel, verließ ihn der Lebensmut.
    Aber alsdann traf er den Erylaos, der heranstürmte, mit einem Stein
Mitten auf das Haupt, und das brach ganz auseinander
In dem schweren Helm, und vornüber stürzte er nieder
Auf die Erde, und um ihn ergoß sich der Tod, der lebenzerstörende.
Doch darauf den Erymas und Amphoteros und Epaltes
Und Tlepolemos, den Damastor-Sohn, und Echios und Pyris
Und Ipheus und Euhippos und den Argeas-Sohn Polymelos –
Die alle, einen nach dem anderen, streckte er hin auf die vielnährende Erde.

Doch Sarpedon, als er nun sah, wie die Gefährten im gurtlosen Leibrock
420 Unter des Patroklos Händen, des Menoitios-Sohns, bezwungen wurden,
Da rief er scheltend den gottgleichen Lykiern zu:
»Schämt euch, ihr Lykier! wohin flieht ihr? Jetzt seid schnell!
Denn entgegen trete ich diesem Mann, daß ich erfahre,
Wer da so übermächtig ist und schon viel Schlimmes getan hat
Den Troern, da er schon vielen und Edlen die Knie gelöst hat.«
Sprach es und sprang vom Wagen mit den Waffen auf die Erde.
Patroklos aber, als er es sah, sprang drüben vom Wagenstuhl.
Und sie, so wie Geier mit krummen Klauen und gebogenen Schnäbeln
Auf einem hohen Felsen gewaltig schreiend kämpfen:
430 So fuhren diese schreiend gegeneinander. –
Und als er sie sah, jammerte es den Sohn des Kronos, des
krummgesonnenen,
Und er sprach zu Here, der Schwester und Lagergenossin:
»O mir, ich! daß mir Sarpedon, der liebste der Männer,
Bestimmt ist, unter Patroklos, dem Menoitos-Sohn, bezwungen zu werden!
Und das Herz strebt mir zwiefach, der ich das bedenke im Sinn:
Ob ich ihn lebend aus der Schlacht, der tränenreichen,
Emporraffe und niedersetze in Lykiens fettem Gau,
Oder ihn schon unter den Händen des Menoitios-Sohns bezwinge.«
Darauf erwiderte ihm die Kuhäugige, die Herrin Here:
440 »Schrecklichster Kronos-Sohn! was für ein Wort hast du gesprochen!
Einen Mann, der sterblich ist und von jeher dem Schicksal verfallen,
Willst du wieder aus dem schlimmtosenden Tod erretten?
Tu es! doch wir anderen Götter billigen es dir nicht alle!
Doch etwas anderes sage ich dir, du aber lege es dir in deinen Sinn:
Wenn du lebend den Sarpedon in sein Haus geleitest,
Bedenke, ob nicht dann auch ein anderer der Götter gewillt ist,
Seinen eigenen Sohn aus der starken Schlacht zu geleiten.
Denn viele, die um die große Stadt des Priamos kämpfen,
Sind Söhne von Unsterblichen: denen wirst du schrecklichen Groll erregen.
450 Nein, wenn er dir lieb ist und dich jammert in deinem Herzen,
Wahrhaftig! so laß ihn zwar in der starken Schlacht
Unter des Patroklos Händen, des Menoitios-Sohns, bezwungen werden.
Aber sobald ihn dann Seele verlassen hat und Lebensdauer,
So geleite ihn, daß der Tod und der süße Schlaf ihn tragen,
Bis sie zu des breiten Lykiens Gau gelangen.
Dort werden ihn bestatten die Brüder und Anverwandten
Mit Hügel und Grabstein, denn das ist die Ehre der Gestorbenen.«

So sprach sie, und nicht ungehorsam war der Vater der Männer und
                                                              der Götter.
Doch blutige Tropfen schüttete er hinab zur Erde,
460 Seinen Sohn zu ehren, den ihm Patroklos vernichten sollte
In der starkschölligen Troja, fern dem väterlichen Lande.
    Als sie aber nahe heran waren, gegeneinander gehend,
Ja, da traf Patroklos den hochberühmten Thrasymelos,
Der der tüchtige Gefolgsmann des Sarpedon war, des Herrschers.
Den traf er unten in den Bauch und löste ihm die Glieder.
Sarpedon aber verfehlte ihn mit dem Speer, dem schimmernden,
Als zweiter anstürmend, und stach Pedasos, das Pferd, mit der Lanze
In die rechte Schulter, und es schrie auf, das Leben aushauchend,
Und fiel nieder in den Staub, klagend, und der Lebensmut entflog ihm.
470 Die zwei aber fuhren auseinander, und es krachte das Joch, und die Zügel
Verwirrten sich ihnen, als nun im Staube lag das Beipferd.
Doch dafür fand Automedon, der speerberühmte, ein Ende:
Er zog das langschneidige Schwert von dem starken Schenkel,
Sprang hinzu und hieb das Beipferd ab und zögerte nicht,
Und die wurden ausgerichtet und gestreckt in den Zugriemen.
    Die beiden aber kamen wieder zusammen in dem mutverzehrenden Streit.
Da wieder verfehlte ihn Sarpedon mit dem Speer, dem schimmernden,
Und dem Patroklos flog über die linke Schulter der Lanze Spitze
Und traf ihn nicht. Der aber erhob sich als zweiter mit dem Erz,
480 Patroklos, und nicht umsonst flog das Geschoß ihm aus der Hand,
Sondern traf dort, wo das Zwerchfell gedrängt ist um das dichte Herz.
Und er stürzte, wie wenn eine Eiche stürzt oder Silberpappel
Oder eine Fichte, eine hochragende, die in den Bergen Zimmermänner
Herausschlugen mit Äxten, neugeschliffenen, um ein Schiffsbalken zu sein:
So lag er vor den Pferden und dem Wagen hingestreckt,
Brüllend, in den Staub verkrallt, den blutigen.
Wie einen Stier ein Löwe tötet, in die Herde einfallend,
Einen braunroten, hochgemuten, unter den schleppfüßigen Rindern,
Und er verendet stöhnend unter den Kinnbacken des Löwen:
490 So grollte unter Patroklos der Führer der schildtragenden Lykier,
Wie er getötet wurde, und rief beim Namen seinen Gefährten:
    »Glaukos, Lieber! Kämpfer unter den Männern! Jetzt ist es dir sehr not,
Ein Lanzenkämpfer zu sein und ein kühner Krieger!
Jetzt sei dir erwünscht der schlimme Kampf, wenn du schnell bist!
Zuerst treibe an der Lykier führende Männer,
Überall zu ihnen tretend, daß sie um Sarpedon kämpfen.

Aber dann kämpfe auch selber um mich mit dem Erz!
Denn dir werde ich auch künftig Schmach und Schande sein
Alle Tage fort und fort, wenn mir die Achaier
500 Die Waffen rauben, da ich gefallen im Sammelplatz der Schiffe!
Darum halte aus mit Kraft und treibe an das ganze Volk!«
      Als er so gesprochen hatte, umhüllte ihm das Ende des Todes
Augen und Nasenlöcher. Der aber trat ihm mit dem Fuß auf die Brust
Und zog aus dem Leib den Speer, und dazu folgte ihm das Zwerchfell,
Und er riß ihm zugleich die Seele heraus und die Spitze der Lanze.
Die Myrmidonen aber hielten dort fest die Pferde, die schnaubenden,
Die zu fliehen strebten, nachdem sie verlassen den Wagen der Herren.
Dem Glaukos aber war es ein schrecklicher Kummer, als er die Stimme hörte,
Und das Herz wurde ihm bewegt, da er ihm nicht helfen konnte.
510 Und mit der Hand faßte er den Arm und drückte ihn zusammen, denn
                                                    ihn quälte
Die Wunde, die ihm Teukros geschlagen hatte mit dem Pfeil,
Als er anstürmte gegen die hohe Mauer, das Verderben den Gefährten
                                                    abzuwehren.
Und er betete und sprach zu dem Ferntreffer Apollon:
      »Höre, Herr! der du irgendwo in Lykiens fettem Gau
Oder in Troja bist – doch du vermagst überall zu hören
Einen Mann, der bekümmert ist, so wie mich jetzt Kummer ankommt.
Denn ich habe diese Wunde, die schwere, und rings ist mir der Arm
Von scharfen Schmerzen durchbohrt, und nicht kann das Blut mir
Trocknen, und beschwert wird mir davon die Schulter.
520 Die Lanze kann ich nicht sicher halten und auch nicht hingehen
Und mit den Feinden kämpfen. Und der Mann, der beste, ist umgekommen:
Sarpedon, des Zeus Sohn, der der hilft nicht einmal dem eigenen Sohn!
Aber du, Herr! heile mir diese schwere Wunde!
Und stille die Schmerzen, und gib Stärke, daß ich den Gefährten
Zurufe, den Lykiern, und sie zu kämpfen antreibe,
Und auch selbst um den Toten, den hingestorbenen, kämpfe.«
      So sprach er und betete, und ihn hörte Phoibos Apollon.
Sofort ließ er aufhören die Schmerzen, und an der leidigen Wunde
Trocknete er das Blut, das schwarze, und warf ihm Kraft in den Mut.
530 Und Glaukos erkannte es in seinem Sinn und freute sich,
Daß ihn schnell erhörte der große Gott, als er betete.
Zuerst nun trieb er an der Lykier führende Männer,
Überall zu ihnen tretend, daß sie um Sarpedon kämpften.
Dann aber ging er unter die Troer, groß ausschreitend,

Zu Pulydamas, dem Panthoos-Sohn, und Agenor, dem göttlichen,
Und ging hin zu Aineias und Hektor, dem erzgepanzerten,
Und herangetreten sagte er zu ihm die geflügelten Worte:
    »Hektor! jetzt also hast du ganz vergessen die Verbündeten,
Die um deinetwillen fern den Ihren und dem väterlichen Land
540 Das Leben hingeben, du aber willst ihnen nicht helfen!
Tot liegt Sarpedon, der Führer der schildtragenden Lykier,
Der Lykien schirmte durch Rechtsprüche und seine Stärke.
Den hat unter Patroklos bezwungen mit der Lanze der eherne Ares.
Aber, Freunde! tretet heran, und verargt es im Mute!
Daß ihm nicht die Waffen abnehmen und den Leichnam schänden
Die Myrmidonen, um die Danaer erzürnt, so viele zugrunde gingen,
Die wir bei den schnellen Schiffen töteten mit den Lanzen.«
    So sprach er, und die Troer ergriff vom Haupt herab die Trauer,
Die unerträgliche, unbezwingliche, da er ihnen ein Bollwerk
550 Der Stadt gewesen, wiewohl ein Fremder. Denn viele Völker waren ihm
Gefolgt, und unter ihnen war er selbst im Kampf der Beste.
Und sie gingen gerade gegen die Danaer, begierig, und ihnen voran
Ging Hektor, zürnend um Sarpedon. Doch die Achaier
Trieb des Menoitios-Sohnes Patroklos zottiges Herz.
Und die beiden Aias sprach er zuerst an, die auch selbst schon drängten:
»Aias! jetzt mag es euch beiden lieb sein, euch zu wehren,
So wie ihr früher wart unter Männern, oder auch besser!
Tot liegt der Mann, der als erster hineinsprang in die Mauer der Achaier,
Sarpedon. Aber wenn wir ihn doch nehmen und schänden könnten
560 Und die Waffen abnehmen von den Schultern, und manchen der Gefährten,
Die ihm beistehen, bezwingen mit dem erbarmungslosen Erz!«
    So sprach er, und die begehrten auch selbst danach, zu helfen.
Doch als sie auf beiden Seiten verstärkt hatten die Reihen,
Die Troer und Lykier und die Myrmidonen und Achaier,
Da stießen sie zusammen, zu kämpfen um den Toten, den hingestorbenen,
Schrecklich schreiend, und groß krachten die Waffen der Männer.
Und Zeus spannte eine Nacht, eine verderbliche, über die starke Schlacht,
Daß um den eigenen Sohn eine verderbliche Mühsal sei des Kampfes.
    Und zuerst stießen die Troer zurück die hellblickenden Achaier,
570 Denn getroffen wurde nicht der schlechteste Mann unter den Myrmidonen:
Der Sohn des Agaklees, des hochgemuten, der göttliche Epeigeus,
Der zuvor in Budeion, dem gutbewohnten, herrschte,
Aber damals hatte er einen edlen Vetter getötet
Und bei Peleus Schutz gesucht und der silberfüßigen Thetis.

Die aber schickten ihn mit, um Achilleus, dem männerdurchbrechenden,
                                                                   zu folgen
Nach Ilios, der rosseguten, daß er mit den Troern kämpfte.
Den traf da, als er nach dem Leichnam griff, der strahlende Hektor
Mit einem Stein auf das Haupt, und das brach ganz auseinander
In dem schweren Helm, und er stürzte vornüber auf den Toten,
Und um ihn ergoß sich der Tod, der lebenzerstörende.
Doch dem Patroklos war es ein Kummer um den getöteten Gefährten,
Und er stürmte gerade durch die Vorkämpfer, einem Falken gleichend,
Einem schnellen, der gescheucht hat Dohlen und Stare:
So gerade stürmtest du gegen die Lykier, pferdetreibender Patroklos!,
Und die Troer, und zürntest im Herzen um den Gefährten.
   Und er traf Sthenelaos, des Ithaimenes eigenen Sohn,
Gegen den Hals mit einem Stein und zerriß ihm die Sehnen,
Und es wichen zurück die Vorkämpfer und der strahlende Hektor.
Und so weit der Schwung eines Wurfspeeres reicht, eines langgestreckten,
Den ein Mann entsendet, der sich erprobt, sei es im Wettspiel,
Sei es auch im Krieg unter lebenzerstörenden Feinden:
So weit wichen die Troer und stießen sie zurück die Achaier.
   Glaukos aber als erster, der Führer der schildtragenden Lykier,
Wandte sich um und tötete den Bathykles, den hochgemuten,
Des Chalkon eigenen Sohn, der in Hellas die Häuser bewohnte
Und an Fülle und Reichtum hervorstach unter den Myrmidonen.
Diesen stieß Glaukos mitten in die Brust mit dem Speer,
Plötzlich sich umdrehend, als der ihn verfolgte und einholte,
Und er stürzte dröhnend, und ein dichter Kummer ergriff die Achaier,
Als er fiel, der tapfere Mann. Und groß freuten sich die Troer,
Und sie gingen und traten um ihn, gesammelt. Doch die Achaier
Vergaßen nicht die Abwehr und trugen die Kraft ihnen gerade entgegen.
   Da wieder ergriff Meriones einen behelmten Mann der Troer:
Laogonos, den kühnen Sohn des Onetor, der ein Priester des Zeus
Vom Ida war, und wie ein Gott war er geehrt im Volk.
Den traf er unter dem Kinnbacken und dem Ohr, und schnell ging der Mut
Aus den Gliedern, und das verhaßte Dunkel ergriff ihn.
Aineias aber entsandte auf Meriones den ehernen Speer,
Denn er hoffte, ihn zu treffen, wie er schildgedeckt vorging.
Der aber sah ihm entgegen und wich aus der ehernen Lanze,
Denn er bückte sich vorwärts nieder, und hinter ihm
Fuhr der lange Speer in die Erde, und das Schaftende erbebte
An der Lanze, doch dann ließ schwinden die Kraft der gewaltige Ares.

Und der Speer des Aineias fuhr im Schwung in die Erde,
Nachdem er umsonst aus der wuchtigen Hand gestürmt war.
Und da wurde Aineias zornig im Mut und sagte:
»Meriones! bald hätte mit dir, und bist du auch ein Tänzer,
Meine Lanze für immer ein Ende gemacht, hätte ich dich getroffen!«
    Ihm entgegnete wieder Meriones, der speerberühmte:
620 »Aineias! schwer wird es dir fallen, und bist du auch ein Starker,
Allen Menschen auszulöschen die Kraft, wer dir entgegen
Treten mag und sich wehren! Denn sterblich bist auch du geschaffen.
Würde auch ich werfen und dich in die Mitte treffen mit scharfem Erz,
Gleich würdest du wohl, so stark du bist und den Armen vertrauend,
Mir Ruhm geben, die Seele aber dem rosseberühmten Hades!«
    So sprach er. Da schalt ihn des Menoitios streitbarer Sohn:
»Meriones! was mußt du, und bist du auch ein Tapferer, dieses reden?
Lieber! nicht werden dir die Troer vor schmähenden Worten
Von dem Leichnam weichen; zuvor wird noch manchen die Erde decken!
630 In den Armen liegt die Entscheidung des Kriegs; die der Worte im Rat.
Darum gilt es nicht Reden zu häufen, sondern zu kämpfen!«
    So sprach er und ging voran, und es folgte ihm der gottgleiche Mann.
Und von denen, wie von holzfällenden Männern sich erhebt ein Getöse
In den Schluchten des Berges, und von weitem ist es zu hören:
So erhob sich von denen ein Dröhnen von der breitstraßigen Erde
Von Erz und Leder und gutgearbeiteten Rindshäuten,
Wie sie zustießen mit Schwertern und zweischneidigen Lanzen.
Da hätte auch ein achtsamer Mann nicht mehr den göttlichen Sarpedon
Erkannt, denn mit Geschossen und Blut und Staub
640 War er eingehüllt vom Kopf durchweg bis zu den Spitzen der Füße.
Sie aber waren immer dicht um den Leichnam, wie wenn Fliegen
In einem Gehöft summen um die milchgefüllten Eimer
Zur Frühlingszeit, wenn von Milch die Gefäße triefen:
So waren diese dicht um den Leichnam. Und niemals wandte Zeus
Ab von der starken Schlacht die leuchtenden Augen,
Sondern immer sah er herab auf die Männer und bedachte im Mute
Sehr vieles um des Patroklos Tod, hin und her überlegend,
Ob bereits auch ihn in der starken Schlacht
Dort über dem gottgleichen Sarpedon der strahlende Hektor
650 Mit dem Erz sollte töten und von den Schultern die Waffen nehmen,
Oder ob er noch Weiteren mehren sollte die Kampfnot, die steile.
Und so schien es ihm, als er sich bedachte, besser zu sein:
Daß der tüchtige Gefolgsmann des Peleus-Sohns Achilleus

Von neuem die Troer und auch den erzgepanzerten Hektor
Zurückstieße gegen die Stadt und vielen den Lebensmut nähme.
Und in Hektor sandte er zu allererst einen kraftlosen Mut.
Und auf den Wagen steigend wandte er sich zur Flucht und rief den anderen
Troern, zu fliehen, denn er erkannte des Zeus heilige Waage.
Da hielten auch die starken Lykier nicht stand, sondern sie flohen
660 Alle, als sie den König, beschädigten Herzens, liegen sahen
In dem Haufen der Leichen, denn viele waren gefallen
Über ihm, als den Streit, den starken, ausspannte Kronion.
Die aber nahmen von den Schultern Sarpedons das Rüstzeug,
Das eherne, blanke. Dies gab den Gefährten, zu den hohlen Schiffen
Zu tragen, des Menoitios streitbarer Sohn.
   Und damals sprach zu Apollon der Wolkensammler Zeus:
»Auf jetzt, lieber Phoibos! reinige von dem schwarzwolkigen Blut,
Aus den Geschossen gehend, den Sarpedon, und hast du ihn dann
Weit fortgetragen, so wasche ihn in den Strömungen des Flusses
670 Und salbe ihn mit Ambrosia und umkleide ihn mit unsterblichen Kleidern,
Und geleite ihn mit den raschen Geleitern, daß sie ihn tragen:
Schlaf und Tod, den Zwillingen, die ihn dann schnell
Niedersetzen werden in des breiten Lykiens fettem Gau.
Dort werden ihn bestatten die Brüder und Anverwandten
Mit Hügel und Grabstein, denn das ist die Ehre der Gestorbenen.«
   So sprach er, und es war dem Vater nicht ungehorsam Apollon.
Und er schritt hinab von den Bergen des Ida in das schreckliche Gewühl
Und hob sogleich aus den Geschossen Sarpedon, den göttlichen,
Trug ihn weit fort und wusch ihn in den Strömungen des Flusses,
680 Salbte ihn mit Ambrosia und umkleidete ihn mit unsterblichen Kleidern
Und geleitete ihn mit den raschen Geleitern, daß sie ihn trugen,
Schlaf und Tod, den Zwillingen, die ihn dann schnell
Niedersetzten in des breiten Lykiens fettem Gau.
   Patroklos aber rief den Pferden zu und dem Automedon
Und ging den Troern und Lykiern nach und wurde groß verblendet.
Der Kindische! Denn hätte er das Wort des Peliden bewahrt,
Ja, er wäre entronnen der Göttin, der schlimmen, des schwarzen Todes.
Doch immer ist des Zeus Sinn stärker als der des Menschen,
Der auch den tapferen Mann schreckt und ihm den Sieg nimmt,
690 Leicht, und ein andermal selbst ihn antreibt zu kämpfen:
Der ihm auch damals den Mut in der Brust aufreizte.
   Wen hast du da als ersten und wen als letzten erschlagen,
Patroklos! als dich die Götter nun zum Tode riefen?

Den Adrestos zuerst und den Autonoos und Echeklos
Und Perimos, den Megas-Sohn, und Epistor und Melanippos,
Aber dann den Elasos und Mulios wie auch Pylartes:
Diese erschlug er, die anderen aber strebten zur Flucht ein jeder.
     Da hätten die hochtorige Troja genommen die Söhne der Achaier
Unter des Patroklos Händen, denn rings voran wütete er mit der Lanze,
700 Wäre nicht Apollon Phoibos auf den gutgebauten Turm
Getreten, ihm Verderbliches sinnend und den Troern helfend.
Dreimal stieg auf den Vorsprung der Mauer, der hohen,
Patroklos, und dreimal stieß ihn zurück Apollon,
Mit den unsterblichen Händen gegen den Schild, den schimmernden, stoßend.
Doch als er nun das viertemal anstürmte, einem Daimon gleichend,
Da sprach mit schrecklichem Zuruf zu ihm der Ferntreffer Apollon:
»Weiche, zeusentsproßter Patroklos! Nicht ist dir Bestimmung,
Daß unter deinem Speer die Stadt vernichtet werde der stolzen Troer,
Noch auch unter dem des Achilleus, der doch weit besser ist als du!«
710 So sprach er, Patroklos aber wich weit zurück nach hinten,
Den Zorn vermeidend des Ferntreffers Apollon. –
Hektor aber hielt in den Skäischen Toren die einhufigen Pferde,
Denn er zweifelte: sollte er kämpfen, sie wieder in das Gewühl treibend,
Oder dem Volk zurufen, sich in die Mauer zu drängen.
Während er dieses bedachte, trat zu ihm Phoibos Apollon,
Einem Mann gleichend, einem jugendlichen und starken:
Asios, der ein Mutterbruder war des pferdebändigenden Hektor,
Der eigene Bruder der Hekabe und Sohn des Dymas,
Der in Phrygien wohnte an den Strömungen des Sangarios.
720 Dem gleichend sprach zu ihm des Zeus Sohn Apollon:
»Hektor! was läßt du ab vom Kampf? Das brauchst du nicht!
Wäre ich doch, soviel schwächer ich bin, soviel stärker als du:
Dann hättest du bald dich zu deinem Unheil dem Kampf entzogen!
Doch auf! lenke gegen Patroklos die starkhufigen Pferde,
Ob du ihn irgend ergreifst und dir Ruhm gibt Apollon!«
     So sprach er und ging wieder zurück, der Gott, in den Kampf der Männer.
Kebriones aber, dem kampfgesinnten, befahl der strahlende Hektor,
Die Pferde in den Kampf zu peitschen. Aber Apollon
Ging und tauchte in die Menge und schickte unter die Argeier
730 Eine schlimme Verwirrung, doch den Troern und Hektor verlieh er Prangen.
Und Hektor ließ die anderen Danaer und tötete keinen,
Doch gegen Patroklos lenkte er die starkhufigen Pferde.
Aber Patroklos sprang drüben von dem Gespann zu Boden,

In der Linken die Lanze, und ergriff mit der anderen einen Stein,
Einen scharfkantigen Block, den ihm die Hand umhüllte,
Und angestemmt entsandte er ihn und blieb nicht lange fern dem Mann,
Und warf nicht umsonst das Geschoß, sondern traf des Hektor Zügelhalter,
Kebriones, einen Bastardsohn des hochberühmten Priamos,
Der die Zügel der Pferde hielt, in die Stirn mit dem scharfen Stein.
740 Und beide Brauen raffte der Stein zusammen, und nicht hielt ihm stand
Der Knochen, und die Augen fielen zu Boden in den Staub
Ihm vor die Füße. Und der, einem Taucher gleichend,
Stürzte von dem gutgearbeiteten Wagen, und das Leben verließ die Gebeine.
Und zu ihm sagtest du spottend, Wagenkämpfer Patroklos:
»Nein doch! ein gar behender Mann! wie leicht er hinabtaucht!
Wenn er wohl einmal auch auf dem Meer, dem fischreichen, wäre,
So würde viele sattmachen der Mann da, nach Austern fischend,
Vom Schiff herabspringend, wenn es auch stürmisch wäre,
So wie er jetzt im Feld von den Pferden leicht hinabtaucht.
750 Ja wirklich! Auch unter den Troern gibt es Taucher!«
    So sprach er, und auf Kebriones schritt er zu, den Helden,
Mit dem Ungestüm eines Löwen, der, die Gehöfte verwüstend,
Getroffen wird in die Brust, und die eigene Kampfkraft verdarb ihn:
So sprangst du, Patroklos, auf Kebriones zu, begierig,
Doch Hektor wieder sprang drüben von dem Gespann zu Boden.
Beide begannen sie, um Kebriones wie Löwen zu streiten,
Die auf den Gipfeln des Bergs um eine getötete Hirschkuh,
Beide hungrig, voll hohen Mutes kämpfen:
So strebten um Kebriones die zwei Meister des Kampfgeschreis,
760 Patroklos, der Menoitios-Sohn, und der strahlende Hektor,
Einander die Haut zu zerschneiden mit dem erbarmungslosen Erz.
Hektor, als er ihn am Kopf ergriffen hatte, ließ ihn nicht fahren,
Patroklos aber drüben hielt ihn am Fuß. Die anderen aber,
Troer und Danaer, führten zusammen die starke Schlacht.
Und wie der Ostwind und der Süd miteinander streiten
In den Schluchten des Berges, den tiefen Wald zu erschüttern,
Eiche und Esche und die glattrindige Kirsche,
Und sie schlagen gegeneinander die langgestreckten Äste
Mit unsäglichem Lärm, und ein Krachen ist, wenn sie zerbrechen:
770 So mordeten Troer und Achaier, gegeneinander springend,
Und beide gedachten sie nicht der verderblichen Flucht.
Und um Kebriones hafteten viele scharfe Speere
Und gefiederte Pfeile, von den Sehnen gesprungen,

Und viele Steine, große, erschütterten die Schilde
Der um ihn Kämpfenden, und er, im Wirbel des Staubes,
Lag groß da, der große, vergessend die Kunst des Wagenlenkens.
   Solange die Sonne die Mitte des Himmels umschritt,
Solange hafteten von beiden die Geschosse, und es fiel das Volk.
Als aber die Sonne hinüberging zu der Stunde, da man die Rinder ausspannt,
780 Da waren die Achaier, über ihr Teil hinaus, die Stärkeren.
Und sie zogen Kebriones, den Helden, aus den Geschossen,
Aus dem Geschrei der Troer, und nahmen ihm die Waffen von den Schultern.
Patroklos aber sprang, ihnen Schlimmes sinnend, unter die Troer.
Dreimal sprang er da an, gleichwiegend dem schnellen Ares,
Schrecklich schreiend, und dreimal tötete er neun Männer.
Doch als er nun das viertemal anstürmte, einem Daimon gleichend,
Da nun erschien dir, Patroklos! das Ende des Lebens,
Denn entgegen trat dir Phoibos in der starken Schlacht,
Der furchtbare. Der bemerkte ihn nicht, wie er durch das Gewühl herankam,
790 Denn von vielem Nebel umhüllt kam er ihm entgegen.
Und er trat hinter ihn und schlug ihm den Rücken und die breiten Schultern
Mit niederfahrender Hand, und es verdrehten sich ihm die Augen.
Und vom Haupt warf ihm den Helm Phoibos Apollon,
Und der, wie er dahinrollte, gab ein Gedröhn unter den Füßen der Pferde,
Der mit Augenlöchern versehene Helm, und besudelt wurde die Mähne
Von Blut und Staub. Zuvor war es nicht erlaubt gewesen,
Daß der roßmähnige Helm besudelt wurde vom Staube,
Sondern des göttlichen Mannes Haupt und die liebliche Stirn
Schützte er, des Achilleus. Damals aber gab Zeus ihn dem Hektor
800 Auf seinem Haupte zu tragen, doch schon nahe war ihm der Untergang. –
Und ganz zerbrach ihm in den Händen die langschattende Lanze,
Die schwere, große, wuchtige, mit Erz beschlagen. Doch von den Schultern
Fiel ihm der Schild mit dem Tragriemen zu Boden, der rings eingefaßte,
Und es löste ihm den Panzer der Herr, des Zeus Sohn Apollon.
Und ihm faßte das Verderben die Sinne, und gelöst wurden unten die
                                                  schimmernden Glieder,
Und er stand erstarrt. Und von hinten in den Rücken mit dem scharfen Speer
Mitten zwischen die Schultern traf ihn von nah ein dardanischer Mann,
Der Panthoos-Sohn Euphorbos, der ausgezeichnet war vor den Altersgenossen
Mit Lanze und Wagenlenkung und mit behenden Füßen. Denn auch damals
810 Hatte er schon zwanzig Männer von den Gespannen gestoßen,
Als er zuerst gekommen mit dem Wagen, den Krieg noch lernend.
Der entsandte auf dich als erster das Geschoß, Wagenkämpfer Patroklos,

Doch bezwang dich nicht, und lief wieder zurück und mischte sich in die Menge,
Nachdem er aus dem Leib gerissen den eschenen Speer, und hielt
Nicht stand dem Patroklos, selbst dem entblößten, in der Feindseligkeit.
Patroklos aber, vom Schlag des Gottes und dem Speer bezwungen,
Wich zurück in die Schar der Gefährten und vermied die Todesgöttin.
   Hektor aber, wie er sah, daß der hochgemute Patroklos
Nach hinten zurückwich, getroffen mit dem scharfen Erz,
820 Kam zu ihm herangelaufen durch die Reihen und stieß ihn mit dem Speer
Zu unterst in die Weichen, und durch und durch trieb er das Erz.
Und er stürzte dröhnend, und groß bekümmerte er das Volk der Achaier.
Und wie wenn einen Eber, einen unermüdlichen, ein Löwe überwältigt im Kampf,
Die beide auf den Gipfeln des Berges voll hohen Mutes kämpfen
Um eine Quelle, eine spärliche, und sie wollen beide trinken,
Und den viel Keuchenden bezwang der Löwe mit Gewalt:
So raubte des Menoitios wehrhaftem Sohn, der viele getötet,
Hektor, der Priamos-Sohn, von nah mit der Lanze das Leben.
Und sich über ihn rühmend sprach er zu ihm die geflügelten Worte:
830   »Patroklos! ja, da sagtest du wohl, du würdest unsere Stadt vernichten,
Und den troischen Frauen den Tag der Freiheit rauben
Und sie mitführen in den Schiffen ins eigene väterliche Land!
Kindischer! Ihnen zum Schutz greifen des Hektor schnelle Pferde
Mit den Füßen aus zum Kampf, und ich rage selbst hervor mit der Lanze
Unter den kampfliebenden Troern, der ich ihnen abwehre
Den Tag des Zwangs. Dich aber fressen hier die Geier!
Ah, Elender! und nicht hat dir geholfen, so tapfer er ist, Achilleus,
Der, zurückbleibend, dir wohl gar vielfach auftrug, als du auszogst:
›Daß du mir nicht eher zurückkehrst, pferdetreibender Patroklos!
840 Zu den gewölbten Schiffen, ehe du nicht von Hektor, dem männermordenden,
Das blutige Panzerhemd hast um die Brust zerrissen!‹
So sprach er doch wohl zu dir, und hat dir Sinnberaubtem den Sinn
                                                    beredet!«
   Da sagtest du, schwach an Kräften, zu ihm, Wagenkämpfer Patroklos:
»Jetzt nun, Hektor, rühme dich groß! Denn dir hat den Sieg gegeben
Zeus, der Kronide, und Apollon, die mich bezwangen,
Leicht, denn selbst haben sie mir von den Schultern die Waffen genommen.
Doch solche wie du, wenn mir auch zwanzig begegnet wären,
Alle wären sie hier auf der Stelle umgekommen, unter meinem Speer
                                                    bezwungen.
Aber mich hat das verderbliche Schicksal und der Leto Sohn getötet,
850 Von den Männern aber Euphorbos, und du erschlägst mich als dritter!

Doch etwas anderes sage ich dir, du aber lege es dir in deinen Sinn:
Gewiß wirst du auch selbst nicht mehr lange leben, sondern
Schon nahe steht bei dir der Tod und das gewaltige Schicksal,
Von des Achilleus Händen bezwungen, des untadligen Aiakiden.«
     Als er so gesprochen hatte, umhüllte ihn das Ende des Todes,
Und die Seele flog aus den Gliedern und ging zum Haus des Hades,
Ihr Schicksal beklagend, verlassend Manneskraft und Jugend.
Doch noch zu dem Toten sagte der strahlende Hektor:
»Patroklos! was weissagst du mir das jähe Verderben?
860 Wer weiß, ob nicht Achilleus, der Sohn der schönhaarigen Thetis,
Zuvor von meinem Speer geschlagen das Leben verliert!«
     So sprach er und zog den ehernen Speer aus der Wunde,
Mit der Ferse dagegen tretend, und stieß ihn rücklings ab von dem Speer.
Sogleich aber schritt er mit dem Speer auf Automedon zu,
Den gottgleichen Gefolgsmann des fußschnellen Aiakiden,
Denn er strebte, ihn zu treffen. Den aber trugen hinaus die schnellen Pferde,
Die unsterblichen, die dem Peleus die Götter gegeben als prangende Gaben.

SIEBZEHNTER GESANG   *Kampf um den Leichnam des Patroklos. Menelaos erlegt*
Euphorbos, doch Hektor raubt dem Patroklos die Waffen des Achilleus
und legt sie selber an. Die trauernden Rosse des Achilleus lenkt Automedon in die
Schlacht, wo Hektor und Aineias sie vergeblich verfolgen. Wechselnder Kampf um den
Leichnam. Menelaos und Meriones tragen ihn schließlich zurück und Aias
schützt sie. Antilochos wird unterdessen zu Achilleus geschickt, ihm die Nachricht zu
bringen.

Und nicht entging es dem Atreus-Sohn, dem aresgeliebten Menelaos,
Daß Patroklos von den Troern bezwungen war in der Feindseligkeit.
Und er ging durch die Vorkämpfer, gerüstet mit funkelndem Erz,
Und schritt um ihn, wie um ihr Kalb eine Mutter,
Eine Erstgebärende, winselnd, die zuvor von Geburt nichts wußte:
So schritt um Patroklos der blonde Menelaos.
Und vor ihn hielt er den Speer und den Schild, den allseits gleichen,
Begierig, den zu töten, wer immer ihm nahe käme.
Und nicht ließ des Panthoos Sohn, der lanzengute, es unbeachtet,
10 Daß Patroklos gefallen war, der untadlige, und dicht zu ihm
Trat er und sprach zu dem aresgeliebten Menelaos:
»Atreus-Sohn Menelaos! Zeusgenährter! Herr der Völker!
Weiche und verlasse den Leichnam! und laß das blutige Rüstzeug!
Denn keiner hat früher als ich von den Troern und berühmten Verbündeten
Den Patroklos mit dem Speer getroffen in der starken Schlacht.
Darum laß mich guten Ruhm unter den Troern gewinnen.
Daß ich dich nicht treffe und dir den honigsüßen Lebensmut nehme!«
Da fuhr groß auf und sagte zu ihm der blonde Menelaos:
»Zeus, Vater! nicht schön ist es, sich übermäßig zu rühmen!
20 Nicht des Panthers Ungestüm ist so groß noch auch des Löwen,
Noch des Wildschweins, des Ebers, des verderbensinnenden, dem doch der
                                                                          größte
Mut in der Brust in Kraft sich übermäßig brüstet,
Wie da des Panthoos Söhne, die lanzenguten, gesonnen sind!
Hat doch nichts auch des Hyperenor Gewalt, des pferdebändigenden,
Von seiner Jugend gehabt, als er mich schmähte und mir standhielt
Und sagte, ich sei unter den Danaern der verächtlichste Kämpfer.

Doch nicht, sage ich, kam er auf eigenen Füßen heim
Und erfreute seine Gattin und die sorglichen Eltern!
So löse ich gewiß auch deine Kraft, wenn du mir entgegen
30 Stehst. Doch rate ich dir, zurückzuweichen
Und in die Menge zu gehen und dich nicht mir entgegenzustellen,
Ehe dich ein Übel trifft. Geschehenes erkennt auch ein Tor.«
    So sprach er. Doch er beredete ihn nicht, sondern der antwortete und sagte.
»Jetzt nun, Menelaos, Zeusgenährter! wirst du wahrhaftig mir zahlen
Für meinen Bruder, den du erschlugst und davon sprichst, dich rühmend!
Und machtest zur Witwe die Frau im Innern des neuerbauten Gemachs
Und hast unsagbare Wehklage den Eltern und Trauer bereitet.
Ja, den Armen würde ich ein Aufhören der Klage schaffen,
Wenn ich dein Haupt und deine Waffen brächte
40 Und dem Panthoos in die Hände legte und der göttlichen Phrontis.
Aber nicht mehr lange, wahrhaftig! soll unversucht der Kampf sein
Und unausgefochten: ob es Kampfkraft bedeutet oder Flucht!«
    So sprach er und stieß gegen den Schild, den allseits gleichen.
Doch nicht durchbrach ihn das Erz, sondern ihm verbog sich die Spitze
Auf dem Schild, dem starken. Der aber erhob sich als zweiter mit dem Erz,
Der Atreus-Sohn Menelaos, und betete zu Zeus, dem Vater,
Und stieß den wieder Zurückweichenden in den Grund der Kehle
Und stemmte selber nach, der schweren Hand vertrauend,
Und gerade hindurch fuhr durch den weichen Hals die Spitze,
50 Und er stürzte dröhnend, und um ihn rasselten die Waffen.
Von Blut wurden ihm feucht die Haare, die denen der Chariten glichen,
Und die Locken, die eingeschnürt waren mit Gold und Silber.
Und wie ein Mann einen Schößling zieht, einen kräftig sprossenden, von
                                                          einem Ölbaum,
An einem einsamen Ort, wo genug Wasser heraufsprudelt,
Einen schönen, prangenden, und ihn schütteln die Hauche
Allfältiger Winde, und er strotzt in weißer Blüte,
Und plötzlich kommt ein Wind mit vielem Wirbel
Und dreht ihn heraus aus der Grube und streckt ihn hin auf die Erde:
So tötete den Sohn des Panthoos, den lanzenguten Euphorbos,
60 Der Atreus-Sohn Menelaos und raubte ihm die Waffen.
Und wie wenn ein Löwe, ein auf Bergen ernährter, seiner Kraft vertrauend,
Aus der weidenden Herde eine Kuh raubt, die die beste ist,
Und er packt sie und bricht ihr den Nacken heraus mit starken Zähnen
Zuerst, und schlürft dann das Blut und alle Eingeweide,
Sie zerfleischend, und um ihn erheben Hunde und Hirtenmänner

Ein sehr lautes Geschrei, von weitem, und wollen nicht
Ihm entgegentreten, denn sehr ergreift sie die blasse Furcht:
So wagte es auch keinem von denen der Mut in der Brust,
Entgegenzutreten dem ruhmvollen Menelaos.
70 Da hätte leicht die berühmten Waffen des Panthoos-Sohnes
Der Atride davongetragen, hätte es ihm nicht mißgönnt Apollon,
Der gegen ihn Hektor erregte, gleichwiegend dem schnellen Ares,
Einem Manne gleichend, dem Anführer der Kikonen Mentes.
Und er begann und sprach zu ihm die geflügelten Worte:
»Hektor! Jetzt läufst du so, das Unerreichbare verfolgend:
Die Pferde des Aiakiden, sie kampfgesinnten. Doch die sind schwierig
Für sterbliche Männer zu bändigen und zu fahren,
Einem anderen als Achilleus, den gebar eine unsterbliche Mutter.
Und indessen hat dir Menelaos, der streitbare Sohn des Atreus,
80 Wie er Patroklos umschritt, den Besten der Troer getötet:
Den Panthoos-Sohn Euphorbos, und ihm beendet die ungestüme Kampfkraft.«
So sprach er und ging wieder zurück, der Gott, in den Kampf der Männer.
Da umhüllte dem Hektor schreckliches Weh die ringsumdunkelten Sinne,
Und er spähte alsdann die Reihen entlang und erkannte sogleich,
Wie der die berühmten Waffen abzog, der aber auf der Erde
Lag, und es floß das Blut aus der geschlagenen Wunde.
Und er schritt durch die Vorkämpfer, gerüstet mit funkelndem Erz,
Scharf schreiend, der Flamme gleich des Hephaistos,
Der unauslöschlichen. Und nicht entging dem Sohn des Atreus der scharf
Rufende,
90 Und aufgebracht sprach er zu seinem großherzigen Mute:
»O mir, ich! wenn ich nun verlasse die Waffen, die schönen,
Und Patroklos, der da liegt um meiner Ehre willen:
Daß es mir nicht einer der Danaer verargt, wer immer es sieht!
Wenn ich aber mit Hektor, allein wie ich bin, und den Troern kämpfe,
Aus Scham: daß sie mich nicht umstellen, den einen die vielen,
Und alle Troer führt hierher der helmfunkelnde Hektor.
Aber was redet mein Mut mir da für Dinge?
Wenn ein Mann, gegen den Daimon, kämpfen will mit einem Manne,
Den ein Gott ehrt: schnell wälzt sich auf ihn ein großes Unheil.
100 Darum wird mir keiner der Danaer verargen, wer immer es sieht,
Daß ich dem Hektor weiche, da er kämpft, von einem Gott getrieben.
Wenn ich aber irgendwo Aias, den guten Rufer, vernähme,
Beide würden wir wieder vorgehen und des Kampfes gedenken,
Auch selbst gegen den Daimon, ob wir irgend retten könnten den Leichnam

Für den Peliden Achilleus: das wäre des Beste von den Übeln.«
    Während er dies erwog im Sinn und in dem Mute,
Indessen kamen heran die Reihen der Troer, und voran ging Hektor.
    Doch der wich zurück nach hinten und verließ den Leichnam,
    Immer wieder sich umwendend, wie ein starkbärtiger Löwe,
110 Den die Hunde und die Männer von einem Gehöft verjagen
    Mit Lanzen und Geschrei, und dem gefriert im Innern
    Das wehrhafte Herz, und widerwillig geht er hinweg von dem Pferch:
    So ging von Patroklos hinweg der blonde Menelaos.
    Und er blieb stehen und wandte sich, als er zur Schar der Gefährten gelangte,
    Und spähte umher nach Aias, dem großen, dem Telamon-Sohn.
    Und den bemerkte er sehr schnell zur Linken der ganzen Schlacht,
    Wie er die Gefährten ermutigte und sie antrieb zu kämpfen,
    Denn unsäglichen Schrecken warf in sie Phoibos Apollon.
    Und er schritt hin und lief und sprach sogleich das Wort, herangetreten:
120 »Aias! hierher, Lieber! laß uns um Patroklos, den Toten,
    Uns mühen, ob wir zumindest den Leichnam dem Achilleus bringen,
    Den nackten, aber die Waffen hat der helmfunkelnde Hektor.«
    So sprach er, und Aias, dem kampfgesinnten, erregte er den Mut,
    Und er schritt durch die Vorkämpfer, und mit ihm der blonde Menelaos.
    Hektor, als er dem Patroklos die berühmten Waffen geraubt,
    Schleifte ihn, daß er sein Haupt von den Schultern schnitte mit scharfem Erz
    Und den Leichnam, fortgezogen, den troischen Hunden gäbe.
    Doch Aias kam nahe heran und trug den Schild, einem Turm gleich,
    Und Hektor ging und wich zurück in die Menge der Gefährten
130 Und sprang auf den Wagen und gab die schönen Waffen
    Den Troern zur Stadt zu bringen, als großen Ruhm für sich selber.
    Aias aber deckte den Menoitios-Sohn rings mit dem breiten Schild
    Und trat hin, so wie ein Löwe um seine Jungen,
    Dem, wie er die Kleinen führt, im Walde Männer
    Begegnen, Jäger, doch er trotzt auf seine Stärke,
    Und die ganze Stirnhaut zieht er herab und verdeckt die Augen:
    So war Aias um Patroklos, den Helden, geschritten.
    Und der Atreus-Sohn drüben, der aresgeliebte Menelaos,
    Trat hin, groß die Trauer in seiner Brust vermehrend.
140   Doch Glaukos, des Hippolochos Sohn, der Anführer lykischer Männer,
    Sah Hektor von unten herauf an und fuhr ihn an mit dem schweren Wort:
    »Hektor! an Aussehen Bester! Doch in der Schlacht stehst du weit zurück!
    Ja, umsonst erhebt dich edler Ruhm, und bist doch ein Feigling!
    Bedenke nun, wie du die Stadt und Burg errettest

Allein mit den Völkern, die angestammt sind in Ilios!
Denn nicht wird einer der Lykier gehen, um zu kämpfen
Mit den Danaern um die Stadt, da ja kein Dank war,
Daß man kämpfte mit feindlichen Männern unablässig immer.
Wie wirst du retten einen geringeren Mann in der Menge,
150 Du Harter! da du Sarpedon, den Gastfreund zugleich und Gefährten,
Verließest, daß er den Argeiern zum Raub und zur Beute wurde,
Der dir vielfach von Nutzen war, der Stadt wie auch dir selber,
Als er lebte: jetzt aber wagtest du nicht, ihm die Hunde abzuwehren!
Darum jetzt, wenn einer mir folgen wird der lykischen Männer,
Gehen wir nach Hause, und Troja wird erscheinen ein jähes Verderben!
Denn wenn jetzt vielkühne Kraft in den Troern wäre,
Furchtlose, wie sie Männer erfüllt, die um die Heimat
Feindlichen Männern Mühsal und Kampf bereiten:
Schnell zögen wir dann den Patroklos hinein nach Ilios!
160 Wenn aber dieser zur großen Stadt des Priamos, des Herrschers,
Käme als Toter, und wir ihn herauszögen aus dem Kampf:
Schnell würden wohl die Argeier des Sarpedon schönes Rüstzeug
Herausgeben, und wir führten ihn selbst hinein nach Ilios!
Denn eines solchen Mannes Gefährte liegt erschlagen, der der weit Beste
Der Argeier ist bei den Schiffen, wie auch seine nahkämpfenden Gefährten.
Doch du hast es nicht gewagt, Aias, dem großherzigen,
Entgegen zu stehen und in die Augen zu blicken in der Feinde Geschrei,
Noch ihm gerade entgegen zu kämpfen, da er stärker ist als du!«
Da sah ihn von unten herauf an und sagte zu ihm der helmfunkelnde Hektor:
170 »Glaukos! was hast du, ein solcher Mann, überheblich gesprochen!
Nein doch! da meinte ich, über seist du an Verstand den anderen,
So viele da Lykien, das starkschollige, bewohnen.
Jetzt aber muß ich dir ganz den Verstand absprechen, wie du geredet,
Der du sagst, ich würde Aias, dem ungeheuren, nicht standhalten.
Nicht schauderte ich dir vor der Schlacht noch dem Hufschlag der Pferde!
Doch immer ist des Zeus Sinn stärker als der des Menschen,
Der auch den tapferen Mann schreckt und ihm den Sieg nimmt,
Leicht, und ein andermal selbst ihn antreibt zu kämpfen.
Doch auf! hierher, Lieber! tritt mir zur Seite und schaue mein Werk,
180 Ob ich den ganzen Tag ein Schlechter sein werde, wie du redest,
Oder auch manchen der Danaer, an Kampfkraft noch so begierig,
Zurückhalten werde, sich zu wehren um Patroklos, den toten!«
So sprach er und rief den Troern zu, weithin schreiend:
»Troer und Lykier und Dardaner, Nahkampfstreiter!

Seid Männer, Freunde! und gedenkt der ungestümen Kampfkraft,
Während ich in des untadligen Achilleus Rüstzeug tauche,
Das schöne, das ich der Gewalt des Patroklos geraubt habe, den ich erschlagen!«
Als er so gesprochen hatte, ging er hinweg, der helmfunkelnde Hektor,
Aus dem feindlichen Kampf, und lief und erreichte die Gefährten
190 Sehr schnell, noch nicht weit entfernt, nachlaufend mit raschen Füßen,
Die zur Stadt trugen die berühmten Waffen des Peleus-Sohnes.
Und abseits stehend von der Schlacht, der tränenreichen, tauschte er die
                                                                                     Rüstung.
Ja, die seine gab er, sie zu bringen nach der heiligen Ilios,
Den kampfliebenden Troern. Er aber tauchte in die unsterblichen Waffen
Des Peliden Achilleus, die ihm die Götter, die Uranionen,
Seinem Vater gebracht, und der hatte sie seinem Sohn übergeben,
Alt geworden, doch alterte nicht der Sohn in den Waffen des Vaters.
Doch als nun diesen abseits sah der Wolkensammler Zeus,
Wie er sich in den Waffen des Peliden, des göttlichen, rüstete,
200 Da bewegte er sein Haupt und sprach zu seinem Mute:
»Ah, Elender! und gar nicht liegt dir der Tod auf der Seele,
Der dir schon nahe ist, und du tauchst in die unsterblichen Waffen
Des besten Mannes, vor dem auch andere zittern!
Dem hast du den Gefährten erschlagen, den milden und starken,
Und hast die Waffen, nicht nach der Ordnung, von Haupt und Schultern
Genommen. Doch für jetzt will ich dir große Kraft verbürgen,
Zum Entgelt dafür, daß dir nicht, aus der Schlacht heimkehrend,
Andromache abnehmen wird die berühmten Waffen des Peleus-Sohnes.«
Sprach es, und mit den schwarzen Brauen nickte Kronion.
210 Und dem Hektor fügten sich die Waffen um den Leib, und in ihn tauchte
Ares, der schreckliche Enyalios, und erfüllt wurden ihm innen die Glieder
Von Kampfkraft und Stärke. Und zu den berühmten Verbündeten
Ging er, groß aufschreiend, und zeigte sich ihnen allen
In den Waffen strahlend des hochgemuten Peleus-Sohnes.
Und er trieb jeden einzelnen an, herangetreten, mit Worten,
Den Mesthles und Glaukos und Medon und Thersilochos
Und Asteropaios und Deisenor und Hippothoos
Und Phorkys und Chromios und auch Ennomos, den Vogelschauer.
Die trieb er an und sprach zu ihnen die geflügelten Worte:
220   »Hört mich! ihr zehntausend Stämme der umwohnenden Verbündeten!
Nicht weil ich eine Menge Volks verlangte und ihrer bedurfte,
Habe ich hierher aus euren Städten jeden versammelt,
Sondern daß ihr mir der Troer Frauen und kleine Kinder

Bereitwillig schirmen solltet vor den kampffliebenden Achaiern.
Darauf bedacht, reibe ich auf mit Gaben und Speisung
Das Volk, doch euch mehre ich den Mut eines jeden.
Darum soll nun jeder, vorwärts gewandt, zugrunde gehen
Oder gerettet werden: das ist das Gekose des Kampfes!
Und wer den Patroklos herüberzieht, wenn auch nur als Toten,
30 Zu den Troern, den pferdebändigenden, und vor ihm weicht Aias,
Diesem teile ich zu die Hälfte des Rüstzeugs, die Hälfte aber
Will ich selbst behalten, und das wird ihm soviel Ruhm sein wie mir!«
    So sprach er. Und gerade gegen die Danaer gingen sie wuchtig vor,
Die Speere emporgehalten, und sehr hoffte ihnen der Mut,
Den Leichnam unter Aias hinwegzuziehen, dem Telamon-Sohn,
Die Kindischen! wahrhaftig, vielen raubte er über ihm das Leben.
Und damals sagte Aias zu dem guten Rufer Menelaos:
»O Lieber! o Menelaos, Zeusgenährter! Nicht mehr hoffe ich,
Daß auch nur wir beide selbst heimkehren aus dem Kampfe!
40 Nicht so sehr um den Leichnam fürchte ich des Patroklos,
Der bald die Hunde der Troer sättigt und die Vögel,
Wie um mein eigenes Haupt ich fürchte, daß ihm etwas geschieht,
Und um das deine, da des Krieges Wolke rings alles verhüllt:
Hektor, und uns hinwieder erscheint ein jähes Verderben.
Doch auf, rufe die Besten der Danaer, ob einer es hört!«
    So sprach er, und nicht ungehorsam war der gute Rufer Menelaos,
Und er schrie durchdringend und rief den Danaern zu:
»Freunde! ihr Führer der Argeier und Berater!
Die da bei den Atreus-Söhnen Agamemnon und Menelaos
50 Das vom Volk Erhaltene trinken und Weisung geben ein jeder
Seinen Männern, doch von Zeus her folgt ihnen Amt und Prangen –
Denn schwer ist es für mich, jeden einzelnen auszuspähen
Von den Führern: ein solcher Streit des Krieges ist entbrannt.
Sondern jeder komme von selbst und verarge es im Mute,
Daß Patroklos den troischen Hunden zum Spielzeug werde!«
    So sprach er, und scharf vernahm es der Oileus-Sohn, der schnelle Aias,
Und als erster kam er entgegengelaufen durch die Feindseligkeit.
Und nach ihm Idomeneus und der Gefolgsmann des Idomeneus
Meriones, gleichwiegend dem Enyalios, dem männermordenden.
60 Und von den anderen – wer könnte in seinem Sinn die Namen nennen,
So viele da nach diesen von den Achaiern die Schlacht erweckten?
Die Troer aber stießen vor, gesammelt, und voran ging Hektor.
Und wie wenn an der Mündung eines zeusentströmten Flusses

Anbraust die große Woge gegen die Strömung, und rings die steilen
Ufer brüllen, wie sich bricht die Salzflut draußen:
Mit so großem Geschrei gingen die Troer. Doch die Achaier
Standen um den Menoitios-Sohn, mit einem Mute,
Umzäunt von ehernen Schilden. Und rings schüttete ihnen
Kronion um die leuchtenden Helme vielen Nebel,
270 Da er auch nicht dem Menoitios-Sohn war vorher feind gewesen,
Solange er lebte und der Gefolgsmann war des Aiakiden.
Und er haßte es, daß er den Hunden der Feinde zur Beute werde,
Den troischen, darum trieb er auch, ihm beizustehen, die Gefährten.
   Und zuerst stießen die Troer zurück die hellblickenden Achaier,
Und sie verließen den Leichnam und flohen. Aber keinen von ihnen
Erlegten die hochgemuten Troer mit den Lanzen, sosehr sie es begehrten,
Doch den Leichnam zogen sie fort. Aber kurz nur sollten von diesem
Die Achaier getrennt sein, denn sehr schnell wandte sie wieder um
Aias, der überlegen an Aussehen war, überlegen an Taten
280 Vor den anderen Danaern, nach dem untadligen Peleus-Sohn.
Und er stürmte gerade durch die Vorkämpfer, einem Wildschwein gleich
                                                                              an Kraft,
Einem Eber, der in den Bergen die Hunde und rüstigen jungen Männer
Leicht auseinandertreibt, wieder umgewendet, durch die Schluchten:
So trieb der Sohn des Telamon, des erlauchten, der strahlende Aias,
Gegen sie gehend, leicht auseinander die Reihen der Troer,
Die um Patroklos getreten waren und am meisten gedachten,
Ihn zu ihrer Stadt zu ziehen und Prangen zu gewinnen.
   Ja, da schleifte ihn des Pelasgers Lethos strahlender Sohn
Hippothoos am Fuß durch die starke Schlacht,
290 Der ihm einen Tragriemen gebunden hatte um die Sehnen am Knöchel,
Hektor und den Troern zu Gefallen. Schnell aber kam ihm selber
Das Unheil, das keiner ihm abwehrte, sosehr sie es begehrten.
Den schlug der Sohn des Telamon, anstürmend durch die Menge,
Aus der Nähe durch den Helm, den erzwangigen,
Und es zerbarst der roßmähnige Helm um des Speeres Spitze,
Geschlagen von der großen Lanze und der Hand, der schweren.
Und das Gehirn lief an der Tülle am Schaft empor aus der Wunde,
Das blutige. Und gleich wurde ihm die Kraft gelöst, und aus den Händen
Ließ er den Fuß des großherzigen Patroklos zu Boden fallen
300 Und liegen. Er aber fiel dicht bei ihm vornüber auf den Leichnam,
Fern von Larisa, der starkschollingen, und erstattete seinen Eltern
Nicht den Lohn für die Pflege, denn kurz war sein Leben,

Unter dem Speer des hochgemuten Aias bezwungen.
Und Hektor wieder warf nach Aias mit dem schimmernden Speer,
Der aber sah ihm entgegen und wich aus der ehernen Lanze,
Ein wenig. Doch den Schedios, des hochgemuten Iphitos Sohn,
Den weit besten der Phoker, der in dem berühmten Panopeus
Die Häuser bewohnte und über viele Männer herrschte:
Den traf er mitten unter das Schlüsselbein, und durch und durch
310 Drang vorn die eherne Spitze ganz unten an der Schulter wieder heraus.
Und er stürzte dröhnend, und um ihn rasselten die Waffen.
Und Aias wieder schlug Phorkys, den kampfgesinnten, des Phainops Sohn,
Der den Hippothoos umschritt, mitten in den Magen
Und zerbrach die Wölbung des Panzers, und das Erz schöpfte die Eingeweide
Heraus, und er fiel in den Staub und faßte die Erde mit verkrampfter Hand.
Und es wichen zurück die Vorkämpfer und der strahlende Hektor.
Die Argeier aber schrien groß auf und zogen die Toten herüber:
Phorkys und Hippothoos, und lösten ihnen die Waffen von den Schultern.
Da wären wieder die Troer vor den aresgeliebten Achaiern
320 Hinauf nach Ilios gegangen, von Kraftlosigkeiten überwältigt,
Und die Argeier hätten Prangen gewonnen, auch gegen des Zeus Bestimmung,
Durch die eigene Gewalt und Stärke. Doch Apollon selbst
Trieb den Aineias, an Gestalt dem Periphas gleichend,
Dem Epytos-Sohn, dem Herold, der ihm bei dem alten Vater
Im Heroldsamte alt geworden und im Sinne freundliche Gedanken wußte.
Dem gleichend sprach zu ihm des Zeus Sohn Apollon:
»Aineias! wie wolltet ihr wohl retten selbst gegen einen Gott
Die steile Ilios? Wie ich da gesehen auch andere Männer,
Ihrer Gewalt und Stärke vertrauend und Mannhaftigkeit
330 Und ihrer eigenen Zahl, und hatten sie auch ein überaus geringes Volk.
Uns aber will Zeus weit eher den Sieg als den Danaern,
Doch ihr selber zittert unsäglich und kämpft nicht!«
So sprach er. Und Aineias erkannte den Ferntreffer Apollon,
Ihm ins Angesicht blickend, und groß rief er und sprach zu Hektor:
»Hektor und ihr anderen Anführer der Troer und der Verbündeten!
Eine Schande ist das jetzt, vor den aresgeliebten Achaiern
Hinauf nach Ilios zu gehen, von Kraftlosigkeiten überwältigt!
Sagt da doch einer der Götter, zu mir herangetreten,
Noch sei uns Zeus, der höchste Ratgeber, in der Schlacht ein Beistand.
340 Darum gehen wir gerade auf die Danaer zu! Und nicht in Ruhe
Sollen sie Patroklos zu den Schiffen bringen, den Toten!«
So sprach er, sprang weit heraus aus den Vorkämpfern und trat hin,

Und sie wurden umgewandt und traten entgegen den Achaiern.
Da wieder stieß Aineias den Leiokritos mit dem Speer,
Den Sohn des Arisbas, des Lykomedes tüchtigen Gefährten.
Und um den Gefallenen jammerte es den aresgeliebten Lykomedes,
Und er ging und trat dicht heran und schleuderte den schimmernden Speer
Und traf den Hippasos-Sohn Apisaon, den Hirten der Völker,
In die Leber unter dem Zwerchfell und löste sogleich unten die Knie,
350 Der aus Paionien, dem starkschclligen, gekommen war
Und nach Asteropaios der Beste war im Kampf.
      Und um den Gefallenen jammerte es den streitbaren Asteropaios,
Und auch dieser stürmte vor, um ernstlich mit den Danaern zu kämpfen.
Doch konnte er es nicht mehr, denn von Schilden waren rings umschlossen,
Die um Patroklos standen, und hielten vor sich die Speere.
Denn Aias schritt an ihnen allen entlang, vielfach rufend,
Und befahl, daß keiner nach hinten von dem Leichnam wiche,
Aber auch keiner der Achaier vorankämpfe, vor den anderen,
Sondern daß sie sich dicht um ihn stellten und aus der Nähe kämpften.
360 So trug Aias es auf, der ungeheure. Und von Blut wurde der Boden
Befeuchtet, purpurnem. Die aber fielen, dicht gereiht,
Die Toten: zugleich von den Troern und übermächtigen Verbündeten
Wie auch von den Danaern, denn auch diese kämpften nicht unblutig,
Doch viel weniger kamen um, denn sie gedachten immer,
Einander den Mord, den jähen, in der Menge abzuwehren.
      So kämpften sie da nach Art des Feuers, und du würdest nicht sagen,
Es sei die Sonne noch heil oder der Mond. Denn von Nebel
Wurden sie niedergehalten, soweit in der Schlacht die Besten
Standen um den Menoitios-Sohn, den hingestorbenen.
370 Doch die anderen Troer und gutgeschienten Achaier
Kämpften ruhig unter dem Äther, und ausgebreitet war der Glanz
Der Sonne, der scharfe, und keine Wolke zeigte sich über der ganzen
Erde und den Bergen. Und sie kämpften mit Unterbrechungen,
Voneinander vermeidend die stöhnenbringenden Geschosse,
Weit auseinanderstehend. Die aber in der Mitte litten Schmerzen
Durch Nebel und Kampf und wurden aufgerieben von dem erbarmungslosen
                                                                                        Erz,
So viele die Besten waren. Doch zwei Helden hatten noch nicht
Erfahren, ruhmvolle Männer: Thrasymedes und Antilochos,
Daß Patroklos gestorben war, der untadlige, sondern sie meinten,
380 Daß er noch lebend im vordersten Kampflärm mit den Troern kämpfte.
Beide achteten sie auf Tod und Flucht der eigenen Gefährten,

Weitab kämpfend, denn so hatte es aufgetragen Nestor,
Als er sie trieb zum Kampf von den schwarzen Schiffen.
   Denen aber erhob sich den ganzen Tag der große Hader des Streites,
Des schmerzlichen, und von Ermattung und Schweiß wurden unablässig immer
Die Knie und Schenkel und die Füße darunter von einem jeden
Und die Hände und Augen besudelt, wie sie kämpften
Um den tüchtigen Gefolgsmann des fußschnellen Aiakiden.
Und wie wenn ein Mann die Haut von einem Rind, einem großen Stier,
Den Männern gibt, sie zu spannen, getränkt mit Fett,
Und die nehmen und spannen sie, auseinander tretend im Kreise,
Und alsbald geht die Feuchtigkeit hinaus und eindringt das Fett,
Da viele daran zerren, und ganz wird sie gespannt durch und durch:
So zerrten sie hierhin und dorthin den Leichnam auf kleinem Raum,
Beide, und sehr hoffte ihnen der Mut:
Den Troern, ihn nach Ilios zu ziehen, doch den Achaiern,
Zu den gewölbten Schiffen. Und um ihn erhob sich Kampfgedränge,
Wildes, und auch Ares nicht, der volkaufregende, oder Athene
Hätte es getadelt, wenn sie es sah, wie sehr auch der Zorn sie ankam.
   So spannte Zeus über Patroklos den Männern und Pferden
An dem Tag eine schlimme Mühsal. Und noch wußte nichts davon,
Daß Patroklos tot war, der göttliche Achilleus.
Denn sie kämpften weit entfernt von den schnellen Schiffen
Unter der Mauer der Troer. Das erwartete er niemals im Mute,
Daß er tot sei, sondern daß er lebend, wenn er dicht an die Tore gedrungen,
Wieder zurückkehren werde. Denn auch das erwartete er durchaus nicht,
Daß er die Stadt zerstören werde ohne ihn, noch auch mit ihm.
Denn das hatte er oft von der Mutter erfahren und für sich allein gehört,
Die ihm Botschaft zu bringen pflegte von einem Gedanken des großen Zeus.
Ja, damals sagte ihm nicht ein so großes Unheil, wie es geschehen war,
Die Mutter: daß ihm der weit liebste Gefährte zugrunde gegangen.
   Die aber waren immer um den Leichnam, die spitzen Speere haltend,
Unablässig zusammengedrängt und erschlugen einander.
Und so sprach manch einer der Achaier, der erzgewandeten:
»Freunde! wahrhaftig, nicht rühmlich wäre es uns, zurückzugehen
Zu den gewölbten Schiffen! Nein, mag sich auf der Stelle die schwarze Erde
Uns allen auftun! Das wäre alsbald für uns viel besser,
Wenn wir diesen überlassen den pferdebändigenden Troern,
Daß sie ihn zu ihrer Stadt ziehen und Prangen gewinnen!«
   Und so rief wieder manch einer der hochgemuten Troer:
»Freunde! wäre uns auch bestimmt, bei diesem Mann bezwungen zu werden

Alle miteinander: daß da keiner zurückweicht aus dem Kampf!«
    So sprach manch einer und erregte die Kraft eines jeden.
So kämpften sie da, und der eiserne Kampflärm
Gelangte zum ehernen Himmel durch den Äther, den unfruchtbaren. –
Die Pferde des Aiakiden aber, die abseits standen von der Schlacht,
Weinten, seit sie zuerst erfahren hatten, daß ihr Zügelhalter
In den Staub gefallen war unter Hektor, dem männermordenden.
Ja, da berührte Automedon, des Diores wehrhafter Sohn,
430 Sie, vielfach schlagend, mit der schnellen Geißel,
Und viel sprach er ihnen zu mit freundlichen Worten und viel mit
                                                                 Verwünschung.
Die beiden aber wollten weder zu den Schiffen am breiten Hellespontos
Zurückgehen noch auch in den Kampf unter die Achaier,
Sondern wie eine Säule unbeweglich verharrt, die auf dem Grab
Eines Mannes steht, eines toten, oder einer Frau:
So verharrten sie ohne Wanken mit dem sehr schönen Wagen,
Zu Boden gesenkt die Häupter, und Tränen flossen ihnen,
Heiße, herab von den Wimpern zur Erde, den Jammernden,
In der Sehnsucht nach dem Zügelhalter, und befleckt wurde die üppige Mähne,
440 Die aus dem Jochring herausfiel neben dem Joch auf beiden Seiten.
    Und als er die Jammernden sah, erbarmte es Kronion,
Und er bewegte sein Haupt und sprach zu seinem Mute:
»Ah, ihr Elenden! Was haben wir euch gegeben Peleus, dem Herrscher,
Einem Sterblichen, ihr aber seid ohne Alter und unsterblich?
Wohl, daß ihr unter den unseligen Männern Schmerzen hättet?
Denn wahrlich! da ist nichts Armseligeres als der Mensch
Unter allem, soviel da auf der Erde atmet und kriecht.
Aber wahrhaftig! nicht soll mit euch und dem Wagen, dem verzierten,
Hektor, der Priamos-Sohn, einherfahren, denn ich lasse es nicht zu!
450 Oder ists nicht genug, daß er schon die Waffen hat und sich eitel damit
                                                                 brüstet?
Euch aber will ich in die Knie Kraft werfen und in den Mut,
Daß ihr auch den Automedon rettet aus dem Kampfe
Zu den gewölbten Schiffen. Denn noch werde ich jenen Prangen gewähren,
Daß sie töten, bis sie zu den gutverdeckten Schiffen gelangen
Und untergeht die Sonne und das heilige Dunkel heraufkommt.«
    So sprach er und hauchte den Pferden gute Kraft ein.
Und die beiden warfen von den Mähnen den Staub zu Boden
Und trugen leicht den schnellen Wagen unter die Troer und Achaier.
Und gegen diese kämpfte Automedon, so bekümmert er war um den Gefährten.

60 Mit den Pferden anstürmend wie ein Geier unter die Gänse.
Denn leicht flohen sie immer aus dem Kampflärm der Troer
Und leicht stürmten sie an, nachsetzend durch die dichte Menge.
Doch er erlegte keine Männer, wie er dahinjagte, sie zu verfolgen,
Denn es war ihm unmöglich, allein auf dem heiligen Wagen
Mit der Lanze anzustürmen und die schnellen Pferde zu lenken.
Und spät erst sah ihn ein Mann, ein Gefährte, mit den Augen,
Alkimedon, der Sohn des Laërkes, des Haimoniden.
Und er trat hinter den Wagen und sagte zu Automedon:
»Automedon! wer von den Göttern hat dir den unnützen Rat
70 In die Brust gelegt und herausgenommen den Verstand, den guten?
Wie du da gegen die Troer kämpfst im vordersten Haufen,
Allein, doch der Gefährte ist dir getötet, und die Waffen hat Hektor
Selbst an den Schultern und prunkt damit, die des Aiakiden.«
    Da sagte wieder zu ihm Automedon, des Diores Sohn:
»Alkimedon! Welcher andere von den Achaiern kann so wie du
Der unsterblichen Pferde Zähmung lenken wie ihre Kraft,
Außer Patroklos, dem Meister gleichwiegend den Göttern,
Als er lebte; doch jetzt hat ihn der Tod und das Schicksal ereilt.
Aber so nimm du die Geißel und die glänzenden Zügel.
80 Und ich will von dem Gespann steigen, um zu kämpfen.«
    So sprach er. Und Alkimedon sprang auf den kampfschnellen Wagen
Und faßte rasch die Geißel und die Zügel mit den Händen,
Und Automedon sprang herab. Doch das bemerkte der strahlende Hektor,
Und sogleich sprach er zu Aineias, der ihm nah war:
»Aineias! Ratgeber der Troer, der erzgewandeten!
Da sehe ich die Pferde des fußschnellen Aiakiden,
Wie sie im Kampf erscheinen mit schlechten Zügelhaltern!
Die hoffe ich nehmen zu können, wenn du es willst in deinem Mute.
Denn wenn wir beide anstürmten, würden sie es nicht wagen,
90 Uns mit Gewalt entgegenzutreten und zu kämpfen im Ares.«
    So sprach er, und nicht ungehorsam war der tüchtige Sohn des Anchises,
Und vorwärts gingen beide, mit Stierhautschilden gedeckt die Schultern,
Mit trockenen, harten, und viel Erz lag darüber.
Und mit ihnen gingen Chromios und Aretos, der gottgleiche,
Die beiden, und sehr hoffte ihnen der Mut,
Sie selbst zu töten und fortzutreiben die starknackigen Pferde.
Die Kindischen! und nicht sollten sie unblutig zurückgehen
Wieder von Automedon. Der aber betete zu Zeus, dem Vater,
Und mit Kampfkraft und Stärke wurden erfüllt die rings umdunkelten Sinne.

500 Und sogleich sprach er zu Alkimedon, dem verläßlichen Gefährten:
»Alkimedon! halte nicht fern von mir die Pferde, sondern so,
Daß sie mir dicht auf den Rücken schnauben! Denn nicht meine ich,
Daß Hektor, der Priamos-Sohn, ablassen wird von dem Ungestüm,
Bis er entweder besteigt des Achilleus schönhaarige Pferde,
Wenn er uns beide getötet, und scheucht die Reihen der Männer,
Der Argeier, oder auch selbst gefallen ist unter den Vordersten.«
    Als er so gesprochen, rief er die beiden Aias und Menelaos:
»Aias! ihr Anführer der Argeier, und Menelaos!
Wahrhaftig! den Toten überlaßt denen, die die Besten sind,
510 Daß sie ihn umschreiten und abwehren die Reihen der Männer.
Uns beiden aber, den Lebenden, wehrt ab den erbarmungslosen Tag!
Denn hierher drängen mit Wucht durch den Kampf, den tränenreichen,
Hektor und Aineias, die unter den Troern die Besten sind.
Aber wahrhaftig! dieses liegt in dem Schoß der Götter.
Denn werfen werde auch ich: für das andere alles wird Zeus sorgen!«
    Sprach es und holte aus und entsandte die langschattende Lanze
Und traf gegen den Schild des Aretos, den allseits gleichen.
Der aber hielt der Lanze nicht stand, sondern durch und durch
Ging das Erz, und unten in den Bauch trieb er sie durch den Gürtel.
520 Und wie wenn mit einem scharfen Beil ein rüstiger Mann
Hinter die Hörner schlägt von einem Herdenrind
Und die Sehne ganz durchschneidet, und es springt vor und bricht nieder:
So sprang dieser vor und fiel rücklings nieder, und drinnen die Lanze
Schwankte ihm sehr scharf in den Eingeweiden und löste die Glieder.
    Und Hektor warf nach Automedon mit dem schimmernden Speer,
Der aber sah ihm entgegen und wich aus der ehernen Lanze,
Denn er bückte sich vorwärts nieder, und hinter ihm
Fuhr der lange Speer in die Erde, und das Schaftende erbebte
An der Lanze, doch dann ließ schwinden die Kraft der gewaltige Ares.
530 Und nun wären sie mit den Schwertern angestürmt aus der Nähe,
Hätten die beiden Aias sie nicht getrennt, so begierig sie waren,
Die durch die Menge kamen auf den Ruf des Gefährten.
Vor diesen zurückschreckend wichen sie wieder nach hinten,
Hektor und Aineias und Chromios, der gottgleiche,
Den Aretos aber ließen sie dort mit zerfleischtem Herzen
Liegen. Und Automedon, gleichwiegend dem schnellen Ares,
Zog ihm die Waffen ab, und sich rühmend sprach er das Wort:
»Wahrhaftig! da habe ich ein wenig mein Herz erleichtert von dem Kummer
Um den toten Menoitios-Sohn, erschlug ich auch nur einen Geringeren!«

540   So sprach er und nahm das blutige Rüstzeug und legte
    Es auf den Wagen und stieg selbst auf, an Füßen und Händen darüber
    Voll Blut wie ein Löwe, der einen Stier verzehrt hat. –
    Und wieder war über Patroklos gespannt die starke Schlacht,
    Die schmerzliche, tränenreiche. Und es weckte den Streit Athene,
    Vom Himmel herabgestiegen, denn sie schickte der weitumblickende Zeus,
    Um anzutreiben die Danaer, denn schon hatte sich sein Sinn gewendet.
    So wie einen purpurnen Regenbogen den Sterblichen ausspannt
    Zeus vom Himmel her, um ein Zeichen zu sein des Krieges
    Oder auch des Winters, des unmilden, der den Feldarbeiten
550   Der Menschen ein Ende macht auf der Erde und den Herden zusetzt:
    So umhüllte sie sich dicht mit einer purpurnen Wolke
    Und tauchte in die Schar der Achaier und erweckte einen jeden Mann.
    Und zuerst trieb sie den Atreus-Sohn und sprach zu ihm,
    Dem starken Menelaos – denn der war ihr nahe –,
    Gleichend dem Phoinix an Gestalt und unzerreibbarer Stimme:
    »Dir nun wahrhaftig, Menelaos, wird es Schmach und Schande sein,
    Wenn des erlauchten Achilleus treuen Gefährten
    Unter der Mauer der Troer die schnellen Hunde umherzerren!
    Doch halte aus mit Kraft und treibe an das ganze Volk!«
560   Da sagte wieder zu ihr der gute Rufer Menelaos:
    »Phoinix, lieber Alter, Hochbetagter! Wenn doch Athene
    Mir Kraft gäbe und abhielte den Schwung der Geschosse!
    Dann wollte auch ich dem Patroklos beistehen und ihm helfen,
    Denn sehr hat er mir durch seinen Tod den Mut verletzt.
    Doch Hektor hat des Feuers schreckliche Kraft und läßt nicht ab,
    Mit dem Erz zu morden, denn ihm verleiht Zeus Prangen.«
    So sprach er. Da freute sich die Göttin, die helläugige Athene,
    Daß er zu ihr als allererster gebetet hatte vor allen Göttern.
    Und sie legte ihm Gewalt in die Schultern und in die Knie
570   Und schickte ihm die Kühnheit einer Stechfliege in die Brust,
    Die, wenn auch noch so sehr abgewehrt von der menschlichen Haut,
    Immer verlangt zu beißen, denn lecker ist ihr das Blut des Menschen:
    Mit solcher Kühnheit erfüllte sie ihm die rings umdunkelten Sinne.
    Und er trat zu Patroklos und schleuderte den schimmernden Speer.
    War da unter den Troern Podes, der Sohn des Eëtion,
    Reich wie auch tüchtig, und am meisten ehrte ihn Hektor
    Im Volk, denn ihm war er ein lieber Gefährte und Tischgenosse.
    Den traf gegen den Gürtel der blonde Menelaos,
    Wie er forteilte zur Flucht, und durch und durch trieb er das Erz,

580 Und er stürzte dröhnend; doch der Atreus-Sohn Menelaos
Zog den Leichnam hinweg von den Troern in die Schar der Gefährten.
   Doch den Hektor trieb, nahe zu ihm getreten, Apollon,
Phainops, dem Asios-Sohn, gleichend, der ihm von allen
Gastfreunden der liebste war und in Abydos die Häuser bewohnte.
Dem gleichend sprach zu ihm der Ferntreffer Apollon:
»Hektor! Welcher andere von den Achaiern wird dich noch fürchten?
Wie du da vor Menelaos zurückfliehst, der doch vorher
Ein weichlicher Lanzenkämpfer war: jetzt aber geht er allein
Mit dem aufgehobenen Leichnam hinweg von den Troern, und tötete dir den
                                                              treuen Gefährten,
590 Den Tüchtigen unter den Vorkämpfern, Podes, den Sohn des Eëtion.«
   So sprach er, und den umhüllte des Schmerzes schwarze Wolke,
Und er schritt durch die Vorkämpfer, gerüstet mit funkelndem Erz. –
Und da nun ergriff der Kronide die Aigis, die mit Quasten besetzte,
Die funkelnde, und den Ida verhüllte er mit Wolken,
Und blitzend dröhnte er sehr gewaltig und schüttelte sie
Und gab den Sieg den Troern und schreckte die Achaier.
   Als erster machte Peneleos, der Boioter, mit der Flucht den Anfang,
Denn er wurde getroffen mit dem Speer, immer vorwärts gewandt,
Hinstreifend oben an der Schulter, und es ritzte ihn bis auf den Knochen
600 Die Lanzenspitze des Pulydamas; der traf ihn, nahe herangekommen.
Den Leïtos wieder stach Hektor von nah in die Hand über der Wurzel,
Den Sohn des Alektryon, des hochgemuten, und machte seinem Kampf ein
                                                                        Ende.

Und er floh, um sich spähend, da er nicht mehr hoffte im Mute,
Mit der Lanze in der Hand zu kämpfen gegen die Troer.
Doch den Hektor traf Idomeneus, wie er hinter Leïtos herstürmte,
Gegen den Panzer an der Brust neben der Warze.
Doch am Schaftende brach ab der lange Speer, und die schrien,
Die Troer. Der aber warf den Speer nach Idomeneus, dem Deukaliden,
Der auf dem Wagen stand. Und den verfehlte er um ein weniges,
610 Doch des Meriones Gefolgsmann und Zügelhalter
Koiranos, der aus Lyktos, der gutgebauten, ihm gefolgt war –
Denn zuerst war Idomeneus zu Fuß von den beiderseits geschweiften Schiffen
Gekommen und hätte den Troern große Kraft verbürgt,
Wenn nicht Koiranos schnell die fußschnellen Pferde herangetrieben;
Und ihm kam er als ein Licht und wehrte ab den erbarmungslosen Tag,
Er selbst aber verlor das Leben unter Hektor, dem männermordenden.
Den traf Hektor unter dem Kinnbacken und dem Ohr, und die Zähne

Stieß hinaus das Ende des Speers und schnitt mitten durch die Zunge.
Und er stürzte vom Wagen und ließ die Zügel zu Boden fallen.
20 Und die nahm Meriones mit seinen eigenen Händen,
Sich bückend, vom Boden auf und sprach zu Idomeneus:
»Peitsche sie nun, bis du zu den schnellen Schiffen gelangst!
Du erkennst ja auch selbst, daß nicht mehr die Kraft ist bei den Achaiern!«
    So sprach er. Und Idomeneus peitschte die schönhaarigen Pferde
Zu den gewölbten Schiffen, denn schon hatte Furcht ihm den Mut befallen.
Und nicht entging es Aias, dem großherzigen, und Menelaos,
Daß Zeus den umgeschlagenen Sieg den Troern gab.
Und ihnen begann mit den Reden der Telamon-Sohn, der große Aias:
»Nein doch! Schon könnte auch einer, der sehr kindisch wäre,
30 Erkennen, daß Vater Zeus selber den Troern beisteht!
Denn von denen allen haften die Geschosse, wer sie auch abschießt,
Ein Schlechter oder Tüchtiger, Zeus lenkt sie gleichwohl alle gerade.
Uns allen aber fallen sie nur so, vergeblich auf die Erde.
Aber auf! wir selbst wollen den besten Rat bedenken,
Wie wir sowohl den Leichnam herausziehen als auch selber
Zur Freude werden unseren Gefährten, wiederkehrend,
Die wohl bekümmert hierher blicken und meinen, nicht mehr
Werden Hektors, des männermordenden, Kraft und unberührbare Hände
Sich zurückhalten, sondern in die schwarzen Schiffe fallen.
40 Könnte doch irgend ein Gefährte Botschaft bringen aufs schnellste
Dem Peleus-Sohn! Denn ich glaube, nicht einmal erfahren hat er
Die traurige Botschaft, daß ihm zugrunde ging der eigene Gefährte.
Aber nirgends vermag ich zu sehen einen solchen unter den Achaiern,
Denn von Nebel sind niedergehalten zugleich sie selbst und die Pferde.
Zeus, Vater! du aber rette aus dem Nebel die Söhne der Achaier!
Schaffe Himmelsheitre und gib, mit den Augen zu sehen!
Und im Lichte verdirb uns denn, wenn es dir jetzt so lieb ist!«
    So sprach er, und den Vater jammerte es, wie er Tränen vergoß,
Und sogleich zerstreute er den Nebel und stieß hinweg das Gewölk,
50 Und die Sonne erstrahlte darüber und die ganze Schlacht wurde sichtbar.
Und damals sagte Aias zu dem guten Rufer Menelaos:
»Spähe nun aus, Menelaos, Zeusgenährter! ob du noch lebend
Siehst den Antilochos, des hochgemuten Nestor Sohn.
Und treibe ihn, daß er schnell geht und Achilleus, dem kampfgesinnten,
Sagt, daß ihm der weit liebste Gefährte zugrunde gegangen.«
    So sprach er, und nicht ungehorsam war der gute Rufer Menelaos.
Und er schritt hin und ging wie ein Löwe von dem Pferch,

Wenn er müde geworden, die Hunde und Männer zu reizen,
Und sie lassen ihn nicht sich das Fett von den Rindern holen,
660 Die ganze Nacht durch wachend; der aber, nach Fleisch begierig,
Dringt an, doch er richtet nichts aus, denn Speere in Mengen
Fliegen ihm entgegen von kühnen Händen
Und brennende Bündel: die flieht er, sosehr er andringt,
Und in der Frühe macht er sich fort, bedrückten Mutes:
So ging von Patroklos fort der gute Rufer Menelaos,
Viel widerstrebend, denn er fürchtete sehr, ob ihn nicht die Achaier
Bei der schmerzlichen Flucht zur Beute den Feinden ließen.
Und vielfach trug er Meriones und den beiden Aias auf:
»Aias, ihr Führer der Argeier, und Meriones!
670 Jetzt soll ein jeder der Milde des unglücklichen Patroklos
Gedenken! Denn gegen alle wußte er freundlich zu sein,
Als er lebte, doch jetzt hat ihn der Tod und das Schicksal ereilt!«
      So sprach er und ging hinweg, der blonde Menelaos,
Überall um sich spähend, so wie ein Adler, von dem sie sagen,
Daß er am schärfsten blickt von den Vögeln unter dem Himmel;
Dem entgeht auch nicht aus der Höhe der fußschnelle Hase,
Der unter ringsbelaubtem Gebüsch sich niederkauert, sondern auf ihn
Stößt er und packt ihn schnell und raubt ihm das Leben:
So wurden damals dir, Menelaos, Zeusgenährter! die leuchtenden Augen
680 Überall umhergewirbelt über die Schar der vielen Gefährten,
Ob sie irgend des Nestor Sohn noch am Leben sähen.
Und den bemerkte er sehr schnell zur Linken der ganzen Schlacht,
Wie er die Gefährten ermutigte und sie antrieb zu kämpfen.
Und herangetreten sagte zu ihm der blonde Menelaos:
»Antilochos! auf, hierher, Zeusgenährter! daß du erfährst
Die traurige Botschaft – wäre es doch nicht geschehen!
Schon wirst du auch selbst es sehen, meine ich,
Und erkennen, daß ein Gott ein Unheil auf die Danaer wälzt,
Und der Sieg ist den Troern. Erschlagen ist der Beste der Achaier:
690 Patroklos, und ein großes Entbehren ist den Danaern bereitet.
Aber du laufe schnell zu den Schiffen der Achaier und sage es
Dem Achilleus, ob er wohl eiligst den Leichnam zum Schiff hin rette,
Den nackten; aber die Waffen hat der helmfunkelnde Hektor.«
      So sprach er. Und Antilochos entsetzte sich, als er die Rede hörte,
Und Sprachlosigkeit, wortlose, ergriff ihn lange, und die Augen
Füllten sich ihm mit Tränen, und ihm stockte die heraufdringende Stimme.
Aber auch so ließ er nicht unbeachtet die Weisung des Menelaos

Und schritt hin und lief, doch die Waffen gab er dem untadligen Gefährten
Laodokos, der ihm nahe hin und her lenkte die einhufigen Pferde.
700 Und ihn, den Tränen vergießenden, trugen die Füße aus dem Kampf,
Um dem Peleus-Sohn Achilleus das schlimme Wort zu melden.
    Nicht aber wollte dir der Mut, Menelaos, Zeusgenährter!
Den bedrängten Gefährten beistehen, von denen Antilochos
Fortgegangen, und ein großes Entbehren war den Pyliern bereitet.
Sondern diesen trieb er den göttlichen Thrasymedes an,
Er selbst aber schritt wieder zu Patroklos, dem Helden,
Und lief und trat zu den beiden Aias und sprach sogleich:
»Jenen habe ich eben hingesandt zu den schnellen Schiffen,
Um zu Achilleus zu gehen, dem fußschnellen. Doch der wird, meine ich,
710 Jetzt nicht ausziehen, so sehr er zürnt auf den göttlichen Hektor.
Denn unmöglich könnte er, entblößt wie er ist, mit den Troern kämpfen.
Wir aber wollen selbst den besten Rat bedenken,
Wie wir sowohl den Leichnam herausziehen als auch selber
Aus dem Geschrei der Troer dem Tod und der Todesgöttin entrinnen.«
    Ihm antwortete darauf der Telamon-Sohn, der große Aias:
»Alles hast du nach Gebühr gesprochen, hochberühmter Menelaos!
Aber du und Meriones bückt euch sehr schnell unter den Leichnam,
Hebt ihn auf und tragt ihn aus dem Kampf, und hinter euch
Werden wir beide mit den Troern und dem göttlichen Hektor kämpfen,
720 Die wir den gleichen Mut wie den gleichen Namen haben und auch früher
Standhielten dem scharfen Ares, ausharrend beieinander.«
    So sprach er, und die hoben den Leichnam vom Boden mit den Armen
Sehr hoch empor, und darüber schrie auf das Volk dahinter,
Das troische, wie sie sahen, daß den Leichnam aufhoben die Achaier.
Und sie drangen gerade an, Hunden gleichend, die auf einen Eber,
Einen getroffenen, losstürmen vor den jungen Männern, den Jägern.
Denn solange laufen sie, ihn zu zerreißen begierig,
Doch wenn er sich unter ihnen umwendet, seiner Stärke vertrauend,
Weichen sie wieder zurück und fliehen auseinander hierhin und dorthin:
730 So folgten die Troer solange immer in Haufen,
Zustoßend mit den Schwertern und zweischneidigen Lanzen;
Aber wenn sich die beiden Aias umwandten und gegen sie stellten,
Dann veränderte sich ihnen die Farbe, und keiner wagte es,
Vorwärts stürmend um den Leichnam zu kämpfen.
    So trugen die beiden angestrengt den Leichnam aus dem Kampf
Zu den gewölbten Schiffen, und hinter ihnen war der Kampf ausgespannt,
Wild wie ein Feuer, das anstürmend eine Stadt der Männer

Entflammt, wenn es sich plötzlich erhob, und hinschwinden die Häuser
In dem Glanz, dem großen, und hinein braust die Gewalt des Windes:
740 So kam hinter denen von Pferden und Männern, Lanzenkämpfern,
Unaufhörlicher Lärm, wie sie dahingingen.
Und die, so wie Maultiere, angetan mit starker Kraft,
Vom Berg, einen felsigen Pfad hinab, einen Dachbalken schleppen
Oder ein großes Schiffsholz, und zerrieben wird ihnen drinnen
Der Mut zugleich von Ermattung und Schweiß, wie sie sich beeifern:
So angestrengt trugen diese den Leichnam. Aber hinter ihnen
Hielten die beiden Aias, so wie ein vorspringender Berg das Wasser aufhält,
Ein bewaldeter, der weit durch die Ebene sich erstreckt
Und der auch von starken Flüssen die leidigen Strömungen
750 Aufhält, und sogleich ihnen allen den Lauf zur Ebene wendet,
Sie zurückschlagend, und sie durchbrechen ihn nicht, mit Wucht anströmend:
So drängten die beiden Aias beständig hinter ihnen die Schlacht zurück
Der Troer. Doch die setzten nach, und zwei unter ihnen am meisten:
Aineias, der Anchises-Sohn, und der strahlende Hektor.
Und von denen – so wie eine Wolke von Staren dahinzieht oder Dohlen
Mit wirrem Geschrei, wenn sie von weitem den Habicht
Herankommen sehen, der Mord bringt den kleinen Vögeln:
So gingen vor Aineias und Hektor die jungen Männer der Achaier
Mit wirrem Geschrei dahin und vergaßen des Kampfes.
760 Und viele Waffen, schöne, fielen über und neben den Graben
Von den fliehenden Danaern, doch es gab kein Nachlassen des Kampfes.

ACHTZEHNTER GESANG *Antilochos meldet dem Achilleus den Tod des Patroklos. Sein Schmerz. Er entscheidet sich im Gespräch mit der Mutter, Hektor zu töten, und nimmt damit seinen eigenen Tod auf sich. – Der Waffenlose erschreckt durch seinen Ruf die Troer und rettet den Leichnam des Patroklos. Die Sonne geht unter. Die Troer halten im Feld eine Versammlung, und Pulydamas rät, in die Stadt zu gehen, während Hektor bleiben und am nächsten Tag mit Achilleus kämpfen will. – Totenklage um Patroklos. – Thetis sucht Hephaistos auf und bittet ihn, ihrem Sohn neue Waffen zu schmieden. Die Schildbeschreibung.*

So kämpften sie da, nach Art des brennenden Feuers.
Antilochos aber kam, der fußschnelle, zu Achilleus als Bote.
Und den fand er vorn vor den Schiffen, den aufrecht gehörnten,
Das bedenkend im Mute, was schon geschehen war.
Und aufgebracht sprach er zu seinem großherzigen Mute:
»O mir, ich! warum nur wieder werden die am Haupte langgehaarten Achaier
Zu den Schiffen gedrängt, gescheucht durch die Ebene?
Daß mir die Götter nur nicht die schlimmen Kümmernisse im Mut erfüllen,
Wie mir die Mutter einst verkündete und mir gesagt hat:
10 Daß der Beste der Myrmidonen noch solange ich lebte
Unter den Händen der Troer verlassen werde das Licht der Sonne.
Ja, er ist sicher schon tot, des Menoitios streitbarer Sohn!
Der Starre! und ich befahl ihm doch, wenn er fortgestoßen das feindliche
                                                        Feuer,
Zurück zu den Schiffen zu kommen und nicht gegen Hektor mit Kraft zu
                                                        kämpfen!«
Während er dies erwog im Sinn und in dem Mute,
Indessen kam zu ihm heran der Sohn des erlauchten Nestor,
Heiße Tränen vergießend, und sagte die schmerzliche Botschaft:
»O mir, Sohn des Peleus, des kampfgesinnten! Ja, eine sehr traurige
Botschaft mußt du vernehmen – wäre es doch nicht geschehen!
20 Tot liegt Patroklos, und nun kämpfen sie um den Leichnam,
Den nackten, aber die Waffen hat der helmfunkelnde Hektor!«
So sprach er, und den umhüllte des Schmerzes schwarze Wolke.
Und er griff mit beiden Händen in den rußigen Staub
Und schüttete ihn über das Haupt und entstellte sein liebliches Antlitz,

Und auf dem nektarischen Kleid saß rings die schwarze Asche.
Doch er selbst lag im Staub, der Große, groß hingestreckt,
Und raufte sein Haar und entstellte es mit seinen Händen.
Aber die Mägde, die Achilleus erbeutet hatte und Patroklos,
Schrien groß auf, bekümmert im Mute, und liefen aus der Tür
30 Herbei um Achilleus, den kampfgesinnten, und schlugen alle
Mit den Händen die Brüste, und einer jeden lösten sich unten die Knie.
Und drüben jammerte Antilochos, Tränen vergießend,
Und hielt die Hände des Achilleus – der stöhnte in seinem ruhmvollen
                                                                    Herzen –,
Denn er fürchtete, er könnte sich die Kehle abschneiden mit dem Eisen.
Und schrecklich wehklagte er. Das hörte die hehre Mutter,
Die in den Tiefen des Meeres saß bei dem greisen Vater.
Da schrie sie hell auf, und die Göttinnen scharten sich um sie,
Alle, so viele in der Tiefe des Meeres Nereïden waren.
Da war Glauke und Thaleia und Kymodoke,
40 Nesaië und Speio und Thoë und die kuhäugige Halië,
Und Kymothoë und Aktaië und Limnoreia,
Und Melite und Iaira und Amphithoë und Agaue,
Und Doto und Proto und Pherusa und Dynamene,
Und Dexamene und Amphinome und Kallianeira,
Doris und Panope und die hochberühmte Galateia,
Und Nemertes und Apseudes und Kallianassa,
Und da war Klymene und Ianeira und Ianassa,
Maira und Oreithyia und die flechtenschöne Amatheia,
Und die anderen, die in der Tiefe des Meeres Nereïden waren.
50 Und von ihnen wurde erfüllt die schimmernde Höhle, und sie alle
Miteinander schlugen die Brüste, und Thetis stimmte an die Klage:
»Hört, Schwestern, Nereiden! daß ihr es alle
Vernehmt und gut wißt, wie viele Kümmernisse ich habe in meinem Mute!
O mir, ich Arme! o mir Unglücksheldengebärerin!
Da gebar ich einen Sohn, einen untadligen und starken,
Hervorragend unter den Helden, und er schoß auf wie ein Reis.
Und als ich ihn aufgezogen wie einen jungen Baum an des Gartens Lehne,
Schickte ich ihn mit den geschweiften Schiffen hinaus nach Ilios,
Um mit den Troern zu kämpfen, und werde ihn nicht wieder empfangen,
60 Daß er nach Hause zurückkehrt in das Haus des Peleus.
Und solange er mir lebt und sieht das Licht der Sonne,
Härmt er sich ab, und ich kann ihm nicht helfen, wenn ich hingehe.
Aber ich will gehen, um mein Kind zu sehen, und um zu hören,

Welch ein Kummer ihm kam, während er vom Kampfe fernblieb.«
   So sprach sie und verließ die Höhle, und die gingen mit ihr
In Tränen, und rings um sie teilte sich die Meereswoge.
Und als sie nun zu der starkschollingen Troja gelangten,
Stiegen sie an das Ufer, eine nach der anderen, dort, wo dicht gedrängt
Die Schiffe der Myrmidonen hinaufgezogen waren um den schnellen Achilleus.
70 Und zu ihm, dem schwer Stöhnenden, trat die hehre Mutter,
Und schrill aufschreiend faßte sie das Haupt ihres Sohnes
Und sprach jammernd zu ihm die geflügelten Worte:
   »Kind! was weinst du? Welch Leid ist dir in das Herz gekommen?
Sprich es aus! verbirg es nicht! Ist dir doch das in Erfüllung gegangen
Von Zeus her, wie du es vorher erbeten hast, die Hände emporhaltend:
Daß alle bei den hinteren Schiffen zusammengedrängt wurden, die Söhne
                                                      der Achaier,
Dich entbehrend, und schmähliche Dinge erfuhren.«
   Da sagte schwer stöhnend zu ihr der fußschnelle Achilleus:
»Meine Mutter! Ja, das hat der Olympier mir ganz erfüllt!
80 Aber was nützt mir das, wo mir der liebe Gefährte zugrunde ging,
Patroklos, den ich vor allen Gefährten wert hielt
Gleich wie mein eigenes Haupt! Den habe ich verloren, und die Waffen
                                                      hat Hektor,
Der ihn erschlug, ihm abgezogen, die ungeheuren, ein Wunder zu schauen,
Die schönen. Die gaben dem Peleus die Götter als prangende Gaben
An dem Tag, als sie dich in das Bett des sterblichen Mannes warfen.
Daß du doch noch dort bei den unsterblichen Meerfrauen wohntest,
Und Peleus hätte mitgeführt eine sterbliche Lagergenossin!
Doch jetzt – damit auch dir zehntausendfaches Leid im Innern wäre
Um den Sohn, der dahingeht, den du nicht wieder empfangen wirst,
90 Daß er nach Hause zurückkehrt, da auch mir nicht der Mut befiehlt,
Zu leben und unter den Männern zu sein, wenn nicht Hektor
Zuerst von meinem Speer geschlagen das Leben verliert
Und des Patroklos Beraubung, des Menoitios-Sohnes, abgebüßt hat!«
   Da sagte wieder zu ihm Thetis, Tränen vergießend:
»Schnell bist du mir dann des Todes, Kind, wie du redest!
Denn gleich nach Hektor ist dann dir der Tod bereit.«
   Da fuhr groß auf und sagte zu ihr der fußschnelle Achilleus:
»Gleich will ich tot sein, da ich dem Gefährten,
Als er getötet wurde, nicht helfen sollte! Er ging zugrunde
100 Weit entfernt von der Heimat, und ich war nicht da, ihm ein Wehrer des
                                                      Unheils zu sein.

Doch jetzt, da ich nicht heimkehre ins eigene väterliche Land,
Und bin dem Patroklos nicht ein Licht geworden noch den anderen Gefährten,
Die da schon viele bezwungen wurden durch den göttlichen Hektor,
Sondern sitze bei den Schiffen, eine nutzlose Last der Erde,
Ich, ein solcher, wie keiner unter den erzgewandeten Achaiern
Im Kampf; im Rat aber sind besser auch andere –
Daß doch der Streit aus Göttern und aus Menschen vertilgt sei
Und der Zorn, der aufreizt auch den Vielverständigen, daß er heftig wird,
Der viel süßer als Honig, wenn er hinuntergleitet,
110 In der Brust der Männer aufschwillt wie Rauch:
So wie mich jetzt erzürnt hat der Herr der Männer Agamemnon.
Doch diese Dinge wollen wir abgetan sein lassen, wenn auch bekümmert,
Und den eigenen Mut in der Brust bezwingen, notgedrungen.
Jetzt aber will ich gehen, daß ich den Verderber des lieben Hauptes ereile:
Hektor! Den Tod aber werde ich dann hinnehmen, wann immer
Zeus ihn vollenden will und die anderen unsterblichen Götter.
Denn auch nicht die Gewalt des Herakles ist dem Tod entronnen,
Der doch der Liebste war dem Zeus Kronion, dem Herrn,
Sondern das Schicksal bezwang ihn und der leidige Zorn der Here.
120 So will auch ich, wenn mir ein gleiches Schicksal bereitet ist,
Liegen, wenn ich denn sterbe. Doch jetzt will ich guten Ruhm gewinnen,
Und manche der Troerinnen und Dardanerfrauen, der tiefgebauschten,
Will ich dazu bringen, mit beiden Händen von den zarten Wangen
Abzuwischen die Tränen mit dichtem Stöhnen.
Erkennen sie es denn, daß ich lange vom Kampf gerastet!
Halte mich nicht zurück von der Schlacht, so gut du es meinst. Du wirst
                                                 mich nicht bereden!«
    Ihm antwortete darauf die Göttin, die silberfüßige Thetis:
»Ja, wirklich! dies alles, Kind, ist wahr. Nicht schlecht ist es,
Den bedrängten Gefährten das jähe Verderben abzuwehren.
130 Aber dein Rüstzeug, das schöne, ist in den Händen der Troer,
Das eherne, blanke. Das hat der helmfunkelnde Hektor
Selbst an den Schultern und prunkt damit. Doch lange, sage ich,
Wird er sich nicht damit brüsten, denn der Tod ist ihm nahe!
Aber du tauche noch nicht in die Drangsal des Ares,
Bevor du mich nicht, hierhergekommen, vor Augen siehst.
Denn in der Frühe komme ich wieder, mit der aufgehenden Sonne,
Und bringe schöne Waffen von dem Herrn Hephaistos.«
    Als sie so gesprochen hatte, wandte sie sich ab von ihrem Sohn
Und kehrte sich um und sagte zu den Meeresschwestern:

140 »Ihr taucht jetzt hinab in die breite Mulde der See,
Um zu sehen den Meeresalten und die Häuser des Vaters,
Und berichtet ihm alles. Ich aber gehe zum großen Olympos
Zu Hephaistos, dem kunstberühmten, ob er gewillt ist,
Meinem Sohn ruhmvolle Waffen zu geben, hell strahlende.«
    So sprach sie, und die tauchten alsbald unter die Woge des Meeres.
Sie aber ging zum Olympos, die Göttin, die silberfüßige Thetis,
Um ihrem Sohn ruhmvolle Waffen zu bringen. –
Diese trugen die Füße zum Olympos. Aber die Achaier,
Mit unsäglichem Geschrei vor Hektor, dem männermordenden,
150 Fliehend, waren zu den Schiffen und zum Hellespontos gelangt.
Und auch nicht den Patroklos hätten die gutgeschienten Achaier
Aus den Geschossen gezogen, den Toten, den Gefolgsmann des Achilleus.
Denn wieder hatte ihn schon erreicht das Volk und die Gespanne
Und Hektor, des Priamos Sohn, der Flamme gleich an Kraft.
Dreimal faßte ihn von hinten an den Füßen der strahlende Hektor,
Ihn fortzuschleppen begierig, und schrie groß den Troern zu,
Und dreimal stießen die beiden Aias, gekleidet in ungestüme Kampfkraft,
Ihn von dem Toten fort. Doch beständig, auf seine Kraft vertrauend,
Sprang er bald an durch das Gewühl, und bald wieder blieb er
160 Stehen, groß aufschreiend, zurück aber wich er durchaus nicht.
Und wie von einem gefallenen Leib den braunroten Löwen
Hirten im Feld, den groß hungrigen, nicht vertreiben können:
So konnten den die beiden Aias, die gerüsteten,
Hektor, den Priamos-Sohn, nicht von dem Toten verscheuchen.
Und er hätte ihn fortgezogen und unsägliches Prangen erworben,
Wäre dem Peleus-Sohn nicht die windfüßige schnelle Iris
Als Bote gekommen, laufend vom Olympos, daß er sich rüsten sollte –
Heimlich vor Zeus und den anderen Göttern; sie schickte Here.
Und herangetreten sprach sie zu ihm die geflügelten Worte:
170 »Erhebe dich, Pelide! Gewaltigster aller Männer!
Schütze den Patroklos, um den ein schreckliches Kampfgewühl
Vor den Schiffen entstand, und sie vernichten einander:
Die einen, sich wehrend um den Toten, den hingestorbenen,
Die aber stürmen an, um ihn nach Ilios, der winddurchwehten,
Zu ziehen: die Troer, am meisten aber begehrt der strahlende Hektor,
Ihn fortzuschleppen, und es befiehlt ihm der Mut, sein Haupt
Von dem zarten Hals zu schneiden und auf die Pfähle zu spießen.
Doch auf! liege nicht mehr! Und es komme dir Scheu in den Mut,
Daß Patroklos den troischen Hunden zum Spielzeug werde:

180 Dir ein Schimpf, wenn der Tote irgend geschändet zurückkommt!«
     Da antwortete ihr der fußstarke göttliche Achilleus:
»Iris, Göttin! Wer von den Göttern hat dich mir als Bote gesandt?«
     Da sagte wieder zu ihm die windfüßige schnelle Iris:
»Here hat mich gesandt, des Zeus prangende Lagergenossin.
Und nicht weiß es der Kronide, der hoch am Steuerruder sitzt, und auch
                                                      kein anderer
Der Unsterblichen, die den stark beschneiten Olympos umwohnen.«
     Da antwortete und sagte zu ihr der fußschnelle Achilleus:
»Wie soll ich gehen in das Gewühl? Und jene haben die Waffen!
Auch ließ meine Mutter nicht zu, mich eher zu rüsten,
190 Ehe ich sie, wiedergekommen, vor Augen sähe.
Denn sie hatte vor, von Hephaistos schönes Rüstzeug zu bringen.
Von keinem anderen weiß ich, in dessen berühmte Waffen ich tauchen könnte,
Wenn nicht in des Aias Schild, des Telamon-Sohnes.
Aber der ist auch selber, denke ich, unter den ersten beschäftigt,
Mit der Lanze mordend um Patroklos, den toten.«
     Da sagte wieder zu ihm die windfüßige schnelle Iris:
»Gut wissen auch wir, daß ist seine berühmten Waffen haben.
Aber so wie du bist, geh zum Graben und zeige dich den Troern:
Vielleicht, daß sie, in Furcht vor dir, ablassen vom Kampf,
200 Die Troer, und aufatmen die streitbaren Söhne der Achaier,
Die bedrängten, und ist auch nur kurz das Aufatmen im Krieg.«
     So sprach sie und ging hinweg, die fußschnelle Iris.
Aber Achilleus erhob sich, der zeusgeliebte, und ihm warf Athene
Um die starken Schultern die Aigis, die mit Quasten besetzte,
Und um das Haupt legte ihm eine Wolke die Hehre unter den Göttinnen,
Eine goldene, und ließ aus ihm brennen eine Flamme, hell leuchtend.
Und wie wenn ein Rauch, aus einer Stadt aufsteigend, zum Äther gelangt,
Fern von einer Insel her, die feindliche Männer umkämpfen;
Und die messen sich den ganzen Tag in dem verhaßten Ares
210 Von ihrer Stadt aus, jedoch mit untergehender Sonne
Flammen Feuerzeichen auf, dicht nacheinander, und hoch aufschießend
Entsteht ein Lichtschein, für die Umwohnenden zu sehen,
Ob sie vielleicht mit Schiffen als Wehrer des Unheils kommen:
So gelangte vom Haupt des Achilleus ein Glanz zum Äther.
Und er ging und trat an den Graben, fern von der Mauer, und mischte
Sich nicht unter die Achaier, denn er beachtete der Mutter dichtes Gebot.
Dorthin trat er und schrie – und abseits rief laut
Pallas Athene – und erregte unter den Troern unsäglichen Wirrwarr.

Und wie klar erkennbar ist die Stimme, wenn die Trompete aufschreit,
220 Wenn lebenzerstörende Feinde eine Stadt umzingeln:
So klar erkennbar war damals die Stimme des Aiakiden.
Und die, wie sie nun hörten den ehernen Ruf des Aiakiden,
Da wurde allen der Mut verwirrt, und die schönhaarigen Pferde
Wandten die Wagen zurück, denn sie ahnten Schmerzen im Mute.
Und die Lenker erschraken, als sie sahen das unermüdliche Feuer,
Das furchtbare, über dem Haupt des hochgemuten Peleus-Sohns,
Das brennende: das ließ brennen die Göttin, die helläugige Athene.
Dreimal schrie über dem Graben groß auf der göttliche Achilleus,
Und dreimal wurden durcheinander gebracht die Troer und die berühmten
Verbündeten.
230 Dort gingen damals auch zugrunde zwölf Männer, die besten,
Bei ihren eigenen Wagen und Lanzen. Doch die Achaier
Zogen froh den Patroklos heraus aus den Geschossen,
Legten ihn nieder auf ein Lager, und um ihn traten seine Gefährten,
Jammernd, und unter ihnen folgte der fußschnelle Achilleus,
Heiße Tränen vergießend, als er vor sich sah den treuen Gefährten,
Liegend auf der Bahre, zerfleischt von dem scharfen Erz.
Ja, den hatte er ausgeschickt mit Pferden und Wagen
In den Kampf, doch nicht wieder empfing er ihn als Heimgekehrten.
Helios aber, den unermüdlichen, schickte die Kuhäugige, die Herrin Here,
240 Zu den Fluten des Okeanos zu gehen, gegen seinen Willen.
Die Sonne ging unter, und es hörten auf die göttlichen Achaier
Mit der starken Schlacht und dem gemeinsamen Kampf.
Doch die Troer wieder gingen drüben von der starken Schlacht
Hinweg und lösten die schnellen Pferde von den Wagen
Und versammelten sich zur Versammlung, noch ehe sie des Nachtmahls
gedachten.
Aufrecht im Stehen geschah die Versammlung, und keiner wagte,
Sich niederzusetzen, denn alle hielt ein Zittern, weil Achilleus
Erschienen war: er hatte lange von der Schlacht, der schmerzlichen, gerastet.
Und unter ihnen begann Pulydamas, der verständige, mit den Reden,
250 Der Panthoos-Sohn, denn dieser blickte allein voraus wie auch zurück.
Dem Hektor war er ein Gefährte, und in einer Nacht waren sie geboren,
Aber er war mit den Reden und der mit der Lanze weit überlegen.
Der redete vor ihnen mit rechtem Sinn und sagte:
»Bedenkt beides genau, Freunde! Ich wenigstens rate,
Jetzt zur Stadt zu gehen und nicht zu erwarten das göttliche Frühlicht
In der Ebene bei den Schiffen; und weit weg sind wir von der Mauer.

Zwar solange dieser Mann dem göttlichen Agamemnon zürnte,
Solange waren leichter zu bekämpfen die Achaier.
Da freute auch ich mich, die Nacht bei den schnellen Schiffen zu verbringen,
260 Und hoffte, die beiderseits geschweiften Schiffe zu nehmen.
Jetzt aber fürchte ich schrecklich den fußschnellen Peleus-Sohn.
So wie sein Mut übergewaltig ist, wird er nicht in der Ebene
Bleiben wollen, wo doch die Troer und die Achaier
Sich in der Mitte beide in die Gewalt des Ares teilen,
Nein, um die Stadt wird er kämpfen und um die Frauen.
Darum gehen wir zur Stadt! folgt mir! Denn so wird es werden.
Jetzt hat Einhalt getan die Nacht dem fußschnellen Peleus-Sohn,
Die ambrosische. Wenn er uns aber trifft, daß wir noch hier sind,
Morgen, anstürmend mit Waffen: gut wird ihn dann mancher
270 Kennenlernen! Denn froh wird gelangen zur heiligen Ilios,
Wer da entrinnt; doch viele werden die Hunde und die Geier fressen
Von den Troern: mag dies doch fern meinem Ohre so geschehen!
Wenn ihr jedoch meinen Worten folgt, so bekümmert ihr seid,
Halten wir in der Nacht auf dem Markt unsere Stärke zusammen; und die
                                                                                              Türme
Und hohen Tore und die Türflügel, die ihnen angepaßten,
Die großen, gutgeglätteten, verschlossenen, werden die Stadt bewahren.
Morgen in der Frühe aber wollen wir, mit Waffen gerüstet,
Uns auf die Türme stellen. Doch für ihn um so schlimmer, wenn er gewillt ist,
Von den Schiffen zu kommen und um die Mauer mit uns zu kämpfen!
280 Wieder zurück wird er gehen zu den Schiffen, wenn er die starknackigen Pferde,
Unter der Stadt umhergetrieben, mit allfältigem Lauf gesättigt hat!
Hinein aber wird ihn der Mut nicht vorstürmen lassen,
Noch wird er je sie zerstören: zuvor werden ihn die flinken Hunde fressen!«
    Da sah ihn von unten herauf an und sagte zu ihm der helmfunkelnde Hektor:
»Pulydamas! Nicht mehr, was mir lieb ist, hast du da geredet!
Da verlangst du, daß wir zurückgehen und uns in der Stadt zusammendrängen!
Oder seid ihr es noch nicht satt, euch zu drängen innerhalb der Türme?
Früher haben von der Stadt des Priamos die sterblichen Menschen
Alle gesprochen als reich an Gold, reich an Erz.
290 Jetzt sind schon ganz geschwunden aus den Häusern die schönen Kleinode,
Und viele Güter sind schon nach Phrygien und dem lieblichen Maionien
Verkauft dahingegangen, da der große Zeus uns zürnte.
Doch jetzt, da mir gab der Sohn des Kronos, des krummgesonnenen,
Prangen zu gewinnen bei den Schiffen und ans Meer die Achaier zu drängen –
Kindischer! laß nicht diese Gedanken mehr sehen in dem Volke!

Keiner der Troer wird dem folgen; denn ich lasse es nicht zu!
Doch auf! folgen wir alle so wie ich es sage:
Für jetzt nehmt das Nachtmahl im Heer in den Abteilungen
Und gedenkt der Wacht und haltet euch munter ein jeder.
300 Und wer von den Troern durch Güter über die Maßen beschwert ist,
Der trage sie zusammen und gebe sie dem Volk, als Gemeingut zu verzehren.
Besser, daß von denen einer sie genießt, als die Achaier!
Morgen in der Frühe aber wollen wir, mit Waffen gerüstet,
Bei den gewölbten Schiffen erwecken den scharfen Ares!
Und ist wirklich bei den Schiffen aufgestanden der göttliche Achilleus,
Um so schlimmer wird es für ihn sein, wenn er will! Ich werde nicht
Vor ihm fliehen aus dem schlimmtosenden Kampf, sondern gerade entgegen
Stehen, ob er große Kraft davonträgt oder ich selber!
Allen gemein ist Enyalios, und auch den Tötenden tötet er!«
310   So redete Hektor, und die Troer lärmten ihm zu,
Die Kindischen! Denn benommen hatte ihnen die Sinne Pallas Athene:
Denn dem Hektor stimmten sie zu, der Schlechtes riet,
Dem Pulydamas aber keiner, der guten Rat bedachte.
Darauf nahmen sie das Nachtmahl im Heer. – Aber die Achaier
Stöhnten die ganze Nacht um Patroklos, ihn beklagend.
Und ihnen stimmte an der Pelide die dichte Totenklage,
Die männermordenden Hände gelegt auf die Brust des Gefährten,
Sehr häufig stöhnend, so wie ein starkbärtiger Löwe,
Dem die Jungen heimlich geraubt hat ein Hirsche jagender Mann
320 Aus dem dichten Gehölz; und er ist bekümmert, wenn er später hinzukommt,
Und viele Schluchten begeht er auf den Spuren des Mannes, suchend,
Ob er ihn irgend fände, denn ein sehr scharfer Zorn ergreift ihn:
So schwer stöhnend sprach er unter den Myrmidonen:
   »Nein doch! da habe ich ein leeres Wort ausgestoßen an jenem Tage,
Als ich Mut zusprach dem Heros Menoitios in den Hallen
Und sagte, ich brächte ihm nach Opus zurück den ringsberühmten Sohn,
Wenn er Ilios zerstört hätte und empfangen sein Teil von der Beute.
Aber Zeus erfüllt den Männern nicht alle Gedanken!
Denn beiden ist uns bestimmt, die gleiche Erde zu röten
330 Hier in Troja, da auch mich nicht wieder heimgekehrt
Empfangen wird in den Hallen der greise Rossetreiber Peleus
Noch auch Thetis, die Mutter, sondern hier wird die Erde mich niederhalten.
Doch jetzt, wo ich nun, Patroklos! später als du unter die Erde gehe,
Will ich dich nicht eher bestatten, ehe ich hierher bringe von Hektor
Die Waffen und das Haupt, des hochgemuten, deines Mörders,

Und werde vor dem Scheiterhaufen zwölf prangenden Söhnen der Troer
Abschneiden den Hals, zürnend um dich, den Erschlagenen.
Solange liege du mir nur so bei den geschweiften Schiffen.
Doch sollen die Troerinnen und Dardanaerfrauen, die tiefgebauschten,
340 Dich beweinen die Nächte und Tage, Tränen vergießend,
Die wir selber mit Mühe erwarben mit Gewalt und dem Speer, dem langen,
Als wir fette Städte zerstörten von sterblichen Menschen.«
   So sprach er und rief den Gefährten zu, der göttliche Achilleus,
Ans Feuer zu stellen den großen Dreifuß, daß sie aufs schnellste
Dem Patroklos abwüschen den Schorf, den blutigen.
Und sie stellten den Dreifuß für Badewasser ins lodernde Feuer
Und gossen Wasser ein und nahmen Holz und ließen es darunter brennen.
Da war um den Bauch des Dreifußes das Feuer geschäftig, und warm wurde
                                                                das Wasser.
Doch als nun das Wasser kochte in dem blanken Erz,
350 Da wuschen sie ihn denn und salbten ihn glatt mit dem Öl
Und füllten seine Wunden mit Salbe, neunjähriger,
Und legten ihn auf ein Bett und umhüllten ihn mit weicher Leinwand
Bis zu den Füßen vom Haupt her, und darüber mit einem weißen Tuch.
   Die ganze Nacht hielten dann um den fußschnellen Achilleus
Die Myrmidonen über Patroklos mit Stöhnen die Totenklage.
Zeus aber sprach zu Here, der Schwester und Lagergenossin:
»So hast du es denn auch vollbracht, Kuhäugige, Herrin Here,
Aufstehen zu lassen Achilleus, den fußschnellen! Wirklich, da sind wohl
Aus dir selbst geboren die am Haupte langgehaarten Achaier!«
360   Ihm antwortete darauf die Kuhäugige, die Herrin Here:
»Schrecklichster Kronos-Sohn! was für ein Wort hast du gesprochen!
Wird doch wohl auch ein Sterblicher gegen einen Mann es zu Ende bringen,
Einer, der sterblich ist und nicht so große Gedanken weiß.
Wie sollte da ich, die ich meine, der Göttinnen Erste zu sein
In beidem: der Geburt nach und weil ich deine Gattin
Heiße und du über alle Unsterblichen der Herr bist –
Wie sollte da ich nicht im Groll den Troern Schlimmes bereiten!«
   So redeten diese dergleichen miteinander. –
Zu dem Haus des Hephaistos aber kam die silberfüßige Thetis,
370 Dem unvergänglichen, bestirnten, hervorstrahlend unter den Unsterblichen,
Dem ehernen, das er selbst gemacht hatte, der Krummfüßige.
Und sie fand ihn, wie er sich schwitzend um die Blasebälge herumbewegte,
Geschäftig, denn Dreifüße, zwanzig im ganzen, fertigte er,
Rings an der Wand zu stehen der guterstellten Halle.

Und goldene Räder setzte er einem jeden von ihnen unter den Fuß,
Daß sie ihm von selbst zum Versammlungsplatz der Götter liefen
Und wieder ins Haus zurückkehrten, ein Wunder zu schauen.
Ja, die waren soweit vollendet, nur die Ohren waren noch nicht
Angesetzt, die kunstreichen, die fügte er eben an und schlug die Bänder.
380 Während er sich damit abmühte mit kundigem Sinn,
Indessen kam zu ihm heran die Göttin, die silberfüßige Thetis.
Da lief heraus und sah sie Charis mit dem glänzenden Stirnband,
Die schöne, die zur Frau hatte der ringsberühmte Hinkende.
Und sie wuchs ihr ein in die Hand, sprach das Wort und benannte es heraus:
»Warum, langgewandete Thetis! kommst du zu unserem Haus,
Ehrwürdige und Liebe? Früher kamst du nicht häufig!
Aber komm herein! daß ich dir Bewirtungen vorsetze.«
     So sprach sie und führte sie herein, die Hehre unter den Göttinnen,
Und ließ sie dann niedersitzen auf einem Stuhl mit silbernen Nägeln,
390 Einem schönen, kunstreichen, und darunter war ein Schemel für die Füße.
Und sie rief Hephaistos, den kunstberühmten, und sagte die Rede:
»Hephaistos! komm doch heraus! Thetis verlangt etwas von dir!«
     Ihr antwortete darauf der ringsberühmte Hinkende:
»Wirklich! da ist mir die furchtbare und ehrwürdige Göttin im Haus,
Die mich rettete, als mir Schmerz kam, wie ich weit herabfiel
Nach meiner Mutter Willen, der hundsäugigen! die mich verstecken
Wollte, den Lahmen. Damals hätte ich Schmerzen gelitten im Mute,
Hätten mich nicht Eurynome und Thetis empfangen im Bausch des Gewands:
Eurynome, die Tochter des rückströmenden Okeanos.
400 Bei denen habe ich neun Jahre geschmiedet viele Kunstwerke:
Spangen und gebogene Armreifen und Kelche und Ketten,
In der gewölbten Höhle, und rings strömte der Strom des Okeanos,
Im Schaum brausend, der unsägliche. Und kein anderer
Wußte es, weder von den Göttern noch von den sterblichen Menschen,
Thetis aber und Eurynome wußten es, die mich erretteten.
Sie kommt jetzt zu unserem Haus! Darum ist es durchaus not,
Daß ich Thetis, der flechtenschönen, allen Rettungslohn entrichte!
Aber du setze ihr jetzt schöne Bewirtungen vor,
Bis ich die Blasebälge beiseite gestellt und die Geräte alle.«
410 Sprach es, und vom Amboshalter stand auf die schnaufende Ungestalt,
Hinkend, und unten regten sich die dünnen Schenkel.
Die Blasebälge stellte er weg vom Feuer, und alles Gerät,
Mit dem er gearbeitet, sammelte er in einen silbernen Kasten.
Und mit einem Schwamm wischte er sich ab das Gesicht und die beiden Arme

Und den Nacken, den starken, und die behaarte Brust,
Tauchte in den Rock und ergriff den Stab, den dicken, und ging hinaus,
Hinkend, und ihn stützend, den Herrn, liefen Dienerinnen,
Goldene, die lebenden Jungfrauen glichen.
Die haben drinnen Verstand im Innern und drinnen auch Stimme
420 Und Kraft, und wissen von den unsterblichen Göttern her die Werke.
Die keuchten, den Herrn unterstützend, daher, der aber schleppte
Sich hin, wo Thetis war, und setzte sich auf einen schimmernden Stuhl,
Wuchs ihr ein in die Hand, sprach das Wort und benannte es heraus:
»Warum, langgewandete Thetis, kommst du zu unserem Haus,
Ehrwürdige und Liebe? Früher kamst du nicht häufig!
Sage, was hast du im Sinn? Mein Mut heißt mich, es zu erfüllen,
Wenn ich es denn erfüllen kann und wenn es zu erfüllen ist.«
    Darauf erwiderte ihm Thetis, Tränen vergießend:
»Hephaistos! Hat denn schon eine, so viele da Göttinnen sind im Olympos,
430 So viele traurige Kümmernisse in ihrem Innern ertragen,
Wie mir vor allen der Kronide Zeus hat Schmerzen gegeben?
Mich allein aus den anderen Meermädchen unterwarf er einem Manne:
Dem Aiakiden Peleus, und ich ertrug das Lager des Mannes,
Gar sehr wider meinen Willen! Der liegt nun, vom traurigen Alter
Geschwächt, in den Hallen. Doch anderes wird mir jetzt:
Da gab er, daß mir ein Sohn geboren wurde und aufwuchs,
Hervorragend unter den Helden, und er schoß auf wie ein Reis.
Und als ich ihn aufgezogen wie einen jungen Baum an des Gartens Lehne,
Schickte ich ihn mit den geschweiften Schiffen hinaus nach Ilios,
440 Um mit den Troern zu kämpfen, und werde ihn nicht wieder empfangen,
Daß er nach Hause zurückkehrt in das Haus des Peleus.
Und solange er mir lebt und sieht das Licht der Sonne,
Härmt er sich ab, und ich kann ihm nicht helfen, wenn ich hingehe.
Das Mädchen, das ihm als Ehrgeschenk auswählten die Söhne der Achaier,
Das hat ihm wieder aus den Händen genommen der gebietende Agamemnon.
Ja, um die bekümmert zerquälte er sein Herz. Doch die Troer drängten
Die Achaier bei den hinteren Schiffen zusammen und ließen sie nicht
Aus dem Lager hinausgehen. Und ihn flehten die Ältesten
Der Argeier an und nannten ihm viele ringsberühmte Gaben.
450 Da schlug er selbst es dann ab, dem Verderben zu wehren,
Doch den Patroklos bekleidete er mit seinen eigenen Waffen
Und schickte ihn in den Kampf und gab ihm viel Volk mit.
Und den ganzen Tag kämpften sie um die Skäischen Tore und hätten
An eben dem Tag wohl die Stadt zerstört, hätte nicht Apollon

Den streitbaren Sohn des Menoitios, nachdem er viel Schlimmes getan,
Getötet unter den Vorkämpfern und dem Hektor Prangen gegeben.
Darum komme ich jetzt zu deinen Knien, ob du wohl gewillt bist,
Meinem Sohn, der schnell dahingeht, Schild und Helm zu geben
Und schöne Beinschienen, den Knöcheln angepaßte,
460 Und einen Panzer; denn den er hatte, verlor der treue Gefährte,
Von den Troern bezwungen. Er aber liegt am Boden, bekümmert im Mute.«
    Ihr antwortete darauf der ringsberühmte Hinkende:
»Fasse Mut! laß dies dich nicht in deinem Sinn bekümmern!
Wenn ich ihn doch so gewiß vor dem schlimmtosenden Tode
Fern verbergen könnte, wenn über ihn das furchtbare Geschick kommt,
Wie ihm schöne Waffen bereit sein werden, über die noch mancher
Der vielen Menschen erstaunen wird, wer immer sie sieht.«
    So sprach er und ließ sie dort und ging zu den Blasebälgen,
Und diese wandte er zum Feuer und hieß sie arbeiten.
470 Und die Blasebälge, zwanzig insgesamt, bliesen in die Schmelztiegel
Und entsandten einen allfältigen, gut anfachenden Zugwind,
Dem Geschäftigen bald so, bald wieder so zu dienen,
Wie Hephaistos es wollte und er das Werk zustande brachte.
Und Erz warf er ins Feuer, unzerstörbares, und Zinn
Und Gold, geschätztes, und Silber. Aber dann stellte er
Auf den Amboshalter den großen Ambos und ergriff mit der Hand
Den starken Hammer und mit der anderen ergriff er die Feuerzange.
Und er machte zu allererst den Schild, den großen und starken,
Ihn rings kunstvoll arbeitend, und legte darum einen schimmernden Rand,
480 Einen dreifachen, blanken, und daran ein silbernes Tragband.
Fünf Schichten hatte der Schild selbst, und auf ihm
Machte er viele Bildwerke mit kundigem Sinn.
    Auf ihm schuf er die Erde und auf ihm den Himmel und auf ihm das Meer
Und die Sonne, die unermüdliche, und den vollen Mond,
Und auf ihm die Sterne alle, mit denen der Himmel umkränzt ist:
Die Pleiaden und die Hyaden und die Kraft des Orion
Und die Bärin, die sie auch ›Wagen‹ mit Beinamen nennen,
Die sich auf derselben Stelle dreht und nach dem Jäger Orion späht
Und allein nicht teil hat an den Bädern im Okeanos.
490 Und auf ihm machte er zwei Städte von sterblichen Menschen,
Schöne. In der einen waren Hochzeitsfeste und Gelage:
Da führten sie Bräute aus den Kammern unter brennenden Fackeln
Durch die Stadt, und viel Hochzeitsjubel erhob sich.
Und Jünglinge drehten sich als Tänzer, und unter ihnen

Erhoben Flöten und Leiern ihren Ruf, und die Frauen
Schauten staunend zu, an die Türen getreten eine jede.
Das Volk aber war auf dem Markt versammelt. Dort hatte ein Streit
Sich erhoben: zwei Männer stritten um das Wergeld
Für einen erschlagenen Mann. Der eine gelobte, daß er alles erstattet habe,
500 Und tat es dem Volke dar, der andere leugnete: nichts habe er empfangen.
Und beide begehrten, beim Schiedsmann einen Entscheid zu erlangen,
Und das Volk schrie beiden zu, hüben und drüben als Helfer.
Und Herolde hielten das Volk zurück, die Ältesten aber
Saßen auf geglätteten Steinen im heiligen Ring.
Und sie hielten die Stäbe von den Herolden, den luftdurchrufenden, in den
                                                                        Händen;
Mit denen sprangen sie dann auf und taten abwechselnd ihren Spruch.
In ihrer Mitte aber lagen zwei Pfunde Goldes,
Um sie dem zu geben, der unter ihnen das Recht am geradesten spräche.
    Um die andere Stadt aber lagerten zwei Heere von Männern,
510 In Waffen strahlend. Und denen gefiel ein zwiefacher Rat:
Entweder sie zu zerstören oder halb und halb alles zu teilen,
Soviel an Habe die liebliche Stadt in ihrem Innern verwahrt hielt.
Die aber gaben noch nicht nach, sondern zu einem Überfall rüsteten sie sich
                                                                        heimlich.
Auf der Mauer standen ihre Frauen und jungen Kinder
Und schützten sie, und mit ihnen die Männer, die das Alter hielt.
Sie aber gingen, und ihnen voran schritt Ares und Pallas Athene,
Beide von Gold und mit goldenen Kleidern angetan,
Schön und groß, in Waffen, wie eben Götter,
Allseits klar erkennbar, und die Männer darunter waren kleiner.
520 Und als sie nun dorthin gelangten, wo es ihnen zum Überfall recht schien,
Am Fluß, dort wo die Tränke war für alles Weidevieh,
Da ließen sie sich nieder, umhüllt mit funkelndem Erz.
Und ihnen setzten sich dann abseits von den Männern zwei Späher,
Abwartend, wann sie die Schafe sähen und krummgehörnten Rinder.
Die aber kamen bald heran, und mit ihnen gingen zwei Hirten
Und ergötzten sich auf der Flöte und ahnten keine Arglist.
Die aber, wie sie sie sahen, liefen hinzu und hatten alsdann schnell
Rings abgeschnitten die Herden der Rinder und die schönen Haufen
Weißschimmernder Schafe und töteten über ihnen die Viehhirten.
530 Wie aber nun die anderen das viele Lärmen bei den Rindern vernahmen,
Die bei der Versammlung saßen, da bestiegen sie sogleich
Die leichtfüßigen Gespanne, fuhren herbei und waren rasch zur Stelle.

Und aufgestellt schlugen sie die Schlacht an den Ufern des Flusses
Und warfen gegeneinander mit den erzbeschlagenen Lanzen.
Und unter ihnen machte sich Eris zu schaffen, und unter ihnen Kydoimos und
                                        unter ihnen die verderbliche Ker,
Die hielt einen Lebenden, frisch verwundet, einen anderen unverwundet,
Einen anderen, Toten, schleppte sie durch das Gewühl an den Füßen,
Und hatte das Gewand an den Schultern tiefrot vom Blut der Männer.
Und sie machten sich miteinander zu schaffen wie lebende Menschen und
                                        kämpften
540 Und zogen einander die Toten fort, die hingestorbenen.
      Und auf ihn setzte er ein lockeres Brachfeld, ein fettes Flurstück,
Breit, dreimal umbrochen, und viele Pflüger darauf
Trieben kreisend ihre Gespanne hierhin und dorthin.
Waren sie aber beim Wenden an die Feldmark gekommen,
So gab ihnen alsdann in die Hände einen Becher honigsüßen Weines
Ein Mann, der hinzutrat; und sie bogen wieder ein in die Furchen
Und strebten, zur Mark des tiefen Brachfelds zurückzukommen.
Und das schwärzte sich hinter ihnen und sah aus wie gepflügt,
Und war doch von Gold: überaus zum Erstaunen war es geschaffen.
550   Und auf ihn setzte er ein Königsgut; da waren Schnitter
Beim Mähen, scharfe Sicheln in den Händen haltend.
Da fielen teils die Büschel in Schwaden dicht nacheinander zur Erde,
Teils banden Garbenbinder sie mit Strohseilen.
Drei Garbenbinder standen da, doch hinter ihnen
Nahmen Knaben die Büschel auf, brachten sie in den Armen getragen
Und reichten sie unablässig zu. Und der König stand unter ihnen in Schweigen,
Den Stab in den Händen, beim Schwaden, erfreut im Herzen.
Und Herolde richteten abseits unter einer Eiche das Mahl,
Hatten ein Rind geschlachtet, ein großes, und besorgten es, und die Frauen
560 Mengten zum Mahl für die Schnitter viel weiße Gerste.
      Und auf ihn setzte er einen mit Trauben schwer behangenen Weinberg,
Einen schönen, aus Gold, und schwarz waren auf ihm die Trauben,
Und bestanden war er mit Pfählen durch und durch, silbernen.
Da zog er beiderseits entlang einen Graben von Blaufluß und rundherum
Einen Zaun von Zinn. Und ein einziger Pfad war darauf:
Da schritten die Winzer einher, wenn sie abernteten den Weinberg.
Und Mädchen und junge Männer trugen frohgemut
In geflochtenen Körben die honigsüße Frucht.
Und mitten unter ihnen schlug ein Knabe die helle Leier,
570 Lieblich, und sang dazu die schöne Linos-Weise

Mit zarter Stimme. Die anderen aber stampften im Takt
Und folgten mit Singen und Jauchzen, mit den Füßen springend.
Und auf ihm machte er eine Herde von Rindern, aufrecht gehörnten.
Da waren die Kühe von Gold gebildet und von Zinn
Und liefen mit Gebrüll vom Viehhof zur Weide
Längs des rauschenden Flusses, längs des schwankenden Schilfs.
Und goldene Hirten schritten neben den Rindern her,
Vier, und neun Hunde folgten ihnen, schnellfüßige.
Und da hatten zwei schreckliche Löwen unter den vordersten Rindern
580 Den rauhstimmigen Stier gepackt, und der brüllte laut,
Wie sie ihn schleiften, und die Hunde liefen herbei und die Männer.
Die beiden aber hatten dem großen Rind schon den Balg aufgebrochen
Und schlürften die Eingeweide und das schwarze Blut. Die Hirten aber
Trieben umsonst die schnellen Hunde an und hetzten sie:
Doch die, statt zu beißen, wandten sich immer wieder zurück von den Löwen,
Liefen ganz dicht heran und bellten und wichen wieder aus.
Und auf ihm machte eine Trift der ringsberühmte Hinkende
In einem schönen Waldtal, eine große, voll weißschimmernder Schafe,
Und Ställe und überdachte Hütten und Pferche.
590 Und auf ihm bildete einen Reigen der ringsberühmte Hinkende,
Dem gleichend, den einst in der breiten Knosos
Daidalos gefertigt hatte für die flechtenschöne Ariadne.
Da schritten Jünglinge und vielumworbene Jungfrauen
Im Tanz und hielten einander beim Handgelenk an den Armen.
Von denen trugen die Mädchen zarte Leinenkleider, die Knaben aber
Hatten Röcke an, gutgewirkte, die noch sanft glänzten von dem Öl.
Auch trugen diese schöne Kränze, die aber hatten
Dolche, goldene, an silbernen Tragbändern.
Und sie eilten bald mit geübten Füßen sehr leicht dahin,
600 Wie wenn einer sitzt und die den Händen angepaßte Scheibe,
Ein Töpfer, erproben will, ob sie wohl laufe;
Und bald wieder eilten sie in Reihen gegeneinander.
Und eine dichte Menge stand rings um den lieblichen Reigen
Und ergötzte sich, und in ihrer Mitte sang der göttliche Sänger
Zur Leier, und zwei Springtänzer wirbelten unter ihnen
Als Anführer des Spiels in ihrer Mitte.
Und auf ihn setzte er die große Gewalt des Okeanos-Stromes
An den äußersten Rand des Schildes, des dicht gefertigten.
Aber als er nun gemacht hatte den Schild, den großen und starken,
610 Machte er ihm einen Panzer, heller leuchtend als der Glanz des Feuers,

Und machte ihm den Helm, den schweren, den an die Schläfen angepaßten,
Den schönen, kunstreichen, und setzte darauf einen goldenen Helmbusch,
Und machte ihm Beinschienen von geschmeidigem Zinn.
Doch als er die Waffen alle gearbeitet hatte, der ruhmvolle Hinkende,
Da nahm er sie auf und legte sie vor die Mutter des Achilleus.
Sie aber sprang wie ein Falke vom Olympos, dem beschneiten,
Und trug die funkelnden Waffen von Hephaistos.

NEUNZEHNTER GESANG *Mit Tagesbeginn bringt Thetis dem Achilleus die*
neuen Waffen von Hephaistos. – Achilleus legt in einer Heeresversammlung den
Zwist mit Agamemnon bei und drängt sofort zum Kampf. Streit um das Frühmahl.
Athene stärkt den Achilleus mit Nektar und Ambrosia. Er legt die neuen Waffen
an. Beim Auszug sagt sein unsterbliches Pferd Xanthos ihm den Tod voraus.

Eos im Safrangewand erhob sich von des Okeanos Strömungen,
Daß sie den Unsterblichen das Licht brächte und den Sterblichen.
Thetis aber kam zu den Schiffen und brachte von dem Gott die Gaben.
Und sie fand ihren eigenen Sohn über Patroklos hingeworfen,
Hellauf weinend, und viele Gefährten um ihn
Jammerten. Sie aber trat unter sie, die Hehre unter den Göttinnen,
Wuchs ihm ein in die Hand, sprach das Wort und benannte es heraus:
»Mein Kind! Diesen wollen wir liegen lassen, wenn auch bekümmert,
Da er einmal durch den Willen der Götter bezwungen wurde.
10 Du aber empfange von Hephaistos die ruhmvollen Waffen,
Sehr schöne, wie solche noch nie ein Mann an den Schultern getragen.«
    Als sie so gesprochen, die Göttin, legte sie die Waffen nieder
Vor Achilleus, und die erdröhnten, die kunstreichen, alle.
Die Myrmidonen aber erfaßte ein Zittern, und keiner wagte,
Sie gerade anzusehen, sondern sie zitterten. Achilleus aber,
Wie er sie sah, da tauchte in ihn noch mehr der Zorn, und in ihm die Augen
Strahlten schrecklich unter den Lidern hervor wie Feuerschein,
Und er ergötzte sich, in Händen zu halten des Gottes prangende Gabe.
Doch als er sich in seinem Sinn ergötzt hatte, die Kunstwerke anzusehen,
20 Sprach er sogleich zu seiner Mutter die geflügelten Worte:
    »Meine Mutter! Die Waffen hier hat der Gott gegeben, wie sichs gebührt,
Daß die Werke Unsterblicher sind, und wie kein sterblicher Mann sie vollendet.
Jetzt aber, wahrhaftig! will ich mich rüsten! – Aber gar schrecklich
Fürchte ich, daß mir indessen in des Menoitios wehrhaften Sohn
Nicht die Fliegen hineinschlüpfen durch die erzgeschlagenen Wunden
Und Maden darin erzeugen und den Leichnam schänden –
Ausgetilgt ist ja das Leben! – und ihm die ganze Haut verfault.«
    Ihm antwortete darauf die silberfüßige Thetis:
»Kind! laß dies dich nicht in deinem Sinn bekümmern!

30 Von diesem will ich versuchen, abzuwehren die wilden Völker,
Die Fliegen, die ja die aresgetöteten Männer verzehren.
Und wenn er auch daliegt bis auf ein volles Jahr:
Immer wird diesem die Haut beständig sein oder auch besser. –
Aber du, hast du zur Versammlung berufen die Helden, die Achaier,
Und den Zorn aufgesagt Agamemnon, dem Hirten der Völker,
Rüste dich sehr schnell zum Krieg und tauche in die Kampfkraft!«
     So sprach sie und sandte in ihn vielkühne Kraft.
Dem Patroklos aber träufelte sie Ambrosia und rötlichen Nektar
In die Nasenlöcher, daß die Haut ihm beständig bliebe. –
40 Er aber schritt das Ufer des Meeres entlang, der göttliche Achilleus,
Schrecklich aufschreiend, und trieb an die Helden, die Achaier.
Und auch die früher im Sammelplatz der Schiffe zu bleiben pflegten:
Die da Steuermänner waren und hielten die Steuerruder der Schiffe,
Und die Verwalter bei den Schiffen waren, Ausgeber des Brotes,
Ja, auch diese kamen damals zur Versammlung, weil Achilleus
Erschienen war; er hatte lange von der Schlacht, der schmerzlichen, gerastet.
Und die beiden schritten hinkend heran, die Diener des Ares:
Der Tydeus-Sohn, der Standhafte im Kampf, und der göttliche Odysseus,
Auf die Lanze gestützt, denn noch hatten sie traurige Wunden.
50 Und sie gingen und setzten sich nieder ganz vorn in der Versammlung.
Aber der kam als letzter, der Herr der Männer Agamemnon,
Mit einer Wunde, denn auch den hatte in der starken Schlacht
Verwundet Koon, der Antenor-Sohn, mit dem erzbeschlagenen Speer.
Aber als sie nun alle versammelt waren, die Achaier,
Da stand auf und sprach unter ihnen der fußschnelle Achilleus:
     »Atreus-Sohn! War dieses denn nun für uns beide besser,
Für dich und mich, daß wir beide uns, bekümmerten Herzens,
Im mutverzehrenden Streit erzürnten wegen eines Mädchens?
Hätte sie bei den Schiffen doch Artemis getötet mit dem Pfeil
60 An dem Tag, als ich sie mir auslas, nachdem ich Lyrnessos zerstörte!
Dann hätten nicht so viele Achaier mit den Zähnen die unendliche Erde gefaßt
Unter der Feinde Händen, als ich noch weiter zürnte.
Für Hektor freilich und die Troer war das vorteilhafter. Aber die Achaier
Werden noch lange meines und deines Streites gedenken, meine ich!
Doch diese Dinge wollen wir abgetan sein lassen, wenn auch bekümmert,
Und den eigenen Mut in der Brust bezwingen, notgedrungen.
Jetzt aber, wahrhaftig! mache ich ein Ende dem Zorn. Mußte ich doch nicht
Unbeugsam immer grollen! – Doch auf! schnell!
Treibe zum Kampf die am Haupte langgehaarten Achaier!

70 Daß ich auch wieder den Troern entgegentrete und versuche,
   Ob sie gewillt sind, bei den Schiffen die Nacht zu verbringen. Doch meine ich,
                                                                            mancher
   Von ihnen wird froh das Knie wohl sinken lassen, wer immer entrinnt
   Aus dem feindlichen Kampf vor der Lanze, der unseren!«
      So sprach er. Die aber freuten sich, die gutgeschienten Achaier,
   Daß er dem Zorn absagte, der hochgemute Sohn des Peleus.
   Doch unter ihnen sprach der Herr der Männer Agamemnon,
   Dort vom Sitz aus, und nicht in die Mitte getreten:
      »Freunde! Helden der Danaer! Diener des Ares!
   Wenn einer aufsteht, ist es recht, auf ihn zu hören, und nicht gehört sichs,
80 Ihm ins Wort zu fallen, denn lästig ist es selbst für einen Erfahrenen.
   Doch bei vielem Lärm der Männer: wie kann da einer hören
   Oder sprechen? Er wird behindert, ist er auch ein hellstimmiger Redner.
   Dem Peliden will ich mich erklären, aber ihr anderen
   Vernehmt es, Argeier! und faßt die Rede gut auf ein jeder. –
   Oftmals schon haben mir dieses Wort gesagt die Achaier
   Und auch mich gescholten. Ich aber bin nicht schuldig,
   Sondern Zeus und die Moira und die im Dunkeln wandelnde Erinys,
   Die mir in der Versammlung in den Sinn warfen die wilde Beirrung
   An dem Tag, als ich selbst das Ehrgeschenk des Achilleus fortnahm.
90 Aber was sollte ich tun? Der Gott führt alles zu seinem Ende.
   Die ehrwürdige Tochter des Zeus ist Ate, die alle beirrt,
   Die verderbliche! Die hat weiche Füße, denn nicht auf dem Boden
   Nähert sie sich, sondern schreitet über den Häuptern der Männer
   Und beschädigt die Menschen, und wenigstens einen von beiden verstrickt sie.
   Denn schon hat sie einmal auch Zeus beirrt, von dem sie doch sagen,
   Daß er der Beste sei unter den Männern und Göttern. Aber auch diesen
   Hat Here, ein Weib, mit listigem Sinn betrogen
   An dem Tag, als die Gewalt des Herakles
   Alkmene gebären sollte in der gutummauerten Thebe.
100 Ja, da sprach er, sich rühmend, unter allen Göttern:
   ›Hört mich, alle Götter und alle Göttinnen,
   Daß ich sage, was mir der Mut in der Brust befiehlt!
   Heute wird einen Mann die Göttin der Geburtsmühen Eileithyia
   Ans Licht herausführen, der wird über alle Umwohnenden herrschen,
   Aus dem Geschlecht der Männer, die dem Blute nach aus mir sind.‹
   Da sagte zu ihm mit listigem Sinn die Herrin Here:
   ›Als falsch wirst du dich erweisen, und nicht dem Wort die Vollendung bringen!
   Wenn aber – auf! so schwöre mir jetzt, Olympier, den starken Eid:

Es werde wahrhaftig der über alle Umwohnenden herrschen,
10 Der an diesem Tag zwischen die Füße fällt einer Frau
Von den Männern, die dem Geschlecht nach aus deinem Blut sind!‹
So sprach sie. Zeus aber bemerkte nicht den listigen Sinn,
Sondern schwor den großen Eid, und gewaltig wurde er da beirrt.
Here aber schwang sich hinab und verließ die Kuppe des Olympos,
Und schnell gelangte sie nach dem achaischen Argos, dorthin, wo sie
Die starke Gattin des Sthenelos wußte, des Perseus-Sohnes.
Und die trug einen eigenen Sohn, und es war der siebente Monat.
Und heraus führte sie ihn zum Licht, obwohl im unzeitigen Monat,
Der Alkmene Geburt aber hemmte sie und hielt zurück die Geburtsgöttinnen.
20 Und selber meldete sie es und sprach zu Zeus Kronion:
›Zeus, Vater! Hellblitzender! Ein Wort lege ich dir in den Sinn.
Schon ist der Mann geboren, der tüchtige, der herrschen wird über die Argeier:
Eurystheus, der Sohn des Sthenelos, des Perseus-Sohnes,
Deines Geschlechts, und nicht unwürdig ist es ihm, zu herrschen über die
                                                  Argeier!‹
So sprach sie. Dem aber schlug ein scharfes Weh in den tiefen Sinn,
Und sofort ergriff er die Ate beim Haupt mit den glänzenden Zöpfen,
Zürnend in seinem Sinn, und schwor den starken Eid:
Daß niemals je zum Olympos und zum Himmel, dem bestirnten,
Wiederkehren sollte Ate, die alle beirrt.
30 So sprach er und warf sie vom Himmel, dem bestirnten,
Sie mit der Hand herumwirbelnd, und schnell kam sie zu den Werken der
                                                  Menschen.
Über die stöhnte er immer, wenn er sah seinen eigenen Sohn
Tragen ein unwürdiges Werk unter den Mühen, die ihm Eurystheus auftrug. –
So konnte auch ich, als nun wieder der große helmfunkelnde Hektor
Die Argeier vernichtete bei den hinteren Schiffen,
Nicht die Ate vergessen, von der ich zuvor beirrt war.
Aber da ich beirrt war, und mir Zeus die Sinne benommen,
Will ich es wiedergutmachen und unermeßliche Buße geben.
Aber erhebe dich zum Kampf, und treibe an die anderen Völker!
40 Und die Gaben will ich dir alle reichen, so viele dir, gekommen,
Gestern in der Hütte versprach der göttliche Odysseus.
Doch willst du, so warte, sosehr es dich drängt nach dem Ares,
Und die Gaben sollen dir die Gefährten holen von meinem Schiff
Und bringen, daß du siehst, was ich dir dem Mut Zusagendes gebe.«
    Da antwortete und sagte zu ihm der fußschnelle Achilleus:
»Atreus-Sohn, Ruhmvollster! Herr der Männer Agamemnon!

Die Gaben, wenn du willst, magst du reichen, wie es sich gebührt,
Oder auch behalten, das steht bei dir. Jetzt aber gedenken wir des Kampfes,
Sehr schnell! Denn nicht ist not, daß wir hier Reden führen
150 Und die Zeit vertun, denn noch ist ungetan ein großes Werk.
So wie man unter den Vordersten wieder sehen wird Achilleus
Mit der ehernen Lanze vernichtend der Troer Reihen:
So soll, dessen eingedenk, jeder von euch mit einem Manne kämpfen!«
    Da antwortete und sagte zu ihm der vielkluge Odysseus:
»Nicht, so tapfer du bist, gottgleicher Achilleus,
Treibe so nüchtern gegen Ilios die Söhne der Achaier,
Mit den Troern zu kämpfen! Denn keine geringe Zeit wird dauern
Die Schlacht, wenn einmal aneinandergekommen die Reihen
Der Männer, und ein Gott Kraft einhaucht beiden Seiten.
160 Nein, zu essen befiehl bei den schnellen Schiffen den Achaiern
Von Brot und Wein, denn darin liegt Mut und Kampfkraft.
Denn nicht vermag den ganzen Tag bis zur untergehenden Sonne
Ungestärkt mit Brot ein Mann entgegen zu kämpfen.
Denn wenn er auch im Mute begehrt zu kämpfen,
Werden ihm doch unvermerkt die Glieder schwer, und es kommt ihn
Durst und Hunger an, und schwach werden ihm die Knie im Gehen.
Der Mann aber, der gesättigt mit Wein und Speise
Den ganzen Tag über kämpft mit feindlichen Männern,
Dem ist kühn das Herz im Innern, und seine Glieder
170 Werden nicht eher müde, ehe alle vom Kampf zurückgehen.
Doch auf! laß das Volk sich zerstreuen, und heiße sie, das Frühmahl
Bereiten; und die Gaben soll der Herr der Männer Agamemnon
In die Mitte der Versammlung bringen, daß alle Achaier
Sie mit Augen sehen, und du dich erwärmst in deinem Sinn.
Und er soll dir schwören den Eid, unter den Argeiern aufgestanden,
Daß er nie ihr Lager bestiegen und sich mit ihr vereinigt,
Wie das der Brauch ist, Herr! unter Männern wie Frauen.
Und auch dir selber werde der Mut in der Brust besänftigt!
Darauf soll er dich mit einem Mahl in der Hütte versöhnen,
180 Einem fetten, daß dir an dem, was Rechtens ist, nichts fehle.
Atreus-Sohn! du aber wirst alsdann auch vor anderen
Gerechter erscheinen, denn es ist nicht zu verargen, daß ein König
Einen Mann wieder versöhnt, wenn einer als erster beschwerlich wurde.«
    Da sagte wieder zu ihm der Herr der Männer Agamemnon:
»Ich freue mich, daß ich von dir, Laërtes-Sohn, gehört habe dies Wort,
Denn alles hast du nach Gebühr auseinandergelegt und hergezählt.

Dieses will ich beschwören, und dazu treibt mich auch der Mut,
Und ich werde nichts Falsches schwören vor dem Daimon. Aber Achilleus
Bleibe solange noch hier, sosehr es ihn drängt nach dem Ares,
90 Und bleibt auch ihr anderen alle versammelt, bis die Gaben
Aus der Hütte kommen und wir verläßliche Eidopfer schlachten.
Dir selber aber trage ich das auf und heiße es dich:
Daß du auswählst die edelsten Jünglinge der All-Achaier
Und die Gaben bringst von meinem Schiff, so viele wir dem Achilleus
Gestern zu geben versprachen, und herführst die Frauen.
Talthybios aber halte mir schnell im breiten Heer der Achaier
Einen Eber bereit, ihn zu schlachten dem Zeus und dem Helios.«
    Da antwortete und sagte zu ihm der fußschnelle Achilleus:
»Atreus-Sohn, Ruhmvollster! Herr der Männer Agamemnon!
00 Ein andermal mögt ihr sogar noch mehr diese Dinge betreiben,
Wenn irgend zwischendurch eine Unterbrechung ist des Kampfes
Und nicht ein so großes Ungestüm ist in meiner Brust.
Jetzt aber liegen die zerfleischt, die bezwungen hat
Hektor, der Priamos-Sohn, als Zeus ihm Prangen gab.
Und ihr beide treibt zum Essen! Ich, wahrhaftig,
Würde jetzt zu kämpfen befehlen den Söhnen der Achaier,
Nüchtern, ungestärkt, und bei untergehender Sonne
Zu rüsten ein großes Mahl, nachdem wir sie büßen ließen die Schande!
Vorher aber soll mir niemals meine Kehle hinunter gehen
10 Weder Trank noch Speise, da mein Gefährte tot ist,
Der mir in der Hütte liegt, zerfleischt vom scharfen Erz,
Nach der Vorhalle hin gewendet, und um ihn die Gefährten
Jammern. Da soll mich das nicht im Sinn bekümmern,
Sondern Mord und Blut und schmerzliches Stöhnen der Männer!«
    Da antwortete und sagte zu ihm der vielkluge Odysseus:
»O Achilleus! des Peleus Sohn! weit Bester der Achaier!
Stärker bist du als ich und um nicht weniges besser
Mit der Lanze; ich aber mag dich an Einsicht übertreffen,
Vielfach, da ich früher geboren bin und mehr weiß.
20 Darum ertrage es dein Herz bei meinen Reden!
Schnell kommt an der Schlacht Sattheit die Menschen an,
Wo die meisten Halme das Erz zu Boden schüttet,
Doch am geringsten die Ernte ist, sobald die Waagschalen senkt
Zeus, der den Menschen als Walter des Krieges bestellt ist.
Mit dem Magen aber können nicht einen Toten beklagen die Achaier:
Denn gar zu viele und dicht aufeinander fallen sie

Alle Tage – wann soll da einer aufatmen von der Mühsal?
Nein, den soll man begraben, wer immer da stirbt,
Mitleidlosen Mutes, nur für einen Tag ihn beweinend.
230 So viele aber vom Krieg, dem verhaßten, übriggeblieben,
Die sollen des Tranks und der Speise gedenken, daß wir noch stärker
Mit feindlichen Männern kämpfen unablässig immer,
Angetan mit unaufreibbarem Erz am Leibe. Und keiner der Männer
Halte sich zurück und warte auf eine andere Mahnung!
Denn das ist die Mahnung: ein Unheil wird den treffen, der zurückbleibt
Bei den Schiffen der Argeier! Nein, losgestürmt laßt uns alle zusammen
Gegen die pferdebändigenden Troer erwecken den scharfen Ares!«
      Sprach es und nahm mit sich des Nestor Söhne, des ruhmvollen,
Und den Phyleus-Sohn Meges und Thoas und Meriones
240 Und Lykomedes, des Kreion Sohn, und Melanippos.
Und sie schritten hin und gingen zur Hütte Agamemnons, des Atreus-Sohns,
Und sofort darauf war zugleich mit dem Wort auch das Werk vollendet.
Sieben Dreifüße brachten sie aus der Hütte, die er ihm versprochen,
Blinkende Kessel zwanzig und zwölf Pferde.
Und führten schnell heraus die Frauen, die untadlige Werke wußten,
Sieben, doch als die achte Briseïs, die schönwangige.
Und von Gold wog Odysseus ab zehn ganze Pfunde und ging voran,
Und die Gaben trugen ihm nach die anderen jungen Männer der Achaier
Und setzten diese inmitten der Versammlung nieder. Und Agamemnon
250 Stand auf, und Talthybios, einem Gott gleichend an Stimme,
Hielt mit den Händen den Eber und trat zu dem Hirten der Völker.
Der Atreus-Sohn aber zog mit den Händen das Messer,
Das ihm immer neben der großen Scheide des Schwertes hing,
Schnitt Haare von dem Eber als Erstlingsgabe, und zu Zeus die Hände erhoben
Betete er, die aber saßen alle, jeder an seinem Platz, in Schweigen
Nach Gebühr, die Argeier, und hörten auf den König.
Und betend sprach er, aufblickend zum breiten Himmel:
      »Wisse es Zeus zuerst jetzt, der höchste und beste der Götter,
Und die Erde und Helios und die Erinyen, die unter der Erde
260 Die Menschen strafen, wenn einer einen Meineid schwört:
Nicht, wahrlich! habe ich auf die Brises-Tochter die Hand gelegt,
Weder aus dem Anlaß, daß ich ihres Lagers begehrte noch eines anderen,
Sondern sie blieb unangerührt in meinen Hütten.
Ist aber davon etwas falsch geschworen, mögen mir die Götter Schmerzen
                                                                    geben,
Sehr viele, soviel sie geben, wenn schwörend einer an ihnen frevelt.«

Sprach es und durchschnitt die Kehle des Ebers mit dem erbarmungslosen
                                                                          Erz.
Und den warf Talthybios in des grauen Meeres große Tiefe,
Ihn herumwirþelnd, zur Speise den Fischen. Aber Achilleus
Stand auf unter den Argeiern, den kampffliebenden, und sagte:
70 »Zeus, Vater! ja, große Beirrungen gibst du den Männern!
Sonst hätte wohl niemals den Mut in meiner Brust
Durch und durch der Atride erregt, und nicht das Mädchen
Fortgeführt, unnachgiebig, gegen meinen Willen. Doch irgendwie
Wollte Zeus wohl, daß vielen Achaiern der Tod werden sollte! –
Jetzt aber geht zum Frühmahl, daß wir zusammenführen den Ares!«
So sprach er und löste auf die Versammlung, die schnelle.
Diese nun zerstreuten sich zu seinem Schiff ein jeder.
Die Gaben aber besorgten die Myrmidonen, die großherzigen,
Und gingen und trugen sie zum Schiff des göttlichen Achilleus.
80 Und die legten sie in die Hütten und ließen sich niedersetzen die Frauen,
Und die Pferde trieben zur Herde die erlauchten Gefährten.
Doch Briseïs darauf, gleichend der goldenen Aphrodite,
Wie sie den Patroklos sah, zerfleischt von dem scharfen Erz,
Über ihn hingegossen schrie sie hellauf und zerkratzte mit den Händen
Sich die Brüste und den zarten Hals und das schöne Antlitz.
Und weinend sprach die Frau, Göttinnen ähnlich:
»Patroklos! mir Elenden der weit Liebste im Mute!
Lebend verließ ich dich, als ich aus der Hütte fortging;
Jetzt aber kehre ich zurück und finde dich gestorben,
90 Herr der Völker! Wie entsteht mir doch Unheil aus Unheil immer!
Den Mann, dem mich gaben der Vater und die hehre Mutter,
Sah ich vor der Stadt zerfleischt von dem scharfen Erz.
Und die drei Brüder, die mit mir geboren hatte eine Mutter,
Die geliebten, sie folgten alle dem verderblichen Tag.
Aber wahrhaftig! nicht einmal als den Mann mir der schnelle Achilleus
Tötete und zerstörte die Stadt des göttlichen Mynes, ließest du mich
Weinen, sondern sagtest, du wolltest dem göttlichen Achilleus
Mich zur ehelichen Gattin machen und in den Schiffen nach Phthia
Führen und geben das Hochzeitsmahl unter den Myrmidonen.
100 So beweine ich dich unablässig, den Toten, den Freundlichen immer!«
So sprach sie weinend, und dazu stöhnten die Frauen:
Um Patroklos als Anlaß, doch um ihre eigenen Kümmernisse eine jede. –
Um ihn aber versammelten sich die Ältesten der Achaier
Und baten ihn zu essen. Er aber verweigerte es stöhnend:

»Ich bitte, wenn einer mir folgen will von meinen Gefährten:
Heißt mich nicht früher mein Herz mit Speise und Trank
Zu sättigen, da ein schreckliches Weh über mich gekommen,
Sondern bis zur untergehenden Sonne will ich warten und es gleichwohl
                                                                        ertragen.«
   So sprach er und ließ die anderen fort und sich zerstreuen, die Könige.
310 Doch die beiden Atreus-Söhne blieben und der göttliche Odysseus,
Nestor und Idomeneus und der greise Rossetreiber Phoinix,
Zu erfreuen den dicht Bekümmerten. Doch ihn erfreute nichts im Mute,
Bevor er in des Krieges Mund eintauchte, des blutigen.
Und sich erinnernd seufzte er häufig auf und begann:
   »Ja, da hast auch du mir einst, Unseliger! Liebster der Gefährten!
Selber hingestellt in der Hütte ein wohlschmeckendes Mahl,
Schnell und eifrig, sooft die Achaier sich beeilten,
Gegen die pferdebändigenden Troer den tränenreichen Ares zu tragen.
Jetzt aber liegst du da, zerfleischt, und mein Herz ist
320 Ungestärkt von Trank und Speise, obwohl sie im Haus sind,
In der Sehnsucht nach dir. Denn nichts anderes, Schlimmeres könnte mir
                                                                        geschehen,
Auch nicht, wenn ich von dem Vater erführe, daß er hingegangen,
Der jetzt wohl in Phthia die zarte Träne vergießt
In der Entbehrung eines solchen Sohnes; doch der – unter fremdem Volk
Um der schaudererregenden Helena willen kämpfe ich mit den Troern!
Oder auch, der mir in Skyros wird aufgenährt, der eigene Sohn –
Wenn er denn noch lebt, Neoptolemos, der gottgleiche!
Denn früher hoffte mir immer der Mut in der Brust,
Daß ich allein hinschwinden werde, fern von Argos, dem pferdenährenden,
330 Hier in Troja; du aber würdest nach Phthia heimkehren,
Daß du mir den Sohn im schnellen Schiff, dem schwarzen,
Herausführtest von Skyros und ihm all und jedes zeigtest:
Meinen Besitz und die Knechte und das hochüberdachte große Haus.
Denn schon meine ich, daß Peleus entweder gänzlich
Gestorben ist oder wohl nur noch ein wenig lebt, bekümmert
Durch das verhaßte Alter und immer die traurige Botschaft
Von mir erwartend, daß er erfährt, ich sei dahingegangen!«
   So sprach er weinend, und dazu stöhnten die Ältesten,
Sich daran erinnernd, was jeder in den Hallen zurückließ. –
340 Und als er die Jammernden sah, erbarmte es Kronion,
Und sogleich sprach er zu Athenaia die geflügelten Worte:
»Mein Kind! schon hast du dich ganz abgewandt von dem tapferen Mann!

Ja, kümmert dich denn gar nicht mehr im Sinn Achilleus?
Der sitzt vor den Schiffen, den aufrecht gehörnten,
Jammernd um seinen Gefährten. Und die anderen
Gehen zum Mahl, er aber ist ungestärkt und ohne Speise.
Aber geh! träufele ihm Nektar und Ambrosia, liebliche,
In die Brust, daß ihn nicht der Hunger überkommt!«
    So sprach er und trieb Athene an, die es schon vorher drängte.
350 Und einem Raubvogel gleich, einem flügelstreckenden, schrillstimmigen,
Schoß sie vom Himmel herab durch den Äther. Doch die Achaier
Rüsteten sich sogleich im Heer. Sie aber träufelte dem Achilleus
Nektar in die Brust und Ambrosia, liebliche,
Daß ihm nicht der Hunger, der unerquickliche, die Knie ankäme,
Und selber ging sie zu des Vaters, des starkmächtigen, festem Haus.
    Die aber ergossen sich fort von den schnellen Schiffen.
Und wie wenn dichte Schneeflocken von Zeus her fliegen,
Kalte, unter dem Andrang des äthergeborenen Nordwinds:
So dicht wurden damals Helme, leuchtend glänzende,
360 Aus den Schiffen getragen und Schilde, gebuckelte,
Und Panzer mit starken Platten und eschene Speere.
Und der Glanz kam zum Himmel, und es lachte rings die ganze Erde
Unter dem Blitz des Erzes, und unten erhob sich ein Dröhnen von den Füßen
Der Männer. Und inmitten rüstete sich der göttliche Achilleus.
Und von seinen Zähnen kam ein Knirschen, die Augen aber
Leuchteten ihm wie der Glanz des Feuers, und in das Herz
Tauchte ihm Schmerz, unerträglicher, und voll Groll gegen die Troer
Tauchte er in die Gaben des Gottes, die ihm Hephaistos mit Mühe gefertigt.
Die Beinschienen legte er zuerst um die Unterschenkel,
370 Schöne, mit silbernen Knöchelplatten versehen.
Zum zweiten dann tauchte er mit der Brust in den Panzer,
Und um die Schultern warf er sich das Schwert mit silbernen Nägeln,
Das eherne, und darauf ergriff er den Schild, den großen und festen,
Und von dem ging weithin ein Glanz aus wie der des Mondes.
Und wie wenn draußen auf dem Meer ein Glanz den Schiffsleuten erscheint
Von einem brennenden Feuer, und das brennt hoch auf den Bergen
In einem einsamen Gehöft; die aber tragen gegen ihren Willen
Die Sturmwinde auf das Meer, das fischreiche, hinweg von den Ihren:
So gelangte von dem Schild des Achilleus der Glanz zum Äther,
380 Von dem schönen, kunstreichen. Und den Helm erhob er und setzte ihn
Sich auf das Haupt, den schweren: der leuchtete wie ein Stern,
Der Helm mit dem Roßschweif, und um ihn flatterten die Mähnen,

Die goldenen, die dichtgedrängt um die Kuppe gelegt hatte Hephaistos.
Und er versuchte sich selbst in den Waffen, der göttliche Achilleus,
Ob sie ihm paßten und sich leicht darin bewegten die prangenden Glieder.
Die aber wurden ihm wie Flügel und hoben empor den Hirten der Völker.
Und aus der Hülle zog er heraus die väterliche Lanze,
Die schwere, große, wuchtige: die konnte kein anderer der Achaier
Schwingen, sondern allein verstand sie zu schwingen Achilleus,
390 Die Esche vom Pelion, die seinem Vater geschnitten hatte Cheiron
Von des Pelion Gipfel, Mord zu sein den Helden.
Aber die Pferde besorgten Automedon und Alkimos und schirrten sie an,
Legten die schönen Gurte herum und warfen ihnen das Zaumzeug
Zwischen die Kinnbacken und zogen die Zügel nach hinten
Zu dem festgefügten Wagenstuhl. Und der ergriff die schimmernde Geißel,
Die der Hand angepaßte, und sprang auf das Gespann,
Automedon, und hinter ihm stieg auf, gerüstet, Achilleus,
In Waffen hell leuchtend wie der strahlende Hyperion.
Und schrecklich rief er den Pferden seines Vaters zu:
400 »Xanthos und Balios, weitberühmte Kinder der Podarge!
Anders seid nun bedacht, den Zügelhalter zu retten
Zurück in die Menge der Danaer, wenn wir satt sind des Kampfes,
Und nicht, wie ihr den Patroklos dort ließt, den Toten!«
    Da sprach unter dem Joch hervor zu ihm das Pferd mit den beweglichen
                                                              Füßen,
Xanthos, und neigte alsbald das Haupt, und die ganze Mähne
Fiel heraus aus dem Jochring neben dem Joch und berührte den Boden,
Und mit Stimme begabte es die Göttin, die weißarmige Here:
»Ja gewiß werden wir dich jetzt noch retten, gewaltiger Achilleus!
Aber nahe ist dir der verderbliche Tag, und nicht _wir_ sind dir schuld,
410 Sondern der Gott, der große, und das übermächtige Schicksal.
Denn auch nicht durch unsere Langsamkeit und Trägheit haben die Troer
Von den Schultern des Patroklos die Waffen genommen,
Sondern der Beste der Götter, den geboren hat die schönhaarige Leto,
Tötete ihn unter den Vorkämpfern und gab dem Hektor Prangen.
Wir beide könnten wohl auch mit dem Wehen des Westwinds laufen,
Der doch der schnellste·ist, so sagen sie. Aber dir selber
Ist es bestimmt, von einem Gott und einem Mann mit Kraft bezwungen zu
                                                              werden!«
    Als er so gesprochen hatte, hemmten ihm die Erinyen die Stimme.
    Da aber fuhr groß auf und sprach zu ihm der fußschnelle Achilleus:
420 »Xanthos! was weissagst du mir den Tod? Das brauchst du nicht!

Gut weiß ich dir auch selber, daß mir bestimmt ist, hier zugrunde zu gehen,
Fern meinem Vater und der Mutter. Aber gleichwohl lasse ich nicht ab,
Bevor ich die Troer genugsam umgetrieben im Kriege!«

   Sprach es, und unter den Vordersten lenkte er jauchzend die einhufigen
Pferde.

ZWANZIGSTER GESANG *Zeus versammelt die Götter und gibt ihnen den Kampf wieder frei. Sie treten, noch abwartend, einander gegenüber. – Apollon reizt den Aineias gegen Achilleus, doch Poseidon entrückt ihn, da es seinen Nachkommen bestimmt ist, in Troja zu herrschen. – Hektor, zunächst von Apollon zurückgehalten, sucht den Kampf mit Achilleus, wird aber von Apollon gerettet. Achilleus mordet unter den Fliehenden.*

So rüsteten sich diese bei den geschweiften Schiffen
Um dich, Sohn des Peleus, den Unersättlichen im Kampf, die Achaier;
Die Troer aber wieder drüben auf der Schwelle des Bodens.
    Zeus aber befahl der Themis, die Götter zur Versammlung zu rufen
Vom Haupte des Olympos, des schluchtenreichen. Sie aber ging überall
Hin und her und hieß sie, zum Haus des Zeus zu kommen.
Und nun blieb auch keiner der Ströme fern – nur der Okeanos –
Noch der Nymphen eine, welche die Haine, die schönen, bewohnen
Und die Quellen der Ströme und die grasigen Wiesen.
10 Und gekommen zum Hause des Zeus, des Wolkensammlers,
Setzten sie sich in der glattbehauenen Halle, die für Zeus, den Vater,
Hephaistos gefertigt hatte mit kundigem Sinn.
    So waren diese drinnen bei Zeus versammelt. Und auch der Erderschütterer
Ließ nicht ungehört die Göttin, sondern kam zu ihnen aus der Salzflut,
Und setzte sich in ihrer Mitte und fragte nach des Zeus Ratschluß:
»Warum hast du wieder, Hellblitzender! die Götter zur Versammlung gerufen?
Ob du wohl etwas erwägst über die Troer und die Achaier?
Denn denen ist jetzt ganz nahe Schlacht und Kampf entbrannt.«
    Da antwortete und sagte zu ihm der Wolkensammler Zeus:
20 »Erkannt hast du, Erderschütterer! den Ratschluß in meiner Brust,
Warum ich euch zusammengerufen. Mich bekümmert es, wie sie umkommen.
Aber wahrhaftig! ich bleibe hier auf der Krümmung des Olympos
Sitzen, von wo ich schaue und meinen Sinn erfreue. Ihr anderen aber
Geht, bis daß ihr gelangt unter die Troer und die Achaier,
Und helft beiden, wohin immer der Sinn steht eines jeden.
Denn wenn Achilleus allein wird gegen die Troer kämpfen,
Werden sie auch nicht ein wenig aufhalten den fußschnellen Peleus-Sohn.
Denn auch früher schon zitterten sie vor ihm, wenn sie ihn sahen:

Jetzt aber, wo er im Mute auch noch schrecklich zürnt um den Gefährten,
30 Fürchte ich, daß er auch die Mauer über sein Teil hinaus zerstört.«
So sprach der Kronide und erweckte unendlichen Kampf.
Und es schritten hin und gingen zum Kampf die Götter mit getrenntem Mute:
Here zum Sammelplatz der Schiffe und Pallas Athene
Sowie Poseidon, der Erdbeweger, und der Heilbringende,
Hermeias, der ausgezeichnet ist mit klugen Sinnen;
Und Hephaistos ging mit ihnen, in Kraft sich brüstend,
Hinkend, und unten regten sich die dünnen Schenkel.
Zu den Troern aber ging Ares, der helmfunkelnde, und mit ihm
Phoibos mit ungeschorenem Haar und Artemis, die pfeilschüttende,
40 Und Leto und Xanthos und die gernlächelnde Aphrodite.
Solange nun fern die Götter blieben den sterblichen Menschen,
Solange hatten großes Prangen die Achaier, weil Achilleus
Erschienen war; er hatte lange von der Schlacht, der schmerzlichen, gerastet.
Den Troern aber überkam schreckliches Zittern die Glieder einem jeden,
In Furcht, als sie sahen den fußschnellen Peleus-Sohn
In Waffen strahlend, dem männermordenden Ares gleichend.
Als aber die Olympier unter die Menge der Männer kamen,
Da erhob sich Eris, die starke, volkaufregende, und es schrie Athene;
Hintretend bald neben den gezogenen Graben, außerhalb der Mauer,
50 Bald an die Ufer, die starkdröhnendeh, schrie sie laut.
Und es schrie Ares drüben, einem finsteren Sturmwind gleichend,
Scharf von der obersten Burg herab den Troern zurufend,
Bald auch entlang am Simoeis laufend, auf der Kallikolone.
So trieben beide Seiten die seligen Götter an und führten
Sie zusammen und ließen unter sich selbst ausbrechen schweren Streit.
Und schrecklich donnerte der Vater der Männer und der Götter
Von oben, aber von unten erschütterte Poseidon
Die Erde, die grenzenlose, und der Berge steile Häupter.
Und alle Füße erbebten des quellenreichen Ida
60 Und die Gipfel, und der Troer Stadt und die Schiffe der Achaier.
Und es fürchtete sich drunten der Herr der Unteren Aïdoneus,
Und in Furcht sprang er auf vom Sitz und schrie, daß ihm von oben
Nicht die Erde aufreiße Poseidon, der Erderschütterer,
Und die Häuser den Sterblichen und Unsterblichen erschienen,
Die schrecklichen, modrigen, die verabscheuen sogar die Götter.
Ein solches Dröhnen erhob sich, als die Götter im Streit zusammenkamen.
Ja, da stellte sich entgegen Poseidon, dem Herrn,
Apollon Phoibos, die geflügelten Pfeile haltend;

Und entgegen dem Enyalios die Göttin, die helläugige Athene;
70 Und der Here entgegen trat die mit der goldenen Spindel, die Tosende,
Artemis, die Pfeilschüttende, die Schwester des Ferntreffers;
Und der Leto stellte sich entgegen der starke heilbringende Hermes,
Und entgegen dem Hephaistos der große Strom, der tiefwirbelnde,
Den Xanthos die Götter nennen, die Männer aber Skamandros.
    So gingen da die Götter Göttern entgegen. – Aber Achilleus
Begehrte am meisten, dem Hektor entgegen in die Menge zu tauchen,
Dem Priamos-Sohn, denn mit dessen Blut befahl ihm am meisten
Sein Mut, zu sättigen Ares, den stierschildtragenden Kämpfer.
Den Aineias aber trieb der volkaufregende Apollon
80 Gerade entgegen dem Peleus-Sohn und flößte ihm gute Kraft ein,
Und dem Sohn des Priamos Lykaon erschien er gleich an Stimme.
Dem gleichend sprach zu ihm des Zeus Sohn Apollon:
»Aineias, Ratgeber der Troer! Wo sind dir die Drohungen,
Die du den Königen der Troer beim Wein versprochen:
Du wolltest dem Peliden Achilleus mit Gewalt entgegen kämpfen?«
    Da antwortete ihm wieder Aineias und sagte zu ihm:
»Priamos-Sohn! was treibst du mich dazu, auch wider meinen Willen
Entgegen dem Peleus-Sohn, dem hochgemuten, zu kämpfen?
Denn nicht das erstemal trete ich jetzt dem fußschnellen Achilleus
90 Entgegen, nein! auch schon ein andermal hat er mich mit dem Speer
Vom Ida gescheucht, als er kam über unsere Rinder,
Und hat Lyrnessos zerstört und Pedasos. Aber mich hat Zeus
Gerettet, der mir Kraft erregte und flinke Knie.
Ja, ich wäre bezwungen worden unter den Händen des Achilleus und der
                                                                            Athene,
Die vor ihm herging und ihm Licht schuf und ihn antrieb,
Mit eherner Lanze die Leleger und die Troer zu erschlagen.
Darum kann es nicht sein, daß dem Achilleus ein Mann entgegenkämpft:
Steht bei ihm doch immer einer der Götter, der ihm das Unheil abwehrt.
Und sonst auch fliegt sein Geschoß gerade und läßt nicht ab,
100 Bis es durch menschliche Haut gedrungen ist. Wenn aber ein Gott
Gleich spannte den Ausgang des Kampfes: nicht sollte er mich dann
Sehr leicht besiegen, und wenn er sich rühmte, ganz aus Erz zu sein!«
    Da sagte wieder zu ihm der Herr, des Zeus Sohn Apollon:
»Heros, auf! so bete auch du zu den Göttern, den für immer geborenen!
Denn auch du, sagen sie, bist von des Zeus Tochter Aphrodite
Geboren, jener aber ist von einer geringeren Göttin.
Denn diese ist von Zeus, die aber von dem Meeres-Alten.

Darum gerade voran mit dem Erz, dem unaufreibbaren! und daß er dich ja nicht
Mit schimpflichen Worten abbringt und mit Verwünschung!«
110 So sprach er und hauchte große Kraft ein dem Hirten der Völker,
Und er schritt durch die Vorkämpfer, gerüstet mit funkelndem Erz. –
Und nicht entging des Anchises Sohn der weißarmigen Here,
Wie er entgegen ging dem Peleus-Sohn durch das Gedränge der Männer.
Und sie holte zusammen die Götter und sprach unter ihnen die Rede:
»Bedenkt nun, ihr beide, Poseidon und Athene!,
In eurem Sinn, wie es werden soll mit diesen Dingen!
Da schritt hin Aineias, gerüstet mit funkelndem Erz,
Gegen den Peleus-Sohn, und ihn reizte Phoibos Apollon.
Aber auf! wir treiben ihn wieder zurück nach hinten
120 Von hier aus! Oder es soll dann auch einer von uns dem Achilleus
Zur Seite treten und große Kraft geben, und es soll im Mute
Ihm nichts fehlen, damit er weiß, ihn lieben die Besten
Der Unsterblichen; die aber sind nichtig, die auch sonst
Immer den Troern helfen in Krieg und Feindseligkeit.
Sind wir doch alle vom Olympos herabgekommen, um entgegenzutreten
Dieser Schlacht, daß ihm unter den Troern nichts geschehe –
Heute: später wieder wird er das leiden, was ihm das Schicksal
Bei der Geburt zuspann mit dem Faden, als ihn die Mutter geboren.
Wenn aber Achilleus dies nicht erfährt durch Götterstimme,
130 Wird ihn dann Furcht ergreifen, wenn ihm ein Gott entgegentritt
Im Kampf. Denn schwer zu ertragen sind Götter, wenn sie sichtbar
erscheinen!«
Ihr antwortete darauf Poseidon, der Erderschütterer:
»Here! werde nicht heftig wider Vernunft! Das brauchst du nicht!
Nicht wollte ich die Götter im Streit aneinander treiben,
Uns, die anderen; da wir wahrhaftig viel stärker sind.
Nein, wir wollen gehen und alsdann uns niedersetzen
Abseits vom Weg auf der Warte. Der Krieg soll die Männer bekümmern!
Wenn aber anfangen mit der Schlacht Ares oder Phoibos Apollon,
Oder sie halten Achilleus zurück und lassen ihn nicht kämpfen,
140 Gleich soll sich dann auch von uns gegen sie der Streit erheben
Des Kampfgewühls, und sehr schnell wieder getrennt, meine ich,
Gehen sie zurück zum Olympos, in die Versammlung der anderen Götter,
Unter unseren Händen mit Überlegenheit bezwungen!«
So sprach er und ging voran, der Schwarzmähnige,
Zu dem Wall, dem rings aufgeschütteten, des göttlichen Herakles,
Dem hohen, den ihm die Troer und Pallas Athene

Errichteten, daß er dem Meeres-Ungeheuer entginge, vor ihm fliehend,
Wann immer es ihn vom Strand zur Ebene jagte.
Dort setzte Poseidon sich nieder wie auch die anderen Götter,
150 Und sie hüllten sich eine unzerreißbare Wolke um die Schultern.
Die aber setzten sich drüben nieder auf den Brauen der Kallikolone
Um dich, Nothelfer Phoibos! und Ares, den Städtezerstörer.
So saßen diese auf beiden Seiten und bedachten
Ihre Pläne: anzufangen aber mit dem starkschmerzenden Kampf
Zauderten beide. Zeus aber gebot, in der Höhe sitzend.
    Von denen aber war erfüllt die ganze Ebene und leuchtete vom Erz,
Von Männern und Gespannen, und es hallte die Erde unter den Füßen,
Wie sie anstürmten zugleich. Zwei Männer aber, die ausnehmend Besten,
Kamen inmitten beider zusammen, begierig zu kämpfen,
160 Aineias, der Anchises-Sohn, und der göttliche Achilleus.
Und Aineias kam als erster drohend herangeschritten,
Nickend mit dem schweren Helm; und den Schild, den stürmenden,
Hielt er vor die Brust und schüttelte die eherne Lanze.
Der Pelide aber drüben stürmte ihm entgegen wie ein Löwe,
Ein reißender, den auch die Männer zu töten streben,
Gesammelt, das ganze Volk; und zuerst geht er unbekümmert
Dahin, doch sobald ihn einer der kampfschnellen Männer mit dem Speer
Trifft, zieht er sich zusammen mit aufgesperrtem Rachen, und um die Zähne
Tritt Schaum, und ihm stöhnt im Innern das wehrhafte Herz,
170 Und mit dem Schweif die Flanken und Hüften auf beiden Seiten
Peitscht er und treibt sich selber an zu kämpfen,
Und funkelnden Auges dringt er voran mit Kraft, ob er einen tötet
Der Männer oder auch selbst umkommt im vordersten Haufen:
So trieb Achilleus die Kraft und der mannhafte Mut,
Entgegen zu gehen dem großherzigen Aineias.
Und als sie nahe heran waren, gegeneinander gehend,
Da sagte als erster zu ihm der fußstarke göttliche Achilleus:
»Aineias! was stehst du so weit vor der Menge,
Dicht herangekommen? Gewiß treibt dich der Mut, mit mir zu kämpfen,
180 Weil du hoffst, unter den pferdebändigenden Troern zu herrschen
Im Königsamt des Priamos? Doch selbst wenn du mich töten solltest,
Wird dir deswegen Priamos nicht diese Würde in die Hand legen,
Denn ihm sind Söhne, und er ist ungeschwächt und nicht beirrten Geistes.
Oder dir schneiden die Troer ein Landgut heraus, vortrefflich vor anderen,
Ein schönes, mit Baumgarten und Saatfeld, daß du es bebaust,
Wenn du mich tötest? Aber schwer, denke ich, wirst du das vollbringen!

Auch schon ein andermal, sage ich, habe ich dich mit dem Speer gescheucht!
Oder weißt du nicht mehr, wie ich dich von den Rindern, wo du allein warst,
Fortjagte herab von den Ida-Bergen mit schnellen Füßen,
190 Eilends? Und damals wandtest du dich nicht einmal um im Fliehen!
Von da entkamst du nach Lyrnessos, ich aber zerstörte es,
Dir nachgestürmt, mit Athene und Zeus, dem Vater,
Und führte erbeutete Frauen hinweg, denen ich den Tag der Freiheit
Raubte; doch dich hat Zeus gerettet und die anderen Götter.
Aber jetzt werden sie dich nicht retten, meine ich, so wie du es
Dir in den Sinn legst! Sondern ich rate dir, zurückzuweichen
Und in die Menge zu gehen und dich nicht mir entgegenzustellen,
Ehe dich ein Übel trifft. Geschehenes erkennt auch ein Tor!«
    Da antwortete wieder Aineias und sagte zu ihm:
200 »Pelide! hoffe nicht, mich wie ein Kind mit Worten
In Furcht zu setzen! Denn genau weiß ich auch selber,
Stachelnde Reden wie auch Beschimpfungen auszusprechen.
Wissen wir doch das Geschlecht voneinander, wissen die Eltern,
Da wir weitberühmte Geschichten hörten von den sterblichen Menschen.
Von Angesicht aber hast du noch nicht die meinen gesehen noch ich die deinen.
Sie sagen, du seist von Peleus, dem untadligen, entstammt
Und als Mutter von Thetis, der flechtenschönen Meerestochter.
Aber ich rühme mich, als Sohn dem großherzigen Anchises
Entstammt zu sein, die Mutter aber ist mir Aphrodite.
210 Von diesen werden die einen gewiß jetzt den eigenen Sohn beweinen,
Heute: denn nicht mit kindischen Worten, sage ich,
Werden wir so uns trennen und aus der Schlacht zurückkehren.
Doch wenn du auch dies erfahren willst, daß du es gut weißt,
Unser Geschlecht – und es wissen dies viele Männer –:
Den Dardanos zeugte zuerst der Wolkensammler Zeus,
Und er gründete Dardanië, als noch nicht die heilige Ilios
In der Ebene erbaut war als Stadt von sterblichen Menschen,
Sondern noch bewohnten sie das untere Bergland des quellenreichen Ida.
Dardanos wieder zeugte als Sohn Erichthonios, den König,
220 Der als der Reichste geboren war der sterblichen Menschen.
Von dem wurden dreitausend Pferde in der Niederung gehütet,
Weibliche, prangend mit ausgelassenen Füllen.
Nach denen ergriff auch Boreas ein Verlangen, wie sie weideten,
Und in Pferdegestalt wohnte er ihnen bei, der Schwarzmähnige,
Sie aber wurden trächtig und gebaren zwölf Füllen.
Und diese, wenn sie sprangen über die getreidegebende Flur,

Liefen sie oben hin über die Frucht der Ähren und knickten sie nicht;
Doch wenn sie sprangen über die breiten Rücken des Meeres,
Liefen sie oben über die Brandung der grauen Salzflut.
230 Erichthonios aber zeugte den Tros, den Troern zum Herrscher,
Von Tros aber wieder entsproßten drei untadlige Söhne:
Ilos und Assarakos und auch der gottgleiche Ganymedes,
Der als der Schönste geboren war der sterblichen Menschen.
Den rafften auch die Götter empor, dem Zeus den Wein zu schenken,
Um seiner Schönheit willen, daß er unter den Unsterblichen wäre.
Ilos aber zeugte als Sohn den untadligen Laomedon,
Laomedon aber zeugte den Tithonos und den Priamos
Und Lampos und Klytios und Hiketaon, den Sproß des Ares;
Assarakos aber den Kapys, und der zeugte den Anchises als Sohn,
240 Mich aber Anchises, und Priamos zeugte den göttlichen Hektor.
Aus diesem Geschlecht und Blut rühme ich mich dir zu stammen.
Zeus aber mehrt die Tüchtigkeit den Männern und mindert sie,
Wie er es will, denn er ist der Stärkste von allen.
Aber auf! laß uns dies nicht länger reden wie törichte Kinder,
Während wir stehen inmitten der Schlacht der Feindseligkeit!
Ist es doch uns beiden möglich, Schmähungen zu reden,
Sehr viele: auch nicht ein Schiff, ein hunderttrudriges, trüge die Last.
Denn die Zunge ist wendig den Sterblichen, und in ihr sind viele Reden,
Allfältige, und der Worte ist eine reiche Weide hierhin und dorthin,
250 Und welch ein Wort du sagst, ein solches magst du wieder hören.
Was aber ist es notwendig für uns, mit Streitworten und Scheltreden
Gegeneinander zu schelten, so wie die Weiber,
Die erzürnt wegen eines Streits, eines mutverzehrenden,
Aufeinander schelten, mitten auf die Straße gelaufen:
Viel, was so ist und auch nicht, weil der Zorn auch das befiehlt.
Von der Kampfkraft aber bringst du mich nicht ab mit Worten, den
                                                                Begierigen,
Ehe du nicht mit dem Erz entgegen gekämpft hast. Doch auf! schnell!
Kosten wir denn voneinander mit den erzbeschlagenen Lanzen!«
Sprach es und trieb in den furchtbaren Schild die gewaltige Lanze,
260 Den schrecklichen, und groß brüllte der Schild um des Speeres Spitze.
Der Pelide aber hielt den Schild von sich weg mit der Hand, der starken,
In Schrecken, denn er meinte, die langschattende Lanze
Werde leicht hindurchdringen des großherzigen Aineias –
Der Kindische! Und er bedachte nicht im Sinn und in dem Mute,
Daß nicht leicht der Götter hochberühmte Gaben

Von sterblichen Männern bezwungen werden oder ihnen weichen.
Auch damals durchbrach nicht des kampfgesinnten Aineias gewaltige Lanze
Den Schild, denn das Gold hielt sie zurück, die Gaben des Gottes,
Sondern zwei Schichten nur durchfuhr sie, aber da waren
270 Noch drei, da fünf Schichten der Krummfüßige getrieben hatte:
Zwei von Erz und zwei von Zinn im Innern,
Doch die eine von Gold, und in ihr blieb stecken die eschene Lanze.
     Als zweiter wieder entsandte Achilleus die langschattende Lanze
Und traf auf den Schild des Aineias, den allseits gleichen,
Unten am vordersten Rand, wo an dünnsten das Erz herumlief
Und am dünnsten darauf die Rindshaut war; und hindurch stürmte
Die Esche vom Pelion, und es krachte unter ihr der Schild.
Aber Aineias duckte sich und hielt hoch von sich weg den Schild,
In Furcht, und die Lanze fuhr über seinen Rücken in die Erde
280 Und blieb stecken, doch sie hatte beide Kreise durchschlagen
Des manndeckenden Schildes. Und der, entgangen dem Speer, dem großen,
Stand da, und Schmerz, zehntausendfacher, goß sich ihm über die Augen,
In Schrecken, wie dicht das Geschoß bei ihm haftete. Aber Achilleus
Stürmte begierig an, das scharfe Schwert gezogen,
Schrecklich schreiend. Doch der ergriff einen Feldstein mit der Hand,
Aineias, ein großes Werk, wie nicht zwei Männer ihn tragen,
So wie jetzt die Sterblichen sind; doch der schwang ihn leicht auch allein.
     Da hätte Aineias den Anstürmenden mit dem Stein getroffen
Am Helm oder dem Schild, der ihm abwehrte das traurige Verderben,
290 Ihm aber hätte der Pelide von nah mit dem Schwert das Leben geraubt,
Hätte es nicht scharf bemerkt Poseidon, der Erderschütterer.
Und sogleich sagte er unter den unsterblichen Göttern die Rede:
»Nein doch! wahrhaftig, ein Kummer ist mir um den großherzigen Aineias,
Der bald von dem Peleus-Sohn bezwungen in das Haus des Hades
Hinabgehen wird, beredet von den Worten Apollons, des Ferntreffers,
Der Kindische! und der hilft ihm nicht gegen das traurige Verderben!
Aber warum soll jetzt dieser Schuldlose Schmerzen leiden,
Umsonst, um fremde Kümmernisse? Und gefällige Gaben
Gibt er immer den Göttern, die den breiten Himmel innehaben.
300 Aber auf! so wollen doch wir ihn hinaus aus dem Tode führen!
Daß nicht auch der Kronide zürnt, wenn denn Achilleus
Diesen erschlägt. Denn ihm ist es bestimmt, zu entkommen,
Auf daß nicht ohne Samen das Geschlecht und spurlos vergehe
Des Dardanos, den der Kronide liebte vor allen Söhnen,
Die aus ihm geboren wurden und sterblichen Frauen.

Denn schon ist des Priamos Geschlecht verhaßt dem Kronion.
Jetzt aber soll nun des Aineias Gewalt über die Troer herrschen
Und seiner Söhne Söhne, die künftig geboren werden.«
    Da erwiderte ihm die Kuhäugige, die Herrin Here:
310 »Erderschütterer! das magst du selber in deinem Sinn bedenken,
Ob du den Aineias retten wirst oder zuläßt,
Daß er, so tapfer er ist, bezwungen wird von dem Peliden Achilleus.
Denn wahrhaftig! wir beide haben viele Eide geschworen
Vor allen Unsterblichen, ich und Pallas Athene,
Daß wir nie den Troern abwehren würden den schlimmen Tag,
Auch nicht, wenn Troja in gierigem Feuer ganz verbrannt wird,
Brennend, und die streitbaren Söhne der Achaier es verbrennen.«
    Doch als dies gehört hatte Poseidon, der Erderschütterer,
Schritt er hin und ging durch die Schlacht und durch das Gewühl der Lanzen
320 Und kam dorthin, wo Aineias war und der ruhmvolle Achilleus.
Da goß er diesem alsbald Dunkel über die Augen,
Dem Peliden Achilleus. Er aber zog die Eschenlanze mit gutem Erz
Heraus aus dem Schild des großherzigen Aineias.
Und diese legte er vor die Füße des Achilleus,
Den Aineias aber schleuderte er, ihn hoch von der Erde erhebend.
Und viele Reihen der Helden und viele auch der Gespanne
Übersprang Aineias, von des Gottes Hand getrieben,
Und gelangte zum äußersten Ende des vielstürmenden Kampfes,
Dort, wo die Kaukonen sich eben zum Kampfe rüsteten.
330 Zu ihm aber trat dicht heran Poseidon, der Erderschütterer,
Und begann und sagte zu ihm die geflügelten Worte:
    »Aineias! Wer von den Göttern treibt dich, so verblendet
Entgegen dem Peleus-Sohn, dem hochgemuten, zu kämpfen,
Der zugleich stärker ist als du und lieber den Unsterblichen?
Nein, weiche zurück, so oft du mit ihm zusammentriffst,
Daß du nicht auch über dein Teil in das Haus des Hades gelangst!
Doch wenn Achilleus dem Tod und dem Schicksal gefolgt ist,
Getrost dann magst du hernach unter den Vordersten kämpfen,
Denn gewiß, kein anderer der Achaier wird dich erschlagen!«
340   So sprach er und ließ ihn dort, nachdem er ihm alles gewiesen.
Und schnell dann zerstreute er von des Achilleus Augen das Dunkel,
Das unsägliche. Da schaute der groß heraus mit den Augen,
Und aufgebracht sprach er zu seinem großherzigen Mute:
    »Nein doch! wirklich, ein großes Wunder sehe ich da mit den Augen!
Die Lanze liegt da auf der Erde, aber den Mann

Sehe ich nicht, auf den ich sie entsandte, ihn zu töten begierig.
Ja, auch Aineias war lieb den unsterblichen Göttern!
Und ich meinte, daß er sich leer, nur drauflos, so rühmte.
Fahre er hin! Nicht wird ihm der Mut danach sein, es noch einmal
350 Mit mir zu versuchen, der er auch jetzt entronnen ist froh aus dem Tode!
Aber auf denn! ich will die Danaer, die kampfliebenden, aufrufen
Und mich an den anderen Troern versuchen und gegen sie gehen!«
     Sprach es und sprang durch die Reihen und rief zu jedem einzelnen Mann:
»Nicht mehr steht jetzt entfernt von den Troern, göttliche Achaier!
Sondern auf! es gehe Mann gegen Mann und begehre zu kämpfen!
Denn schwer ist es für mich, und bin ich auch ein Starker,
Gegen so viele Menschen anzugehen und mit allen zu kämpfen.
Auch nicht Ares, der doch ein unsterblicher Gott ist, noch auch Athene
Würde gegen den Mund einer solchen Schlacht angehen und sich mühen!
360 Doch so viel *ich* vermag mit den Händen wie auch den Füßen
Und mit Kraft, da, sage ich, lasse ich nicht ab, auch nicht ein wenig,
Sondern ich gehe gerade durch die Reihe hindurch, und keiner, meine ich,
Wird von den Troern sich freuen, wer meiner Lanze nahe kommt!«
     So sprach er und trieb sie an. Doch den Troern rief der strahlende Hektor
Mit lautem Zuruf und sagte, er gehe gegen Achilleus:
»Troer, hochgemute! Fürchtet nicht den Sohn des Peleus!
Auch ich könnte mit Worten auch mit Unsterblichen kämpfen;
Mit der Lanze ist es schwer, da sie wahrhaftig viel stärker sind.
Auch Achilleus wird nicht allen Reden die Vollendung bringen,
370 Sondern das eine vollenden, das andere auch halbwegs abbrechen.
Diesem gehe ich entgegen, und gliche er dem Feuer an Händen,
Gliche er dem Feuer an Händen und an Kraft dem braunroten Eisen!«
     So sprach er und trieb sie an, und die hoben entgegen die Lanzen,
Die Troer, und denen mischte sich in eins die Kraft, und Kampfgeschrei
                                                                          erhob sich.
Und da trat heran und sagte zu Hektor Phoibos Apollon:
»Hektor! wolle ja nicht mehr Vorkämpfer sein gegen Achilleus!
Nein, in der Menge und aus dem Getöse erwarte ihn,
Daß er nicht nach dir wirft oder dich von nah mit dem Schwert schlägt!«
     So sprach er. Und Hektor tauchte wieder in das Gewühl der Männer,
380 In Schrecken, als er hörte die Stimme des Gottes, wie er gesprochen.
Und hinein sprang Achilleus in die Troer, die Sinne in Kampfkraft gekleidet,
Schrecklich schreiend. Und zuerst ergriff er den Iphition,
Den tüchtigen Sohn des Otrynteus, den Anführer vieler Völker.
Den gebar eine Quellnymphe dem Otrynteus, dem Städtezerstörer,

Unter dem beschneiten Tmolos in Hydes fettem Gau.
Den, wie er gerade anstürmte, traf mit der Lanze der göttliche Achilleus
Mitten auf das Haupt, und das brach ganz auseinander,
Und er stürzte dröhnend. Und es rühmte sich der göttliche Achilleus:
»Da liegst du, Otrynteus-Sohn! Gewaltigster aller Männer!
390 Hier trifft dich der Tod, geboren aber bist du am See,
Dem Gygeïschen, wo dir das Landgut ist, das väterliche,
Am fischreichen Hyllos und Hermos, dem wirbelnden.«
    So sprach er, sich rühmend. Und dem umhüllte Dunkel die Augen,
Und ihn zerschnitten der Achaier Gespanne mit den Radbeschlägen
In der vordersten Schlacht. Der aber stieß als nächsten den Demoleon,
Den tüchtigen Verteidiger in der Schlacht, den Sohn des Antenor,
Gegen die Schläfe durch den Helm hindurch, den erzwangigen,
Und nicht hielt der eherne Helm sie zurück, sondern durch ihn hindurch
Drang die Spitze und zerbrach den Knochen, und das Gehirn
400 Wurde drinnen ganz mit Blut vermengt, und er bezwang ihn im Ansturm.
    Und den Hippodamas sodann, als er vom Gespann herabsprang,
Wie er vor ihm floh, stieß er mit dem Speer in den Rücken.
Und er hauchte aus den Lebensmut und brüllte, wie wenn ein Stier
Brüllt, der geschleift wird für den Herrn von Helike,
Wenn die jungen Männer ihn schleifen, und es freut sich an ihnen der
                                                                    Erderschütterer:
So brüllte er, und die Gebeine verließ der Lebensmut, der mannhafte.
    Aber der ging mit dem Speer gegen den gottgleichen Polydoros,
Den Priamos-Sohn. Den hatte der Vater nicht kämpfen lassen,
Weil er ihm unter den Söhnen der jüngste war von Geburt
410 Und ihm der liebste war, doch mit den Füßen besiegte er alle.
Ja, damals in seinem kindischen Sinn, um der Füße Tüchtigkeit zu zeigen,
Wütete er durch die Vorkämpfer, bis er sein Leben verlor.
Den traf mit dem Speer der fußstarke göttliche Achilleus
Mitten in den Rücken, als er vorbeistürmte, da, wo die Halter des Gürtels,
Die goldenen, ihn zusammenhielten und der gedoppelte Panzer ihm begegnete.
Und gerade hindurch, am Nabel vorbei, fuhr der Lanze Spitze.
Und aufs Knie stürzte er klagend, und eine Wolke umhüllte ihn,
Eine schwarze, und er zog an sich, zusammengesunken, die Eingeweide mit
                                                                    den Händen.
    Wie Hektor aber bemerkte, daß sein Bruder Polydoros
420 Die Eingeweide in den Händen hielt, zu Boden sinkend,
Da war ihm über die Augen Dunkel ergossen, und er ertrug es nicht mehr,
Lange fernab herumzuschweifen, sondern entgegen ging er dem Achilleus,

Den scharfen Speer schwingend, der Flamme gleich. Aber Achilleus,
Wie er ihn sah, da sprang er in die Höhe, und sich rühmend sprach er das Wort:
»Nah ist der Mann, der mir am meisten den Mut verletzt hat!
Der mir den Gefährten erschlug, der mir wert war! Und nicht mehr lange
Wollen wir ducken voreinander auf den Brücken des Krieges!«
    Sprachs, und ihn von unten herauf anblickend sagte er zu dem göttlichen
                                                      Hektor:
»Komm näher! daß du schneller gelangst in des Verderbens Schlingen!«
30   Da sagte unerschrocken zu ihm der helmfunkelnde Hektor:
»Pelide! hoffe nicht, mich wie ein Kind mit Worten
In Furcht zu setzen! Denn genau weiß ich auch selber
Stachelnde Reden wie auch Beschimpfungen auszusprechen.
Weiß ich doch, du bist tüchtig, ich aber bin viel geringer als du.
Aber wahrhaftig! dieses liegt in dem Schoß der Götter,
Ob ich, wiewohl der Geringere, dir das Leben nehme,
Dich treffend mit dem Speer, da wahrhaftig auch mein Geschoß vorn scharf ist!«
    Sprach es, und ausholend entsandte er den Speer. Und den wandte Athene
Mit einem Hauch von Achilleus zurück, dem ruhmvollen,
440 Ganz leicht atmend, und zurück gelangte er zu dem göttlichen Hektor
Und fiel ihm vor die Füße. Aber Achilleus
Stürmte begierig an, ihn zu töten begehrend,
Schrecklich aufschreiend. Doch den entraffte Apollon,
Sehr leicht, wie eben ein Gott, und hüllte ihn in vielen Nebel.
Dreimal sprang ihn da an der fußstarke göttliche Achilleus
Mit der Lanze, der ehernen, und dreimal schlug er in tiefen Nebel.
Doch als er nun das viertemal anstürmte, einem Daimon gleichend,
Da sprach er mit schrecklichem Zuruf zu ihm die geflügelten Worte:
»Wieder entrannst du jetzt dem Tod, Hund! Wahrhaftig, schon nahe
450 Kam dir das Unheil! Jetzt rettete dich wieder Phoibos Apollon,
Zu dem du wohl betest, wenn du gehst in das Dröhnen der Speere.
Doch gewiß, ich mache ein Ende mit dir, auch später, wenn ich dich treffe,
Wenn denn einer der Götter auch mir ein Helfer ist!
Jetzt aber gehe ich gegen die anderen Troer, wen immer ich erreiche!«
    So sprach er, und den Dryops stieß er mitten in den Hals mit dem Speer,
Und er stürzte ihm vor die Füße. Und den ließ er liegen,
Und Demouchos, den Philetor-Sohn, den tüchtigen und großen,
Traf er am Knie mit dem Speer und hielt ihn zurück und stieß ihn
Dann mit dem Schwert, dem großen, und raubte ihm das Leben.
460 Aber den Laogonos und Dardanos, die Söhne des Bias,
Die beiden, anstürmend, stieß er von dem Gespann zu Boden: den einen

Mit dem Speer treffend, den anderen schlug er von nah mit dem Schwert.
    Tros aber, den Alastor-Sohn – der kam ihm entgegen zu seinen Knien,
Ob er ihn wohl ergriffe und verschonte und lebend entließe
Und ihn nicht tötete, sich des Altersgenossen erbarmend,
Der Kindische! und wußte das nicht, daß er nicht zu bereden wäre.
Denn nicht von süßem Mute war der Mann noch sanft gesonnen,
Sondern sehr ungestüm. Er faßte mit den Händen die Knie,
Begehrend, ihn anzuflehen. Doch der stieß ihn mit dem Schwert in die Leber,
470 Und heraus glitt ihm die Leber, und das schwarze Blut erfüllte
Von ihr den Bausch des Gewands, und dem umhüllte Dunkel die Augen,
Und das Leben verging ihm. Der aber stieß den Mulios, herangetreten,
Mit dem Speer in das Ohr, und sogleich fuhr durch das andere Ohr
Die eherne Spitze. Und er hieb dem Agenor-Sohn Echeklos
Mitten über den Kopf mit dem geknauften Schwert,
Und das ganze Schwert wurde heiß vom Blut, und die beiden Augen
Ergriff ihm der purpurne Tod und das übermächtige Schicksal.
    Und den Deukalion dann – wo die Sehnen zusammenhalten
Des Ellenbogens, dort durchbohrte er ihm seinen Arm
480 Mit der ehernen Spitze. Der aber hielt ihm stand mit beschwertem Arm,
Vor sich sehend den Tod. Doch der schlug ihm mit dem Schwert in den Hals,
Und weit weg warf er das Haupt mitsamt dem Helm, und das Rückenmark
Spritzte aus den Wirbelknochen, und der lag am Boden hingestreckt.
    Er aber schritt hin und ging gegen des Peiroos untadligen Sohn,
Rhigmos, der aus der starkscholligen Thrake gekommen war.
Den traf er in die Mitte mit dem Speer, und das Erz haftete im Bauch,
Und er stürzte vom Wagen. Der aber stach dem Areithoos, seinem
                                                      Gefolgsmann,
Der zurückwandte die Pferde, in den Rücken mit dem scharfen Speer
Und stieß ihn vom Wagen, und durcheinander kamen ihm die Pferde.
490   Und wie ein heftig brennendes Feuer durchrast die tiefen Schluchten
Des ausgedörrten Gebirges, und es brennt das tiefe Gehölz,
Und überall treibt vor sich her der wirbelnde Wind die Flamme:
So wütete er überall mit der Lanze, einem Daimon gleichend,
Ihnen nachsetzend und sie tötend, und es floß von Blut die schwarze Erde.
Und wie wenn einer Rinder ins Joch spannt, männliche, breitstirnige,
Um weiße Gerste auszutreten in der gutgebauten Tenne,
Und schnell enthülst wird sie unter den Füßen der starkbrüllenden Rinder:
So stampften unter Achilleus, dem hochgemuten, die einhufigen Pferde
Zugleich auf Leichen und Schilde. Und mit Blut wurde die ganze Achse
500 Von unten her bespritzt und die Geländer um den Stuhl des Wagens,

Gegen die von den Pferdehufen Tropfen schlugen
Und andere von den Radbeschlägen. Der aber begehrte, Prangen zu gewinnen,
Der Pelide, und mit Mordblut besudelt war er an den unberührbaren Händen.

EINUNDZWANZIGSTER GESANG   *Achilleus jagt einen Teil der Troer in die*
Strömungen des Skamander. Lykaon, den er früher verschont hatte, tritt ihm
entgegen und wird getötet und in den Fluß geworfen. Ebenso Asteropaios. Der
Fluß erhebt sich gegen Achilleus und bringt ihn in Todesgefahr. Das Feuer des
Hephaistos, von Here gesandt, bedrängt den Fluß. Es beginnt der Götterkampf,
der mit einem Sieg der griechenfreundlichen Götter endet. In der Gestalt
des dem Achilleus entgegengetretenen Agenor lenkt Apollon den Achilleus
von der Stadt ab.

Doch als sie nun zur Furt gelangten des gutströmenden Flusses,
Xanthos, des wirbelnden, den Zeus, der Unsterbliche, zeugte,
Da teilte er sie und jagte die einen in die Ebene
Zur Stadt hin, da wo die Achaier gescheucht geflohen waren
Am Tage zuvor, als der strahlende Hektor raste.
Dort strömten die einen vor, flüchtend, und einen Nebel breitete Here
Vor ihnen aus, einen tiefen, sie zurückzuhalten. Die Hälfte aber
Wurde in den Fluß gedrängt, den tiefströmenden, silberwirbelnden,
Und sie fielen hinein mit lautem Klatschen, und es tosten die jähen Fluten,
10 Und laut hallten ringsum die Ufer. Die aber mit wirrem Geschrei
Schwammen hierhin und dorthin, herumgewirbelt in den Strudeln.
Und wie wenn unter dem Andrang des Feuers Heuschrecken aufflattern,
Fliehend zum Fluß; doch das verbrennt sie, das unermüdliche Feuer,
Das sich plötzlich erhob, und die ducken sich unter das Wasser:
So wurde von Achilleus des tiefwirbelnden Xanthos
Brausende Strömung erfüllt durcheinander von Pferden und Männern.
Er aber, der Zeusentsproßte, ließ dort den Speer am Ufer,
An Tamarisken gelehnt, und sprang hinein, einem Daimon gleichend,
Nur mit dem Schwert, und dachte im Sinn auf schlimme Dinge.
20 Und er schlug rings um sich her, und von denen erhob sich schmähliches
                                                                    Stöhnen,
Den vom Schwert Erschlagenen, und es rötete sich von Blut das Wasser.
Und wie vor dem Delphin, dem großen Untier, die anderen Fische
Flüchtend die Winkel erfüllen des gut anzulaufenden Hafens,
In Furcht, denn hastig verschlingt er, wen immer er faßt:
So duckten sich die Troer in den Strömungen des furchtbaren Flusses

Unter die Uferhänge. Doch als ihm die Hände müde waren vom Töten,
Wählte er sich lebend aus dem Fluß zwölf junge Männer
Zur Sühne für Patroklos, den Menoitios-Sohn, den toten.
Diese führte er heraus, angstverschreckt wie Hirschkälber,
30 Und band ihnen hinten die Arme mit gutgeschnittenen Riemen,
Die sie selber über den geflochtenen Leibröcken trugen,
Und gab sie den Gefährten, sie zu den hohlen Schiffen zu führen.
Er aber stürmte wiederum an, begierig zu morden.
    Da begegnete er dem Sohn des Priamos, des Dardaniden,
Der aus dem Strome floh: Lykaon. Den hatte er selbst einst
Gefangen und fortgeführt aus dem väterlichen Garten, wider seinen Willen,
Nächtlich aufgebrochen. Der schnitt einem Feigenbaum mit scharfem Erz
Die jungen Zweige ab, daß sie ihm Geländer des Wagens seien.
Da kam ungeahnt über ihn zum Unheil der göttliche Achilleus.
40 Und damals verkaufte er ihn in die gutgebaute Lemnos,
Weggeführt zu Schiff, und der Sohn des Iason gab den Kaufpreis.
Und von dort löste ein Gastfreund ihn aus und zahlte vieles,
Eëtion von Imbros, und schickte ihn in die göttliche Arisbe.
Von dort entfloh er und gelangte in das väterliche Haus,
Und elf Tage erfreute er den Mut an den Seinen,
Aus Lemnos gekommen. Am zwölften aber warf ihn wieder
Ein Gott in des Achilleus Hände, der ihn schicken sollte
In das Haus des Hades zu gehen, und ob er es auch nicht wollte.
Doch wie ihn nun bemerkte der fußstarke göttliche Achilleus,
50 Nackt, ohne Helm und Schild, und er hatte auch keine Lanze,
Sondern das alles hatte er von sich zu Boden geworfen, denn ihn quälte
                                                           der Schweiß,
Wie er floh aus dem Strom, und Ermattung bezwang ihm unten die Knie –
Da sprach er aufgebracht zu seinem großherzigen Mute:
    »Nein doch! wahrhaftig, ein großes Wunder sehe ich da mit den Augen!
Ja wirklich! die großherzigen Troer, die ich getötet habe,
Werden wieder aufstehen aus dem nebligen Dunkel!
So wie auch dieser kam und entfloh dem erbarmungslosen Tag,
Verkauft in die hochheilige Lemnos, und nicht hielt ihn
Die Fläche des grauen Meers, die doch viele zurückhält wider Willen.
60 Doch auf denn! auch die Schärfe von unserer Lanze
Soll er kosten, damit ich sehe in meinem Sinn und erfahre,
Ob er ebenso auch von dort wiederkommt, oder ob ihn zurückhalten wird
Die lebenspendende Erde, die doch selbst den Starken zurückhält!«
    So erwog er und wartete. Doch der kam ihm nahe, angstverschreckt,

Begehrend, seine Knie zu fassen, denn vor allem wollte er im Mute
Entfliehen dem Tod, dem schlimmen, und der schwarzen Todesgöttin.
Ja, da hob er den großen Speer, der göttliche Achilleus,
Zuzustoßen begehrend. Doch der unterlief ihn und faßte seine Knie,
Sich bückend, und die Lanze fuhr über seinen Rücken in die Erde,
70 Strebend, sich an menschlichem Fleisch zu ersättigen.
Der aber faßte mit einer Hand seine Knie und flehte
Und hielt mit der anderen die spitze Lanze und ließ sie nicht los,
Und begann und sagte zu ihm die geflügelten Worte:
    »Zu deinen Knien komme ich, Achilleus! Du aber scheue mich und erbarme
                                                          dich meiner!
Wie ein Schutzflehender bin ich dir, Zeusgenährter, der Scheu verdient!
Denn bei dir aß ich zuerst das Korn der Demeter
An dem Tag, als du mich fingst in dem gutbebauten Garten
Und mich verkauftest, hinweggeführt von dem Vater und den Meinen,
In die hochheilige Lemnos, und ich brachte dir hundert Rinder ein.
80 Jetzt aber, ausgelöst, bringe ich dir dreimal soviel! Dies ist mir
Die zwölfte Morgenröte, daß ich nach Ilios gekommen,
Nachdem ich viel gelitten – jetzt gab mich wieder in deine Hände
Das verderbliche Schicksal! Verhaßt muß ich wohl sein Zeus, dem Vater,
Der mich dir wieder gab! Und zu kurzem Leben hat mich die Mutter
Geboren, Laothoë, die Tochter des greisen Altes,
Altes, der über die Leleger, die kampfliebenden, herrscht
Und Pedasos innehat, die steile, am Satnioeis.
Dessen Tochter hat Priamos und auch viele andere.
Von der sind wir zwei geboren, du aber wirst beiden den Hals abschneiden!
90 Ja, den hast du unter den vordersten Kämpfern bezwungen,
Den gottgleichen Polydoros, als du ihn trafst mit dem scharfen Speer;
Jetzt aber nun hier wirst du *mir* zum Verderben! Denn nicht, meine ich,
Werde ich deinen Händen entgehen, da mich herangeführt ein Daimon.
Doch etwas anderes sage ich dir, du aber lege es dir in deinen Sinn:
Töte mich nicht! Denn ich bin nicht aus dem gleichen Schoß wie Hektor,
Der dir den Gefährten getötet hat, den milden und starken!«
    So sprach zu ihm des Priamos strahlender Sohn,
Ihn anflehend mit Worten; unsanft aber hörte er die Stimme:
    »Kindischer! biete mir nicht Lösung an und rede nicht davon!
100 Ja, bevor Patroklos dem Schicksaltag gefolgt ist,
Solange war mir lieber im Sinn, auch einmal zu schonen
Die Troer, und viele habe ich lebend gefangen und verkauft.
Jetzt aber *ist* der nicht, der dem Tod entrinnt, wen immer

Ein Gott vor Ilios in meine Hände wirft,
Von allen Troern, und zumal von des Priamos Söhnen!
Aber, Freund! stirb auch du! Warum denn jammerst du so?
Es starb auch Patroklos, der doch weit besser war als du.
Siehst du nicht, wie auch ich schön bin und groß?
Von einem edlen Vater bin ich, und eine Göttin gebar mich als Mutter.
10 Aber auch auf mir liegt dir der Tod und das übermächtige Schicksal.
Sein wird ein Morgen oder ein Abend oder ein Mittag,
Wo einer auch mir im Ares wird das Leben nehmen,
Sei es, daß er mit dem Speer mich trifft oder mit dem Pfeil von der Sehne!«
    So sprach er. Und dem lösten sich auf der Stelle die Knie und sein Herz,
Und er ließ fahren die Lanze und setzte sich und breitete aus
Die beiden Arme. Achilleus aber zog das Schwert, das scharfe,
Und schlug ihn aufs Schlüsselbein am Hals, und ganz in ihn hinein
Tauchte das zweischneidige Schwert. Der aber lag vornüber auf der Erde
Hingestreckt, und heraus floß das schwarze Blut und benetzte die Erde.
20 Und den ergriff Achilleus am Fuß und warf ihn, daß er in den Strom flog,
Und rühmte sich über ihn und sprach die geflügelten Worte:
    »Da liege nun bei den Fischen! Die werden dir von der Wunde
Das Blut ablecken unbekümmert! Und nicht wird dich die Mutter
Auf der Bahre gebettet beklagen, sondern der Skamandros
Trägt dich, der wirbelnde, in des Meeres breite Mulde.
Und es springt mancher Fisch im Gewoge, aufschnellend zum schwarzen
                                                              Schauer,
Der da von Lykaon frißt das weißschimmernde Fett. –
Zugrunde geht! bis wir zur Stadt gelangen der heiligen Ilios:
Ihr fliehend und ich hinterdrein, mordend!
30 Und euch wird auch der Fluß, der gutströmende, silberwirbelnde,
Nicht beistehen, dem ihr schon lange viele Stiere opfert
Und lebend in die Wirbel hinabschickt einhufige Pferde.
Aber auch so verderbt in schlimmem Schicksal, bis daß ihr alle
Gezahlt habt für des Patroklos Mord und das Verderben der Achaier,
Die ihr bei den schnellen Schiffen getötet habt, als ich fern war!«
    So sprach er. Und der Fluß erzürnte noch mehr im Herzen,
Und er erwog im Mute, wie er Einhalt täte im Kampf
Dem göttlichen Achilleus und den Troern das Verderben abwehrte. –
Indessen sprang des Peleus Sohn mit der langschattenden Lanze
40 Auf Asteropaios zu, ihn zu töten begierig,
Den Sohn des Pelegon: den hatte der Axios, der breitströmende,
Gezeugt und Periboia, von des Akessamenos Töchtern

Die älteste: mit ihr vermischte sich der Strom, der tiefwirbelnde.
Gegen den stürmte Achilleus an, der aber trat ihm aus dem Fluß
Entgegen, zwei Speere haltend, und Kraft legte ihm in die Sinne
Xanthos, da er zürnte um die kampfgetöteten jungen Männer,
Die Achilleus gemordet in der Strömung und hatte sich nicht erbarmt.
Und als sie nahe heran waren, gegeneinander gehend,
Da sagte als erster zu ihm der fußstarke göttliche Achilleus:
150   »Wer bist du und woher von den Männern, der du wagtest, gegen mich
                                                                zu gehen?
Die Söhne von Unseligen sind es, die meinem Ungestüm begegnen!«
    Zu ihm begann hinwieder des Pelegon strahlender Sohn:
»Pelide! hochgemuter! was fragst du nach meinem Geschlecht?
Ich komme von Paionien her, der starkschollingen, weit entfernten,
Paionische Männer anführend mit langen Lanzen. Dies ist mir jetzt
Die elfte Morgenröte, daß ich nach Ilios gekommen.
Doch ist das Geschlecht mir vom Axios, dem breitströmenden,
Axios, der das schönste Wasser über die Erde sendet.
Der zeugte Pelegon, berühmt mit der Lanze, von dem sie sagen,
160 Daß er mich zeugt. – Jetzt aber kämpfen wir, strahlender Achilleus!«
    So sprach er drohend, und es erhob der göttliche Achilleus
Die Esche vom Pelion. Der aber warf zugleich mit beiden Speeren,
Der Heros Asteropaios, denn gleich geschickt war er mit beiden Händen.
Und mit dem einen Speer traf er den Schild, doch nicht durchbrach er
Den Schild, denn das Gold hielt ihn zurück, die Gaben des Gottes.
Mit dem anderen aber traf er ihn ritzend am Ellenbogen des Armes,
Des rechten, und hervor schoß das schwarzwolkige Blut, der aber fuhr
Über ihn hinaus in die Erde, voll Gier, sich am Fleisch zu ersättigen.
    Als zweiter wieder entsandte Achilleus die geradefliegende Eschenlanze
170 Auf Asteropaios, ihn zu töten begierig.
Und den verfehlte er und traf in das hohe Ufer,
Und bis zur Hälfte hinein trieb er in das Ufer die Eschenlanze.
Der Pelide aber zog das scharfe Schwert von dem Schenkel
Und sprang auf ihn zu, begierig. Doch der vermochte die Esche des Achilleus
Nicht aus der Böschung zu ziehen mit der Hand, der starken.
Dreimal erschütterte er sie, wie er sie herauszuziehen strebte,
Und dreimal ließ er nach mit der Gewalt; doch das viertemal wollte er im Mute
Ihn umbiegen und abbrechen, den eschenen Speer des Aiakiden.
Aber zuvor raubte ihm Achilleus von nah mit dem Schwert das Leben.
180 Denn er schlug ihn in den Bauch beim Nabel, und alle Gedärme
Ergossen sich auf die Erde, und ihm umhüllte Dunkel die Augen,

Dem schwer atmenden. Doch Achilleus sprang ihm auf die Brust
Und zog ihm die Waffen ab, und sich rühmend sprach er das Wort:
»So liege! Schwer ist es dir, mit des starkmächtigen Kronion
Söhnen zu kämpfen, selbst dem einem Fluß Entstammten!
Sagtest du doch, du seist vom Geschlecht eines Flusses, eines breitströmenden;
Ich aber rühme mich, von dem Geschlecht des großen Zeus zu sein.
Es zeugte mich der Mann, der unter den vielen Myrmidonen gebietet:
Peleus, der Aiakos-Sohn, Aiakos aber war von Zeus her.
190 Darum ist stärker Zeus als die Ströme, die meerwärts fließen,
Und stärker wieder ist des Zeus Geschlecht als das eines Flusses.
Auch bei dir ist ja ein Fluß, ein großer – wenn er dir irgend helfen
Könnte! Aber unmöglich ist es, mit Zeus Kronion zu kämpfen,
Dem selbst der gebietende Acheloïos sich nicht gleichstellt
Noch des tiefströmenden große Gewalt, des Okeanos,
Aus dem doch alle Ströme und alles Meer
Und alle Quellen und großen Brunnen fließen.
Aber auch dieser fürchtet des Zeus, des großen, Wetterstrahl
Und den furchtbaren Donner, wenn er vom Himmel hernieder kracht.«
200   Sprach es, und aus der Böschung zog er die eherne Lanze.
Und den ließ er dort, nachdem er ihm sein Herz geraubt hatte,
Liegen im Sand, und es benetzte ihn das schwarze Wasser.
Und um ihn waren die Aale und die Fische geschäftig,
Die an ihm rupften und ihm das Fett von den Nieren schoren.
    Er aber schritt hin und ging gegen die Paionen, die pferdegerüsteten,
Die noch am Fluß entlang hinflüchteten, dem wirbelnden,
Wie sie sahen, daß der Beste in der starken Schlacht
Unter den Händen des Peliden und seinem Schwert mit Kraft bezwungen war.
Da ergriff er den Thersilochos und Mydon und Astypylos,
210 Den Mnesos und Thrasios wie auch den Ainios und Ophelestes.
Und nun hätte noch mehr Paionen getötet der schnelle Achilleus,
Hätte nicht erzürnt zu ihm gesprochen der Fluß, der tiefwirbelnde,
Einem Mann gleichend, und er tönte heraus aus den tiefen Wirbeln:
    »O Achilleus! übergewaltig bist du und über die Maßen Schlimmes übst du
Vor den Männern, denn immer helfen dir selbst die Götter!
Wenn des Kronos Sohn dir die Troer gab, sie alle zu vernichten,
So treibe sie doch aus mir heraus, und in der Ebene verübe Schreckliches!
Denn schon sind mir erfüllt von Leichen die lieblichen Wasser,
Und ich kann die Strömung nicht mehr in die göttliche Salzflut ergießen,
220 Beengt von Leichen, du aber tötest, nicht anzusehen!
Aber laß doch auch ab! Entsetzen faßt mich, Herr der Völker!«

Da antwortete und sagte zu ihm der fußschnelle Achilleus:
»So soll es sein, Skamandros, zeusgenährter! wie du befiehlst.
Die Troer aber lasse ich nicht eher ab zu töten, die übermütigen,
Ehe ich sie in die Stadt gedrängt und mich versucht habe an Hektor,
Mann gegen Mann, ob er mich bezwingen wird oder ich ihn!«
    So sprach er und stürmte ein auf die Troer, einem Daimon gleichend.
Und damals sprach zu Apollon der Strom, der tiefwirbelnde:
»Nein doch! Silberbogner, des Zeus Sohn! Nicht einmal du bewahrst
230 Die Beschlüsse Kronions, der dir gar vielfach auftrug,
Den Troern beizustehen und zu helfen, bis der Abend herankommt,
Der spät sinkende, und beschattet wird die starkschollige Flur.«
    Sprach es, und Achilleus, der speerberühmte, sprang mitten hinein,
Von der Böschung sich schwingend. Der aber stürmte an, wütend im Schwall.
Und alle Wasser erregte er, strudelnd, und stieß die Leichen,
Die vielen, die genug in ihm waren, die Achilleus getötet hatte.
Die warf er heraus, brüllend wie ein Stier, aufs Trockene,
Die Lebenden aber rettete er unter die schönen Fluten
Und verbarg sie in den Wirbeln, den tiefen, großen.
240 Doch furchtbar stieg um Achilleus strudelnd die Woge,
Und in den Schild fallend stieß ihn die Strömung, und mit den Füßen
Konnte er nicht sich feststemmen. Und eine Ulme ergriff er mit den Händen,
Eine gutgewachsene, große, und die, aus den Wurzeln stürzend,
Riß auseinander die ganze Böschung und hemmte die schönen Fluten
Mit dichten Ästen und überbrückte den Fluß,
Ganz hineinstürzend. Und der sprang hoch aus dem Wirbel
Und schwang sich, um durch die Ebene zu fliegen mit schnellen Füßen,
In Furcht. Und nicht ließ ab der Gott, der große, sondern erhob sich
Ihm nach, oben sich schwärzend, daß er ihm Einhalt täte im Kampf,
250 Dem göttlichen Achilleus, und den Troern das Verderben abwehrte.
    Der Pelide aber stürmte davon, so weit der Schwung reicht eines Speers,
Mit dem Ungestüm des Adlers, des schwarzen Jägers,
Der zugleich der stärkste ist und der schnellste der Vögel:
Dem gleich schwang er sich vorwärts, und um die Brust das Erz
Dröhnte gewaltig, und seitwärts unter ihm weichend
Floh er, und der, hinterdrein strömend, folgte mit großem Getöse.
Und wie wenn ein Mann, Gräben ziehend, von der schwarzwäßrigen Quelle
Zu den Pflanzungen und Gärten dem Wasser die Strömung weist
Und mit einer Hacke in Händen aus dem Graben die Hindernisse wirft;
260 Und von dem vorwärtsströmenden werden unten alle Kiesel
Fortgewälzt, und das schnell herabgleitende rauscht

Auf abschüssigem Gelände und überholt selbst ihn, der es leitet:
So erreichte immer den Achilleus die Woge der Strömung,
So rasch er war, denn Götter sind stärker als Menschen.
Und so oft er ansetzte, der fußstarke göttliche Achilleus,
Entgegen zu stehen mit Gewalt und zu erkennen, ob ihn denn alle
Unsterblichen trieben zur Flucht, die den breiten Himmel innehaben,
So oft schlug ihm die große Woge des zeusentströmten Flusses
Über die Schultern herab, und hoch sprang er mit den Füßen
270 In der Beklemmung des Muts, und der Fluß bezwang ihm unten die Knie,
Gierig unter ihm strömend, und riß ihm den Sand weg unter den Füßen.
    Und der Pelide jammerte, aufblickend zum breiten Himmel:
»Zeus, Vater! daß doch keiner der Götter es auf sich nahm,
Mich Erbarmenswerten aus dem Fluß zu retten! Dann mag mir auch etwas
                                                              geschehen!
Kein anderer aber ist mir so sehr schuld von den Uranionen
Wie die eigene Mutter, die mich mit Lügen betörte;
Die mir sagte, daß ich unter der Mauer der gepanzerten Troer
Zugrunde gehen würde durch die schnellen Geschosse des Apollon.
Hätte mich doch Hektor erschlagen, der hier als der Beste aufwuchs!
280 So hätte ein Tüchtiger getötet und einem Tüchtigen die Rüstung genommen.
Jetzt aber war mir bestimmt, in elendigem Tod gefangen zu werden,
Eingeschlossen in dem großen Fluß, wie ein Knabe, der Schweine hütet,
Den ein Gießbach fortreißt, den er durchquert im Winterregen!«
    So sprach er. Und zu ihm kamen sehr schnell Poseidon und Athene,
Nah herangetreten und an Gestalt Männern gleichend,
Und mit der Hand die Hand fassend verbürgten sie sich ihm mit Worten.
Und unter ihnen begann die Reden Poseidon, der Erderschütterer:
»Peleus-Sohn! Zittere nicht zu sehr, noch fürchte etwas!
Denn zwei solche Helfer sind wir beide dir unter den Göttern,
290 Da Zeus es guthieß: ich und Pallas Athene.
So ist dir nicht bestimmt, von dem Fluß bezwungen zu werden,
Sondern der wird bald nachlassen, du wirst es auch selber sehen.
Dir aber raten wir sehr, wenn du uns folgen wolltest,
Nicht eher die Hände ruhen zu lassen von dem gemeinsamen Kampf,
Ehe du in den berühmten Mauern von Ilios zusammengedrängt das Volk,
Das troische, wer da entrinnt. Doch du, wenn du Hektor das Leben geraubt,
Sollst zurück zu den Schiffen gehen; und wir geben dir Ruhm zu gewinnen.«
    So sprachen die beiden und gingen davon zu den Unsterblichen.
Er aber schritt – denn groß hatte ihn angetrieben der Götter Mahnung –
300 Zur Ebene. Die aber war ganz erfüllt von dem Wasser, das sich ergossen,

Und viele Waffen, schöne, von kampfgetöteten jungen Männern
Schwammen dort und Leichen. Und ihm sprangen hoch die Knie,
Gerade anstürmend gegen die Strömung, und nicht hielt ihn
Der breit strömende Fluß, denn große Kraft warf in ihn Athene.
Doch nicht ließ ab der Skamandros von seinem Ungestüm, sondern noch mehr
Zürnte er auf den Peleus-Sohn und behelmte die Woge der Strömung,
Sich hoch erhebend, und dem Simoeis rief er zu, schreiend:
     »Lieber Bruder! laß uns beide doch die Kraft des Mannes
Aufhalten! Denn bald wird er die große Stadt des Priamos, des Herrschers,
310 Zerstören, und die Troer werden nicht standhalten in dem Gewühl.
Aber stehe bei aufs schnellste und fülle an die Fluten
Mit Wasser aus den Quellen, und laß anschwellen alle Bäche!
Laß aufstehen eine große Woge, und errege viel Getöse
Von Baumstämmen und Steinen, daß wir Einhalt tun dem grimmigen Mann,
Der jetzt gewaltig ist, und er trachtet gleich den Göttern.
Denn ich sage, nicht soll die Gewalt ihm nützen noch sein Aussehen,
Noch die Waffen, die schönen, die wohl ganz unten im Sumpf
Liegen werden, unter Morast verdeckt, und ihn selber werde ich
Umhüllen mit Sand, und Geröll genugsam über ihn schütten,
320 Zehntausendfach, und nicht werden ihm die Achaier
Die Gebeine sammeln können: solchen Schlamm will ich über ihn decken.
Dort wird ihm auch das Grabmal bereitet sein, und nicht braucht es mehr,
Ihm aufzuschütten den Hügel, wenn ihn die Achaier bestatten!«
     Sprach es und erhob sich gegen Achilleus, strudelnd, hoch emporwütend,
Hinbrausend mit Schaum und Blut und Leichen.
Und die purpurne Woge des zeusentströmten Flusses
Stieg empor, sich erhebend, und riß den Peliden nieder.
Here aber schrie groß auf, übermäßig in Furcht um Achilleus,
Daß ihn nicht hinwegreiße der große Strom, der tiefwirbelnde.
330 Und sogleich sprach sie zu Hephaistos, ihrem eigenen Sohn:
     »Erhebe dich, Krummfüßiger, mein Kind! Denn dir entgegen zu stehen
In der Schlacht, haben wir Xanthos, den wirbelnden, gleich geachtet.
Aber stehe bei aufs schnellste, und laß viele Flammen erscheinen!
Ich aber werde gehen, um des West und des aufhellenden Südwinds
Schweren Wirbelsturm vom Meer her zu erregen,
Der den Troern die Köpfe abbrennen soll und die Waffen,
Schlimmen Brand verbreitend. Und du verbrenne an des Xanthos Ufern
Die Bäume und wirf in ihn selbst das Feuer. Und daß er dich ja nicht
Mit freundlichen Worten abbringt und mit Verwünschung!
340 Und nicht eher höre auf mit deinem Ungestüm, sondern erst wenn ich

Aufschreien und rufen werde: dann hemme das unermüdliche Feuer!«
    So sprach sie, und Hephaistos bereitete heftig brennendes Feuer.
Zuerst in der Ebene flammte das Feuer und verbrannte die Leichen,
Die vielen, die genug in ihr waren, die Achilleus getötet.
Und ganz getrocknet wurde die Ebene und gehemmt das glänzende Wasser.
Und wie wenn der herbstliche Nordwind das frisch befeuchtete Feld
Schnell auftrocknet, und es freut sich, der es bebaut:
So wurde getrocknet die ganze Ebene, und es verbrannten
Die Leichen. Der aber wandte gegen den Fluß die hell leuchtende Flamme:
350 Es verbrannten die Ulmen wie auch die Weiden und Tamarisken,
Und es verbrannte der Lotos und die Binse und das Zyperngras,
Die um die schönen Strömungen des Flusses genugsam wuchsen.
Und bedrängt wurden die Aale und die Fische in den Wirbeln,
Die in den schönen Fluten hierhin und dorthin schnellten,
Vom Hauch bedrängt des vielklugen Hephaistos.
Und es brannte die Gewalt des Stromes und sprach das Wort und benannte es
                                                                        heraus:
    »Hephaistos! keiner der Götter kann sich mit dir messen!
Und auch ich möchte nicht mit dir, dem so im Feuer flammenden, kämpfen.
Laß ab vom Streit! Die Troer aber mag auch gleich der göttliche Achilleus
360 Aus der Stadt heraustreiben! Was soll mir Streit und Beistand?«
    Sprach es, im Feuer brennend, und aufbrodelten die schönen Fluten.
Und wie ein Kessel siedet im Innern, bedrängt von vielem Feuer,
Fett ausschmelzend von einem wohlgenährten Mastschwein,
Allseits aufwallend, und darunter liegen trockene Scheite:
So flammten seine schönen Fluten im Feuer, und es siedete das Wasser.
Und nicht fortströmen wollte er, sondern stockte, und ihn quälte der Gluthauch
Unter des Hephaistos Gewalt, des vielklugen. Aber zu Here
Sprach er, vielfach flehend, die geflügelten Worte:
    »Here! Was fällt dein Sohn über meine Strömung her, um sie zu quälen,
370 Vor den anderen? Gewiß, ich bin dir nicht so sehr schuldig
Wie die anderen alle, so viele den Troern Helfer sind!
Aber wahrhaftig! ich will aufhören, wenn du befiehlst,
Aufhören aber soll auch dieser! Und ich will dazu noch dieses schwören:
Daß ich nie den Troern abwehren werde den schlimmen Tag,
Auch nicht, wenn Troja in gierigem Feuer ganz verbrannt wird,
Brennend, und die streitbaren Söhne der Achaier es verbrennen!«
    Doch als dies gehört hatte die Göttin, die weißarmige Here,
Sprach sie sogleich zu Hephaistos, ihrem eigenen Sohn:
»Hephaistos! halte ein, Kind, Hochberühmter! Denn nicht gebührt sichs,

380 Einen unsterblichen Gott um der Sterblichen willen so zu mißhandeln!«
     So sprach sie, und Hephaistos löschte aus das heftig brennende Feuer,
Und rückströmend eilte die Woge die schönen Fluten hinab. –
Aber als bezwungen war die Kraft des Xanthos, da hörten die beiden
Auf, denn Here hielt sie zurück, so sehr sie zürnte.
Doch in die anderen Götter fiel Streit, schwer lastender,
Schmerzlicher, und zwiefach wehte ihnen der Mut im Innern.
Und zusammen stießen sie mit großem Lärm, und es krachte die breite Erde,
Und rings trompetete der große Himmel. Und Zeus vernahm es,
Sitzend auf dem Olympos, und es lachte ihm sein Herz
390 Vor Freude, als er sah, wie die Götter im Streit zusammenkamen.
     Da standen sie nicht mehr lange fern voneinander, denn es begann Ares,
Der Schilddurchbohrer, und als erster stürmte er gegen Athenaia,
Die eherne Lanze haltend, und sprach die schmähende Rede:
»Warum wieder, du Hundsfliege! treibst du die Götter im Streit aneinander
Mit Frechheit, unersättlicher, und dich reizte der große Mut?
Oder weißt du nicht mehr, wie du den Tydeus-Sohn Diomedes reiztest,
Mich zu verwunden, und selbst allsichtbar die Lanze ergreifend
Gerade gegen mich stießest und die schöne Haut aufgerissen!
Darum denke ich dir jetzt heimzuzahlen, was alles du mir tatest!«
400 So sprach er und stieß auf die Aigis, die mit Quasten besetzte,
Die schreckliche, die auch nicht bezwingt der Blitz des Zeus.
Auf die stieß Ares, der blutbesudelte, mit der großen Lanze.
Sie aber wich zurück und ergriff einen Stein mit der Hand, der starken,
Der in der Ebene lag, einen schwarzen, zackigen und großen,
Den frühere Männer gesetzt hatten, eine Grenze des Ackers zu sein:
Damit traf sie den stürmenden Ares am Hals und löste ihm die Glieder.
Und sieben Hufen nahm er ein im Fall und bestaubte die Haare,
Und die Waffen rasselten um ihn. Da lachte Pallas Athene,
Und sich rühmend sprach sie zu ihm die geflügelten Worte:
410 »Kindischer! und du hast wohl niemals bedacht, um wieviel besser
Ich mich rühme zu sein, daß du mir an Kraft dich gleichstellst!
So magst du wohl gänzlich abbüßen die Verwünschungen der Mutter,
Die dir zürnend Böses sinnt, weil du die Achaier
Verlassen hast und den übermütigen Troern beistehst!«
     So sprach sie und wandte ab die leuchtenden Augen.
Doch den nahm bei der Hand und führte des Zeus Tochter Aphrodite,
Den sehr häufig Stöhnenden, und mit Mühe sammelte er den Mut.
Doch als diese nun bemerkte die Göttin, die weißarmige Here,
Sprach sie sogleich zu Athenaia die geflügelten Worte:

20 »Nein doch! Kind des Zeus, des Aigishalters! Atrytone!
Da führt doch wieder die Hundsfliege den männermordenden Ares
Aus dem feindlichen Kampf durch das Gedränge. Doch auf, hinterher!«
    So sprach sie. Und Athenaia stürmte nach und freute sich im Mute,
Und ging auf sie los und stieß sie gegen die Brust mit der Hand, der starken,
Und der lösten sich auf der Stelle die Knie und ihr Herz.
Da lagen sie denn beide auf der Erde, der vielnährenden,
Sie aber sprach, sich rühmend, die geflügelten Worte:
    »So sollten jetzt alle sein, so viele den Troern Helfer sind,
Wenn sie mit den gepanzerten Achaiern kämpfen:
30 Ebenso kühn und standhaft, wie da Aphrodite
Dem Ares kam als Verbündete, meinem Ungestüm begegnend.
Dann hätten wir längst schon ein Ende gemacht mit dem Krieg
Und von Ilios zerstört die gutgebaute Stadt!«
    So sprach sie. Da lächelte die Göttin, die weißarmige Here.
Zu Apollon aber sprach der gebietende Erderschütterer:
»Phoibos! was stehen wir noch fern voneinander? Nicht gebührt sichs,
Wenn die anderen angefangen! Schimpflich wäre das, wollten wir kampflos
Zum Olympos gehen, zum Haus des Zeus mit der ehernen Schwelle!
Fange an! denn du bist von Geburt der Jüngere, und mir wäre es
40 Nicht schön, da ich früher geboren bin und mehr weiß.
Kindischer! was für ein gedankenloses Herz du hast! und nicht einmal daran
Denkst du mehr, was alles wir Schlimmes litten um Ilios,
Wir beide allein von den Göttern, als wir dem mannhaften Laomedon,
Von Zeus gekommen, dienten auf ein Jahr
Um abgesprochenen Lohn, er aber befahl und gab Weisung.
Ja, da habe ich den Troern um die Stadt die Mauer gebaut,
Breit und sehr schön, daß unbrechbar die Stadt sei.
Phoibos! und du hast die schleppfüßigen krummgehörnten Rinder
Gehütet in den Tälern des schluchtenreichen waldigen Ida.
50 Doch als nun die Erfüllung des Lohnes die freudenreichen Horen
Heraufführten, da brachte uns gewaltsam um den Lohn, den ganzen,
Laomedon, der schreckliche, und drohend schickte er uns fort.
Er drohte, uns die Füße zusammenzubinden und die Hände darüber
Und uns nach weitentlegenen Inseln zu verkaufen,
Und gebärdete sich, als wollte er beiden die Ohren abschälen mit dem Erz.
Wir aber gingen wieder zurück mit ergrimmtem Mute,
Wegen des Lohnes zürnend, den er versprochen hatte und nicht erfüllt.
Dessen Völkern also erweist du jetzt Gunst! anstatt mit uns
Zu versuchen, wie die Troer, die übermütigen, zugrunde gehen,

460 Schlimm ins Knie gestürzt, mit den Kindern und ehrwürdigen Gattinnen!«
    Da sagte wieder zu ihm der Herr, der Ferntreffer Apollon:
    »Erderschütterer! du würdest mich nicht bei gesundem Verstande nennen,
    Wenn ich mit dir der Sterblichen wegen kämpfte,
    Der elenden, die, den Blättern gleichend, einmal
    Sehr feurig sind und die Frucht des Feldes essen,
    Aber dann wieder hinschwinden, entseelt. Nein, auf das schnellste
    Hören wir auf mit dem Kampf! Die mögen selber streiten!«
    So sprach er und wandte sich ab, denn er scheute es,
    Mit dem Vaterbruder sich mit Händen zu vermischen.
470 Aber die Schwester schalt ihn sehr, die Herrin der Tiere,
    Artemis, die walddurchstreifende, und sprach die schmähende Rede:
    »Da fliehst du, Ferntreffer! und läßt dem Poseidon den Sieg,
    Den ganzen, und unverdient gabst du ihm Ruhm!
    Kindischer! was hältst du den Bogen nur so, vergeblich?
    Nicht will ich jetzt mehr hören in den Häusern des Vaters,
    Daß du dich rühmst wie bisher unter den unsterblichen Göttern,
    Du wolltest gegen Poseidon mit Gewalt entgegenkämpfen!«
    So sprach sie, doch es sagte nichts zu ihr der Ferntreffer Apollon.
    Aber es zürnte des Zeus ehrwürdige Lagergenossin
480 Und schalt die Pfeilschüttende mit schmähenden Worten:
    »Was fällt dir ein jetzt, Hündin, schamlose! mir entgegen
    Zu treten? Schwer ist es für dich, mir an Kraft zu widerstehen,
    Bist du auch bogentragend, da dich Zeus zur Löwin den Weibern
    Setzte und dir gab, zu töten, welche du willst.
    Wahrhaftig! besser ist dir, in den Bergen Raubtiere zu erlegen
    Und wilde Hirsche, als gegen Stärkere mit Kraft zu kämpfen!
    Willst du aber vom Krieg erfahren – daß du es gut weißt,
    Wieviel besser ich bin, wenn du mir an Kraft dich gleichstellst!«
    Sprach es, und beide Hände packte sie an der Wurzel mit der Linken,
490 Mit der Rechten aber nahm sie ihr von den Schultern Bogen und Köcher,
    Und damit schlug sie ihr um die Ohren, lächelnd; und die wandte
    Sich hin und her, und es fielen heraus die schnellen Pfeile.
    Und weinend floh unter ihr weg die Göttin, wie eine Taube,
    Die unter dem Habicht hineinfliegt in einen hohlen Felsen,
    In einen Spalt, und nicht war ihr bestimmt, ergriffen zu werden:
    So floh sie weinend und ließ dort den Bogen.
    Zu Leto aber sprach der Geleiter, der Argostöter:
    »Leto! mit dir kämpfe ich gewiß nicht! Schmerzlich ist es,
    Sich herumzuschlagen mit den Gattinnen des Zeus, des Wolkensammlers!

Nein, du magst sehr gern dich rühmen unter den unsterblichen Göttern,
Daß du mich besiegt hast mit überlegener Gewalt!«
    So sprach er. Und Leto nahm auf den krummen Bogen und die Pfeile,
Hierhin und dorthin gefallen im Wirbel des Staubes,
Und als sie genommen den Bogen ihrer Tochter, ging sie zurück.
    Die aber kam zum Olympos, zum Haus des Zeus mit der ehernen Schwelle,
Und weinend setzte sich das Mädchen auf die Knie des Vaters,
Und um sie zitterte das ambrosische Gewand. Und der Vater zog sie
An sich, der Kronide, und fragte, vergnüglich lachend:
»Wer hat dir solches angetan, liebes Kind, von den Uranionen,
Einfach so, als hättest du etwas Arges angestellt vor aller Augen?«
    Da sagte wieder zu ihm die mit dem schönen Stirnband, die Tosende:
»Deine Gattin hat mich mißhandelt, Vater! die weißarmige Here,
Von der her den Unsterblichen Streit und Hader verhängt ist!«
    So redeten diese dergleichen miteinander. –
Apollon Phoibos aber tauchte in die heilige Ilios,
Denn er sorgte sich um die Mauer der gutgebauten Stadt,
Daß die Danaer sie nicht zerstörten, über ihr Teil hinaus, an jenem Tag.
Die anderen aber gingen zum Olympos, die immer seienden Götter,
Die einen zornig, die anderen groß prangend, und setzten sich nieder
Bei dem Vater, dem schwarzwolkigen. – Achilleus aber
Vernichtete die Troer selbst zugleich wie auch die einhufigen Pferde.
Und wie wenn ein Rauch aufsteigt und gelangt zum breiten Himmel
Von einer brennenden Stadt; der Götter Zorn hat ihn emporgesandt,
Und allen schafft er Mühsal, und über viele verhängt er Kümmernisse:
So schaffte Achilleus den Troern Mühsal und Kümmernisse.
    Doch es stand der greise Priamos auf dem göttlichen Turm
Und gewahrte Achilleus, den ungeheuren, und unter ihm wurden
Jäh in Verwirrung gebracht die Troer, flüchtend, und da war keine
Kampfkraft. Und er jammerte auf und stieg vom Turm zur Erde
Und trieb bei der Mauer die hochberühmten Torwächter:
»Haltet die Tore geöffnet in den Händen, bis die Völker
Flüchtend zur Stadt gelangen! Denn wahrhaftig, Achilleus
Jagt sie dort nah in Verwirrung. Jetzt, meine ich, wird Schlimmes geschehen!
Doch wenn sie aufatmen, hineingedrängt in die Mauer,
Legt die Türflügel wieder vor, die dicht gefugten,
Denn ich fürchte, der verderbliche Mann springt in die Mauer!«
    So sprach er. Und die öffneten die Tore und stießen die Riegel zurück,
Und die geöffneten brachten Rettung. Apollon aber
Sprang hinaus, ihm entgegen, den Troern das Verderben abzuwehren.

540 Die aber – gerade in die Stadt und in die hohe Mauer,
Trocken vor Durst, staubig: so flohen sie aus der Ebene.
Der aber setzte heftig nach mit der Lanze: ein Wahnsinn hielt
Immer sein Herz, ein starker, und er trachtete, Prangen zu gewinnen.
    Da hätten die hochtorige Troja genommen die Söhne der Achaier,
Hätte nicht Apollon Phoibos Agenor, den göttlichen, aufgereizt,
Den Mann, des Antenor Sohn, den untadligen und starken.
Ihm warf er Kühnheit ins Herz, und bei ihm stand er selber,
Daß er ihm die schweren Göttinnen des Todes abwehrte,
An die Eiche gelehnt, und war verhüllt in vielen Nebel.
550 Doch wie dieser gewahrte Achilleus, den Städtezerstörer,
Blieb er stehen, und viel wogte ihm das Herz, während er wartete,
Und aufgebracht sprach er zu seinem großherzigen Mute:
    »O mir, ich! Wenn ich unter dem starken Achilleus fliehe,
Dorthin, wo auch die anderen gescheucht sich drängen,
Wird er auch so mich ergreifen und dem Wehrlosen den Hals abschneiden.
Lasse ich aber diese wirr zusammengedrängt
Unter dem Peliden Achilleus und fliehe mit den Füßen von der Mauer
Nach der anderen Seite in die Ilische Ebene, bis ich gelange
Zu des Ida Schluchten und unter die Büsche tauche –
560 Abends könnte ich dann, nachdem ich im Fluß gebadet
Und den Schweiß mir abgekühlt, zurück nach Ilios kehren.
Aber was redet mein Mut mir da für Dinge?
Daß er mich nicht bemerkt, wie ich von der Stadt hinweg zur Ebene eile,
Und mich packt, nachstürmend mit schnellen Füßen!
Nicht mehr ist es dann möglich, dem Tod und den Todesgöttinnen zu
                                                                                        entrinnen!
Denn gar zu stark ist er vor allen anderen Menschen.
Wenn ich jedoch vorn vor der Stadt ihm entgegen gehe –
Denn auch ihm ist gewiß die Haut verwundbar von scharfem Erz,
Und in ihm ist nur ein Leben, und er ist sterblich, sagen die Menschen,
570 Aber der Kronide Zeus verleiht ihm Prangen.«
    So sprach er und wartete auf Achilleus, geduckt, und in ihm
Drängte sein wehrhaftes Herz, zu kämpfen und zu streiten.
So wie ein Panther aus dem tiefen Gehölz entgegen geht einem Mann,
Einem Jäger, entgegen geht und nicht in dem Mute
Zittert und sich nicht fürchtet, wenn er das Hundegebell hört;
Wenn ihm auch zuvorkommt und ihn durch Hieb oder Wurf verwundet,
Läßt er auch vom Speer durchbohrt nicht ab von der Kampfkraft,
Bis er entweder jenen anfällt oder bezwungen wird:

So wollte auch des erlauchten Antenor Sohn, der göttliche Agenor,
580 Nicht fliehen, ehe er sich versuchte an Achilleus,
Sondern vor sich hielt er den Schild, den allseits gleichen,
Und zielte auf ihn mit der Lanze und schrie laut:
»Ja! da hast du wohl sehr gehofft im Sinn, strahlender Achilleus!
An diesem Tag die Stadt zu zerstören der stolzen Troer!
Kindischer! ja, da werden noch viele Schmerzen um sie bereitet werden!
Denn in ihr sind wir viele und wehrhafte Männer,
Die wir auch für die eigenen Eltern und für die Frauen und Söhne
Ilios bewahren. Doch du wirst hier deinem Schicksal folgen,
So gewaltig du bist und ein so kühner Krieger!«
590   Sprach es, und den scharfen Speer entsandte er aus der schweren Hand
Und traf das Schienbein unter dem Knie und schoß nicht fehl,
Und an ihm die Beinschiene von frisch geschmiedetem Zinn
Dröhnte schrecklich. Zurück aber sprang das Erz
Von dem Getroffenen und drang nicht durch: die Gaben des Gottes hielten
es zurück.
Und der Pelide stürmte gegen Agenor, den gottgleichen,
Als Zweiter, doch nicht ließ ihn Apollon noch Prangen gewinnen,
Sondern raffte jenen hinweg und hüllte ihn in vielen Nebel
Und geleitete ihn, daß er in Ruhe heimkehrte aus dem Kampf.
Er aber zog den Peleus-Sohn mit List ab von dem Volk;
600 Denn der Ferntreffer trat, dem Agenor selbst in allem gleichend,
Ihm vor die Füße, und der stürmte nach, ihn mit den Füßen verfolgend.
Während er den durch das weizentragende Feld verfolgte,
Gegen den Fluß ihn wendend, den tiefwirbelnden Skamandros,
Wie er nur wenig vorauslief – und mit List bezauberte ihn Apollon,
So daß er immer hoffte, ihn einzuholen mit seinen Füßen –:
Indessen gelangten die anderen Troer fliehend im Haufen
Froh zur Burg, und die Stadt war voll von den Zusammengedrängten.
Und sie wagten nicht, außerhalb der Stadt und der Mauer
Noch aufeinander zu warten und zu erkennen, wer da entronnen
610 Und wer gestorben war im Kampf, sondern froh strömten sie hinein
In die Stadt, wen immer von ihnen Füße und Knie retteten.

ZWEIUNDZWANZIGSTER GESANG

Hektors Tod

   So kühlten diese, gescheucht wie Hirschkälber, sich in der Stadt
Den Schweiß ab, und tranken und heilten den Durst,
An Ort und Stelle an die Brustwehren gelehnt. Doch die Achaier
Gingen näher an die Mauer heran, die Schilde an die Schultern lehnend.
Aber Hektor fesselte ein verderbliches Schicksal, daß er dort blieb,
Vorn vor Ilios und den Skäischen Toren.
   Zu dem Peleus-Sohn aber sprach Phoibos Apollon:
»Warum verfolgst du mich, Sohn des Peleus, mit schnellen Füßen,
Du, ein Sterblicher, den unsterblichen Gott? Hast du mich noch nicht
10 Erkannt, daß ich ein Gott bin, sondern du eiferst unablässig?
Da liegt dir wohl gar nicht an dem Kampf mit den Troern, die du scheuchtest,
Die sich dir nun in die Stadt gedrängt, doch du entferntest dich hierher.
Gewiß! mich tötest du nicht, denn ich bin dir nicht dem Schicksal verfallen!«
   Da fuhr groß auf und sagte zu ihm der fußschnelle Achilleus:
»Schaden hast du, Ferntreffer, mir getan, Verderblichster aller Götter!
Daß du hierher jetzt mich wendetest von der Mauer. Ja, noch viele
Hätten mit den Zähnen die Erde gefaßt, bevor sie nach Ilios gelangten!
Jetzt aber nahmst du mir großes Prangen und hast sie gerettet,
Leicht, denn keine Vergeltung hattest du für später zu fürchten!
20 Wahrhaftig! ich wollte es dich büßen lassen, hätte ich die Macht!«
   So sprach er und schritt hochgemut zur Stadt,
Stürmend wie ein preistragendes Pferd mit dem Wagen,
Das leicht dahineilt, gestreckten Laufes durch die Ebene:
So rasch bewegte Achilleus die Füße und die Knie.
   Den sah der greise Priamos als erster mit den Augen,
Wie er hell leuchtend wie der Stern heranstürmte durch die Ebene,
Der zur Erntezeit kommt: stark kenntlich leuchten seine Strahlen
Unter den vielen Sternen im Dunkel der Nacht,
Und sie nennen ihn den Hund des Orion mit Beinamen.
30 Der hellste ist er, und ist doch als böses Zeichen geschaffen
Und bringt auch viel Gluthitze den elenden Sterblichen:

So leuchtete ihm das Erz um die Brust, wie er dahinlief.
Da wehklagte der Greis und schlug das Haupt mit den Händen,
Sie hoch emporhebend, und schrie groß wehklagend,
Anflehend seinen Sohn; der aber stand vor den Toren
Und begehrte unablässig mit Achilleus zu kämpfen.
Und der Greis sprach zu ihm erbarmungswürdig und streckte die Arme:
»Hektor! erwarte mir nicht, mein Kind! diesen Mann
Allein, ohne die anderen, damit du nicht schnell dem Schicksal folgst,
40 Von dem Peleus-Sohn bezwungen, da er wahrhaftig viel stärker ist.
Der Harte! Wäre er den Göttern doch ebenso lieb
Wie mir! Bald würden ihn die Hunde und die Geier fressen,
Wie er daliegt! Ja, und mir ginge der schreckliche Kummer von der Brust,
Da er mich vieler und tüchtiger Söhne beraubt hat,
Die er tötete oder nach weit entlegenen Inseln hin verkaufte.
Denn auch jetzt kann ich zwei Söhne: Lykaon und Polydoros,
Nicht sehen unter den Troern, die in der Stadt zusammengedrängt sind.
Sie hat Laothoë mir geboren, die Gebietende unter den Frauen.
Doch wenn sie lebend im Lager sind, nun, dann kaufen
50 Wir sie wieder los gegen Erz und Gold; es ist ja im Hause vorhanden,
Denn viel hat der Tochter mitgegeben der greise namenberühmte Altes.
Sind sie aber schon tot und in des Hades Häusern –
Schmerz meinem Mut und der Mutter, die wir sie zeugten!
Für die anderen Männer des Volks aber wird der Schmerz geringer
Sein, wenn nur du nicht noch stirbst, von Achilleus bezwungen.
Darum komm herein in die Mauer, mein Kind! damit du rettest
Die Troer und Troerfrauen und nicht großes Prangen verleihst
Dem Peliden und selber dein eigenes Leben verlierst!
Und auch mit mir, dem Unglücklichen, noch bei Sinnen, hab Erbarmen,
60 Dem Unseligen, den der Vater, der Kronide, an der Schwelle des Alters
In schmerzlichem Schicksal verdirbt, nachdem ich viel Schlimmes mitansah:
Die Söhne zugrunde gegangen, und weggeschleppt die Töchter,
Und die Kammern verwüstet, und die kleinen Kinder
Auf den Boden geschleudert in der furchtbaren Feindseligkeit,
Und geschleppt die Frauen der Söhne von verderblichen Achaierhänden!
Und selbst werden mich zuletzt an den vorderen Toren
Rohfressende Hunde umherzerren, wenn einer mit dem scharfen Erz
Mir mit Hieb oder Wurf aus den Gliedern das Leben genommen:
Sie, die ich aufzog in den Hallen als Tischhunde zu Torhütern!
70 Die, wenn sie mein Blut getrunken, werden berauscht im Mute
Liegen im Torweg. Doch dem jungen Mann steht alles an,

Dem aresgetöteten, wenn er zerfleischt vom scharfen Erz
Daliegt: alles ist schön, selbst an dem Toten, was da sich zeigt.
Aber wenn da das graue Haupt und das graue Kinn
Und die Scham die Hunde schänden von einem getöteten Greis,
Dies ist wohl das Erbarmungswürdigste den elenden Sterblichen!«
    So sprach der Greis und raufte die grauen Haare mit den Händen
Und riß sie sich vom Kopf, doch dem Hektor beredete er nicht den Mut.
Die Mutter aber wieder jammerte drüben, Tränen vergießend,
80 Öffnete ihren Bausch und hielt mit der anderen Hand die Brust hoch
Und sprach zu ihm, Tränen vergießend, die geflügelten Worte:
»Hektor, mein Kind! scheue diese! und erbarme dich auch meiner,
Wenn ich dir einst die kummerstillende Brust gereicht habe!
Daran denke, mein Kind, und wehre dem feindlichen Mann
Drinnen hier von der Mauer und stelle dich diesem nicht als Vorkämpfer!
Der Harte! Denn wenn er dich totschlägt, werde ich dich nicht mehr
An der Bahre beweinen, lieber Sproß! den ich selbst geboren,
Noch die Gattin, die teuer erworbene, sondern weit weg von uns beiden
Fressen dich bei der Argeier Schiffen die schnellen Hunde!«
90   So sprachen die beiden weinend zu ihrem Sohn,
Vielfach flehend, dem Hektor aber beredeten sie nicht den Mut,
Sondern er wartete auf Achilleus, den ungeheuren, wie er näher kam.
Und wie eine Schlange in den Bergen vor ihrem Loch einen Mann erwartet,
Vollgefressen mit bösen Kräutern, und ein furchtbarer Groll tauchte in sie,
Und schrecklich blickt sie, um ihr Loch sich ringelnd:
So unauslöschlichen Kampfmut hatte Hektor und wich nicht zurück,
An den vorspringenden Turm den schimmernden Schild gestützt.
Und aufgebracht sprach er zu seinem großherzigen Mute:
»O mir, ich! Wenn ich in Tore und Mauern tauche,
100 Wird Pulydamas mich als erster mit Schimpf beladen,
Er, der mich mahnte, die Troer zur Stadt zu führen
In dieser verderblichen Nacht, als sich erhob der göttliche Achilleus.
Aber ich bin nicht gefolgt – freilich, es wäre viel besser gewesen!
Jetzt aber, da ich das Volk verdarb durch meine Vermessenheit,
Schäme ich mich vor den Troern und schleppgewandeten Troerfrauen,
Daß nicht ein anderer einst sage, ein schlechterer als ich:
›Hektor vertraute auf seine Gewalt und richtete das Volk zugrunde!‹
So werden sie sprechen. Doch dann wäre mir viel besser,
Entweder Mann gegen Mann den Achilleus zu töten und wiederzukehren,
110 Oder von ihm mit gutem Ruhm vor der Stadt bezwungen zu werden. –
Wenn ich nun aber den Schild, den gebuckelten, zu Boden legte

Und den schweren Helm, und den Speer an die Mauer lehnte
Und selbst ginge und Achilleus, dem untadligen, entgegen käme
Und ihm verspräche, die Helena und mit ihr die Güter
Allesamt, so viele Alexandros in den hohlen Schiffen
Nach Troja hat mitgeführt – das war der Anfang des Streites! –,
Den Atriden zu geben, sie mitzuführen, und überdies den Achaiern
Noch anderes zuzuteilen, soviel diese Stadt enthält;
Und ich nähme den Troern hernach den Ältesten-Schwur ab,
120 Nichts zu verbergen, sondern halb und halb alles zu teilen,
Soviel an Habe die liebliche Stadt im Innern verwahrt hält –
Aber was redet mein Mut mir da für Dinge?
Nicht, daß ich ihn schutzflehend angehe, er aber erbarmt sich nicht meiner
Und scheut mich nicht und tötet mich, den Entblößten,
Nur so, wie ein Weib, weil ich aus den Waffen tauchte.
Nein, jetzt ist es nicht an dem, anhebend weit von Eiche und Stein,
Mit ihm zu kosen, so wie da Mädchen und Bursche,
Mädchen und Bursche miteinander kosen.
Besser vielmehr, im Streit aufeinanderzustoßen auf das schnellste!
130 Sehen wir denn, wem von beiden der Olympier wird Ruhm verleihen!«
    So erwog er und wartete. Doch da kam ihm nahe Achilleus,
Gleichend dem Enyalios, dem helmschüttelnden Kämpfer,
Schwingend die Esche vom Pelion über der rechten Schulter,
Die schreckliche, und um ihn strahlte das Erz gleich dem Glanz
Von einem brennenden Feuer oder der aufgehenden Sonne.
Hektor, als er es sah, erfaßte ein Zittern, und er ertrug es nicht mehr,
Dort zu warten, und hinter sich ließ er die Tore, schritt aus und floh.
Der Pelide aber stürmte heran, den raschen Füßen vertrauend,
Wie ein Falke in den Bergen, der schnellste unter den Vögeln,
140 Sich leicht nachschwingt der geängsteten Taube –
Sie flieht unter ihm weg, doch der, aus der Nähe, mit scharfem Kreischen,
Stößt immer wieder auf sie; ihn treibt der Mut, sie zu greifen:
So flog er begierig gerade heran, und es flüchtete Hektor
Unter der Mauer der Troer hin, und rasch bewegte er die Knie.
Und an der Warte vorbei und am Feigenbaum, dem windbewegten,
Stürmten die beiden immer unter der Mauer den Fahrweg entlang.
Und zu den beiden Brunnen kamen sie, den schönfließenden, wo die Quellen,
Die zwei, entspringen des wirbelnden Skamandros:
Die eine fließt mit warmem Wasser, und rings steigt Dampf
150 Aus ihr empor wie von einem brennenden Feuer;
Die andere aber fließt auch im Sommer so kalt wie Hagel

Oder wie kühler Schnee oder Eis, gefroren aus Wasser.
Dort bei ihnen sind die breiten Waschgruben in der Nähe,
Die schönen, steinernen, wo die schimmernden Gewänder
Wuschen der Troer Frauen und schöne Töchter
Vormals im Frieden, ehe die Söhne der Achaier kamen.
Da liefen sie vorbei: der fliehend, und der hinterdrein, verfolgend.
Vorn floh ein Tüchtiger, doch es verfolgte ihn ein weit Besserer,
Schnell, denn nicht um ein Opfertier oder um eine Rindshaut
160 Ging es für sie, wie man sie den Füßen der Männer als Kampfpreis gibt,
Sondern um das Leben liefen sie Hektors, des Pferdebändigers.
Und wie wenn preistragende einhufige Pferde um die Zielmarken
Sehr schnell laufen, dort aber ist ein großer Preis ausgesetzt,
Ein Dreifuß oder eine Frau, zu Ehren eines gestorbenen Mannes:
So kreisten die beiden dreimal um die Stadt des Priamos
Auf raschen Füßen. Aber die Götter blickten alle auf sie.
Und ihnen begann die Reden der Vater der Männer und der Götter:
»Nein doch! wirklich, einen lieben Mann gejagt um die Mauer
Sehe ich da mit Augen, und er jammert mich im Herzen:
170 Hektor, der mir viele Schenkel von Rindern verbrannt hat
Auf den Gipfeln des faltenreichen Ida und ein andermal wieder
Auf der obersten Burg. Nun aber jagt ihn der göttliche Achilleus
Um die Stadt des Priamos auf schnellen Füßen.
Aber auf! bedenkt, Götter! und geht zu Rate,
Ob wir ihn aus dem Tode retten oder ihn nunmehr
Durch den Peliden Achilleus bezwingen, so tapfer er ist.«
Da sagte wieder zu ihm die Göttin, die helläugige Athene:
»Vater! Hellblitzender! Schwarzwolkiger! wie hast du gesprochen?
Einen Mann, der sterblich ist und von jeher dem Schicksal verfallen,
180 Willst du wieder aus dem schlimmtosenden Tod erretten?
Tu es! doch wir anderen Götter billigen es dir nicht alle!«
Da antwortete und sagte zu ihr der Wolkensammler Zeus:
»Fasse Mut, Tritogeneia, mein Kind! Ich spreche ja nicht
Mit entschiedenem Mute, sondern ich will dir freundlich sein.
Tu, wonach der Sinn dir steht, und zögere nicht mehr!«
So sprach er und trieb Athene an, die es schon vorher drängte,
Und sie schritt hin und schwang sich von den Häuptern des Olympos.
Den Hektor aber trieb unablässig vor sich her der schnelle Achilleus.
Und wie wenn ein Hirschkalb in den Bergen ein Hund aus seinem Lager
190 Aufscheucht und hetzt durch Talgründe und Schluchten;
Und wenn es sich auch, unter einen Strauch geduckt, vor ihm verbirgt,

So läuft er doch beständig und spürt, bis er es findet:
So konnte sich Hektor nicht verbergen vor dem fußschnellen Peleus-Sohn.
Und so oft er ansetzte, auf die Dardanischen Tore
Zuzustürmen, unter die gutgebauten Türme,
Ob sie ihm irgendwie von oben beistünden mit ihren Geschossen:
Ebenso oft kam jener ihm zuvor und drängte ihn vorher ab
Gegen die Ebene, flog selber aber immer an der Seite der Stadt hin.
Und wie man im Traum es nicht vermag, einen Fliehenden einzuholen;
200 Weder kann der ihm entfliehen noch der ihn einholen:
So konnte der ihn nicht mit den Füßen erreichen und der nicht entkommen.
Wie aber hätte Hektor den Göttinnen des Todes entfliehen können,
Wäre nicht zum letzten und äußersten Mal zu ihm gekommen Apollon,
Nahe, der ihm die Kraft erregte und flinke Knie?
Den Männern aber winkte mit dem Kopf der göttliche Achilleus
Und ließ sie nicht auf Hektor die bitteren Geschosse entsenden,
Daß ihn nicht einer treffe und Prangen gewinne, und er als Zweiter käme.
Als sie nun aber zum viertenmal zu den Brunnen gelangten,
Da nun spannte der Vater die goldenen Waagschalen auseinander,
210 Und legte zwei Lose hinein des starkschmerzenden Todes,
Eines für Achilleus und eines für Hektor, den Pferdebändiger,
Faßte sie in der Mitte und zog sie hoch. Da senkte sich Hektors Schicksalstag
Und kam hinab bis zum Hades; und da verließ ihn Phoibos Apollon.
Zu dem Peleus-Sohn aber kam die Göttin, die helläugige Athene,
Und herangetreten sprach sie zu ihm die geflügelten Worte:
»Jetzt werden wir beide, denke ich, zeusgeliebter strahlender Achilleus!
Großes Prangen den Achaiern davontragen zu den Schiffen,
Wenn wir Hektor erschlagen haben, so unersättlich er ist im Kampf.
Jetzt ist es ihm nicht mehr möglich, uns beiden zu entrinnen,
220 Auch nicht, wenn sehr vieles litte der Ferntreffer Apollon
Und sich am Boden wälzte vor Vater Zeus, dem Aigishalter!
Aber du stehe nun und atme auf, und ich gehe zu dem da,
Ihn zu bereden, daß er dir mit Gewalt entgegen kämpfe.«
So sprach Athenaia, und der gehorchte und freute sich im Mute,
Und stand, gestützt auf die Eschenlanze, die erzgespitzte.
Sie aber verließ ihn und erreichte den göttlichen Hektor,
Dem Deïphobos gleichend an Gestalt und unzerreibbarer Stimme.
Und herangetreten sprach sie zu ihm die geflügelten Worte:
»Lieber! ja, da bedrängt dich heftig der schnelle Achilleus,
230 Dich um die Stadt des Priamos jagend auf schnellen Füßen.
Doch auf! halten wir stand und bleiben wir, uns zu wehren!«

Da sagte wieder zu ihr der große helmfunkelnde Hektor:
»Deïphobos! wirklich, du warst mir zuvor schon der weit liebste
Von den Brüdern, den Söhnen, die Hekabe und Priamos zeugten.
Nun aber gedenke ich im Sinn, dich noch mehr zu ehren,
Der du es wagtest, um meinetwillen, als du mich mit Augen sahst,
Aus der Mauer herauszukommen; die anderen aber sind drinnen geblieben!«
Da sagte wieder zu ihm die Göttin, die helläugige Athene:
»Lieber, ja! viel haben mich der Vater und die hehre Mutter
240 Nacheinander angefleht auf den Knien und rings die Gefährten,
Daß ich dort bleiben sollte: derart zittern sie ja alle.
Aber mir zerrieb es innen den Mut in traurigem Jammer.
Jetzt aber, gerade angestürmt, kämpfen wir! und da soll kein Sparen
Sein der Speere, damit wir sehen, ob Achilleus
Uns beide tötet und das blutige Rüstzeug davonträgt
Zu den gewölbten Schiffen, oder von deinem Speer bezwungen wird!«
So sprach Athene und ging mit List voran.
Doch als sie nahe heran waren, gegeneinander gehend,
Da sagte als erster zu ihm der große helmfunkelnde Hektor:
250 »Nicht mehr, Sohn des Peleus! will ich fliehen vor dir, so wie ich vorher
Dreimal um die große Stadt des Priamos lief und wagte niemals
Zu warten, bis du herankamst. Jetzt aber treibt mich der Mut,
Dir entgegen zu stehen: mag ich nun erschlagen oder erschlagen werden!
Aber auf, hierher! laß uns die Götter dazunehmen: sie werden die besten
Zeugen sein und Hüter des Übereinkommens.
Nicht will ich dich schrecklich schänden, wenn mir denn Zeus
Gibt, daß ich überdaure, und ich dir das Leben nehme,
Sondern habe ich dir die berühmten Waffen geraubt, Achilleus,
Gebe ich den Leichnam den Achaiern zurück; und du tu auch so!«
260 Da sah ihn von unten herauf an und sprach zu ihm der fußschnelle Achilleus:
»Hektor! rede mir, Verruchter! nicht von Übereinkunft!
Wie zwischen Löwen und Männern kein verläßlicher Eidschwur sein kann,
Und auch nicht Wölfe und Lämmer einträchtigen Mutes sind,
Sondern fort und fort einander Böses sinnen,
So kann es für mich und dich keine Freundschaft geben und können
Keine Schwüre uns sein, ehe nicht einer von uns, gefallen,
Mit Blut sättigt Ares, den stierschildtragenden Kämpfer.
Besinne dich auf all dein Können! Jetzt ist dir sehr not,
Ein Lanzenkämpfer zu sein und ein kühner Krieger!
270 Nicht ist für dich noch ein Entkommen: gleich wird dich Pallas Athene
Bezwingen unter meiner Lanze! Jetzt zahlst du gesammelt für alles:

Die Leiden meiner Gefährten, die du getötet hast, mit der Lanze wütend!«
    Sprach es und holte aus und entsandte die langschattende Lanze.
Der aber sah ihr entgegen und vermied sie, der strahlende Hektor,
Denn er setzte sich, vorschauend, und über ihn weg flog die eherne Lanze
Und bohrte sich in die Erde; doch Pallas Athene raffte sie auf
Und gab sie Achilleus zurück, und es entging Hektor, dem Hirten der Völker.
    Da sagte Hektor zu dem untadligen Peleus-Sohn:
»Fehlgeschossen! und nichts davon, den Göttern gleicher Achilleus,
280 Daß du von Zeus her mein Ende wußtest! Ja, du sagtest so,
Warst aber nur ein wortgewandter und diebischer Redner,
Daß ich vor dir in Furcht Mut und Kampfkraft vergäße.
Nicht wirst du, wahrhaftig! mir im Fliehen den Speer in den Rücken bohren,
Sondern dem gerade Anstürmenden stoße ihn durch die Brust,
Wenn ein Gott es dir gab! Jetzt aber vermeide du meine Lanze,
Die eherne – daß du sie doch ganz in deinem Leib empfingst!
Dann würde leichter der Krieg für die Troer werden,
Wenn du dahin wärst, denn du bist ihnen die größte Plage!«
    Sprach es und holte aus und entsandte die langschattende Lanze
290 Und traf den Peleus-Sohn mitten auf den Schild und fehlte nicht,
Doch weit sprang der Speer von dem Schild zurück. Da zürnte Hektor,
Daß ihm das schnelle Geschoß umsonst aus der Hand entflohen war,
Und stand betroffen, denn er hatte keine andere Eschenlanze.
Und Deïphobos rief er, den weißbeschildeten, laut schreiend,
Und forderte von ihm den langen Speer; doch der war nicht in seiner Nähe.
Da erkannte es Hektor in seinem Sinn und sprach es aus:
»Nein doch! da haben mich wahrhaftig die Götter zum Tod gerufen!
Denn ich dachte, Deïphobos, der Held, sei bei mir,
Doch der ist innerhalb der Mauer, und mich hat Athene betrogen!
300 Jetzt ist mir nah der Tod, der schlimme, und nicht mehr fern,
Und kein Entrinnen! Ja, so war das schon lange lieber
Dem Zeus und dem Sohn des Zeus, dem Ferntreffer, die mich früher
Bereitwillig schirmten; jetzt aber ereilt mich das Schicksal!
Wahrhaftig! nicht ohne Mühe und ruhmlos will ich zugrunde gehen,
Sondern etwas Großes tun, auch für die Späteren zu erfahren!«
    Als er so gesprochen hatte, zog er das scharfe Schwert,
Das ihm an der Hüfte hing, das große und wuchtige,
Und stürmte geduckt heran, wie ein hochfliegender Adler,
Der zur Ebene hinabschießt durch finstere Wolken,
310 Ein zartes Lamm zu rauben oder einen kauernden Hasen:
So stürmte Hektor heran und schwang das Schwert, das scharfe.

Aber Achilleus brach vor, und mit Ungestüm erfüllte er seinen Mut,
Wildem: vorn hielt er deckend den Schild vor die Brust,
Den schönen, kunstreichen, und mit dem Helm nickte er dazu, dem
                                                              schimmernden,
Mit vier Buckeln, und die schönen Mähnen flatterten um ihn,
Die goldenen, die dicht gedrängt um die Kuppe gelegt hatte Hephaistos.
Und wie der Stern unter den Sternen hinzieht im Dunkel der Nacht,
Der Abendstern, der als schönster Stern am Himmel steht:
So strahlte es von der Lanzenspitze, der gutgeschärften, die Achilleus
320 Schwang in der Rechten, Böses sinnend dem göttlichen Hektor,
Spähend, wo seine schöne Haut am ehesten eine Blöße zeigte.
Dem aber umschlossen sonst überall seine Haut die ehernen Waffen,
Die schönen, die er der Gewalt des Patroklos geraubt, als er ihn erschlagen.
Dort nur zeigte sie sich, wo das Schlüsselbein den Hals von den Schultern trennt,
An der Kehle, wo die schnellste Vernichtung des Lebens ist.
Da traf den gegen ihn Anstürmenden mit der Lanze der göttliche Achilleus,
Und gerade hindurch fuhr durch den weichen Hals die Spitze.
Und nicht schnitt die Luftröhre ab die Eschenlanze, die erzbeschwerte,
Daß er noch etwas zu ihm sagen könnte, erwidernd mit Worten.
330 Und er stürzte in den Staub, und es rühmte sich der göttliche Achilleus:
»Hektor! da sagtest du wohl, als du dem Patroklos die Waffen abzogst,
Du würdest sicher sein; an mich aber dachtest du nicht, den Entfernten!
Kindischer! doch abseits von ihm als ein viel stärkerer Helfer
Bei den gewölbten Schiffen dahinten war *ich* geblieben,
Der ich dir die Knie löste. Dich werden die Hunde und die Vögel
Schmählich verschleppen, ihn aber werden die Achaier bestatten!«
Da sagte schwach an Kräften zu ihm der helmfunkelnde Hektor:
»Ich flehe dich an bei deinem Leben und bei den Knien und deinen Eltern:
Laß mich nicht bei den Schiffen die Hunde der Achaier zerfleischen!
340 Sondern du nimm Erz genug an und Gold,
Als Gaben, die dir geben werden der Vater und die hehre Mutter;
Aber meinen Leib gib nach Hause zurück, daß mich dem Feuer
Die Troer und der Troer Frauen übergeben, den Toten!«
Da sah ihn von unten herauf an und sprach zu ihm der fußschnelle Achilleus:
»Nicht bei den Knien, Hund! bitte mich kniefällig, noch bei den Eltern!
Könnte doch Ungestüm und Mut mich selber treiben,
Roh heruntergeschnitten dein Fleisch zu essen, für das, was du mir getan hast!
So ist keiner, der dir die Hunde vom Haupte fernhält!
Und wollten sie auch zehn- und zwanzigfache unermeßliche Lösung
350 Hierher bringen und darwiegen und noch anderes versprechen;

Und hieße dich selber ganz mit Gold aufwiegen
Der Dardanide Priamos: auch so nicht sollte dich die hehre Mutter
Auf der Bahre gebettet beklagen, den sie selbst geboren,
Sondern Hunde und Vögel werden dich ganz in Stücke reißen!«
    Da sagte sterbend zu ihm der helmfunkelnde Hektor:
»Ja! ich kenne dich gut und sehe es voraus! Nicht konnte ich dich
Bereden! Denn wahrhaftig, dir ist von Eisen im Innern der Mut.
Bedenke jetzt, daß ich dir nicht ein Zorn der Götter werde
An dem Tag, wenn Paris dich und Phoibos Apollon,
360 So stark du bist, vernichten werden an den Skäischen Toren!«
    Als er so gesprochen hatte, umhüllte ihn das Ende des Todes,
Und die Seele flog aus den Gliedern und ging in das Haus des Hades,
Ihr Schicksal beklagend, verlassend Manneskraft und Jugend.
Doch noch zu dem Toten sagte der göttliche Achilleus:
»Stirb! Den Tod aber werde ich dann hinnehmen, wann immer
Zeus ihn vollenden will und die anderen unsterblichen Götter!«
    Sprach es, und aus dem Leichnam zog er die eherne Lanze.
Und die legte er beiseite, er aber raubte von den Schultern die Waffen,
Die blutigen. Und die anderen liefen rings herbei, die Söhne der Achaier;
370 Die staunten auch über den Wuchs und das bewundernswerte Aussehen
Hektors, und keiner trat zu ihm heran, der nicht nach ihm stach.
Und so sprach mancher und sah den anderen neben sich an:
»Nein doch! wahrhaftig, wieviel sanfter ist jetzt anzufassen
Hektor, als da er die Schiffe verbrannte mit loderndem Feuer!«
    So redete mancher und trat heran und stach nach ihm.
Als ihm nun aber die Waffen genommen der fußstarke göttliche Achilleus,
Sprach er aufgestanden unter den Achaiern die geflügelten Worte:
»Freunde! ihr Führer der Argeier und Berater!
Da nun die Götter gegeben, daß dieser Mann bezwungen wurde,
380 Der soviel Schlimmes getan hat, wie nicht die anderen alle zusammen,
Auf! so wollen wir uns um die Stadt mit Waffen versuchen!
Daß wir noch erkennen den Sinn der Troer, welchen sie haben:
Ob sie verlassen wollen die Stadt, die hohe, da dieser gefallen,
Oder zu bleiben gedenken, auch wenn Hektor nicht mehr ist. –
Aber was redet mein Mut mir da für Dinge?
Liegt doch bei den Schiffen ein Toter unbeweint, unbestattet:
Patroklos; den aber werde ich nicht vergessen, solange ich
Unter den Lebenden bin und meine Knie sich mir regen.
Und vergißt man auch die Toten in dem Haus des Hades:
390 Ich aber werde auch dort meines Gefährten gedenken!«

Doch auf jetzt! singend den Heilsgesang, ihr jungen Männer der Achaier,
Kehren wir zurück zu den gewölbten Schiffen und führen den da mit uns!
›Wir gewannen großes Prangen! Wir erschlugen den göttlichen Hektor,
Zu dem in der Stadt die Troer wie zu einem Gott gebetet!‹«
    Sprach es, und dem göttlichen Hektor sann er schmachvolle Dinge:
An beiden Füßen hinten durchbohrte er ihm die Sehnen
Von der Ferse bis zum Knöchel und knüpfte rindslederne Riemen daran,
Band ihn an seinen Wagen und ließ das Haupt nachschleifen.
Und er stieg auf den Wagen und hob hinauf die berühmten Waffen,
400 Schwang die Geißel und trieb, und die flogen nicht unwillig dahin.
Da war um den Geschleiften ein Schwall von Staub; seine blauschwarzen Haare
Fielen auseinander, und das Haupt lag ganz im Staube,
Das einst so liebliche: damals aber hatte es Zeus seinen Feinden
Gegeben zu schänden in der eigenen väterlichen Erde.
    So wurde dem ganz bestäubt das Haupt. Seine Mutter aber
Raufte ihr Haar und warf ihr glänzendes Kopftuch von sich,
Weit, und schrie hell auf, sehr laut, nach ihrem Sohne blickend.
Und zum Erbarmen wehklagte sein Vater, und rings das Volk
Erhob schrilles Geschrei und Wehklage durch die Stadt.
410 Es war dem am meisten ähnlich, als ob die ganze
Hügelstadt von Ilios verschwelte herab vom Gipfel.
Da hielten die Männer kaum den Greis, den fassungslosen,
Der begehrte, hinauszugehen aus den Dardanischen Toren.
Und alle bat er inständig und wälzte sich im Kot,
Und nannte bei seinem Namen jeden einzelnen Mann:
    »Haltet ein, Freunde! und laßt mich allein, so besorgt ihr seid,
Hinausgehen zur Stadt und kommen zu den Schiffen der Achaier!
Anflehen will ich diesen Mann, den unbändigen, gewalttätigen,
Ob er wohl meine Jahre scheuen wird und sich erbarmen
420 Meines Alters. Denn auch er hat ja einen so alten Vater,
Peleus, der ihn gezeugt hat und aufgezogen, eine Plage zu werden
Den Troern. Am meisten aber mir vor allen schuf er Schmerzen:
So viele blühende Söhne hat er mir getötet.
Um sie alle jammere ich nicht so sehr, so bekümmert ich bin, wie um den einen,
Um den der scharfe Kummer mich noch zum Haus des Hades hinabführt:
Hektor. Daß er doch gestorben wäre in meinen Armen!
So hätten wir beide uns gesättigt an Weinen und Klagen,
Die Mutter, die ihn gebar, die Unglückselige, wie auch ich selber!«
    So sprach er weinend, und dazu stöhnten die Bürger.
430 Und vor den Troerfrauen begann Hekabe die dichte Totenklage:

»Kind! ich Arme! Was soll ich noch leben, ich schrecklich Getroffene,
Da du gestorben? Der du mir die Nächte wie auch am Tage
Mein Stolz auf der Burg warst und allen ein Labsal,
Den Troern und Troerfrauen in der Stadt, die wie einen Gott dich
Immer begrüßten. Warst, wirklich, ihnen auch ein sehr großes Prangen,
Als du lebtest: doch jetzt hat dich der Tod und das Schicksal ereilt!«
    So sprach sie weinend. Die Gattin aber hatte noch nichts vernommen
Von Hektor. Zu ihr war kein verläßlicher Bote gekommen,
Meldend, daß ihr der Gatte draußen geblieben war vor den Toren.
440 Sondern sie webte ein Tuch im Innern des hohen Hauses,
Ein doppeltes, purpurnes, und streute bunte Blumen hinein.
Und sie rief den flechtenschönen Mägden durchs Haus,
Ans Feuer zu stellen den großen Dreifuß, damit für Hektor
Heißes Badewasser da sei, wenn er aus der Schlacht heimkehrte –
Die Kindische! und sie dachte nicht, daß ihn, weit weg vom Bade,
Durch die Hände des Achilleus bezwungen hatte die helläugige Athene.
Doch da hörte sie das schrille Geschrei und die Wehklage vom Turme,
Und ihr bebten die Glieder, und heraus zu Boden fiel ihr die Spule.
Und sie sprach wieder unter den flechtenschönen Mägden:
450   »Herbei! Zwei kommen mit mir! Ich muß sehen, was da geschehen ist!
Da hörte ich die Stimme der ehrwürdigen Schwiegermutter, und mir selber
In der Brust springt das Herz zum Hals hinauf, und unten die Knie
Sind erstarrt. Nah ist gewiß ein Unheil den Kindern des Priamos!
Bliebe das Wort mir doch vom Ohre! Aber gar schrecklich
Fürchte ich, daß mir nicht den kühnen Hektor der göttliche Achilleus
Allein von der Stadt abschneidet und zur Ebene jagt
Und ihm schon Einhalt tat seiner Mannhaftigkeit, der leidigen,
Die ihn immer beherrschte: er blieb ja nie in der Menge der Männer,
Sondern lief immer weit voraus und wich keinem in seinem Ungestüm!«
460   So sprach sie und stürmte durch die Halle, einer Rasenden gleich,
Klopfenden Herzens, und die Mägde gingen mit ihr.
Als sie aber zum Turm und der Menge der Männer gelangt war,
Trat sie an die Mauer und spähte umher und bemerkte ihn,
Wie er geschleift wurde vor der Stadt, und die schnellen Pferde
Schleiften ihn unbekümmert zu den hohlen Schiffen der Achaier.
Ihr aber verhüllte finstere Nacht die Augen,
Und sie schlug rücklings hin und hauchte aus den Lebensatem.
Und weit weg vom Kopf flogen ihr die schimmernden Binden:
Stirnstück und Haube und das geflochtene Schläfenband
470 Und auch das Kopftuch, das ihr gab die goldene Aphrodite

An dem Tag, als sie mit sich führte der helmfunkelnde Hektor
Aus dem Haus des Eëtion, nachdem er gebracht zehntausend Brautgeschenke.
Und um sie traten die Mannesschwestern und Schwagersfrauen in Menge,
Die sie in ihrer Mitte hielten, die zum Tod Erschrockene.
Doch als sie nun aufatmete, und der Mut sich wieder im Herzen sammelte,
Brach sie in Klagen aus und sagte unter den Troerinnen:
»Hektor! ich Arme! So wurden wir denn zu gleichem Schicksal
Beide geboren: du in Troja, in des Priamos Haus,
Doch ich in Thebe unter der bewaldeten Plakos
480 Im Haus des Eëtion, der mich aufzog, als ich klein war,
Der Unglückliche die Unglückselige – hätte er mich doch nicht gezeugt!
Doch jetzt gehst du hinab zu des Hades Häusern unter den Schlüften
Der Erde, und mich läßt du zurück in verhaßter Trauer
Als Witwe in den Hallen! Und der Sohn ist so ganz klein noch,
Den wir erzeugten, du und ich, wir Unseligen! Und nicht wirst du,
Hektor! diesem ein Labsal sein, da du starbst, noch dieser dir.
Denn entrinnt er wirklich dem Krieg, dem tränenreichen, der Achaier:
Immer werden hernach ihm doch Mühsal und Kümmernisse
Sein, denn andere werden ihm schmälern seine Felder.
490 Und der Tag der Verwaisung nimmt dem Knaben alle Altersgenossen;
Ganz niedergebeugt ist er, voll Tränen sind seine Wangen,
Und darbend geht er hinauf, der Sohn, zu den Gefährten seines Vaters,
Zieht den einen am Mantel, den anderen am Rock;
Und erbarmen sie sich, so hält einer ihm ein wenig den Napf hin,
Netzt ihm die Lippen, netzt ihm aber nicht den Gaumen.
Auch stößt ihn ein Sohn noch blühender Eltern fort vom Mahle,
Schlägt ihn mit den Händen und fährt ihn an mit Schmähungen:
›Weg da, du! dein Vater ist hier bei uns nicht Tischgenosse!‹
Dann kommt in Tränen zurück der Sohn zur Mutter, der Witwe –
500 Astyanax, der früher auf seines Vaters Knien
Nur Mark und dickes Fett von Schafen schmauste!
Doch wenn der Schlaf ihn ergriff, und er aufhörte mit Spielen,
Schlief er im Bett, in den Armen der Wärterin,
Auf weichem Lager, mit blühenden Dingen das Herz erfüllt.
Jetzt muß er vieles dulden, denn es fehlt ihm der Vater,
Astyanax, ›Stadtherr‹, wie ihn die Troer mit Beinamen nennen,
Denn du allein hast ihnen die Tore geschirmt und die langen Mauern.
Jetzt aber werden dich bei den geschweiften Schiffen, fern von den Eltern,
Die wimmelnden Maden fressen, wenn sich die Hunde gesättigt,
510 Den nackten: doch die Kleider liegen dir in den Hallen,

Die feinen und lieblichen, gewirkt von den Händen der Frauen.
Aber wahrhaftig! die alle will ich verbrennen im lodernden Feuer –
Nicht dir zum Nutzen, denn du liegst ja nicht in ihnen,
Sondern vor den Troern und Troerfrauen dir zum Ruhm!«
   So sprach sie weinend, und dazu stöhnten die Frauen.

DREIUNDZWANZIGSTER GESANG   *Totenklage um Patroklos. In der Nacht*
erscheint er dem Achilleus und fordert klagend seine Bestattung. Am Morgen schlagen
die Achaier Holz und errichten den Scheiterhaufen. Patroklos wird verbrannt,
und am anderen Morgen werden seine Gebeine gesammelt. – Leichenspiele zu Ehren
des Patroklos.

So stöhnten diese durch die Stadt hin. Doch die Achaier,
Als sie nun zu den Schiffen und zum Hellespontos gelangten,
Da zerstreuten sie sich, zu seinem Schiff ein jeder.
Die Myrmidonen aber ließ Achilleus nicht fort und sich zerstreuen,
Sondern er sprach unter seinen kampfliebenden Gefährten:
»Myrmidonen, ihr roßschnellen! mir geschätzte Gefährten!
Lösen wir noch nicht von den Wagen die einhufigen Pferde,
Sondern mitsamt den Pferden und Wagen wollen wir herangehen
Und den Patroklos beweinen, denn das ist die Ehre der Gestorbenen.
10 Haben wir aber uns ergötzt an der verderblichen Klage,
Lösen wir die Pferde und halten hier alle das Nachtmahl.«
So sprach er. Die aber wehklagten alle zusammen, und es führte Achilleus.
Und dreimal trieben sie um den Toten die schönhaarigen Pferde,
Jammernd, und unter ihnen erregte Thetis die Lust zur Klage.
Feucht wurde der Sand und feucht die Waffen der Männer
Von Tränen, denn einen solchen Meister des Schreckens entbehrten sie.
Und ihnen stimmte an der Pelide die dichte Totenklage,
Die männermordenden Hände gelegt auf die Brust des Gefährten:
»Freue dich mir, Patroklos! auch in den Häusern des Hades!
20 Denn alles vollende ich dir nun, was ich zuvor versprochen:
Hektor, hierhergeschleift, gebe ich roh den Hunden zu fressen,
Und werde vor dem Scheiterhaufen zwölf prangenden Söhnen der Troer
Abschneiden den Hals, zürnend um dich, den Erschlagenen!«
Sprach es, und dem göttlichen Hektor sann er schmachvolle Dinge,
Ihn hinstreckend vornüber am Lager des Menoitios-Sohns
In den Staub. Die aber legten das Rüstzeug ab ein jeder,
Das eherne, blanke, und lösten die hochwiehernden Pferde
Und setzten sich nieder beim Schiff des fußschnellen Aiakiden,
Zehntausende, und der gab ihnen ein dem Mute zusagendes Totenmahl.

30 Viele glänzende Rinder verröchelten um das Eisen,
Geschlachtet, und viele Schafe und meckernde Ziegen.
Und viele weißzahnige Schweine, blühend von Fett,
Sengten sie ab und streckten sie über die Flamme des Hephaistos,
Und überall floß um den Leichnam, mit Bechern zu schöpfen, das Blut.
    Aber den Herrn, den fußschnellen Peleus-Sohn,
Führten zu dem göttlichen Agamemnon die Könige der Achaier,
Ihn mit Mühe überredend, denn er zürnte um den Gefährten im Herzen.
Als sie nun aber zur Lagerhütte des Agamemnon gelangten,
Da befahlen sie sogleich den hellstimmigen Herolden,
40 Ans Feuer zu stellen den großen Dreifuß, ob sie bereden möchten
Den Peliden, sich abzuwaschen den Schorf, den blutigen.
Der aber verweigerte es hart und schwor dazu den Eid:
    »Nein, bei Zeus, der der Götter Höchster und Bester ist!
Nicht ist es erlaubt, daß Waschungen dem Haupte nahe kommen,
Bevor ich Patroklos gelegt ins Feuer und das Grabmal aufgeschüttet
Und mir geschoren die Mähne, da mir nicht mehr zum zweitenmal ein solcher
Kummer über das Herz kommt, solange ich unter den Lebenden bin.
Aber wahrhaftig! gehorchen wir jetzt dem verhaßten Mahl!
Doch in der Frühe befiehl, Herr der Männer Agamemnon,
50 Holz zu holen, und bereitzuhalten, soviel sichs gebührt,
Daß ein Toter es hat, um zu gehen unter das neblige Dunkel,
Damit diesen denn verbrenne das unermüdliche Feuer
Schnell aus den Augen, und die Männer sich wieder zur Arbeit wenden.«
    So sprach er, und die hörten gut auf ihn und gehorchten.
Und nachdem sie hastig das Nachtmahl bereitet ein jeder,
Speisten sie, und es war für den Mut kein Mangel an dem gebührenden Mahl.
Doch als sie das Verlangen nach Trank und Speise vertrieben hatten,
Da gingen diese, sich niederzulegen, ein jeder in seine Hütte.
    Der Pelide aber lag am Strand des vieltosenden Meeres,
60 Schwer stöhnend, unter den vielen Myrmidonen
Auf freiem Platz, wo die Wogen an das Gestade schlugen.
Als ihn der Schlaf ergriff, ihm die Kümmernisse vom Mute lösend,
Süß um ihn ergossen – denn sehr waren ihm ermattet die strahlenden Glieder,
Als er dem Hektor nachstürmte nach Ilios, der winddurchwehten –:
Da kam heran die Seele des unglücklichen Patroklos,
Diesem ganz an Größe und schönen Augen gleichend
Und an Stimme, und mit solchen Kleidern angetan am Leibe.
Und sie trat ihm zu Häupten und sagte zu ihm die Rede:
    »Du schläfst, aber mich hast du vergessen, Achilleus!

70 Nicht, da ich lebte, warst du um mich unbesorgt, doch nun ich tot bin!
Begrabe mich aufs schnellste, daß ich die Tore des Hades durchschreite!
Ausgeschlossen halten mich fern die Seelen, die Bilder der Ermatteten,
Und lassen mich noch nicht jenseits des Flusses zu ihnen kommen,
Sondern ich irre nur so umher an dem breittorigen Haus des Hades. –
Und gib mir die Hand, ich jammere! Denn nicht mehr wieder
Kehre ich aus dem Haus des Hades, wenn ihr mich dem Feuer übergeben.
Nicht mehr werden wir lebend, abseits von den eigenen Gefährten,
Sitzen, um Ratschlüsse zu beraten, sondern mich hat die Todesgöttin
Verschlungen, die verhaßte, die mich bei der Geburt erloste.
80 Und auch dir selbst ist es bestimmt, den Göttern gleicher Achilleus,
Unter der Mauer der Troer, der gutbegüterten, umzukommen. –
Doch etwas anderes sage ich dir und trage es auf, wenn du folgen wolltest:
Lege nicht meine Gebeine von den deinen getrennt, Achilleus!
Sondern ineins, so wie wir erwuchsen in euren Häusern,
Als mich, der ich noch klein war, Menoitios aus Opus
In euer Haus geführt, wegen eines unheilvollen Totschlags
An dem Tag, als ich den Sohn getötet des Amphidamas –
Ich Kindischer! nicht mit Willen: im Zorn um die Würfel.
Da nahm mich auf in den Häusern der Rosselenker Peleus
90 Und zog mich mit Sorgfalt auf und ernannte mich zu deinem Gefolgsmann.
So soll uns beiden auch die Gebeine die gleiche Urne umhülle,
Die goldene, zweihenklige, die dir brachte die hehre Mutter.«
      Da antwortete und sagte zu ihm der fußschnelle Achilleus:
»Warum bist du mir, liebes Haupt, hierher gekommen
Und trägst mir dies alles auf? Ich aber werde
Dir alles gut erfüllen und gehorchen, wie du befiehlst.
Aber tritt näher zu mir! und laß uns nur ein wenig
Einander umfassen und uns ergötzen an der verderblichen Klage!«
      Als er so gesprochen, griff er nach ihm mit seinen Händen,
100 Aber faßte ihn nicht, und die Seele ging unter die Erde
Wie ein Rauch, schwirrend. Und staunend sprang auf Achilleus,
Schlug die Hände zusammen und sprach das Wort mit Jammern:
      »Nein doch! so ist denn wirklich noch in des Hades Häusern
Irgendwie Seele und Bild, doch das Zwerchfell ist ganz und gar nicht darin!
Denn die ganze Nacht hat des unglücklichen Patroklos
Seele bei mir gestanden, klagend und jammernd,
Und trug mir jegliches auf, und glich wunderbar ihm selber!«
      So sprach er, und denen allen erregte er die Lust zur Klage.
Und ihnen erschien die rosenfingrige Eos, wie sie jammerten

10 Um den Toten erbärmlich. – Doch der gebietende Agamemnon
Trieb, um Holz zu holen, Maultiere und Männer
Rings aus den Lagerhütten, und ein tüchtiger Mann stand darüber:
Meriones, der Gefolgsmann des mannhaften Idomeneus.
Die aber gingen und trugen Holzfälleräxte in den Händen
Und Seile, gutgeflochtene, und die Maultiere gingen vor ihnen.
Und vielfach hinauf und hinab, die Kreuz und die Quere gingen sie.
Doch als sie die Schluchten hinaufgestiegen des quellenreichen Ida,
Da schlugen sie alsbald hochbelaubte Eichen
Mit langschneidigem Erz in Eile, und diese, laut dröhnend,
20 Fielen. Diese zerspalteten alsdann die Achaier und banden sie
An den Maultieren fest, und die zerstampften den Boden mit den Füßen,
Wie sie zur Ebene strebten durch das dichte Gehölz.
Auch alle Holzfäller trugen Kloben, denn so befahl es
Meriones, der Gefolgsmann des mannhaften Idomeneus.
Und die warfen sie hin am Strand der Reihe nach, dort, wo Achilleus
Für Patroklos den großen Hügel bezeichnet hatte und für sich selber.
Doch als sie dort rings niedergeworfen das unsäglich viele Holz,
Blieben sie da und setzten sich alle zusammen. Aber Achilleus
Befahl sogleich den Myrmidonen, den kampfliebenden,
130 Sich mit Erz zu gürten und an die Wagen zu spannen ein jeder
Die Pferde. Da erhoben sie sich und tauchten in die Waffen
Und stiegen auf die Wagen, die Kämpfer und die Lenker;
Voran die Wagenkämpfer, und dahinter folgte die Wolke des Fußvolks,
Zehntausende, und inmitten trugen den Patroklos die Gefährten.
Und mit Haaren bedeckten sie den ganzen Leichnam, die sie auf ihn warfen,
Abgeschorene, und hinten hielt das Haupt der göttliche Achilleus,
Bekümmert, denn einen untadligen Gefährten geleitete er zum Haus des Hades.
Und als sie an den Platz gelangten, den ihnen Achilleus bezeichnet hatte,
Setzten sie ihn nieder, und schnell schichteten sie ihm dem Mute zusagendes
                                                              Holz auf.
140   Da dachte wieder auf anderes der fußstarke göttliche Achilleus.
Abseits stehend vom Scheiterhaufen, schor er sich ab die blonde Mähne,
Die er für den Spercheios-Strom hatte wachsen lassen, die blühende,
Und aufgebracht sprach er und blickte über das weinfarbene Meer:
»Spercheios! Umsonst hat dir gelobt der Vater Peleus,
Mir, wenn ich dorthin wiederkehrte zur eigenen väterlichen Erde,
Für dich die Mähne zu scheren und auszurichten ein heiliges Hundertopfer,
Und fünfzig unverschnittene Schafböcke dort bei dir zu opfern
In die Quellen, da, wo dir ein Hain ist und ein Altar voll Opferrauch.

So gelobte der Greis, du aber hast ihm nicht seinen Sinn erfüllt.
150 Doch jetzt, da ich nicht wiederkehre zur eigenen väterlichen Erde,
Gebe ich Patroklos, dem Helden, die Mähne, sie mitzunehmen.«
  So sprach er und legte die Mähne in die Hände seines Gefährten,
Und denen allen erregte er die Lust zur Klage.
Und da wäre den Jammernden wohl das Licht der Sonne untergegangen,
Hätte nicht schnell Achilleus zu Agamemnon gesagt, herangetreten:
»Atreus-Sohn! denn dir folgt am meisten das Volk der Achaier,
Deinen Worten: auch satt werden kann man der Klage!
Laß sie jetzt sich zerstreuen vom Scheiterhaufen und heiße sie, das Mahl
Bereiten. Um dies hier aber werden wir uns bemühen, denen am meisten
160 Die Sorge obliegt für den Toten. Die Führer aber sollen bei uns bleiben.«
  Doch als dies gehört hatte der Herr der Männer Agamemnon,
Ließ er sogleich das Volk sich zerstreuen zu den ebenmäßigen Schiffen.
Die Bestattenden aber blieben dort bei ihm und schichteten das Holz auf.
Und sie machten den Scheiterhaufen hundert Fuß hierhin und dorthin,
Und zuoberst auf den Scheiterhaufen legten sie den Leichnam, bekümmert
                                                                im Herzen.
Und viele feiste Schafe und schleppfüßige krummgehörnte Rinder
Zogen sie ab vor dem Scheiterhaufen und richteten sie zu, und von allen
Nahm das Fett heraus und umhüllte den Leichnam der hochgemute Achilleus,
Bis zu den Füßen vom Haupt her, und schichtete rings die abgezogenen Leiber
                                                                auf.
170 Und hinein setzte er zweihenklige Krüge mit Honig und Salböl
Und lehnte sie an das Lager; und vier starknackige Pferde
Warf er hastig hinein in den Scheiterhaufen, laut stöhnend.
Neun Tischhunde waren ihm, dem Herrn: auch von denen
Warf er zwei in den Scheiterhaufen, ihnen den Hals durchschneidend,
Und auch die zwölf edlen Söhne der Troer, der hochgemuten,
Sie mit dem Erze mordend – auf schlimme Dinge dachte er im Sinn!
Und hinein sandte er des Feuers Kraft, die eiserne, daß sie ihn verzehre.
Und dann jammerte er und rief beim Namen seinen Gefährten:
»Freue dich mir, Patroklos! auch in den Häusern des Hades!
180 Denn alles vollende ich dir nun, was ich zuvor versprochen:
Zwölf edle Söhne der Troer, der hochgemuten,
Die alle soll mit dir zusammen das Feuer verzehren. Aber Hektor,
Den Priamos-Sohn, gebe ich nicht dem Feuer, sondern den Hunden zu fressen!«
  So sprach er drohend. Um den aber waren nicht die Hunde geschäftig,
Sondern die Hunde wehrte ihm ab des Zeus Tochter Aphrodite
Tage und Nächte und salbte ihn mit dem Öl von Rosen,

Ambrosischem, daß er ihn nicht abschinde beim Schleifen.
Und über ihm führte eine schwarzblaue Wolke Phoibos Apollon
Vom Himmel herab zur Ebene und verhüllte den ganzen Raum,
190 Soviel der Leichnam bedeckte, daß ihm nicht vorher die Kraft der Sonne
Ausdörre ringsum die Haut um Sehnen und Glieder.
  Doch nicht brannte des Patroklos Scheiterhaufen, des toten.
Da dachte wieder auf anderes der fußstarke göttliche Achilleus:
Abseits stehend vom Scheiterhaufen betete er zu den beiden Winden
Boreas und Zephyros und versprach schöne Opfer.
Und auch vielfach spendend aus goldenem Becher flehte er,
Daß sie kämen, damit aufs schnellste im Feuer aufflammten die Leichen
Und das Holz sich beeilte zu brennen. Schnell aber ging Iris,
Die Gebete hörend, als Botin zu den Winden.
200 Die waren im Haus des schlimmwehenden Zephyros alle beisammen
Und speisten ein Festmahl. Aber gelaufen kam Iris und trat
Auf die steinerne Schwelle; und wie diese sie sahen mit den Augen,
Sprangen sie alle auf und riefen sie zu sich ein jeder.
Sie aber lehnte es ab, sich zu setzen, und sagte die Rede:
  »Nein, kein Sitzen! denn ich gehe wieder zu den Okeanos Strömungen
In der Aithiopen Land, wo sie ausrichten Hundertopfer
Den Unsterblichen, daß auch ich mit ihnen speise von den Opfern.
Aber Achilleus betet, daß Boreas und der tosende Zephyros
Kommen mögen, und er verspricht schöne Opfer;
210 Damit ihr den Scheiterhaufen anfacht zu brennen, auf welchem
Patroklos liegt, um den alle aufstöhnen, die Achaier.«
  So sprach sie und ging hinweg. Die aber erhoben sich
Mit unsäglichem Lärm und wirbelten vor sich her die Wolken.
Und schnell gelangten sie wehend zum Meer, und es erhob sich die Woge
Unter dem schrillen Hauch; und sie gelangten zur starkscholligen Troja
Und fielen ein in den Scheiterhaufen, und groß brüllte auf das heftige Feuer.
Und die ganze Nacht trafen sie zugleich die Flamme des Scheiterhaufens,
Schrill blasend, und die ganze Nacht schöpfte der schnelle Achilleus
Aus goldenem Mischkrug, ergreifend den doppelt gebuchteten Becher,
220 Wein und goß ihn zu Boden und benetzte die Erde,
Rufend die Seele des Patroklos, des unglücklichen.
Und wie ein Vater wehklagt um seinen Sohn, die Gebeine verbrennend,
Den jung vermählten, der sterbend die armen Eltern bekümmerte:
So wehklagte Achilleus um den Gefährten, die Gebeine verbrennend,
Sich hinschleppend am Scheiterhaufen, mit dichtem Stöhnen.
  Zu der Zeit, wenn der Morgenstern kommt, das Licht anzusagen auf der Erde,

Und nach ihm sich Eos im Safrangewand über das Meer verbreitet:
Da schwand hin der Scheiterhaufen und hörte auf die Flamme.
Doch die Winde gingen wieder zurück, nach Hause zu kehren,
230 Über das Thrakische Meer; das stöhnte, wütend im Schwall.
Der Pelide aber wandte sich ab von dem Scheiterhaufen zur Seite
Und lehnte sich zurück, ermattet, und der süße Schlaf überfiel ihn.
    Die aber versammelten sich alle zusammen um den Atreus-Sohn,
Und der Lärm der Herankommenden und das Dröhnen weckte ihn.
Und er setzte sich aufrecht und sagte zu ihnen die Rede:
»Atreus-Sohn und ihr anderen Besten der All-Achaier!
Zuerst löscht den Scheiterhaufen mit funkelndem Wein,
Den ganzen, soweit sich erstreckte die Kraft des Feuers. Dann aber
Laßt uns die Gebeine des Patroklos, des Menoitios-Sohnes, sammeln,
240 Sie gut unterscheidend, doch klar erkennbar sind sie:
Denn in der Mitte des Scheiterhaufens lag er, die anderen sind abseits
Am Rande verbrannt, vermischt die Pferde und die Männer.
Und diese laßt uns in eine goldene Schale und doppeltes Fett
Legen, bis daß ich mich selber im Hades berge.
Den Grabhügel aber heiße ich nicht sehr groß auszuführen,
Sondern nur so, wie es sich gebührt. Dann mögen auch ihn die Achaier
Breit und hoch errichten – die ihr nach mir
Später bei den vielrudrigen Schiffen zurückbleibt!«
    So sprach er, und die gehorchten dem fußschnellen Peleus-Sohn.
250 Zuerst löschten sie den Scheiterhaufen mit funkelndem Wein,
Soweit die Flamme hingekommen, und herab fiel tiefe Asche.
Und weinend sammelten sie des milden Gefährten weiße Gebeine
In eine goldene Schale und in doppeltes Fett
Und setzten sie in der Hütte nieder, umhüllt mit weichem Leinen.
Und sie zogen den Kreis für das Grabmal und legten die Grundsteine
Um den Scheiterhaufen und schütteten dann gehäufte Erde darüber.
Und als sie das Grabmal aufgeschüttet, gingen sie wieder. Aber Achilleus
Hielt dort das Volk zurück und ließ es sich setzen in breiter Versammlung,
Und holte aus den Schiffen Kampfpreise: Kessel und Dreifüße
260 Und Pferde und Maultiere und der Rinder starke Häupter
Und Frauen, gutgegürtete, und graues Eisen.
    Den schnellfüßigen Gespannen setzte er zuerst herrliche Preise:
Eine Frau, sie mit sich zu führen, die untadlige Werke wußte,
Und einen Dreifuß mit Ohren, der zwei und zwanzig Maß faßte,
Für den Ersten. Aber dem Zweiten wieder setzte er aus eine Stute,
Sechsjährig, ungezähmt, mit einem Maultierfüllen trächtig.

Doch dem Dritten setzte er nieder einen Kessel, unberührt vom Feuer,
Einen schönen, der vier Maß faßte, einen noch ganz hellen.
Und dem Vierten setzte er aus zwei Pfunde Goldes.
270 Dem Fünften aber setzte er eine Doppelschale, nicht berührt vom Feuer.
Und er stand aufrecht und sagte die Rede unter den Argeiern:
    »Atreus-Sohn und ihr anderen gutgeschienten Achaier!
Für die Wagenlenker liegen diese Preise bereit in der Versammlung!
Wenn wir Achaier jetzt einem anderen zu Ehren die Spiele hielten,
Ja, dann würde ich wohl den ersten Preis nehmen und zur Hütte tragen!
Wißt ihr doch, wieweit an Tüchtigkeit überlegen sind meine Pferde,
Denn unsterblich sind sie, und Poseidon hat sie meinem Vater
Peleus verliehen, und der wieder hat sie mir übergeben.
Aber wahrhaftig! ich bleibe hier und die einhufigen Pferde,
280 Denn den edlen Ruhm eines solchen Lenkers haben sie verloren,
Eines milden, der ihnen sehr oft geschmeidiges Öl
Über die Mähnen gegossen und sie gewaschen hat mit weißem Wasser.
Um den trauernd stehen beide da, und am Boden haften
Ihnen die Mähnen, und sie stehen da, bekümmerten Herzens.
Ihr anderen aber macht euch bereit im Heer, wer von den Achaiern
Auf seine Pferde vertraut und den festgefügten Wagen!«
    So sprach der Pelide, und aufgetrieben wurden die schnellen Wagenlenker.
Es erhob sich als weit erster der Herr der Männer Eumelos,
Des Admetos eigener Sohn, der in der Fahrkunst hervorragte.
290 Und nach ihm erhob sich der Tydeus-Sohn, der starke Diomedes,
Und führte die Pferde des Tros unter das Joch, die er damals
Dem Aineias geraubt, doch ihn selbst hatte hinausgerettet Apollon.
Und nach ihm erhob sich der Atreus-Sohn, der blonde Menelaos,
Der zeusentsproßte, und führte unter das Joch die schnellen Pferde:
Die Aithe des Agamemnon und seinen eigenen Podargos.
Jene gab dem Agamemnon als Geschenk der Anchises-Sohn Echepolos,
Um ihm nicht folgen zu müssen nach Ilios, der winddurchwehten,
Sondern dort zu bleiben und sich zu erfreuen, denn ihm hatte großen Reichtum
Zeus gegeben, und er wohnte in Sikyon mit den breiten Reigenplätzen.
300 Die führte er unter das Joch, die sehr nach dem Lauf verlangte.
Antilochos aber rüstete als vierter die schönhaarigen Pferde,
Des Nestor prangender Sohn, des hochgemuten Herrschers,
Des Neleus-Sohns, und dem zogen die pylosgeborenen Pferde,
Die schnellfüßigen, den Wagen. Der Vater aber trat zu ihm heran
Und riet ihm verständig zum Guten, der er es auch selbst bedachte:
    »Antilochos! wahrhaftig, dich liebten, so jung du bist,

Zeus und Poseidon und unterwiesen dich in Fahrkünsten,
Allfältigen. Darum ist es auch nicht sehr nötig, dich zu belehren,
Denn du weißt gut, die Zielmarken zu umrunden; doch sind dir die Pferde
310 Die langsamsten im Laufen. Darum, meine ich, wird Schlimmes geschehen.
Denen sind zwar schneller die Pferde, jedoch sie selber
Wissen nicht mehr kluge Dinge als du selbst zu erdenken.
Aber auf denn, Lieber! du lege dir Klugheit in den Sinn,
Allfältige, daß dir die Kampfpreise nicht dahingehen!
Durch Klugheit ist dir der Holzfäller weit besser als durch Stärke;
Durch Klugheit auch lenkt der Steuermann im weinfarbenen Meer
Gerade das schnelle Schiff, umhergeschleudert von den Winden:
Durch Klugheit übertrifft der Wagenlenker den Wagenlenker.
Wer aber, seinen Pferden und seinem Wagen vertrauend,
320 Unverständig weit herumfährt hierhin und dorthin,
Dessen Pferde irren umher auf der Bahn, und er hält sie nicht.
Wer aber die Vorteile weiß und fährt mit schlechteren Pferden:
Immer aufs Ziel blickend lenkt er dicht herum und vergißt nicht,
Wie er zuerst sie ausgerichtet hatte mit den Rindshautriemen,
Sondern er hält sie sicher und merkt auf den, der vor ihm fährt.
Das Mal aber nenne ich dir ganz deutlich, und es wird dir nicht entgehen.
Da steht ein trockenes Holz, eine Klafter hoch über der Erde,
Von einer Eiche oder Fichte; das ist nicht verfault vom Regen.
Und Steine sind auf beiden Seiten davon eingerammt, zwei weiße,
330 Wo der Weg sich vereinigt, und eben ist die Bahn ringsum:
Entweder das Grabmal eines Mannes, der vor Zeiten gestorben,
Oder als Wendesäule errichtet bei den früheren Menschen;
Und jetzt hat es als Ziel bestimmt der fußstarke göttliche Achilleus.
Daran fast anstreifend lenke du nahe herum den Wagen und die Pferde
Und lehne dich selber zurück in dem gutgeflochtenen Wagenstuhl,
Leicht nach links von den beiden, jedoch das rechte Pferd
Stachle mit Zuruf und gib ihm die Zügel nach mit den Händen.
Doch das linke Pferd streife dir dicht hin an der Wendesäule,
Daß es dir scheint, als ob die Nabe des gutgefertigten Rades
340 Kommt an den äußersten Rand. Doch vermeide es, den Stein zu berühren,
Daß du die Pferde nicht irgend verletzt und den Wagen zerbrichst!
Eine Freude den anderen, doch eine Schande dir selber
Würde das sein. Nein, Lieber! sei verständig und auf der Hut!
Denn hast du an der Wendesäule vorbeigetrieben im Lauf,
Gibt es keinen, der, nachspringend, dich einholen wird oder vorbeigehn,
Auch nicht, wenn er hinter dir her Arion triebe, den göttlichen,

Des Adrastos schnelles Pferd, das dem Stamm nach von den Göttern war,
Oder die des Laomedon, die hier erwuchsen als tüchtige.«
   So sprach Nestor, der Neleus-Sohn, und setzte sich wieder
350 Auf seinen Platz, als er seinem Sohn gesagt, worauf es bei allem ankam.
Meriones aber rüstete als fünfter die schönhaarigen Pferde.
   Und sie bestiegen die Wagen und warfen in einen Helm die Lose,
Und es schüttelte Achilleus, und heraus sprang das Los des Nestor-Sohns
Antilochos. Und nach ihm erloste es der gebietende Eumelos,
Und nach diesem der Atreus-Sohn, der speerberühmte Menelaos,
Und nach ihm erloste es Meriones zu fahren. Als letzter aber
Erloste der Tydeus-Sohn, der der weit Beste war, die Pferde zu treiben.
Und sie standen in einer Reihe, und es bezeichnete die Ziele Achilleus
Fern im ebenen Feld, und daneben setzte er als Wächter
360 Den gottgleichen Phoinix, den Gefolgsmann seines Vaters,
Daß er die Läufe sich merkte und die Wahrheit berichtete.
   Da erhoben alle zugleich die Geißeln über den Pferden
Und schlugen sie mit den Riemen und riefen ihnen zu mit Worten,
Voll Eifer. Die aber durchmaßen schnell die Ebene
Von den Schiffen weg, in Eile, und unter ihren Brüsten der Staub
Stieg empor, sich erhebend, wie eine Wolke oder ein Wirbel,
Und die Mähnen flogen mit dem Hauch des Windes.
Und die Wagen näherten sich einmal der vielnährenden Erde,
Dann wieder schnellten sie hoch in die Luft. Die Lenker aber
370 Standen in den Wagenstühlen, und es schlug das Herz eines jeden,
Nach dem Siege strebend, und sie riefen ihren Pferden zu ein jeder,
Die aber flogen hinstäubend durch die Ebene.
   Doch als die schnellen Pferde nun den letzten Lauf durchliefen,
Wieder zum grauen Meer, da zeigte sich die Tüchtigkeit eines jeden,
Und sogleich streckte sich der Lauf der Pferde. Da brachen
Schnell vor des Pheretiaden Eumelos schnellfüßige Stuten,
Und nach diesen brachen vor des Diomedes männliche Pferde,
Die des Tros, und nicht weit ab waren sie, sondern ganz nahe.
Denn immer schienen sie auf den vorderen Wagen zu steigen,
380 Und von dem Atem wurden des Eumelos Rücken und breite Schultern
Heiß, denn auf ihn ihre Köpfe gesenkt, flogen sie dahin.
Und er hätte ihn überholt oder ihm doch den Sieg bestritten,
Wenn nicht dem Sohn des Tydeus gegrollt hätte Phoibos Apollon,
Der ihm aus den Händen warf die schimmernde Geißel.
Und dem flossen Tränen aus den Augen, dem Zürnenden,
Weil er sah, daß jene sogar noch viel schneller gingen,

Seine eigenen aber geschädigt waren, ohne den Stachel laufend.
Doch nicht entging es Athenaia, wie Apollon betrogen hatte
Den Tydeus-Sohn, und sehr schnell stürmte sie nach dem Hirten der Völker
390 Und gab ihm die Geißel und flößte den Pferden Kraft ein.
Sie aber schritt voll Groll dem Sohn des Admetos nach
Und zerbrach ihm das Pferdejoch, die Göttin; und ihm rannten die Stuten
Nach beiden Seiten auseinander vom Weg, und die Deichsel schleifte am
                                                                          Boden.

Selbst aber wurde er aus dem Wagen neben das Rad gewirbelt
Und wurde rings zerschunden an den Armen, am Mund und der Nase
Und schlug sich die Stirn auf über den Brauen, und die beiden Augen
Füllten sich ihm mit Tränen, und ihm stockte die heraufdringende Stimme.
Der Tydeus-Sohn aber lenkte vorbei die einhufigen Pferde
Und sprang weit aus den anderen voran, denn Athene
400 Flößte den Pferden Kraft ein und legte auf ihn selbst ein Prangen.
        Und nach diesem fuhr der Atreus-Sohn, der blonde Menelaos.
Antilochos aber rief den Pferden seines Vaters zu:
»Greift aus auch ihr beide! zieht auf das schnellste!
Nicht, wahrhaftig, mit denen verlange ich, daß ihr wetteifert:
Den Pferden des kampfgesinnten Tydeus-Sohns, denen Athene
Jetzt Schnelligkeit verlieh und legte auf ihn selbst ein Prangen.
Die Pferde aber des Atreus-Sohns holt ein und bleibt nicht zurück,
Eilends! damit nicht Schimpf ausgieße über euch beide
Aithe, die weiblich ist! Was bleibt ihr denn zurück, ihr Besten?
410 Denn so sage ich heraus und wird es wahrhaftig vollendet werden:
Nicht wird euch Pflege werden bei Nestor, dem Hirten der Völker,
Sondern sofort wird er euch töten mit dem scharfen Erz,
Wenn wir nachlässig sind und geringeren Preis heimbringen.
Doch setzt nach und eilt euch auf das schnellste!
Aber das werde ich selbst geschickt anstellen und ersinnen:
In einer Enge des Wegs vorbeizuschlüpfen, und nicht soll es mir entgehen.«
        So sprach er, und die, in Furcht vor dem Zuruf des Herrn,
Liefen noch schneller hinterdrein für kurze Zeit. Und gleich darauf
Sah eine Enge des Hohlwegs Antilochos, der Standhafte im Kampf.
420 Ein Erdspalt war dort, wo das Winterwasser, eingeengt,
Ein Stück des Wegs herausgerissen und vertieft hatte die ganze Stelle.
Darauf hielt Menelaos zu; er wollte ein Rad-an-Rad vermeiden.
Antilochos aber lenkte seitwärts vorbei die einhufigen Pferde,
Außerhalb des Wegs, und nur wenig ausbiegend jagte er dahin.
Doch der Atreus-Sohn geriet in Furcht und rief Antilochos zu:

»Antilochos! unverständig fährst du! Halte zurück die Pferde!
Denn eng ist der Weg: bald kannst du an breiterer Stelle vorbeigehn.
Daß du nicht beide beschädigst, wenn du mit dem Wagen anstößt!«
      So sprach er. Antilochos aber trieb sogar noch viel stärker,
430 Sie anspornend mit dem Stachel, und glich einem, der nicht hörte.
Und so weit die Strecke eines Diskus reicht, aus der Schulter geworfen,
Den ein rüstiger Mann entsandt hat, seine Jugend erprobend:
So weit liefen sie voran, die aber fielen zurück nach hinten,
Die des Atreus-Sohns, denn selbst ließ er freiwillig nach, sie anzutreiben,
Daß nicht auf dem Weg die einhufigen Pferde zusammenstießen
Und die gutgeflochtenen Wagen umwarfen, und sie selber
Niederfielen in den Staub, sich nach dem Siege drängend.
Und zu ihm sprach scheltend der blonde Menelaos:
»Antilochos! heilloser als du ist kein anderer der Sterblichen!
440 Fahr hin! denn nicht richtig wars, daß wir Achaier dich besonnen nannten!
Aber wahrhaftig! auch so sollst du nicht ohne Eidschwur den Kampfpreis
                                                    davontragen!«
      So sprach er und rief den Pferden zu und sagte:
»Bleibt mir nicht zurück und steht, bekümmerten Herzens!
Diesen werden früher die Füße und die Knie ermatten
Als euch, denn beide sind sie über die Jugend hinaus!«
      So sprach er. Und sie, in Furcht vor dem Zuruf des Herrn,
Liefen noch schneller hinterdrein, und rasch kamen sie ihnen nahe.
      Die Argeier aber saßen in der Versammlung und blickten aus
Nach den Pferden. Die aber flogen stäubend durch die Ebene.
450 Und als erster gewahrte die Pferde Idomeneus, der Führer der Kreter,
Denn er saß außerhalb der Versammlung, zu oberst auf der Warte.
Da hörte er den Zuruf des Lenkers, der noch fern war,
Und erkannte ihn und gewahrte das Pferd, das klar erkennbar vorauslief.
Das war sonst überall rot, nur auf der Stirne
War ihm ein weißes Mal geschaffen, kreisrund wie der Mond.
Und er stand aufrecht und sprach die Rede unter den Argeiern:
»Freunde! ihr Führer der Argeier und Berater!
Erblicke ich als einziger deutlich die Pferde oder auch ihr?
Andere scheinen mir vorn zu liegen von den Pferden, und ein anderer
460 Zeigt sich als Lenker! Die Stuten aber sind dort wohl
In der Ebene zu Schaden gekommen, die hinwärts die besseren waren.
Wahrhaftig! die sah ich zuerst um die Zielmarken fahren.
Jetzt aber kann ich sie nirgends sehen, und überall spähen die Augen
Mir umher, wie ich auf die troische Ebene blicke.

Oder dem Lenker entflohen die Zügel, und nicht konnte er
Gut lenken um das Ziel, und traf es nicht beim Wenden.
Dort fiel er wohl heraus, meine ich, und der Wagen zerbrach,
Die aber gingen durch, da Wildheit den Mut erfaßte.
Aber steht auf und schaut auch ihr! Ich wenigstens kann es nicht
470 Gut unterscheiden. Doch es scheint mir ein Mann zu sein,
Ein Aitoler von Geschlecht, und er gebietet unter den Argeiern:
Des pferdebändigenden Tydeus Sohn, der starke Diomedes!«
   Da schalt ihn schmähend des Oileus Sohn, der schnelle Aias:
»Idomeneus! was redest du vorschnell drauflos? Noch weit entfernt
Jagen die leichtfüßigen Stuten durch die weite Ebene.
Nicht bist du um soviel der Jüngste unter den Argeiern,
Noch blicken dir am schärfsten aus dem Kopf die Augen,
Aber immer bist du drauflos mit Worten! Was hast du es nötig,
Ein vorschneller Redner zu sein? Denn hier sind auch andere, bessere!
480 Die gleichen Stuten liegen noch vorn wie auch vorher:
Die des Eumelos, und drinnen steht er selbst und hält die Zügel!«
   Da wurde zornig und sagte zu ihm der Führer der Kreter:
»Aias! Erster im Zank! Bösartiger! In allem anderen
Stehst du den Argeiern nach, weil du einen unmilden Sinn hast!
Hierher jetzt! einen Dreifuß geben wir dran oder einen Kessel,
Und beide setzen wir zum Schiedsmann den Atreus-Sohn Agamemnon,
Welche Pferde vorn sind, daß du es erkennst, wenn du bezahlst!«
   So sprach er. Und sogleich fuhr der Oileus-Sohn, der schnelle Aias,
Zornig auf, um mit harten Worten zu erwidern.
490 Und da wäre noch weiter der Streit zwischen den beiden gegangen,
Wäre nicht Achilleus selbst aufgestanden und hätte sie zurückgehalten:
»Nicht mehr erwidert jetzt einander mit harten Worten,
Aias und Idomeneus! mit schlimmen, da sich dies auch nicht geziemt.
Auch einem anderen würdet ihr es verargen, der solches täte.
Nein, setzt ihr euch nieder in der Versammlung und blickt nach den Pferden!
Die aber werden gleich selbst, sich nach dem Siege drängend,
Hierher gefahren kommen. Dann werdet ihr erkennen ein jeder die Pferde
Der Argeier, welche die zweiten sind und welche die vorderen.«
   So sprach er. Und der Tydeus-Sohn kam ganz nahe herangejagt,
500 Und mit der Geißel schlug er immer von der Schulter herab, und seine Pferde
Hoben sich hoch empor, schnell den Weg vollendend,
Und immer trafen den Lenker die Tropfen des Staubes.
Und der Wagen, mit Gold beschlagen und Zinn,
Lief hinter den schnellfüßigen Pferden dahin, und keine tiefe

Wagenspur von den Radbeschlägen entstand dahinter
In dem lockeren Staub; die beiden aber flogen eifrig dahin.
Und er hielt an mitten in der Versammlung, und viel Schweiß
Quoll empor aus den Nacken der Pferde und von der Brust zu Boden.
Er selbst aber sprang zu Boden von dem hellschimmernden Wagen
510 Und lehnte die Geißel an das Joch. Und nicht zögerte
Der kräftige Sthenelos, sondern eilends ergriff er den Kampfpreis
Und gab den hochgemuten Gefährten die Frau, sie wegzuführen,
Und den geohrten Dreifuß zu tragen. Er aber löste die Pferde.
    Und nach diesem trieb Antilochos, der Neleus-Enkel, die Pferde,
Mit List und nicht durch Schnelligkeit dem Menelaos zuvorgekommen.
Aber auch so hielt Menelaos dicht bei ihm die schnellen Pferde.
Und so weit wie von dem Rad ein Pferd entfernt ist, das den Herrn
Gestreckten Laufs durch die Ebene zieht mitsamt dem Wagen –
Von dem berühren die äußersten Haare des Schweifs
520 Den Radbeschlag, und es läuft ganz nahe daran, und nicht viel Raum
Ist dazwischen, während es die weite Ebene durchläuft:
So weit nur blieb Menelaos hinter dem untadligen Antilochos
Zurück, und war doch zuerst sogar auf Diskuswurf zurückgeblieben.
Aber er holte schnell ihn ein, denn vermehrt wurde die gute Kraft
Der Stute des Agamemnon, der schönhaarigen Aithe.
Und wäre der Lauf den beiden noch weiter gegangen,
So hätte er ihn überholt, und ihm nicht nur den Sieg bestritten.
    Meriones aber, der tüchtige Gefolgsmann des Idomeneus,
Blieb zurück hinter dem hochberühmten Menelaos um den Schwung eines
                                                                              Speeres,
530 Denn die langsamsten waren ihm die schönhaarigen Pferde
Und er selbst war der schlechteste, einen Wagen im Wettkampf zu fahren.
Doch des Admetos Sohn kam als allerletzter von den anderen,
Schleppend den schönen Wagen, die Pferde vor sich her treibend.
Wie er ihn sah, jammerte es den fußstarken göttlichen Achilleus,
Und aufgestanden sprach er unter den Argeiern die geflügelten Worte:
»Da treibt als letzter der beste Mann die einhufigen Pferde!
Doch auf! geben wir ihm als Preis, wie es sich gebührt,
Den zweiten; den ersten aber soll davontragen der Sohn des Tydeus.«
    So sprach er, und die alle hießen es gut, was er verlangte.
540 Und nun hätte er ihm das Pferd gegeben, denn gut hießen es die Achaier,
Hätte nicht Antilochos, des hochgemuten Nestor Sohn,
Aufgestanden, dem Peliden Achilleus mit Recht erwidert:
»Achilleus! sehr werde ich dir zürnen, wenn du dies Wort

Vollendest! Du willst mir wegnehmen den Kampfpreis, weil du bedenkst,
Daß dem zu Schaden kam der Wagen und die schnellen Pferde,
Ist er auch selbst ein Tüchtiger. Hätte er zu den Unsterblichen
Gebetet! Dann wäre er nicht als allerletzter im Lauf gekommen.
Jammert er dich aber und ist es dir lieb im Mute –
Da ist dir in der Hütte viel Gold, und da ist Erz
550 Und Schafe, und da sind dir Mägde und einhufige Pferde:
Nimm davon später und gib ihm sogar einen größeren Kampfpreis!
Oder auch gleich jetzt, damit dich loben die Achaier.
Die Stute aber gebe ich nicht her! Um diese mag es versuchen,
Wer da will von den Männern, mit mir mit Händen zu kämpfen!«
    So sprach er. Da lächelte der fußstarke göttliche Achilleus
Und freute sich über Antilochos, denn er war ihm ein lieber Gefährte.
Und er antwortete und sprach zu ihm die geflügelten Worte:
»Antilochos! Wenn du verlangst, daß ich etwas anderes von Haus her
Hinzugebe dem Eumelos, so werde ich auch das erfüllen.
560 Geben werde ich ihm den Panzer, den ich dem Asteropaios abzog,
Den ehernen, um den ein Guß von schimmerndem Zinn
Sich rings herumzieht, und viel wird er ihm wert sein.«
    Sprach es, und Automedon, seinem Gefährten, befahl er,
Ihn aus der Hütte zu holen, und der ging und brachte ihn zu ihm.
Und dem Eumelos legte er ihn in die Hände, und der empfing ihn freudig.
Doch unter ihnen stand auch Menelaos auf, bekümmert im Mute,
Dem Antilochos unaufhörlich zürnend. Und es legte der Herold
Ihm den Stab in die Hand, und still zu schweigen befahl er
Den Argeiern. Und darauf sprach unter ihnen der gottgleiche Mann:
570 »Antilochos! du warst doch früher verständig: was hast du getan!
Beschimpft hast du meine Kraft und mir geschädigt die Pferde,
Die deinen voranwerfend, die doch viel schlechter waren!
Aber auf! ihr Führer der Argeier und Berater!
Entscheidet in der Mitte zwischen uns beiden, ohne Begünstigung!
Daß nicht einst einer sagt der erzgewandeten Achaier:
›Dem Antilochos tat mit Trug Gewalt an Menelaos,
Hat die Stute davongeführt, obgleich seine Pferde
Viel schlechter waren, er selber aber an Macht und Gewalt überlegen.‹
Oder auf! ich selbst tue den Spruch, und kein anderer, sage ich,
580 Wird mich schelten der Danaer, denn er wird gerade sein. –
Antilochos! auf, hierher, Zeusgenährter! wie es der Brauch ist:
Stelle dich vor die Pferde und den Wagen, aber die Geißel
Halte in Händen, die biegsame, mit der du vorher getrieben,

Und berühre die Pferde, und bei dem Erdbeweger, dem Erderschütterer,
Schwöre, daß du nicht absichtlich meinen Wagen mit List behindert!«
    Dem antwortete wieder der verständige Antilochos:
»Halte ein jetzt! denn um vieles jünger bin ich
Als du, Herrscher Menelaos! du aber bist der Ältere und Bessere.
Du weißt, wie es ist mit den Übertretungen eines jungen Mannes!
90 Denn rascher ist der Sinn und schwach die Einsicht.
Darum ertrage es dein Herz! Die Stute aber will ich dir selber
Geben, die ich gewann. Doch wenn du von Haus her noch etwas anderes
Größeres fordertest: gleich auf der Stelle wollte ich
Es dir geben, lieber als daß ich dir, Zeusgenährter! für alle Tage
Aus dem Herzen gefallen bin und vor den Göttern ein Frevler!«
    Sprach es, und die Stute brachte der Sohn des hochgemuten Nestor
Und legte sie dem Menelaos in die Hände. Und dem wurde der Mut
Erwärmt, wie wenn der Tau sich legt um die Ähren,
Wenn die Saat heranwächst und die Felder starren.
00 So wurde dir, Menelaos! im Innern der Mut erwärmt.
Und er begann und sprach zu ihm die geflügelten Worte:
»Antilochos! jetzt gebe ich dir selber nach, so erzürnt ich war.
Denn gar nicht warst du leichtfertig oder beirrten Geistes,
Früher: jetzt aber besiegte den Sinn die Jugend.
Ein zweitesmal aber vermeide es, Bessere zu betrügen!
Denn nicht so bald hätte ein anderer Mann der Achaier mich beredet!
Du aber hast ja viel ertragen und viel dich gemüht,
Und dein Vater, der tüchtige, und dein Bruder, um meinetwillen.
Darum will ich dir, dem Bittenden, willfahren, und auch die Stute
10 Gebe ich dir, obwohl sie mein ist, damit es auch die hier erkennen,
Wie niemals mein Mut überheblich ist und ohne Milde.«
    Sprach es und gab dem Noemon, des Antilochos Gefährten,
Die Stute, sie wegzuführen. Er aber nahm darauf den Kessel, den
                                              hellschimmernden.
Meriones aber nahm auf die zwei Pfunde Goldes als Vierter,
So wie er gefahren war. Und der fünfte Preis blieb übrig,
Die Doppelschale. Diese gab dem Nestor Achilleus,
Sie durch der Argeier Versammlung tragend, und trat hin zu ihm und sagte:
»Da! nimm jetzt! Und dir, Greis, möge dies ein Kleinod sein
Zum Gedächtnis an des Patroklos Leichenfeier. Denn nicht mehr wirst du
20 Ihn selber sehen unter den Argeiern. Ich aber gebe dir diesen Kampfpreis
Nur so; denn nicht mit der Faust wirst du kämpfen und nicht im Ringen
Noch in den Speerkampf tauchen und nicht mit den Füßen

Laufen, denn schon drückt dich nieder das beschwerliche Alter.«
   So sprach er und legte sie ihm in die Hände, und der empfing sie freudig
Und begann und sagte zu ihm die geflügelten Worte:
»Ja wirklich! dies alles hast du, Kind, nach Gebühr gesprochen.
Nicht mehr sind beständig die Glieder, Freund! die Füße, und nicht mehr
Schwingen sich leicht auf beiden Seiten die Arme an den Schultern.
Wäre ich doch so jung, und mir wäre die Kraft beständig,
630 Wie damals, als den gebietenden Amarynkeus bestatteten die Epeier
In Buprasion, und die Söhne setzten die Kampfpreise des Königs.
Da kam kein Mann mir gleich, nicht von den Epeiern
Noch von den Pyliern selbst, noch den hochgemuten Aitolern.
Mit der Faust besiegte ich Klytomedes, den Sohn des Enops,
Und den Ankaios im Ringen, den Pleuronier, der gegen mich aufstand.
Den Iphiklos aber überholte ich mit den Füßen, so tüchtig er war,
Und mit dem Speer warf ich hinaus über Phyleus und Polydoros.
Nur mit den Pferden überholten mich die Aktorionen,
Die sich, an Zahl überlegen, nach vorn warfen, mir den Sieg mißgönnend,
640 Weil die größten Preise daselbst noch zurückgeblieben waren.
Die waren Zwillinge: der eine lenkte beständig,
Lenkte beständig, der andere trieb mit der Geißel. –
So war ich einst! Jetzt aber sollen Jüngere solche Werke
Angehen; doch mir ist not, dem traurigen Alter
Zu gehorchen. Damals aber schien ich hervor unter den Helden! –
Doch geh und ehre mit Wettkämpfen deinen Gefährten!
Dies aber nehme ich gern an, und es freut sich mir das Herz,
Daß du immer an mich denkst, den dir Freundlichen, und mich nicht mit
                                                                              der Ehre
Vergißt, mit der ich geehrt werde nach Gebühr unter den Achaiern.
650 Dir aber mögen dafür die Götter dem Mute zusagende Gunst erweisen!«
   So sprach er, und der Pelide ging durch die dichte Menge der Achaier,
Nachdem er all den Lobpreis angehört hatte des Neleus-Sohns. –
Und weiter setzte er die Preise aus für den schmerzlichen Faustkampf:
Ein arbeitskräftiges Maultier brachte er und band es an in der Versammlung,
Sechsjährig, ungezähmt – das ist am schwierigsten zu zähmen! –,
Und für den Besiegten setzte er einen doppelt gebuchteten Becher.
Und er stand aufrecht und sagte die Rede unter den Argeiern:
»Atreus-Sohn und ihr anderen gutgeschienten Achaier!
Zwei Männer rufen wir auf um dies hier, die die Besten sind,
660 Mit der Faust gut ausholend zuzuschlagen. Aber welchem Apollon
Gibt, daß er überdauert, und alle Achaier es erkennen,

Der mag mit dem arbeitskräftigen Maultier zu seiner Hütte gehen.
Doch der Besiegte soll davontragen den doppelt gebuchteten Becher.«
    So sprach er. Und sofort erhob sich ein Mann, tüchtig und groß,
Erfahren im Faustkampf: der Sohn des Panopeus Epeios.
Der legte die Hand auf das arbeitskräftige Maultier und begann:
»Heran, wer davontragen will den doppelt gebuchteten Becher!
Das Maultier aber, sage ich, führt kein anderer der Achaier fort
Als Sieger mit der Faust, da ich mich rühme, der Beste zu sein.
670 Oder ists nicht genug, daß ich schwächer bin in der Schlacht? Noch niemals
War es möglich, in allen Werken ein kundiger Mann zu sein!
Denn so sage ich heraus, und das wird auch vollendet werden:
Durch und durch reiße ich ihm auf die Haut und zerschmettere die Knochen!
Sollen ihm die Leichenbestatter gleich hier zusammenbleiben,
Die ihn hinaustragen werden, unter meinen Händen bezwungen!«
    So sprach er. Die aber waren alle stumm in Schweigen.
Doch Euryalos allein stand auf gegen ihn, der gottgleiche Mann,
Der Sohn des Mekisteus, des Talaos-Sohns, des Herrschers,
Der einst nach Theben kam, da Ödipus gefallen war,
680 Zur Leichenfeier, und da besiegte er alle Kadmeionen.
Um ihn war der Tydeus-Sohn, der speerberühmte, beschäftigt,
Ihn mit Worten ermunternd, und sehr wünschte er ihm den Sieg.
Den Schurz legte er zuerst ihm an, dann aber
Gab er ihm die Riemen, die gutgeschnittenen, von einem Herdenrind.
Und die beiden, gegürtet, schritten in die Mitte der Versammlung,
Und gegeneinander ausholend mit den starken Händen, fielen beide
Zugleich einander an, und die schweren Hände vermischten sich ihnen.
Und schrecklich war das Knirschen der Kinnbacken, und es floß der Schweiß
Überall aus den Gliedern. Doch der göttliche Epeios drang auf ihn ein
690 Und schlug dem Umherspähenden auf die Backe, und nicht mehr lange
Stand er, denn auf der Stelle gaben unter ihm nach die strahlenden Glieder.
Und wie wenn unter dem Schauer des Nordwinds ein Fisch emporspringt
Am tangbedeckten Strand, und wieder verhüllt ihn die schwarze Woge:
So sprang der unter dem Schlag empor. Doch der hochgemute Epeios
Faßte ihn mit den Händen und hielt ihn aufrecht, und um ihn traten seine
                                                             Gefährten
Und führten ihn durch die Versammlung mit nachschleppenden Füßen,
Der dickes Blut spie und ließ den Kopf zur Seite fallen.
Und sie führten und ließen ihn zwischen sich nieder, der auf anderes dachte,
Und gingen selbst und holten den doppelt gebuchteten Becher.
700 Doch der Pelide setzte schnell andere Preise aus, die dritten,

Sie den Danaern zeigend, für den Ringkampf, den schmerzlichen:
Für den Sieger einen großen Dreifuß, ins Feuer zu stellen;
Den schätzten unter sich die Achaier auf zwölf Rinder.
Doch für den Mann, den Besiegten, stellte er eine Frau in die Mitte,
Und sie verstand viele Werke: die schätzten sie auf vier Rinder.
Und er stand aufrecht und sagte die Rede unter den Argeiern:
»Erhebt euch, die ihr euch versuchen wollt auch an diesem Wettkampf!«
    So sprach er. Und da erhob sich der Telamon-Sohn, der große Aias,
Und Odysseus stand auf, der vielkluge, der die Vorteile wußte.
710 Und die beiden, gegürtet, schritten in die Mitte der Versammlung
Und packten einander an den Armen mit den starken Händen,
So wie wechselnde Dachsparren, die ein berühmter Zimmermann gefügt hat,
An einem hohen Haus, die Gewalten der Winde abzuwehren.
Und es knirschten die Rücken, von den kühnen Händen
Hart gezerrt, und naß herab floß der Schweiß,
Und dichte Striemen liefen auf an den Seiten und den Schultern,
Purpurrot von Blut, sie aber strebten immerfort
Nach dem Sieg um den Dreifuß, den gutgearbeiteten.
Und weder vermochte Odysseus, ihn wanken zu machen und zu Boden zu
                                                    bringen,
720 Noch vermochte es Aias, denn stand hielt die starke Kraft des Odysseus.
Aber als schon unwillig wurden die gutgeschienten Achaier,
Da nun sagte zu ihm der Telamon-Sohn, der große Aias:
»Zeusentsproßter Laertes-Sohn, reich an Erfindungen, Odysseus!
Entweder hebe mich hoch oder ich dich! Für das andere alles wird Zeus sorgen!«
    So sprach er und hob ihn hoch. Doch nicht vergaß der List Odysseus:
Er schlug und traf ihn hinten in die Kniekehle und löste die Glieder,
Und er fiel rücklings hin, und ihm auf die Brust fiel Odysseus
Nieder. Die Männer aber schauten und staunten.
Als zweiter aber hob ihn hoch der vielwagende göttliche Odysseus,
730 Bewegte ihn aber nur wenig vom Boden und hob ihn nicht.
Doch er bog das Knie ein, und zu Boden fielen sie beide,
Nah beieinander, und von Staub wurden sie besudelt.
Und nun sprangen sie auf und hätten zum drittenmal wieder gerungen,
Wäre nicht Achilleus selbst aufgestanden und hätte sie zurückgehalten:
»Nicht mehr stemmt euch gegeneinander und reibt euch auf mit Schlimmem!
Der Sieg gehört beiden: so nehmt die gleichen Preise auf
Und geht, daß sich auch andere Achaier im Wettkampf messen!«
    So sprach er. Und die hörten gut auf ihn und gehorchten
Und wischten den Staub sich ab und tauchten in ihre Kleider. –

740 Doch der Pelide setzte sogleich für die Schnelligkeit andere Preise aus:
Einen silbernen Mischkrug, einen gefertigten, und sechs Maß
Faßte er, doch an Schönheit ragte er hervor auf der ganzen Erde
Bei weitem. Denn Sidonier, kunstreiche, hatten ihn gut gearbeitet,
Doch Phoinikische Männer brachten ihn über das dunstige Meer
Und legten im Hafen an und gaben ihn zum Geschenk dem Thoas;
Und für den Sohn des Priamos Lykaon gab ihn zum Kaufpreis
An Patroklos, den Helden, der Iason-Sohn Euneos.
Auch den setzte Achilleus als Kampfpreis, seinem Gefährten zu Ehren,
Wer da der Behendeste sein würde mit raschen Füßen.

750 Für den Zweiten wieder setzte er einen Ochsen, groß und dick von Fett,
Und ein halbes Pfund Gold setzte er aus als letzten der Preise.
Und er stand aufrecht und sagte die Rede unter den Argeiern:
»Erhebt euch, die ihr euch versuchen wollt auch an diesem Wettkampf!«
    So sprach er. Und gleich erhob sich der Oileus-Sohn, der schnelle Aias,
Und auf stand Odysseus, der vielkluge, und darauf des Nestor Sohn
Antilochos, denn der besiegte mit den Füßen alle die Jungen.
Und sie standen in einer Reihe, und es bezeichnete die Ziele Achilleus.
Und von der Ablaufsäule aus streckte sich ihnen der Lauf, und schnell
Brach dann vor der Oileus-Sohn, und nach stürmte der göttliche Odysseus,

760 Ganz dicht, so wie an der Brust einer gutgegürteten Frau
Der Webeschaft liegt, den sie recht fest mit den Händen an sich zieht,
Wenn sie den Einschlag schießt, an der Kette vorbei, und sie hält
Ihn dicht an der Brust: so nahe lief Odysseus, und hinter ihm
Schlug er die Fußspuren mit den Füßen, noch ehe der Staub sie umhüllte.
Und über den Kopf goß ihm den Atem der göttliche Odysseus,
Immer schnell laufend, und es schrien ihm zu alle Achaier,
Wie er nach dem Sieg strebte, und trieben noch an den sehr Eilenden.
Als sie aber den letzten Lauf durchliefen, da betete Odysseus
Sogleich zu Athenaia, der helläugigen, in seinem Mute:

770 »Höre, Göttin! Als gute Helferin komme meinen Füßen!«
    So sprach er und betete, und ihn hörte Pallas Athene
Und machte ihm die Glieder leicht, die Füße und die Hände darüber.
Doch als sie fast schon zustürmen wollten auf den Kampfpreis,
Da glitt Aias aus im Lauf, denn ihn brachte zu Schaden Athene,
Dort, wo von Rindern der Mist lag, geschlachteten, starkbrüllenden,
Die für Patroklos getötet hatte der fußschnelle Achilleus.
Und mit Rindermist füllten sich ihm Mund und Nasenlöcher.
Den Mischkrug aber hob auf der vielwagende göttliche Odysseus,
Wie er ihm zuvorkam; der aber ergriff den Ochsen, der strahlende Aias,

780 Und er stand und hielt in den Händen das Horn des Herdenrinds,
Den Mist von sich speiend, und sagte unter den Argeiern:
»Nein doch! wahrhaftig, da hat mir die Füße beschädigt die Göttin,
                                            die ja auch sonst
Wie eine Mutter dem Odysseus beisteht und ihm hilft!«
      So sprach er. Die aber lachten alle über ihn vergnügt.
Und Antilochos trug davon den letzten Kampfpreis,
Lächelnd, und sagte die Rede unter den Argeiern:
»Wißt ihr doch alle, Freunde, was ich sage: daß auch jetzt noch
Die Unsterblichen ehren die bejahrteren Menschen!
Denn Aias ist nur ein wenig früher geboren als ich;
790 *Der* aber ist von früherem Geschlecht und früheren Menschen.
›Frischgreis‹ nennen sie ihn, und mit dem ist es schwierig,
Mit den Füßen zu streiten für die Achaier, außer Achilleus.«
      So sprach er und rühmte den fußschnellen Peleus-Sohn.
Da erwiderte ihm Achilleus mit Worten und sagte zu ihm:
»Antilochos! nicht umsonst soll dir gesagt sein der Lobspruch,
Sondern ein halbes Pfund Gold will ich dir dazulegen!«
      So sprach er und legte es ihm in die Hände, und der empfing es freudig. –
Aber der Pelide legte eine langschattende Lanze nieder,
In die Versammlung gebracht, und legte nieder Schild und Helm,
800 Die Waffen des Sarpedon, die ihm Patroklos geraubt.
Und er stand aufrecht und sagte die Rede unter den Argeiern:
»Zwei Männer rufen wir auf um dies hier, die die Besten sind,
Daß sie, in Waffen gekleidet, das leibzerschneidende Erz ergreifen
Und sich aneinander vor der Menge erproben.
Und wer dem anderen zuvorkommt und die schöne Haut erreicht
Und in das Innere dringt durch das Rüstzeug und das schwarze Blut,
Dem werde ich geben dieses Schwert mit Silbernägeln,
Das schöne, thrakische, das ich dem Asteropaios raubte.
Diese Waffen aber sollen beide gemeinsam davontragen,
810 Und wir setzen ihnen vor ein gutes Mahl in der Lagerhütte.«
      So sprach er. Da erhob sich der Telamon-Sohn, der große Aias,
Und es erhob sich der Tydeus-Sohn, der starke Diomedes.
Und als sie sich nun auf beiden Seiten der Menge gerüstet hatten,
Kamen sie beide in der Mitte zusammen, begierig zu kämpfen,
Schrecklich blickend, und ein Staunen faßte alle Achaier.
Doch als sie nahe heran waren, gegeneinander gehend,
Stürmten sie dreimal an, und dreimal drangen sie nah aufeinander.
Da stieß Aias alsdann auf den Schild, den allseits gleichen,

Und kam nicht auf die Haut, denn ihn hielt zurück innen der Panzer.
820 Doch der Tydeus-Sohn suchte alsdann über den großen Schild hinweg
Immer den Hals zu treffen mit des schimmernden Speeres Spitze.
Und damals forderten nun, um Aias sehr in Furcht, die Achaier,
Daß sie aufhören und die gleichen Kampfpreise aufnehmen sollten.
Aber dem Tydeus-Sohn gab das große Schwert der Heros,
Das er brachte mitsamt der Scheide und dem gutgeschnittenen Tragriemen.
    Doch der Pelide setzte aus eine rein gegossene Eisenscheibe,
Die früher die große Kraft des Eëtion zu werfen pflegte.
Aber wahrhaftig, den hatte getötet der fußstarke göttliche Achilleus
Und sie in den Schiffen mitgeführt mitsamt den anderen Gütern.
830 Und er stand aufrecht und sagte die Rede unter den Argeiern:
»Erhebt euch, die ihr euch versuchen wollt auch an diesem Wettkampf!
Wenn einem auch sehr weit draußen liegen die fetten Äcker,
Wird er an ihr sogar für fünf umlaufende Jahre haben,
Was er gebraucht. Denn gewiß geht ihm nicht aus Mangel an Eisen
Ein Hirt oder Pflüger in die Stadt, sondern sie wird es ihm geben.«
    So sprach er, und darauf erhob sich der standhafte Polypoites,
Und auf stand des Leonteus starke Kraft, des gottgleichen,
Und auch Aias, der Telamon-Sohn, und der göttliche Epeios.
Und gereiht stellten sie sich auf, und die Scheibe nahm der göttliche Epeios
840 Und warf sie wirbelnd, und es lachten darüber alle Achaier.
Als zweiter wieder entsandte sie Leonteus, der Sproß des Ares;
Zum drittenmal wieder schleuderte sie der Telamon-Sohn, der große-Aias,
Aus der Hand, der starken, und überwarf die Male von allen.
Doch als nun die Scheibe ergriff der standhafte Polypoites –
So weit ein Wurfholz schleudert ein Mann, ein Rinderhirte,
Und das fliegt herumgewirbelt durch die Herdenrinder:
So weit warf er hinaus über die ganze Versammlung, und die schrien.
Und auf standen die Gefährten des starken Polypoites,
Und zu den gewölbten Schiffen trugen sie des Königs Kampfpreis.
850   Aber der setzte den Bogenschützen aus veilchenfarbenes Eisen;
Und nieder legte er zehn Äxte und zehn Halbäxte
Und stellte einen Mast auf von einem schwarzbugigen Schiff
Fern auf dem Sand, und eine ängstliche Taube
Band er mit dünner Schnur am Fuß daran fest und befahl,
Nach ihr zu schießen: »Wer da trifft die ängstliche Taube,
Nimmt auf die sämtlichen Äxte und trägt sie nach Hause.
Doch wer die Schnur trifft und verfehlt den Vogel –
Denn schlechter ist dieser –, der trägt davon die Halbäxte.«

So sprach er. Und darauf erhob sich die Gewalt des Herrschers Teukros,
860 Und auf stand Meriones, der tüchtige Gefolgsmann des Idomeneus.
Und sie nahmen Lose und schüttelten sie in einem Helm, einem erzgefügten,
Und Teukros traf es als erster durch das Los, und sofort entsandte
Er den Pfeil mit Kraft, doch gelobte er nicht, dem Herrn
Von Lämmern, erstgeborenen, auszurichten ein herrliches Hundertopfer.
Den Vogel verfehlte er, denn das mißgönnte ihm Apollon.
Doch traf er die Schnur am Fuß, wo angebunden war der Vogel,
Und gerade durch schnitt ab die Schnur der bittere Pfeil.
Der schwang sich darauf zum Himmel, die Schnur aber hing seitwärts
Schlaff herab zur Erde, und es lärmten die Achaier.
870 Hastig aber riß ihm Meriones aus der Hand den Bogen,
Doch den Pfeil hielt er schon längst, wie der noch zielte.
Und sofort gelobte er, dem Ferntreffer Apollon
Von Lämmern, erstgeborenen, auszurichten ein herrliches Hundertopfer.
Hoch aber unter den Wolken sah er die ängstliche Taube.
Und er traf sie, wie sie dort kreiste, mitten unter dem Flügel,
Und gerade hindurch ging das Geschoß, und wieder zurück
Fuhr es in die Erde vor dem Fuß des Meriones. Der Vogel aber
Setzte sich auf den Mast des schwarzbugigen Schiffes,
Ließ den Hals herabhängen, und die dichten Flügel sanken,
880 Und schnell entflog der Mut aus den Gliedern, und weit entfernt
Von ihm fiel er herab, die Männer aber schauten und staunten.
Meriones aber nahm auf die Äxte, alle zehn,
Und Teukros trug die Halbäxte zu den hohlen Schiffen.
    Doch der Pelide legte eine langschattende Lanze nieder
Und einen Kessel, unberührt vom Feuer, vom Wert eines Rindes, verziert
                                                           mit Blumen,
In die Versammlung gebracht. Und speerwerfende Männer standen auf:
Auf stand der Atreus-Sohn, der weitherrschende Agamemnon,
Und auf Meriones, der tüchtige Gefolgsmann des Idomeneus.
Und unter ihnen sprach der fußstarke göttliche Achilleus:
890 »Atreus-Sohn! Wir wissen ja, wie weit du allen vorangehst
Und wie weit du an Kraft und mit Speerwürfen der Beste bist!
So sollst du diesen Preis haben und zu den hohlen Schiffen
Gehen, den Speer aber geben wir Meriones, dem Helden –
Wenn du es willst in deinem Mute. Ich wenigstens rate es.«
    So sprach er. Und nicht ungehorsam war der Herr der Männer Agamemnon.
Und der gab Meriones den ehernen Speer; doch er, der Heros,
Gab dem Herold Talthybios den überaus schönen Kampfpreis.

VIERUNDZWANZIGSTER GESANG *Die Lösung Hektors. – Achilleus kann noch nicht von seinem Zorn lassen und schleift den Leichnam Hektors allmorgendlich um das Grabmal des Patroklos. Die Götter erbarmen sich, und am zwölften Tag erhebt Apollon im Kreis der Götter Klage über die Grausamkeit des Achilleus. Thetis wird zu Achilleus, Iris zu Priamos geschickt: Achilleus soll Hektors Leichnam seinem Vater Priamos losgeben. Priamos kommt, von Hermes geleitet, ins Achaierlager und wird von Achilleus freundlich empfangen. Sie essen miteinander, und Hektors Leichnam wird dem Priamos übergeben. Einholung Hektors in Troja. Drei Frauen: Andromache, Hekabe und Helena, erheben die Totenklage um Hektor. Seine Bestattung.*

Aufgelöst war die Versammlung, und die Männer zerstreuten sich ein jeder,
Um zu den schnellen Schiffen zu gehen, und sie gedachten, sich am Mahl
Und am süßen Schlaf zu ergötzen. Aber Achilleus
Weinte, seines Gefährten gedenkend, und nicht ergriff ihn
Der Schlaf, der Allbezwinger, sondern er wandte sich hin und her,
Sich sehnend nach des Patroklos Manneskraft und tapferem Ungestüm;
Und wie viele Kämpfe er mit ihm abgewickelt und Leiden erduldet,
Durchmessend die Kriege der Männer und die schmerzlichen Wogen.
Dessen eingedenk vergoß er reichliche Tränen,
10 Bald auf den Seiten liegend und bald wieder auf dem Rücken,
Bald auf dem Angesicht. Dann aber stand er aufrecht auf
Und streifte irrend umher am Strand des Meeres, und keine Morgenröte
Entging ihm, wenn sie erschien über der Salzflut und den Ufern,
Sondern hatte er angeschirrt an den Wagen die schnellen Pferde
Und den Hektor zum Schleifen hinten an den Wagen gebunden
Und ihn dreimal gezogen um das Mal des Menoitios-Sohns, des toten,
So ruhte er wieder in der Hütte, ließ diesen aber
Im Staub, vornüber hingestreckt. Doch ihm hielt Apollon
Alle Entstellung ab von der Haut, sich des Mannes erbarmend,
20 Selbst noch des Toten, und umhüllte ihn ganz mit der Aigis,
Der goldenen, daß er ihn nicht abschinde beim Schleifen.
So mißhandelte dieser den göttlichen Hektor im Zorn.
Über den aber erbarmten sich die seligen Götter, als sie es sahen,
Und trieben, daß er ihn stehle, den gutspähenden Argostöter.
Da gefiel es den anderen allen, aber niemals der Here

Noch dem Poseidon noch auch der helläugigen Jungfrau,
Sondern so wie zuerst blieb ihnen verhaßt die heilige Ilios
Und Priamos und das Volk, wegen des Alexandros Verblendung,
Der die Göttinnen kränkte, als sie zu ihm ins Gehöft gekommen,
30 Die aber pries, die ihm die leidige Wollust brachte.
     Als aber seitdem die zwölfte Morgenröte heraufkam,
Damals nun sprach unter den Unsterblichen Phoibos Apollon:
»Hart seid ihr Götter! verderblich! Hat euch denn niemals
Hektor Schenkel verbrannt von Rindern und makellosen Ziegen?
Und jetzt brachtet ihr es nicht über euch, ihn auch nur als Toten zu retten
Seiner Gattin, daß sie ihn sieht, und der Mutter und seinem Sohn
Und dem Vater Priamos und den Männern des Volks, die ihn schnell
Im Feuer verbrennen und ihm Totengaben geben würden.
Doch dem heillosen Achilleus, Götter, wollt ihr beistehen,
40 Dem nicht die Sinne gebührlich sind, noch auch das Denken
Biegsam ist in der Brust, und wie ein Löwe weiß er Wildes,
Der, seiner großen Kraft und dem mannhaften Mute nachgebend,
Ausgeht nach den Schafen der Sterblichen, sich ein Mahl zu holen:
So hat Achilleus das Erbarmen verloren, und es fehlt ihm die Scheu,
Die den Männern großen Schaden bringt wie auch Nutzen.
Hat mancher doch wohl einen anderen, noch Näherstehenden, verloren,
Den Bruder vom gleichen Mutterleib oder auch den Sohn;
Aber wahrhaftig! hat er ihn beweint und bejammert, so läßt er ab,
Denn einen duldsamen Mut haben die Moiren den Menschen gegeben.
50 Der aber, nachdem er dem göttlichen Hektor sein Herz geraubt hat,
Bindet ihn an das Gespann, und um das Grabmal seines Gefährten
Schleift er ihn – nicht, wahrhaftig, sich selbst zum Schöneren oder Besseren!
Daß nur, so tüchtig er ist, nicht wir es ihm verargen!
Denn die stumme Erde mißhandelt er mit seinem Zürnen.«
     Da wurde zornig und sagte zu ihm die weißarmige Here:
»Gelten könnte auch dieses dein Wort, Silberbogner!
Wenn ihr gleiche Ehre ansetzen wolltet für Achilleus und für Hektor.
Hektor war sterblich und hat an der Brust eines Weibes gesogen;
Aber Achilleus ist einer Göttin Sohn, welche ich selber
60 Genährt habe und aufgezogen und einem Mann gegeben als Gattin:
Peleus, der über die Maßen im Herzen lieb war den Unsterblichen.
Und alle nahmt ihr, Götter, teil an der Hochzeit, und du hast unter ihnen
Gespeist, die Leier führend, du Freund der Schlechten! Treuloser immer!«
     Da antwortete und sagte zu ihr der Wolkensammler Zeus:
»Here! verzürne dich doch nicht ganz mit den Göttern!

Denn nicht wird einerlei Ehre sein! Aber auch Hektor
War den Göttern der liebste der Sterblichen, die in Ilios sind.
So auch mir, da er es nicht fehlen ließ an gefälligen Gaben.
Denn nicht mangelte es je meinem Altar an gebührender Speise,
70 Weihguß und Fettdampf, denn das empfangen wir zur Ehrengabe.
Aber wahrhaftig! zu stehlen den kühnen Hektor, das lassen wir lieber!
Nie kann es geschehen, verborgen vor Achilleus; denn immer
Steht ihm die Mutter zur Seite, die Nächte wie auch am Tage.
Doch wenn einer der Götter die Thetis zu mir riefe,
Damit ich ihr sage ein dichtes Wort: daß Achilleus
Gaben von Priamos erhalten soll und den Hektor losgeben.«
   So sprach er. Und es erhob sich Iris, die sturmfüßige, um es auszurichten.
Und mitten zwischen Samos und Imbros, der felsigen,
Sprang sie hinab in das dunkle Meer, und es stöhnte dazu die See.
80 Sie aber fuhr einer Bleikugel gleich in die Tiefe,
Die auf dem Horn eines Herdenrindes aufgesetzt hinabgeht,
Um rohfressenden Fischen den Tod zu bringen.
Und sie fand in der gewölbten Höhle Thetis, und um sie versammelt
Saßen die anderen Göttinnen des Meeres, sie aber in ihrer Mitte
Beweinte das Schicksal ihres untadligen Sohns, der ihr umkommen sollte
In der starkschólligen Troja, fern der Heimat.
Und es trat dicht heran und sagte zu ihr die fußschnelle Iris:
»Erhebe dich, Thetis! Zeus ruft dich, der unvergängliche Gedanken weiß!«
   Da antwortete ihr die Göttin, die silberfüßige Thetis:
90 »Was befiehlt er mir das, der große Gott? Ich scheue es,
Mich zu mischen unter die Unsterblichen, habe ich doch Kümmernisse
                                maßlose im Mute!
Doch gehe ich, und nicht vergeblich soll das Wort sein, was er auch sagt.«
   So sprach sie und ergriff einen Umhang, die Hehre unter den Göttinnen,
Einen schwarzblauen; kein schwärzeres Gewand gab es als dieses.
Und sie schritt hin und ging, und die windfüßige schnelle Iris
Ging voran, und um sie wich zur Seite die Meereswoge.
Und sie stiegen heraus auf das Ufer und schwangen sich in den Himmel
Und fanden den weitumblickenden Kroniden, und um ihn saßen die anderen
Alle versammelt, die seligen Götter, die immer seienden.
100 Und sie setzte sich neben Zeus, den Vater, und Platz machte ihr Athene.
Und Here legte ihr einen goldenen schönen Becher in die Hand
Und erfreute sie mit Worten, und Thetis trank und reichte ihn zurück.
Und ihnen begann die Reden der Vater der Männer und der Götter:
»Gekommen bist du zum Olympos, Göttin Thetis! wenn auch bekümmert,

Die du Trauer, maßlose, hast im Innern: ich weiß es auch selber.
Doch auch so will ich sagen, weswegen ich dich herberufen.
Neun Tage schon hat sich Streit erhoben unter den Unsterblichen
Um den Leichnam des Hektor und um Achilleus, den Städtezerstörer,
Und ihn zu stehlen, treiben sie an den gutspähenden Argostöter.
110 Ich aber will diesen Ruhm dem Achilleus zuteilen,
Um deine Ehrfurcht und Freundschaft mir auch künftig zu bewahren.
Gehe sehr schnell ins Heer und trage deinem Sohn dieses auf:
Sage ihm, erbittert seien die Götter, aber ich sei vor allen
Den Unsterblichen zornig, daß er mit rasenden Sinnen
Den Hektor behält bei den geschweiften Schiffen und nicht gelöst hat;
Ob er wohl irgend mich fürchtet und den Hektor losgibt.
Aber ich will zu Priamos, dem großherzigen, die Iris schicken,
Daß er auslöse seinen Sohn und gehe zu den Schiffen der Achaier
Und Gaben dem Achilleus bringe, die ihm den Mut erwärmen mögen.«
120   So sprach er, und nicht ungehorsam war die Göttin, die silberfüßige Thetis.
Und sie schritt hin und schwang sich von den Häuptern des Olympos
Und kam zur Lagerhütte ihres Sohnes. Dort fand sie ihn,
Häufig stöhnend, und seine Gefährten waren um ihn
Eifrig beschäftigt und richteten das Frühmahl.
Und sie hatten ein Schaf, ein wolliges, großes, in der Hütte geschlachtet.
Sie aber setzte sich dicht neben ihn, die hehre Mutter,
Streichelte ihn mit der Hand, sprach das Wort und benannte es heraus:
»Mein Kind! Wie lange willst du mit Wehklagen und Betrübnis
Dein Herz verzehren und gedenkst weder der Speise
130 Noch des Lagers? Und ist es doch gut, sich mit einer Frau in Liebe
Zu vereinigen! Denn nicht lange wirst du mir leben, sondern
Schon nahe steht bei dir der Tod und das übermächtige Schicksal.
Aber vernimm mich schnell: von Zeus bin ich dir ein Bote.
Erbittert sind über dich, sagt er, die Götter, und er selbst ist vor allen
Den Unsterblichen zornig, daß du mit rasenden Sinnen
Den Hektor behältst bei den geschweiften Schiffen und nicht gelöst hast.
Doch auf! löse ihn denn und nimm an die Lösung für den Leichnam!«
    Da antwortete und sagte zu ihr der fußschnelle Achilleus:
»So sei es! Wer die Lösung bringt, der nehme mit auch den Toten,
140 Wenn es denn mit entschiedenem Mut der Olympier selbst befiehlt!«
    So redeten diese im Sammelplatz der Schiffe, Mutter und Sohn,
Viele geflügelte Worte miteinander. –
Iris aber trieb der Kronide zur heiligen Ilios:
»Eil dich und geh, schnelle Iris! Verlasse den Sitz des Olympos

Und bringe Botschaft dem Priamos, dem großherzigen, nach Ilios,
Daß er auslöse seinen Sohn und gehe zu den Schiffen der Achaier
Und Gaben dem Achilleus bringe, die ihm den Mut erwärmen mögen,
Er allein, und kein anderer Mann der Troer gehe mit ihm.
Ein Herold mag ihn begleiten, ein älterer, der ihm lenke
150 Die Maultiere und den gutberäderten Wagen, und auch den Toten
Zurückbringe zur Stadt, den der göttliche Achilleus getötet.
Und nicht soll ihn irgend im Sinn der Tod noch eine Furcht bekümmern,
Denn einen solchen Geleiter geben wir ihm mit: den Argostöter,
Der ihn führen wird, bis er ihn hingebracht hat zu Achilleus.
Hat er ihn aber hineingeführt in die Hütte des Achilleus,
Wird der selbst ihn nicht töten und auch davon abhalten alle anderen.
Denn er ist weder unverständig, noch unbedacht, noch frevelmütig,
Sondern sehr sorgsam wird er den Mann, den Schutzsuchenden, schonen.«
So sprach er. Und Iris erhob sich, die sturmfüßige, um es auszurichten.
160 Und sie kam in das Haus des Priamos und traf dort Geschrei und Totenklage.
Da saßen die Söhne um den Vater drinnen im Hofe
Und befleckten mit Tränen die Gewänder, und er in der Mitte,
Der Alte, fest eingeschlagen in den Mantel, verhüllt,
Und rings war viel Kot an Haupt und Nacken des Alten,
Den er, sich wälzend, auf sich gehäuft mit seinen Händen.
Und die Töchter klagten in den Häusern und die Schwiegertöchter,
Derer gedenkend, die da schon viele und edle
Dalagen, unter den Händen der Argeier des Lebens beraubt.
Und sie trat zu Priamos, die Botin des Zeus, und sagte zu ihm
170 Mit leiser Stimme – ihm aber ergriff ein Zittern die Glieder –:
»Fasse Mut, Dardanide Priamos, im Sinn und fürchte dich nicht!
Denn nicht, um dir Böses zu verkünden, bin ich hierher gekommen,
Sondern habe Gutes im Sinn. Von Zeus bin ich dir ein Bote,
Der sich von fern her groß um dich sorgt und sich deiner erbarmt.
Auslösen heißt er dich, der Olympier, den göttlichen Hektor
Und Gaben dem Achilleus bringen, die seinen Mut erwärmen mögen,
Du allein, und kein anderer Mann der Troer gehe mit dir.
Ein Herold mag dich begleiten, ein älterer, daß er lenke
Die Maultiere und den gutberäderten Wagen und auch den Toten
180 Zurückbringe zur Stadt, den der göttliche Achilleus getötet.
Und nicht soll dich irgend im Sinn der Tod noch eine Furcht bekümmern,
Denn ein solcher Geleiter wird mit dir gehen: der Argostöter,
Der dich führen wird, bis er dich hingebracht hat zu Achilleus.
Hat er dich aber hineingeführt in die Hütte des Achilleus,

Wird der selbst dich nicht töten und auch davon abhalten alle anderen.
Denn er ist weder unverständig, noch unbedacht, noch frevelmütig,
Sondern sehr sorgsam wird er den Mann, den Schutzsuchenden, schonen.«
    So sprach sie und ging hinweg, die fußschnelle Iris.
Aber der befahl den Söhnen, den gutberäderten Maultierwagen
190 Bereitzumachen und den Wagenkorb darauf anzubinden.
Selbst aber stieg er in die Kammer hinab, die duftende,
Aus Zedernholz, die hochüberdachte, die viele Schmuckstücke aufnahm,
Und rief die Gattin Hekabe herein und begann:
»Unglückliche! Es kam mir von Zeus her ein olympischer Bote,
Daß ich auslösen soll meinen Sohn und gehen zu den Schiffen der Achaier
Und Gaben dem Achilleus bringen, die ihm den Mut erwärmen mögen.
Doch auf! sage mir dieses: wie scheint dir das zu sein in deinem Sinn?
Denn schrecklich treibt mich selbst die Kraft und der Mut,
Dort hinzugehen zu den Schiffen in das breite Heer der Achaier.«
200   So sprach er. Da schrie hell auf die Frau und erwiderte mit der Rede:
»O mir! wohin ist dir der Verstand gekommen, für den du doch früher
Gerühmt warst bei den Menschen, den Fremden wie über die du gebietest?
Wie willst du zu den Schiffen der Achaier gehen, allein,
Unter die Augen des Mannes, der dir viele und edle
Söhne erschlug? Von Eisen muß dir das Herz sein!
Denn wenn er dich fassen wird und vor sich sehen mit den Augen,
Der rohfressende und treulose Mann: nicht wird er sich deiner erbarmen,
Und dich nicht scheuen. Darum laß ihn uns jetzt von ferne beweinen,
Hier in der Halle sitzend! Ihm aber hat es wohl so das gewaltige Schicksal
210 Bei der Geburt zugesponnen mit dem Faden, als ich selbst ihn geboren,
Daß er sättigen sollte schnellfüßige Hunde, fern von seinen Eltern,
Bei dem gewaltigen Mann – dem könnte ich mich in die Leber
Einbeißen mitten hinein, sie zu essen: dann würde Vergeltung geschehen
Für meinen Sohn! Denn er hat ihn nicht als einen Schlechten getötet,
Nein, für die Troer und tiefgebauschten Troerfrauen
Stand er ein, und dachte nicht an Flucht noch an ein Entweichen.«
    Da sagte wieder zu ihr der greise Priamos, der gottgleiche:
»Halte mich nicht zurück, der ich gehen will! und sei mir nicht selber
Ein Unheilsvogel in den Hallen! Du wirst mich nicht bereden.
220 Denn hätte es mir ein anderer von den Erdenmenschen geraten,
Die da Seher sind, Opferschauer, oder auch Priester,
Trug würden wir es nennen und uns lieber davon abwenden.
Nun aber, denn ich selber hörte den Gott und sah ihm ins Angesicht,
Werde ich gehen, und es soll nicht vergeblich das Wort sein. Wenn aber

Mein Teil ist, daß ich sterbe bei den Schiffen der erzgewandten Achaier:
Ich will es! Mag mich denn auf der Stelle töten Achilleus,
Meinen Sohn in den Armen haltend, wenn ich gestillt die Lust an der Klage!«
  Sprach es, und von den Truhen tat er auf die schönen Deckel.
Dort nahm er heraus zwölf überaus schöne Gewänder,
230 Zwölf einfach gewebte Mäntel und ebenso viele Decken,
Ebenso viele Leintücher, weiße, und dazu ebenso viele Röcke,
Und brachte von Gold abgewogen zehn ganze Pfunde.
Und nahm zwei blinkende Dreifüße heraus und vier Kessel
Und den Becher, den überaus schönen, den ihm thrakische Männer gegeben,
Als er kam als Gesandter, ein großes Besitzstück. Und nicht einmal den
Sparte er auf in den Hallen, der Greis, denn vor allem wollte er im Mute
Auslösen den eigenen Sohn. Und die Troer alle miteinander
Jagte er aus der Vorhalle und schalt sie mit schmähenden Worten:
  »Fort mit euch, Taugenichtse! ihr Schandvolk! Habt denn nicht ihr auch
240 Totenklage im Haus, daß ihr kommt, mich zu bekümmern?
Genügt es euch nicht, daß mir der Kronide Zeus hat Schmerzen gegeben,
Den Sohn zu verlieren, den besten? Aber auch ihr werdet es erkennen!
Denn viel leichter wird es nun sein für die Achaier,
Euch, da er tot ist, hinzumorden. Ich aber wollte lieber,
Ehe ich geplündert die Stadt und niedergerissen
Sehe mit den Augen, eingehen in das Haus des Hades!«
  Sprach es und eilte mit dem Stab durch die Männer, die aber gingen hinaus
Vor dem eifernden Greis. Und er rief seinen Söhnen zu,
Scheltend den Helenos und Paris und den göttlichen Agathon
250 Und Pammon und Antiphonos und den guten Rufer Polites
Und Deïphobos und Hippothoos und den erlauchten Dios.
Diesen neun befahl der Greis mit Zuruf:
  »Eilt euch mir, schlechte Kinder! ihr Kümmerlinge! Wenn ihr doch alle
Statt Hektors erschlagen wäret bei den schnellen Schiffen!
O mir, ich ganz Unseliger! Da erzeugte ich Söhne, die Besten
In der breiten Troja. Von denen, sage ich, ist keiner geblieben:
Mestor, der gottgleiche, und Troilos, der Kämpfer zu Wagen,
Und Hektor, der ein Gott war unter den Männern, und nicht schien er
Eines sterblichen Mannes Sohn zu sein, sondern eines Gottes.
260 Die hat Ares vernichtet, doch das Schandvolk alles ist geblieben:
Schwindler und Tänzer, die Besten im Reigengestampfe!
Räuber von Lämmern und Ziegen im eigenen Volke!
Wollt ihr mir nicht den Wagen rüsten schleunigst?
Und tut dies alles hinein, damit wir den Weg durchmessen!«

So sprach er, und die, in Furcht vor dem Zuruf des Vaters,
Trugen heraus den gutberäderten Maultierwagen,
Den schönen, neugefügten, und banden den Wagenkorb darauf an.
Und hoben vom Pflock herab das Joch für die Maultiere,
Von Buchsbaum, mit einem Knauf, gut mit Ösen versehen.
270 Und brachten das Jochband heraus mit dem Joch: neun Ellen lang.
Das Joch aber setzten sie gut auf die gutgeglättete Deichsel,
Vorn an der Spitze, und warfen den Jochring auf den Deichselnagel.
Dreimal banden sie das Jochband beiderseits um den Knauf, und banden
Es dann nacheinander unten fest und bogen das Ende darunter.
Und sie luden, aus der Kammer gebracht, auf den gutgeglätteten Wagen
Die unendliche Lösung für Hektors Haupt, und die Maultiere
Spannten sie an, die starkhufigen, im Geschirr arbeitenden,
Die dem Priamos einst die Myser gegeben als prangende Gaben,
Und führten für Priamos unter das Joch die Pferde, die der Alte
280 Für sich selber hielt und pflegte an der gutgeglätteten Krippe.
    So ließen die beiden anspannen in dem hohen Hause,
Der Herold und Priamos, die kluge Gedanken im Sinn hatten.
Da kam nahe heran zu ihnen Hekabe, bedrückten Mutes,
Und trug Wein in der Hand, honigsinnigen, in der rechten,
In einem goldenen Becher, daß sie spendeten, ehe sie gingen.
Und sie trat vor die Pferde, sprach das Wort und benannte es heraus:
    »Da! spende Zeus, dem Vater, und bete, wieder nach Hause zu kommen
Von den feindlichen Männern, da dich denn einmal der Mut
Zu den Schiffen treibt – gewiß, ich wollte es nicht!
290 Aber du bete denn zu dem schwarzwolkigen Kronion,
Dem vom Ida, der auf ganz Troja niederblickt,
Und bitte um einen Vogel, den schnellen Boten, der ihm selbst
Der liebste ist von den Vögeln und dessen Kraft die größte ist,
Zur Rechten, daß, wenn du ihn selbst mit Augen hast wahrgenommen,
Du darauf vertrauend zu den Schiffen gehst der roßschnellen Danaer.
Gibt dir aber nicht seinen Boten der weitumblickende Zeus,
Nicht möchte ich dir dann raten und dich ermuntern,
Zu den Schiffen der Achaier zu gehen, so sehr begierig du bist.«
    Da antwortete und sagte zu ihr Priamos, der gottgleiche:
300 »Frau! nicht will ich dir, wenn du dies verlangst, widerstreben.
Denn gut ist es, zu Zeus die Hände zu erheben, ob er sich erbarme.«
    Sprach es, und die dienende Schaffnerin trieb der Alte,
Ihm Wasser über die Hände zu gießen, lauteres; und es trat zu ihm
Die Dienerin, ein Handwasserbecken und eine Kanne in den Händen haltend.

Und als er sich gewaschen hatte, nahm er den Becher von seiner Gattin,
Betete dann, in die Mitte der Umzäunung getreten, und spendete den Wein,
Zum Himmel aufblickend, und begann und sagte das Wort:
»Zeus, Vater! der du vom Ida herrschst, Ruhmvollster! Größter!
Gib, daß ich zu Achilleus komme als Freund und erbarmenswürdig!
310 Und sende mir einen Vogel, den schnellen Boten, der dir selbst
Der liebste ist von den Vögeln und dessen Kraft die größte ist,
Zur Rechten, daß, wenn ich selbst ihn mit Augen wahrgenommen,
Ich darauf vertrauend zu den Schiffen gehe der roßschnellen Danaer!«
So sprach er und betete, und ihn hörte der ratsinnende Zeus.
Und sogleich schickte er einen Adler, den gültigsten unter den Vögeln,
Den dunklen Jäger, den sie auch den Gefleckten nennen.
Und so breit die Tür eines hoch überdachten Gemachs gefügt ist
Von einem reichen Mann, gut mit Riegeln versehen:
So breit waren beiderseits seine Flügel, und er erschien ihnen
320 Zur Rechten fliegend über die Stadt. Doch sie, wie sie es sahen,
Freuten sich, und allen wurde im Innern der Mut erwärmt.
    Und in Eile bestieg der Alte den geglätteten Wagen
Und lenkte hinaus aus dem Vortor und der starkdröhnenden Halle.
Voraus zogen die Maultiere den vierrädrigen Wagen,
Die Idaios, der kluggesonnene, lenkte; hinterdrein aber kamen
Die Pferde, die der Alte nachfolgend mit der Geißel antrieb,
Rasch durch die Stadt, und die Seinen alle gingen mit ihm,
Vielfach jammernd, so als ob er zum Tode ginge.
Doch als sie nun die Stadt hinunter kamen und zur Ebene gelangten,
330 Gingen diese zurück nach Ilios, die Söhne und Schwiegersöhne.
Aber die beiden entgingen nicht dem weitumblickenden Zeus,
Wie sie in der Ebene erschienen, und als er sie sah, erbarmte
Er sich des Alten und sprach schnell zu seinem Sohn Hermeias:
»Hermeias! Dir zumal ist es ja am liebsten,
Einem Mann Gefährte zu sein, und du erhörst, wen immer du willst:
Eile dich und geh und führe zu den hohlen Schiffen der Achaier
Den Priamos so, daß niemand ihn sieht noch ihn bemerkt
Von den anderen Danaern, bis er zu dem Sohn des Peleus gelangt.«
So sprach er, und nicht ungehorsam war der Geleiter, der Argostöter.
340 Sogleich band er sich dann unter die Füße die schönen Sohlen,
Die ambrosischen, goldenen, die ihn über das Feuchte trugen
Wie über die grenzenlose Erde, zusammen mit dem Wehen des Windes,
Und faßte den Stab, mit dem er die Augen der Männer bezaubert,
Von welchen er es will, und auch die Schlafenden wieder aufweckt.

Diesen in Händen flog der starke Argostöter,
Und schnell kam er er nach Troja und zum Hellespontos
Und schritt hin und ging, einem fürstlichen Jüngling gleichend,
Einem im ersten Bart, dem am anmutigsten die Jugend ist.
   Doch als diese nun am großen Grabmal des Ilos vorbeigefahren,
350 Hielten sie die Maultiere an und die Pferde, daß sie tranken,
Im Fluß, denn schon kam auch das Dunkel über die Erde.
Und der Herold sah und gewahrte ganz in der Nähe
Hermeias, und er sprach zu Priamos und begann:
»Habe acht, Dardanide! Eines achtsamen Geistes bedarf es!
Einen Mann sehe ich, und gleich, meine ich, werden wir in Stücke gerissen!
Aber auf denn! laß uns fliehen mit den Pferden, oder ihn alsdann
Bei den Knien fassen und anflehen, ob er sich erbarme.«
   So sprach er. Und dem Alten wurde der Sinn verstört, und er fürchtete
                                                       sich schrecklich,
Und aufrecht standen ihm die Haare an den biegsamen Gliedern,
360 Und er stand erstarrt. Da kam er selbst heran, der Gedeihenbringer,
Ergriff die Hand des Alten und fragte und sagte zu ihm:
»Wohin, Vater! lenkst du so die Pferde und die Maultiere
Durch die ambrosische Nacht, wenn die anderen Sterblichen schlafen?
Und nicht fürchtest du die Kampfmut atmenden Achaier,
Die dir bösgesonnen und feindlich hier in der Nähe sind?
Sähe dich einer von denen, wie du durch die schnelle Nacht, die schwarze,
So viele Schätze führst, wie wäre dir dann wohl der Sinn?
Selbst bist du nicht so jung – und ein Greis ist dieser dein Begleiter! –
Um einen Mann abzuwehren, wenn einer als erster beschwerlich wird.
370 Aber ich will dir nichts Böses tun und auch einen anderen
Von dir abhalten: meinem eigenen Vater gleichst du mir!«
   Ihm antwortete darauf der greise Priamos, der gottgleiche:
»Ja, das ist wohl so, liebes Kind, wie du redest!
Doch noch hat auch über mich einer der Götter die Hand gehalten,
Der mir einen solchen Wanderer entgegen geschickt hat,
Einen glückverheißenden, so wie du staunenswert bist an Gestalt und Aussehen
Und verständig an Geist, und von glücklichen Eltern stammst du!«
   Da sagte wieder zu ihm der Geleiter, der Argostöter:
»Ja wirklich! dies alles hast du, Alter, nach Gebühr gesprochen.
380 Doch auf! sage mir dieses und berichte es mir zuverlässig:
Führst du irgenwohin Kleinode aus, viele und edle,
Zu Männern in der Fremde, damit dir diese wenigstens erhalten bleiben?
Oder verlaßt ihr alle bereits die heilige Ilios

In Furcht? Denn ein solcher Mann, der beste, ist umgekommen:
Dein Sohn. Denn nie stand er nach in der Schlacht den Achaiern.«
   Da antwortete ihm der greise Priamos, der gottgleiche:
»Und wer bist du, Bester? und von welchen Eltern stammst du?
Wie sprichst du mir schön von dem Schicksal meines unseligen Sohnes!«
   Da sagte wieder zu ihm der Geleiter, der Argostöter:
390 »Du prüfst mich, Alter, und fragst nach dem göttlichen Hektor!
Den habe ich sehr oft in der Schlacht, der männerehrenden,
Mit den Augen gesehen; auch als er gegen die Schiffe lenkte
Und die Argeier tötete, sie mordend mit dem scharfen Erz.
Wir aber standen und staunten, denn nicht ließ Achilleus
Uns kämpfen, im Groll gegen den Sohn des Atreus.
Denn dessen Gefolgsmann bin ich, und uns führte dasselbe Schiff, das
                                                    gutgebaute.
Von den Myrmidonen bin ich, und der Vater ist mir Polyktor.
Reich ist er und ein alter Mann, so wie auch du,
Und sechs Söhne sind ihm, und ich bin ihm der siebente.
400 Unter denen traf ich es beim Losewerfen, hierher zu folgen.
Jetzt aber kam ich von den Schiffen zur Ebene, denn in der Frühe
Werden um die Stadt eine Schlacht bereiten die hellblickenden Achaier.
Denn unwillig sind sie, dazusitzen, und nicht mehr können
Die Drängenden vom Kampf zurückhalten die Könige der Achaier.«
   Da antwortete ihm der greise Priamos, der gottgleiche:
»Wenn du denn wirklich ein Gefolgsmann des Peleus-Sohns Achilleus
Bist: auf denn! berichte mir die ganze Wahrheit:
Ist noch bei den Schiffen mein Sohn, oder hat ihn Achilleus
Schon seinen Hunden, gliedweise zerschnitten, vorgeworfen?«
410 Da sagte wieder zu ihm der Geleiter, der Argostöter:
»Alter! noch nicht haben ihn die Hunde gefressen und nicht die Vögel,
Sondern noch liegt jener bei dem Schiff des Achilleus
Ganz so in der Hütte. Und die zwölfte Morgenröte ist es ihm,
Daß er liegt, und nicht fault ihm die Haut, und nicht die Maden
Essen ihn, die ja die aresgetöteten Männer verzehren.
Ja! und um das Grabmal seines eigenen Gefährten
Schleift er ihn unbekümmert, wenn das göttliche Frühlicht erscheint,
Und entstellt ihn doch nicht. Du stauntest, wenn du selbst hinzukämst,
Wie er taufrisch daliegt und rings abgewaschen das Blut
420 Und nirgends befleckt, und die Wunden alle haben sich geschlossen,
So viele man ihm schlug, denn viele stießen in ihn das Erz.
So sind dir die seligen Götter besorgt um den tapferen Sohn,

Selbst noch um den Leichnam, denn über die Maßen war er ihnen lieb im
Herzen.«
So sprach er. Da freute sich der Alte und antwortete mit der Rede:
»Kind! ja, gut ist es, auch geziemende Gaben zu geben
Den Unsterblichen! Denn niemals hat mein Sohn – wenn er denn je war! –
Vergessen in den Hallen die Götter, die den Olympos haben.
Darum gedenken sie es ihm auch selbst in dem Schicksal des Todes.
Doch auf denn! nimm von mir diesen schönen Becher
430 Und bewahre mich selbst und geleite mich mit den Göttern,
Bis ich zur Lagerhütte des Peleus-Sohns gelange!«
    Da sagte wieder zu ihm der Geleiter, der Argostöter:
»Du prüfst mich, Alter, den Jüngeren! Doch wirst du mich nicht bereden,
Der du mich heißt, geheim vor Achilleus von dir Gaben zu nehmen.
Vor dem fürchte ich mich und scheue mich über die Maßen im Herzen,
Ihn zu berauben, daß mir nicht hernach ein Übel geschieht.
Dir aber will ich Geleiter sein, und sei es in das berühmte Argos,
Dich sorgsam im schnellen Schiff oder auch zu Fuß begleitend,
Und keiner würde, den Geleiter geringschätzend, mit dir kämpfen!«
440   Sprach es und sprang auf den Wagen und das Gespann, der Gedeihenbringer,
Und faßte rasch die Geißel und die Zügel mit den Händen
Und hauchte den Pferden und Maultieren gute Kraft ein.
Doch als sie zu den Türmen bei den Schiffen und dem Graben gelangten,
Da waren die Wächter eben bemüht um das Nachtmahl.
Und über sie goß einen Schlaf der Geleiter, der Argostöter,
Sie alle, und öffnete sogleich die Tore und stieß zurück die Riegel
Und führte Priamos hinein und die prangenden Gaben auf dem Wagen.
Doch als sie nun zur Lagerhütte des Peliden gelangten,
Der hohen, die die Myrmidonen gebaut hatten für den Herrn,
450 Balken der Tanne schneidend, und darüber hatten sie gedeckt
Wolliges Schilfrohr, das sie abgemäht hatten vom Wiesenland;
Und hatten ihm ringsher einen großen Hof gemacht, dem Herrn,
Mit dichten Pfählen, und die Tür hielt ein einziger Querbalken
Von Tannenholz; den pflegten vorzuschieben drei Achaier
Und drei wieder zu öffnen, den großen Riegel der Türen,
Von den anderen: Achilleus aber schob ihn vor auch allein.
Ja, damals öffnete ihn Hermeias, der Gedeihenbringer, für den Alten
Und führte hinein die rühmlichen Gaben für den fußschnellen Peleus-Sohn.
Und er stieg von dem Gespann auf die Erde und begann:
460   »Alter! wahrhaftig, ich, ein unsterblicher Gott, bin gekommen:
Hermeias, denn dir hat der Vater mich zum Geleiter gegeben.

Doch wahrhaftig! ich gehe wieder zurück und will nicht dem Achilleus
Vor die Augen treten. Es wäre ja zu verargen,
Daß ein unsterblicher Gott so mit Sterblichen offen freund ist.
Du aber geh hinein und fasse die Knie des Peleus-Sohns
Und flehe ihn an bei dem Vater und der Mutter, der schönhaarigen,
Und seinem Kind, damit du ihm den Mut bewegst.«
    So sprach er und schritt hinweg zum großen Olympos,
Hermeias. Priamos aber sprang von dem Gespann zu Boden
470 Und ließ den Idaios dort, und der blieb und hielt die Pferde
Und die Maultiere. Der Greis aber ging gerade auf das Haus zu,
Wo Achilleus saß, der zeusgeliebte, und fand ihn drinnen,
Und seine Gefährten saßen abseits. Nur die beiden,
Der Heros Automedon und Alkimos, der Sproß des Ares,
Mühten sich bei ihm. Und eben hatte er das Mahl geendet,
Essend und trinkend, auch stand der Tisch noch bei ihm.
Und ihnen unbemerkt kam Priamos herein, der große, und herangetreten
Faßte er mit den Händen des Achilleus Knie und küßte die Hände,
Die furchtbaren, männermordenden, die ihm getötet hatten viele Söhne.
480 Und wie einen Mann ergriffen hat dichte Beirrung, der in der Heimat
Einen Mann getötet hat und gelangte in den Gau von anderen,
Zu dem Haus eines reichen Mannes, und ein Staunen erfaßt, die ihn sehen:
So staunte Achilleus, als er Priamos sah, den gottgleichen,
Und es staunten auch die anderen und blickten einander an.
Und zu ihm sprach flehend Priamos die Rede:
    »Gedenke deines Vaters, den Göttern gleicher Achilleus!
Der so alt ist wie ich, an der verderblichen Schwelle des Alters.
Auch ihn bedrängen wohl die Umwohnenden rings um ihn her,
Und keiner ist, der Fluch und Verderben von ihm abwehrt.
490 Aber wahrhaftig! der, wenn er von dir hört, daß du lebst,
Freut sich im Mute und hofft darauf alle Tage,
Zu sehen den eigenen Sohn, wiederkehrend von Troja.
Ich aber bin ganz unglückselig. Da zeugte ich Söhne, die Besten
In der breiten Troja: von denen, sage ich, ist keiner geblieben.
Fünfzig hatte ich, als die Söhne der Achaier kamen;
Neunzehn waren mir von dem gleichen Mutterleib,
Die anderen aber gebaren mir in den Hallen die Frauen.
Von denen hat den meisten die Knie gelöst der stürmende Ares.
Doch der mir einzig war und beschützte die Stadt und die Männer,
500 Den hast du unlängst getötet, sich wehrend um die väterliche Erde:
Hektor. Um seinetwillen komme ich jetzt zu den Schiffen der Achaier,

Ihn von dir loszukaufen, und bringe unermeßliche Lösung.
Aber scheue die Götter, Achilleus! und erbarme dich meiner,
Gedenkend deines Vaters! Doch bin ich noch erbarmenswürdiger
Und habe gewagt, was noch nicht ein anderer Sterblicher auf Erden:
Die Hand nach dem Mund des Mannes, des Sohnesmörders, emporzustrecken!«
　　So sprach er und erregte ihm die Lust nach der Klage um den Vater,
Und er faßte seine Hand und stieß sanft den Alten von sich.
Und die beiden dachten: der eine an Hektor, den männermordenden,
510 Und weinte häufig, zusammengekauert vor den Füßen des Achilleus,
Aber Achilleus weinte um seinen Vater, und ein andermal wieder
Um Patroklos, und ein Stöhnen erhob sich von ihnen durch das Haus.
Doch als sich an der Klage ergötzt hatte der göttliche Achilleus,
Und ihm das Verlangen gegangen war aus der Brust und aus den Gliedern,
Erhob er sich sogleich vom Stuhl und hob den Alten auf an der Hand,
Sich erbarmend des grauen Hauptes und des grauen Kinns,
Und begann und sagte zu ihm die geflügelten Worte:
　　»Ah, Armer! ja, schon viel Schlimmes hast du ausgehalten in deinem Mute!
Wie hast du es gewagt, zu den Schiffen der Achaier zu kommen, allein,
520 Unter die Augen des Mannes, der dir viele und edle
Söhne erschlug? Von Eisen muß dir das Herz sein!
Aber komm! setze dich auf den Stuhl, und die Schmerzen wollen wir gleichwohl
Ruhen lassen im Mut, so bekümmert wir sind,
Ist doch nichts ausgerichtet mit der schaurigen Klage.
Denn so haben es zugesponnen die Götter den elenden Sterblichen,
Daß sie leben in Kummer, selbst aber sind sie unbekümmert.
Denn zwei Fässer sind aufgestellt auf der Schwelle des Zeus
Mit Gaben, wie er sie gibt: schlimmen, und das andere mit guten.
Wem Zeus sie nun gemischt gibt, der donnerfrohe,
530 Der begegnet bald Schlimmem und bald auch Gutem.
Wem er aber von den traurigen gibt, den bringt er zu Schanden,
Und ihn treibt schlimmer Heißhunger über die göttliche Erde,
Und er kommt und geht, nicht vor Göttern geehrt noch Menschen.
So haben auch dem Peleus die Götter prangende Gaben gegeben
Von Geburt an, denn vor allèn Menschen war er ausgezeichnet
An Fülle und Reichtum und herrschte über die Myrmidonen,
Und sie machten ihm, dem Sterblichen, eine Göttin zur Lagergefährtin.
Aber dazu gab auch ihm der Gott Schlimmes: daß ihm von Söhnen
Kein Geschlecht in den Hallen erwuchs, die herrschen würden.
540 Nur einen Sohn erzeugte er, der frühzeitig stirbt. Und ich sorge
Nicht für ihn, den Alternden, denn weit entfernt von der Heimat

Sitze ich in Troja und mache dir Kummer und deinen Söhnen.
Auch du, Alter! bist ehedem, wie wir hören, glücklich gewesen.
Alles, was Lesbos, des Makar Sitz, nach oben hin einschließt
Und Phrygien darüber und der grenzenlose Hellespontos,
Vor diesen warst du, sagen sie, Alter! an Reichtum und Söhnen ausgezeichnet.
Doch seitdem dir dieses Leid die Himmlischen brachten,
Sind um die Stadt dir immer Schlachten und Männermorde.
Halte an dich und jammere nicht endlos in deinem Mute!
550 Richtest du doch nichts aus, um den tüchtigen Sohn bekümmert,
Und wirst ihn nicht aufstehen lassen, sondern eher noch anderes Unheil leiden!«
    Ihm antwortete darauf der greise Priamos, der gottgleiche:
»Setze mich noch nicht auf den Stuhl, Zeusgenährter! solange Hektor
Liegt in der Hütte unversorgt. Sondern gib ihn mir eiligst
Los, daß ich ihn mit Augen sehe! Und du nimm die Lösung,
Die viele, die wir dir bringen: mögest du sie genießen und kommen
In dein väterliches Land, da du mich zuerst verschont hast,
Daß ich selber lebe und sehe das Licht der Sonne!«
    Da sah ihn von unten herauf an und sagte zu ihm der fußschnelle Achilleus:
560 »Reize mich jetzt nicht mehr, Alter! Ich gedenke auch selber,
Dir den Hektor loszugeben: von Zeus her kam mir als Bote
Die Mutter, die mich gebar, die Tochter des Meeresalten.
Und ich erkenne auch von dir, Priamos, im Sinn, und nicht entgeht es mir,
Daß einer der Götter dich geführt zu den schnellen Schiffen der Achaier.
Denn nicht wagte es ein Sterblicher, und wäre er noch so jugendkräftig,
Ins Lager zu kommen: nicht wäre er den Wachen entgangen, und auch den
                                                              Riegel
Hätte er nicht leicht hinweggewuchtet von unseren Türen!
Darum errege mir jetzt nicht noch mehr den Mut in Schmerzen!
Daß ich nicht, Alter, auch dich selbst nicht in der Hütte verschone,
570 Bist du auch ein Schutzsuchender, und frevle gegen des Zeus Gebote!«
    So sprach er. Da fürchtete sich der Greis und gehorchte dem Wort.
Und der Pelide sprang, einem Löwen gleich, hinaus aus dem Hause,
Nicht allein, zusammen mit ihm gingen zwei Gefolgsleute,
Der Heros Automedon und Alkimos, die am meisten Achilleus
Ehrte von den Gefährten nach Patroklos, dem toten.
Die lösten damals aus dem Joch die Pferde und Maultiere
Und führten den Herold hinein, den Rufer des Alten,
Und setzten ihn auf einen Sessel; und aus dem gutgeglätteten Wagen
Nahmen sie die unermeßliche Lösung für Hektors Haupt.
580 Doch ließen sie zwei Leintücher zurück und einen gutgewebten Rock,

Daß er den Toten eingehüllt übergäbe, ihn nach Hause zu bringen.
Und Mägde rief er heraus und befahl, ihn zu waschen und rings zu salben,
Beiseite getragen, daß Priamos den Sohn nicht sähe,
Daß er nicht, bekümmert im Herzen, den Zorn nicht zurückhielte,
Wenn er den Sohn sähe, und dem Achilleus sein Herz erregte,
Und der ihn tötete und frevelte gegen des Zeus Gebote.
Als ihn nun aber die Mägde gewaschen hatten und gesalbt mit Öl,
Warfen sie um ihn ein schönes Leintuch und einen Rock,
Und selbst hob Achilleus ihn auf und legte ihn auf das Lager,
590 Und mit ihm hoben ihn die Gefährten auf den gutgeglätteten Wagen.
Und dann jammerte er und rief beim Namen seinen Gefährten:
      »Sei mir, Patroklos, nicht unwillig, wenn du erfährst,
Selbst in dem Haus des Hades, daß ich den göttlichen Hektor losgab
Seinem Vater, da er mir nicht ungeziemende Lösung gegeben.
Dir aber teile ich auch von dem zu, soviel es sich gebührt.«
      Sprach es und ging wieder in die Hütte, der göttliche Achilleus,
Und setzte sich auf den vielverzierten Stuhl, von dem er aufgestanden,
An der anderen Wand, und sagte zu Priamos die Rede:
      »Nun ist der Sohn dir gelöst, Alter! wie du gefordert,
600 Und liegt auf dem Lager, und mit dem erscheinenden Frühlicht
Wirst du ihn selber sehen, ihn heimführend. Jetzt aber gedenken wir des
                                                                Nachtmahls!
Denn auch die schönhaarige Niobe gedachte der Speise,
Der doch zwölf Kinder in den Hallen zugrunde gingen,
Sechs Töchter und sechs Söhne in Jugendkraft.
Die Söhne hat Apollon getötet mit dem silbernen Bogen,
Zürnend der Niobe, doch die Töchter Artemis, die Pfeilschüttende,
Weil sie sich der Leto gleichgestellt, der schönwangigen.
Sie sagte, nur zwei habe diese geboren, sie selber aber gebar viele;
Doch die beiden, obschon nur zwei, haben sie alle vernichtet.
610 Neun Tage lagen sie im Blut, und da war keiner,
Sie zu begraben; die Männer hatte zu Steinen gemacht Kronion,
Am zehnten aber begruben sie die Götter, die Uranionen.
Doch sie gedachte der Speise, als sie müde war, Tränen zu vergießen.
Jetzt aber wohl in den Felsen, auf einsamen Bergen,
Auf dem Sipylos, wo sie sagen, daß der Göttinnen Lager sind,
Der Nymphen, die da um den Acheloïos schwärmten,
Dort verkocht sie, obschon zu Stein geworden, die Leiden von den Göttern. –
Doch auf denn! gedenken auch wir beide, göttlicher Alter!
Der Speise. Dann magst du wieder deinen Sohn beklagen,

620 Wenn du ihn einholst nach Ilios. Und ein Vielbeweinter wird er dir sein!«
Sprachs und sprang auf, der schnelle Achilleus, und ein weißes Schaf
Schlachtete er, und die Gefährten zogen es ab und besorgten es gut nach
                                       der Ordnung
Und zerstückelten es kundig und spießten es auf die Bratspieße
Und brieten es sorgsam und zogen alles herunter.
Und Automedon nahm Brot und verteilte es auf dem Tisch
In schönen Körben, und das Fleisch verteilte Achilleus.
Und sie streckten die Hände aus nach den bereiten vorgesetzten Speisen.
Doch als sie das Verlangen nach Trank und Speise vertrieben hatten,
Ja, da staunte der Dardanide Priamos über Achilleus,
630 Wie groß und wie schön er war: den Göttern glich er von Angesicht.
Aber über den Dardaniden Priamos staunte Achilleus,
Als er sah sein edles Gesicht und seine Rede hörte.
Aber als sie sich ergötzt hatten, aufeinander blickend,
Da sagte als erster zu ihm der greise Priamos, der gottgleiche:
»Gib mir jetzt schnellstens ein Lager, Zeusgenährter! daß wir nun auch
Uns zur Ruhe begeben und an dem Schlaf, dem süßen, ergötzen!
Denn noch nicht haben sich die Augen geschlossen unter meinen Lidern,
Seitdem unter deinen Händen mein Sohn verloren hat sein Leben,
Sondern immer stöhne ich und verkoche zehntausend Kümmernisse,
640 In der Umzäunung des Hofes mich wälzend im Kot.
Jetzt nun habe ich auch Brot genossen und funkelnden Wein
Die Kehle hinabgeschickt; zuvor hatte ich nichts genossen.«
Sprach es, und Achilleus befahl den Gefährten und den Mägden,
Betten in der Vorhalle aufzustellen und schöne Polster,
Purpurne, darauf zu werfen und darüber Decken zu breiten
Und Mäntel hineinzulegen, wollene, um sie über sich zu ziehen.
Und sie gingen aus der Halle, Fackeln in den Händen haltend,
Und breiteten schnell zwei Lager hin, geschäftig.
Da sagte scherzend zu ihm der fußschnelle Achilleus:
650 »Draußen lege dich nieder, mein Alter! daß nicht einer der Achaier
Hier hinzukommt, ein Mann aus dem Rat, so wie sie sich immer
Zu mir setzen, um Ratschlüsse zu beraten, wie es der Brauch ist.
Sähe dich einer von denen in der schnellen Nacht, der schwarzen,
Sogleich würde er es dem Agamemnon ansagen, dem Hirten der Völker,
Und es wird einen Aufschub für die Lösung des Toten geben.
Doch auf! sage mir dieses und berichte es mir zuverlässig:
Wie viele Tage gedenkst du, den göttlichen Hektor zu bestatten?
Daß ich selber solange warte und das Volk zurückhalte.«

Ihm antwortete darauf der greise Priamos, der gottgleiche:

660 »Willst du wirklich, daß ich die Bestattung dem göttlichen Hektor vollende,
Würdest du, wenn du es so machtest, Achilleus, mir Erfreuliches erweisen.
Du weißt ja, wie wir eingeschlossen sind in der Stadt, und weit her ist das Holz
Zu holen aus dem Gebirge, und sehr in Furcht sind die Troer.
Neun Tage möchten wir ihm in den Hallen die Totenklage halten
Und ihn am zehnten bestatten, und das Volk soll das Totenmahl nehmen;
Am elften aber würden wir den Grabhügel über ihm errichten.
Doch am zwölften kämpfen wir wieder, wenn es denn sein muß!«

Da sagte wieder zu ihm der fußstarke göttliche Achilleus:
»Sein soll dir auch dieses, Greis Priamos! wie du es forderst.

670 Aufhalten will ich den Kampf so lange Zeit, wie du es verlangt hast.«

So sprach er und faßte die Hand des Alten am Handgelenk,
Die rechte, daß er sich nicht irgend fürchte im Mute. –
Diese nun legten sich im Vorhaus des Hauses dort zur Ruhe,
Der Herold und Priamos, die kluge Gedanken im Sinn hatten.
Aber Achilleus schlief im Innern der gutgezimmerten Hütte,
Und bei ihm lag Briseïs, die schönwangige.

Da schliefen die anderen Götter und die pferdegerüsteten Männer
Die ganze Nacht hindurch, vom weichen Schlaf bezwungen.
Doch Hermeias, den Gedeihenbringer, ergriff nicht der Schlaf:

680 Er bewegte in seinem Mute, wie er Priamos, den König,
Aus den Schiffen hinausgeleite, unbemerkt von den heiligen Torhütern.
Und er trat ihm zu Häupten und sagte zu ihm die Rede:
»Alter! ja, denkst du an gar nichts Schlimmes, so wie du noch schläfst
Unter feindlichen Männern, da dich verschont hat Achilleus?
Auch jetzt hast du deinen Sohn ausgelöst und hast vieles gegeben;
Aber für dich, den Lebenden, würden auch dreimal soviel Lösung
Die Söhne geben, die dir hinten zurückgeblieben sind, wenn Agamemnon
Dich erkennt, der Atreus-Sohn, und dich erkennen alle Achaier.«

So sprach er, da fürchtete sich der Greis und ließ aufstehen den Herold.

690 Und ihnen spannte Hermeias die Pferde an und die Maultiere,
Und schnell lenkte er selbst sie durchs Heer, und es erkannte sie keiner.
Doch als sie nun zur Furt gelangten des gutströmenden Flusses,
Xanthos, des wirbelnden, den Zeus, der Unsterbliche, zeugte,
Da ging Hermeias hinweg zum großen Olympos.

Und Eos im Safrangewand verbreitete sich über die ganze Erde,
Und sie lenkten zur Stadt die Pferde unter Wehklagen und Stöhnen,
Und die Maultiere führten den Leichnam. Und kein anderer
Erkannte sie früher von den Männern und schöngegürteten Frauen;

Aber Kassandra, gleichend der goldenen Aphrodite,
700 Nach Pergamos hinaufgestiegen, bemerkte ihren Vater,
Wie er auf dem Wagen stand, und den Herold, den Stadtdurchrufer,
Und sah *den* im Maultierwagen liegend auf dem Lager.
Da schrie sie hell auf und rief durch die ganze Stadt:
»Kommt und seht, ihr Troer und Troerfrauen, den Hektor!
Wenn ihr euch je auch über den Lebenden gefreut habt, daß er heimkehrte
Aus der Schlacht, denn eine große Freude war er der Stadt und dem ganzen
Volk.«
So sprach sie, und kein Mann blieb dort zurück in der Stadt
Und keine Frau, denn über alle war unerträgliche Trauer gekommen.
Und nahe den Toren begegneten sie ihm, wie er den Leichnam brachte.
710 Und als erste rauften seine Gattin wie auch die hehre Mutter
Um ihn ihr Haar, zu dem gutgeräderten Wagen stürzend,
Ihn am Haupt ergreifend, und weinend umstand sie die Menge.
Und da hätten sie nun den ganzen Tag bis zur untergehenden Sonne
Den Hektor, Tränen vergießend, bejammert vor den Toren,
Hätte nicht vom Wagen der Alte unter dem Volk gesprochen:
»Gebt mir Raum, mit den Maultieren durchzukommen, und sodann
Ersättigt euch am Weinen, sobald ich ihn in das Haus gebracht!«
So sprach er, und die traten auseinander und gaben Raum dem Wagen.
Als sie ihn aber hineingeführt in die berühmten Häuser, da legten
720 Sie ihn auf eine gurtdurchzogene Bettstatt und bestellten Sänger dazu
Als Vorsänger für die Klagelieder, und die sangen klagend
Den stöhnenden Gesang, und dazu stöhnten die Frauen.
Und ihnen begann Andromache, die weißarmige, die Totenklage,
Das Haupt Hektors, des männermordenden, in den Händen haltend:
»Mann! Jung hast du verloren dein Leben und läßt mich als Witwe
In den Hallen zurück! Und der Sohn ist so ganz klein noch,
Den wir erzeugten, du und ich, wir Unseligen; und nicht, meine ich,
Kommt er zur Jugendreife, denn vorher wird diese Stadt vom Gipfel herab
Vernichtet werden: denn wahrhaftig! du bist umgekommen, ihr Hüter, der
du sie selber
730 Schütztest und bewahrtest die sorglichen Frauen und kleinen Kinder.
Die werden dir nun bald fortgebracht in den gewölbten Schiffen,
Und ich unter ihnen! Du aber, Kind! wirst entweder mir selber
Dorthin folgen, wo du schmachvolle Werke verrichten mußt,
Dich mühend für einen unmilden Herrn, oder einer der Achaier
Ergreift dich am Arm und wirft dich vom Turm zu traurigem Verderben,
Zürnend, weil ihm wohl Hektor einen Bruder getötet

Oder den Vater oder auch den Sohn, da ja sehr viele der Achaier
Unter Hektors Händen mit den Zähnen die unendliche Erde faßten.
Denn unmilde war dein Vater in dem traurigen Kampf,
740 Darum bejammern ihn auch die Männer des Volkes durch die Stadt.
Und unsagbare Klage hast du den Eltern und Trauer bereitet,
Hektor! Doch mir werden am meisten bleiben traurige Schmerzen.
Denn nicht hast du mir sterbend vom Lager die Hände gereicht
Und mir gesagt ein dichtes Wort, an das ich immer
Denken könnte die Nächte und Tage, Tränen vergießend!«
    So sprach sie weinend, und dazu stöhnten die Frauen.
Und ihnen begann wieder Hekabe die dichte Klage:
»Hektor! du meinem Herzen weit liebster von allen Söhnen!
Ja, solange du mir lebtest, warst du lieb den Göttern,
750 Doch die sorgten für dich auch selbst im Schicksal des Todes.
Denn andere von meinen Söhnen hat der fußschnelle Achilleus
Verkauft, wenn er einen fing, über das Meer, das unfruchtbare,
Nach Samos und nach Imbros und in das dunstige Lemnos.
Dich aber, als er dir das Leben genommen mit dem langschneidigen Erz,
Hat er vielfach geschleift um das Grabmal seines Gefährten
Patroklos, den du erschlugst! aber aufstehen ließ er ihn auch so nicht!
Jetzt aber liegst du mir taufrisch und wie eben gestorben
In den Hallen, einem gleichend, den der Silberbogner Apollon
Mit seinen sanften Geschossen überkommen und getötet hat.«
760   So sprach sie weinend und erregte unendliche Klage.
Und ihnen begann dann als dritte Helena die Totenklage:
»Hektor! du meinem Herzen weit liebster von allen Schwagern!
Ja, mein Gatte ist Alexandros, der gottgleiche,
Der mich führte nach Troja – wäre ich doch vorher umgekommen!
Denn schon ist jetzt mir dieses das zwanzigste Jahr,
Seit ich von dort fortging und verlassen habe meine Heimat.
Aber nie habe ich von dir gehört ein böses Wort oder ein schnödes,
Sondern wenn auch ein anderer mich in den Hallen schmähte
Von den Schwagern oder Mannesschwestern und gutgewandeten

Schwagersfrauen

770 Oder die Schwiegermutter – der Schwiegervater ist immer wie ein Vater

mild! –,

So hast du ihm zugeredet mit Worten und ihn zurückgehalten
Mit deiner Sanftmut und deinen sanften Worten.
So beweine ich dich zugleich und mich Unselige, bekümmerten Herzens.
Denn kein anderer ist mir mehr in der breiten Troja

Mild und freundlich, sondern sie alle schaudern vor mir.«
   So sprach sie weinend, und dazu stöhnte das zahllose Volk. –
Da sagte zu den Männern der greise Priamos die Rede:
»Schafft nun, ihr Troer! Holz zur Stadt und fürchtet nicht im Mute
Einen dichten Hinterhalt der Argeier! Denn wahrhaftig! Achilleus
80 Hat es mir so zugesagt, als er mich entließ von den schwarzen Schiffen,
Er werde uns vorher keinen Schaden tun, bevor die zwölfte Morgenröte
                                                          komme.«
   So sprach er. Da schirrten sie die Rinder und Maultiere an die Wagen,
Und schnell dann waren sie vor der Stadt versammelt.
Neun Tage lang führten sie unsäglich viel Holz heran.
Doch als nun die zehnte erschien, die den Sterblichen leuchtende Eos,
Damals trugen sie denn hinaus den kühnen Hektor, Tränen vergießend,
Und legten zuoberst auf den Scheiterhaufen den Toten und warfen hinein
                                                          das Feuer.
Als aber die frühgeborene erschien, die rosenfingrige Eos,
Da versammelte sich das Volk um den Scheiterhaufen des ruhmvollen Hektor.
90 Und als sie sich nun versammelt hatten und alle beieinander waren,
Da löschten sie zuerst den Scheiterhaufen mit funkelndem Wein,
Den ganzen, soweit sich erstreckte die Kraft des Feuers; dann aber
Sammelten die weißen Gebeine die Brüder und die Gefährten,
Jammernd, und reichlich floß die Träne von den Wangen.
Und aufgenommen, legten sie diese in einen goldenen Kasten,
Sie umhüllend mit purpurnen Gewändern, weichen,
Und setzten schnell sie bei in einer hohlen Gruft und überdeckten diese
Oben mit dichten Steinen, großen, und schütteten schnell
Das Grabmal auf. Und rings saßen Späher überall,
800 Daß nicht zuvor heranstürmten die gutgeschienten Achaier.
Und als sie aufgeschüttet hatten das Grabmal, gingen sie wieder.
Aber dann speisten sie, gut versammelt, das herrliche Totenmahl
In den Häusern des Priamos, des zeusgenährten Königs.
So besorgten diese die Bestattung Hektors, des Pferdebändigers.

Zur Übersetzung

Die neue Übersetzung von Homers Ilias, die ich hier bringe, unterscheidet sich nicht wenig von den zahlreichen sonstigen deutschen Übersetzungen. Das Wesentliche: sie verzichtet auf die Beibehaltung des sechsfüßigen Hexameters der originalen Form, versucht aber auf der anderen Seite, die Sprache und die Art Homers mit größter Treue zu bewahren.

Die große Sprachschöpfung von J. H. Voß, mit der Odyssee von 1781, der Ilias von 1793, hat bei seiner ungewöhnlichen Kenntnis des Griechischen und seiner treuesten Bindung an das von ihm geliebte Vorbild zwar mit einer großen Anzahl von homerischen Wendungen und Vorstellungen die deutsche Sprache bereichert und überhaupt den Homer dem Deutschen angeeignet. Doch blieb Voß bei seiner unbedingten Bindung an die metrische Form dem Verszwang unterworfen, der mit seinen unvermeidlichen Kürzungen und Streckungen, Umstellungen und Übermalungen aller Art jene Genauigkeit in der Wiedergabe der Sprache Homers nicht zuläßt.

Der deutsche Hexameter entspricht nicht dem Hexameter im Griechischen. Das Griechische, in der alten Sprache des Epos, hat eine große Anzahl sehr langer Wörter, die schon im späteren Griechisch, vor allem aber im Deutschen, viel kürzere Wörter neben sich haben (z. B. *a-ku-e-me-nai* für deutsch ›hören‹ und später griechisch *a-ku-ein*). Der deutsche Übersetzer des Hexameters ist deswegen in der Regel früher mit dem Vers fertig und ist genötigt, um den Vers auf die gleiche Länge wie im Griechischen zu bringen, ihn zu zerdehnen und zu strecken. Entweder muß er im Deutschen Füllsel hinzufügen, die nicht dastehen, oder sich auf andere Weise helfen. Man kann hier geradezu eine fortschreitende Kunst des Streckens von J. H. Voß bis R. A. Schröder beobachten. Die Folge davon ist, daß der deutsche Homer merkwürdig breit erscheint, behaglich, bombastisch, während Homer selbst im Griechischen einen ›außerordentlichen Lakonismus‹ zeigt, wie schon Goethe bemerkt hat. Hinzu kommt, daß der deutsche Vers von Voß her einen ebenso pietistisch-erregten wie idyllischen Charakter erhalten hat, der Homer ganz fremd ist, und der bis zu den modernen Übersetzungen – Thassilo v. Scheffer, Rudolf Alexander Schröder, Hans Rupé – nicht überwunden ist. Schließlich hat der deutsche Vers neuerdings einen betulichen, gezierten, pretiösen, um nicht zu sagen manirierten Charakter bekommen, der zu zahlreichen Übermalungen, wesensfremden Bildern und Metaphern führt.

Demgegenüber ist für die Sprache Homers charakteristisch die Gegenständlichkeit, Sachlichkeit, Richtigkeit, Natürlichkeit und ungewöhnliche

Direktheit, mit einem Wort: die auch in späterer griechischer Poesie nicht mehr erreichte Naivität Homers, die auf uns heute auf den ersten Blick vielfach befremdend wirken mag.

Und eben diese Einfachheit, Sachlichkeit, Gegenständlichkeit und Direktheit des Sagens und Sehens Homers sucht die vorliegende Übersetzung der Ilias als oberstes Prinzip einzuhalten. Sie mußte dazu mit dem Aufgeben des Verszwangs und des geschichtlich einmal vorgebildeten Hexameters versuchen, ein völlig neues Sprachterrain zu gewinnen. Der deutsche Hexameter, gerade in seiner geschichtlichen Würde durch die große Sprachschöpfung von J. H. Voß, ließ sich nicht im einzelnen verbessern, sondern mußte gänzlich verlassen werden. Beibehalten wurden natürlich die hieratischen Formelwörter in Beinamen der Götter und Helden und sonstigen Beiwörtern, die dem Homer aus der alten epischen Tradition überkommen waren, wie ›Wolkensammler‹, ›Erderschütterer‹, ›Weißarmige‹, ›Kuhäugige‹, ›helmfunkelnder‹, ›fußstarker‹, usw. Sonst war die einfache Sprache Homers von Übermalungen, Sprachmätzchen, Verkünstelungen und Verzierungen freizuhalten. Dies war nur in einer Form möglich, die den hexametrischen Rhythmus und Sprachton beseitigt – ein Opfer zweifellos, aber die Frage war: was galt als das schwerere Opfer? Was war damit gewonnen?

In meiner ›Odyssee‹ von 1958 habe ich bereits diese wortgetreue Nähe zu Homer in *Prosa* zu erreichen versucht. Diesmal, in der ›Ilias‹, suche ich bei Weglassung der hexametrischen Form doch eine poetische Form zu erzielen. Dies geschieht erstens in der Weise, daß die *Zeilen* beibehalten werden, ganz gleich, ob es dabei lange oder kurze Zeilen ergibt. Insbesondere wird dabei das bei Homer häufige Enjambement (das Übergreifen eines Wortes auf den nächsten Versanfang) nach Möglichkeit bewahrt.

Zweitens wird, soweit möglich – und es ist weitgehend möglich –, die *Wortstellung* bewahrt, die für die Struktur des Gedankens wichtig ist und die in der speziell homerischen Gedankenfolge der Diktion auch den poetischen Charakter und das Substantielle gibt. Dies gilt besonders für die nachgestellten Beiwörter. Statt der dem Homer fremden Metaphern wird seine konkrete Bildlichkeit bewahrt, so wie er etwa spricht von den ›Schlingen des Verderbens‹, ›der Wolke des Fußvolks‹, den ›geraden Füßen der Ate‹.

Drittens wird eine weitgehende *Rhythmisierung* versucht, und zwar in ungebundenen, freien Rhythmen (wobei gelegentliche, sich von selbst ergebende Hexameter nicht um jeden Preis vermieden wurden). Diese Art ist, zumal seit Bertolt Brecht, bereits in der modernen Poesie verbreitet. Insbesondere hat T. S. Eliot in seinem Essay ›Musik im Vers‹ von 1942 eine solche freie Rhythmisierung empfohlen und auch theoretisch begründet.

Er hat vor allem betont, daß dieser Vers der ›modernen Umgangssprache‹
angemessen sei . . . ›als ein Medium, das uns gestattet, die Sprache von
Menschen unserer Zeit zu hören‹ . . . ›die reinste Poesie ohne Geziertheit‹,
›die alltäglichste Aussage ohne Abgeschmacktheit‹. Und er fügt hinzu,
daß so ›der Sinn für Rhythmus und der Sinn für Aufbau‹ (Architektonik)
gewahrt wird. Der im übrigen äußerst vielseitige, ja scheinbar regellose
Rhythmus erhält so eine durchgehende Musikalität. Die scheinbare Unre-
gelmäßigkeit ist in Wahrheit die ›unsichtbare Harmonie‹, von der Heraklit
sagt, daß sie ›stärker als die sichtbare ist‹, und sie entspricht jenem Gesetz
der ›gebrochenen Form‹, die in unserem Jahrhundert in allen Kunstarten
vorherrscht.

Inhalt

»Das alte Griechenland«
im Insel und im Suhrkamp Verlag
Eine Auswahl

Aischylos. Prometheus, gefesselt. Übertragen von Peter Handke. 71 Seiten. Broschur

Aischylos. Die Perser. Stück und Materialien. Von Durs Grünbein. es 3408. 72 Seiten

Archilochos. Gedichte. Griechisch und deutsch. Übertragen von Kurt Steinmann. Mit zahlreichen Abbildungen. it 2215. 131 Seiten

Aristophanes. Lysistrata. Bühnenfassung. Übersetzung und Bearbeitung: Wolfgang Schadewaldt. Ab 1983 in neuem Buntpapiereinband. IB 967. 90 Seiten

Arkadien. Landschaft vergänglichen Glücks. Mit z.T. farbigen Abbildungen. it 1421. 197 Seiten

Klaus Bartels. Sokrates im Supermarkt. Streiflichter aus der Antike. it 2658. 272 Seiten

Epiktet. Wege zum glücklichen Handeln. Übersetzt von Wilhelm Capelle. it 1458. 221 Seiten. Großdruck it 2359. 232 Seiten

Epikur. Philosophie der Freude. Briefe. Hauptlehrsätze. Spruchsammlung. Fragmente. Übertragen und mit einem Nachwort versehen von Paul M. Laskowsky. it 1057. 121 Seiten. Großdruck it 2390. 132 Seiten

Euripides. Bakchen. Neu übertragen von Kurt Steinmann. it 2537. 127 Seiten

NF 60/1/5.01

Das Geschichtswerk des Herodot von Halikarnassos.
Übersetzt von Theodor Braun. it 2743 und Leinen im Schuber. 848 Seiten

Hippokrates. Der Eid des Arztes. Von der heiligen Krankheit. Griechisch und deutsch. Neu übersetzt und herausgegeben von Kurt Steinmann. it 1882. 100 Seiten

Homer. Ilias. Wolfgang Schadewaldts neue Übertragung. Mit 12 Bildtafeln. Leinen und it 153. 432 Seiten

Homer. Ilias. Odyssee. In der Übertragung von Johann Heinrich Voß. it 1204. 851 Seiten

Hyperion oder der Eremit in Griechenland. Von Johann Christian Friedrich Hölderlin. Herausgegeben und mit einem Nachwort versehen von Jochen Schmidt. it 365. 229 Seiten

Longus. Daphnis und Chloë. Ein antiker Liebesroman. Übersetzt und mit einem Nachwort von Arno Mauersberger. Mit Illustrationen der ›Edition du Régent‹. it 136. 132 Seiten. it 2627. 133 Seiten

Marc Aurel. Selbstbetrachtungen. Übersetzt von Otto Kiefer. Mit einem Vorwort von Klaus Sallmann. it 1374. 202 Seiten

Karl Philipp Moritz. Götterlehre. Herausgegeben von Horst Günther. Mit zahlreichen Abbildungen. it 2507. 341 Seiten

Ovid
- Liebeskunst. Nach der Übersetzung von W. Hertzberg. Bearbeitet von Franz Burger-München. Mit Abbildungen nach etruskischen Wandmalereien. it 164. 112 Seiten

- Lieder der Trauer. Die Triestien des Publius Ovidius Naso. Übersetzt und herausgegeben von Volker Ebersbach. it 1987. 220 Seiten
- Metamorphosen. In der Übertragung von Johann Heinrich Voß. Mit den Radierungen von Pablo Picasso und einem Nachwort von Bernhard Kytzler. it 1237. 377 Seiten
- Ovid für Verliebte. Ausgewählt, übersetzt und mit einem Nachwort von Karl-Wilhelm Weeber. it 2269. 119 Seiten

Platon. Sämtliche Werke in zehn Bänden. Griechisch und deutsch. Nach der Übersetzung von Friedrich Schleiermacher, ergänzt durch Übersetzungen von Franz Susemihl und anderen. Herausgegeben von Karlheinz Hülser (it 1401–1410 in Kassette). 5475 Seiten
- Band 1: Ion. Protagoras. Apologie. Kriton. Laches. Lysis. Charmides. it 1401. 486 Seiten
- Band 2: Gorgias. Euthyphron. it 1402. 459 Seiten
- Band 3: Menon. Kratylos. Euthydemos. Hippias major. it 1403. 444 Seiten
- Band 4: Hippias minor. Symposion. Phaidon. it 1404. 347 Seiten
- Band 5: Politeia. it 1405. 788 Seiten
- Band 6: Phaidros. Theaitetos. it 1406. 367 Seiten
- Band 7: Parmenides. Sophistes. Politikos. it 1407. 464 Seiten
- Band 8: Philebos. Timaios. Kritias. it 1408. 475 Seiten
- Band 9: Nomoi. it 1409. 1032 Seiten
- Band 10: Alkibiades II. Hipparchos. Amatores. Theages. Kleitophon. Minos. Epinomis. Briefe. Definitionen. Appendix Platonica. it 1410. 613 Seiten

Platon für Gestreßte. Ausgewählt von Michael Schroeder. it 2189. 110 Seiten. it 2671. 128 Seiten

Platons Mythen. Ausgewählt und eingeleitet von Bernhard Kytzler. it 1978. 224 Seiten

Platon. Das Trinkgelage oder Über den Eros. Übertragung, Nachwort und Erläuterungen von Ute Schmidt-Berger. Mit einer Wirkungsgeschichte von Jochen Schmidt und griechischen Vasenbildern. it 681. 225 Seiten

Sappho. Strophen und Verse. Übersetzt und herausgegeben von Joachim Schickel. it 309. 99 Seiten

Sophokles
- Aias. Übertragen von Wolfgang Schadewaldt. Herausgegeben von Hellmut Flashar. Mit zahlreichen Abbildungen. it 1562. 130 Seiten
- Antigone. Übertragen und herausgegeben von Wolfgang Schadewaldt. Mit einem Nachwort, einem Aufsatz, der Wirkungsgeschichte und Literaturhinweisen. Mit einem Bildteil. it 70. 152 Seiten
- Antigone. Übersetzt von Hölderlin. Bearbeitet von Martin Walser und Edgar Selge. it 1248. 81 Seiten
- Elektra. Übertragen von Wolfgang Schadewaldt. Herausgegeben von Hellmut Flashar. Mit zahlreichen Abbildungen. it 1616. 160 Seiten
- Die Frauen von Trachis. Übertragen von Wolfgang Schadewaldt. Herausgegeben von Hellmut Flashar. Mit zahlreichen Abbildungen. it 2602. 129 Seiten
- König Ödipus. Übertragen und herausgegeben von Wolfgang Schadewaldt. Mit einem Nachwort, drei Aufsätzen, der Wirkungsgeschichte und Literaturnachweisen. Mit 14 Abbildungen. it 15. 141 Seiten
- Ödipus auf Kolonos. Übertragen von Wolfgang Schadewaldt. Herausgegeben von Hellmut Flashar. Mit zahlreichen Abbildungen. it 1782. 164 Seiten

- Philoktet. Herausgegeben von Hellmut Flashar. Übersetzt von Wolfgang Schadewaldt. Mit zahlreichen Abbildungen. it 2535. 181 Seiten

Unterm Sternbild des Herkules. Antike in der Lyrik der Gegenwart. Herausgegeben von Bernd Seidensticker und Peter Habermehl. it 1789. 253 Seiten

Die Taten des Herkules. Die Herkules-Sage von Gustav Schwab. Herausgegeben von Karl Riha und Carsten Zelle. Mit zahlreichen Abbildungen. it 2147. 167 Seiten

Theophrast. Charaktere. Neu übersetzt und mit einem Vorwort versehen von Kurt Steinmann. Mit Illustrationen. it 2662. 112 Seiten

Geschichte und Philosophie

Michel Foucault. Sexualität und Wahrheit
- Zweiter Band: Der Gebrauch der Lüste. Übersetzt von Ulrich Raulff und Walter Seitter. Leinen und stw 717. 327 Seiten.
- Dritter Band: Die Sorge um sich. Übersetzt von Ulrich Raulff und Walter Seitter. Leinen und stw 717. 316 Seiten

Hegel und die antike Dialektik. Herausgegeben von Manfred Riedel. stw 907. 280 Seiten

Christian Meier. Die Entstehung des Politischen bei den Griechen. stw 427. 514 Seiten

Heinrich Niehues-Pröbsting. Der Kynismus des Diogenes und der Begriff des Zynismus. stw 713. 389 Seiten

Friedrich Nietzsche. Die Geburt der Tragödie. Schriften zu Literatur und Philosophie der Griechen. Herausgegeben und erläutert von Manfred Landfester. 697 Seiten. Leinen

Friedrich Nietzsche. Die Geburt der Tragödie aus dem Geist der Musik. Mit einem Nachwort von Peter Sloterdijk. it 1012. 219 Seiten

Wolfgang Schadewaldt

- Die Anfänge der Geschichtschreibung bei den Griechen. Herodot. Thukydikes. Tübinger Vorlesungen Band 2. stw 389. 413 Seiten
- Die Anfänge der Philosophie bei den Griechen. Die Vorsokratiker und ihre Voraussetzungen. Tübinger Vorlesungen Band 1. Unter Mitwirkung von Maria Schadewaldt herausgegeben von Ingeborg Schudoma. stw 218. 521 Seiten
- Die frühgriechische Lyrik. Tübinger Vorlesungen Band 3. Unter Mitwirkung von Maria Schadewaldt herausgegeben von Ingeborg Schudoma. stw 783. 393 Seiten
- Die griechische Tragödie. Aischylos. Sophokles. Euripides. Tübinger Vorlesungen Band 4. Unter Mitwirkung von Maria Schadewaldt herausgegeben von Ingeborg Schudoma. stw 948. 460 Seiten

NF 60/6/5.01

Jean Bollack. Sophokles. König Ödipus. Zwei Bände. Zusammen 466 Seiten
- Band 1: Text. Kommentar. 271 Seiten. Klappen-Broschur
- Band 2: Essays. 195 Seiten. Klappen-Broschur

Roberto Calasso. Die Hochzeit von Kadmos und Harmonia. Übersetzt von Moshe Kahn. it 1476 und Leinen. 434 Seiten

William Golding. Mit doppelter Zunge. Roman. Übersetzt von Wolfgang Held. 176 Seiten. Gebunden

Zbigniew Herbert. Im Vaterland der Mythen. Griechisches Tagebuch. Herausgegeben und mit einem Nachwort versehen von Karl Dedecius. it 2748. 200 Seiten

Hugo von Hofmannsthal. Augenblicke in Griechenland. Mit einem Nachwort von Hansgeorg Schmidt-Bergmann. Mit farbigen Fotografien. Großdruck. it 2408. 130 Seiten

Erhart Kästner
- Kreta. Aufzeichnungen aus dem Jahre 1943. Mit einem Nachwort von Heinrich Gremmels. it 117. 264 Seiten
- Griechische Inseln. Aufzeichnungen aus dem Jahre 1944. Mit einem Nachwort von Heinrich Gremmels. it 118. 166 Seiten
- Ölberge, Weinberge. Ein Griechenland-Buch. Mit Zeichnungen von Helmut Kaulbach. it 55. 262 Seiten
- Die Stundentrommel vom heiligen Berg Athos. it 56. 325 Seiten

Marie Luise Kaschnitz. Griechische Mythen. Herausgegeben von Bernard Andreae. 17 Abbildungen. Leinen. 192 Seiten

Wolfgang Koeppen. Die Erben von Salamis oder Die ernsten Griechen. Mit farbigen Fotografien. Großdruck.
it 2401. 80 Seiten

Elisabeth von Österreich. Tagebuchblätter von Constantin Christomanos. Herausgegeben von Verena von der Heyden-Rynsch. Mit Beiträgen von Ludwig Klages, Maurice Barrès, Paul Morand und E. M. Cioran. Mit zeitgenössischen Abbildungen. it 1536. 213 Seiten

Hubert Ortkemper
- Olympische Legenden. Geschichten aus dem antiken Olympia. Farbig illustriert von Rolf Köhler.
  it 1828. 267 Seiten
- Medea in Athen. Die Uraufführung und ihre Zuschauer. Mit einer Neuübersetzung der Medea des Euripides.
  it 2755. 80 Seiten

Alberto Savinio. Kindheit des Nivasio Dolcemare. Übersetzt von Sigrid Vagt. Mit einem Nachwort von Martina Kempter. BS 1168. 152 Seiten

Gustav Schwab. Sagen des klassischen Altertums. Mit sechsundneunzig Zeichnungen von John Flaxman und einem Nachwort von Manfred Lemmer. it 2792. 1020 Seiten

Neugriechische Literatur
im Insel und im Suhrkamp Verlag

Maro Douka. Die Schwimmende Stadt. Roman. Übersetzt von Norbert Hauser. 353 Seiten. Gebunden

Odysseas Elytis
- Lieder der Liebe. Neugriechisch und deutsch. Übertragen von Hans Eideneier. Mit acht Collagen des Autors. Zweisprachige Ausgabe. BS 745. 115 Seiten
- Neue Gedichte. Neugriechisch und deutsch. Übertragen von Barbara Vierneisel-Schlörb unter Mitwirkung von Antigone Kasolea. Zweisprachige Ausgabe. BS 843. 212 Seiten
- Oxopetra/Westlich der Trauer. Späte Gedichte. Griechisch und deutsch. Übersetzt von Barbarta Vierneisel-Schlörb. Unter Mitwirkung von Antigone Kasolea. BS 1344. 100 Seiten

Rhea Galanaki. Das Leben des Ismail Ferik Pascha. Übersetzt von Michaela Prinzinger. 296 Seiten. Gebunden

Ioanna Karystiani. Die Frauen von Andros. Roman. Übersetzt von Norbert Hauser. 300 Seiten. Gebunden

Konstantin Kavafis
- Um zu bleiben. Liebesgedichte. Griechisch und deutsch. Übersetzung und Nachwort von Michael Schroeder. Mit 13 Radierungen von David Hockney. BS 1020. 113 Seiten
- Gefärbtes Glas. Historische Gedichte. Griechisch und deutsch. Übersetzt und mit einem Nachwort versehen von Michael Schroeder. Mit zahlreichen Abbildungen. BS 1337. 144 Seiten

NF 59/1/3.01

Alexandros Papadiamantis
- Die Mörderin. Roman. Übersetzt von Andrea Schellinger. Mit einem Nachwort von Danae Coulmas. st 2491. 164 Seiten
- Die Heilige Nacht auf dem Berg. Erzählung. it 2419. 80 Seiten

Jannis Ritsos
- Die Umkehrbilder des Schweigens. Gedichte. Zweisprachige Ausgabe. Übersetzt und mit einem Nachwort versehen von Klaus-Peter Wedekind. 100 Seiten. Gebunden
- Gedichte. Ausgewählt, übersetzt und mit einem Nachwort versehen von Klaus-Peter Wedekind. BS 1077. 158 Seiten
- Die Rückkehr der Iphigenie und andere Monologe. Mit farbigen Steinzeichnungen des Autors. Herausgegeben von Asteris Kutulas. Übersetzt und mit einem Nachwort versehen von Asteris und Ina Kutulas. IB 1175. 112 Seiten

Giorgos Seferis
- Poesie. Griechisch – deutsch. Übertragung und Nachwort von Christian Enzensberger. Zweisprachige Ausgabe. BS 962. 97 Seiten
- Sechs Nächte auf der Akropolis. Roman. Herausgegeben und mit einem Nachwort versehen von Asteris Kutulas. Übersetzt von Asteris und Ina Kutulas. BS 1147. 240 Seiten

Mikis Theodorakis
- Die Wege des Erzengels. Autobiographie 1925–1949. Herausgegeben und übersetzt von Asteris Kutulas. Gebunden und st 2797. 483 Seiten
- Bis er wieder tanzt. Erinnerungen. Übersetzt von Asteris Kutulas. 200 Seiten. Gebunden

Ilias Venesis. Äolische Erde. Roman einer griechischen Kindheit. Übersetzt von Roland Hampe. Leinen und it 2739. 313 Seiten

Griechische Erzählungen des 20. Jahrhunderts. Herausgegeben und mit einem Nachwort versehen von Danae Coulmas. 340 Seiten. Gebunden

Geschichte der neugriechischen Literatur. Von Evi Petropoulou. 300 Seiten. Kartoniert

Griechische Lyrik des 20. Jahrhunderts. Herausgegeben von Danae Coulmas. 280 Seiten. Gebunden

NF 59/3/3.01